DBT,® 변증법행동치료
학교에 가다

청소년 정서 문제 해결을 위한 DBT 기술 훈련(DBT STEPS-A)

James J. Mazza · Elizabeth T. Dexter-Mazza
Alec L. Miller · Jill H. Rathus · Heather E. Murphy 공저
조윤화 · 김기환 · 권승희 · 최현정 공역

DBT® Skills in Schools: Skills Training
for Emotional Problem Solving for Adolescents (DBT STEPS-A)

학지사

역자 서문

10여 년 전, 감정 조절이 어려운 내담자들을 더 잘 도울 수 있는 치료 방법을 찾던 중 DBT 기술 훈련을 처음으로 접하게 되었다. 그때 DBT 기술을 익히면서 느꼈던 반가움과 보람은 아직도 생생하다. 효과적으로 감정을 조절하며 대인관계를 맺는 방법에 대해 매우 구체적이고 꼼꼼하게 알려 주는 DBT 기술은 그 당시 내담자들에게 큰 도움이 되었고, 나의 삶에도 좋은 변화를 선물했다. 그때 DBT 기술은 정도가 심한 정서 조절 문제를 가진 이들을 위한 방법으로 쓰였지만, 나에게는 모든 사람에게 도움을 줄 수 있는 지혜로운 삶의 기술로 느껴졌다. 물론 이런 생각을 가진 사람들이 많았고, DBT 기술은 점차 심리치료실 밖으로 나오게 되었다. DBT STEPS-A는 이런 '치료실 밖' DBT이며, 치료 프로그램이 아닌 일반 중·고등학생들의 DBT 기술 훈련을 위한 사회정서학습 교육과정으로 청소년들과 만나게 되었다.

2016년, 우리가 팀을 결성하여 시애틀에서 열린 변증법행동치료 인텐시브 훈련 과정에 참가했을 때는 이 책이 출간된 직후였다. 제2저자인 Elizabeth Dexter-Mazza가 훈련 과정 강사였고, 그가 책과 DBT STEPS-A에 대한 소개를 마침과 동시에 우리는 이 책을 번역하기로 결정했다(우리의 계획을 듣고 Elizabeth는 기뻐하며, 가지고 있던 책 한 부를 흔쾌히 주었다). 책의 분량이 많아 번역하는 일에 적지 않은 시간과 노력이 들었지만, 청소년들의 정서 문제가 심해지기 전에 능동적이고 효과적으로 문제 예방에 도움을 줄 수 있다는 기대감으로 번역을 무사히 마치게 되었다.

번역은 최대한 영어 원문에 충실하였지만, 한국어로 읽는 독자들을 고려하여 세 가지 변화를 주었다. 첫째, 학습 지도안에 나오는 사례의 주인공 이름을 한국식 이름으로 바꾸었다. 둘째, 미국 문화에 익숙하지 않으면 하기 힘든 수업 활동을 우리나라 청소년들이 쉽게 할 수 있는 활동으로 바꾸었다. 20단원의 마음챙김 연습을 예로 들면, 원서에는 미국 야구장의 '국민 응원가'인 〈Take Me Out to the Ball Game〉을 부르게 되어 있는데, 이 노래를 우리나라 청소년 대부분이 쉽게 부를 수 있는 〈솜사탕〉으로 바꾸었다. 셋째, 약자로 만들어진 기술 이름을 외우기 쉽도록 한국어 약자로 바꾸었다(예: 효과적인 대인관계 기술 이름 'DEAR MAN'을 '기표주보 집단협상'으로 번역함). 영어로 된 기술 이름을 그대로 쓸 경우, 각 알파벳이 뜻하는 기술 이름도 영어로 외워야 하는 점이 기술 습득에 장해물이 될 수 있다고 판단하여 2017년에 조윤화, 최현정, 권승희, 조이수현이 함께 한글 기술 이름을 지었고, 이때 만든 기술 이름을 이 책의 번역 시 대부분 사용했다.

이 책이 학교 안팎의 청소년을 키우고 가르치고 상담하는 부모, 교사, 상담자에게 도움이 되기를 바란다. 정신건강 문제가 적은 청소년들에게는 정서와 대인관계에 대한 삶의 기술을 익히는 기회가 될 수 있고, 감정과 행동의 어려움을 겪는 청소년들에게는 심리치료나 약물치료와 병행할 수 있는 회복 도구를 얻는 기회가 될 것이다. 이 시대는 감정과 관계를 다루는 역량이 성공과 행복을 위한 핵심적 요인이 되는 시대이다. 가정과 심리상담실 밖의 학교 수업에서도 이러한 능력을 키울 수 있다면 정말 좋을 것이다. 21세기 초 한국 사회 속 학교는 교과 학습만이 아니라, 사회정서학습을 제공하는 곳으로 빠르게 변하고 있다. 이러한 긍정적 변화 과정에 이 책이 의미 있는 도움이 되기를 바란다.

2022년

대표 역자 조윤화

추천의 글

DBT 기술은 1993년에 처음 책으로 발표되었다. DBT 기술들은 원래 일상 기능과 효과적인 정서 조절이 힘든 복합적인 장애를 가진 자살 고위험군을 위해 개발되었다. 수년간이 기술들은 성인을 대상으로 널리 활용되었으며, 이후에는 유사한 종류의 어려움을 겪고 있는 청소년들을 대상으로 활용되었다. DBT 기술이 모든 사람에게 유용하다는 생각이 자리 잡기까지 오랜 시간이 걸렸다. 나의 연구팀과 대학원 임상수련센터가 정서 조절 및 일반적인 기능에 어려움을 겪는 환자의 친구와 가족을 위해, 그리고 이와 같은 어려움을 겪는 아동의 부모들을 위해 DBT 기술 훈련을 진행하기 시작했을 때, 우리는 DBT 기술이 넓은 범위에 적용 가능하다는 사실을 알게 되었다. 이후에 우리는 기업들도 DBT 기술에 관심을 갖고 있다는 사실을 알게 되었고, 미식축구 선수들도 관심이 많다는 것을 알게 되었으며, 학부모들도 학교에서 DBT 기술을 가르치기를 바란다는 것 또한 알게 되었다. 요약하자면, 비록 오랜 시간이 걸렸지만 DBT 기술이 일반 대중에게 도움이 된다는 것이 점차 분명해졌다. 하지만 동시에 중요한 문제가 생겼다. 바로 '이 기술들을 어떻게 대중에게 가르칠 것인가?'였다. 어른들에게 이 기술을 가르치는 것은 어렵지 않았다. 훈련 기회를 만들면 어른들은 많이 참여했다. 심리적 어려움을 겪고 있는 청소년 또한 참여가 어렵지는 않았다. 우리 프로그램을 알게 되면, 그들 또한 잘 찾아와 주었다.

많은 부모와 학생이 본인들의 학교에서도 그 기술을 배우고 싶다고 말했다. 하지만 정서적으로 어려움을 겪지 않는 아이들과 어려움을 겪고 있는 아이들을 동시에 참여하게 할지 말지 결정하는 것은 쉽지 않은 일이었고, 이것이 James J. Mazza와 Elizabeth T. Dexter-Mazza 외의 공동 저자들이 해결하기 위해 노력해 온 문제이다. 학교 기반의 개입 전문가인 James와 DBT 전문가인 Elizabeth는 그들 각각이 가진 전문성을 활용하여 이 책에서 명확히 소개되고 있는 해결책을 개발하였다. 그들이 개발한 교과과정은 독특한 사회정서학습(Social Emotional Learning: SEL) 교육과정으로, 청소년들이 정서 조절 기술, 효과적인 대인관계 전략, 의사결정 기술을 배우고 키우도록 도와준다. 이 과정에서 가르치는 기술들은 고위험군 청소년(Mehlum et al., 2014; Miller, Rathus, & Linehan, 2007)과 성인 (Linehan, 1993, 2015a)에게 효과가 있는 것으로 밝혀진 DBT 기술과 정확하게 동일한 DBT 기술들이다. DBT와 변증법적 관점과 일관되게, 저자들은 학교 환경에서 모든 청소년에게 DBT 기술을 확장·적용할 수 있는 독창적인 방법을 개발하였다. DBT STEPS-A 교육과정 은 모든 청소년이 DBT 기술을 활용하고 정서 조절의 어려움을 줄일 수 있도록 돕는 훌륭 한 예방적 접근이다.

이 사회정서학습 교육과정은 청소년들이 스스로 문제를 해결할 수 있도록 돕는 것에 관 심이 있는 일반 교사 및 학교 담당자들이 가르칠 수 있도록 설계되었다. 30개의 표준화된 단원은 학생들 간의 지지와 코칭 그리고 교사의 강의와 모델링 등이 가능하도록 만들어졌 다. 각 단원은 DBT의 4개의 모듈인 마음챙김, 고통 감싸기, 정서 조절, 효과적인 대인관계 에 기반한다. DBT STEPS-A 각 단원은 50분으로 설계하였으며, 이는 각 단원이 일반적인 교과 일정에 쉽게 통합되도록 하기 위한 것이다. 더불어 저자들은 학교의 다층지원체계 내 고위험군 학생들을 위해 일반적인 DBT STEPS-A에 기반한 보충 전략을 개발하였는데, 이것은 학생들이 자신의 정서적 문제의 수준에 맞게 DBT 기술을 배우는 것을 가능하게 하 였다.

이 책의 저자들은 학교와 임상심리학 분야 전문가들의 독특한 조합을 이루고 있다. James J. Mazza는 학교심리학을 전공했으며, 지난 20년간 학교 기반의 환경에서 청소년 들의 사회정서적 문제에 대한 치료와 연구에 힘써 왔다. 또한 Reconnecting Youth와 같은 여러 사회정서학습 과정을 실행해 오기도 했다. Elizabeth T. Dexter-Mazza는 임상심리학 자이고, 내가 일하는 치료센터에서 박사 후 과정 수련을 마쳤으며, 정신건강 전문가들을 교육하는 일과 고위험군 청소년 및 성인들에게 DBT를 제공하는 일을 하고 있다. 이 두 사 람은 지난 10년간 이 교육과정 개발을 위해 많이 노력했다. Jill H. Rathus와 Alec L. Miller 는 2015년에 『청소년을 위한 DBT 기술 훈련 매뉴얼(DBT Skills Manual for Adolescents)』을 펴낸 고위험군 청소년 전문가들이다. 감사하게도 이 두 사람이 DBT STEPS-A 과정에 적 용 및 통합 가능한 유인물들을 그들의 책에서 발췌할 수 있도록 해 주었다. 또한 이 책은 나의 『DBT 기술 훈련 워크북(DBT Skills Training Handouts and Worksheets)』 2판(Linehan, 2015b)의 유인물 내용도 발췌하였는데, 이 워크북은 청소년 임상 연구에서 효과성을 보여 주었고, 자살 고위험군 청소년을 대상으로 한 심리치료 프로그램에서 널리 사용되고 있 다. 마지막으로, Heather E. Murphy는 이 교육과정의 초판 작업을 함께 한 학교심리학자 로, 예비 실험을 진행한 첫 번째 DBT STEPS-A 강사이다. 저자 모두는 수년간의 교육 현장 에서의 경험 및 지식과 청소년들에게 DBT 기술을 가르친 경험을 기반으로 학교에서 사용 할 수 있는 우수한 사회정서학습 과정을 개발했다.

이 책은 DBT 기술이 더 많은 사람에게 활용될 수 있는 기회를 열었고, 그 대상은 학교에 다니는 청소년들이다. DBT STEPS-A는 개인보다는 학교 기반의 시스템을 대상으로 하는 새로운 접근법을 제공하며, 모든 청소년이 DBT 기술을 개발하고 연습할 수 있는 기회를 제공한다. 또한 이 과정에서 가르치는 기술들은 청소년들이 다양한 종류의 압박과 스트레스 요인으로 정서적 괴로움을 느낄 때 더 나은 결정을 할 수 있도록 도우며, 학교가 학생들의 학업적 필요 및 사회정서적 필요에 긍정적 영향을 미치는 사회정서학습 교육과정을 갖출 수 있도록 도울 것이다.

한 학부모가 최근 나에게 찾아와 거의 울 것 같은 얼굴로 이 기술을 자녀의 학교에 당장 제공해 줄 수 없는지 물은 적이 있다. 이 책을 학생들에게 효과적인 삶과 감정 통제 능력의 향상에 대해 가르치는 데 사용한다면, 당신은 당신의 상상 그 이상의 도움을 학생들에게 줄 수 있을 것이라고 생각한다. 당신이 학생들을 위한 훌륭한 방법을 찾기를 바란다. 그리고 이 책의 저자들은 그런 방법을 우리에게 선물했다.

워싱턴 주립 대학교
Marsha M. Linehan, Ph.D., ABPP

시작하는 글

청소년 정서 문제 해결을 위한 DBT 기술 훈련(DBT Skills Training for Emotional Problem Solving for Adolescents: DBT STEPS-A) 교육과정은 10년 이상 진행되어 온 프로젝트이다. DBT STEPS-A의 개발 목적은 청소년들이 기술을 배워서 정서적으로 힘든 상황과 스트레스에 대처하기 위해 사용할 수 있는 정서 조절, 대인관계, 의사결정 기술을 향상시키는 여러 기술을 제공하는 것이다. 청소년의 대부분은 가정과 학교, 교우관계(연애관계 포함)에서 어느 정도는 어려움을 겪는다. 이 교육과정은 중·고등학교 학생들을 위해 설계되었다.

DBT STEPS-A의 개발

DBT STEPS-A는 DBT의 기술 훈련 요소를 중·고등학교 학생들에게 적용하는 프로그램이다. DBT STEPS-A 교육과정을 개발하면서 우리는 Marsha M. Linehan(DBT의 창시자이자 주 개발자), 그리고 (외래 청소년 환자에 맞게 DBT를 고친) Alec L. Miller와 Jill H. Rathus의 자문을 받고 그들과 정보를 교환했다. 이 세 사람과 의견을 나누는 과정에서 각 전문가들은 DBT 기술이 환자가 정서를 조절하고, 대인관계 및 의사결정 기술을 향상시키는 데도움이 된다는 것을 강조했다. 일반적으로 청소년기는 정서적으로 어려운 시기이며, 대부분 정신장애가 이 시기에 시작된다(American Psychiatric Association, 2013). 이 두 가지 중요한 문제를 고려했을 때, 우리는 정서 조절과 의사결정을 위한 기술 습득과 연습에 중점을 둔 교육과정이 모든 청소년에게 도움이 되리라고 믿는다. 유감스럽게도 대부분의 학교는 스트레스 대처 방법이나 의사결정에 대한 수업을 제공하지 않는다. 하지만 이런 기술과 능력에 대한 청소년들의 필요성은 계속 증가하고 있으며(Rathus & Miller, 2015), DBT STEPS-A 교육과정은 이와 같은 필요를 충족하기 위해 만들어졌다.

교육 환경에서 사용할 DBT STEPS-A를 개발하는 이유는 두 가지였다. 첫째, 교육 환경은 학생들이 처음 입학한 순간부터 다양한 수준의 학업 및 사회정서적 필요를 충족할 수 있도록 교육 지원 제공의 모델을 바꾸어 나가며 발전해 왔다. 예를 들어, 중재반응모델을 사용한 학생 평가, 중재, 중재 효과 모니터링이 개별 학생에 맞추어 적용된다. 현재까지의 연구는 학생들에게 교육 서비스를 제공하는 데 이 접근이 성공적이었음을 보여 준다 (Cook, Burns, Browning-Wright, & Gresham, 2010). 안타깝게도 정신건강에 대한 많은 기존의 모델은 '문제가 생길 때까지 아무것도 하지 않는(waiting to fail)' 접근법을 따른다. 달리 말하면, 증상이 너무 심해져 버리거나, 학업, 대인관계, 감정 통제에 부정적 영향이 생길 때까지 개입을 하지 않는 것이다. 외래치료를 받는 청소년들은 이미 대부분 정신건강 문제의 증상인 문제 행동이나 학업 실패를 경험하고 있다(Rathus & Miller, 2002).

　　교육 환경(주로 학교)은 정서사회 문제에 중점을 두든 학업에 중점을 두든, 학생들이 지원을 받을 수 있는 가능성이 가장 높은 환경이다(Burns et al., 1995; Cook et al., 2010; Hoagwood & Erwin, 1997). 학교는 정신건강 서비스 제공을 위한 실질적 환경인 것이다 (Cook et al., 2015). 초 · 중 · 고등학생에게 제공되는 정신건강 서비스에 대한 전국적 설문 조사 세 개를 분석한 결과, 정신건강 서비스를 필요로 하는 학생 중 80%가 최근 12개월 동안 지원을 받지 못한 것으로 밝혔으며(Kataoka, Zhang, & Wells, 2002), 지원을 받는 적은 비율의 학생들에 대한 개입은 학교에서 제공된 경우가 압도적으로 많았다. 더불어 Catron과 Weiss(1994)에 의하면, 학교 안 심리치료에 연계된 학생의 98%가 지원을 받은 반면, 학교 밖 치료 기관으로 연계된 학생들이 실제 치료를 받은 경우는 20%에 못 미쳤다. 이와 같은 결과는 DBT STEPS-A를 교육 환경에서 실행하는 것에 몇 가지 중요한 장점이 있음을 시사한다.

1. 교육 환경은 '싫어도 거기 있어야 하는 사람들(학생들)'이 있는 곳이다. 달리 말하면, 학생들은 학업을 위해 학교에 이미 다니고 있고, 여기에 기술 습득과 훈련을 얹는 것은 자연스럽게 잘 들어맞는다. 사실상 DBT STEPS-A 과정을 학생들이 꼭 들어야 할 수업으로 진행하는 것이 이상적이다. 수업으로 어떻게 진행될 수 있는지, 그리고 수업에서 발생할 수 있는 문제에는 어떤 것이 있는지에 대해서는 제2장에서 논의한다.

2. 학교는 청소년들의 주된 스트레스 요인이 있는 곳이지만, 동시에 어려움을 겪는 학생들에게 긍정적인 지원과 도움을 줄 수 있는 곳이다.

3. 교육 환경은 DBT STEPS-A 과정을 듣는 학생들이 배운 기술을 연습해 볼 다양한 기회를 제공한다. 학교폭력, 징계, 따돌림 등의 학교 관련 요인들은 정신건강 문제를 악화시킨다(Cook et al., 2010). 따라서 이러한 문제가 생기는 환경(학교) 안에서 문제를 해결할 수 있는 기술을 배우고 연습하는 것이 좋다.

4. 교육 환경 안에서 지원을 받는 것은 부모의 도움이 필요하지 않다. 이 말의 뜻은 지역

사회 정신건강 서비스센터에 갈 때처럼 부모가 데려가 줄 필요가 없다는 것이다. 비록 치료 과정에서 부모의 역할이 중요한 것은 맞지만, 부모가 지속적으로 도움을 주지 못하면 청소년들의 치료 참여도를 저하시킨다. Wagner(1997)는 부모가 삶에서 겪는 스트레스가 자녀가 필요로 하는 정신건강 서비스를 받는 데 방해가 될 수 있다고 보고했다.

5. 마지막으로, DBT STEPS-A는 장기적으로 교육청의 예산을 줄일 수 있다. DBT STEPS-A와 같은 사회정서학습 프로그램들은 교육청의 자원 투입이 필요하다. 그리고 많은 경우 교육청의 시간, 예산 등의 자원은 충분하지 않은 것이 현실이다. 하지만 DBT STEPS-A 과정의 실행이 입원 또는 거주형 치료와 같은 전문적인 지원이 필요한 학생 수를 줄일 수 있다면, 이것은 비용효율적인 투자가 될 것이다.

삶을 향상시키는 전략

DBT STEPS-A 개발의 주된 목표 중 하나는 청소년들이 효과적인 행동 전략 또는 '삶을 향상시키는' 전략을 개발하는 것이었다. 우리가 '삶을 향상시키는'이라는 용어를 사용하는 이유는 이 과정이 가르치는 기술을 적시에 적절한 방법으로 사용할 경우, 단순히 현재의 문제 해결을 넘어 학생 개인에게 중대한 영향을 미칠 수 있기 때문이다. 청소년들은 학교에 계속 다니고, 대학에 진학하고, 연애관계를 잘 살피고, 좋은 직장을 유지하는 것 같은, 앞으로 다가올 삶의 중요한 문제들을 이 기술을 이용하여 해결할 수 있을 것이다. DBT STEPS-A는 청소년들이 삶에서 중대한 결과를 가져오는 의사결정을 하기 전에 이 기술들을 배우고 익힐 수 있게 돕는다. 우리는 DBT STEPS-A가 청소년들에게 힘든 감정적 상황들을 잘 관리하고, 어려운 상황에서 더 나은 의사결정을 내릴 수 있는 도구와 전략을 제공할 수 있기를 바란다.

차례

제1부

DBT STEPS-A 개관

제3장 힘든 학생들을 위한 DBT STEPS-A • 65

제2부

학습 지도안과 시험

제3부

학생 유인물

제1부

DBT STEPS-A 개관

제**1**장

DBT STEPS-A 소개

DBT STEPS-A에 오신 것을 환영합니다

청소년 정서 문제 해결을 위한 DBT 기술 훈련(DBT Skills Training for Emotional Problem Solving for Adolescents: DBT STEPS-A)은 중・고등학생들의 정서 조절, 대인관계, 의사결정 기술을 향상시키는 프로그램이다. 청소년기에는 따돌림, 낮은 자신감, 자아에 대한 혼란, 충동적 행동, 술이나 마약 사용, 연애와 성관계와 같은 여러 가지 발달, 사회성, 학업 성취 영역에서 압박감을 느낀다. 학교에서 스트레스 대처와 의사결정에 대한 수업을 제공하는 일은 거의 없지만, 이러한 기술을 배워야 할 필요성은 점점 커지고 있다(Rathus & Miller, 2015). 시작하는 글에 제시된 것처럼, DBT STEPS-A 교육과정은 이러한 필요성 때문에 개발되었다. DBT STEPS-A는 정서를 조절하고, 충동적 행동을 줄이고, 문제를 해결하고, 대인관계를 만들고 회복하는 실용적 기술을 가르친다.

DBT STEPS-A 과정은 일반 교사 또는 청소년 정신건강에 대해 어느 정도 지식을 갖춘 보건교사, 학교상담사, 학교심리학자 등의 학교 관계자가 가르치도록 고안되었다. 교육과정은 4개의 기술 영역 또는 '모듈(module)'(마음챙김, 고통 감싸기, 정서 조절, 효과적인 대인관계)로 구성되어 있고, 약 30주에 걸쳐 가르치도록 개발되었다(주 1회씩 2학기 동안 또는 주 2회씩 1학기 동안). 1회당 50분이 소요된다. 하지만 이 교육과정은 유연하며, 만일 20주만 가르쳐야 하거나 40주에 걸쳐 진행할 경우, 그에 맞게 조정이 가능하다.

DBT STEPS-A는 변증법행동치료(Dialectical Behavior Therapy: DBT)의 기술 훈련 요소에 기반한다. DBT는 경험적 연구를 통해 효과적이라고 알려진 치료이며, 심각한 정서 조절 장애 문제를 가진 성인과 청소년을 위한 심리치료 프로그램이다. Linehan(1993, 2015a, 2015b)이 최초로 개발하였으며, 이후 Miller와 Rathus가 자살 위험이 있는 청소년에 맞게 적용하여 개발하였다(Miller, Rathus, Leigh, Landsman, & Linehan, 1997; Miller, Rathus, & Linehan, 2007; Rathus & Miller, 2002, 2015). 청소년용 DBT는 개인치료 주 1회, 다가족 기술 훈련 집단 주 1회, 기술 일반화를 위한 회기 간 전화 코칭, 그리고 치료자 자문팀으로 구성된 통합적 개입이다. Mehlum 등(2014)은 무작위 대조 연구를 통해 여러 개의 복잡한 문제를 가진 청소년에게 DBT가 효과적임을 보여 주었다. DBT 치료를 받은 청소년들은 16주의 치료를 마친 후, 강화된 일반치료(enhanced usual care)를 받는 청소년보다 자해, 우울, 절망감, 경계선 성격장애 증상에서 의미 있는 감소를 보였다(Mehlum et al., 2014). DBT 기술은 다양한 임상 및 비임상 집단에 도움이 되는 것으로 밝혀졌고(Hashim, Vadnais, & Miller, 2013; Mazza & Hanson, 2014a, 2014b; McMain, 2013), 따라서 DBT 기술은 기본적인 사회적 · 정서적 생활 기술로 볼 수 있다.

DBT STEPS-A가 치료 프로그램은 아니다. 이 프로그램은 DBT 기술 훈련을 중 · 고등학생 연령의 청소년들에게 사회정서학습(Social-Emotional Learning: SEL) 교육과정을 통해 전달할 수 있도록 수정한 것이다. DBT STEPS-A 과정은 정서와 행동을 조절하는 데 어려움을 겪는 청소년뿐만 아니라 모든 청소년에게 도움이 될 것이다. DBT STEPS-A의 목표는 청소년들이 정서 조절, 문제 해결, 대인관계 향상, 삶의 질 향상을 위한 효과적인 전략의 도구를 갖추도록 하는 것이다.

책의 구성

이 책은 3부로 구성되어 있다. 제1부에서는 DBT STEPS-A의 근거를 설명한다. 청소년들에게 적용한 연구 결과, 수업과 학생 유인물 등의 여러 구성요소에 대한 개관 그리고 일반 학생들과 심리적 어려움을 겪는 학생들을 위한 실행 지침이 제시된다. 제1부 제1장에서는 기존의 사회정서학습 교육과정들과 이 과정들을 청소년에게 적용할 때의 제한점, 그리고 DBT STEPS-A가 이 제한점을 어떻게 다루는지와 이에 관련된 연구는 어떻게 진행되었는지를 설명한다. 그다음에는 교육과정을 자세히 살펴보면서 4개의 기술 모듈(마음챙김, 정서 조절, 효과적인 대인관계, 고통 감싸기)을 소개할 예정이다. 각 모듈에서 가르치는 구체적 기술도 제시한다. 제2장에서는 DBT STEPS-A를 학교의 전체 교육과정 안에서 구현

할 때 필요한 과제와 평가, 비밀 보장 문제, 출석 규칙 등의 실질적 사안에 대해 자세히 정리한다. 또한 학생 유인물 사용에 대해서도 설명할 예정이다. 제3장은 더 강도 높은 정신건강 서비스를 받아야 하는 학생들(즉, 2단계와 3단계에 속하는 학생들; 이 단계에서는 DBT STEPS-A는 기본적 교과과정이지만 학생들에게 필요한 다른 지원이 제공되는 것이 좋다)에 대한 개입을 논의한다.

제2부와 제3부에는 교육과정의 내용이 자세히 나와 있다. 제2부에는 DBT STEPS-A 교사가 숙지해야 할 30개 단원의 구체적인 계획과 모듈 시험 문제 및 해답이 나와 있다. 제3부는 학생 유인물(기술에 대한 정보나 연습을 위한 유인물과 과제지)로 구성되어 있다.

청소년을 위한 사회정서학습 교육과정의 필요성

사회정서학습(Social-Emotional Learning: SEL) 교육과정은 모든 연령의 학생들이 스트레스를 주는 사건에 성공적으로 대처하는 데 필요한 기술을 습득하고 연습하는 것에 초점을 둔다. 정서 조절 장애에 대처하고 가족, 또래, 교내, 연애 관계를 만들고 유지하는 것은 대부분 학생의 스트레스와 관련이 있다. 학업 및 사회정서학습협회(Collaborative for Academic, Social, and Emotional Learning: CASEL)는 사회정서학습을 '아동과 성인이 감정을 이해하고 다루는 데 필요한 지식, 태도, 기술을 획득하고 효과적으로 적용하는 과정'(CASEL, 2013, p. 4)이라고 정의한다. 청소년들에게 사회정서학습은 특히 중요한데, 이것은 대인관계 스트레스 요인과 10대들의 발달 단계 요인(따돌림, 술과 마약 사용, 연애 문제, 학교폭력, 사회적 관계, 외모에 대한 걱정, 고등학교 과정에의 적응, 정서적 독립 등) 때문이다.

청소년이 경험하는 스트레스 사건의 강도는 다양한데, 10대가 이 발달 단계를 아무런 스트레스 또는 정서적 어려움 없이 지나가는 경우는 아주 드물다. 학업이나 대인관계 기능에 가벼운 영향을 주는 전형적인 문제는 데이트를 신청하는 것에 대한 불안, 수업 결석, 많은 학업량 관리, 늦은 귀가시간 등이다. 이보다 드물게 일어나는 심한 문제는 자해, 자살 행동, 약물 문제, 가정불화나 폭력, 또는 범법 행위 등이다. 이러한 문제들은 대부분 강한 고통스러운 감정이나 정서 조절 장애의 원인이거나 결과이고, 이 문제들은 청소년의 학업과 사회 기능에 큰 영향을 줄 가능성이 높다.

청소년들의 정신건강 문제 유병률은 생각보다 높다. Cook 등(2015)은 매년 청년의 20%가 정신적 문제(예: 우울증, 불안, 반사회적 행동)를 경험한다고 보고하였는데, 유감스럽게도 이 수치는 학업, 연애 및 다른 대인관계 문제(예: 학교폭력, 따돌림)는 포함하지 않았다는 점에서 과소평가된 결과라고 할 수 있다. 게다가 Johnston, O'Malley, Bachman과

Schulenberg(2007)이 미국 전역에서 실시한 설문 연구에서는 50%가 넘는 고등학생들과 20%에 가까운 중학교 2학년 학생들이 불법 약물을 사용해 본 경험이 있다고 보고하였다. 따라서 중·고등학생들은 청소년기의 감정 롤러코스터를 잘 타기 위해서 감정 관리, 문제 해결, 의사결정 기술을 배워야 할 필요가 있다고 할 수 있다.

유감스럽게도 미국의 현 교육 시스템은 정신건강과 학업성취 사이의 상관관계를 무시하고 학업에 초점을 두고 있다(Cook et al., 2010). 정신건강과 정서 조절 문제에 관해서는 대부분의 학교가 학생이 '문제가 생길 때까지 아무것도 하지 않는(waiting to fail)' 접근 방법을 사용한다. 시작하는 글에 기술한 것처럼, 학생이 문제 행동을 해야 학교 관계자의 주목을 받게 된다는 것이다. 만일 학생의 문제가 술, 마약, 결석인 경우는 방과 후 학교에 남아 있거나 정학 등의 처벌적 방법을 흔히 사용하는데, 이러한 방법들은 효과적이지 않고 (Monahan, VanDerhei, Bechtold, & Cauffman, 2014), 더 많은 문제 행동으로 이어질 때가 많다.

이러한 사후 반응 접근 대신 사회정서학습 과정을 활용하는 것이 능동적인 문제 해결 방법이라는 것을 학교가 인식하기 시작했다. 사회정서학습 교과과정은 학생들이 문제 행동을 일으키기 전에 의사결정과 감정 관리를 위한 적절한 기술을 키울 수 있게 설계되어 있다. 초등학교와 중학교의 사회정서학습 교과과정은 징계나 정학 처분을 당하는 학생의 수를 줄이고, 학업 수행을 향상시킬 수 있다고 밝혀졌다(Cook, Gresham, Kern, Barreras, & Crews, 2008). 따라서 사회정서학습 교육과정은 모두에게 유리한 '윈윈(win-win)'의 접근 방법을 제공한다. 학생들은 징계나 정학 처분을 덜 받을 수 있고, 따라서 교실에 있는 시간이 더 많아져 수업을 듣고 배울 시간이 증가하게 된다.

기존 사회정서학습 교육과정

지난 10년간 사회정서학습 교육과정의 사용과 이 과정에 대해 지지하는 이들이 많아졌다(Kilgus, Reinke, & Jimerson, 2015). 미국의 여러 주(예: 펜실베이니아, 일리노이, 캔자스)에서는 사회정서학습 과정의 표준을 만들어 각 주의 교육 표준에 맞추어 조정하고 있다. 현재 사회정서학습 교육과정은 학생의 나이에 따라 구분되고, 상당수가 중·고등학생보다는 유치원생과 초등학생을 대상으로 한다(CASEL, 2013, 2015). 『2013 CASEL 안내서(2013 CASEL Guide)』(유치원생과 초등학생용)에서는 19개의 초등학교 사회정서학습 프로그램을 소개한 반면, 『2015 CASEL 안내서(2015 CASEL Guide)』(중·고등학생용)에는 겨우 6개의 중학교 프로그램과 5개의 고등학교 프로그램이 나와 있다. 〈표 1-1〉에 『2015 CASEL 안내서』에서 선별한 사회정서학습 교육과정 이름과 설명이 제시되어 있다. 표에 들어간 교

표 1-1 선별된 사회정서학습 교육과정

교육과정 이름	구성	학년	목표 행동	결과
중학교 SEL 프로그램				
탐험 학습 (Expeditionary Learning)	조직 차원 접근, 교과 학습과 연계된 교수법(영문학 수업)	6~12	대인관계 품성(친절, 정직, 진실성)과 수행 품성(조직 능력, 인내, 손재주)	6~8학년: 학업 성취↑
역사와 우리 자신을 대면하기(Facing History and Ourselves)	교과 학습과 연계한 교수법(역사, 사회, 언어 수업)	6~12	깊은 사회적·윤리적 사고와 시민정신 학습의 형식을 통한 긍정적 청년 발달	7, 8학년: 긍정적 사회 행동↑, 문제 행동↓, SEL 기술과 태도↑
세컨드 스텝: 성공하는 중학생을 위한 예방(Second Step: Student Success through Prevention for Middle School)	단독 교과(40단원)	6~8	공감, 의사소통, 문제 해결, 따돌림 예방, 약물 남용 예방	6학년: 문제 행동↓
학생 성공 기술 (Student Success Skills)	교과 학습과 연계한 교수법 또는 단독 교과(8단원)	6~12	목표 설정(목표 달성 모니터링도 함께 함), 지지적 환경 제공, 기억과 인지 기술, 감정 관리, 건강한 낙관주의 발달	7학년: 학업 성취↑, SEL 기술과 태도↑
고등학교 SEL 프로그램				
일관성 관리와 협동 훈련(Consistency Management and Cooperative Discipline)	교사 교육 프로그램-교수 방법 사용	6~12	교사-학생 상호작용, 학급 환경, 학급 관리	9학년: 학업 성취↑
역사와 우리 자신을 대면하기(Facing History and Ourselves)	교과 학습과 연계한 교수법(역사, 사회, 언어 수업)	6~12	깊은 사회적·윤리적 사고와 시민정신 학습의 형식을 통한 긍정적 청년 발달	9, 10학년: 학업 성취↑, SEL 기술과 태도↑, 교수법↑
Buck 교육연구소 프로젝트 기반 학습 (Project Based Learning by Buck Institute for Education)	교수법 접근, 학생들을 참여시켜 프로젝트를 설계하는 데 초점을 둔 교수법	6~12	목표 설정, 문제 해결, 자기관리	12학년: 학업 성취↑
독서 수련 (Reading Apprenticeship)	교과 학습과 연계하여 실시(역사, 사회, 언어 수업)	6~12	공동체 만들기와 안전한 환경 만들기, '책 읽는 사람'의 정체성과 자기인식 발달, 인지 기술, 문제 해결	9, 11학년: 학업 성취↑, 문제 행동↓, 교수법↑

| 학생 성공 기술
(Student Success
Skills) | 교과 학습과 연계한
교수법 또는 단독 교
과로 가르침(8단원) | 6~12 | 목표 설정(목표 달성 모니터링
도 함께 함), 지지적 환경 제공,
기억과 인지 기술, 감정 관리, 건
강한 낙관주의 발달 | 9, 10학년:
학업 성취↑ |

주: CASEL(2015)에서 발췌함.

육과정은 중학생(6~8학년)과 고등학생(9~12학년)을 위해 만들어졌고, 시행을 추적 관찰할 수 있는 평가도구가 있으며, 모든 학생이 배울 수 있고(1단계 또는 보편적 수준), 결과에 대한 긍정적 연구 결과가 존재한다. 중·고등학생을 위한 다른 사회정서학습 과정도 있지만, CASEL은 사회정서학습 프로그램에 다양한 학생을 포함하고, 이 교육과정을 평가할 수 있는 엄격한 표준을 개발하는 데 있어서 그 수월성을 인정받았다(Durlak, Weissberg, Dymnicki, Taylor, & Schellinger, 2011). 이 표에는 각 교육과정의 이름, 구성, 해당 학년, 목표 행동, 결과가 정리되어 있다.

청소년을 위해 개발된 사회정서학습 교육과정 연구는 그리 많지 않다(Durlak et al., 2011). 저자들이『2015 CASEL 안내서』를 살펴보았을 때, 중·고등학생의 정서적 고통을 유의미하게 낮춘 연구 결과를 낸 프로그램이 단 하나도 없다는 점이 놀라웠다. 고등학생 수준에서는 학생 성공 기술(Student Success Skills) 과정(8단원으로 구성됨)만 독립된 사회정서학습 수업을 제공한다. 또한 CASEL 안내서에는 5개의 고등학교 사회정서학습 프로그램 모두 학업 수행을 유의미하게 향상시킨 것으로 나와 있지만, 역사와 우리 자신을 대면하기(Facing History and Ourselves) 프로그램만 향상된 사회정서학습 기술과 태도로 이어졌고, 독서 수련(Reading Apprenticeship) 프로그램에 참여한 학생들만 문제 행동의 감소를 보여 주었다. 네 개의 중학생 프로그램의 연구 결과도 비슷하다. 네 개 중 두 개만 유의미한 사회정서학습 기술과 태도의 향상으로 이어졌고(학생 성공 기술, 역사와 우리 자신을 대면하기), 두 개의 프로그램[세컨드 스텝: 성공하는 중학생을 위한 예방(Second Step: Student Success through Prevention for Middle School)과 역사와 우리 자신을 대면하기]만 문제 행동의 감소에 효과적이었던 것으로 나타났다. 마지막으로, 역사와 우리 자신을 대면하기 프로그램만 중학생들의 사회 행동을 긍정적인 방향으로 변화시키고 있다는 것이 밝혀졌다.『2015 CASEL 안내서』와 Durlak 등(2011)의 연구를 종합해 보면, ① 중·고등학생을 위한 사회정서학습 프로그램 수가 아동용 사회정서학습 과정과 비교해 턱없이 적으며, ② 기존의 중·고등학생용 프로그램이 정서적 고통을 줄이는 데 효과적이라는 증거가 부족하다.

두 개의 관련 연구에서 청소년 대상 사회정서학습 교육과정 실행의 유용성을 지지하는 결과가 나왔다(Cook et al., 2008; McMain, 2013). 정서 및 행동 장애(Emotional and/or

Behavioral Disorders: EBD)를 가진 학생들을 위한 대인관계 기술 훈련 프로그램의 메타분석 연구에서 Cook 등(2008)은 이러한 프로그램에 참여한 학생의 3분의 2가 대인관계 능력이 향상되었고, 통제집단의 경우 3분의 1만 향상되었다고 보고하였다. 유사한 사회성 향상 및 감정 관리 기술 프로그램에 관한 연구에서 McMain(2013)은 경계선 성격장애 진단을 받은 성인을 대상으로 20주 DBT 기술 훈련 집단과 대기자 통제집단의 효과를 비교하였다. 기술 훈련 집단에서는 DBT 기술 4개 모듈(마음챙김, 고통 감싸기, 정서 조절, 효과적인 대인관계 기술)과 변증법적 관점과 태도를 가르쳤다. 이 집단 참가자들이 분노 표현, 충동적 행동, 고통 견디기, 정서 관리 영역에서 비교집단(대기자)보다 더 긍정적인 변화를 보여 주었다. McMain(2013)과 Cook 등(2008)의 연구 결과는 대인관계와 정서 관리에 초점을 둔 기술 훈련이 중·고등학생들에게 도움이 되고, 특히 정서적 고통 감소에 효과적일 수 있음을 보여 준다.

연구 부족의 문제 외에도 중·고등학생을 위해 개발된 기존 사회정서학습 교육과정에는 눈에 띄는 몇 가지 제한점이 있다. 첫째, 이 프로그램들에는 종종 가족이나 지역사회의 개입, 지지적 학습 환경 조성, 긍정적 학교 분위기 형성과 같은 외부의 시스템이 관여된다. 물론 이러한 것들은 학생이 사회적·정서적 고통을 느끼는 환경 개선에 중요한 요소가 되지만, 이러한 환경들 중에는 학생들이 통제할 수 없는 상황적 요인이 많다. 둘째, 학생들이 배우는 기술이 얼마나 구체적인 수준인지 불분명하다. 예를 들면, 이 교육과정의 대부분은 자기인식 및 자기관리 기술을 가르치는데, 과목을 다 배우고 난 뒤 습득한 구체적 기술이 무엇인지 명명하는 것이 어렵다. 마지막으로, 교육과정은 주로 CASEL의 다섯 개의 핵심 요소(자기관리, 자기인식, 사회적 인식, 관계 기술, 책임 있는 의사결정)에 충실한데, 이 기본 요소들이 사회정서학습을 구성하는 이유에 대한 이론적 근거가 없다. 따라서 현재 이 구성요소들이 어떻게 상호작용하고 또 어떤 방식으로 특정 인지행동 또는 정서행동과 연결되어 있는지에 대한 충분한 이해가 부족하다.

왜 DBT STEPS-A인가

DBT STEPS-A는 기존 사회정서학습 접근의 한계점을 다루는 대안적 교육과정을 제시한다. 첫째, DBT STEPS-A는 청소년 개인에게 감정 관리 전략, 의사결정 기술, 대인관계 기술을 가르치는 보편적 교육과정이다. 따라서 이 프로그램에서 가족과 지역사회 같은 더 큰 체계의 관여는 필수적이지 않다.

둘째, 학생들이 배우는 기술은 명확하게 정의되어 있고, 아주 구체적이며, 청소년들이 종종 직면하는 어려움에 맞추어져 있다. 대부분의 기술이 써야 할 구체적 기술을 묘사하는, 기억하기 쉬운 이름을 가지고 있다. 이러한 기술 이름은 필요할 때 학생들이 기술을 기억하고 연습하는 능력을 향상시킨다.

셋째, DBT STEPS-A에서 배우는 기술은 DBT에서 가져왔고, DBT는 전반적 정서 조절 장애를 위한 Linehan(1993, 2015a)의 생물사회이론에 기반한 심리치료이다. 이 이론에 따르면, 생물학적인 취약성이 '비타당화하는 환경(invalidating environment)'(즉, 지지의 부족이나 노골적인 방해 또는 가족, 친구, 교사들의 학대)과 결합되면 네 개의 핵심 영역에 문제가 생길 수 있다. 이 네 가지 영역은 정서 조절의 어려움, 정서 조절 문제로 인한 자신에 대한 혼란, 충동적 행동, 대인관계 문제이다. DBT 네 개 모듈의 기술은 특별히 이러한 문제들을 다루기 위해 고안되었다.

1. 정서 조절 모듈은 불쾌하고 고통스러운 정서를 줄이고, 긍정 정서를 늘리는 기술을 가르친다.
2. 마음챙김 모듈은 자기인식을 높이고, 평가하는 판단을 줄이고, 주의 통제력을 얻는 기술을 가르친다.
3. 고통 감싸기 모듈은 기분 나쁜 상황이 충동적 행동으로 인해 악화되지 않도록 심리적 고통을 견딜 수 있게 해 주는 기술을 가르친다.
4. 효과적인 대인관계 모듈은 좋은 관계와 자존감을 유지하면서 사람들에게 요청하거나 거절하는 기술을 가르친다.

DBT 기술은 처음에는 심각한 정신장애를 가진 사람들의 문제 해결을 위해 개발되었지만, 기술 자체는 누구에게나 유용한 기본적인 사회적 · 정서적 생활 기술이다. 어떤 사람들은 삶의 경험을 통해 이런 기술을 저절로 배우지만 많은 이는 그렇지 못하고, 또 어떤 사람들은 일부는 배우지만 모두 다 배우지는 못한다. 이 기술들은 청소년에게 특히 도움이 되는데, 그 이유는 자신에 대한 혼란스러움, 정서 조절의 어려움, 충동성, 대인관계 문제는 모두 청소년기 발달 과정에서 겪는 문제들이기 때문이다.

마지막으로, 초기 성과 연구가 여러 개의 중 · 고등학교 현장에서 DBT STEPS-A의 실행 효과를 증명하였다(Haskell et al., 2014; Mazza & Hanson, 2014a, 2014b; Miller, Mazza, Dexter-Mazza, Steinberg, & Courtney-Seidler, 2014). 이 연구들의 결과가 다음에 정리되어 있다. 학생들을 대상으로 한 DBT STEPS-A 과정의 효과 연구는 계속 진행 중이다.

학교 현장의 DBT STEPS-A 교육과정에 대한 초기 연구

심한 정서 조절 문제에 대한 통합적 치료인 DBT는 성인을 대상으로 한 임상 연구에서 효과가 증명되었고(Dimeff, Woodcock, Harned, & Beadnell, 2011; Harned, Rizvi, & Linehan, 2010; Neacsiu, Rizvi, Vitaliano, Lynch, & Linehan, 2010), 최근에는 청소년에게도 효과적이라는 연구 결과가 있다(Mehlum et al., 2014). 최근 DBT STEPS-A를 통해 DBT의 기술 훈련을 독립된 치료로 사용하는 것의 효과를 학교 내 청소년 대상으로 실시한 연구에서는 긍정적 결과가 보고되었다(Haskell et al., 2014; Mazza & Hanson, 2014a; Miller et al., 2014).

DBT STEPS-A 과정을 실행한 첫 학교 중 하나는 펜실베이니아주 필라델피아의 마스터리 차터 학교(charter school; 역주: 공적 자금을 받아 교사, 부모, 지역단체 등이 설립한 학교)를 통해 선별한 도심 학교들이었다. 첫해가 지난 후, 예비 연구에서 사전과 사후의 정서적 고통 점수의 변화가 나타났다. 특히 DBT STEPS-A를 배운 9학년들(역주: 한국의 중학교 3학년이나 고등학교 1학년에 해당)의 전반적인 정서적 고통 점수가 통제집단과 비교했을 때 상당히 줄어들었다(Hankell et al., 2014). 두 번째 예비 연구는 Mazza와 Hanson(2014b)이 워싱턴주의 배틀그라운드시에 있는 한 대안학교의 8학년(역주: 한국의 중학교 2학년이나 중학교 3학년에 해당) 학생들을 대상으로 실시하였다. 이 학생들은 DBT STEPS-A의 첫 두 개 모듈(마음챙김과 고통 감싸기)을 배웠다. 이 중에서 80%가 기술을 사용할 것이라고 보고하였고, 약 90%가 이러한 기술이 다른 학생들에게도 도움이 되리라 생각하였다.

DBT STEPS-A가 학교에 주는 잠재적 이득

DBT STEPS-A를 시행하는 학교는 두 가지 이득을 볼 수 있다. 첫째, 학교 관리자들은 대개 정서와 행동 문제가 있는 학생들을 다루는 데 많은 시간을 보낸다. 이 학생들은 학교 규칙을 어긴다는 이유로 종종 방과 후 남기, 정학, 퇴학 등의 징계 조치를 받는다. 이 학생들의 문제 행동은 충동적인 또는 좋지 못한 결정의 결과일 수 있고, 어쩌면 심리적 고통, 화, 또는 다른 강렬한 감정의 행동화 결과일 수 있다. 이러한 문제를 관리하기 위해 학부모 면담과 적절한 개별화교육계획과 중재 전략을 수립하기 위한 회의에 많은 시간이 사용된다. 이것은 학교나 학생 모두에게 도움이 되지 않는 상황인데, 왜냐하면 정학이나 퇴학을 당한 학생은 더 이상 학교에 나와서 배울 수 없고, 더불어 학교 관리자가 징계 조치 기록 및 복학 계획 등 행정업무에 쓰는 시간도 상당하기 때문이다. DBT STEPS-A와 같은 사회정서 학습 프로그램이 도입되면, 징계 조치와 학생부 면담을 줄여 학교 관리자가 자신의 소중한 시간을 더 도움이 되는 일에 쓸 수 있게 해 줄 수 있다(Cook et al., 2008).

학교의 두 번째 이득은 학생들에게 입원치료 같은 다른 시설로의 연계가 덜 필요하다는 것이다. 이러한 입원치료는 학생 한 명당 1년에 5만~12만 5천 달러(역주: 한화로 6,000만 원~1억 5,000만 원 정도)가 든다. DBT STEPS-A는 감정 관리, 문제 해결, 효과적 대인관계, 의사결정 기술을 가르치기 때문에 이러한 기술을 배운 학생들은 정서행동장애 문제로 인한 학교 밖 시설 수용이 더 필요하지 않게 되며, 이것은 교육청의 예산을 절감시키고 학생들이 계속 학교에 다닐 수 있도록 해 준다.

DBT STEPS-A 교육과정 개관: 기술 모듈과 세부 기술

DBT STEPS-A 과정의 전반적인 목표는 학생들이 감정, 행동, 관계를 잘 다룰 수 있는 기술을 배우고, 이 기술을 학교 밖의 일상생활에 적용(또는 '일반화')할 수 있게 돕는 것이다. 따라서 DBT STEPS-A 과정의 주요 초점은 기술 습득과 일반화이다.

청소년들이 감정을 더 잘 통제하고, 충동적인 행동을 줄이며, 더 만족스러운 대인관계를 가지게 되면, 자연히 학업에 더 충실할 수 있고 배움에 방해가 되는 부정적인 학교 밖 요인들의 영향도 줄어들게 된다. DBT STEPS-A 과정을 통해 배우는 기술들은 학생들에게 재학 중에 그리고 졸업한 후에도 성공의 기회를 더 많이 줄 수 있다.

교육과정 순서

기술 모듈과 권장하는 수업 순서가 [그림 1-1]에 나와 있다. 처음 두 개 단원은 교과를 소개하는 수업이고, DBT STEPS-A 교육과정 구조, 청소년들의 주된 문제 영역 네 가지, 수업 지침, 변증법의 정의에 초점을 둔다. [그림 1-1]에 적힌 4개의 모듈 중에서 마음챙김 모듈을 제일 먼저 가르친다. 마음챙김 기술은 '핵심' 기술, 즉 다음에 배우는 모든 기술과 모듈의 토대이기 때문에 다음 단계에 가기 전, 학생들이 이 기술에 대한 기본적인 이해를 하는 것이 중요하다. 마음챙김 다음에는 고통 감싸기 모듈을 가르칠 것을 권하는데, 이것은 절대적인 것은 아니다. 교사들은 학급의 특수 상황이나 현재 상황에 맞게 순서를 바꿀 수 있다.

〈표 1-2〉는 DBT STEPS-A의 각 단원을 단원 번호, 배우는 기술, 각 단원이 속한 모듈에 따라 정리한 것이다. 각 수업과 배우는 기술에 대한 자세한 설명이 뒤에 제시된다.

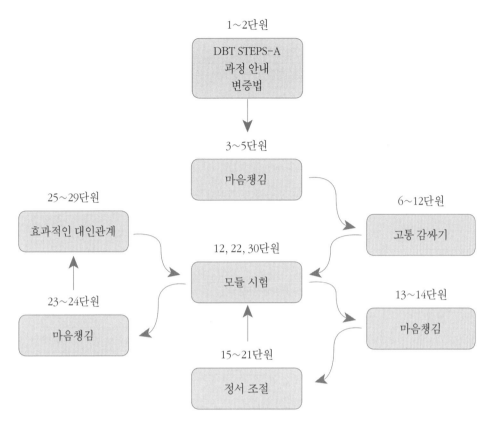

[그림 1-1] DBT STEPS-A 교육과정: 권장하는 모듈 교육 순서

표 1-2 단원과 기술 목록

모듈	기술	단원
과정 안내	수업 지침	1단원
변증법	변증법의 원리	2단원
마음챙김	지혜로운 마음	3단원
	'무엇을' 기술	4단원
	'어떻게' 기술	5단원
고통 감싸기	위기 생존 기술 소개, 달라진 활기비밀	6단원
	자기위안과 신기한 쉼의 상자	7단원
	냉동복식 기술	8단원
	장단점 찾기	9단원
	현실 수용과 온전한 수용 소개	10단원
	마음 돌리기와 기꺼이 마음	11단원
	지금 생각챙김, 고통 감싸기 모듈 시험(선택)	12단원

마음챙김	지혜로운 마음	13단원
	'무엇을' 그리고 '어떻게' 기술	14단원
정서 조절	정서 조절의 목표, 정서의 기능	15단원
	정서 기술하기	16단원
	팩트 체크와 반대로 행동하기	17단원
	문제 해결	18단원
	긍정 경험 쌓기	19단원
	자신감 쌓기, 미리 연습하기, 안아파수식	20단원
	파도타기 기술-지금 감정챙김	21단원
	정서 조절 모듈 시험	22단원
마음챙김	지혜로운 마음	23단원
	'무엇을' 그리고 '어떻게' 기술	24단원
효과적인 대인관계	목표 설정	25단원
	기표주보 집단협상	26단원
	친심원해	27단원
	금가진자	28단원
	요청과 거절의 강도를 정하기 위한 조건 따져 보기	29단원
	효과적인 대인관계 모듈 시험	30단원

DBT STEPS-A 과목 안내(1단원)

1단원에서는 학생들에게 수업을 소개하고, 수업 규칙 및 지침과 수업 계획을 알려 준다. 10대들이 자주 경험하는 네 가지 문제 영역(감정 다루기의 어려움, 혼란스러움/주의 산만, 충동성, 대인관계 문제)과 이를 다루는 DBT 기술 네 개 모듈(정서 조절, 마음챙김, 고통 감싸기, 효과적인 대인관계)을 소개한다.

- **감정 다루기의 어려움:** 청소년들은 자주 강렬하고 빠르게 바뀌는 정서를 경험하고, 이것은 충동적이고 감정적인 행동으로 이어질 수 있다. 10대들은 가끔 감정이 일어날 때 자신이 어떤 정서를 느끼는지 또는 몸의 느낌은 어떤지조차 알아차리지 못한다. 정서 조절 모듈의 기술들은 먼저 정서를 알아차리고 이름 붙이는 것을 가르치며, 그 다음 불쾌한 정서를 줄이고 긍정적 정서를 높이는 방법을 알려 준다.
- **혼란스러움/주의 산만:** 청소년기는 학생들이 정체성, 선호, 가치, 목표를 알아 가고 발

달시키는 시기이다. 또래 압력, 소셜 미디어, 그리고 그 외 환경의 압박은 10대가 자기 자신을 잘 이해하는 것을 어렵게 만들 수 있다. 자기에 대한 혼란스러움과 주의 산만 문제는 마음챙김 모듈(중요성을 강조하기 위해 '핵심' 마음챙김 기술이라고 부른다)의 기술들을 통해 줄일 수 있다. 마음챙김 기술은 자기인식과 주의 통제력을 향상시킨다. 이 기술은 자신에 대해 현명하고 중심 잡힌 결정을 내리고, (수업 또는 다른 활동)에 마음을 집중하는 데 필수적이라고 할 수 있다.

- **충동성**: 10대들은 수업 결석부터 약물 사용, 음주, 위험하고 무방비한 성관계, 자해(예: 칼로 상처 내기, 화상 입히기, 때리기), 자살 행동에 이르는 다양한 충동적인 문제 행동을 일으킬 수 있다. 어떤 경우에는 이러한 충동적인 행동이 고통스러운 정서로부터 도주하는 기능을 하기도 한다. 고통 감싸기 모듈에서 가르치는 기술들은 고통을 견딜 만하게 도와주어 학생들이 충동적인 행동으로 상황을 악화시키지 않도록 돕는다.
- **대인관계 문제**: 요청과 거절을 적절하게 하고, 오래가는 관계를 만들어 유지하며, 대인관계 상황에서 자존감을 유지하는 것은 쉬운 일이 아니다. 효과적인 대인관계 모듈의 세 가지 주요 기술은 이 세 개의 문제 영역에서 더 성공적일 수 있도록 돕는 전략이다.

그다음 학생들에게 각자 이 수업을 통해 늘리고 줄일 구체적 행동을 결정하도록 지시한다. 집에 늦게 들어가기, 수업 결석, 과제 안 하기, 관계 문제, 신체나 언어폭력 행동, 도박, 술이나 마약 사용, 만성적 지각 등이 줄일 행동의 예이다. 비밀 보장을 준수하고 모든 학생이 수업에 집중하기 위해서 수업 중 토론할 때는 '표적 행동'이라는 단어 사용을 권한다. 이렇게 하면 학생들이 '이런 행동은 내 문제가 아니니까 나는 관심과 주의를 기울일 필요가 없어.'라는 생각을 덜 하게 된다.

변증법(2단원)

DBT와 DBT 기술의 근본적 철학은 '변증법'이다. 변증법은 현실이 대립되는 힘['정(thesis)'과 '반(antithesis)' 사이의 긴장]으로 구성되어 있고, 이 긴장에서 '통합(synthesis)'이 일어난다는 세계관이다. 변증법적 관점에서 보면, 변화는 끊임없이 일어난다. '통합'은 다시 새로운 '정'이 되고, 대응하는 '반'이 생긴다. 정과 반은 (더 큰) 전체의 부분으로서 모두 진실일 수 있고, 둘 사이의 모순이 서로를 상쇄시키지 않는다. 변증법의 전제는 그 누구도 절대적 진실을 알지 못하고, 따라서 한 사람의 진실은 그저 부분적 진실이라는 것이다. 한 사람의 '앎'에는 언제나 빠진 부분이 있다.

변증법적 관점은 우리가 균형 잡힌 방식으로 생각하고, 느끼고, 행동할 수 있게 해 준다.

DBT의 핵심적인 변증법은 수용과 변화이다. 우리는 자신을 포함한 현실을 있는 그대로 수용해야 하고, 동시에 자신을 포함한 현실을 변화시켜야 할 필요를 인식해야 한다. DBT STEPS-A에는 정서 조절과 효과적인 대인관계처럼 변화를 지향하는 기술들도 있고, 마음챙김과 고통 감싸기 같은 수용을 지향하는 기술들도 있다. DBT STEPS-A의 변증법적 사고의 목표는 학생들이 '흑백논리' 또는 '이분법적 사고'를 줄이고, 하나의 상황을 이해하는 다양한 관점이 있을 수 있음을 알아차리는 능력을 키우는 것이다. 학생들이 'A 아니면 B' 사고에서 'A이면서 동시에 B' 사고로 향하게 하는 것이 우리가 바라는 바이다. 예를 들면, 상황이 힘들어질 때 학생들이 '나는 이 순간 최선을 다하고 있고, 동시에 나는 더 잘할 필요가 있어.'라는 대표적인 변증법적 문구를 상기할 수 있다면 도움이 될 것이다.

다양한 관점을 인지하는 것은 나와 다른 관점에 대해 승인하거나 동의하는 것을 의미하는 것은 아니다. 단지 한 상황의 두 가지 측면을 모두 고려할 수 있게 해 준다. 갈등하고 있는 두 관점이 이해되면, 통합을 찾는 노력을 시작할 수 있다. 변증법적 통합은 단순한 절충이 아니라, 양쪽 모두의 진실을 존중하는 해결책이다. 예를 들어, 검은색과 흰색 간 딜레마의 통합은 회색이 아니라 검은색과 흰색의 물방울무늬나 체스보드 모양과 같을 것이다.

마음챙김(3~5, 13~14, 23~24단원)

앞에서 설명했듯이 마음챙김 기술은 DBT STEPS-A 교육과정의 토대이고, 다른 세 개의 모듈은 마음챙김 기술을 기반으로 한다. [그림 1-1]에 나온 것처럼, 마음챙김 모듈은 그 이후의 모듈을 마칠 때마다 반복해서 배운다.

왜 마음챙김 기술을 가르칠까

마음챙김 기술은 주의를 집중하고, 한 번에 한 가지에만 주의를 두며, 과거와 미래에 대한 생각으로 주의가 흐트러지지 않고 지금 현재를 알아차리는 방법을 가르친다. 이 기술은 단지 정서 조절만이 아니라 공부하고 수업에 집중하는 데도 필요하다. 마음챙김 기술은 또한 학생들이 자신의 감정, 생각, 충동을 알아차리고 이름을 붙일 수 있게 해 주는데, 이것은 자기인식을 높여 주고 잠재적인 충동 조절 문제를 줄여 준다. 더 나아가 이 기술은 학생들이 너무 감정적이거나 너무 이성적인 결정을 내리는 순간을 알아차리게 해 주어 균형 잡힌 의사결정을 할 수 있게 도와준다. 더 많은 것을 자각하게 되면, 선택의 폭이 넓어지고 더 효과적인 결정을 내릴 수 있다. 마음챙김 기술은 청소년들이 자신의 정체성을 수립하고, 미래 계획을 세우며, 자신의 가치관을 확립하는 데 도움이 된다.

Linehan(1993, 2015a)이 개발한 DBT의 핵심 마음챙김 기술들은 종교적인 관례가 아닌

심리학적 개입이다. 비록 Linehan이 불교 전통에서 이 기술을 끌어왔지만, 마음챙김 기술들은 불교, 영성, 또는 어떤 종교를 가르치려는 목적이 없다. 이 기술들은 우리가 현재의 순간을 더 자각하고 지금의 삶에 충실할 수 있게 해 준다. 마음챙김에 근거한 스트레스 완화 프로그램(Mindfulness-Based Stress Reduction: MBSR)을 개발한 Jon Kabat-Zinn에 따르면, 마음챙김은 "의도적으로 지금 현재에 비판단적으로 주의를 기울이는 것"(Kabat-Zinn, 1994, p. 4)이다. 반대로, 마음놓음(mindlessness)은 지금 무엇을 하는지 또는 주위에 무슨 일이 일어나는지 알아차리지 못하고 무의식적·자동적으로 사는 것과 같다. 따라서 마음챙김 기술은 더 잘 알아차리고 주의를 통제하는 능력을 높이는 데 초점을 둔다.

Linehan(2015a)에 따르면, 마음챙김에는 세 개의 주된 목표가 있는데, 이는 ① 괴로움을 줄이고 행복감을 늘리기, ② 마음을 더 잘 통제하기, ③ 현실을 있는 그대로 경험하기이다.

• **괴로움을 줄이고 행복감을 늘리기:** 정기적인 마음챙김 연습이 정서적 안정을 높이는 것(예: 우울감, 불안, 화 감소)과 상관이 있고 행복감을 높여 준다는 것이 연구 결과로 밝혀졌다(Kabat-Zinn et al., 1992; Kaviani, Javaheri, & Hatami, 2011; Vøllestad, Nielsen, & Høstmark, 2012). 이것은 마음챙김이 모든 고통과 문제를 없애 준다는 뜻이 아니라, 마음챙김이 일상에서 불행감을 줄이고 기쁨을 더 느끼게 한다는 뜻이다.
• **마음을 더 잘 통제하기:** 내 마음의 운전대를 잡고 있는 것은 우리의 주의를 다스리며 사는 법을 학습하는 것이다. 주의를 어디에 그리고 얼마나 오래 기울일지를 통제할 수 있는 것이다. 마음챙김은 그냥 운전하다 보니 집에 도착한 것이 아니라, 길을 잘 살피고 주의를 기울이면서 운전하여 귀가하는 것과 같다. 전자는 마음놓음의 방법이다. 마음챙김은 다른 생각에 잠겨 있는 것이 아니라, 나의 주의를 둘 곳을 통제하고 지금 이 순간 그것을 자각하는 것이다.
• **현실을 있는 그대로 경험하기:** 현실을 있는 그대로 경험한다는 것은 삶이 '……해야만 한다'고 생각하는 것이 아니라, 있는 그대로의 삶에 충실한 것이다. 이것은 삶을 회피하거나 문제에서 도망가는 것의 반대이다. 도망가는 것은 종종 더 많은 문제를 만들고, 생각과 감정을 억압하는 것은 그 생각과 감정의 강도를 더 높인다.

구체적 마음챙김 기술

마음챙김 모듈은 일상에서 더 많이 자각하는 능력을 키우기 위한 일곱 개의 핵심 기술을 가르치는데, 이는 지혜로운 마음, '무엇을' 기술 세 개(관찰하기, 기술하기, 참여하기), '어떻게' 기술 세 개(평가하지 않고, 하나씩, 효과적으로)이다.

지혜로운 마음

첫 번째 마음챙김 기술은 '지혜로운 마음'이라고 부르는 기술이다. 먼저, 학생들에게 '이성 마음' '감정 마음' '지혜로운 마음'의 세 가지의 마음 상태에 대해 소개한다. 이성 마음은 감정을 배제하고 논리와 합리성으로 행동하는 마음 상태이다. 이성 마음은 과학 실험에서 화학 약품이 폭발하지 않게 두 약품을 아주 조심스럽고 전략적으로 섞을 때 유용하다. 감정 마음은 모든 논리와 이성을 무시하고, 강렬한 감정으로 생각하고 행동하는 마음 상태이다. 승희가 영어 기말고사를 보기 직전에 화학 점수가 55점인 것을 알게 되고 기분이 너무 나빠져서, 영어 시험 준비에 집중하지 못하고 이 시험(또는 모든 시험)도 망칠 것이라고 생각하기 시작하는 것이 감정 마음 상태의 예가 될 수 있다. 지혜로운 마음은 이성 마음과 감정 마음의 통합이다. 우리가 이성과 감정 모두를 고려한 지혜로운 결정을 내릴 수 있는 마음의 상태이다. 지혜로운 마음은 타협이나 절충을 하는 마음이 아니라, 현실을 있는 그대로 보면서 우리의 감정에 압도되지 않고 경험할 수 있게 해 주는 우리 마음의 '장소'라고 할 수 있겠다. 지혜로운 마음은 승희가 화학 시험 결과에 대한 두려움과 슬픔을 인정할 수 있게 해 주고, 동시에 만약 영어 시험을 치르지 않으면 더 성적이 떨어진다는 이성적인 생각을 할 수 있게 해 주는 마음 상태이다. 지금은 승희 자신이 시험을 망칠 거라고 생각하지만, 정말 그렇게 될지는 승희도 확실하게 알지 못한다. 승희가 지혜로운 마음을 찾을 수 있으면, 감정을 약화시키기 위해 어떤 다른 기술을 쓸지 결정할 수 있다.

'무엇을' 기술

나머지 여섯 개의 마음챙김 기술—'무엇을' 기술과 '어떻게' 기술—은 어떻게 마음챙김 기술을 연습하고 지혜로운 마음에 접촉할 수 있는지에 초점을 맞춘다. '무엇을' 기술들은 한 번에 하나씩만 사용할 수 있다. 우리는 주어진 순간에 관찰하거나, 기술하거나, 참여한다.

- **관찰하기:** 관찰하기는 우리의 안과 밖에서 일어나는 경험을 언어로 묘사하지 않고 그냥 알아차리는 것이다. 우리 몸 밖에 있는 환경은 오감을 통해 관찰하고, 생각과 감정은 내면의 감각을 통해 관찰한다. 하지만 우리는 타인의 생각, 감정, 의도를 관찰할 수는 없다. 단지 다른 사람들의 표정과 행동만 관찰할 수 있다.
- **기술하기:** 기술하기는 관찰한 것을 언어로 묘사하는 것이다. 우리가 관찰하지 못하는/않은 것은 기술할 수 없다. 마음챙김하며 기술하기는 판단, 해석, 또는 의견을 첨가하지 않고 관찰 가능한 사실만 묘사한다.
- **참여하기:** 참여하기는 어떤 일에 나 자신의 100%를 던져 완전히 몰입하는 것이다. 학교 댄스파티에 가서 다른 사람의 눈치를 보며 그들이 자신을 어떻게 볼지 걱정하지

않고, 오로지 춤추는 것에만 몰두하고 즐기는 것이 참여하기이다.

'어떻게' 기술

이름에서 볼 수 있듯, '무엇을' 기술은 무엇을 하는가에 대한 기술이고, '어떻게' 기술은 관찰하기, 기술하기, 참여하기를 어떻게 하는지에 대한 기술이다. '무엇을' 기술과는 다르게 '어떻게' 기술—평가하지 않고, 하나씩, 효과적으로—은 두 개 이상 동시에 사용할 수 있다.

- **평가하지 않고**: 평가하지 않고 관찰, 기술, 또는 참여한다는 것은 말 그대로 판단 또는 평가하지 않는다는 뜻이다. 예를 들면, 기술하기는 좋고 나쁨의 평가 없이 우리가 보는 것을 언어로 표현하는 것이다. 평가나 판단은 감정을 격하게 하고, 그래서 생각 또는 의사소통을 할 때 평가적일수록 감정이 강렬해진다.
- **하나씩**: 하나씩은 한순간에 하나만 하는 것이다. 하나씩 기술은 동시에 여러 가지 일을 하는 것(멀티태스킹)의 반대이다. 과거를 곱씹거나 미래를 생각하지 않고 지금 이 순간에만 주의를 기울이는 것이다.
- **효과적으로**: 효과적으로 행동한다는 것은 되는 것을 한다는 뜻이다. 즉, 자신의 장기적 목표에 더 가까이 갈 수 있는 행동을 선택하는 것이다. 효과적으로 행동하는 것은 빈대 잡으려다 초가삼간을 태우는 것의 반대 개념이다. 벌레 몇 마리 잡으려고 집을 태우면(벌레를 집에 둘 수는 없다는 '원칙' 때문에) 살 집(장기적으로 나에게 중요한 것)이 없어진다.

고통 감싸기(6~12단원)

다음 모듈은 고통 감싸기이다. 이 모듈의 기술들은 학생들이 충동적으로 행동해서 상황을 더 악화시키지 않고 고통스러운 감정에 대처할 수 있도록 도와준다. 고통을 감내하는 능력을 어느 정도 갖추어야 학생들은 정서 조절 기술과 같은 다른 효과적인 기술을 사용하는 것을 고려해 볼 수 있다.

왜 고통 감싸기 기술을 가르칠까

DBT STEPS-A 고통 감싸기 기술의 목표는 다양한 상황에서 충동성을 줄이는 것이다. 궁극적으로 이 기술을 써서 감정 폭발, 다툼, 결석, 공격적 행동을 줄이는 것이 목표이다. 따라서 고통 감싸기 전략을 통한 충동성 감소는 학생들의 징계 문제를 줄이고 학업 성취를 높이는 이득을 가져온다.

고통 감싸기 기술은 위기 생존 기술과 현실 수용 기술의 두 범주로 나뉜다. 지금 당장 해결하지 못하는 큰 문제나 위기 상황에서는 위기 생존 기술을 사용하면 된다. 상당히 높은 수준의 고통(0~100점 중 65점 이상)을 경험하고 있고, 감정 마음에서 효과적이지 못하게 행동할 수 있는 상황이라면 위기 생존 기술을 써야 한다.

위기 생존 기술(6~9단원)

DBT STEPS-A 과정은 지혜로운 마음으로 주의를 환기하는 '달라진 활기비밀', 이 순간을 살리는 '신기한 쉼의 상자', 오감과 동작을 사용한 자기위안, '냉동복식' 기술, 그리고 장단점 찾기로 구성된 위기 생존 기술을 가르친다. 위기 생존 기술은 고통을 제거하거나 문제를 해결하기 위한 기술이 아니다. 이 기술들은 단지 고통을 단기적으로 조금 더 견디기 쉽게 하여 상황을 악화시킬 가능성을 줄이는 기능을 한다. 위기 생존 기술을 장기적으로 문제를 회피하거나 문제에서 도망가기 위한 방법으로 사용하는 것은 좋지 않다.

지혜로운 마음으로 주의 환기: 달라진 활기비밀(6단원)

달라진 활기비밀 기술은 **달라진** 감정(emotions), **달라진** 생각(thoughts), **달라진** 감각(sensations), **활**동하기(activities), **기**여하기(contributing), **비**교하기(comparisons), **밀**쳐 내기(pushing away)와 같은 마음챙김의 참여하기 기술을 써서 고통스러운 상황에서 다른 활동으로 주의를 옮기는 것이다. 핵심은 DBT STEPS-A의 다른 모든 기술처럼 학생들이 이 기술을 마음챙김하며 실행하는 것이다. 다른 행동으로 주의를 환기시킬 때, 마음챙김의 참여하기와 하나씩 기술을 사용하여 현재의 문제 상황과 감정으로부터 주의를 환기시킬 수 있다(우리 모두 알고 있듯, 힘든 감정을 줄이기 위해 주의 전환 기술만 계속해서 사용하는 것은 효과적이지 못하다. 정서 조절 모듈은 학생들이 감정을 견뎌 내고 경험하는 효과적인 기술들을 가르쳐 준다).

이 순간을 살리기: 신기한 쉼의 상자(7단원)

'신기한 쉼의 상자' 기술은 이 순간을 어떻게 지나가게 할지에 초점을 둔다. 배울 기술은 **신**체이완(relaxation), **기**도하기(prayer), **한** 가지만(doing only one thing), **쉼**표-잠시 탈출(taking a brief vacation)!, **의**미 찾기(meaning), **상**상하기(imagery), **자**기격려(encouragement)이다.

오감과 움직임을 사용해서 자기 돌보기: 자기위안(7단원)

자기위안 기술의 전제는 편안한 감각을 통해 고통을 좀 더 견딜 만하게 하는 것이다. 아름다운 것을 보는 것(시각), 좋아하는 음악을 듣는 것(청각), 향초를 켜는 것(후각), 맛있는 음식을 먹는 것(미각), 또는 따뜻한 물에 목욕하는 것(촉각) 같은 활동이다. 움직임(걷기, 요가, 태극권 등)도 자기위안에 사용할 수 있다.

냉동복식 기술(8단원)

냉동복식 기술은 강렬한 감정을 잠시 식히는 방법이다. 이 기술은 부교감신경계(Parasympathetic Nervous System: PNS)를 활성화하여 효과를 얻는다. 부교감신경계는 우리 몸을 쉬게 하는(심박 수를 줄이고, 혈압을 낮추고, 타액 생성을 줄이고, 동공을 수축시키고, 소화를 향상시킴) 생리적 정서 조절 시스템이다. 부교감신경계 활성화는 우리 몸을 '싸우거나 도망가게' 준비시키는 교감신경계(Sympathetic Nervous System: SNS)의 효과를 상쇄시킨다.

냉동복식은 부교감신경계를 활성화하는 차게 식히기(**냉**)(changing body temperature), 강렬한 운**동**하기(using intense exercise), 천천히 **복식호흡**하기(engaging in paced breathing)의 세 가지 방법을 의미한다.

- **차게 식히기(냉)**: 얼굴을 찬물에 담그는 것이 부교감신경계를 활성화한다.
- **강렬한 운동**: 강렬한 운동(예: 달리기, 빠르게 걷기, 팔 벌려 뛰기, 윗몸 일으키기, 팔 굽혀 펴기)은 빠르게 강한 감정을 낮출 수 있다. 마음챙김하며 20분 운동하는 것이 최선이다. 운동을 마치면 부교감신경계가 활성화되고 몸이 진정된다.
- **복식호흡하기**: 이 방법은 천천히, 깊게 숨을 쉬면서 날숨을 들숨보다 길게 하는 것이다. 보통 4초에 들이마시고 6~8초에 내쉰다. 이렇게 하면 1분에 5~7회 호흡하게 된다. 보통 10대 청소년은 1분에 12~16번 호흡한다.

장단점 찾기(9단원)

장단점 찾기 기술은 다양한 문제에 적용할 수 있는 의사결정 전략이다. 고통 감싸기 모듈 안에서는 학생들에게 문제가 되는 충동적 행동(즉, 표적 행동)을 하는 것의 장단기 이익과 불이익을 살펴보는 방법으로 사용한다. 이 장단점 모델은 문제 행동을 하는 것의 장점과 단점도 찾지만, 문제 행동을 하지 않는 것의 장점과 단점도 찾는다는 점에서 전형적인 장단점 모델과 다르다. 충동에 따라 행동하는 것의 장단점과 충동을 참는 것의 장단점을 비교하여, 학생들은 충동을 참아 내고 기술적으로 행동하는 것이 효과적인 이유를 찾아낼 수 있게 된다. 보통 충동을 참는 것의 장기적인 장점이 충동적으로 행동하는 것의 단기적인 장점보다 더 크다. 장단점 찾기는 학생들이 감정적인 상황이 일어나기 전, 마음이 편할 때 하는 것이 제일 좋다. 장단점 목록은 읽기 쉬운 곳에 두어서(예: 핸드폰에 저장해 두기) 행동 충동이 올라올 때 쉽게 꺼내 읽을 수 있어야 한다. 일단 충동을 참고 견디기로 한 다음에 충동을 견뎌 낼 수 있게 도와주는 다른 위기 생존 기술을 사용할 수 있다(예: 달라진 활기 비밀, 신기한 쉼의 상자, 자기위안).

현실 수용 기술(10~12단원)

고통 감싸기 모듈의 나머지 반은 현실을 수용하는 기술에 중점을 둔다. 위기 생존 기술이 짧은 시간 동안 고통을 견디는 것에 중점을 둔다면, 현실 수용 기술은 (과거의 일이라서 바꿀 수 없거나, 현재 상황은 통제 밖이거나, 또는 문제 해결이 미래에만 가능하기 때문에) 장기간 해결되지 못하는 문제가 주는 고통을 견디는 것에 중점을 둔다. 현실을 바꾸기 전에, 우리는 현실을 직시하고 있는 그대로 받아들여야 한다. 온전한 수용, 마음 돌리기, 기꺼이 마음, 지금 생각챙김이 현실 수용 기술에 해당된다.

온전한 수용(10단원)

온전한 수용은 내가 옳다고 생각하거나 원하는 현실을 고집하지 않고, 있는 그대로의 현실을 인정하고 받아들이는 것을 의미한다. '온전한(radical)'의 의미는 어떤 것을 '끝까지', 완전히, 100퍼센트 한다는 것이다. 수용을 시작하기 위해서는 평가 또는 판단 없이 사실을 볼 수 있어야 한다. 온전한 수용 기저에 있는 기본 가정은 고통(pain)은 우리 삶에서 불가피하지만 괴로움(suffering)은 피할 수 있다는 것이다. 바꿀 수 없는 힘든 현실과 싸우는 것(불수용)은 고통 위에 괴로움과 비참함을 얹는 것과 같다.

예를 들어, 영우라는 학생이 부정행위의 누명을 쓰고 퇴학을 당했다고 가정하자. 그 결과로 영우는 6개월 동안 학교에 가지 못했고, 같은 학년을 다시 다녀야 했으며, 학교 행사에도 참여하지 못했고, 친구들로부터 멀어졌다. 이것은 고통스러운 상황이다. 그러나 영우가 "이런 일은 일어나면 안 되는 거였어." 또는 "왜 나야?"라고 계속 주장하면서 현실과 싸울 때, 영우는 자신의 고통에 괴로움을 더하게 된다. 현실과 싸우는 것은 현실을 바꾸지 않는다. 현실을 수용한다는 것은 승인하거나 수동적으로 받아들인다는 뜻은 아니다. 일어난 일을 받아들이는 것이 영우가 퇴학 결정에 동의하거나 포기한다는 의미가 아니다. 수용은 상실에 대한 큰 화와 슬픔 그리고 비통함을 가지고 오지만, 또한 영우가 학교 공부를 따라잡기 위해서 노력하고, 다시 자신의 목표를 이루기 위한 궤도에 오르고, 친구들과의 관계를 바로잡고, 새로운 관계를 만드는 길로 갈 수 있게 해 준다.

수용은 우리 삶의 모든 '이래야만 해!'(예: '사는 게 더 쉬워야 해.' '내가 원하는 것을 할 수 있어야 해.')를 놓아 버리는 것이다. 수용은 우리 삶의 현실을 인정하는 것이다[예: '부모님은 내 행동을 제한할 수 있는 권리가 있어.' '모든 일에는 원인이 있어. 따라서 이런 결과는 내가(또는 다른 누군가가) 한 행동의 자연스러운(당연한) 결과이겠지.' '내 문제의 원인이 내가 아닌 경우가 많아. 그리고 결국 나 자신이 문제를 해결해야 해.'].

마음 돌리기(11단원)

온전한 수용은 한 번 하면 되는 기술이 아니다. 뭔가를 일단 온전히 수용해도 그 마음이 계속 유지되지 않는 경우가 많다. 수용은 왔다 갔다 할 수 있고, 그래서 수용하지 못하는 마음을 알아차리면 다시 수용으로 마음을 돌려야 한다. 마음 돌리기는 현실을 수용하는 쪽으로 가는 길을 선택하는 것이다. 현실을 거부하고 불수용으로 간 것을 알려 주는 신호는 화 또는 고집하는 마음(willfulness)이다.

예를 들어, 월요일에 신혜라는 학생이 학급 연극에서 주연을 맡지 못한 것을 온전히 수용했다. 그리고 목요일에 주연을 맡은 학생이 실수했을 때, 자신이 뽑히지 않은 것에 다시 화가 났다. 신혜는 마음 돌리기 기술을 사용해서 수용하는 길을 선택해야 할 것이다. 신혜는 이런 과정을 화가 날 때마다 반복해야 괴로움에서 벗어날 수 있다. 마음 돌리기는 일년, 한 달, 한 주, 한 시간마다 해야 할 경우도 있고, 또는 1분에 30번을 해야 할 때도 있다. 학생들은 현실을 불수용하는 마음이 나타날 때를 알아차릴 수 있도록 마음챙김 기술을 계속 연습해야 한다.

기꺼이 마음(11단원)

기꺼이 마음은 처한 상황에서 필요한 행동을 하는 것이다. 이 기술은 마음챙김의 '어떻게' 기술 중 '효과적으로'와 비슷하다. 기꺼이 마음은 고집하는 마음과 대조해서 가르치는 것이 쉬울 때가 많다. 고집하는 마음은 그 순간을 견디는 것을 거부하고, 마치 그 일이 일어나지 않은 것처럼 행동하는 것이다. 고집하는 마음은 뭔가 해야 할 때 수동적으로 수수방관하는 모습이다. 예를 들어, 선아는 친구들에게 자신이 보고 싶은 영화를 보자고 했지만, 친구들은 다른 영화를 보고 싶어 했다. 결국 친구들이 선택한 영화를 보러 가기로 했을 때, 선아가 같이 가서도 계속 불평하고 친구들의 기분을 상하게 하는 것이 고집하는 마음에서 나온 행동이다. 고집하는 마음은 입장을 바꾸는 능력이 없는 것, 마지못해 억지로 하는 것이다. 기꺼이 마음은 필요한 행동을 평가하지 않고 서슴없이 하는 것을 의미한다. 기꺼이 마음은 지혜로운 마음의 결정을 완전히 실천하는 것이다.

지금 생각챙김(12단원)

지금 생각챙김은 고통 감싸기 모듈의 마지막 기술이다. 모든 사람은 고통스러운 생각을 가지고 있고, 이 생각을 곱씹는 것은 대개 불편감과 고통을 키운다. 힘든 생각을 억누르려고 마음에서 밀어내는 것은 이해할 만한 행동이다. 이렇게 하면 일시적으로 도움이 될 수 있다. 하지만 생각을 누르면 그 생각을 더 강하게, 더 자주 하게 된다는 연구 결과가 있다 (Wegner, 1989). 지금 생각챙김은 생각을 바꾸거나 억누르려는 노력의 반대이다. 지금 생각챙김은 생각을 붙들고 있으려고 하거나 밀어내려고 하지 않고 그냥 오고 가도록 내버려 두는 것이다. 모든 생각은 뇌 안에서 신경의 점화로 일어나는 정신적 현상(mental events)이다. 이러한 의미에서 모든 생각은 본질적으로 똑같다. 지금 생각챙김은 생각을 생각으로 보고 마음챙김하며 관찰하고 기술하는 것이다. 생각을 관찰하는 것을 통해 우리는 생각에 집착하거나 '내가 그렇게 생각하니까 사실일 거야.'라고 믿는 대신, 생각에 거리를 두고 오가는 생각을 관찰할 수 있게 된다. 생각에 파고들어 분석하는 것을 놓아 버릴 수 있다.

정서 조절(15~21단원)

마음챙김 모듈을 짧게 복습한 다음, 정서 조절 모듈을 가르친다. 이 모듈은 학생들이 정서를 더 잘 이해하고 조절하는 것을 도울 수 있도록 만들어졌고, 불쾌한 정서(감정 마음에 대한 취약성)를 줄이는 기술과 긍정 정서를 늘리는 기술이 포함되어 있다.

왜 정서 조절 기술을 가르칠까

정서 조절 기술은 청소년들에게 매우 중요하며, 특히 정서가 예민하고, 쉽게 감정적으로 반응하고, 감정을 진정시키는 것이 힘든 청소년들에게 더더욱 필요하다. 힘든 감정에 휩싸이지 않은 상태에서 의사결정을 하는 능력을 키우는 것은 효과적인 결정을 내릴 확률을 높여 준다. 마음챙김 기술과 고통 감싸기 기술이 수용에 기반한 기술이라면, 정서 조절과 효과적인 대인관계 모듈에서 배우는 기술은 변화 기반 기술로 볼 수 있다.

정서 조절 기술은 ① 정서를 이해하고 명명하기, ② 정서 반응 바꾸기, ③ 감정 마음 취약성 줄이기, ④ 정서적 괴로움을 놓기의 네 가지로 구분된다.

정서를 이해하고 명명하기

정서 조절의 목표와 정서의 기능(15단원)

정서 조절 모듈은 학생들에게 정서란 생물학적으로 타고난 것이며 중요한 기능을 수행한다는 것을 가르치는 것으로 시작한다. 정서는 동기를 불러일으키고 행동을 준비시킨다. 예를 들면, 두려움은 무서운 것으로부터 멀리 가고 싶은 충동을 일으키는 생리적 각성을 수반한다. 또한 정서는 표정과 언어 및 비언어적 행동을 통해 타인에게 의사소통하고 영향을 미친다. 마지막으로, 정서는 우리 자신과 환경에 대한 정보를 준다. 이 모듈의 목표는 정서를 없애는 것이 아니라, 오히려 이해하고 더 잘 다루는 것이다.

정서 기술하기(16단원)

학생들은 정서 모형(〈유인물 16-1〉)에 나와 있는 정서 체계의 구성요소들을 관찰하고 기술하는 것을 배운다. 이 모형은 정서를 취약 요인, 촉발 사건, 사건에 대한 생각과 해석, 몸 안의 생리 반응과 행동 충동, 표정과 행동처럼 몸 밖으로 나타나는 반응, 행동의 결과를 포함하는 총체적 반응(full-system response)으로 제시한다. 정서 과정을 관찰하고 기술하는 능력은 학생들이 정서를 알아차리고 명명할 수 있게 도와준다. 정서 시스템의 어느 한 가지 요소를 바꾸는 것은 정서를 변화시키거나 정서 강도를 줄여 준다.

학생들이 자신의 정서를 이해하고 이름 붙일 수 있게 되면, 그 정서를 바꾸고 싶은지 아니면 계속 그 정서를 경험하고 싶은지 결정해야 한다.

정서 반응 바꾸기

팩트 체크(17단원)

촉발 사건에 대한 생각과 해석이 정서를 더 강하게 만들거나 바꿀 수 있다. 또한 생각과 해석이 애초에 정서를 촉발하기도 한다. 하지만 해석은 틀릴 수 있다. 뱀을 보았다고 생각하고 심장이 뛰면서 펄쩍 뛰어 뒤로 물러섰는데 다시 보니 나뭇가지였다면, 우리는 진정되기 시작한다. 팩트 체크 기술은 자신에게 일어났다고 생각하는 일이 실제로 일어났는지 확인하게 도와준다. 처음 해석이 사실에 맞는지 면밀히 살피면, 처음에 느꼈던 정서를 바꿀 수 있다.

반대로 행동하기(17단원)

반대로 행동하기 기술은 정서에 대한 행동 충동 또는 행동 경향과 반대로 행동해서 정서를 바꾸는 데 초점을 둔다. 모든 정서는 자연적으로 행동 충동과 함께 나타난다. 예를 들면, 화가 나면 대부분 공격하고 싶은 충동을 느끼고, 두려우면 피하고 싶은 충동을 느낀다. 슬플 때는 물러나고 싶은 마음이 생긴다. 행동을 바꾸는 것이 정서를 바꿀 수 있다. 이 기술은 우울증에 걸렸을 때 활동적으로 행동하게 하고, 공포증 등의 불안장애가 있을 때 회피 대신 접근하도록 개입하는 것처럼 경험적 근거가 있는 우울증과 불안장애 치료법에 기반을 둔다. 반대로 행동하기의 핵심은 반대 행동에 100% 참여하는 것이다. 겉으로 미소 지으면서 속으로는 계속 짜증이나 화가 나는 생각을 한다면, 나를 화나게 한 상대에 대한 감정이 줄거나 바뀌지 않는다. 또한 정서를 바꾸는 것이 이 기술의 목표가 되어야 한다.

문제 해결(18단원)

고통스러운 정서가 어떤 상황이나 삶의 문제로 인한 것일 때, 문제를 해결하는 것이 정서를 바꾸는 최선의 방법이다. 이 기술은 7단계의 문제 해결 과정을 포함한다.

감정 마음 취약성 줄이기: 자긍 연습 안아파수식

정서 조절 기술의 세 번째 기술군은 감정 마음에 대한 취약성을 줄여서 고통스러운 정서를 예방하는 데 중점을 둔다. 이 기술 이름은 '자긍 연습 안아파수식'이다.

긍정 경험 쌓기(19단원)

긍정 경험을 늘리면 스트레스가 완화되고 정서 회복성이 높아진다. 학생들에게 매일 기분 좋은 활동을 적어도 하나씩 해서 단기 긍정 경험을 쌓을 것을 권한다. 또한 학생들은 개인의 가치관을 찾고, 가치관에 근거한 장기 목표를 선택하고, 이 목표를 이루기 위해 지금 할 수 있는 구체적 방법을 찾아내 장기 계획을 세우는 법을 배운다.

자신감 쌓기(20단원)

자신감 쌓기는 긍정 경험 쌓기만큼 중요하다. 자신감 쌓기는 어렵지만 가능한 활동을 하는 기술이다. 정기적으로 어려운 과제를 완수하면 자신감, 유능감, 자부심이 향상된다. 자신감을 쌓는 활동은 할 때는 즐겁지 않지만, 마쳤을 때 성취감과 자부심을 준다.

불쾌한 정서를 줄 수 있는 상황에 대비하기 위해 미리 연습하기(20단원)

다음 기술은 힘든 정서를 촉발할 가능성이 높은 상황에 대비해 미리 대처 기술을 선택하고 연습하는 것이다. 미리 연습하면 힘든 상황이 닥쳤을 때 실제 하고자 하는 행동을 할 가능성을 높이고, 우리가 정서적으로 압도당할 가능성을 낮춘다. 미리 연습하기는 상상 연습과 실제 연습의 두 가지 방법이 있다. 실제 연습은 역할극처럼 실제 상황과 최대한 비슷한 상황을 만들어 연습하는 것이다. 상상 연습은 어려운 상황에서 기술을 사용하는 것을 상상해 보는 것이다. 여러 연구에서 어떤 행동은 상상 연습이 실제 연습만큼 효과적이라고 밝혀졌다(Atienza, Balaguer, & Garcia-Merita, 1998; Jeannerod & Frak, 1999; Kazdin & Mascitelli, 1982). 새 기술을 연습하는 운동선수들이나 힘든 정서 경험을 앞둔 사람들에게 상상 연습이 도움이 된다.

안아파수식 기술(20단원)

안아파수식 기술은 몸을 잘 돌보아서 정서 취약성을 줄이는 기술이다. 안아파수식이 의미하는 것은 **안** 돼요 위험 약물(avoid mood-altering drugs), **아**프면 치료(treat physical illness), **파**이팅 운동(get exercise), **수**면 챙겨(balance sleep), **식**사 챙겨(balance eating)이다. 비록 안아파수식 기술은 많은 사람이 가지고 있는 상식이지만, 10대와 성인 모두 종종 중요성을 간과하거나 혹은 건강 관련 행동과 기분을 연관 짓지 않는다. 이 기술은 가장 중요한 기술 중 하나이고, 학생들에게 이 기술의 중요성을 강조할 필요가 있다.

정서적 괴로움을 놓기

파도타기 기술-지금 감정챙김(21단원)

어떤 경우에는 효과적인 반응을 위해 힘든 감정을 경험해야만 할 때가 있다. 그런 상황에서는 '파도타기' 기술을 사용해야 한다. 이 기술은 '지금 감정챙김'이라고도 불린다. 고통 감싸기 모듈에서 학생들은 자신의 정서와 정서 기반 행동 충동으로부터 어떻게 주의를 전환시키는지에 대해 배운다. 하지만 정서를 경험하고 견디는 것을 배우는 것도 똑같이 중요하다. 이 기술은 정서와 함께 오는 신체 감각을 회피하지 않고 경험하며 마음챙김하는 방법을 가르친다.

효과적인 대인관계(25~29단원)

DBT STEPS-A 교과과정의 마지막 모듈은 효과적인 대인관계 모듈이다. 마음챙김 모듈 단원을 다시 한번 복습한 다음 가르친다. 대인관계 모듈의 전반적 목표는 학생들이 자기주장 능력을 향상시키고, 갈등을 줄이고, 자존감을 높이는 것을 통해 더 나은 대인관계를 만들고 유지하도록 돕는 것이다.

왜 효과적인 대인관계를 가르칠까

강한 정서나 문제 행동의 시발점이 대인관계 상황이었다는 말을 듣는 경우는 흔하다. 사귀는 사람, 교사, 가족, 또는 친구와의 문제가 이러한 상황에 해당될 수 있고, 따라서 효과적인 대인관계 모듈은 매우 중요하다. 효과적인 대인관계 기술은 학생과 학생, 학생과 교사, 또는 학생과 가족의 관계 등 모든 종류의 관계에 도움이 된다. 효과적인 대인관계 기술은 따돌림, 괴롭힘, 혹은 교사-학생 관계 어려움 등 학교 문제의 부담을 줄여 준다. 또한 학생들 간의 전체적 대인관계 효과성은 교내 학생들의(그리고 아마도 교직원들의) 상호작용(interaction) 문화를 바꿀 가능성을 키운다. 효과적인 대인관계 기술은 학생들이 관계를 유지하거나 발전시키고, 자존감을 유지하면서, 원하는 것을 효과적으로 요청하고 원치 않는 것은 거절하는 방법을 배울 수 있게 한다.

효과적인 대인관계 기술

개요 및 목표와 우선순위 정하기(25단원)

이 모듈의 첫 단원은 대인관계 상황에서 세 가지의 중요한 목표를 명확히 하고 우선순위를 정하는 방법을 가르친다. 이 세 가지 목표는 ① '결과 효율성' 또는 학생들이 원하는 것을 요청하고 원하지 않는 것을 거절하는 것, ② '관계 효율성' 또는 요청하거나 거절할 때 관계를 유지하거나 더 좋게 만드는 것, ③ '자기존중감 효율성' 또는 상호작용에서 자기존중감을 유지하고 향상시키는 것이다. 어떤 대인관계 상황에서는 이 세 가지 목표를 다 이룰 수 있다. 하지만 각각의 상황에서 목표 달성의 정도는 다를 수 있다. 학생들은 세 가지 목표를 고려하고 중요도의 순서를 정한다. 세 가지 목표를 다 이룰 수 없는 경우, 우선순위를 정하는 것이 주어진 상황에서 가장 중요한 목표를 얻기 위해 필요한 기술을 더 많이 쓸 수 있게 돕는다. 이어지는 단원에서는 이 세 목표에 부합하는 기술을 학습한다.

결과 효율성 기술: 기표주보 집단협상(26단원)

결과 효율성 기술은 원하는 것을 요청하고 원치 않는 것을 거절하는 자기주장 기술이다. 기표주보 집단협상은 상황을 **기**술하기(describe the situation), 감정과 생각을 **표**현하기(express your emotion or opinion), 원하는 것을 **주**장하기(assert your request), 상대에게 미리 **보**상하기(reinforce the other person ahead of time), 이 순간에 **집**중하기(stay mindful of this moment), **단**단하게 보이기(appear confident), 필요하면 **협**상하기(negotiate as needed)의 약자이다.

관계 효율성 기술: 친심원해(27단원)

기표주보 집단협상 기술은 원하는 결과를 얻기 위해 어떤 말을 할지에 대한 것이고, 친심원해(친절한 관심 원해) 기술은 상대와의 관계를 장기 혹은 단기적으로 계속 좋게 유지하거나 더 향상시키기 위해 어떻게 말할지에 대한 것이다. 친심원해는 **친**절하게(be gentle), 관**심** 보이기(act interested), **원**만하게(use an easy manner), 이**해**해 주기(validate)의 약자이다. 학생들은 대화를 마친 후, 상대가 자신에 대해 어떻게 느끼기를 원하는지 생각해 보도록 배운다.

자기존중감 효율성 기술: 금가진자(28단원)

금가진자 기술은 상호작용 중 자기존중감을 유지하거나 향상시키기 위해 어떻게 요청하고 거절할지에 대한 기술이라고 볼 수 있다. 금가진자는 **금**지하라 사과(no apologies), **가**치 지키기(stick to values), **진**솔하게(be truthful), **자**타공평(be fair)의 약자이다. 친심원해 기술이 상대가 나에게 어떻게 느끼기를 원하는가에 관한 것이라면, 금가진자는 상호작용 후 내가 나에 대해 어떻게 느끼기를 원하는지에 관한 기술이다. 정서 조절 모듈에서 선택한 가치(자긍 연습 안아파수식의 '긍'에서 장기적 긍정 경험 쌓기)가 이 기술과 관련이 있다.

요청과 거절의 강도를 정하기 위한 조건 따져 보기(29단원)

효과적으로 대인관계를 맺는 일은 요청이나 거절의 강도를 결정할 수 있는 능력도 요구된다. 어떤 상황에서는 단호하게 요청하고 거절을 받아들이지 않아야 하며, 또 어떤 상황에서는 부드럽게 요청하고 거절을 수용하는 것이 더 효과적이다. 이 모듈의 마지막 기술인 '요청과 거절의 강도를 정하기 위한 조건 따져 보기'는 요청과 거절에 영향을 주는 요인들을 기술하고, 어떻게 이들을 따져 볼지 묘사한다. 열 가지 요인은 ① 요청한 것을 줄 수 있는 나 또는 상대방의 능력, ② 나의 우선순위, ③ 내 행동이 자기존중에 미칠 영향, ④ 나와 상대방의 도덕적 및 법적 권리, ⑤ 나와 상대방 사이의 지위나 권한 차이, ⑥ 상대와 나 사이의 관계 유형, ⑦ 내 행동이 나의 장단기 목표에 미칠 영향, ⑧ 상대와의 관계에서 주고받기의 균형, ⑨ 요청하기 위한 준비의 적절성, ⑩ 요청이나 거절의 시기 선택과 같다. 학생들은 대인관계 상황의 우선순위를 정한 후, 이 요인들을 고려하여 요청과 거절의 강도 결정의 방법을 배운다.

결론

DBT STEPS-A 교육과정에는 30단원(시험 포함)이 있다. 가르치는 순서는 마음챙김에서 시작하고, 그다음 고통 감싸기 모듈을 다룬 다음, 정서 조절을 가르치고, 효과적인 대인관계 모듈로 마무리하는 것을 추천하였다. 하지만 마음챙김, 효과적인 대인관계, 정서 조절, 고통 감싸기의 순서를 따르는 것도 괜찮다. 마음챙김 모듈 다음 어떤 모듈을 가르칠지는 학급 학생들에 대한 정보에 기반하면 된다. 제2부에는 각 단원의 구체적 수업 계획이, 제3부에는 학생 유인물이 제시되어 있다.

제**2**장

학교 현장의 실질적 사안들

DBT STEPS-A의 교육과정과 기술들은 보편적인 시행(universal implementation)을 위해 고안되었다. 즉, 모든 청소년이 DBT STEPS-A 과정을 통해 도움을 받을 수 있도록 만들어 졌다. 그러나 이 과정을 어떻게 실행할지는 결국 해당 주(state)의 요건과 교육 규준의 범위 내에서 각 교육구(school district)나 교육 현장(educational setting) 담당자에 의해 결정된다. DBT STEPS-A 과정은 수업 형태로 교육하도록 개발되었으며, 시행을 위한 몇 가지 선택 사항이 이 장에 소개된다.

시행 방법

첫 번째 방법은 DBT STEPS-A를 전교생에게 독립된 필수 과목으로 시행하는 것이다. 이 경우 몇 가지 장점이 있다. 먼저, 모든 학생이 이 과목을 수강하고 DBT 기술을 익히는 기회를 가질 수 있다. 다음으로, 독립된 과목이기 때문에 학생들이 다른 과목들(예: 영어, 수학, 과학)처럼 중요하게 인식할 수 있으며, 기본 교육과정의 일부분으로 여길 수 있다. 미국의 경우 몇몇 주(예: 캔자스, 펜실베이니아)에서 각 주의 학업 규준에 맞춘 학교 기반 사회 정서학습 규준을 개발하고 있으며, DBT STEPS-A 과정도 이러한 규준에 부합할 것으로 보인다. 마지막 장점은 DBT STEPS-A를 독립적인 필수 과목으로 만들면 학교 환경 전반에 긍정적인 영향을 미칠 수 있다는 것이다. 모든 학생이 이 수업을 듣기 때문에 학교 관리자나 직원들이 청소년들과 상호작용을 할 때 DBT 기술들을 사용할 수 있게 된다. 예를 들어, 학생이 수업 시간에 산만해질 때 교사는 "집중을 위해 마음챙김 기술을 사용해 볼까요?"라고 말할 수 있다. 마찬가지로, 육상코치는 선수들이 다음 경기에서 더 좋은 성과를 내기 위해 정서 조절 기술들을 상기하도록 할 수 있다. 한 가지 단점은 DBT STEPS-A 수업을 포함시키기 위해 학교 교육과정에 별도의 과목을 마련해야 한다는 것이다.

두 번째 방법은 DBT STEPS-A 수업을 기존의 다른 과목(예: 보건)과 결합해서 가르치는 것이다. 이 방법의 장점은 보건 과목이 대부분의 주에서 필수이기 때문에 DBT STEPS-A 수업 도입을 위해 교육과정을 변경할 필요가 없다는 것이다. 또한 이 방법은 첫 번째 방법과 같이 전교생이 배울 수 있고, 사회정서학습의 기준을 충족시키며, 학교 환경 전반에 긍정적인 효과를 가져올 수 있다. 단점은 제한된 시간 때문에 보건 과목의 특정 내용을 필수로 다루느라 DBT STEPS-A의 과정을 충분히 다루기 어려울 수 있다는 것이다. 보건 과목의 내용들이 DBT STEPS-A의 기술들과 많이 겹치기도 하지만(예: 건강한 거절, 현명한 의사결정, 스트레스 관리), 보건 과목에 대한 각 주의 기준 때문에 수업 내용이 보건 과정 쪽으로 더 치우칠 수 있다. 학업 및 사회정서학습협회(CASEL)의 옹호자들(Weissberg & Cascarino, 2013)은 이 방법의 한계점과 사회정서학습(SEL) 과정을 학교에서 가르치는 정규 핵심 과정에 포함해야 하는 필요성에 대해 논의하였다.

세 번째 방법은 DBT STEPS-A를 선택 과목으로 제공하는 것이다. 만약 선택 과목으로 주어진다면, 이 과정에 등록하도록 장려하기 위해 몇 가지 방법이 사용될 수 있다. 첫째, 교사가 DBT STEPS-A 수업이 유익할 것으로 생각되는 학생들의 명단을 교장이나 관리자들에게 보낼 수 있다. 둘째, 다른 선택 과목들처럼 학생들이 스스로 선택하게 할 수 있다. 만약 DBT STEPS-A 수업을 듣고자 하는 학생들이 너무 많다면, 무작위 배정이나 다른 교내 절차를 통해 참가자를 선정할 수 있다. 마지막으로, 정서나 행동 조절의 어려움으로 학교 교직원들의 눈에 띄는 학생들이 이 수업에 배정될 수 있다. 그러나 이런 방식으로 선정된 학생들은 일반적인 DBT STEPS-A 수업이 제공하는 것보다 더 많은 도움이 필요할 수 있다.

교육 일정

교육 일정에 있어 DBT STEPS-A 과목은 다른 교육과정들과 동일하게 다루어져야 한다. 즉, 이 과목이 보건 과목으로 지정된다면, 다른 보건 과목들과 빈도 및 수업 시간이 동일해야 한다. DBT STEPS-A 과정은 1년 과정으로 주 1회, 혹은 한 학기 동안 주 2회 실시하는 방식이 선호되지만, 다양한 교육 일정에 따라 유연하게 실시될 수 있다. 각 단원은 이 책의 제2부에 제시한 것처럼 50분으로 구성된다. 그러나 수업 내용은 수업 시간과 교육 일정 구성의 요건에 따라 조정될 수 있다. 마지막으로, 이 과정은 매일 진행되는 수업으로 구성되지 않았는데, 이유는 학생들이 새롭게 배운 기술들을 DBT STEPS-A 수업 밖에서 연습하는 시간과 기회가 필요하기 때문이다. 실생활 연습은 기술의 일반화를 돕는다.

교육과정 목표

기술 습득과 일반화

DBT STEPS-A 교육과정의 궁극적인 목표는 학생들이 기술들을 배우고(기술 습득), 배운 기술들을 일상생활에 적용할 수 있게 하는 것이다(기술 일반화). 따라서 DBT STEPS-A 과정은 학생들이 다양한 기술을 배우도록 돕는 데 초점을 맞추며, 동시에 그 기술들을 연습할 수 있는 구조화된 기회를 제공한다. 즉, 기술 습득과 일반화가 DBT STEPS-A 과정의 주된 목표이다.

DBT STEPS-A의 기술 습득은 강의와 기술 연습으로 구성된다. 각 단원은 배울 기술의 근거(예: 특정 상황에서 우리의 몸과 마음이 왜 그렇게 반응하는지)를 학생들에게 가르칠 수 있도록 고안되었다. 학생들은 정서와 정서 반응에 대한 정보를 얻게 되고, 구체적인 대처 방안들을 통해 정서 반응을 변화시키거나 그 강도를 줄이는 능력을 키우게 된다.

각 단원에서는 학생들이 배울 기술이 무엇인지, 그 근거가 무엇인지, 그 예는 무엇인지, 언제 사용하는지 등을 이해하도록 돕는 데 대부분의 시간이 사용된다. 이때 예를 들고, 기술이 적절하게 이해되었는지 확인하기 위해 학생들의 참여를 유도하기도 한다.

각 단원 후에는 과제가 부여되고, 이는 배운 기술들을 일상에서 연습하게 하여 일반화를 촉진한다. 자전거 타기, 수영 같은 다른 대부분의 기술과 마찬가지로, 숙달되게 기술을 사용하고 자신감을 가지려면 반복해서 연습해야 한다.

학생마다 더 효과적인 기술이 다를 수 있다. 따라서 각 모듈에는 같은 목적을 위해 사용될 수 있는 다양한 기술이 포함된다. 학생들에게 모든 기술을 시도하도록 격려한 후, 각자에게 가장 효과가 있는 것을 고르도록 해야 한다. 결국 학생들은 같은 DBT STEPS-A 수업에 참여했지만, 유사한 상황에서 다른 기술들을 사용할 가능성이 높다.

학급 규모와 수업 구성 방식

DBT STEPS-A 교육과정은 50분 수업으로 고안되었으며, 각 단원은 학생 간 상호작용과 참여를 최대화하려는 목적을 가지고 구성되었다. 8~10명의 작은 규모일 경우, 수업 참여, 과제 점검, 기술 훈련을 위한 기회가 적절하게 제공될 수 있다. 하지만 모든 단원에서 구조화된 상호작용과 시간은 학생 수나 수업 시간에 맞게 조정될 수 있다. 교육구의 요구 사항과 학생들의 필요를 감안할 때, 작은 규모의 수업은 대부분의 학교에서 비현실적일 수 있기에 각 단원은 보다 큰 규모의 학급에 맞게 조정될 수 있다. 하지만 연구 결과는 소규모 수업이 참여도와 수행을 높이고, 기술 사용 능력 향상을 위한 수업 활동 진행과 학생 간 상호작용 촉진에 더 효과적임을 보여 준다(Moreland, Levine, & Wingert, 1996).

DBT STEPS-A 수업을 구성할 때 개방집단으로 할 것인지, 폐쇄집단으로 할 것인지도 고려할 문제이다. DBT STEPS-A 수업을 운영하는 교사는 수업 구성과 관련된 다른 세부 사항들뿐만 아니라, 수업을 폐쇄 혹은 개방할 때 각각의 장단점에 대해 신중하게 고려해야 한다.

일단 수업이 시작되면(학년, 학기, 분기의 시작) 학생이 중도탈락하더라도 충원하지 않는 폐쇄집단 형태에는 몇 가지 장점이 있다. 첫 번째 장점은 집단 역동이 수업 시작부터 형성되기 시작하고, 새로운 학생의 추가로 손상되지 않는다는 것이다. 두 번째, DBT STEPS-A 교육과정에서 학생들이 어느 정도의 자기개방을 하는 것이 중요하다는 것을 감안하면, 폐쇄집단 형태가 안정감과 안전함을 촉진하여 학생들이 서로 지지하고 신뢰할 수 있게 한다는 것이다. 세 번째 장점은 폐쇄집단 형태가 흐름을 깨지 않고 연속성을 제공하여 학생들이 서로 지지하고 함께 연습할 기회를 얻는다는 것이다.

폐쇄집단 형태의 주된 단점은 수업이 일단 시작되면 학생들을 추가할 수 없다는 것이다. 그래서 폐쇄 형태일 경우, 학기가 일단 시작되면 이 수업이 자신에게 유익할 것이라는 정보를 얻게 되어도 다음 학기나 학년까지 기다려야 한다. 또한 학기나 학년 중간에 전학을 온 경우에도 다음 기회가 올 때까지 이 수업에 참여할 수 없다. 마지막으로, 일단 수업이 시작되면 추가 모집을 통해 학생들의 성비 등의 영역에서 더 균형 잡힌 학급을 만드는 것도 불가능하다.

때로는 교육구의 규정과 방침으로 인해 폐쇄집단 형태를 취할 수 없는 경우도 있다. 만약 학생이 이미 진행 중인 DBT STEPS-A 수업에 참여하게 되면, 먼저 교사와 일대일의 면담을 통해 학급 규칙과 같은 수업 안내 자료를 살펴보는 시간을 가져야 한다. 개방 또는 폐쇄 형태는 수업을 듣는 학생들의 유형과 수업 목표에 따라 결정될 수도 있다. 즉, 보편적,

선별적, 잠재적 장애 학생의 대상에 따라 달라질 수 있다(각각 1단계, 2단계, 3단계에 해당하며, 이에 대한 자세한 논의는 제3장을 참고하라).

DBT STEPS-A 교사의 자질과 연수

DBT STEPS-A는 보편적(1단계) 사회정서학습 교육과정으로 고안되었다. 이는 정신건강과 관련된 최소한의 지식을 갖추고 있는 일반 혹은 특수 교육 교사 누구라도 가르칠 수 있음을 의미한다. 정신건강 관련 훈련을 어느 정도 받는 보건교사들은 훌륭한 DBT STEPS-A 교사가 될 수 있다. 이미 정신건강이나 행동상의 문제가 드러난(2단계, 3단계) 학생들에게 DBT STEPS-A를 활용하려는 학교의 경우, 정신건강 관련 경험이 많은 보건교사나 학교상담사, 학교심리사(school psychologist)가 적절하다. 이러한 경우, 보다 집중적인 서비스가 필요한 학생들로 구성되기 때문에 교사들은 더 전문적인 훈련이 필요하다(이러한 형태의 수업에 대해서는 제3장에서 더 자세하게 논의될 것이다).

DBT STEPS-A 교사가 되기 위한 중요한 자질은 가르치기 전에 자신이 먼저 기꺼이 기술들을 연습하고 사용하려는 태도이다. 이렇게 함으로써 교사는 기술을 더 성공적으로 가르칠 수 있게 되고, 학생들은 실제로 기술들이 활용되는 것과 그 효과를 눈으로 볼 수 있게 된다. 교사는 학생들에게 어떤 기술을 사용하고 있는지 명확히 보여 주는 본보기가 되어야 한다. 또한 학생들이 DBT STEPS-A 수업을 잘 해내는 데 필요한 두 가지 중요한 특성인 완벽하지 않은/잘하지 못하는 모습 보여 주기(vulnerability)와 자기점검(self-monitoring)에 있어서도 학생들의 귀감이 되어야 한다.

두 번째로 중요한 교사의 자질은 기술과 관련된 자신의 경험을 기꺼이 수업에서 예시로 사용할 수 있는 태도이다. 교사는 적절하고 효과적인 자기개방이 성공적인 기술 사용의 모범이 될 수 있다는 것을 알아야 한다. 각 단원에서 기술과 관련된 예들이 제시되지만, 학생들은 눈에 보이는 '진짜' 예들을 사용할 때 기술을 더 잘 배우고 유지하게 된다. 학교에서 실제 일어난 위기 사건들과 관련된 기술 사용의 예는 학생들에게 더 큰 가치가 있을 것이다.

또한 교사의 수업 운영 스타일과 비판단적 태도로 집단 토론을 촉진하는 능력도 수업 환경에 영향을 미친다. DBT STEPS-A 교육과정에서는 자기개방과 참여를 강하게 권장하기 때문에, 교사가 비판단적인 환경을 제공하고 토론을 촉진하는 것은 필수적이다.

학교에서 DBT STEPS-A 과정을 가르칠 교사들은 공식적인 연수를 받는 것이 좋다. 연수는 선택 사항이지만, 공식 연수를 받게 되면 교육과정 전반에 대한 이해가 높아지고, 수업이 어떻게 진행될지에 대한 생각이 정리되며, 실행 및 구조화에 관한 여러 문제를 명확히 알게 되는 기회를 얻는다. 또한 연수는 각 단원을 '설명하고, 보여 주고, 해 보는(tell, show, do)' 모델에 따라 진행된다. 즉, 선택된 기술들을 설명하고, 보여 준 다음, 연수를 받는 교사들이 다른 참가자들 앞에서 직접 해 보게 한다. 연수에 참여했던 교사들은 각 단원의 구체적인 예를 들고, 수업에서 가르치게 될 때 특정 기술들이 어떠할지를 보여 주는 것이 매우 유용했다고 보고하였다. 연수에 관심이 있는 독자는 James Mazza나 Elizabeth Dexter-Mazza에게 이메일(info@dbtinschools.com)로 문의할 수 있다.

단원 구조

모든 DBT STEPS-A 단원은 '마음챙김 연습, 과제 점검, 새로운 기술 지도, 단원 요약 및 과제 설명'의 네 부분으로 비슷하게 구성된다. 일관된 구성은 수업 계획과 운영에 도움을 줄 뿐만 아니라, 각 단원에서 무엇을 하게 될지 학생들에게 알리는 데에도 도움이 된다.

짧은 마음챙김 연습(5분)

각 단원은 짧은 마음챙김 연습으로 시작한다. 이렇게 시작하는 것은 전략적이라고 할 수 있는데, 왜냐하면 학생들이 배우게 될 새로운 기술을 습득하고 연습하는 데 필요한 바른 마음 상태(지혜로운 마음)를 갖도록 돕기 때문이다. 또한 마음챙김 연습은 감각에 더 집중할 수 있게 되어 다른 생각이나 걱정으로부터 거리를 둘 수 있게 해 준다. 이러한 연습이 적절하게 잘 수행된다면 학습 능력 향상과 기분 조절에 도움이 된다(Dimeff & Koerner, 2007).

이 책의 제2부에 있는 각 단원은 다양한 마음챙김 연습을 제시한다. 그러나 교사는 단원 계획에 제시된 것과 다른 마음챙김 연습을 해도 되고, 이전에 했던 연습을 반복해도 된다.

과제 점검(7~10분)

각 단원의 과제 점검 부분은 보통 두 명씩 혹은 소집단으로 실시되며, 그 구성은 되도록 많은 학생이 함께 토론할 수 있도록 과정 내내 수시로 바뀐다. 학생들은 지난 단원에서 배운 것을 연습했는지에 대해 서로 확인한다. 특정 기술을 실행하는 데 있어 잘된 점과 어려운 점들을 나눈 후, 각 소집단에서 한 명이 반 전체와 나눈다. 이러한 형식은 학생들이 기술을 실행하는 데 있어 급우나 자신들이 잘한 점과 어려운 점에 대해 이야기하는 것에 익숙해지도록 돕는다. 자기개방은 대부분의 학생에게 어려운 일이지만, 과제 점검은 학생들이 비판단적인 환경 속에서 급우들에게 개인적인 정보를 나누는 것이 조금씩 편안해지게 해 준다. 시간 관리 측면에서 교사가 30~45초 정도로 짧게 과제를 보고하는 방법을 시범 보여서 가이드라인을 제공하면 좋다[예: "그저께 학교에 오는 길에 차가 많이 막혔어요. 저는 늦어지는 것 때문에 짜증이 났지요. 그런데 그때 복식호흡(냉동복식 기술의 '복식')을 기억해 냈고, 그게 저를 진정시키는 데 정말 효과가 있었어요."].

과제 점검은 학생들의 기술 연습에 대해 점검할 수 있는 구조를 제공하기도 한다. 구체적으로, 교사에게 어떤 기술들이 잘 실행되고 있는지, 또 어떤 기술들을 복습할 필요가 있는지에 대해 필요한 정보를 제공한다. 또한 과제 점검 시간에 집단 토론을 할 때, 교사는 어느 학생들이 기술을 교실 밖에서 적용하기 위해 열심히 노력하는지 알 수 있게 된다. 이때 얻는 정보는 이 장에서 뒤에 논의될 DBT STEPS-A 수업의 학생 평가를 위한 채점 기준의 일부로 사용될 수 있다.

새로운 기술 가르치기(25~35분)

각 단원 수업 대부분의 시간은 학생들에게 새로운 기술을 가르치는 데 사용된다. 이를 위해 수업 시간의 50~70%를 사용하게 되는데, 이는 새로운 기술들을 배울 때 교사와 학생들이 학습 주제에 대해 상호작용할 수 있는 충분한 시간을 가지기 위해서이다. 각 단원에는 새로운 기술에 대한 설명, 그 기술이 필요한 이유, 기술의 구성요소, 적절한 적용의 예시들이 포함된다. 아울러 기술의 구성요소들을 설명하고 있는 유인물도 살펴보게 된다.

이 부분은 학생들이 새로 배우는 기술을 연습하고 실생활에 활용하도록 돕기 위해 상호작용 방식으로 진행될 때가 많다. 상호작용 방법은 다양한데, 학생들이 유인물을 큰 소리로 읽을 수도 있고, 새로운 기술을 서로에게 연습해 볼 수도 있으며, 소집단 토론이나 활동에 참여할 수도 있고, 포스터나 차트(60cm×90cm 크기의 포스터나 플립 차트)를 활용할 수도 있다. 전반적인 목표는 학생들이 학습 과정에 적극적으로 참여하게 하는 것이다. 학생들이 각 기술이 무엇을 포함하는지, 그리고 어떻게 적용될 수 있는지 직접 경험하게 되면, 그 기술을 교실 밖에서 성공적으로 적용할 가능성이 커지게 된다(기술의 적용과 일반화).

단원 요약과 과제 설명(3~5분)

각 단원의 마지막 몇 분 동안 교사는 요점을 정리해 주고, 다음 수업 시간까지 해 올 과제를 설명한다. 이는 학생들이 오늘 배운 기술이 무엇인지, 왜 사용하는지, 언제 쓸지에 대한 큰 그림을 기억하는 데 도움이 된다.

단원 요약을 마치면 학생들이 새로 배운 기술을 연습하기 위한 과제를 알려 준다. 과제는 보통 그날 배운 새 기술을 적용하는 것이다. 2단원부터는 적어도 하나 이상의 과제지가 부여되며, 과제지는 제3부에 제시되어 있다. 교사는 과제지를 함께 살펴보며 학생들이 과제가 무엇인지 명확히 이해하고 과제에 대해 질문할 기회를 준다. 아울러 수업에서 배우는 모든 기술이 나열된 새 다이어리 카드(504~505쪽에 제시)도 나누어 준다. 그리고 새로운 기술과 이전에 배운 기술들을 연습하고, 연습한 것을 다이어리 카드에 기록하도록 학생들을 격려한다.

학생들을 위한 수업 자료

유인물

이 책의 제2부에는 교사들을 위한 DBT STEPS-A 교육과정 강의 지침이 수록되어 있으며, 제3부에는 각 지침에 상응하는 학생 유인물이 수록되어 있다. 학생들은 강의를 들으며 강의 내용이 담긴 유인물을 읽어 볼 수 있다. 유인물에는 기술에 대한 다양한 예시와 함께, 하지 말아야 할 것에 대한 유용한 충고들도 들어 있고, 수업이 끝난 후 기술을 복습하고 연습할 때 도움이 된다.

유인물은 두 종류가 있는데, 하나는 학생 활동과 기술 설명에 대한 것이고, 다른 하나는 과제용이다(과제 관련 부분에서 더 설명되겠지만, 두 번째 종류의 유인물에는 주로 DBT STEPS-A 수업 밖에서 해야 할 연습 과제가 나와 있다). 각 학생은 유인물을 보관할 바인더를 가지고 있어야 하고, 수업 시간에 유인물에 필기를 하며, 과제를 걷을 때 완성된 과제지를 제출해야 한다. 제2부의 수업 계획에 나오는 '학생 기술 바인더'라는 표현은 종종 바인더에 들어 있는 유인물을 지칭한다. 유인물에 매겨진 번호는 단원과 그 단원 안에서 몇 번째 유인물인지를 나타낸다. 예를 들면, 10단원의 첫 번째 유인물은 '〈유인물 10-1〉'이 된다. 과제지는 정보 제공/활동 유인물들에 이어 연속적으로 번호가 부여되며, '유인물'이 아닌 '과제'로 명명한다. 예를 들어, 10단원에서 부여되는 과제지는 '〈과제 10-4〉'가 된다.

과제지에는 기술 연습 활동과 과제가 포함되어 있으며, 학생들이 연습한 결과를 기록하게 되어 있다. 이렇게 하면 학생들은 기술들을 실행할 때 겪는 어려운 점에 대해 교사와 급우들의 코칭을 받을 수 있다. 기술 설명 및 활동 유인물과 유사하게 과제지는 학생들이 학기나 학년을 마친 후에도 기술을 계속해서 연습하고 적용할 수 있게 도와준다. 단원별 과제지의 수는 두 개로 제한되며, 대부분의 단원에서 한 개의 과제지만 부여된다.

다이어리 카드

다이어리 카드는 학생들의 기술 연습을 지속적으로 관찰하기 위해 사용되는 도구이다. 이 카드는 교실 밖 다양한 환경에서의 기술 사용을 매일 상기시켜 주는 역할을 하도록 고안되었다. 학생들은 어떤 기술을 어느 요일에 연습했는지 표시하게 되고, 그 주의 기술 사용의 효과성을 0~7점 척도로 평정하게 된다. 카드에는 기술 연습을 얼마나 시도했는지 지속적으로 기록할 수 있는 일지도 포함되어 있다. 매주 걷는 다이어리 카드는 교사가 학생들이 효과적으로 사용하는 기술과 그렇지 못한 기술을 평가하는 데 도움이 된다. 단원마다 학생들에게 새 다이어리 카드를 나누어 주고, 지난주에 나누어 준 카드를 수거한다. 새로운 카드에는 그 단원의 새 기술을 포함하여, 그 시점까지 배운 모든 기술이 기입되어 있다. [그림 2-1]에는 DBT STEPS-A 수업에서 고통 감싸기 모듈까지 끝낸 학생이 작성한 다이어리 카드의 일부분이 예시되어 있다. 출력해서 쓸 수 있는 공란의 다이어리 카드는 제3부에 제시되어 있다.

사용한 기술의 효과성 결정을 위한 척도

이름: 김현정　　시작한 날짜: 2020/5/15

0 = 기술을 생각하지도 않고 써 보지도 않음
1 = 기술을 생각했지만 쓰고 싶지 않음
2 = 기술을 생각했고, 쓰고 싶었지만 안 씀
3 = 기술을 써 보려고 시도했지만 못 씀
4 = 기술을 써 보려고 시도했지만 도움이 안 됨
5 = 기술을 써 보려고 시도했고 도움이 되었음
6 = 기술을 자동적으로 사용했고, 도움이 안 됨
7 = 기술을 자동적으로 사용했고, 도움이 되었음

NS = 아직 배우지 않음

연습한 날에 동그라미를 치시오.							DBT STEPS-A 기술	주간 기술 사용 평가/메모
							마음챙김	
월	화	수	목	금	토	일	1. 지혜로운 마음(감정 마음과 이성 마음 사이의 균형)	5, 효과 있었음
월	화	수	목	금	토	일	2. 관찰하기(경험을 그냥 알아차리기)-'무엇을' 기술이 하나	4, 너무 신나 있었음
월	화	수	목	금	토	일	3. 기술하기(경험에 언어를 붙이기)-'무엇을' 기술이 하나	
월	화	수	목	금	토	일	4. 참여하기(지금의 경험에 뛰어들기)-'무엇을' 기술이 하나	
월	화	수	목	금	토	일	5. 평가하지 않고(평가하지 않고 바라보기, 사실만 보기)-'어떻게' 기술이 하나	3, 늘 평가했음
월	화	수	목	금	토	일	6. 하나씩(온전히 현재에 머무르기)-'어떻게' 기술이 하나	4, 신나 있었음
월	화	수	목	금	토	일	7. 효과적으로(되는 것에 집중하기)-'어떻게' 기술이 하나	
							고통 감싸기	
월	화	수	목	금	토	일	8. 딴마음 활기비법(**딴**라진 감각, **딴**라진 생각, **딴**라진 감각, **활**동하기, **기**여하기, **비**교하기, **밀**쳐 내기)	
월	화	수	목	금	토	일	9. 신가힌 심의 상자(신체이완, **기**도하기, **한** 가지만, **쉼**표, 잠시 탈출, **의**미 찾기, **상**상하기, **자**기격려)	
월	화	수	목	금	토	일	10. 자기위안(오감과 움직임)	
월	화	수	목	금	토	일	11. 냉동복식(**방**: 차게 식히기, **동**: 강렬한 운동, **복식**: 복식호흡)	5, 효과 있었음
월	화	수	목	금	토	일	12. 장단점 찾기	5, 꽤 도움이 되었음
월	화	수	목	금	토	일	13. 온전한 수용(과묵음에서 자유로워지려면 수용이 필요함)÷수용	
월	화	수	목	금	토	일	14. (수용의 길로) 마음 돌리기, 기꺼이 마음(단지 필요한 것을 하기)	
월	화	수	목	금	토	일	15. 지금 생각챙김	

[그림 2-1] DBT STEPS–A 기술 다이어리 카드 작성의 일부 예

행정 사안들

과제와 출석

과제와 출석에 대한 규정은 학교 방침 및 다른 수업들의 규정과 일치하여야 한다. DBT STEPS-A 교육과정의 구성은 '설명하고, 보여 주고, 해 보는' 절차를 활용하기 때문에, 학생들이 빠진 수업을 따라가기 쉽지 않다. 왜냐하면 그 수업에서 다룬 기술에 대한 '보여 주는' 또는 시범 파트를 놓쳤기 때문이다. 하지만 학생들이 때때로 아프거나 수업에 빠질 수 있으므로, 빠뜨린 기술들을 배우고 빠뜨린 과제를 할 수 있도록 돕는 계획을 세우는 것은 중요하다. DBT STEPS-A의 정신과 일관되게 학생들은 종종 서로에게서 가장 잘 배울 수 있다. 따라서 교사는 특정 기술을 잘 이해하거나 수행해 낸 급우를 배정하여 해당 내용의 수업에 빠진 학생을 돕게 할 수 있다.

성적

DBT STEPS-A 과목의 성적 평가는 학교의 성적 평가 방침과 일치해야 하며, 유사 과목들(예: 보건)과도 일치해야 한다. DBT STEPS-A 과목은 기술의 습득과 연습에 초점을 두기 때문에 성적 평가 체계에도 기술을 습득하고 연습하기 위해 얼마나 노력했는지를 반영하는 것이 적절하다. 성적 평가를 위한 네 가지 영역은 과제 완수, 각 모듈 시험 점수, 수업 참여도, 다이어리 카드이다. 각 영역에 대한 설명은 다음과 같다.

과제 완수

과제는 주로 수업 시간에 배운 기술을 연습하고, 연습한 내용을 과제지에 기록하는 것으로 구성된다. 따라서 정답이 따로 없으며, 다양한 상황에서 기술을 시도하는 것이 중요하다. 각 수업 전반부에 과제 점검을 위한 시간이 있다. 앞서 설명한 바와 같이, 먼저 교사가 지난 단원의 과제에 대해 질문하고, 다음으로 두 명씩 짝을 짓거나 소집단으로 나누어 과제를 하면서 잘되었던 점들과 어려웠던 점들에 대해 논의한다. 그리고 마지막으로 학급 전체와 나누게 된다. 교사는 정기적인 과제 점검 토의와 각 학생이 보고하는 잘된 점들과 어려웠던 점들에 근거하여 학생이 과제에 쏟은 노력을 합리적으로 추정할 수 있다. 이 평가 영역은 비교적 주관적인 면이 있다.

모듈 시험 점수

고통 감싸기, 정서 조절, 효과적인 대인관계 모듈을 마치면 시험이 있다. 이 세 가지 시험과 해답은 제2부의 마지막 부분에 제시되어 있다. 마음챙김 기술은 교과 전체에 걸쳐 배우기 때문에 시험 문제가 세 개의 시험에 나뉘어 출제된다. 이 시험들은 지식을 측정하는 것이며, 배운 기술과 기술이 사용될 수 있는 상황을 서술하게 되어 있다. 시험은 단답형, 짧은 서술형, 빈칸 채우기, 선다형의 문제로 구성되어 있다. 대부분의 문항은 정답과 오답이 있으며, 짧은 서술형 답안에 포함되어야 하는 내용에 대한 지침이 해답에 제시되어 있다. 모듈 시험은 객관적 평가가 가능하다는 점에서 성적 산출에 적합한 방법이라고 볼 수 있다.

수업 참여

DBT STEPS-A는 참여 중심의 교육과정이기 때문에 학생들이 수업 활동, 과제, 소집단 토론, 다이어리 카드 작성에 관심을 가지고 참여하는 것이 필수이다. 따라서 수업 참여도 평가가 주관적일 수는 있지만, 전체 성적 평가에 있어 비중 있게 다루어져야 한다.

DBT STEPS-A 수업에서는 학생들의 참여를 평가할 수 있는 구조화된 기회가 많이 있다. 예를 들면, 매 수업을 시작할 때 하는 마음챙김 연습, 두 명씩 또는 소집단에서 논의한 후 전체 학급에서 발표하는 과제 점검, 새로운 내용 가르치기 등이 있다. 새로운 내용을 가르칠 때, 교사는 유인물 읽기, 수업 활동, 개인적인 예 들기, 명료화 질문하기 등에서 학생들의 참여를 필요로 한다. 이러한 다양한 학생 참여의 기회는 교사에게 이 영역의 성적 평가를 위해 필요한 적절한 양의 정보를 제공한다.

다이어리 카드

다이어리 카드는 DBT STEPS-A 수업을 듣는 학생들을 평가하기 위한 마지막 구성요소이다. 앞서 설명한 바와 같이, 학생들은 기술 연습과 시행 시 성공과 어려움을 기록하기 위해 다이어리 카드를 사용한다. 다이어리 카드는 매주(혹은 주 2회 수업이면 주 2회) 제출되기 때문에 교사는 학생들이 어떤 기술을 시도하는지, 또 시도가 얼마나 성공적인지를 알 수 있다. 또한 다이어리 카드는 학생들이 일상에서 기술을 얼마나 잘 사용하고 실력이 향상되는지를 보여 준다.

DBT STEPS-A에서 성취도가 낮을 때

DBT STEPS-A 수업에서 학생의 성취도가 낮을 때 적용되는 절차는 다른 과목들과 유

사해야 한다. 그러나 DBT STEPS-A 과목에서의 기술 학습과 연습은 수학이나 언어 과목
만큼 순차적 학습을 필요로 하는 것은 아니다. 학생이 DBT STEPS-A 과목의 전반부에서
잘 수행하지 못했더라도, 나머지 후반부에서 잘 참여하고 가치 있는 정보들을 배울 수 있
다. 따라서 학생들이 이 수업을 포기하지 않도록 격려해야 하며, 이때 학생들에게 DBT
STEPS-A가 학생 스스로 개인 목표를 정하고 더 나은 의사결정을 연습하는 것에 대한 학
점을 받을 수 있는 유일한 수업이라는 것을 상기시키면 좋다.

졸업 인정 학점

DBT STEPS-A 수업은 학교 교육과정 내에 있는 다른 과목들과 동일하게 인정되어야 한
다. 그러므로 이 수업을 수강한 학생들은 졸업을 위해 인정되는 정해진 학점을 받아야 한
다. 최근 학교들은 교육을 단지 학업과 동일시하는 것으로 비판받아 왔는데, 학업에 대한
강조는 근래에 고부담검사(high-stakes testing; 역주: 대입 시험과 같이 결과가 응시자에게 중대
한 영향을 주는 시험)와 주 전체에 적용되는 학업 규준을 엄격하게 강조하는 추세에서 나타
난다(Mazza & Hanson, 2014a). 그러나 교육에 대한 이와 같은 제한된 정의는 학업 성취와
사회정서적 웰빙의 관련성을 간과하고 있다(CASEL, 2013; Cook et al., 2010). 그러므로 DBT
STEPS-A 과목에 학점을 부여하는 것은 '전인(whole child)' 교육을 통해 학교의 영향력을
넓히도록 돕는다. 즉, 학업 교육과 의사결정 능력, 정서 조절, 대인관계 기술의 발달을 결
합하는 것이다. 제1장에서 논의된 바와 같이 미국의 몇몇 주는 사회정서학습 교육과정을
교육의 필수 요소로 인식하고, 주 전체에 적용되는 이 영역에 대한 규준들을 만들기 시작
했다.

학교는 학생들의 안전과 웰빙을 보장해야 할 책임이 더 커지게 되었다. 학교 내 괴롭힘,
총기 난사, 학생 정신건강에 대한 관심이 증가함에 따라 동시에 학생들이 심각한 정서적
상황과 사건들을 잘 대처하는 데 필요한 기술들을 제공하는 것은 교육과정의 일부가 될 필
요가 있으며, 졸업을 위한 학점이 주어지는 것도 타당하다.

DBT STEPS-A 기술 수업을 위한 특별 규칙

DBT STEPS-A 수업을 위한 일반적인 교실 내 규칙이나 지침들은 학교의 다른 과목들과
일치해야 하지만, 이 수업에 특별히 적용되는 몇 가지 규칙이 있다. 이 지침들의 대부분은
오리엔테이션 단원(1단원; 〈유인물 1-1〉)에서 다루어지며, 수업 중 모든 학생이 안전하게

느끼고 참여할 수 있도록 규칙이 시행되어야 한다. 몇 가지 가장 중요한 지침과 관련 사안들이 다음에 자세히 논의되었다.

평가하지 않기

DBT STEPS-A에서 절대적으로 가장 중요한 지침은 이것이다. '수업 중 다른 사람을 평가하거나 판단하는 말과 행동은 하지 마세요. 다른 사람을 무시하는 행동을 하지 마세요. 다른 사람을 괴롭히는 언행은 허용되지 않습니다.' 이 지침이 매우 중요한 이유는 DBT STEPS-A 교사가 직면하는 가장 큰 어려움 중 한 가지가 수업 방해 행동이기 때문이다. 대부분의 교사가 이것을 경험한 적이 있다. 그러나 이 수업의 특성상 학생들이 자기개방을 할 수 있기 때문에, 놀림이나 괴롭힘을 멈추게 하거나 줄이는 것은 매우 중요하다. 학생들이 개인적인 사안들을 나눌 수 있으려면 수업 환경이 안전하고 평가적이지 않다고 느낄 수 있어야 한다.

평가적인 행동을 다루는 것은 쉬운 문제가 아니다. DBT STEPS-A의 각 단원은 수업 내용이 빡빡하게 담겨 있으며 시간 배정도 정해져 있기 때문에, 모든 문제 행동에 반응하고 이것을 다루는 것은 현실적·실용적으로 불가능하다. DBT 기술 집단에서 집단 리더들은 방해 행동의 90% 정도를 무시하고 넘어간다. 나머지 10%의 행동은 어깨를 가볍게 두드리기, 전체 집단의 주의를 끌지 않는 비언어적인 제스처 등과 같이 보다 개별화된 방법으로 다룬다. 어떤 경우에는 그 상황 속에서 문제 행동을 하는 학생의 기술 연습 기회로 활용할 수도 있다. 이상적으로는 현재 배우고 있는 기술을 연습하게 하면 좋다. 이때 교사의 경험이 수업 방해 행동을 다루는 데 중요한 역할을 한다. 만약 수업 중 사용한 개별화된 전략이 효과가 없다면, 특정 학생을 수업 후에 만나는 것이 필요할 수 있다.

어떤 문제 행동은 너무 심각하여 다른 학생들이 기술들을 배우지 못하게 할 수 있다. 이러한 경우, 교사는 자신의 경험에 근거하여 문제 행동을 보이는 학생이 수업에 계속 참여할 수 있을지 결정해야 한다. 학생의 방해 행동이 기술 부족이나 정서 조절 곤란 때문인 경우에는 계속 참여하도록 해야 한다. 왜냐하면 기술을 가르치고 연습과 코칭을 허용하는 수업에서 그러한 학생을 나가게 하는 것은 말이 되지 않기 때문이다. 하지만 이 결정은 그 학생이 기술 사용을 배울 수 있을 정도까지 방해 행동을 최소화할 수 있는 교사의 능력에 달려 있다. 교사는 문제를 보이는 학생을 수업에서 나가도록 할지 결정하기 이전에 다른 교사들 또는 학교 관리자들과 논의해 보는 것이 필요하다.

비밀 보장

DBT STEPS-A의 비밀 보장 규칙은 다음과 같다. '수업 시간에 논의된 내용을 밖에서 말하지 마세요. 다른 학생들에 대한 사적인 정보를 존중해야 합니다.' 이 규칙은 학생들이 급우의 사적인 정보를 제삼자에게 노출하는 것을 막기 위한 것이다. 배운 기술에 대한 적용 활동이 잦은 DBT STEPS-A 수업 시간에서 비밀의 보장과 존중은 학생들이 개인적인 상황을 기꺼이 나눌 수 있게 하는 데 있어 매우 중요하다. 만약 수업 중 나눈 이야기들이 밖으로 전달되고, 심지어 더 나쁜 경우에 페이스북 같은 소셜미디어 웹사이트에 올라가게 된다면, 학생들은 정서적 어려움을 수업에서 나누려고 하지 않을 것이다. DBT STEPS-A 교육과정은 학생들이 새로운 기술을 배우고 이를 개인 상황에 적용할 때 서로 지지자와 코치로 의지할 수 있는 능력을 중요하게 고려하여 만들어졌고, 또 그 힘으로 진행될 수 있다. 급우 간 지지는 신뢰를 형성하게 하고, 그 신뢰는 더 많은 개인적 어려움을 나눌 수 있게 해 준다. 학생들이 수업을 자신의 상황에 연결할 수 있게 되면 될수록, 기술과 연습이 각 개인에게 더 효과적이게 된다. 그러므로 학생들이 수업에서 나누는 이야기가 교내외로 퍼져 나간다는 생각이 들면, DBT STEPS-A 교육과정의 가장 중요한 기초가 무너지게 되는 것이다.

그러나 비밀 보장이 엄격하게 혹은 완벽하게 지켜질 수는 없다는 것도 알려 주어야 한다. 다른 학생들이 비밀을 지킨다는 것을 보장할 수 없기 때문에 수업 내에서 친구들과 어떤 정보를 나눌지에 대해서도 조심하도록 도와야 한다. 교사는 이 상황의 변증법적인 특성을 강조해야 하는데, 왜냐하면 교사는 또 한편으로는 학생들이 서로를 존중하는 것과 모든 정보의 비밀 보장을 유지하는 것의 중요성을 상기시켜야 하기 때문이다. 교사는 수업에서의 비밀 보장이 급우 간의 지지와 코칭을 촉진하여 '모두에게 득이 되는(win-win)' 상황을 가져올 수 있음을 강조해야 한다.

'표적 행동'이라는 용어의 사용

학생들에게 '표적 행동(target behavior)'이라는 용어를 사용하게 하는 지침에는 세 가지 이유가 있다(전체 지침은 다음과 같다. "모든 학생은 자신이 늘리거나 줄이기 위해 노력할 표적 행동을 정합니다. 수업 시간에는 이런 행동들을 '표적 행동'이라 부르고, 구체적으로 어떤 행동인지 기술하지 않습니다."). 1단원에 나와 있듯, 이 규칙은 학생들이 수업에 주의를 집중하도록 돕기 위함이다. 만약 한 학생의 표적 행동이 다른 학생들의 표적 행동과 다르다면, 다른 학생들은 이 논의가 자신들과는 관련이 없다고 생각할 수 있다. 그러나 서로 다른 문제 행동들이 정서를 증가시키거나 감소시킨다는 같은 목적을 가지고 있을 수도 있다.

표적 행동을 드러내지 않는 두 번째 이유는 위험 행동(예: 약물 사용, 성적 행동, 자해나 자살 행동)에 대한 논의를 막기 위함이다. 위험 행동에 대해 이야기하는 것은 다른 학생들을 불안하게 하거나 정서적으로 취약하게 할 수 있으며, 이는 DBT STEPS-A 수업이 의도하는 바와 반대되는 것이다. 이 규칙은 청소년들이 또래의 위험한 행동들에 대해 듣게 되었을 때, 전염 효과에 빠지기 쉬움을 보여 주는 연구 결과(Gould, Greenberg, Velting, & Schaffer, 2003; Miller, 2011)에 기반한 것이다. 이 규칙은 이러한 전염 효과의 가능성을 줄여 준다. 만약 한 학생이 이 규칙을 어기면, 교사는 해당 학생과 반 전체에게 이 규칙이 존재하는 이유를 상기시켜 주어야 한다. 아울러 이 규칙이 수업 내 토의에서만 적용됨을 알려 주는 것이 중요하다. 학생들은 1단원의 〈유인물 1-2〉에 자신의 구체적인 표적 행동들을 나열할 수 있다. 왜냐하면 학생 개인 유인물은 수업에서 함께 나누지 않기 때문이다. 마지막으로, 이 규칙의 세 번째 이유는 학생들이 학교에서 너무 개인적인 문제들을 나누지 않게 함으로써 또래들 사이에서 학생들의 비밀을 보호하기 위함이다. 앞서 비밀 보장 지침에서 논의한 바와 같이, 학생 개인정보에 대한 완벽한 비밀 보장은 불가능하기 때문에 이 규칙이 학생들의 사생활 보호를 돕는 또 하나의 조치가 될 수 있다.

DBT STEPS-A 교사가 다루어야 할 특별 사안들

교사는 학생들의 능력 향상뿐만 아니라, 수업 진행 과정 중에 나타나는 문제 행동 발생 가능성에 대해서도 주의를 기울여야 한다. 교사가 살펴야 하는 몇 가지 주목할 만한 행동이 있으며, 그중 어떤 행동들은 학생에게 직접 물어보지 않고는 알아내기 어렵다. 이러한 행동에는 술이나 그 외의 약물 사용, 자살 행동, 자해 행동이 포함되지만, 그 외의 행동도 포함될 수 있다. 이러한 행동들 각각에 대해 다음 내용들에서 자세히 논의될 것이다. 〈표 2-1〉에 각 행동에 대한 일반적인 경계 징후들이 제시되었다. 이러한 세 가지 유형의 위험 행동들 모두는 학생이 교사를 충분히 신뢰할 때에만 개방할 수 있다. 그러나 예를 들어, 약물 사용을 밝히게 되면 대개 징계 조치를 받기 때문에 학생의 더 많은 자기개방이 어려워진다. 만약 학생들이 교사에게 솔직할 수 있게 하려면, 학생들을 지지하고 최대한 안심시키는 것이 필요하다.

술과 마약 사용

대부분의 일반적인 학교 규정에는 학생들이 술이나 약물에 취한 상태에서 학교에 올 수

| 표 2-1 | 자살 행동, 자해 행동, 술과 마약 사용의 일반적인 경계 징후들 |

자살 행동	자해 행동	술과 마약
• 자살에 대한 생각 • 술과 마약 사용 • 철회/침잠(withdrawal) • 갑작스러운 행동 변화 • 성적의 급격한 저하 • 불안 • 무망감 • 갇혀서 빠져나갈 수 없는 느낌	• 이유를 알 수 없는 자상, 멍, 화상 • 술이나 마약 사용 • 또래들로부터 고립 • 우울 증상 • 식습관의 변화 • 낮은 자존감	• 심한 기분 변동 • 극단적인 반항 • 가출 • 자해 행동 • 학교 수행 부진 • 행동 및 기분의 갑작스러운 변화 • 범법 행위

없도록 명시되어 있다. 이 규정에 대해 언급할 필요가 있는데, 왜냐하면 DBT STEPS-A 수업은 학생들에게 정서적 스트레스를 주는 일상의 요인에 초점을 맞추기 때문이다. 이 수업에서는 개인적인 이야기를 하게 되고 자신이 겪는 힘든 상황을 공개할 수도 있는데, 이러한 수업의 특성이 학생들을 불안하게 하고 평가받는 느낌이 들게 할 수 있다. 이 때문에 어떤 학생들은 수업 전에 술을 마시거나 취해서 올 수도 있다. 만약 학생이 술을 마시거나 취해서 수업에 온다면, 학생과 개인적으로 논의해야 한다. 학교 방침에 따르면 이 학생은 정학이나 퇴학을 당할 수 있다. 그러나 잘못된 의사결정에 대한 이러한 종류의 조치는 더 나은 의사결정을 훈련하는 이 수업에 오히려 참여하지 못하게 만든다. 학생의 규정 위반을 다루는 한 가지 대안은 첫 번째 위반 후 '교내' 정학을 주고, 학생이 정학의 일부분으로 DBT STEPS-A 수업에 필수로 참석하게 하고, 두 번째 위반을 했을 때 학교의 처벌 규정을 적용하는 것이다.

마약은 더 심각한데, 이는 마약을 사용한 학생이 다른 학생들에게 마약 사용을 권장하고 홍보하기 때문이다. 이러한 행동은 과거에 약물 사용을 한 적이 있거나 현재 마약에 대한 충동을 경험하고 있는 학생들을 매우 힘들게 만든다. 게다가 마약을 다른 학생들에게 파는 것은 잘못된 의사결정을 강화하고, 정서 조절에 실패하는 경험을 제공한다. 이는 DBT STEPS-A 과정이 가르치려고 하는 것의 정반대이다. 만약 한 학생이 마약을 거래한 것으로 드러나면, 안전하고 평가하지 않는 환경을 조성하고 다른 급우들의 충동을 줄이기 위해 이 학생을 DBT STEPS-A 수업에서 제외하는 것이 좋다.

자살 행동

청소년의 자살 행동은 많은 교사가 생각하는 것보다 훨씬 빈번하며, DBT STEPS-A 수업 과정 중에 드러날 수도 있다. 학생이 자살 혹은 기타 자해 행동을 털어놓을 때 어떻게 다룰지에 대한 계획과 방책들이 학년 초부터 준비되어야 한다.

'자살 행동'은 죽음과 자살에 대한 생각('자살 사고'), 자살 의도, 자살 시도, 자살에 의한 사망 등 연속선상의 행동들에 대한 포괄적 용어이다(Mazza & Reynolds, 2008). 청소년들은 평가하지 않는 그리고 자신에게 관심을 가져 주는 성인이 물어보면 솔직히 대답해 주는 편이다. 따라서 교사는 학생들에게 자살 행동에 대해 직접 질문하는 것을 두려워하지 말아야 한다. 자살 행동에 대해 질문하는 것은 자살 행동을 증가시키지도 않고, 학생들의 마음에 자살에 대한 생각을 심어 주지도 않는다(Gould et al., 2005). 만약 청소년이 최근의 자살 행동에 대해 자기개방을 하게 되면, 다음 단계의 중요한 조치로 자살 위험 평가를 할 줄 아는 전문가가 평가를 시행해야 한다. 대부분의 일반 교사는 이러한 평가에 대한 전문적 훈련을 받지 않기 때문에, 이 같은 경우에는 교내 심리사, 사회복지사, 간호사, 상담사가 이 훈련을 받았는지 확인해야 한다. 몇몇 학교는 학교 직원들(교사, 학교심리사, 상담사)이 즉시 병원에 연계하여 심리 평가를 받게 하고, 의사의 허가를 받을 때까지 학교에 오지 못하게 규정하는 방침을 가지고 있다. 자살 행동에 대한 특정 학교와 해당 교육구의 방침을 숙지하는 것도 중요하다. 만약 위험 평가에서 학생의 자살 위험 정도가 중간이나 낮은 수준이고 정신건강 전문가가 지속적으로 관리하고 있다면, 그 학생을 수업에 참여하게 하는 것이 매우 중요하다. DBT STEPS-A 과정에서 위기 학생에게 고통을 감내하고 보다 효과적으로 감정을 관리할 수 있는 기술과 전략들을 가르칠 것이며, 이는 자살 행동을 감소시킬 수 있다. 만약 학생의 위험 정도가 높거나 긴급하다면, 학교의 절차를 따라 조처하는 것이 필요하다.

자해 행동

자해 행동에 대한 사안은 자살 행동과 유사하다. 만약 교사가 학생이 자해 행동을 하고 있음을 알게 되면, 자살 위험 평가를 위해 그 학생을 학교 내 정신건강 전문가 또는 지역사회 정신건강 서비스 기관에 의뢰하여야 한다. 자해 행동과 자살 행동 간에는 높은 상관이 있으며, 학생은 두 가지 모두 하고 있을 수 있다. 자살 행동이나 자해 행동을 하는 청소년들에게 DBT STEPS-A 과정이 도움이 될 수 있고, 따라서 이들이 수업에 참여하고 포기하지 않도록 격려해야 한다. 비자살적 자해 행동(nonsuicidal self-injurious behavior)을 하는 청소년들은 종종 신체적 고통을 통해 정서적 고통에서 벗어나려고 시도하며, 여러 형태의 자해 행동은 정서 조절 방법의 기능을 한다. DBT STEPS-A에서 배우는 정서 조절 기술들은 보다 건강한 방식의 대안들을 제공할 수 있다.

제**3**장

힘든 학생들을 위한 DBT STEPS-A

　DBT STEPS-A 교육과정은 일반교육의 보편적 수준에서 가르치도록 만들어졌다. 즉, 모든 학생이 배울 수 있도록 내용과 구성이 조직되어 있다. 그러나 어떤 학생들은 이런 보편적 수준보다 더 많은 시간과 구조화가 필요하다. 이 학생들은 학교에서 정서나 행동에 문제를 보이는 학생들일 수 있다. 혹은 또래보다 학습 속도가 느려서 별도의 특수교육과정에 있는 학생들도 해당된다. 이 학생들이 기술을 습득하고 연습할 수 있게 도와주려면 더 많은 지지와 전략이 필요하다.

중재반응모델

　많은 학교가 다층지원체계(Multi-Tiered System of Support: MTSS) 모델에 따라 학생 평가 및 지원과 서비스 제공을 구조화하는데, 이것은 학업과 사회정서의 두 개 영역 모두 해당한다(Cook et al., 2015). 중재반응모델(Response to Intervention: RTI)은 다층지원체계 모델의 하나로, 학업과 사회정서 영역에 필요한 지원을 위해 교육 현장에서 사용된다. 중재반응모델의 틀 안에서는 학업 수행 어려움의 정도에 따라 다양한 수준의 지원이 이루어진다. 예를 들어, 수학과 읽기 영역에서 조금 더 도움이 필요한 학생들은 2단계 서비스를 받도록 구분된다. 반대로, 개별화교육 프로그램(Individualized Education Programs: IEP) 같은

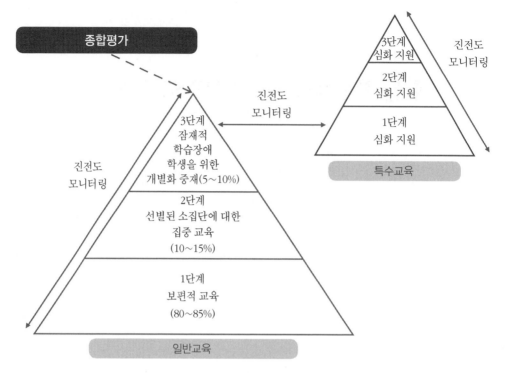

[그림 3-1] 중재반응모델의 연속적 교육 서비스

출처: Cook(personal communication, 2014)에서 발췌함. Clayton R. Cook의 허가를 얻어 사용함.

개별 수업이나 심화 지원(intensified support)이 필요한 학생들은 3단계 서비스를 받도록 구분된다. [그림 3-1]은 중재반응모델 안에서의 연속적 교육 서비스를 그림으로 보여 준다. 여기서 연속적 서비스가 일반교육의 3단계 이후에 끝나지 않는다는 것이 중요하다. 3단계 이후에는 종합평가 결과에 따라 특수교육의 체계 안에서 서비스가 계속된다. 특수교육의 심화 지원의 첫 세 단계는 일반교육의 세 단계와 평행을 이룬다. 즉, 이 특수교육 단계 역시 제공되는 지원의 강도와 수준에 따라 1, 2, 3단계로 구분된다.

특수교육의 3단계 지원 이후

교육 지원 서비스 체계가 비록 특수교육 3단계에서 끝나는 것은 아니지만, 대부분의 학교는 교내에 3단계 이후를 위한 전문 인력과 자원을 갖추고 있지 않다. 대안학교(4단계로 간주됨)와 거주형 치료 학교(residential treatment schools; 5단계)가 이 연속적 서비스 안에 있고, 가장 높은 강화 지원 서비스의 6단계는 입원치료이다.

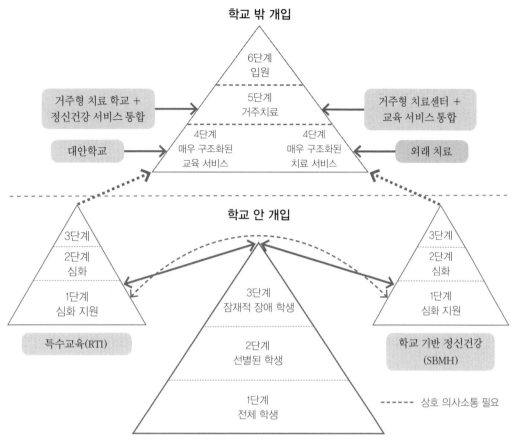

[그림 3-2] 다층지원체계 모델 안에서의 연속적 서비스

중재반응모델 안의 특수교육의 연속적 서비스는 학생 정신건강 서비스에도 적용할 수 있는 평행 모델의 틀이 될 수 있다. 특수교육의 연속적 서비스는 주로 학생의 학업적 필요성에 초점을 맞추고 있지만, 최근 학교 기반 정신건강(School-Based Mental Health: SBMH) 서비스도 다층지원체계 접근과 유사한 단계별 서비스로 제공하는 것이 논의되기 시작했다(Cook, 2015). 학업적 필요성에 초점을 둔 특수교육의 지원 단계 수준과 정신건강 및 행동 문제를 다루는 학교 기반 정신건강 서비스를 결합하는 것은 균형 잡힌 '전인 교육'을 위한 서비스 전달 체계를 제공할 것이다. [그림 3-2]는 학업과 사회정서적 필요성 정도에 상응하는 서비스의 1단계부터 6단계를 보여 주는 다층지원체계 모델이다. 또한 [그림 3-2]는 이 분야의 문헌과 일관되게 학업과 사회정서 문제 간의 관계를 설명해 준다(Cook, 2015).

다층지원체계 안에서의 DBT STEPS-A

앞서 논의된 바와 같이 DBT STEPS-A 과정은 1단계 또는 보편적 전체 학생들을 위해 만들어졌으며, 일반교육 장면 안에서 가르치는 것이 원래 의도이다. 대략 80~85%의 학생이 1단계에 속하며, 이 학생들은 일반교육 과정 외의 서비스를 필요로 하지 않는다. 2단계 또는 선별적 수준의 학생들(10~15%)은 학업 또는 사회정서적 어려움 때문에 어느 정도의 추가 지원이 필요하다. 3단계 또는 잠재적 장애 수준의 학생들(5~10%)은 훨씬 더 심화된 지원을 필요로 하고, 특수교육 또는 개별화교육 프로그램의 대상이다. 이 학생들은 2단계 학생들처럼 소수의 학생으로 구성된 DBT STEPS-A 수업을 듣고, 이에 더하여 부가적 지원과 심화 지원을 제공받는다.

다층지원체계 모델에 따르면 전체 학생의 15~20%는 DBT STEPS-A 과정을 마친 후에도 정서 조절, 대인관계, 또는 의사결정 기술 문제를 돕기 위한 추가 지원이 필요하다. 따라서 일반교육에서 2단계와 3단계 서비스가 필요한 학생들에게 DBT STEPS-A와 함께 쓸 수 있는 보충 전략이 마련되었다.

일반교육 2~3단계 학생들을 위한 전략

2, 3단계 학생들을 가르칠 때의 구체적 전략에 대해 논의하기 전, 학교가 이 학생들에게 DBT STEPS-A를 가르칠 수 있는 교사를 확보하는 것과 필요한 지원 서비스를 제공하는 것이 중요하다는 점을 밝힌다. 2단계와 3단계 학생들에게 DBT STEPS-A를 가르칠 교사는 학교상담사, 학교심리사, 사회복지사, 또는 청소년 정신건강 문제에 대한 전문적 훈련을 받은 교직원으로 할 것을 권한다. 이것은 1단계 학생들을 가르칠 수 있는 교사들이 어느 정도의 정신건강 관련 배경을 갖춘 일반교육 교사(예: 보건교사)이면 된다는 것과는 대조된다. 2, 3단계 서비스가 필요한 학생들은 이미 정신건강 또는 위험 행동 문제를 가지고 있는 경우가 많기 때문에, 이러한 문제에 대한 전문적 훈련을 받은 교내 전문가가 DBT STEPS-A를 가르치고 지지적인 서비스와 전략을 제공하는 것이 중요하다.

2단계 학생들을 위한 전략

2단계 학생들을 위해 DBT STEPS-A 교육과정의 강점을 강화하는 지원 전략 몇 가지는 다음과 같다. 첫째, 학생 수가 10~15명을 넘지 않아야 한다. 이러한 작은 학급은 학생들이 기술을 연습하고 피드백을 받을 기회를 더 많이 제공한다. 과제 점검 시 교사가 점검하는 학생의 수가 적기 때문에 각 학생이 과제에 대한 피드백과 기술 연습에 대한 코칭을 받을 수 있다. 또한 작은 학급은 수업 중 학생 참여도를 높이고 질문할 기회를 충분히 제공한다.

둘째, 학생들의 필요에 따라 DBT STEPS-A 과정이 조정될 필요가 있다. 예를 들어, 학습 속도가 느린 학생들은 교과과정을 두 번 반복하는 것이 더 도움이 될 수 있다. 교과과정을 반복하면 학생들이 기술을 더 잘 배우며, 연습의 기회도 더 많아진다. 이러한 반복 전략은 외래치료를 받는 청소년 DBT 기술 훈련 집단에서도 가끔 사용된다(Rathus & Miller, 2015). 두 번째 대안은 학생들의 필요성에 맞추어 한 단원을 두 시간에 걸쳐 더 천천히 가르치는 것이다.

마지막으로, 교사가 정서적으로 스트레스를 받는 상황에 있는 학생들에게 필요시 개인 코칭을 제공하면 좋다. 물론 이 권장 사항의 실행 여부는 교사가 시간을 낼 수 있는지에 달려 있다. 이런 코칭은 2단계 학생들에게 정서적으로 힘든 상황에서 어떤 기술을 사용할 수 있는지 알 수 있게 해 주고, 또한 어떤 말과 행동을 할지 연습도 해 볼 기회를 준다. 교사는 학생들에게 언제 코칭을 받을 수 있는지, 그리고 어떨 때 코칭을 받는 것이 적절한지 알려 주어야 한다.

3단계 학생들을 위한 전략

DBT STEPS-A를 배우는 3단계 학생들을 위한 전략은 작은 학급, 청소년 정신건강 문제에 대한 전문적 훈련을 받은 교사, 교육과정을 2회 반복하거나 천천히 진행하는 수업, 그리고 개인 코칭으로, 2단계 학생들에게 적용되는 전략과 같다. 더불어 3단계 학생들은 다음과 같은 전략이 필요하다.

첫 번째, (필요할 때 코칭을 받는) 2단계 학생들과는 달리, 교사는 모든 3단계 학생에게 매주 개별 코칭, 점검, 멘토링을 제공해야 한다. 이 전략은 교사가 개별 학생들이 현재 겪고 있는 구체적인 스트레스와 어려움을 인지할 수 있게 돕는다. 이 시간은 심리치료가 아니라 기술 연습과 개인 코칭의 시간이고, 교사 사정에 따라 15~45분의 시간을 쓴다. 이때 학생에게 이 시간이 심리치료 시간이 아니라 개인 코칭 시간임을 분명하게 말해 주어야 한다.

두 번째 전략은 DBT STEPS-A 수업을 듣는 3단계 학생들과 그들의 부모로 구성된 집단을 운영하는 것이다. 이 집단은 한 달에 한 번 또는 두 번 저녁 시간에 만난다. 이렇게 하는 데는 세 가지 이유가 있다. 첫째, 부모들이 DBT STEPS-A 교육과정에서 배우는 기술과 이 기술을 왜 배우는지 이해하는 것을 도울 수 있다. 둘째, 부모는 자녀가 힘들어할 때 어떻게 도와줄 수 있는지 배울 수 있고, 또 학생과 부모 모두에게 더 지지적인 가정환경을 만들 수 있다. 마지막으로, 사회정서학습의 어려움을 겪는 자녀를 둔 부모들이 서로를 지지하고 지지받을 수 있는 시간이 된다. 다가족 부모-자녀 집단은 청소년 외래 치료를 위한 종합 DBT의 일환으로 성공적으로 시행되어 왔다(Mehlum et al., 2014; Miller et al., 2007). 이 집단 운영 세부 사항은 Rathus와 Milller(2015)에 나와 있다.

세 번째 전략은 DBT STEPS-A에 참여하는 3단계 학생들을 가르치거나 지원하는 교직원으로 구성된 DBT STEPS-A 교사 자문 팀 운영이다. 이 팀은 1~2주마다 한 번씩 만나서 학생들의 진전과 어려움, 그리고 특정 학생들이 배우는 기술과 전략에 대해 논의한다. 이것은 힘든 학생들을 가르치는 교사들이 서로 지지하고, 성공한 전략과 실패한 시도에 대한 정보를 나눌 수 있는 장을 마련한다. 자문 팀 회의는 종합적 DBT의 공식적 구성요소이며, 치료가 목표를 향해 초점을 맞추도록 해 주고, 동료 수퍼비전과 지지의 기회를 제공하며, 소진을 줄인다. 자문 팀 회의는 시간을 맞추기 어려운 경우 하루 일과 시작 전 또는 방과 후에 진행할 수 있다. 회의 시간은 팀의 상황에 따라 45~90분으로 한다(Sayrs & Linehan, in press).

학교기반 정신건강의 1~3단계 서비스

DBT STEPS-A의 모든 지원 전략을 동원하더라도 일반교육 3단계 학생 중에는 더 심화된 지원이 필요한 학생이 있을 수 있다. 다행히 다층지원체계 모델은 이러한 고위험군 학생들을 위해 DBT 기술 훈련과 그 외 DBT 서비스에 특별히 적용될 수 있는 연속적 서비스를 제공한다. [그림 3-3]은 1단계부터 6단계에 해당하는 다양한 수준의 DBT 서비스에 대한 수정된 다층지원체계 모델을 제시한다. 이 장 앞부분에서 논의되고 [그림 3-3]에서 볼 수 있는 것처럼, 일반교육의 3단계 다음에는 학교 기반 정신건강의 범주 안에서 사회정서 영역의 어려움에 대한 일련의 학교 기반 서비스가 있는데, 이 서비스는 특수교육 범주와 평행을 이룬다. 학교 기반 정신건강 범주 안에는 1~3단계 학생들을 위한 심화된 DBT 서비스가 있다. 이 서비스를 제공하는 교사들은 DBT STEPS-A 교육과정이 아니라 Miller 등(2007)의 책『자살 행동을 보이는 청소년을 위한 변증법행동치료(Dialectical Behavior Therapy with Suicidal Adolescents)』와 Rathus와 Miller(2015)의『청소년을 위한 DBT 기술 훈련 매뉴얼(DBT Skills Manual for Adolescents)』을 사용할 것을 권한다.

학교 기반 정신건강 내의 단계에서 DBT STEPS-A가 아니라『청소년을 위한 DBT 기술 훈련 매뉴얼』(Rathus & Miller, 2015)을 써야 하는 이유는 다음과 같다. 첫째,『청소년을

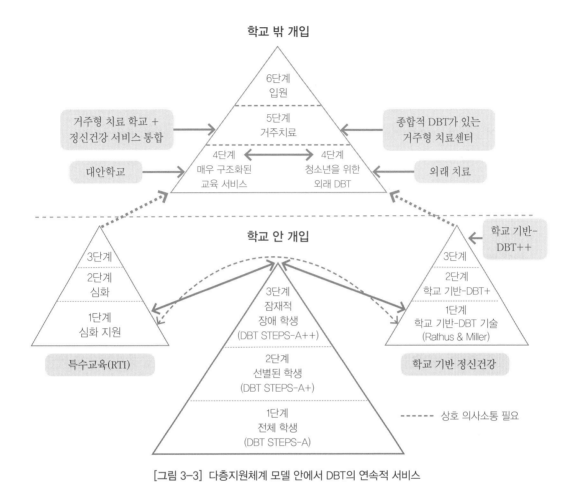

[그림 3-3] 다층지원체계 모델 안에서 DBT의 연속적 서비스

위한 DBT 기술 훈련 매뉴얼』을 사용하는 기술집단은 매주 90~120분 회기이지만, DBT STEPS-A는 1회에 50분 수업이다. 둘째, 학교 기반 정신건강의 세 단계에서 DBT 기술 집단의 교사는 DBT 훈련을 받은 전문가이고, 따라서 학생들을 돕기 위해 조금 더 깊이 있고 정확한 전략을 제공할 수 있다. 셋째, 『청소년을 위한 DBT 기술 훈련 매뉴얼』안에 있는 다이어리 카드는 개별화된 표적 행동과 치료 목표 항목이 있고, 따라서 정신건강 전문가와 학생 간의 개인 DBT 회기의 일부가 될 수 있다. 마지막으로, 『청소년을 위한 DBT 기술 훈련 매뉴얼』은 『자살 행동을 보이는 청소년을 위한 변증법행동치료』(Miller et al., 2007)에도 나와 있는 다섯 번째 기술 모듈인 '중도 걷기'를 가르친다. 이 모듈은 부모를 참여시키고 학생과 부모 모두 더 변증법적으로 생각하고 행동하는 방법(예: 이분법적 사고와 행동을 줄이기)과 상대방의 행동에 효과적으로 영향을 주기 위한 강화 원리(예: 정적, 부적 강화 및 효과적 처벌 사용), 그리고 타인과 나를 더 잘 인정하고 이해하기 위한 타당화 기술을 가르친다.

학교 기반 정신건강의 1~3단계를 위한 심화 DBT 지원 서비스의 전체 세부 사항에 대한 정보는 이 책의 범위 밖이다. 그러나 미국 내 여러 학교와 교육구가 학교 기반(School-Based: SB) 개인 DBT 치료 회기/DBT 기술 훈련 집단과 기술 코칭(총괄하여 SB-DBT라고 불린다)을 성공적으로 실행해 왔다. 오리건주 포틀랜드에 있는 링컨 고등학교, 뉴욕주 플레전트빌의 플레전트빌 고등학교, 뉴욕주 뉴 로셸에 있는 뉴 로셸 지구 시티학교, 그리고 뉴욕주 어즐리에 위치한 어즐리 유니온 프리 교육구가 대표적인 학교 및 교육구이다.

이 학교와 교육구들은 정서적 어려움이 너무 커서 교육구 밖으로 보내져야 하는 상황에 있거나 기존 학교 구조 안에서는 적절하게 다루기 힘든 정서 및 행동 문제 때문에 교직원(심리사, 사회복지사, 상담사, 학교 운영자)에게서 점점 많은 시간을 필요로 하는 고위험군 학생들을 대상으로 성공적인 SB-DBT 시행을 하였다. 이 학교 교직원들은 DBT 전문가/컨설턴트에게서 공식 훈련과 지속적 자문을 받았다. 전문가/컨설턴트들은 ① 기술 훈련 집단, ② 개인 심리치료/상담, ③ 필요시 학교 안 코칭, ④ 교내 DBT 담당자 자문 팀 회의, ⑤ 필요에 따라 진행되는 부모 기술 훈련과 가족 심리치료/상담 회기와 같은 종합적 SB-DBT의 여러 요소를 담당했다. 이러한 종합적 학교 기반 DBT(SB-DBT) 모델에 대한 연구는 현재 진행 중이고 예비 연구 결과, 이 치료 방법이 고위험군 학생들의 긍정적 변화를 이끌어 내고 담당 교직원들의 역량감을 높인 것으로 나타났으며(Miller et al., 2014), 이것은 학생과 교사 모두에게 이득이 되는 결과였다.

학교가 제공할 수 없는 DBT 서비스

학교에서 근무하는 심리사, 상담사, 사회복지사들이 자신의 전문성과 기술의 한계를 잘 아는 것은 중요한데, 학생이 필요로 하는 서비스를 일반 학교 환경에서 제공할 수 없는 경우는 특히 그러하다. 고위험군 학생들이 있는 학교의 경우, 팀 접근을 통해 여러 영역에서 더 집중적인 서비스가 필요한 학생들을 발견하고, 그다음 각 학생에게 가장 적합한 학교 밖 서비스가 무엇인지 결정한다. 지역 정신건강 서비스센터 등의 다른 외래치료 기관(4단계)으로 연계하는 경우, 학교에서 추가 지원 서비스를 제공하는 것이 중요하다. 거주형 치료센터나 치료형 기숙학교(5단계) 또는 입원(6단계)의 경우, 고위험군 청소년을 위한 종합적 DBT 치료를 제공하는 병원이 이상적인데, 그 이유는 학생이 이미 DBT 기술 용어에 어느 정도 익숙해졌기 때문이다. 이렇게 하면 학생에게는 치료의 지속성을 줄 수 있으며, 이전 학습과 성공 경험에 기반을 두고 새로운 치료를 시작할 수 있다. 더구나 학교 밖에서 종합적 DBT를 받은 학생이 복학하여 3단계 DBT STEPS-A 교육과정을 밟게 되면, 같은 용어와 전략을 사용하기 때문에 적응에 도움이 될 것이다.

학습 지도안과 시험

제2부는 DBT STEPS-A 과정을 가르치는 교사에게 필요한 정보를 담고 있으며, 30단원의 학습 지도안과 3개의 모듈 시험 및 해설지로 구성되어 있다.

1단원

DBT STEPS-A 과정 안내

❀ 요약

이 단원의 목표는 학생들이 서로 익숙해지도록 하고 DBT STEPS-A 과정과 수업의 형식 및 지침, 일반적 원리에 대해 안내하는 것이다.

⚐ 준비물

1. 본 단원 유인물
   • 〈유인물 1-1〉 수업 지침
   • 〈유인물 1-2〉 DBT STEPS-A의 목표
   • 〈유인물 1-3〉 모든 문제를 해결하는 방법
   • 〈유인물 1-4〉 수업 계획
2. 자료 없이 수업에 온 학생들을 위한 여분의 유인물과 필기도구
3. 학급 응집력 높이기를 위한 단어 만들기 게임 준비물: 글자가 적힌 여러 색의 종이와 단어 표([그림 1]-1] 참조)

🔔 준비

1. 학생 기술 바인더에 있는 강의 계획과 유인물을 검토한다.
2. 가능하면 학생들이 서로 바라보고 앉도록 교실의 책상을 미리 배치해 둔다.
3. 〈유인물 1-4〉의 수업 계획을 살펴본 후, 필요시 학급의 특성과 상황에 맞게 조정한다.

🔲 강의 개요와 시간표

• 수업과 DBT STEPS-A 소개(30분)
  ▪ 〈유인물 1-1〉 수업 지침 소개(5분)
    ○ 수업 중 평가하지 않기
    ○ 비밀 보장과 상호 존중
    ○ 용어 '표적 행동(target behavior)' 정의하기
  ▪ 〈유인물 1-2〉 DBT STEPS-A의 목표 소개(10분)
    ○ '변증법적인'의 정의
    ○ 감정 다루기의 어려움(정서 조절 기술)
    ○ 혼란스러움/주의 산만(마음챙김 기술)
    ○ 충동성(고통 감싸기 기술)
    ○ 대인관계 문제(효과적인 대인관계 기술)
    ○ 행동 목표 정하기
  ▪ 〈유인물 1-3〉 모든 문제를 해결하는 방법 소개(5분)
  ▪ 〈유인물 1-4〉 수업 계획 소개(2분)
  ▪ 교과 평가 기준 소개(3분)
  ▪ 질의응답(5분)
• 학급 응집력을 높이기 위한 단어 만들기 게임(20분)
  ▪ 큰 봉투나 바구니에서 글자가 쓰인 종이 한 장씩 뽑기([그림 [1]-1], 학급 응집력 활동
    표 참조)
  ▪ 같은 색깔 종이를 뽑은 학생들끼리 소집단을 만들어 각자 자기소개를 하고, 최근의
    휴가나 방학 동안의 경험 하나씩 나누기
  ▪ 뽑은 글자로 함께 단어를 만들기

📱 세부 강의 계획

수업과 DBT STEPS-A 소개(30분)

학생들을 환영하고 교사의 이름을 칠판에 적는다. 학생들은 돌아가면서 이름과 학년(원하는 경우에만)을 말한다.

어떤 과목인지 다음과 같이 설명한다(학생들에게 구체적으로 어떻게 말할지는 지금부터 인용문으로 제시된다).

> 이 수업에서는 교실 안팎에서 쓸 수 있는 실용적인 의사결정 기술과 대처 기술을 배울 거예요. 간단히 말하면, 우리 삶을 더 효과적으로 살 수 있게 해 주는 기술을 배우는 것이지요. 특히 감정이 문제가 되는 상황에서 더 효과적인 행동을 하게 도와주는 기술을 익힐 거예요. 감정이 너무 강렬해서 그것에 휘둘려 행동했던 때가 있었나요? 금요일에 친구 집에서 자고 오는 것을 허락해 주지 않는 부모님에게 화가 나서 소리를 지르거나, 문을 쾅 닫거나, 밖으로 뛰쳐나가 버리거나, 아니면 전화를 그냥 끊어 버리는 경우가 한 가지 예가 될 수 있어요. 만일 이 상황에서 화가 그 정도로 강하지 않았거나 화를 통제할 수 있었다면 이렇게 똑같이 행동했을까요?

학생들이 다른 예를 발표하게 한다.

> 이런 것들이 이 수업에서 다룰 내용의 좋은 예입니다. 감정에 따라 행동을 결정하는 순간을 어떻게 알아차릴 수 있는지 배울 거예요. 이런 마음을 '감정 마음'이라고 부르죠. 다음 2~3주 동안 감정 마음에 대해 더 자세히 알게 될 거예요. 유인물을 같이 읽으면서 우리가 배울 주제에 대해 더 자세히 설명해 주겠습니다. 또한 이 수업은 여러분 모두가 참여해야 해요. 자료를 읽는 것, 과제 활동을 해 오는 것, 서로 돕는 것이 참여하기에 포함됩니다.

바인더와 유인물을 배포한다.

〈유인물 1-1〉 수업 지침 소개(5분)

〈유인물 1-1〉을 펴게 한다. 학교의 규칙과 지침이 이 수업에도 적용된다는 것을 알려 준 다음, 1번과 2번을 읽는다.

수업 중 평가하지 않기

3번을 읽는다. "수업 중 다른 사람을 평가하거나 판단하는 말과 행동은 하지 마세요. 다른 사람을 무시하는 행동을 하지 마세요. 다른 사람을 괴롭히는 언행은 허용되지 않습니다."

다음과 같이 설명한다.

> 다른 수업 시간의 규칙이 이 수업에도 적용됩니다. 하지만 특히 이 수업에서는 비평가처럼 행동하지 않고 서로를 지지하는 것이 중요해요. 서로 존중하고, 무시하는 말을 하지 않는다는 뜻이죠.

비밀 보장과 상호 존중

4번을 읽는다. "수업 시간에 논의된 내용을 밖에서 말하지 마세요. 다른 학생들에 대한 사적인 정보를 존중해야 합니다."

다음과 같이 설명한다.

> 여기서 배운 기술을 일상생활에서도 사용해 보면 도움이 되겠지요. 이 수업의 과제는 배운 기술을 일상의 문제를 해결하고 더 좋은 결정을 내리기 위해 적용하는 거예요. 따라서 과제나 개인적인 예를 나눌 때 사적인 상황이나 문제를 말하게 될 수 있어요. 상호 존중과 비밀 보장을 모든 사람에게 100% 보장할 수는 없지만, 이 수업에 이런 가치가 필요한 이유에 대해 함께 논의해 보면 좋겠어요.

다음과 같이 말할 수 있다.

> 저는 여러분 모두가 수업에 참여하고, 또 수업에서 다루어 볼 수 있도록 여러분의 실제 문제를 예로 들어 달라고 부탁할 거예요. 이런 정보를 여러분이 편안하게 나누기를 바라지만, 만일 여러분이 말한 것이 페이스북이나 트위터 같은 소셜미디어에 올라가거나 교내에서 다른 학생들 사이에 소문이 난다면 아무도 자신의 이야기를 마음 편히 할 수 없게 되겠죠. 그래서 예의, 존중, 신뢰가 꼭 필요합니다. 힘든 일과 성공 경험을 마음 편하게 나눌 수 있는 안전하고 판단 없는 환경을 만들었으면 해요. 따라서 다른 친구들의 개인적인 이야기를 수업 밖에서 하지 않기를 바랍니다. 이것은 여러분이 배우는 기술에 대해서 말할 수 없다는 뜻은 아니에요. 만약 수업 중에 어떤 얘기를 할지 말지 걱정이 된다면, 잘 생각해 본 다음 말하지 않거나 또는 다른 사람들이 알아도 좋을 만한 부분만 나누면 됩니다.

용어 '표적 행동(target behavior)' 정의하기

5번을 읽는다. "자신이 늘리거나 줄이기 위해 노력할 표적 행동을 정하세요……."
다음과 같이 설명한다.

여러분 모두 이 수업에서 늘리거나 줄이기 위해 노력할 '표적 행동'을 정할 거예요. 바꾸고 싶은 구체적인 행동을 말하는 대신, '표적 행동'이라는 일반적인 표현을 쓰도록 해요. 늘릴 행동의 예는 공부하기 또는 학교 가기가 될 수 있습니다. 줄여야 할 행동은 교사나 부모님께 말대꾸하는 것, 싸움, 자해, 음주, 위험한 성 행동, 다른 학생들을 괴롭히는 것 등이 될 수 있어요.

표적 행동이라는 단어를 쓰는 이유는 수업 중에 계속 집중하고 주의를 기울이도록 돕기 위해서예요. 다른 학생들의 표적 행동이 여러분의 표적 행동과 다를 수 있지만, 이 행동들은 종종 같은 목적을 가지고 있어요. 무슨 뜻이냐 하면, 우리는 감정을 바꾸기 위해 이런 행동(표적 행동)을 한다는 거예요. 감정을 강하거나 약하게 만들기 위해서 말이지요. 한 예로, 내일 중요한 과학 시험이 있어서 긴장하고 불안해하는 경우를 생각해 봅시다. 책을 펴고 공부를 시작할 때마다 감정에 압도됩니다. 그래서 수학 숙제를 하거나 잠시 TV 시청을 하기로 결정했어요. 이렇게 시간을 보내면 불안이 내려가겠죠. 그런데 회피는 불안을 낮추는 데 도움을 주지만, 시험을 잘 보는 데는 도움이 되지는 않아요. 또 다른 학생이 자신의 문제는 '부모님이 주말에 나가 놀지 못하게 해서 화가 나고, 화가 날 때마다 부모님과 싸우는 것'이라고 말하는 경우, 이 친구의 문제가 나의 문제와 다르더라도 친구가 감정의 강도를 줄이는 방법을 배울 때 계속 주의를 기울여야 해요. 이 학생이 배우는 기술이 우리 모두에게 도움이 될 수 있기 때문입니다. 이 수업에서 우리는 불안이나 다른 힘든 감정의 강도를 줄이는 다양한 방법을 배워서 공부하는 능력을 향상하거나 부모님께 소리 지르고 싶은 충동을 참기 더 쉬워지게 만들 수 있어요. 잠시 후에 바꾸고 싶은 행동 목록을 만들 예정이니 표적 행동에 대해 생각해 보세요.

〈유인물 1-2〉 DBT STEPS-A의 목표 소개(10분)

'변증법적인'의 정의

〈유인물 1-2〉를 펴게 하고 DBT STEPS-A가 청소년의 정서 문제 해결을 위한 변증법행동치료 기술 훈련(Dialectical Behavior Therapy Skills Training for Emotional Problem Solving for Adolescents)이라고 설명해 준다. 그다음, 간단하게 '변증법적인'의 뜻을 설명한다.

다음 주에는 '변증법적인'이라는 말의 뜻을 자세히 배울 거예요. 간단히 말하면, 변증법적이라는 것은 한 상황을 바라보는 여러 개의 관점이 존재하고, 완전한 진실을 반영하는 관점은 단 하나도 없다는 뜻이에요. 다르게 말하자면, 변증법적으로 생각하는 것이 우리가 흑백논리 같은 극단적인 입장에서 벗어날 수 있게 해 준다는 겁니다. 흑백논리나 이분법적 사고 같은 극단적인 입장에 갇혀 본 경험이 있나요? 부모님에게 "엄마는 절대 내 말을 들어주지 않아." 또는 "언제나 아빠가 원하는 행동을 하게 만들어."라고 말한 경험이 있습니까?

손을 들어 보게 한다.

좋아요. 다음 시간에 이것에 대해 더 이야기해 봅시다. 오늘은 다음 주제로 넘어가는 것을 돕기 위해 간략하게 소개만 했어요. 다음 주제는 청소년이 흔히 경험하는 문제예요. 청소년들이 어려움을 겪는 네 가지 영역이 있고, 이것에 도움이 되는 네 가지 종류의 기술이 있어요.

감정 다루기의 어려움(정서 조절 기술)
다음과 같이 설명한다.

감정을 다루는 데 어려움을 겪는다는 것은 어떤 뜻일까요? 감정이 롤러코스터처럼 오르락내리락하는 경험을 하는 사람이 있나요? 시험 결과를 매우 걱정하다가 점수가 좋게 나오면 흥분해서 팔짝팔짝 뜁니다. 아니면 점수가 너무 나쁘게 나와서 교실 문을 쾅 닫고 나와 버리기도 하지요. 감정이 너무 빨리 일어날 때는 어떤 감정을 느끼는지 확실하지도 않고, 또 감정에 대해 생각하기도 어려워요.

감정 다루기의 문제는 우리의 감정이 오락가락하고, 이런 감정을 어떻게 조절해야 할지 모를 때 생겨요. 필요한 만큼 감정을 높이거나 내리는 것이 어려울 때가 그런 경우이지요. 감정 다루기의 문제는 감정이 우리의 행동을 통제할 때도 일어나요. 〈유인물 1-2〉의 두 번째 페이지를 펴고 왼쪽의 '나는 내 감정을 완전히 통제할 수 있고, 절대 감정을 누르거나 변화시키려고 하지 않는다.'와 오른쪽의 '내 감정은 나의 모든 행동을 통제하고 나는 감정을 바꿀 수 없다. 또는 나는 감정을 못 느낀다.'의 두 가지 극단적인 행동 사이에 × 표시를 해 보세요. 양쪽 끝에 가끔 해당하고 거의 중간이 없다고 생각해도 괜찮아요. 이렇게 느낀다면 ×를 두 개 표시해도 됩니다.

이 수업에서는 여러 가지 정서 조절 기술을 배우게 될 거예요. 이 기술들은 감정을 알아차리고 이름 붙이는 것뿐만 아니라 감정을 어떻게 바꾸는지, 또는 감정적으로 행동하지 않으면서 어떻게 힘든 감정을 참아 내는지 가르쳐 줄 겁니다.

혼란스러움/주의 산만(마음챙김 기술)

다음과 같이 질문한다.

혼란스럽거나 주의가 산만한 것 또는 알아차리지 못하거나 집중이 안 되는 것은 어떤 의미일까요?

예를 들게 하고 칠판에 적은 다음, 설명한다.

우리 모두 가끔은 집중력을 잃습니다. 느끼는 감정이 무엇인지 또는 왜 이런 감정을 느끼는지 알아차리지 못하죠. 집중하지 못하는 것은 주의가 흐트러진 상태와 같아요. 그리고 여러분은 가끔은 내가 누구인지, 어떤 사람이 되고 싶은지 혼란스러워지기도 할 거예요. 이것은 어른이 되어 가는 성장 과정의 일부예요. 혹시 내가 어떤 행동을 했을 때 좋아서 한 것인지, 누가 하라고 해서 한 것인지, 또는 다른 사람들이 다 하고 있기 때문에 나도 해야 한다는 생각에서 한 것인지 잘 모르겠다고 느낀 경험이 있나요? 자신에 대한 혼란스러움은 우리가 어떻게 행동하고, 생각하고, 느낄지 결정하는 과정에서 자신을 믿지 못할 때 생깁니다. 이때 우리는 다른 사람들에게 나의 감정, 사고, 행동을 결정해 달라고 요청하거나 다른 사람들이 하는 것을 보고 그대로 따라 해요. 친구들과 잘 어울리고 따돌림당하고 싶지 않지만, 동시에 친구들의 행동이 내가 원하는 행동인지 확신하지 못합니다.

다른 예를 들어 보죠. 부모님이 열심히 공부하거나, 운동을 잘하거나, 특정한 친구들과 사귀는 것을 매우 원하는 경우에 대해 생각해 봅시다. 매일 아침 등교 준비를 할 때마다 오늘 하루 동안 해야 할 일을 생각하면 마음이 편안하지는 않지만, 늘 부모님의 말씀을 잘 들었기 때문에 그냥 하루하루 부모님이 원하는 행동을 해요. 여기서 정말 중요한 것은 이것이 정상이라는 거예요. 이렇게 행동하는 것이 나에게 문제가 있다는 것을 의미하는 게 아니에요. 나는 단지 내가 누구인지 알아 가려고 하는 것이고, 이것이 청소년기의 과제입니다. 이것은 어떤 뜻일까요?

학생들이 예를 들게 한 다음, 계속해서 설명한다.

기쁜 소식은 이 수업에서 여러분이 자신의 내면에 귀를 기울이고 자신을 찾아가기 더 쉬워지도록 돕는 많은 기술을 배울 수 있다는 거예요. 이 기술을 '마음챙김 기술'이라고 부릅니다. 가끔은 '핵심 마음챙김 기술'이라고도 부르는데, 그 이유는 이 기술이 너무 중요하기 때문이에요. 마음챙김 기술들은 과거나 미래에 대한 생각이 아니라 지금, 이 순간에 집중할 수 있게 도와줍니다. 또한 마음챙김 기술은 우리의 생각, 감정, 충동을 더 잘 알아차릴 수 있게 해 주지요. 〈유인물 1-2〉의 두 번째 항목인 혼란스러움과 주의 산만은 왼쪽의 '나는 언제나 완전히 나 자신에 대해 편하게 느끼고 내가 누구인지, 무슨 생각을 하는지, 어떻게 느끼는지 알고 있다.'와 오른쪽의 '나 자신에 대해서 전혀 편하게 느끼지 못하고, 내가 어떤 생각을 하는지 또는 어떤 감정을 느끼는지 알지 못한다.' 사이에 있습니다. 이 연속선 위에 나에게 해당하는 위치에 × 표시를 해 보세요. 내 위치가 어디인지 다른 사람들과 나눌 필요는 없습니다.

충동성(고통 감싸기 기술)

다음과 같이 질문한다.

'충동성'이란 무슨 뜻일까요? 충동적인 행동의 예를 들어 볼 수 있나요? 무엇이 충동적인 행동을 만들어 낼까요?

예를 칠판에 적는다. 학생들이 예를 생각해 내기 힘들어하면 교사가 적당한 예(수업 시간에 큰 소리로 말하기, 수업 빠지기, 술 마시기, 소리 지르기, 문을 세게 닫기, 자해하기 등)를 적고 설명한다.

우리는 가끔 깊이 생각해 보지 않고 행동할 때가 있지요. 아니면 당시에는 신중하게 내린 결정이라고 생각했지만, 사실은 감정에 휘둘려서 내린 결정이었다고 나중에 깨닫기도 해요. 어떤 문제는 당장 해결할 수 없어서 문제를 해결할 수 있을 때까지 고통스러움을 견뎌야 해요. 〈유인물 1-2〉의 세 번째 연속선의 양극단인 '나는 언제나 내 행동을 완전히 통제할 수 있다. 나의 행동은 절대 충동적이거나 감정에 휘둘리지 않는다.'와 '내 행동은 언제나 통제가 안 되고 충동적이거나 감정에 지배당한다.' 사이에서 여러분에게 해당하는 지점에 × 표시를 해 봅시다. 어디에 표시했는지 다른 사람과 나누지 않아도 괜찮아요.
충동적인 행동으로 상황을 악화시키지 않고 위기를 헤쳐 나갈 수 있게 도와주는 '고통 감싸기 기술'을 이 수업에서 배울 거예요. 고통은 견디기 힘들게 느껴지죠. 고통 감싸기 기술은 지금 당장 문제를 해결할 수 없을 때, 이 순간을 견딜 수 있게 도와줘요. 또한 이 기술은 지금 당장 또는 오래도록 바뀌지 않을 현실을 받아들일 수 있게 도와줍니다. 고통 감싸기 모듈에서 다양한 기술을 구체적으로 배울 수 있을 거예요.

대인관계 문제(효과적인 대인관계 기술)

다음과 같이 질문한다.

'대인관계 문제'란 어떤 뜻일까요?

학생들이 예를 들게 한 다음, 질문한다.

가끔 대인관계의 문제를 푸는 것이 정말 어려울 때가 있지요. 여러분은 관계에서 주는 것과 받는 것 사이의 균형을 얼마나 잘 유지하고 있나요? 혹시 너무 많이 주기만 하고 난 후, 자신에 대해서 부정적으로 느낀 경험이 있나요?

학생들이 예를 들게 한 다음, 설명한다.

누군가에게 무언가를 요청하거나 또는 누군가의 부탁을 거절할 권리가 없는 것 같다고 느껴 본 경험이 있나요? 어쩌면 얼마나 강하게 요청해야 할지 잘 모르겠다고 느낄 수도 있어요. 언제 상대의 거절을 받아들이고 포기해야 하는지 어떻게 알 수 있을까요? 사실상 우리 모두 이런 문제로 고민합니다. 이 수업에서는 '효과적인 대인관계 기술'이라고 부르는 관계 기술들을 배울 거예요. 이 기술들은 다른 사람들로부터 원하는 것을 얻고, 건강한 관계를 유지하고, 자기존중감을 지킬 수 있게 도와줍니다. 이제 〈유인물 1-2〉의 네 번째 연속선을 보고 '나는 좋은 관계를 맺고 있다. 모든 관계에서 내가 잘하고 있다고 느낀다. 그리고 요청하거나 거절하는 것이 언제나 편하다.'와 '내 관계들은 엉망이다. 나는 남들에게 뭔가 요청할 권리가 없다고 생각한다. 그리고 다른 사람이 원하는 것은 언제나 해 주는 편이고, 만일 해 주지 못하면 내가 나쁜 사람이라고 생각한다.'의 두 극단 사이에서 여러분이 해당하는 곳에 × 표를 해 보세요.

질문이 있는지 확인한 후 다음과 같이 말한다.

나중에 효과적인 대인관계 기술을 배울 때 방금 했던 설명이 더 잘 이해될 거예요.

행동 목표 정하기

행동 목표 정하기는 기술이 어떤 문제 영역에 도움이 되는지 알 수 있게 해 준다. 〈유인물 1-2〉의 첫 페이지 아래쪽에 있는 'DBT STEPS-A의 목표: 나의 목표는?' 표에 학생들이 늘리고 싶은 행동 1~5개와 줄이고 싶은 행동 1~5개를 적게 한다. 내일 당장 표에 적은 모든 행동을 변화시키는 것이 아니라, 이번 학기(또는 학년) 동안 꾸준히 행동을 변화시키기 위해 노력할 거라고 설명해 준다. 학생들은 자신의 변화를 관찰하기 위해 이 행동 목표 목록을 자주 확인해야 한다.

〈유인물 1-3〉 모든 문제를 해결하는 방법 소개(5분)

〈유인물 1-3〉을 펴게 하고 다음의 예를 들어 설명한 다음, 피드백을 이끌어 낸다.

조금 파격적인 관점 하나를 소개할게요. 우리 삶에 문제가 생겼을 때, 어떤 문제든 해결 방법은 네 가지 중 하나예요. 〈유인물 1-3〉에 이 네 가지 해결 방법이 나와 있어요. 이 방법들을 두 가지 예를 통해 알아봅시다. 시간이 되면 여러분 중 한 사람의 예를 같이 생각해 볼 수 있어요. 첫 번째 예입니다. 어떤 과목의 시험 점수가 나빠서 매우 걱정하고 불안해하고 있는 경우인데요. 이제 함께 네 가지의 가능한 선택을 살펴봅시다.

〈유인물 1-3〉에 있는 4개의 선택을 읽는다.

첫 번째 예

첫 번째 방법은 문제를 해결하는 거예요. 선생님과 의논해 보거나 점수를 올릴 수 있는 다른 방법을 찾는 것이 한 가지 방법입니다. 다른 문제 해결 방법은 뭐가 있을까요?

두 번째 방법은 이 문제에 대해 덜 걱정하고 괜찮게 느끼는 거예요. 이 과목은 나에게 그렇게 중요하지 않고 졸업하는 데 문제가 되지 않는다고 말할 수 있어요(이것이 사실이라면). 이렇게 하면 점수에 대해서 그다지 걱정하지 않게 됩니다.

세 번째 방법은 문제를 견디고 참아 내는 거예요. 열심히 공부하지 않았고, 따라서 점수가 낮은 것은 자연스러운 결과라는 것을 받아들입니다. 물론 걱정이 계속되겠지만, 이런 걱정되고 불안한 느낌을 견디기로 결심하는 거예요.

마지막 네 번째 방법은 계속 힘들어하고 비참하게 느끼는 상태에 머물면서 상황을 더 안 좋게 만드는 거예요. 이 방법을 선택하면 점수가 낮은 것에 대해 아주 기분 나쁘게 느끼고, 교과 담당 선생님에게도 화가 나고, 이것 때문에 영향을 받아 다른 과목의 시험 점수도 떨어질 수 있어요.

두 번째 예

앞의 예에서 만일 그 과목이 그다지 중요하지 않은 과목이라면 첫 번째 또는 두 번째 방법이 효과적일 거예요. 그러면 이번에는 다른 예를 생각해 보죠. 만일 부모님의 직장 문제로 다른 지방으로 이사하고 전학을 가야 한다면 어떨까요? 첫 번째 방법을 이미 시도해서 부모님을 설득하려고 했지만(예: 친구 집에서 지내면서 학교를 졸업하는 것) 부모님이 받아들이지 않았습니다. 두 번째 방법을 시도하지만 익숙한 학교와 친한 친구들을 떠나 새로 출발하는 것에 대해 좋은 기분을 느끼기는 힘들 거예요. 이 상황에서는 아마도 세 번째 방법인 현실을 받아들이는 것이 최선입니다. 네 번째 방법을 선택한다면 다른 사람들이나 자신에게 이 상황은 불공평하며, 바뀌어야 한다고 불평하는 행동을 끊임없이 하게 될 거예요. 부모님이 마음을 바꾸지 않는데 이 방법을 계속 사용한다면, 오랜 시간 고통스럽고 비참하게 느끼겠지요. 게다가 비록 내가 하는 말이 타당하고 중요해도 시간이 지나면 사람들이 나의 이야기를 들어 주지 않게 됩니다. 물론 세 번째 방법이 힘들지 않다는 것은 아니에요. 이 방법은 우리가 일단 상황을 받아들이게 해 주고 장기적으로는 고통을 덜 느끼게 해 줍니다. 나중에 현실 수용에 대해 수업할 때 더 잘 이해할 수 있을 거예요.

이 수업에서 배울 기술이 어떤 종류인지 살펴보았습니다. 이런 방식으로 앞으로 배울 모든 기술을 여러분의 문제를 해결하는 데 사용할 거예요. 문제가 생겼을 때 선택할 방법이 무엇이 있는지 이해하고, 어떻게 능숙한 행동으로 대처할 수 있는지 배우는 것이 이 수업의 목표입니다. 더 구체적으로 말하자면, 이 수업에서는 〈유인물 1-3〉 아래쪽에 적혀 있는 방법 중 어떤 것을 선택하고, 선택한 기술을 어떻게 사용하는지 배우게 될 거예요.

〈유인물 1-4〉 수업 계획 소개(2분)

〈유인물 1-4〉를 펴게 한다. 표에는 매주 배울 기술이 나와 있다. 이 계획서를 보고 학생들은 예습해 오거나 빠진 수업을 따로 공부하면 된다. 앞에서 언급한 4개의 기술 모듈(마음챙김, 고통 감싸기, 정서 조절, 효과적인 대인관계)이 어디에 적혀 있는지 알려 준다. 마음챙김 기술은 '핵심' 기술이고 다른 기술들의 주요 요소이기 때문에, 마음챙김 기술 모듈을 가장 먼저 배우고 이후 다른 모듈을 시작할 때 복습한다.

교과 평가 기준 소개(3분)

만일 DBT STEPS-A 수업에 평가가 포함된다면, 평가 기준을 설명한다. 시험이 있는 경우에는 〈유인물 1-4〉에 명시한다.

질의응답(5분)

질문할 시간을 준다. 매 수업에 과제가 있지만, 오늘은 늘릴 행동과 줄일 행동에 대해 더 생각해 보는 것 외에는 숙제가 없다고 말해 준다.

학급 응집력 높이기 활동: 단어 만들기 게임(20분)

학생이 몇 명인지 센 다음, 학급 응집력 활동 표에서 학생 수에 상응하는 단어를 선택한다([그림 ⓘ-1] 참조). 종이 한 장에 한 글자씩 적어 둔다.

학생마다 한 장씩 나누어 주고 같은 색깔 종이를 받은 학생들끼리 소집단을 만들게 한다음, 설명한다. 소집단은 4~8명이 한 조가 되게 한다.

> 이 활동은 단어 만들기 게임이에요. 여러분이 할 일은 받은 글자를 사용해서 DBT STEPS-A 용어를 만드는 거예요.
>
> 글자를 조합해서 단어를 만들기 전에 모두 자기소개를 합니다. 이름을 말하고 방학이나 휴일에 했던 즐거운 활동을 하나씩 나누어 보세요. 아까 설명한 비밀 보장 규칙을 꼭 기억하시고요.

모든 집단이 단어 만들기를 마치면, 학급 전체로 모여 단어를 발표하고 그 뜻을 복습한다. 다 마치면 학생들을 칭찬해 주고, 이 수업에서 같이 배우며 서로 돕고 친해질 기회가 많을 거라고 말해 준다.

조 크기							
4	마	음	챙	김			
4	정	서	조	절			
5	고	통	감	싸	기		
6	마	음	챙	김	기	술	
6	정	서	조	절	기	술	
6	평	가	하	지	않	기	
7	고	통	감	싸	기	기	술
7	표	적	행	동	정	하	기
8	비	밀	보	장	상	호	존	중
8	효	과	적	인	대	인	관	계

[그림 1-1] 학급 응집력 활동 표

⚛ 요약

　DBT 기술 훈련 지침서(Linehan, 2015a)와 청소년을 위한 DBT 기술 지침서(Rathus & Miller, 2015)에서 발췌하여 개발된 DBT STEPS-A를 이해하려면, 학생들이 변증법적 관점에 대한 기본 지식을 갖추는 것이 중요하다. 변증법을 이해하면 학생들은 한 상황을 바라보는 여러 가지 관점이 존재한다는 것을 깨닫게 된다.

🌐 요점

1. 변증법은 하나의 상황에 대해 언제나 두 가지 이상의 관점이 존재하고, 대립된 것처럼 보이는 두 관점 모두 타당할 수 있다고 가정하는 것이다.
2. 변증법은 학생들이 'A 아니면 B' '항상-절대로' 또는 '흑 아니면 백'의 사고방식에서 벗어나 균형 잡힌 방식으로 생각할 수 있게 도와준다.

🕐 준비물

1. 본 단원 유인물
   - 〈유인물 2-1〉 변증법: 이게 뭐지? 왜 중요해?
   - 〈유인물 2-2〉 변증법적으로 생각하기: 어떻게 하면 될까?
   - 〈과제 2-3〉 변증법적으로 생각하고 행동하기 연습
2. 자료 없이 수업에 온 학생들을 위한 여분의 유인물과 필기도구
3. 보드 마커나 분필

🔔 준비

1. 학생 기술 바인더에 있는 강의 계획과 유인물을 검토한다.
2. 가능하면 학생들이 서로 바라보고 앉도록 교실의 책상을 미리 배치해 둔다.

🔳 강의 개요와 시간표

- 주요 개념 소개(7분)
- 토론: 변증법(35분)
  - 〈유인물 2-1〉 변증법: 이게 뭐지? 왜 중요해? 소개(15분)
    - 수업 활동: 통합을 찾아서-중도(10분)
  - 〈유인물 2-2〉 변증법적으로 생각하기: 어떻게 하면 될까? 소개(10분)
- 단원 요약(3분)
  - 변증법은 하나의 상황을 보는 관점이 여러 개라는 것을 말해 주고, 흑백논리나 이분법적 사고에서 벗어날 수 있게 돕는다.
- 과제 설명(5분)
  - 〈과제 2-3〉 변증법적으로 생각하고 행동하기 연습
    - 학생들이 변증법적으로 행동하는 방법을 이해하도록 돕기 위한 구체적 단계와 과정 살펴보기

🔲 세부 강의 계획

주요 개념 소개(7분)

수업에 온 것을 환영하고 1단원을 짧게 정리한다.

> 1단원에서 청소년이 자주 경험하는 네 가지 문제와 이 문제를 해결하기 위해 우리가 배울 기술에 관해 이야기했었는데요. 어떤 기술인지 기억하는 사람 있나요? 기억이 잘 나지 않으면 〈유인물 1-2〉를 보면 됩니다.

필요하다면 학생들이 감정 다스리기의 어려움(정서 조절 기술), 자신에 대한 혼란스러움 또는 주의 산만(마음챙김 기술), 충동성(고통 감싸기 기술), 관계 문제(효과적인 대인관계 기술)라고 대답하도록 유도한다. 그다음, 학생들에게 1단원에 대한 질문이 있는지 확인한다. 'DBT STEPS-A'와 '변증법'이라고 칠판에 적고 설명한다.

> 오늘은 이번 학기(또는 학년) 중에 우리가 배울 모든 기술의 근본이 되는 개념인 '변증법'에 대해서 알아볼 거예요. 1단원에서 DBT STEPS-A는 풀어 쓰면 청소년들의 정서 문제 해결을 위한 변증법행동치료 기술 훈련이라고 배웠어요. 우리가 배울 기술들의 기원은 별로 중요하지 않지만, '변증법'이라는 용어와 이것이 우리의 생각과 행동에 어떻게 영향을 주는지 이해하는 것은 매우 중요해요. 이것이 오늘 우리가 다룰 주제입니다.

칠판에 쓴 '변증법'이라는 단어에 밑줄을 긋는다.

토론: 변증법(35분)

〈유인물 2-1〉 변증법: 이게 뭐지? 왜 중요해? 소개(15분)
다음과 같이 설명한다.

> 변증법은 철학, 사고하는 방법, 또는 세계관이에요. 변증법이라는 말을 들어 본 사람 있나요? 어떤 뜻인지 아는 학생이 있나요?
> '변증법'은 대립하는 의견을 통합하기 위해 각각의 관점을 살펴보고 토론하는 방법이에

요. 변증법은 기본적으로 그 누구도 절대적 진실을 가지고 있지 않기 때문에 양쪽 모두의 진실을 볼 수 있어야 한다고 가르칩니다.

우선 이렇게 생각하는 방식이 어떻게 도움이 될 수 있는지 이야기해 볼 거예요. '흑백논리'나 '이분법적 사고'에 갇혀 버리는 일은 흔히 일어나죠. 또는 논쟁하거나 토론할 때 '항상' 또는 '절대'라는 단어를 사용할 때가 있어요. 그렇게 말하면 극단적인 관점에 갇혀 우리가 생각하는 것이 완전히 옳다는 입장을 가지고 꼼짝하지 않게 됩니다. 그리고 상대방이 완전히 틀렸다고 생각하게 되죠. 이럴 때 보통 승자 없는 논쟁이 이어지게 돼요. 양쪽 모두 자신의 입장에 더 매달리게 되어 아무런 해결책도 나오지 않는 것이죠. 아마 모두 이런 경험을 해 봤을 거예요. 하지만 변증법적으로 생각하게 되면, 우리 자신과 다른 사람들과의 관계에서 유연해질 수 있어요.

〈유인물 2-1〉의 첫 다섯 개 항목을 읽거나 학생이 읽게 한다. 항목마다 학생들의 예를 이끌어 낸다.

"하나의 상황에 대해 언제나 두 가지 이상의 관점이 존재하고⋯⋯.": 한 상황을 여러 관점에서 바라보는 것은 중요해요. 이렇게 하는 것이 다른 관점이나 사람에게 자동적으로 동의한다는 것을 의미하는 것은 아니에요. 다만, 두 개 이상의 관점을 동시에 가질 수 있게 해 줍니다.

"⋯⋯한 문제를 푸는 데 두 가지 이상의 방법이 있다.": 조금 전 말했듯이 한 상황을 다양한 관점에서 볼 수 있다면, 문제를 해결하는 여러 개의 방법을 찾을 수 있어요.

"모든 사람은 독특한 특징이 있고 다른 관점을 가지고 있다.": 다른 사람의 경험이 나의 경험과 다를 때도 그 사람을 이해할 수 있는 능력을 향상시켜요. 나도, 상대방도 다 맞거나 다 틀리지 않아요. 단지 서로 다를 뿐입니다.

"변하지 않는 단 한 가지는 모든 것은 변한다는 사실이다.": 여러분의 삶에서 변하지 않는 것을 하나라도 생각할 수 있나요? 매일 그리고 매 순간 모든 것은 변해요. 우리는 계속 새로운 것을 배워요. 또 우리의 몸은 끊임없이 변화해요(비록 눈에 보이지 않는 분자 수준의 변화라도). 변증법적 사고는 우리 삶에서 그 어떤 것도 변화 없이 그대로 있지 않다는 것을 잊지 않게 도와줍니다. 이것은 모든 것이 더 나빠진다는 뜻이 아니에요. 이렇게 생각하는 것은 변증법적이지 못한 사고이죠. 이 말의 뜻은 모든 것이 그저 좋은 쪽으로 또는 좋지 않은 쪽으로 변하고, 변한 다음 또 변한다는 뜻이에요.

"대립되어 보이는 관점이 모두 타당할 수 있다.": 여러분과 부모님의 관계가 이렇지 않나요? 어떤 날은 부모님을 사랑하는 마음이 들고, 또 어떤 날은 부모님을 도저히 견딜 수 없다고 느끼는데, 이 두 가지 모두 진실이지요. 어떤 상황이나 순간에 부모님을 사랑하고 싫어하는 마음이 공존할 수 있어요. 비슷하게, 누군가의 관점을 이해할 수 있고 동시에 그 관점에 동의하지 않을 수 있어요. 이럴 때 우리는 '동의하지 않기로 동의할 수 있다.'라는 말을 쓸 수 있습니다.

"대립하여 갈등하는 양쪽 모두의 진실을 존중하도록 노력하는 것이 최선의 방법이다. …… 세상을 '흑백논리'나 '이분법적 사고'로 바라보지 않도록 노력하라는 뜻이다…….": 극단적으로 생각하는 것은 종종 우리를 융통성 없이 상황에 갇혀 버리게 만들어요. 이것을 변증법적 사고가 어떻게 도울 수 있을까요? 바로 대립하는 양쪽의 진실을 찾고 존중하게 해서 도와줍니다. 이것을 '통합을 찾기' 또는 '중도를 찾기'라고 부릅니다. 중도는 타협이나 절충이 아니에요. 검정과 흰색의 절충은 회색이 되겠지요. 중도는 하얀 바탕의 검은색 물방울 무늬나 체스보드 패턴 같은 것입니다. '나는 최선을 다하고 있어. 그리고 나는 더 열심히 해야 해.' '지금 이대로의 나를 수용한다. 그리고 나는 변하고 싶다.'라고 말하는 것이 통합 또는 중도의 예가 될 수 있어요.

수업 활동: 통합을 찾아서-중도(10분)

극단에서 자유로워지는 것은 어떻게 하는 것일까요? 예를 하나 살펴봅시다. 여러분은 밖에서 놀다가 자정까지 들어오고 싶고, 부모님은 10시까지 들어오기를 바라세요. 어떻게 통합을 찾을 수 있을까요?

처음에는 10대의 관점을 끌어내며 토론을 이끈다(칠판의 한쪽에 학생들이 말한 것을 적는다). 그다음 학생들에게 부모의 관점을 생각해 보게 한다(반대편에 적는다). 그리고 나서 학급 전체가 양쪽 입장을 존중하는 통합을 찾도록 지시한다. 예를 들면, 다음과 같다.

- **10대의 관점**: '친구들과 같이 놀 기회를 놓치고 싶지 않다.'
- **부모의 관점**: '네가 안전하기를 바란다. 네가 어디에 있는지, 누구와 있는지, 무엇을 하는지 모른다. 네가 집에 올 때까지 못 자고 기다리게 될 것이다. 그리고 엄마, 아빠 모두 내일 아침 일찍 가야 할 곳이 있다(그래서 너무 늦게 잠자리에 들면 안 된다).'
- **가능한 통합**: 자녀가 친구들을 집으로 초대해 늦게까지 논다. 자녀가 핸드폰을 가지고 나간다. 부모가 친구들의 부모와 통화한다. 자녀는 10시까지 들어오고, 부모는 자녀가 얼마나 화가 나고 슬픈지 이해한다고 말한 후, 자녀가 친구들과 늦게까지 놀 수 있는 날짜를 찾아본다.

다음을 설명한다.

> 핵심은 우리가 단순히 타협안이나 절충안(예: 11시에 귀가하기)을 찾는 게 아니라는 거예요. 모든 사람의 입장을 인정하기 위해 노력하고, 각자의 욕구에 맞는 해결책을 찾기 위해 노력하는 것이 핵심입니다. 이 예에서 여러분이 자녀라면 집에 가서 부모님과 이 문제에 대해 논의해서 서로를 이해할 수 있게 노력할 수 있어요. 부모님을 이해시킨다는 것이 여러분이 늦게까지 밖에서 놀 수 있다는 뜻은 아니에요. 이때 목표는 양쪽 모두 서로의 입장을 이해하고 존중하여 상황을 해결할 방법이 여러 개가 있다는 것을 아는 것입니다.

시간이 되면 현재 한 관점에 갇혀 어려움을 겪고 있는 학생 한 명의 상황에 대해 논의해 본다(예: 곧 가족이 이사할 예정, 최근 부모님께 벌받은 경험, 어른 또는 이 수업을 같이 듣지 않는 친구와의 의견 충돌, 진로나 방과 후 활동을 결정하는 데 있어 생긴 갈등).

〈유인물 2-1〉 아래쪽의 네 개 항목을 함께 읽고, 학생들에게 자신의 예를 생각할 시간을 준 뒤 발표하게 하고, 발표한 학생을 크게 격려해 준다. 서로 반대되어 보이는 것들(예: 수줍음과 상냥함, 두려움과 강인함, 공부를 열심히 하는 것과 놀기 좋아하는 것, 게으름과 의욕 넘침)이 예가 될 수 있다.

〈유인물 2-2〉 변증법적으로 생각하기: 어떻게 하면 될까? 소개(10분)
다음과 같이 설명한다.

> 이제 변증법적으로 생각할 수 있게 돕는 구체적인 방법을 배워 봅시다. 하나씩 읽어 볼까요?

〈유인물 2-2〉의 1번부터 7번까지의 항목을 교사나 학생이 하나씩 읽는다. 항목마다 다음과 같이 설명하고, 학생들이 예를 들게 한다.

> 1. "'A 아니면 B'라는 생각에서 'A와 B 모두'라는 생각으로 바꿉니다…….": 이것을 위한 첫 단계는 극단적으로 생각하는 것을 알아차리는 거예요. 도움이 되는 다른 방법은 '그러나' 또는 '그런데'라고 말할 때 알아차리는 것입니다. 예를 들면, "어제 도와줘서 고마워. 그런데 네가 한 말은 이해가 안 돼."라고 말하는 경우, 상대는 이 말을 어떻게 들을까요? 아마 "네가 한 말은 이해가 안 돼."라고 말한 부분만 들렸을 거예요. 상대방은 금방 방어적으로 되고 내가 고맙다고 말한 것은 마음에 새기지 않겠죠. 그러나 또는 그런데는 방금 말한 것을 지

우는 거대한 지우개의 역할을 해요. 더 효과적이고 변증법적으로 소통하기 위해서 '그런데' 대신 '그리고'를 사용하면 좋습니다. "어제 도와줘서 고마워. 그리고 네가 한 말이 이해가 안 돼."라고 말하면 더 효과적입니다.

학생들이 **'그러나 또는 그런데'**를 **'그리고'**로 바꿀 수 있는 예를 들어 보게 한다.

2. "한 상황의 모든 측면과 관점을 살피는 것을 연습합니다…….": 반대되는 입장이 가진 '진실의 알갱이'(비록 아주 작은 알갱이라도)를 찾는다는 것은 어떤 뜻일까요? 예를 들어, 염증이 걱정되어 부모님이 피어싱을 못 하게 한다고 합시다. 여러분은 피어싱 후 염증이 문제가 되지 않았던 많은 사람을 알고 있어요. 그리고 동시에 부모님의 걱정도 타당한 부분이 있지요. 피어싱 이후에 진짜 염증이 생길 수도 있으니까요.

3. "기억하세요. 절대적 진실을 말하는 사람은 아무도 없습니다. 대안적 관점에 마음을 열어 두세요.": 이 말은 대안적 생각 또는 방법이 언제나 있다는 뜻이에요. 단 하나의 길이나 정답은 없어요. '어떤 것을 아직 생각해 보지 않았지?' 또는 '반대 입장은 어떤 것일까?'라고 자문해 보면 좋습니다. 반대 입장을 인정하는 것이 반드시 그에 동의한다는 뜻은 아니에요. 이것은 모든 주장에 존재하는 진실의 알갱이를 찾는 것과 비슷합니다.

4. "'너는 ……이다/하다.' '너는 ……해야 한다.' 또는 '그건 원래 그런 거야.'라는 말 대신 '나는 ……하게 느껴.'라고 말합니다.": 비난하지 않는 말을 쓰는 것이 중요해요. 이렇게 하면 상대가 덜 방어적으로 되어 여러분의 말을 더 잘 듣게 됩니다. "너는 항상 나를 무시하고 무례하게 행동해서 나를 기분 나쁘게 해."라고 말하는 것과, "내 얘기가 네게 전달되지 않는 것처럼 느껴. 그리고 무시당하는 기분이 들고 상처받았어."라고 말하는 것은 달라요. 이 두 가지가 상대에게 주는 영향의 차이점을 볼 수 있나요?

시간이 남으면 다음 활동을 진행한다. 학생들 두 명씩 짝을 짓게 하고, 한 사람이 짝에게 조금 전의 예와 비슷한 말을 하게 한다(예: "너는 내 말을 절대 듣지 않아. 그리고 나는 정말 참을 수 없어!"). 그다음, 같은 내용을 "나는 …… 하게 느껴."를 써서 전달하게 한다(예: "내가 말할 때 너는 핸드폰을 보고 있기 때문에 내 말에 귀를 기울이지 않는 것 같아서 기분이 나빠."). 두 가지의 다른 표현을 들었을 때 차이점이 있었는지 발표하게 한다. 시간이 더 있다면 역할을 바꾸어 한 번 더 연습한다.

5. "내가 동의하지 않는 다른 의견이 타당할 수 있음을 받아들입니다…….": 이것은 '그러나 또는 그런데'를 '그리고'로 바꾸는 것의 다른 예입니다. 이렇게 말할 때, '그런데/그러나'를 쓰지

않는 것이 중요해요. "네 입장이 이해돼. 그러나 나는 동의하지 않아."와 "네 입장이 이해돼. 그리고 나는 동의하지 않는데, 우리가 다른 것도 괜찮아."의 차이를 느껴 보세요.

　6. "내가 어떤 추측을 하고 있는지 알아차립니다. 다른 사람들이 어떤 생각을 하는지 알고 있다고 단정하지 마세요⋯⋯.": 우리가 자주 저지르는 큰 실수 한 가지는 다른 사람이 아무런 말이나 행동을 하지 않았는데도 그 사람의 생각이나 의도를 정확히 안다고 추측하는 것이에요. 의미나 의도를 추측하기보다는 팩트 체크를 하는 것이 중요합니다.

　7. "내가 어떤 생각을 하는지 남들이 알고 있을 거라고 단정 짓지 않습니다⋯⋯.": 오해받을 수 있다고 느껴질 때는 우리의 생각과 의도를 전달해야 해요.

〈유인물 2-2〉 아래쪽의 연습 문제를 풀게 하고, 자원해서 발표하게 한다.

단원 요약(3분)

학생들이 좋은 예를 들어 주고 새로운 개념을 배우려고 노력한 것에 대해 인정해 주고 칭찬한 다음, 변증법의 요점을 복습한다.

　한 상황을 보는 관점이나 하나의 문제를 해결하는 방법은 여러 가지가 있어요. 그리고 내가 동의하지 못하더라도 내 의견과 다른 의견을 인정하는 것이 필요하죠. 변증법은 우리가 흑백논리와 이분법적 사고에서 벗어날 수 있게 해 줍니다.

과제 설명(5분)

〈과제 2-3〉 변증법적으로 생각하고 행동하기 연습

〈과제 2-3〉은 학생들이 변증법적으로 행동하거나 생각했던 상황 하나와 그렇게 하지 못한 상황 하나를 정해서 질문에 답하도록 구성되어 있다. 학생들과 함께 읽어 가면서 과제를 이해했는지 확인하고 질문을 받은 다음 설명한다.

　다음 시간까지 과제를 다 해 오세요. 과제는 다음 시간에 나눌 예정입니다. 배운 것을 되도록 여러 상황에서 연습해 보세요. 하지만 적어도 연습해 본 상황 하나를 과제지에 정리해서 다음 시간에 발표할 수 있도록 준비하세요.

마지막으로, 과제 완수를 방해하는 요인에 대한 문제 해결 시간을 가진다. 과제 혹은 과제를 할 때의 장애물에 대해 질문이 있는지 확인한다. 만약 있다면, 질문에 답하고 장애물을 다룬다. 과제를 할 의지가 없거나, 이번 주에 다른 과제가 너무 많거나, 잊어버리거나, 과제를 이해하지 못하는 것 등이 장애물이 될 수 있다. 학생들이 장애물을 찾을 수 있도록 돕고, 이를 극복할 수 있는 계획을 함께 세운다. 한 예로, 잊어버리는 것이 문제라면, 과제를 적고 휴대전화나 달력에 과제 완성 알람을 설정할 수 있다. 과제를 할 의지가 없는 경우에는 먼저 이유를 듣고 동기를 높여 주거나, 과제를 해 오는 것의 중요성(예: 성적)을 상기시켜 주거나, 또는 기타 도움이 될 만한 설명을 해 준다. 과제 관련 문제 해결은 매주 과제를 나누어 준 이후 반드시 진행하도록 한다.

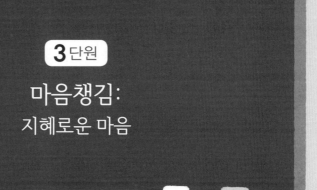

3 단원

마음챙김:
지혜로운 마음

⚛ 요약

마음챙김 기술은 DBT STEPS-A 교과 과정에서 필수적이며, 과정 중에 배우는 다른 모든 기술을 뒷받침한다. 이 모듈의 핵심 목표는 매일의 삶에 자각을 불러오고, 마음이 우리를 통제하도록 내버려 두는 대신 우리가 마음을 통제하는 방법을 배우는 것이다. 마음에는 세 가지 상태가 있는데, 그것은 이성 마음, 감정 마음, 지혜로운 마음이다. 지혜로운 마음은 이성 마음과 감정 마음의 통합이다. 사람에게는 누구나 내면의 지혜가 있다.

🌐 요점

1. 지금 이 한순간을 살도록 배우는 것은 과거와 미래로부터 자유로워지는 것이다.
2. 우리에게는 세 가지 상태의 마음—이성 마음, 감정 마음, 지혜로운 마음—이 존재한다.
3. 모든 사람은 자기 안에 지혜의 원천을 갖고 있다.

🏅 준비물

1. 본 단원 유인물
    - 〈유인물 3-1〉 마음챙김: 내 마음의 주인이 되기
    - 〈유인물 3-2〉 마음챙김: 왜 해야 할까?
    - 〈유인물 3-3〉 마음챙김: 세 가지 마음 상태
    - 〈유인물 3-4〉 지혜로운 마음 연습
    - 〈과제 3-5〉 세 가지 마음 상태에 있는 나를 관찰하기 연습
2. 자료 없이 수업에 온 학생들을 위한 여분의 유인물과 필기도구
3. 보드 마커나 분필
4. 다이어리 카드

🔔 준비

1. 학생 기술 바인더에 들어 있는 강의 계획과 유인물을 검토한다.
2. 가능하면 학생들이 서로 바라보고 앉도록 교실의 책상을 미리 배치해 둔다.

🔘 강의 개요와 시간표

- 과제 점검(10분)
    - 〈과제 2-3〉 변증법적으로 생각하고 행동하기 연습
        - 짝과 나누기
        - 학급 전체와 나누기
- 주요 개념 소개: 마음챙김이란 무엇이며, 왜 해야 할까?(9분)
    - 〈유인물 3-1〉 마음챙김: 내 마음의 주인이 되기 소개(4분)
        - 마음챙김
        - 마음챙김은 연습해야 한다.
        - 우리는 마음챙김을 통해 지혜로운 마음에 접촉한다.

- ■ 〈유인물 3-2〉 마음챙김: 왜 해야 할까? 소개(5분)
  - ○ 마음챙김의 좋은 점
    - □ 통제력과 선택의 증가
    - □ 고통의 감소
    - □ 집중력 향상
    - □ 따뜻한 마음 증가
    - □ 건강 향상
- • 토론: 마음의 상태(26분)
  - ■ 〈유인물 3-3〉 마음챙김: 세 가지 마음 상태 소개(18분)
    - ○ 감정 마음
    - ○ 이성 마음
    - ○ 지혜로운 마음
  - ■ 수업 활동: 〈유인물 3-4〉 지혜로운 마음 연습(8분)
- • 단원 요약(1분)
  - ■ 마음챙김은 현재 순간을 인식하고 내 마음을 내가 원하는 곳에 두는 것
  - ■ 세 가지 마음 상태 짧게 복습
- • 과제 설명(4분)
  - ■ 〈과제 3-5〉 세 가지 마음 상태에 있는 나를 관찰하기 연습
    - ○ 이번 주에 내가 감정 마음, 이성 마음, 지혜로운 마음에 있었던 때를 찾아보기
  - ■ 〈유인물 3-4〉 지혜로운 마음 연습
    - ○ 〈유인물 3-4〉에서 다음 시간까지 해 볼 지혜로운 마음 연습 두 개 선택
  - ■ DBT STEPS-A 다이어리 카드
    - ○ 학생들에게 다이어리 카드를 소개하고, 다음 한 주간 다이어리 카드를 어떻게 써야 하는지 설명

🔲 세부 강의 계획

과제 점검(10분)

〈과제 2-3〉 변증법적으로 생각하고 행동하기 연습

짝과 나누기(5분)
과제 점검을 위해서 학생들이 짝을 짓게 하고 다음과 같이 설명한다.

> 이 수업을 듣는 동안 소집단 실습 및 짝과 같이하는 작업을 많이 하게 될 거예요. 수업이
> 진행되면서 결국 모든 사람과 돌아가면서 실습해 볼 기회가 있을 거예요.

변증법과 변증법적 사고에 대해 간략히 복습한다. 학생들에게 다음과 같이 질문한다.

> 지난 시간에 변증법과 변증법적 사고에 대해 무엇을 배웠는지 말해 볼 사람 있나요?

피드백을 주고, 필요하면 대답을 정정한다. 학생들에게 변증법적으로 생각하고 행동하기 과제를 위해 무엇을 했는지 자신의 짝과 이야기하게 한다. 4분 후, 각 조가 자신들이 과제에 대해 나눈 이야기 중 학급 전체와 공유할 예를 한 가지 정하게 한다.

학급 전체와 나누기(5분)
학생들이 전체 집단으로 다시 돌아오게 한 다음, 돌아가면서 자기가 변증법적으로 생각해야 했던 상황의 예를 공유하도록 격려한다. 어떤 단계를 사용했는지 구체적으로 물어보고, 필요하면 중재하고 정정한다. 발표한 학생들에게 정말 열심히 했다거나 공유해 줘서 고맙다고 말해 준다. 이 연습을 다시 한다면 무엇을 다르게 할 것 같은지 질문할 수도 있다. 학생 수에 따라 모든 소집단의 예를 다 들어 보지 못할 수도 있다. 검토를 위해 과제를 걷고, 필요하면 추가적인 피드백을 제공한다.

주요 개념 소개: 마음챙김이란 무엇이며, 왜 해야 할까?(9분)

〈유인물 3-1〉 마음챙김: 내 마음의 주인이 되기 소개(4분)

학생들이 〈유인물 3-1〉을 펴게 하고 다음과 같이 설명한다.

마음챙김에는 두 가지 요소가 있는데, 각각에 대해 얘기해 볼 거예요.

칠판에 다음을 적는다.

1. 열린 마음: 이 순간에 있고 완전히 참여함(현재에 '빠져 있는' 상태)
2. 집중하는 마음: 의도적으로 주의를 한곳에 집중함

다음과 같이 계속 설명한다.

'마음챙김'은 판단하거나 바꾸려는 노력 없이 마음을 현재 순간에 집중하는 것입니다. 마음챙김 상태에 있을 때는 정신이 깨어 있고, 내 안에서 그리고 내 주위에서 일어나고 있는 일을 자각하고 있어요. 현실을 있는 그대로 경험하는 것이지요. 마음챙김 연습에서 가장 중요한 것은 판단하지 않고 마음을 현재 순간으로 계속 되돌리는 일입니다.
- 마음챙김을 한다는 것은 나 자신의 생각, 감정, 행동에 통제당하는 대신, 내가 그것을 통제할 수 있게 배우는 것입니다.
- 마음챙김은 내 마음을 내가 원하는 곳에 두는 것입니다. 이렇게 하는 것은 (마치 큰 시험을 앞두고 몇 주 동안 매일매일 온종일 걱정을 한다거나, 혹은 세 달 전에 끝난 친구 관계에 대해 계속해서 슬퍼하는 것과 같은) 미래에 대한 걱정이나 과거에 대한 후회로부터 자유롭게 만들어 줍니다.

다음과 같이 질문한다.

만일 현재에 집중하지 않는다면, 왜 그것이 문제가 될까요?

토론해 본 후 다음과 같이 질문한다.

충분히 생각해 보지 않고 어떤 결정을 내렸거나 행동했던 것을 깨달은 경험을 얘기해 줄 사람 있나요? 마치 감정이 내 행동을 다 결정해 버리는 것 같았던 적이 있나요?

학생들의 예시를 한두 가지 들어 보고, 다음과 같이 강조한다.

마음챙김은 우리가 이런 일이 일어나는 것을 알아차리도록 도와줄 거예요. 내가 현재를 온전히 인식하고 있을 때는 내부적인 것(신체 감각, 생각, 감정과 충동) 그리고 외부적인 것(내 주변에서 일어나고 있는 것들) 모두를 인식하고 있습니다. 이런 상태에서는 내 마음과 주의를 내가 원하는 곳에 둘 수 있어요.

〈유인물 3-2〉 마음챙김: 왜 해야 할까? 소개(5분)

마음챙김의 좋은 점
학생들이 〈유인물 3-2〉를 펴게 하고, 다음과 같이 질문한다.

주의를 통제할 수 없어서 문제가 되었던 때가 있나요? 예를 들면, 사귀던 남자친구나 여자친구랑 헤어진 후에 시험을 봐야 했던 때처럼요.

학생들이 〈유인물 3-2〉에 나온 요점들을 보도록 한다. 학생 한 명에게 요점을 하나씩 읽게 한 다음, 이야기를 나눈다. 다음과 같이 말한다.

요점 1과 4는 마음챙김이 마음을 다스릴 수 있게 도와준다고 말합니다. 이것은 감정이 좌지우지하거나 스스로에 대한 자각이 너무 없어서 내가 무엇을 하는지, 어디에 있는지조차 모르는 상태와는 달라요. 우리가 더 통제력을 가질수록 더 많은 선택지가 생깁니다.
요점 2는 마음챙김을 잘할수록 감정에 좌지우지되어 보내는 시간을 줄일 수 있고, 그래서 감정적인 고통이 줄어들 수 있다는 것입니다.
요점 3은 마음챙김 기술을 배우면, 어떻게 신중한 결정을 내리는지를 배우게 된다는 것입니다.
요점 5는 마음챙김을 하면 할수록 덜 판단적으로 된다는 것입니다. 이것은 우리가 스스로와 다른 사람에게 판단적이기보다 따뜻한 마음을 가질 수 있도록 도와줍니다.
요점 6은 마음챙김을 하는 것이 과거나 미래가 아닌 현재에 집중한다는 뜻도 된다는 것을 말해요. 이것 자체로도 스트레스를 줄이는 데에 도움이 될 수 있으며, 스트레스가 줄면 전반적으로 건강이 좋아질 수 있어요.

마음놓음(mindlessness)

다음과 같이 물어본다.

등교나 하교를 할 때, 어떻게 학교나 집으로 왔는지 기억이 안 났던 적 있나요? 복도를 돌아 내려오거나 길을 건넜던 게 기억나지 않을 때가 있었나요? 이런 것들이 '마음놓음', 즉 현재 순간을 인식하지 못하고 생각 없이 자동으로 행동하는 것의 예입니다. 이것은 우리가 마음챙김에서 목적하는 바와 상반되는 거예요. 이렇게 하는 것이 언제 혹은 어떻게 문제가 될 수 있는지 예를 들어 줄 사람 있나요?

학생들에게 예를 물어보거나 다음의 예를 활용한다.

1. 여러분은 과제 마감일을 3일 넘겼고, 이것에 대해 선생님과 얘기하지 않으려고 선생님을 피하고 있어요. 만일 '마음을 놓고' 걸어 다니며 주의를 기울이지 않는다면, 가다가 복도에서 선생님을 마주치거나 선생님이 있는 교무실을 지나쳐 갈 수 있겠죠. 피하려고 하는 대상이 전 남자친구나 전 여자친구일 수도 있고, 이때도 마찬가지겠죠.
2. 여러분은 최근에 글루텐이 든 음식이 몸에 맞지 않는다는 것을 알게 되었어요. 그런데 친구와 간식을 사러 가서 '마음을 놓고' 평소에 먹는 간식을 고르거나 친구의 간식을 먹은 거예요. 여러분은 금세 배가 아플 겁니다.

마음챙김 연습의 중요성

다음과 같이 강조한다.

마음챙김 기술은 연습이 필수입니다. 마음챙김이 너무나 중요한 핵심 기술이고, 다른 모든 기술을 위해 필요하기 때문에 우리는 이 수업이 끝날 때까지 마음챙김 단원으로 몇 차례 돌아올 거예요. 또한 어떤 기술이라도 그러하듯이 마음챙김은 연습하면 할수록 점점 더 잘하게 될 겁니다!

토론: 마음의 상태(26분)

〈유인물 3-3〉 마음챙김: 세 가지 마음 상태 소개(18분)

다음과 같이 말한다.

마음챙김의 목적은 어떻게 '지혜로운 마음'에 닿고 지혜로운 마음을 쓰는지를 배우는 거예요. 지혜로운 마음은 우리 모두 본래 가지고 있는 우리 안에 있는 지혜입니다. 모든 사람의 내면에는 지혜가 있죠. 하지만 어떤 사람에게는 그 지혜를 찾는 것이 매우 어려울 수 있어요.

칠판에 〈유인물 3-3〉에 나오는 것처럼 생긴 서로 겹치는 두 개의 원을 그린 다음 설명한다.

우리에게는 세 가지 마음 상태가 있어요. '지혜로운 마음'은 '이성 마음'과 '감정 마음'의 통합 혹은 조화입니다. 이성이나 감정을 제거하는 것이 목표가 아니에요. 우리의 목표는 두 가지 마음을 동시에 잡고 또는 바라보면서 양쪽에 모두 응답하는 거예요.

다음의 내용을 기술하면서 그림에 이름을 써 넣는다.

감정 마음

감정 마음은 내 감정이 주도권을 쥐고 있을 때의 마음 상태입니다. 감정이 내 생각, 행동, 그리고 무엇을 하거나 말하려는 충동을 좌지우지하게 돼요. 이때 논리나 이성은 중요하지 않으며 묵살되지요.

정서 목록을 작성하는 실습을 한다. 학생들이 짝을 지어 2인 1조를 이루도록 한다. 각 조가 정서의 목록을 작성하게 하는데, 모든 종류의 정서(예: 행복한, 즐거운, 사랑을 느끼는, 만족한, 신나는, 놀란, 자랑스러운, 슬픈, 화난, 질투하는, 부러운, 무서운, 불안한, 부끄러운, 죄스러운)를 포함하게 한다. 학생들이 작성을 마치면 목록에서 긍정적이거나 중립적인 정서의 수를 세어 보고, 다음에는 부정적이거나 고통스러운 정서의 수를 세어 보게 한다. 그다음 정서의 전체 수를 센 후, 두 개의 분수를 쓰라고 한다(예: 긍정적 감정 7/15, 부정적 감정 8/15).
토론 질문을 던진다.

여러분이 만든 정서 목록에 대해 무엇을 알아차렸나요?

학생들에게서 피드백을 받은 후 다음과 같이 말한다.

> 많은 사람은 정서 목록을 작성해 보라고 하면, 흔히 즐겁거나 긍정적인 정서보다 훨씬 많은 수의 부정적이거나 고통스러운 정서를 나열해요. 또한 우리는 종종 자신과 타인의 고통스러운 감정에 더 주의를 기울이지요. 만일 나 자신과 주위 사람들에게서 더 많은 긍정 정서를 보고 싶다면, 긍정 정서를 알아차리고 언급해야 합니다. 이렇게 하려면 우리의 모든 정서에 대해 마음챙김을 해야 해요.

학생들에게 자신들의 정서 목록을 발표하게 하고, 칠판 위 '감정 마음'이라고 쓴 원 옆에 쓴다. 그런 후 다음과 같이 계속한다.

> 감정은 유익할 수 있어요. 감정이 없다면 우리가 즐겨 보는 위대한 예술작품, 시, 사랑 이야기와 영화는 없었을 거예요. 어떤 여성이 자신의 결혼식 날 매우 감정적이라면, 이건 그럴 만한 자연스러운 일이지요. 우리가 감정 마음이라고 부르는 것은 감정적인 상태라는 뜻이 아니에요. 감정 마음은 모든 이성이 사라지고 감정이 모든 것을 좌지우지하는 때를 말하는 거예요. 그럴 때 우리는 '고질라 신부(bridezilla; 역주: 결혼 준비 과정에서 지나치게 요구하고 집착하는 모습을 보이는 여성을 말함)'를 보게 되지요. 또 다른 예로 여러분이 속한 축구팀이 중요한 지역 예선에서 졌을 때, 모두의 감정이 고조되는 것을 들 수 있어요. 선수들은 화를 내며 슬퍼하겠지요. 경기가 끝난 후에 엄마나 아빠는 여러분에게 다가와서 "좋은 경기였어. 네가 패스 몇 번만 더 막았더라면, 이길 수 있었을 텐데."라고 말합니다. 이 말은 여러분을 더 화나게 하고, 주차장 한가운데에서 엄마나 아빠에게 소리를 지르며 차를 향해 물병을 집어 던질 거예요. 감정이 여러분의 모든 행동을 주도하게 되는 것이지요.

감정 마음에 있는 것이 유익하지 않았던 다른 예를 이끌어 내거나, 비행기 조종사나 수학 시험을 치르는 학생의 예를 든다. 다음과 같이 계속한다.

> 감정이 우리를 통제하고 우리가 감정에 의한 충동에 따라 행동하기 시작할 때 감정 마음이 문제가 됩니다. 모든 감정은 그에 수반하는 '행동 충동'이 있어요. 우리는 정서 조절 모듈을 배우면서 이 부분에 많은 시간을 할애할 거예요. 여기서 잠깐, 우리의 감정 중 몇

가지에 어떤 행동 충동이 따르는지 얘기해 봅시다. 화났을 때는 무엇을 하고 싶은 충동을 느끼죠?

공격하기, 소리 지르기, 비명 지르기와 같은 대답을 끌어낸다.

슬플 때는 무엇을 하고 싶은 충동을 느끼죠?

잠자기, 혼자 있기, 숨기와 같은 대답을 끌어낸다.

불안할 때는 무엇을 하고 싶은 충동을 느끼나요?

피하기, 주의를 딴 데로 돌리기와 같은 대답을 끌어낸다.

이런 정서를 경험할 때, 여러분은 항상 그에 수반하는 충동을 따르나요? 어떨 때는 그렇고, 다른 때는 그렇지 않을 수 있겠죠. 충동을 따랐을 때는 여러분이 감정 마음 상태였을 수 있어요. 감정이 내 행동과 연결되어 있고 행동을 안내하고 있다는 것조차 몰랐을 수 있어요.

부정적인 감정이 통제하는 행동의 예로는 부모님께 몹시 화가 나서 물건을 던진다거나 방에서 나가면서 문을 쾅 닫는 것을 들 수 있어요. 이럴 때 우리는 생각이 없지요. 그저 화에 따라 행동하고 있는 거예요. 긍정적이거나 즐거운 감정도 나를 통제하게 된다면 문제가 될 수 있어요. 예를 들면, 파티에 가서 정말 즐거운 시간을 보내고 있다고 합시다. 이때 결과를 생각하지 않고 술 마시기, 마약 사용하기, 담배 피우기, 가구 위에 올라가서 춤추기, 소셜미디어에 부적절한 사진 올리기, 지나치게 시끄러운 음악 틀기, 가출하기 등을 해야겠다고 결심할 수 있어요.

어떤 상황에서 감정 마음에 빠지기가 더 쉬울까요?

예를 들어 보게 한다. 대답은 아플 때, 피곤할 때, 약물이나 술에 취했을 때, 배고플 때, 스트레스를 받았을 때, 폭식했을 때 혹은 중요한 경기에서 이겼을 때 등이 될 수 있다.

학생들에게 〈유인물 3-3〉에 감정 마음에 대한 자신의 정의를 적어 보고, 감정 마음 상태일 때에는 어떻게 행동하거나 생각하는지 기술해 보게 한다.

이성 마음

다음과 같이 설명한다.

> 변증법의 다른 편에는 '이성 마음'이 있어요. 이성 마음은 차갑고, 합리적이고, 논리적이고, 계획적이며 할 일에 집중합니다.

이성 마음을 기술하는 이와 같은 단어들을 칠판 위의 '이성 마음' 원 옆에 쓴다.

> 여러분이 이성 마음 상태일 때 감정, 소망과 욕구는 중요하지 않아요.

이제 다음과 같이 묻는다.

> 이성 마음이 왜 중요할까요?

학생들이 예를 들도록 한다(예: 이성이 없다면, 논리적인 문제를 풀거나 과학을 발전시키거나 집을 지을 수 없을 것이다).

> 이성 마음의 상태로 일하는 것이 요구되는 직업은 무엇이 있을까요?

이성에 의존하는 직업(예: 비행기 조종사, 공학자, 항공교통관제사)을 논의한다. 학생들이 이성 마음 상태에 있는 것이 중요할 수 있는 다른 역할이나 상황에 대한 예를 들게 한다.

> 항상 이성 마음 상태에 있다면 어떤 문제가 있을까요? 이성 마음 상태에 있는 것이 안 좋을 때가 있을까요? 기억하세요. 우리가 이성 마음 상태에 있을 때는 감정은 전혀 고려되지 않습니다.

다시 한번 학생들에게 예를 들게 한다(예: 어떤 대학에 갈 것인지 혹은 누구와 결혼할지 결정하기).

학생들에게 〈유인물 3-3〉에 이성 마음에 대한 자신의 정의를 적어 보고, 이성 마음 상태일 때는 스스로 어떻게 행동하거나 생각하는지 기술해 보게 한다.

지혜로운 마음

다음과 같이 계속한다.

> 결국 우리의 목표는 '지혜로운 마음'을 찾는 것에 있는데, 지혜로운 마음은 감정과 이성의 조화라고 할 수 있어요. 지혜로운 마음을 찾는 것은 모든 사람에게 있는 자연적이고 직관적인 지혜를 내 안에서 발견하는 것입니다. 지혜로운 마음은 우리 모두가 가지고 있는, 진실을 알고 경험하는 부분이에요. 지혜로운 마음은 거의 항상 고요하고 평화롭습니다.

지혜로운 마음을 기술하는 이와 같은 단어들을 '이성 마음'과 '감정 마음'의 원이 겹치는 '지혜로운 마음' 부분 옆에 쓴다.

> 지혜로운 마음은 우리가 무언가를 균형 잡힌 방식으로 아는 곳이에요. 지혜로운 마음 상태일 때 우리는 현실을 지금 여기에 있는 그대로 경험하게 됩니다.

학생들에게 지혜로운 마음으로 내린 결정의 예를 묻는다. 이 예들은 어느 대학에 갈 것인지, 미식축구팀에 들어갈지 아니면 축구팀에 들어갈지, 결혼을 할지 말지, 현재의 관계를 유지할지 혹은 끝낼지와 같은 커다란 결정일 수 있다. 지혜로운 마음으로 내린 결정은 그날그날의 활동에 대한 보다 작은 결정일 수 있는데, 이를테면 누군가의 집에서 열리는 파티에 갈 것인지, 한밤중에 살짝 집에서 빠져나갈지, 늦게까지 온라인 채팅을 할 것인지 혹은 시험공부를 지금 할 것인지 나중에 할 것인지 같은 것들이다.

> 그 누구도 항상 지혜로운 마음 상태에 있지는 않지만, 모든 사람은 자기 안에 지혜로운 마음을 가지고 있어요. 지혜로운 마음에 대해 생각하는 또 다른 방법은 우리의 '마음속 깊은 곳'이나 '진정한 자기'를 떠올리는 것입니다. 이것은 무엇이 진실인지를 아는 부분이에요. 지혜로운 마음 연습은 우리 내면의 지혜를 찾고 거기에 귀 기울여 보는 거예요. 어떤 사람에게는 그것이 직감일 것이고, 다른 사람에게는 그것이 가슴속에 있는 것처럼 느껴질 거예요. 또 어떤 사람에게는 그것이 믿음이나 신과 조화를 이루고 있는 자기 안의 어떤 부분일 수 있고요. 여러분은 지혜로운 마음을 어디에서 느끼나요?

학생들이 스스로 지혜로운 마음이 무엇인지를 정의하고, 자신이 지혜로운 마음 상태라는 것을 어떻게 알 수 있는지 〈유인물 3-3〉에 적어 보게 한다. 학생들에게 지혜로운 마음 상태에 있었던 예를 나누게 한다.

이제 예를 들면서 정리한다.

동창회 맞이 미식축구게임이 열려서 학교 전체가 대승을 위해 고조되어 있다고 생각해 보세요. 경기장에 나온 선수들은 모두 매우 흥분되어 있고, 이기기 위해 의욕적입니다. 그런데 우리 팀은 10점 차로 지고 있습니다. 쿼터백으로 뛰는 선수는 이미 네 번 공을 뺏겼고, 패스하다가 한 번 가로채기를 당했어요. 만일 이 선수가 완전히 감정 마음 상태라면 어떤 일이 일어날까요?

학생들이 발표할 기회를 주거나 다음과 같이 말한다.

이 선수는 좌절감을 느끼고 또 공을 빼앗길까 봐 걱정되어 그냥 공을 가지고 있지 않으려고 던져 버릴 수 있는데, 이것은 또 다른 가로채기를 초래할 수 있지요.

다음과 같이 묻는다.

만일 이 선수가 완전히 이성 마음 상태라면 어떤 일이 일어날까요?

다시 한번 학생들이 자기 생각을 발표하게 하거나, 다음과 같이 말한다.

그 선수는 수비수들을 고려하지 않고, 오직 게임의 논리와 공이 어디로 가야 하는지에만 초점을 맞추겠지요. 이 선수에게는 수비수로부터 달아나야 한다는 두려움이 없기 때문에, 결국 또다시 공을 뺏길 수 있어요. 그리고 경기에서 이겨야 한다는 의욕도 별로 없을 수 있습니다.

이제 다음과 같이 설명을 이어 간다.

그럼, 우리가 이 중요한 시합에서 쿼터백 선수에게 원하는 것은 무엇일까요? 우리는 이 선수가 지혜로운 마음 상태에 있기를 바랍니다. 지혜로운 마음 상태일 때, 이 선수는 감정과 논리 사이에서 조화를 찾을 수 있을 것이고, 결과적으로 경기장에서 가장 효율적일 수 있을 거예요. 만일 이 선수가 지혜로운 마음 상태에 있었다면 어떻게 했을 것 같나요?

다시 한번 학생들이 발표하게 하거나 다음과 같이 말한다.

선수는 경기를 파악하고 수비수들을 읽을 수 있어서 공을 뺏기지 않을 것이고, 자신의 두려움에 휘둘려 그냥 공을 던져 버리거나 득점 기회에서 멀어지는데도 뒤로 물러나는 일은 하지 않을 거예요. 재빨리 계획된 대로 경기를 진행하거나 수비수들의 포진에 따라 변화를 줄 겁니다. 아마도 공을 뺏기거나 패스하다가 가로채기를 당하지 않겠죠.

수업 활동: 〈유인물 3-4〉 지혜로운 마음 연습(8분)

학생들에게 지혜로운 마음으로 들어가는 것은 기술이며, 다른 기술과 마찬가지로 이것도 연습이 필요하다는 것을 상기시킨다. 다음과 같이 말한다.

그래서 다음 질문은 이거예요. 우리는 어떻게 지혜로운 마음으로 들어갈까요? 대답은 연습을 통해서입니다. 그래서 우리는 지혜로운 마음으로 들어가도록 도와줄 수 있는 다양한 마음챙김 연습을 살펴볼 거예요. 〈유인물 3-4〉를 보세요. 이제 〈유인물 3-4〉에 나온 3번 연습(숨을 들이마시면서 '지혜로운', 내쉬면서 '마음'이라고 하는 것)을 다 같이 해 볼 거예요.

학생들에게 자기 삶에서 다가올 결정 하나를 생각해 보라고 한다. 그것은 어떤 고등학교나 대학을 갈까에서부터 이번 주말에 무엇을 할까, 오늘은 누구랑 점심을 먹을까 등 다양한 결정이 될 수 있다. 지혜로운 마음에 접촉하는 것은 효과적인 결정을 하도록 돕는 일임을 상기시킨다. 만일 바인더가 학생들이 집중하는 것을 방해한다면, 바인더를 치우거나 뒤집어 놓으라고 한다. 다음과 같이 말한다.

이제 우리가 할 마음챙김 연습에 대해 안내를 하겠습니다. 이 안내는 우리가 마음챙김 연습을 할 때마다 사용할 거예요. 우리는 '마음챙김' 자세로 들어가는 것으로 시작할 텐데, 마음챙김 자세란 양발을 땅에 대고 양손은 무릎 위에 올려놓은 채 의자에 앉는 것을 말합니다. 눈은 뜬 채로 부드럽게 응시하세요. 시선을 약간 아래쪽에 두되, 무언가 한 가지에 집중하지 않는다는 뜻입니다.

학생들에게 시범을 보이기 위해 의자에 앉는다. 다음과 같이 계속한다.

숨을 들이마셨다 내쉬면서 호흡에 집중하세요. 일부러 깊이 숨을 쉬거나 얕고 빠르게 쉬려고 하지 말고 자연스럽게 호흡하면 됩니다. 연습이 시작되면 호흡은 곧 스스로 리듬을 찾을 거예요. 호흡하면서 주의를 여러분의 중심에 두도록 하세요. 만일 연습 중에 주의가

분산되면, 그냥 원래 하고 있었던 것으로 주의를 되돌리세요. 어떤 생각과 판단이 떠오르
건 간에 그것을 알아차리고, 흘려보내고, 주의를 다시 호흡으로 가져오세요. 주의가 분산
되었다는 것을 알아차리고 나를 다시 연습으로 '데리고 오는' 것이 우리가 할 연습입니다.
이제 시작해 봅시다.

부드럽고 안정된 목소리로 마음챙김 연습을 위한 다음의 안내를 천천히 읽는다.

　　숨을 들이마시면서 스스로에게 '지혜로운'이라고 말합니다. 숨을 내쉬면서는 '마음'이라
고 합니다. 잠시 후, 내가 지혜로운 마음 상태로 들어가는 것이 느껴지는지를 살펴봅니다.

1~2분이 지난 후, 다음과 같이 말한다.

　　이제 다시 교실로 돌아오면 됩니다.

학생들에게 돌아가면서 연습이 어땠는지 자신의 경험에 대해 한마디씩 해 달라고 요청
한다. 이 연습은 차분해지거나 기분을 좋게 하려는 목적으로 하는 것이 아님을 상기시킨
다. 시간이 있으면, 학생들에게 〈유인물 3-4〉에서 또 다른 연습을 고르도록 한다. 앞에서
와 같이 안내한다.
　　지혜로운 마음과 감정 마음 사이의 차이를 어떻게 아는지에 대해 토론을 하면서 이 연습
을 마친다. 다음과 같이 설명한다.

　　차이를 즉시 알기는 힘들 수 있어요. 하지만 여러분이 한 결정을 마음에 담아 둔 뒤, 하
루나 이틀 정도 지나도 여전히 이것이 지혜로운 마음에서 온 결정이라는 확신이 든다면 아
마도 그 결정이 맞을 거예요. 시간이 지나면서 결정이 바뀌었다면, 그것은 감정 마음에서
온 결정이었을 가능성이 큽니다.

단원 요약(1분)

다음과 같이 단원 요약을 시작한다.

　　처음에는 마음챙김이 추상적이고 이해하기 어려운 것처럼 보일 수 있어요. 하지만 우리
는 이 수업을 하는 동안 마음챙김을 몇 차례 검토하게 될 테니 걱정하지 않아도 됩니다. 그

뿐만 아니라 다음 두 단원에서는 마음챙김을 하기 위해서 무엇을 해야 하고 어떻게 연습해야 하는지에 집중할 거예요.

다음과 같이 반복 설명한다.

마음챙김은 현재 순간을 인식하고 마음을 내가 원하는 곳에 두는 것입니다.

세 가지 마음 상태를 간략히 복습한다. 다음과 같이 상기시킨다.

누구나 지혜로운 마음이 있고 내면의 지혜가 있습니다. 그것을 발견하기 위해서 연습이 필요할 뿐이죠.

과제 설명(4분)

기억할 것: 이번 주에는 세 가지 과제가 있다.

〈과제 3-5〉 세 가지 마음 상태에 있는 나를 관찰하기 연습
학생들에게 다음과 같이 말한다.

이번 주에는 여러분이 감정 마음, 이성 마음, 지혜로운 마음에 있는 때를 찾아서 〈과제 3-5〉에 적어 오세요.

〈유인물 3-4〉 지혜로운 마음 연습
다음과 같이 말한다.

〈유인물 3-4〉에서 다음 시간까지 해 올 두 가지 지혜로운 마음 연습을 선택하고, 무엇을 연습했는지 표시해 오세요.

DBT STEPS-A 다이어리 카드
다이어리 카드를 나누어 주고 다음과 같이 설명한다.

이것은 '다이어리 카드'예요. 여러분이 이 수업을 듣는 동안 배우고 연습하게 될 모든 기술을 다이어리 카드에 기록하게 될 거예요. 다이어리 카드는 매주 어떤 기술을 사용했으며 어떤 효과가 있었는지를 관찰할 수 있게 해 줄 뿐 아니라, 여러분이 이 수업에서 배웠던 기술들을 요약해서 보여 주기도 할 거예요. 또한 다이어리 카드는 여러분이 얼마나 자주 어떤 기술을 사용했는지와 여러분이 생각하는 기술의 효과 정도를 저에게 알려 줄 거예요.

먼저, 맨 위에 여러분의 이름과 오늘 날짜를 적으세요. 그다음에는 'DBT STEPS-A 기술'이라는 제목 밑의 목록을 봅시다. 이 목록에 있는 기술이 여러분이 이 수업을 통해 배울 것들이에요. 각 단원에서 새로운 기술을 배운 다음, 사용해 본 기술에 동그라미를 치고, 그 기술이 얼마나 유용했는지를 평가할 수 있을 거예요.

다이어리 카드 맨 오른쪽에 '주간 기술 사용'이라는 제목이 붙은 열이 있어요. 여러분은 매주 각각의 기술을 '평균'적으로 얼마나 사용했으며, 그것이 얼마나 도움이 되었는지를 평가하기 위해 이 열을 사용하게 될 거예요. 평가할 때는 카드의 맨 위에 나와 있는 0에서 7까지의 척도를 사용하면 됩니다.

학생들과 함께 척도를 읽어 나간 다음 설명을 계속한다.

다이어리 카드를 통해 여러분이 얼마나 자주 수업 시간에 배운 기술을 써 보았고 기술이 도움이 되었는지, 또 기술 사용 전에 써 보는 것에 대해 먼저 생각해 봐야 했는지 아니면 자동으로 사용할 수 있었는지를 추적할 수 있을 거예요. 처음에는 기술을 쓰는 것이 어려울 것이기 때문에 주간 기술 사용 평가는 0(기술을 생각하지도 않고 써 보지도 않음)일 수 있습니다. 단기 목표는 5(기술을 써 보려고 시도했고 도움이 되었음)에 이르는 것, 장기 목표는 기술이 더 자동적으로 나오는 7(기술을 자동적으로 사용했고, 도움이 되었음)에 이르는 것일 수 있어요.

예를 들어, 오늘 여러분은 지혜로운 마음 기술을 배웠지요. 그러면 이번 주에는 지혜로운 마음 기술을 사용한 날에 동그라미를 치고, 한 주 동안의 전반적인 기술 사용을 카드 맨 위에 있는 0~7 척도를 사용해 평가해야 합니다. 다음 주, 그리고 그 이후로도 매주 제가 이 카드를 걷을 테니 꼭 카드를 날마다 작성해 오세요. 맨 오른쪽 열에 여러분이 배운 각 기술에 대한 평가 점수가 있어야 합니다. 더 많은 기술을 배우게 되면, 여러분이 알고 있는 다양한 기술을 평가하게 될 거예요. 우리의 목표는 이 기술들을 생활 속에서 자동적으로 쓸 수 있을 때까지 매일 연습하는 것입니다.

다이어리 카드에 대한 질문을 받는다.

학생들로부터 마음챙김 과제와 다이어리 카드의 이번 주 분량 모두를 해 오겠다는 다짐을 받는다. 다이어리 카드를 어디에 둘 것인지 묻는 것은 학생들이 매일 다이어리 카드 작성을 기억하는 데 도움이 될 때가 많다. 1주일에 한 번 혹은 며칠에 한 번씩 작성하는 것이 더 어렵고 시간이 더 많이 걸린다. 목표는 매일 작성하는 것이다. 필요하면 마음챙김 과제와 다이어리 카드를 작성하는 것에 대한 문제 해결의 시간을 갖는다.

마지막으로, 과제 완수를 방해하는 요인에 대한 문제 해결 시간을 가진다. 과제 혹은 과제를 할 때의 장애물에 대해 질문이 있는지 확인한다. 만약 있다면, 질문에 답하고 장애물을 다룬다. 과제를 할 의지가 없거나, 이번 주에 다른 과제가 너무 많거나, 잊어버리거나, 과제를 이해하지 못하는 것 등이 장애물이 될 수 있다. 학생들이 장애물을 찾을 수 있도록 돕고, 이를 극복할 수 있는 계획을 함께 세운다. 한 예로, 잊어버리는 것이 문제라면, 과제를 적고 휴대전화나 달력에 과제 완성 알람을 설정할 수 있다. 과제를 할 의지가 없는 경우에는 먼저 이유를 듣고 동기를 높여 주거나, 과제를 해 오는 것의 중요성(예: 성적)을 상기시켜 주거나, 또는 기타 도움이 될 만한 설명을 해 준다. 과제 관련 문제 해결은 매주 과제를 나누어 준 이후 반드시 진행하도록 한다.

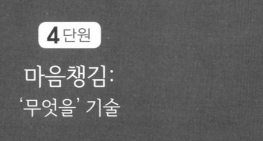

4 단원

마음챙김:
'무엇을' 기술

🔬 요약

이어지는 다른 단원들과 마찬가지로 이 단원도 마음챙김 연습으로 시작한다. 3단원에서 나온 '마음챙김'과 '지혜로운 마음'의 정의를 간단히 복습하고, 그것을 이 단원에서 배울 세 가지 '무엇을' 기술—관찰하기, 기술하기, 참여하기—과 연결시킨다. 이 기술들은 마음챙김을 연습할 때 무엇을 해야 하는지 보여 준다. 이 단원에는 마음챙김의 관찰하기와 기술하기 실습이 포함된다.

🌐 요점

1. 마음챙김 기술은 '무엇을' 기술과 '어떻게' 기술로 나뉜다.
2. '무엇을' 기술은 관찰하기, 기술하기, 참여하기이다.
3. 한 번에 단 한 가지의 '무엇을' 기술만 사용한다.
4. '어떻게' 기술은 5단원에서 소개된다.

🏁 준비물

1. 이 단원을 위한 유인물
   - 〈유인물 4-1〉 마음챙김: '무엇을' 기술
   - 〈유인물 4-2〉 마음챙김: 관찰하기 연습
   - 〈과제 4-3〉 마음챙김: '무엇을' 기술 연습
2. 자료 없이 수업에 온 학생들을 위한 여분의 유인물과 필기도구
3. 보드 마커나 분필
4. 다이어리 카드: 수업을 마칠 때 나누어 줄 수 있도록 새 다이어리 카드를 준비한다. 가능하면 다이어리 카드에 세 가지 '무엇을' 기술을 강조해 둔다.

🔔 준비

1. '무엇을' 기술에 대한 학생들의 이해를 돕기 위해 '무엇을' 기술에 관해 공유할 수 있는 개인적인 예나 학교에서 있었던 예를 생각해 둔다.
2. 칠판에 세 가지 '무엇을' 기술을 써 놓는데, 강의 중에 이 기술들을 묘사하는 단어를 추가할 수 있게 공간을 남겨 둔다.
3. 학생들의 기술 바인더에 있는 강의 계획과 유인물을 검토한다.
4. 가능하면 학생들이 서로 바라보고 앉도록 교실의 책상을 미리 배치해 둔다.

🖥 강의 개요와 시간표

- 마음챙김 연습(5분)
  - 호흡 관찰(3분)
  - 연습에서 관찰한 바 기술하기(2분)
- 과제 점검(10분)
  - 〈유인물 3-4〉 지혜로운 마음 연습
  - 〈과제 3-5〉 세 가지 마음 상태에 있는 나를 관찰하기 연습
    - 짝과 나누기

- ■ 다이어리 카드
- 주요 개념 소개(2분)
  - ■ 마음챙김은 현재 순간을 판단하지 않으면서 인식하는 것이다.
  - ■ '무엇을' 기술―관찰하기, 기술하기, 참여하기―은 지혜로운 마음을 얻기 위해 사용한다.
- 토론: 관찰하기(8분)
  - ■ 〈유인물 4-1〉 마음챙김: '무엇을' 기술(첫 번째 부분) 소개
    - ○ 외부를 관찰하기
    - ○ 내면을 관찰하기
    - ○ 생각: 생각일 뿐, 사실이 아니다.
    - ○ 관찰하기: 지금의 현실을 알아차리기
    - ○ 수업 활동: 〈유인물 4-2〉 마음챙김: 관찰하기 연습
    - ○ 기술하지 않고 관찰하기
- 토론: 기술하기(10분)
  - ■ 〈유인물 4-1〉 마음챙김: '무엇을' 기술(두 번째 부분) 소개
    - ○ 수업 활동: 책상 위의 손 관찰하기 vs 기술하기
    - ○ 오직 관찰한 것만 기술하기
    - ○ 수업 활동: '화난' 얼굴 기술하기
    - ○ 생각을 생각으로 기술하기
    - ○ 수업 활동: 컨베이어 벨트 위의 생각을 관찰하고 상자에 담기
- 토론: 참여하기(9분)
  - ■ 〈유인물 4-1〉 마음챙김: '무엇을' 기술(세 번째 부분) 소개
    - ○ 수업 활동: 참여하기의 예
- 한 번에 단 한 가지의 '무엇을' 기술 쓰기(1분)
- 단원 요약(2분)
  - ■ 마음챙김의 정의
  - ■ 세 가지 '무엇을' 기술 복습
- 과제 설명(3분)
  - ■ 〈과제 4-3〉 마음챙김: '무엇을' 기술 연습
  - ■ 다이어리 카드

🔲 세부 강의 계획

마음챙김 연습(5분)

호흡 관찰(3분)
이 연습을 다음과 같이 소개한다.

이번 주에도 마음챙김 기술을 배울 건데, 이제부터는 매 수업을 마음챙김 연습으로 시작할 거예요. 오늘은 호흡을 관찰해 볼 겁니다. 우리 몸의 감각에 집중하는 것은 우리가 현재 순간에 닻을 내릴 수 있게 도와줍니다. 우리는 늘 숨을 쉬기 때문에 항상 호흡을 중심점으로 사용할 수 있어요. 그래서 오늘은 우리의 모든 주의를 오직 호흡에만 집중하는 연습을 해 볼 거예요.

먼저, 마음챙김/깨어 있는 자세를 취해 보세요. 마음챙김 자세를 설명하자면, 발을 바닥에 잘 붙이고, 바르게 앉아 손은 무릎 위에 올려 두는 것입니다. 눈은 뜬 채로 부드럽게 응시하는데, 약간 아래쪽을 바라보지만 시선이 특별히 어느 한곳에 머물러 있지 않도록 합니다. 만일 마음이 호흡으로부터 멀어지는 것을 알아차렸다면, 조심스럽게 호흡으로 되돌아오세요. 판단적인 생각이 떠오른다면, 그 생각을 알아차리고 흘려보내세요.

제가 3까지 세는 것으로 연습을 시작하겠습니다. 제가 1이라고 말하면, 마음챙김/깨어 있는 자세를 취하라는 신호입니다. 제가 2라고 말하면, 심호흡하라는 뜻입니다. 그리고 제가 3이라고 말하면 연습을 시작합니다.

제가 3이라고 했을 때, 그냥 호흡을 바라보는 것으로 연습을 시작하세요. 콧속의 공기를, 폐가 차오르는 것을, 횡격막의 변화를 느껴 보세요. 그러고 나서 숨을 내쉬면서 숨을 내쉬는 경험을 관찰해 보세요. 제가 '그만'이라고 할 때까지 계속하세요.

이제 3까지 세면서 연습을 시작한다.

1: 마음챙김/완전히 깨어 있는 자세를 취하세요. 2: 심호흡을 하세요. 3: 연습을 시작하세요.

2분간 연습을 한 다음 '그만'이라고 말한다.

연습에서 관찰한 바 기술하기(2분)

학생 몇 명에게 연습하면서 관찰한 것 한 가지를 말해 달라고 한다(학생 수에 따라서, 항상 모든 학생이 다 발표하지는 못할 수 있다). 필요하다면 관찰에 대한 피드백을 제공하는데, 학생들의 대답이 자기가 평가 없이 관찰하고 기술한 무언가를 포함하도록 한다.

과제 점검(10분)

〈유인물 3-4〉 지혜로운 마음 연습
〈과제 3-5〉 세 가지 마음 상태에 있는 나를 관찰하기 연습

학생들에게 완성한(지혜로운 마음 연습 두 가지가 체크된) 〈유인물 3-4〉와 〈과제 3-5〉를 꺼내라고 한다. 누가 과제를 다 해 왔는지 물어보고, 학생들이 시도해 본 지혜로운 마음 연습과 세 가지 다른 마음 상태를 기술한 것의 예를 나누게 하여 과제를 해 온 것을 강화한다. 한 학생의 예시를 듣고 나서 같은 연습을 해 본 사람이 있는지 묻는 방식으로 여러 학생의 과제를 한꺼번에 검토할 수 있다. 서로 다른 학생들의 경험에서 나타난 유사점과 차이점에 대해 물어본다. 다른 종류의 지혜로운 마음 연습을 한 사람이 있는지 물어본다. 계속해서 비슷한 방식으로 가급적 많은 학생이 참여할 수 있게 한다.

다음에는 누가 과제를 못 끝냈는지 묻고, 무엇이 문제였는지, 어떻게 하면 다음에는 다 해 올 수 있을지 간략히 물어본다.

짝과 나누기

학생들이 자기 옆에 앉은 사람과 짝을 지어서 지혜로운 마음이 무엇이라고 생각하며, 그것을 어디에서 느끼는지 토론하게 한다. 교실 안을 걸어 다니며 학생들의 반응을 들어 보고, 필요할 때는 끼어들어 피드백해 준다.

다이어리 카드

모든 학생이 다이어리 카드와 과제지를 제출하여 검토받도록 한다. 만일 모든 학생의 과제를 매 단원 검토할 수 없다면, 몇 단원을 거치는 동안에는 모두 검토할 수 있도록 한다.

주요 개념 소개(2분)

학생들에게 다음과 같이 말한다.

3단원에서는 지혜로운 마음에 대해 배웠어요. 오늘은 지혜로운 마음을 얻기 위해 감정 마음과 이성 마음의 균형을 맞추는 기술 몇 개를 배울 거예요. 마음챙김에는 세 가지 '무엇을' 기술이 있는데 이것은 마음챙김을 할 때 하게 되는 것(내용)이고, 세 가지 '어떻게' 기술이 있는데 이것은 마음챙김을 어떻게 하는가(방법)에 대한 기술입니다. 오늘 우리는 '무엇을' 기술에 대해 배울 거예요.

학생들에게 마음챙김이란 현재 순간을 평가 없이 인식하는 것임을 상기시킨다. 마음챙김은 감정과 생각이 우리를 통제하는 대신 우리가 자신의 마음을 통제하는 상태이고, 마음이 우리가 원하는 곳에 있는 상태이다.

다음과 같이 계속 설명한다.

'무엇을' 기술에는 세 가지가 있는데, 관찰하기, 기술하기, 참여하기예요. 한 번에 한 가지만 할 수 있어요. 우리는 지혜로운 마음에 닿고 깨어 있는 상태에 머물기 위해 이 기술들을 씁니다.

칠판에 이 세 가지 기술을 쓴다.

토론: 관찰하기(8분)

〈유인물 4-1〉 마음챙김: '무엇을' 기술(첫 번째 부분) 소개

학생들이 〈유인물 4-1〉을 펴고, 돌아가면서 유인물의 첫 번째 부분('관찰하기')을 한 항목씩 소리 내 읽게 한다. 다음과 같이 설명한다.

관찰한다는 것은 반응하지 않으면서 의도적으로 주의를 기울이는 거예요. 이것은 마음을 한 가지―우리가 감지하거나 경험하는 한 가지―에 집중시키는 과정입니다. 우리는 그저 경험을 알아차립니다. 관찰하기는 말 없는 바라봄이라고 할 수 있어요.

칠판에 '관찰하기' 옆에 '말없이 바라봄'과 '그저 알아차리기'라고 쓰고 다음과 같이 계속한다.

주의를 통제할 수 있다는 것은 마음을 통제할 수 있다는 뜻입니다. 가장 중요한 것은 관찰하기란 현실을 있는 그대로 관찰하는 것이지, 우리가 현실에 대해 생각하는 바를 관찰하는 게 아니라는 점입니다.

외부를 관찰하기
다음과 같이 설명한다.

우리는 오직 우리의 오감—보고, 듣고, 냄새 맡고, 맛보고, 만져 보는 것—으로 바깥세상을 관찰할 수 있습니다.

내면을 관찰하기
다음과 같이 설명한다.

우리는 생각, 감정과 신체 감각을 통해 자신의 내면세계를 관찰합니다. 마치 열차를 이루는 각각의 객차나 컨베이어 벨트 위의 물건처럼 생각이 지나가는 것을 바라볼 수 있어요. 생각을 그저 알아차리고 생각이 지나가는 것을 바라볼 수 있는데, 이것은 그 생각이 괴로운 것일 때도 가능해요. 생각이나 감정을 피하거나 억누르지 않고, 있는 그대로 관찰하는 것이 우리의 목표입니다. 생각이나 감정은 차단하려고 하면 오히려 더 잘 유지됩니다. 여러분이 어떤 생각을 차단하려고 하면 할수록 계속해서 그 생각이 날 거예요. 생각을 없애는 가장 좋은 방법은 그저 관찰하는 것입니다. 그러면 생각은 알아서 가 버립니다.

생각: 생각일 뿐, 사실이 아니다.
다음과 같이 계속한다.

생각을 한다는 것은 무언가를 정신적으로 경험하는 것입니다. 이렇게 놓고 본다면, 모든 생각이 다 그렇죠. 편안한 의자에 앉는 것에 대해 생각하는 것은 편안한 의자에 앉는 것을 경험하는 것이 아닙니다. 우리는 지금 당장 열대 섬의 해변에 가 있거나, 세계 어딘가의 전쟁에서 싸우고 있는 것을 생각해 볼 수 있어요. 이런 생각을 하는 경험은 실제로 해변이나 전쟁을 경험하는 것과는 다릅니다. 우리는 지금 이 교실에 앉아 있지요. 우리 모두 여기 있는 의자가 기대어 누울 수 있는 푹신푹신한 의자라고 상상할 수 있지만, 실제로 그렇게 되는 것은 아닙니다.

관찰하기: 지금의 현실을 알아차리기
다음과 같이 설명을 이어 간다.

관찰하기란 지금 이 순간에 우리 주위에서 일어나고 있는 것에 어떤 이름표를 붙이려고 하거나 바꾸려고 들지 않고 그냥 알아차리는 거예요. 붐비는 거리에서 눈을 감고 길을 건너지 않는 것처럼, 우리는 현실을 있는 그대로 보지 않고 인생을 살기 원하지는 않을 것입니다. 우리가 차를 보지 않으면 차가 우리를 치지 않을 것이라고 믿어도, 그것이 사실이 되지는 않지요. 우리는 관찰하면서 주의를 기울여야 합니다. 그리고 그렇게 하는 것은 우리를 둘러싼 진짜 세상에 주의를 기울이는 것을 포함합니다.

수업 활동: 〈유인물 4-2〉 마음챙김: 관찰하기 연습
다음과 같이 말한다.

관찰하기는 연습해 보는 게 좋습니다. 왜냐하면 무언가가 여기에 있는데 보지 않기가 매우 쉽기 때문이에요. 마찬가지로 실제로 있지 않은 것을 보기도 쉽습니다.

이 점을 명확하게 하기 위해 학생들에게 〈유인물 4-2〉를 보도록 하고, 다음과 같이 물어본다.

어떤 모양들이 보이나요?

학생들의 경험에 관해 토론한다. 학생들이 자기가 관찰한 것을 이야기하게 한다. 그리고 다음과 같이 설명한다.

세 개의 검은색 원이 있고 각각의 원에는 마치 잘라 낸 파이같이 절개된 부분이 있어요. 덧붙이자면, 많은 사람이 이 유인물에 있는 형태에서 삼각형을 봅니다. 그런데 사실 삼각형은 없어요. 세 개의 원에 있는 절개된 부분이 우연히 서로 맞물렸을 뿐이죠. 만일 절개된 부분을 연결하는 선이 있었다면, 삼각형이 생겼을 거예요. 하지만 연결하는 선은 없고, 그래서 삼각형도 없습니다. 하지만 우리의 마음은 사실 존재하지 않는 삼각형을 '볼' 수 있도록 '없는' 선을 만들어 내지요. 마음은 빈 공간을 채워서 우리가 기대하는 것이 실재하지 않을 때도 그것을 '보게' 하는 능력이 있어요. 마음이 온전히 주의를 기울이지 않을 때는 예상치 못한 것이 있으면 그것을 지워 버릴 수도 있고요. 실제로 대부분의 사람은 저게 무엇인지 안다고 생각하면, 주의 기울이기를 멈춥니다. 이것은 유용할 수 있고 시간도 많이 절약해 주지만, 우리가 봤다고 생각하는 것이 실제 거기 있는 게 아닐 때는 여러 문제가 발생할 수 있습니다.

기술하지 않고 관찰하기

다음과 같이 말한다.

> 기술하지 않고 관찰하기는 쉽지 않습니다. 우리가 아기였을 때부터 사람들은 우리가 보고, 듣고, 만지고, 맛보는 모든 것에 이름을 붙였어요. 그래서 우리가 어릴 때부터 모든 것에는 이름표가 붙었고, 이제는 우리가 '야옹' 소리를 듣고 '고양이'를 떠올리지 않는 것이 거의 불가능해요. 하지만 사실은 그 '야옹' 소리는 어린아이가 노는 소리였을 수 있지요. 우리는 관찰하기와 기술하기를 동시에 할 수 없습니다.

토론: 기술하기 (10분)

〈유인물 4-1〉 마음챙김: '무엇을' 기술 (두 번째 부분) 소개

〈유인물 4-1〉 두 번째 부분('기술하기')의 각 항목을 몇몇 학생에게 돌아가며 읽게 하고, 다음과 같이 설명한다.

> 기술하기는 관찰한 것을 말로 옮기는 것입니다. 관찰한 것에 이름을 붙이는 것이죠. 이것은 말로 바라보기입니다.

칠판에 '기술하기' 옆에 '말로 바라보기'라고 쓴다.

수업 활동: 책상 위의 손 관찰하기 vs 기술하기

학생들이 책상 위에 손을 올려놓도록 하고, 다음과 같이 말한다.

> 책상에 닿은 피부의 감각을 느껴 보세요. 그 경험에 어떤 단어나 이름도 붙이지 말고 그냥 관찰하고 알아차리기만 해 보세요.

학생들이 충분히 경험할 수 있도록 몇 초 정도 기다린다.

> 이제 그 경험에 말을 붙여 보세요. 감각에 이름을 붙여 봅니다.

여기서도 계속하기 전에 학생들에게 몇 초의 시간을 준다.

우리가 처음 책상 위의 손을 그저 바라보고만 있었던 것은 관찰하기예요. 관찰할 때 우리는 우리의 감각 경험에 주의를 기울이고 있었죠. 우리가 그 경험에 말을 붙였을 때는 기술하기를 사용한 거예요. 우리가 직접적으로 관찰한 것이 무엇이었는지 이름 붙인 것이지요.

학생들에게 책상 위에 있는 손의 감각을 기술하게 한다(예: 차갑다, 부드럽다, 평평하다, 딱딱하다). 그다음, 질문한다.

책상 위에 손을 올리자마자 즉시 책상이 어떤 느낌인지 기술하고 싶은 충동을 느낀 사람 있나요?

대답을 끌어낸 후 다음과 같이 말한다.

마음챙김은 속도를 줄이고, 한 번에 한 가지씩만 하는 것입니다. 우리는 관찰하기와 기술하기를 동시에 할 수 없어요.

오직 관찰한 것만 기술하기
계속 설명한다.

기술하기는 우리가 관찰한 것에 이름을 붙이는 거예요. 이것은 마치 앞을 못 보는 사람이나 화가에게 우리의 묘사를 바탕으로 그림을 그리게 할 때처럼 설명하는 겁니다. 우리는 오직 우리가 관찰한 것만을 기술할 수 있습니다. 우리는 다른 사람 내면의 생각, 감정이나 의도를 관찰할 수 없습니다. 이 점을 우리는 자주 잊지요.

수업 활동: '화난' 얼굴 기술하기
학생들에게 교사의 얼굴을 관찰한 다음 기술해 보라고 하고, 매우 화난 표정을 짓는다. 대부분은 얼굴을 '화난' 것으로 기술할 것이다. 학생들에게 그들이 관찰한 것은 감정이 아님을 말해 준다. 학생들이 관찰한 것은 주름진 눈썹, 찡그린 입, 꽉 깨문 이와 같은 것들이다.

생각을 생각으로 기술하기
다음과 같이 설명한다.

우리의 뇌는 계속해서 우리에게 생각을 보내는데, 이것은 그저 생각이지 사실이 아닙니다. 단지 나 스스로 '모든 사람이 날 싫어해.' 혹은 '나는 바보야.'라고 생각한다고 해서 그 것이 사실이 되는 것은 아닙니다. 제가 지금 기습적으로 쪽지 시험을 본다면, 여러분은 배 가 조여 오고 심장이 두근거리는 것을 관찰할 수 있을 거예요. 그리고 '난 시험을 망칠 거 야.'라는 생각이 들 수 있어요. 하지만 그것은 그저 생각일 뿐이며, 모든 생각은 정신적인 사 건이지 실제 일어나고 있는 사실이 아닙니다. 핵심은 생각을 그저 생각으로 관찰하고 생각 이라고 이름 붙이는 것입니다.

다음의 예시와 같이 생각을 사실로 오인했던 적절한 개인적인 경험을 나눈다.

오늘 학교에 왔을 때, 저는 교장 선생님 [성함]을 봤어요. 제가 미소를 지었는데 선생님 은 미소로 화답하지 않고 다른 쪽으로 가셨어요. 저는 '아이고, 내가 어제 회의 마치기 5분 전에 먼저 나가서 나에게 화가 나신 게 틀림없어. 이제 큰일 났고, 앞으로 2주간은 방과 후 에 남아서 업무를 해야겠구나.' 하는 생각이 들었어요. 나중에 교무실에서 선생님을 다시 뵈었을 때, 저는 사과를 하기로 결심했어요. 교장 선생님은 아침에 급히 서두르느라 저를 보지도 못했고 어제 회의에서 일찍 나간 줄도 몰랐다고 하셨어요.

학생들이 생각을 잘못 해석했던 경험을 나누게 한다.

친구나 부모님 혹은 선생님의 감정이나 의도를 잘못 '기술'해 본 적이 있나요?

수업 활동: 컨베이어 벨트 위의 생각을 관찰하고 상자에 담기
학생들에게 다음과 같이 말한다.

여러분 모두 눈을 감은 채 내 마음이 컨베이어 벨트이고, 내 생각이 그 벨트를 타고 온 다고 상상해 보세요. 각각의 생각을 벨트 옆에 있는 상자에 집어넣습니다. 한 상자에는 과 거에 일어난 일들에 대한 생각을, 다른 상자에는 몸에서 느껴지는 감각을, 또 다른 상자에 는 뭔가를 하고 싶은 충동을 넣을 수 있습니다. 생각을 그저 알아차리는 것은 관찰하기 기 술을 사용하는 거예요. 그 생각들을 이름을 붙인 상자에 넣는 것은 기술하기이고요. 주의 가 분산되었다면 알아차리고 부드럽게 마음이 하던 일로 돌아오게 합니다.

1분 동안 실습한 후 다음과 같이 말한다.

이것을 기억하세요. 만일 관찰하지 않았다면, 기술할 수 없습니다. 우리는 다른 사람의 생각, 감정이나 의도를 관찰할 수 없어요. 예를 들어, '남동생이 나를 자극해서 화나게 하려고 의도하고 있어.'를 관찰하는 것은 불가능합니다.

토론: 참여하기(9분)

〈유인물 4-1〉 마음챙김: '무엇을' 기술(세 번째 부분) 소개
〈유인물 4-1〉로 돌아가서 학생들에게 세 번째 부분('참여하기')의 각 항목을 읽게 한다. 그리고 다음과 같이 설명한다.

참여하기는 어떤 활동으로 완전히 들어가서 그 활동과 자연스럽게 하나가 되는 것이지요. 이것은 우리를 무언가에 던지는 것입니다.

칠판에 '자신을 현재 경험에 완전히 던지기'라고 쓰고 다음과 같이 계속한다.

평가하지 않고 현재 순간에 지혜롭게 참여하는 것이 마음챙김의 목표입니다. 평가하지 않는 것에 대해서는 다음 단원의 '어떻게' 기술에서 더 배울 거예요.

참여하기는 자신을 의식하지 않으면서 힘을 빼고 흐름에 따라 우리의 삶에 온전히 존재하는 것입니다. 이것은 우리 스스로를 잊은 채 하고 있는 것 자체가 되는 것입니다. 어린아이들이 노는 것을 한 번 보세요. 공원에서 뛰어다니건, 빗물이 고인 곳에서 첨벙거리고 있건, 혹은 음악에 맞춰 춤을 추고 있건 간에 이런 아이들의 모습은 참여하기의 훌륭한 예가 됩니다.

참여하기는 어제나 내일에 대해 생각하는 것이 아닙니다. 또한 남들이 지금 나에 대해 무엇을 생각하거나 느끼는지 걱정하지 않는 거예요. 참여하기는 지금 하는 것에 100% 뛰어드는 것입니다.

수업 활동: 참여하기의 예
학생들이 짝을 짓게 한다. 자신이 어떤 활동에 완전히 참여했던 적이 있었는지 생각해 보고 예시를 짝과 나누게 한다. 운동 경기에 참여한 것, 친구와 춤추거나 노래한 것, 혹은 정말 열심히 공부해서 문제를 어떻게 푸는지 다 알고 수학 시험을 본 것 등이 예가 될 수 있다.

학생들에게 자기가 참여하고 있다는 것을 어떻게 알았는지 물어본다. 자신의 감정, 다른 사람이 자신을 어떻게 생각하고 있는지, 혹은 과거에는 어떻게 행동했는지에 대해 생

4단원 마음챙김: '무엇을' 기술

각하고 있었는가? 그렇다면 그때는 완전히 참여하고 있던 것이 아닐 수 있다.

만일 자신이 완전히 참여했다고 생각하지 않는 학생들이 있다면, 완전히 100% 참여하기 위해서는 무엇이 달라졌어야 했을지 물어본다.

짝과의 실습이 끝나고 나면, 짝과 나눈 예들을 반 전체와 나누는 시간을 가진다.

한 번에 단 한 가지의 '무엇을' 기술 쓰기(1분)

학생들에게 다음과 같이 말한다.

> '무엇을' 기술은 한 번에 한 가지만 쓸 수 있습니다. 예를 들어, 악기를 배울 때 처음에는 악기가 내는 소리나 다른 사람이 어떻게 그 악기를 연주하는지 관찰할 거예요. 그러고 나서는 그 경험에 말을 붙이게 될 거예요(어디에 손가락을 놓았는지를 기술하고 그 경험에 이름을 붙이는 것 등). 경험에 말을 붙였다면, 여러분은 이제 기술하고 있는 것입니다. 결국 여러분은 개개의 단계를 기술할 필요 없이 연주할 수 있는 경지에 이를 거예요. 음악을 연주하면서 완전히 자신을 잊는 경험을 할 수 있게 될 거예요. 이것이 참여하기입니다.

다음 단원에서 '어떻게' 기술을 소개한 다음, 참여하기에 대한 실습이 있을 것이라고 설명한다. '어떻게' 기술은 우리가 관찰하거나 기술하거나 참여하는 방법에 대한 것이다.

단원 요약(2분)

학생들이 '무엇을' 기술을 배운 것과 예시를 들고 참여한 것을 축하하고 인정해 준다. 그리고 다음을 상기시킨다.

> 다음 수업에서도 마음챙김을 배울 텐데요. '어떻게' 기술에 대해 배울 거예요. 매 수업을 마음챙김 연습으로 시작하여 여러분이 이 핵심 기술들을 배우고 연습할 시간을 더 가지도록 할 겁니다.

마음챙김이란 무엇인지를 다음과 같이 정의하거나 학생들이 정의하게 한다.

> 마음챙김이란 현재 순간을 인식하고 우리의 마음을 우리가 원하는 곳에 두는 것입니다.

다음과 같이 덧붙인다.

이 기술은 시간이 가면서 점점 더 나아질 거예요. 지금 여러분은 마음이 뒤죽박죽인 것처럼 느낄 수 있지만, 계속 연습하면 여러분의 주의가 다른 데로 가 있다는 것을 알아차리고 주의를 현재로 가져오기 시작하게 될 거예요.

세 가지 '무엇을' 기술을 복습한다.

과제 설명(3분)

〈과제 4-3〉 마음챙김: '무엇을' 기술 연습
다음과 같이 설명한다.

'무엇을' 기술을 쓰려면 연습이 필요합니다. 연습하면 할수록 마음챙김을 하고 지혜로운 마음에 닿는 것이 점점 더 쉬워질 거예요.

학생들은 다음 한 주간 최소한 한 가지의 '무엇을' 기술을 연습하고, 자신의 경험을 간단히 적어 와야 한다. 원한다면 세 가지 기술을 다 연습한다. 연습을 끝내지 못했다면 과제지 하단에 무엇이 연습을 방해했는지를 설명할 것이다.

다이어리 카드
새로운 다이어리 카드를 나누어 준다. 학생들은 이제 어떻게 관찰하고, 기술하고, 참여하는지를 배웠다. 이제는 과제로 지혜로운 마음뿐만 아니라 이 기술들도 연습해야 하며, 기술 사용을 다이어리 카드에 표기해야 한다.

마지막으로, 과제 완수를 방해하는 요인에 대한 문제 해결 시간을 가진다. 과제 혹은 과제를 할 때의 장애물에 대해 질문이 있는지 확인한다. 만약 있다면, 질문에 답하고 장애물을 다룬다. 과제를 할 의지가 없거나, 이번 주에 다른 과제가 너무 많거나, 잊어버리거나, 과제를 이해하지 못하는 것 등이 장애물이 될 수 있다. 학생들이 장애물을 찾을 수 있도록 돕고, 이를 극복할 수 있는 계획을 함께 세운다. 한 예로, 잊어버리는 것이 문제라면, 과제를 적고 휴대전화나 달력에 과제 완성 알람을 설정할 수 있다. 과제를 할 의지가 없는 경우에는 먼저 이유를 듣고 동기를 높여 주거나, 과제를 해 오는 것의 중요성(예: 성적)을 상기시켜 주거나, 또는 기타 도움이 될 만한 설명을 해 준다. 과제 관련 문제 해결은 매주 과제를 나누어 준 이후 반드시 진행하도록 한다.

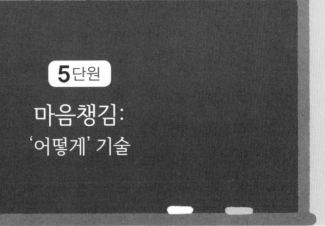

5단원

마음챙김: '어떻게' 기술

⚛ 요약

이 단원은 마음챙김 '어떻게' 기술을 다룬다. 즉, 어떻게 관찰하고 기술하며 참여하느냐 하는 것이다. '어떻게' 기술은 평가하지 않는 자세를 취하고, 주어진 순간에 한 가지에만 집중하면서 효과적인 것(되는 것)을 하는 것이다. 평가하지 않고 행동하는 것은 두 가지 종류의 판단을 구분하며 가르치게 된다(피해야 하는 '평가'와 해도 되는 '구별'). 또한 평가는 우리 감정의 '연료'로 작용할 수 있다. 하나씩 한다는 것은 동시에 여러 가지 일을 하지 않는다는 뜻이다. 되는 것을 한다는 것은 장기 목표를 염두에 두는 방식으로 행동하는 것을 택한다는 뜻이다. 이 단원은 참여하기를 실습하며 끝난다.

🌐 요점

1. 마음챙김 '무엇을' 기술과 '어떻게' 기술을 같이 사용함으로써 '무엇을' 기술 위에 '어떻게' 기술을 쌓아 올린다.
2. '어떻게' 기술에는 '평가하지 않고, 하나씩, 효과적으로'가 있다.
3. '무엇을' 기술과는 달리, '어떻게' 기술은 동시에 같이 쓸 수 있다.

🖊 준비물

1. 본 단원 유인물
    • 〈유인물 5-1〉 마음챙김: '어떻게' 기술
    • 〈과제 5-2〉 마음챙김: '어떻게' 기술 연습
2. 자료 없이 수업에 온 학생들을 위한 여분의 유인물과 필기도구
3. 보드 마커나 분필
4. 다이어리 카드: 수업을 마칠 때 나누어 줄 수 있도록 새 다이어리 카드를 준비한다.
   가능하면 다이어리 카드에 세 가지 '어떻게' 기술을 강조해 둔다.

🔔 준비

1. '어떻게' 기술에 대한 학생들의 이해를 돕기 위해 사용할 수 있는 개인적인 예시를 생각해 둔다.
2. 가능하면 학생들이 서로 바라보고 앉도록 교실의 책상을 미리 배치해 둔다.
3. 칠판에 미리 세 가지 '무엇을' 기술을 쓰고, 각각의 기술 밑에 세 가지 '어떻게' 기술을 써 놓는다. 이렇게 하는 것은 한 번에 한 가지의 '무엇을' 기술만 사용할 수 있지만, '무엇을' 기술을 쓸 때 세 가지 '어떻게' 기술을 동시에 사용할 수 있다는 점을 강조할 것이다. 다음의 목록이 그 예이다.

관찰하기
    평가하지 않고
    하나씩
    효과적으로

기술하기
    평가하지 않고
    하나씩
    효과적으로

참여하기
　　　평가하지 않고
　　　하나씩
　　　효과적으로

4. 미리 칠판의 다른 곳에 두 개의 열로 된 표를 그리고, 각 열에 '구별하는 판단'과 '평가하는 판단'이라고 제목을 붙인다. 이 표는 구별(그리고 묘사)을 평가와 구분하는 수업 활동을 할 때 사용될 것이고, 강의 시간을 절약해 줄 수 있다.

🔵 강의 개요와 시간표

- 마음챙김 연습(5분)
  - 호흡 세기/세면서 호흡하기(3분)
  - 연습에서 관찰한 바 기술하기(2분)
    - 주의가 분산된 것을 알아차리는 것의 중요성
- 과제 점검(10분)
  - 〈과제 4−3〉 마음챙김: '무엇을' 기술 연습
    - 학급 전체와 나누기
  - 다이어리 카드
- 주요 개념 소개(2분)
  - 마음챙김은 마음이 나를 통제하는 대신 내가 마음을 통제하면서 평가하지 않고 현재 순간을 인식하는 것이다.
  - 세 가지 '어떻게' 기술 소개
- 토론: 평가하지 않고(10분)
  - 〈유인물 5−1〉 마음챙김: '어떻게' 기술(첫 번째 부분) 소개
    - 두 가지 유형의 판단
    - 예: 누군가를 '나쁜 놈'이라고 부르는 것
    - 평가하는 판단의 문제점
    - 수업 활동: 구별(그리고 묘사)을 평가로부터 구분하기
    - 평가하지 않기: 한 걸음 한 걸음

- 토론: 하나씩(5분)
  - ■〈유인물 5-1〉마음챙김: '어떻게' 기술(두 번째 부분) 소개
    - ○ 하나씩 하지 않는 것이 가져오는 부정적 결과의 예
    - ○ 묶음 행동
    - ○ 멀티태스킹: 생각하는 것만큼 효과적이지 않음
- 토론: 효과적으로(10분)
  - ■〈유인물 5-1〉마음챙김: '어떻게' 기술(세 번째 부분) 소개
    - ○ 되는 것을 하기
    - ○ 장기 목표 알기
    - ○ 수업 활동: 장기 목표와 '규칙대로 하기'
    - ○ 효과적으로 하기의 장애물
    - ○ 효과적으로 참여하기
- 참여하기 연습: 소리 던지기(5분)
- 단원 요약(1분)
  - ■ '어떻게' 기술 복습
- 과제 설명(2분)
  - ■〈과제 5-2〉마음챙김: '어떻게' 기술 연습
    - ○ 연습할 세 가지 '어떻게' 기술 선택하기
  - ■ 다이어리 카드

🔋 세부 강의 계획

마음챙김 연습(5분)

관찰하기: 호흡 세기/세면서 호흡하기(3분)
학생들을 환영하고 다음과 같이 말한다.

　　매주 하는 것처럼, 마음챙김 연습을 하나 하면서 수업을 시작해요. 수업 시작할 때 하는 마음챙김 연습은 일곱 가지 마음챙김 기술 중 적어도 하나에 초점을 맞추게 될 겁니다. 지금까지 우리는 네 가지 마음챙김 기술을 배웠어요. 지금까지 배운 네 가지 마음챙김 기술이 뭐였죠?

지혜로운 마음, 관찰하기, 기술하기, 참여하기라는 답을 유도해 낸다. 다음과 같이 계속한다.

오늘 우리는 '호흡 세기'라고 부르는 관찰하기와 기술하기 연습을 해 볼 거예요. 지난 시간에는 '호흡 관찰하기'를 했고, 이번에는 '호흡 세기'를 해 봅시다.

다음과 같이 연습을 소개한다.

지난 시간에 말한 것처럼, 신체 감각에 집중하는 것은 현재 순간에 닻을 내리도록 도와줍니다. 우리는 언제나 숨을 쉬고 있기 때문에, 항상 호흡을 초점으로 사용할 수 있어요.

이 연습에서 들숨을 들이쉬면서 하나를 세고, 그런 다음에 날숨을 내쉬면서 둘을, 들숨에 셋을, 날숨에 넷을, 이렇게 열까지 셀 거예요. 열까지 가면 멈추고 하나부터 다시 시작합니다. 만일 세다가 잊어버린다면, 그냥 알아차리고 다시 하나부터 시작하세요. 만일 갑자기 열하나, 열일곱, 혹은 서른여덟에 와 있다면 그냥 알아차리고, 흘려보내고, 다시 하나에서 시작합니다. 마음이 호흡으로부터 멀어진 것을 알아차린다면, 그걸 알아차리고 가만히 주의를 호흡과 호흡을 세는 것으로 돌아오게 하세요. 만일 평가하는 생각을 하고 있는 것을 발견한다면, 그 생각들을 알아차리고 흘러가게 한 다음 호흡으로 돌아오세요. 눈을 깜빡이거나 침을 삼키는 것 외에 움직이려는 다른 어떤 충동이 들면, 알아차리되 행동으로 옮기지 않으면서 주의를 호흡으로 돌아가게 하세요.

제가 1이라고 하면, 그건 마음챙김 자세 혹은 완전히 깨어 있는 자세라고 부르는 자세로 앉으라는 신호입니다. 지난 시간에 해 본 것 기억나지요? 이 자세는 우리의 발을 바닥에 잘 붙이고, 바르게 앉아 손을 무릎 위에 놓는 것을 말합니다. 이 연습에서 우리는 눈을 뜨고 부드럽게 응시할 것인데, 앞과 밑을 보지만 특별히 무언가를 보지 않을 거라는 뜻이에요. 마음챙김을 항상 눈을 감은 채로 실습하지는 않을 건데, 그건 우리가 눈을 감은 채로 살아가는 것이 아니기 때문이에요. 제가 2라고 하면, 심호흡을 하세요. 3이라고 하면, 연습을 시작합니다. 끝날 때는 '그만'이라고 할 거예요.

3까지 세면서 연습을 시작한다.

1: 마음챙김/완전히 깨어 있는 자세를 취하세요. 2: 심호흡을 하세요. 3: 연습을 시작하세요.

2분간 연습을 하게 하고 '그만'이라고 말한다.

연습에서 관찰한 바 기술하기(2분)

학생들이 돌아가며 연습할 때 관찰한 것을 나누게 한다(학생 수에 따라서, 항상 모든 학생이 다 발표하지는 못할 수 있다). 세다가 주의가 분산된 학생들이 있는지, 있었다면 얼마나 자주 세던 숫자를 잊어버렸는지 물어본다.

주의가 분산된 것을 알아차리는 것의 중요성

다음과 같이 말하며 연습을 마친다.

> 주의가 분산된 것을 알아채는 것은 호흡을 세는 데에 계속 집중하는 것만큼이나 중요합니다. 주의가 분산된 것을 알아차리고 주의를 우리의 호흡으로 돌렸을 때, 우리는 '관찰하는 근육'을 강화하게 돼요. 이것이 중요한 이유는 우리가 감정 마음에 있다가 지혜로운 마음으로 돌아가려면 일단 감정 마음에 있다는 것을 알아차려야 하기 때문입니다. 수업 시간에 딴생각에 잠겨 있거나 강의에 집중하지 않고 있다면, 딴생각을 하고 있다는 것을 관찰해서 주의를 현재 순간으로 가져갈 수 있어요. 시간이 지나면서 많은 연습을 통해서 이런 기술들은 더 단련될 거예요.

과제 점검(10분)

〈과제 4-3〉 마음챙김: '무엇을' 기술 연습

학급 전체와 나누기

학생들에게 〈과제 4-3〉을 꺼내도록 한다. 누가 과제를 다 해 왔는지 물어본다. 해 온 학생들이 '무엇을' 기술을 사용한 예를 발표하게 하여 과제를 해 온 것을 강화한다. 첫 번째 학생과 같은 연습을 한 학생들이 있는지 물어봄으로써 여러 학생의 과제를 한꺼번에 검토할 수 있다. 서로 다른 학생들의 경험에서 나타난 유사점과 차이점에 대해 물어본다. '무엇을' 기술 중 다른 것을 연습한 사람이 있는지 물어본다. 비슷한 방식으로 가급적 많은 학생이 참여할 수 있도록 진행한다.

다음에는 누가 과제를 다 못 해 왔는지 물어본다. 이 학생들에게 무엇이 문제였는지, 어떻게 하면 다음에는 다 해 올 수 있을지 간략히 물어본다.

다이어리 카드

모든 학생이 다이어리 카드와 과제지를 제출하여 검토받도록 한다. 만일 모든 학생의 과제를 매 단원 검토할 수 없다면, 몇 단원을 거치는 동안에는 모두 검토할 수 있도록 한다.

주요 개념 소개(2분)

학생들에게 다음과 같이 말한다.

> 3, 4단원에서 우리는 지혜로운 마음과 마음챙김의 '무엇을' 기술인 관찰하기, 기술하기, 참여하기를 배웠어요. 마음챙김은 현재 순간을 인식하고 마음이 나를 통제하게 하는 대신 내가 내 마음을 통제하는 상태임을 기억하세요. 그것은 내 마음을 내가 원하는 곳에 두는 것입니다. 이번 주에는 지혜로운 마음 달성을 위해 감정 마음과 이성 마음의 조화를 이루게 하는 '어떻게' 기술을 배울 거예요. 세 가지 '무엇을' 기술이 있는 것과 마찬가지로 '어떻게' 기술에도 세 가지가 있습니다. 평가하지 않고, 하나씩, 효과적으로입니다. 한 번에 오직 하나씩만 할 수 있는 '무엇을' 기술과는 다르게, '어떻게' 기술들은 동시에 사용할 수 있어요.

칠판에 써 둔 기술의 목록을 언급한다.

토론: 평가하지 않고(10분)

〈유인물 5-1〉 마음챙김: '어떻게' 기술(첫 번째 부분) 소개

학생들에게 〈유인물 5-1〉을 펴게 하고 돌아가면서 첫 번째 부분('평가하지 않고')을 한 항목씩 소리 내 읽게 한 후 다음과 같이 설명한다.

> 마음챙김을 하면서 관찰하고 기술하고 참여하는 방법은 평가하지 않는 입장을 취하는 거예요. 다른 말로 하자면, 어떤 것도 좋거나 나쁜 것, 귀중하거나 귀중하지 않은 것, 그럴 만한 가치가 있거나 없는 것, 그래야만 하고 그러지 말아야 하는 것으로 평가하지 않는 것이지요.

두 가지 유형의 판단

판단에는 두 가지 유형이 있습니다. '구별'하는 판단과 '평가'하는 판단입니다.

구별 또는 구분하는 판단

구별하는 판단은 두 가지 이상의 사물이나 상황이 같은지 다른지, 어떤 것이 이미 정해진 일련의 기준을 충족하는지를 결정합니다. '구분 짓는다'는 단어를 대신 사용해도 같은 의미를 전달하지요. 예를 들면, 판사는 피고의 행동이 법의 테두리 안에 있는지 밖에 있는지를 밝힘으로써 구별합니다. 교사는 시험 문제에 대한 답이 정확한지 부정확한지를 구별(구분)하거나 결정하지요. 이것은 '좋거나 나쁨'에 대한 판단이 아니에요. 무언가가 어떤 정해진 조건에 들어맞느냐 아니냐에 대한 서술입니다. 구별은 사실에 기반을 둔 것이고, 살아가는 데 꼭 필요해요. 우리는 구별하는 판단을 없애고 싶지 않습니다. 이런 식의 구별하는 판단은 어떤 유형의 사람이 다른 누군가보다 더 나은 것처럼 차별하는 것을 의미하지 않습니다. 좋은 것 대 나쁜 것으로 가르고 차별하는 판단이 바로 우리가 줄이고자 하는 유형의 판단입니다. 만일 구별한다는 말이 너무 부담스럽다면, 같은 뜻을 가졌지만 좋은 것 대 나쁜 것이라는 판단을 하지 않는 '구분하다'라는 단어를 쓸 수 있습니다.

학생들에게 구별하기 위해 쓰는 다른 유형의 판단(예: 생선이 신선하고 먹기에 안전하다 혹은 부패해서 먹으면 건강에 안 좋다, 우유가 상했다 혹은 마셔도 된다, 옷이 맞는다 혹은 너무 작다/크다 등)을 이야기해 보도록 한다.

평가하는 판단

평가하는 판단은 의견이나 생각, 가치관에 기반을 둔 것이며, 사실이나 현실에 근거한 것이 아닙니다. 이런 판단은 종종 무언가를 '좋은 것 혹은 나쁜 것' '가치 있는 것 혹은 가치 없는 것' '옳은 것 혹은 그른 것'으로 분류하지요. 이런 생각은 현실보다는 인식에 기반을 둔 것입니다. 한 사람의 인식이 다른 사람의 인식과는 다를 수 있습니다.

때때로 평가적인 판단은 무언가를 기술하는 지름길로 여겨지기도 하지요. 예를 들어, 우리는 과일 한 조각이 썩었고 갈색이며 벌레가 가득하다고 설명하는 대신, 과일이 '나쁘다'고 기술할 수 있습니다. 과일이 맛있을 때 그 과일을 '좋다'고 기술할 수도 있어요. 그런데 나에게는 '좋은' 과일을 다른 사람은 덜 익었다고 생각할 수도 있습니다.

예: 누군가를 '나쁜 놈'이라고 부르는 것

학생들에게 누군가를 '나쁜 놈'이라고 부를 때 어떤 뜻으로 말하는 것인지 설명하게 한다. 비판단적인 설명을 여러 개 끌어낸다. 누군가를 나쁜 놈이라고 부르는 것은 사실 그 사람이 무엇을 했는지를 말해 주지 않는다는 것을 강조한다. 어떤 사람을 나쁜 놈이라고 이름 붙이는 것, 그리고 그 사람이 어떤 행동을 했으며, 그 행동이 다른 사람들에게 어떤 영향을 미치는지를 평가하지 않고 기술하는 것의 결과를 비교하며 토론한다. 어떤 행동이 사람을 나쁜 놈으로 만드는지에 대해서는 다양한 의견이 있음을 지적한다(예: 다른 사람 무시하기, 대놓고 앞에서 문을 꽝 닫기, 모욕적인 말로 놀리기, 누군가를 왕따시키기, 비웃기). 그 사람이 실제로 무엇을 했는지를 전달하려면 약칭으로 '나쁜 놈'이라고 부르는 대신 그가 한 행동을 구체적으로 기술할 필요가 있다.

평가하는 판단의 문제점

학생들에게 다음과 같이 말한다.

> 평가하는 판단의 주요한 문제점은 시간이 지나면서 사람들이 이것이 여러 행동의 약칭이거나 의견에 근거한 말이나 생각이라는 점을 망각하고, 마치 사실을 서술한 것으로 받아들이기 시작한다는 점이에요. 이런 판단은 우리의 감정에 영향을 미치기 시작합니다. 평가적인 판단은 감정의 '연료'가 될 수 있어요. 우리가 판단적으로 될수록 감정은 더 강렬해지고, 우리는 감정 마음에 있게 됩니다. 우리는 평가하지 않음으로써 지혜로운 마음에 머무르는 것을 연습할 수 있어요.

수업 활동: 구별(그리고 묘사)을 평가로부터 구분하기

미리 준비하지 못했다면, 〈표 5-1〉처럼 생긴 두 열로 된 표를 칠판에 그린다. 한 열을 '구별하는 판단'이라고 이름 붙인다. 두 번째 열을 '평가하는 판단'이라고 이름 붙인다. 학생들과 함께 〈표 5-1〉에 나온 것과 같은 몇 개의 예를 살펴본다. 그리고 학생들에게 각각의 예가 어떤 열에 속하며, 다른 열에 상응하는 서술에는 어떤 것이 있을지를 발표하게 한다.

다음과 같이 강조한다.

> 평가하지 않는다는 것은 승인한다는 뜻이 아닙니다. 결과를 부인한다는 뜻도 아니고요. 우리가 어떻게 '되어야 한다'고 생각하는 것과 상관없이 행동에는 결과가 있습니다.

학생들이 〈유인물 5-1〉의 여백을 구별하는 판단과 평가하는 판단에 대한 자신의 정의로 채워 넣게 한다.

표5-1 구별하는 판단 vs 평가하는 판단의 예

구별하는 판단	평가하는 판단
"나는 신체 질량 지수에 따르면 과체중이다."	"나는 뚱뚱하고, 추하고, 역겹게 생겼다."
"나는 범위를 잘못 알고 다른 단원을 공부했기 때문에 과학 시험을 망쳤다."	"나는 과학 시험을 망쳤는데, 그건 내가 바보이고 다른 단원을 공부했기 때문이다."
"나는 다른 단원을 공부했기 때문에 스스로 화가 난다."	"나는 다른 단원을 공부했기에 너무나 멍청이 같고 바보 같다."
"우리 엄마는 오늘 아침에 나를 깨우려고 계속 내 방에 오셨는데 내가 일어나지 않자 나에게 찬물을 부으셨다. 그것은 나를 정말 화나게 했다."	"엄마는 아침에 정말 미친 행동을 했다. 나는 엄마가 싫고, 다시는 엄마와 있고 싶지 않다."

평가하지 않기: 한 걸음 한 걸음

다음과 같이 설명한다.

평가하는 것은 사람들이 많이 하는 자연스러운 일이에요. 하지만 우리는 이제 평가적인 것이 고통과 어려움을 초래할 수도 있다는 것을 알게 되었습니다. 그래서 지금부터 무언가를 기술할 때 평가하지 않고 하는 연습을 시작할 거예요. 평가하는 판단을 줄이는 세 단계가 있습니다.

평가하는 것을 알아차리기

첫 번째 단계는 평가한다는 것을 알아차리는 거예요. 내가 평가하는 판단을 하고 있다는 것을 그저 알아차리는 것으로 시작해 보세요. 평가를 그저 알아차리고 흘러가도록 두세요. 평가하는 자신을 판단하지 마세요. 평가하는 것은 자연스러운 일이며, 여러분은 지금 그것을 어떻게 바꾸는지 배우는 중입니다.

얼마나 평가하는지 세어 보기

두 번째 단계는 평가를 세어 보는 거예요. 매일매일 세어 보는 것이 좋습니다. 이렇게 하는 한 가지 방법은 호주머니에 계수기(골프를 칠 때나 야구 심판이 투구를 세기 위해 쓰는 장치)를 갖고 다니다가 판단을 알아차릴 때마다 누르는 거예요. 또 다른 방법은 휴대전화에 기록하거나 종이 한 장을 갖고 다니면서 적는 겁니다. 만일 자신이 늘 평가적이라고 생각한다면, 하루에 한 시간을 정해 두고 평가할 때마다 세어 볼 수 있습니다.

평가를 사실에 맞게 고쳐 말하기

세 번째 단계는 사실을 기술함으로써 평가를 고쳐 말하는 거예요. 사람, 감정이나 사물을 좋거나 나쁜 것으로 평가하는 것을 그만둡니다. 평가하지 않고 스스로가 선호하는 것을 인식합니다. 관찰한 것에 의견이나 감정을 더하지 말고 기술합니다. 목표는 비평가적으로 되는 거예요. 이것은 어떤 것을 나쁘다고 평가하는 것에서 좋다고 평가하는 것으로 바꾸려는 것이 아니에요. 우리가 무언가를 좋거나 귀중한 것으로 판단하도록 평가한다면, 그것은 나쁘거나 가치 없는 것으로도 평가될 수 있지요. 우리의 목표는 '좋음' '나쁨'을 없애고 사실로 대체하는 것입니다.

토론: 하나씩(5분)

〈유인물 5-1〉 마음챙김: '어떻게' 기술(두 번째 부분) 소개

학생들이 〈유인물 5-1〉을 보도록 한다. 학생들이 돌아가면서 유인물의 두 번째 부분('하나씩')을 한 항목씩 소리 내 읽게 한 다음 설명한다.

하나씩이란 주어진 순간에 맑은 정신으로 자각하면서 한 번에 하나씩만 한다는 뜻이에요. 이것은 의식의 질에 관한 것입니다. 오직 한 가지에만 주의를 집중하는 것은 결과에 대한 기대 없이 우리의 전부를 지금 하고 있는 행동에 가져오는 거예요. 이것은 과거나 미래가 아닌 현재 당면한 것에 주의를 기울인다는 뜻입니다. 과거는 지나갔고 미래는 아직 오지 않았지요. 3단원에서 논의했던 예(한 달밖에 안 남은 시험에 대해 몇 주 동안 걱정하거나 3개월 전에 끝난 친구관계에 대해서 계속 슬퍼하는 것을 하지 않는 것)들을 기억해 보세요.

설명을 계속한다.

마음챙김 연습을 할 때, 우리는 한 번에 하나씩만 연습합니다. 그런데 수업에 들어와서 수업이 끝나면 무엇을 할 것인지 생각하거나, 오늘 아침에 엄마와 싸웠던 생각을 하는 것은 한 번에 하나씩만 하는 것이 아니에요. 하나씩 하려면, 여러분은 다른 생각에 완전히 몰두하거나 완전히 수업에 집중해야 합니다.

하나씩 하지 않는 것이 가져오는 부정적 결과의 예

다음의 예 중 어떤 것을 사용할지, 학생들의 나이에 따라 어떤 예가 적절할지 정한다. 대부분의 학생이 아직 운전면허를 딸 수 있는 나이가 안 되었다면, 다음과 같이 말한다.

> 한 번에 한 가지 이상을 하는 것이 문제를 일으키거나 여러분을 다치게 할 수 있어요. 어떻게 그럴 수 있을까요?

예를 유도하거나 다음의 예를 사용한다.

> 여러분이 전화기를 보거나 책을 읽으면서 거리를 걷고 있다고 합시다. 여러분은 차가 모퉁이를 도는 것을 보지 못할 것이고, 차에 치이거나 차가 여러분을 피하고자 경로를 벗어나 충돌하게 될 거예요.

대부분의 학생이 운전면허를 딸 수 있는 나이라면, 다음과 같이 말한다.

> 한 번에 한 가지 이상을 하는 것은 여러분의 인생을 망칠 수 있어요. 이로 인해 과실치사로 기소되거나 감옥에 갈 수도 있어요. 어떻게 그럴 수 있을까요?

다음과 같은 대답을 끌어낸다.

> 운전을 하면서 문자를 보내는 것은 마음챙김하지 않으면서 운전하는 거예요. 한 번에 하나 이상을 하는 것이지요. 그렇게 하는 것은 치명적인 사고를 일으킬 수 있습니다.

다음과 같이 덧붙인다.

> 다음에 여러분이 운전 중에 문자를 보내거나 먹거나 다른 무언가를 하려는 충동을 '관찰'하면, 하나씩 하지 않는 것(그리고 일어날 수 있는 결과들)에 대해 한번 생각해 보세요.

묶음 행동

한 번에 하나씩만 하는 것과 일련의 행동들을 동시에 하는 것 사이의 차이를 다음과 같이 명확히 한다.

> 하나씩 한다는 것이 수업 시간에 오직 선생님의 말씀만 들을 것이기 때문에 필기를 하지 않는다는 뜻은 아니에요. 혹은 교실로 걸어가고 있으므로 복도에서 친구들과 이야기하지 않는다는 것도 아닙니다. 어떤 행동은 하나의 묶음으로 함께 기능할 수 있어요. 필기하며 선생님의 강의를 듣는 것(묶음 행동)은 '수업 행동'입니다. 친구들과 이야기하며 교실로 걸어가는 것은 '수업 중간에 복도에서 하는 행동'이고요.

멀티태스킹: 생각하는 것만큼 효과적이지 않음

동시에 여러 가지 일을 하는 것(멀티태스킹)에 대한 연구 결과에 대해 다음과 같이 말한다.

> 사람들에게 과제 목록을 주고 가능한 한 빨리 끝내도록 한 실험들이 있었어요. 결과는 과제를 한 번에 하나씩 한 사람들이 동시에 여러 가지 일을 한 사람들에 비해 훨씬 높은 정확도를 보였고, 과제를 빨리 수행할 수 있는 것으로 나타났습니다.

이 점을 강조하기 위해 다음과 같이 질문한다.

> 여러분 중 밤에 TV를 보면서 공부하거나 숙제를 하는 사람이 몇 명이나 있나요? 그렇게 하면 숙제나 공부를 하는 데 시간이 더 걸리나요? TV를 보면서 얼마나 숙제를 잘 끝냈나요?

토론: 효과적으로(10분)

〈유인물 5-1〉 마음챙김: '어떻게' 기술(세 번째 부분) 소개

학생들에게 〈유인물 5-1〉을 보도록 한다. 학생들이 돌아가면서 유인물의 세 번째 부분('효과적으로')을 한 항목씩 소리 내어 읽게 한다.

되는 것을 하기

학생들에게 다음과 같이 말한다.

> 무언가를 효과적으로 한다는 것은 순순히 규칙에 따르면서 행동한다는 뜻이에요. 이것은 능숙하게 행동한다는 것이지, 그냥 '포기한다'는 뜻이 아닙니다. 무엇이 옳고 그른가,

공정하거나 공정하지 않은가에 빠져들지 않는다는 것이지요. 예를 들면, 여러분이 보기에 선생님이 공정하지 않은 행동을 했다고 생각했을 때조차 선생님을 존중하며 예의 바르게 대한다는 것을 뜻합니다. 그 선생님은 여전히 여러분의 성적을 어느 정도 좌우하니까요.

장기 목표 알기

다음과 같이 계속한다.

효과적이라는 것은 목표에 이르기 위해서 되는 것(what works)을 한다는 거예요. 우리가 일단 우리의 목표를 확인하고 나면, 그것을 달성하기 위해 가장 효과적인 경로를 결정하기 시작할 수 있어요.

장기 목표에 대한 개인적인 예를 제시하거나 다음의 예를 사용한다.

학생들에게 가족 간에 단란한 시간을 갖고 휴식을 취하기 위해서 겨울 방학에 가족 휴가를 가고 싶다고 이야기한다. 나는 화창하고 따뜻한 어딘가로 가고 싶지만, 가족은 산에 스키를 타러 가고 싶어 한다. 학생들에게 나의 목표는 무엇인지 묻는다. 화창한 휴가를 보내는 것일까, 아니면 가족과 단란한 시간을 갖는 것일까?

수업 활동: 장기 목표와 '규칙대로 하기'

학생들이 짝을 지어 조를 짜게 하고 잠시 자신의 장기 목표 중 몇 개(예: 학교 졸업하기, 귀가 시간 늦추기, 친구들과 함께 방학 때 여행 가기, 미식축구 팀 결성하기, 학급 대표 선거에 나가기, 아르바이트 구하기, 집에서 가족에게 더 도움이 되기)를 생각해 보게 한다. 이 중 몇 개를 칠판 위에 쓴다.

1. 각 조의 학생들이 자신이 할 수도 있는 목표 달성 방해 행동에 대해 논의해 보게 한다.
2. '규칙대로 하기'는 효과적으로의 다른 예이다. 각 조의 학생들이 자신의 목표를 달성하기 위해 '규칙대로' 해야 할 수도 있는 예를 생각해 보게 한다.
3. 각 조가 학급 전체와 자신들의 예를 공유한다.

효과적으로 하기의 장애물

옳은 것 vs 효과적으로

효과적으로 하는 데는 두 가지 주요한 장애물이 있어요. 하나는 효과적이기보다는 '옳고자' 하는 거예요. 효과적으로는 내가 옳다는 것을 증명하려 드는 대신 목표를 이루는 데 도움이 되는 것을 하는 거예요.

학생들에게서 그들이 효과적이기보다는 옳고자 하는 데 초점을 맞추었던 예를 끌어내고, 다음과 같이 계속한다.

감정 vs 효과적으로

효과적으로 하는 것의 두 번째 장애물은 감정과 '~해야 한다'는 당위로 이루어져 있어요. 우리의 감정은 목표를 성취하는 데 방해가 될 수 있지요. 예를 들어, 목표를 향해 나아가는 것에 대한 두려움을 그 목표를 원하지 않는 것으로 착각할 수 있어요. 때로는 화나 복수심 같은 부정적 감정이 목표에 이르는 데 방해가 될 수 있지요. 혹은 목표를 이루는 것이 더 힘들어지더라도 다른 사람들이나 내가 특정 방식으로 행동'해야 한다'고 생각하는 것도 있을 수 있습니다.

'~해야 한다'는 것 때문에 효과적이지 못했던 예를 제시하고 학생들이 다른 예시를 들게 한다.

어떤 사람들은 쉬는 시간에 우연히 복도에서 부딪힌 사람과 싸움을 할 수 있는데, 자기를 함부로 대해서는 안 되고 그 사람이 더욱 공손'했어야 했다'는 것을 보여 주고 싶기 때문이에요. 만일 여러분이 올해 이미 두 번 싸움을 했고, 또 싸우면 정학을 당할 시에 이것은 큰 문제입니다. 또 다른 예로 왼쪽 차선에서 천천히 달리는 차가 있을 때, 그 운전자가 더 빨리 '갔어야 한다'고 생각해서 그냥 오른쪽으로 추월하거나 속도를 줄이는 대신 그 차 뒤에 바짝 붙어 달리는 것을 들 수 있어요.

효과적으로 참여하기
다음에 할 참여하기 연습으로 넘어가기 위해 학생들에게 말한다.

여러분이 어떤 활동에 자신을 100% 던져 넣으려면, 그것을 효과적으로 해야 합니다. 이것은 여러분의 목표와 실제 상황을 제대로 안다는 뜻입니다. 우리는 완전히 참여하지만 효과적이지 않을 수 있어요. 예를 들어, 동창회를 맞아 미식축구 경기에 참여하는데 다른 팀이 계속 여러분의 학교와 팀에 대해 무례한 발언을 합니다. 시합이 끝난 후 다른 팀 선수들을 쫓아가 괴롭히거나, 이미 파울이 있는데 또 파울을 해서 벌칙을 받겠어요, 아니면 여러분의 팀이 지혜로운 마음에 머물고 경기에서 이기자는 목표에 집중하게 하겠어요? 자신에게 '상대방이 우리 팀을 존중해야 한다는 것을 보여 주기 위해 싸움을 하는 것이 경기에 이기고 계속 경기를 하겠다는 나의 장기 목표에 부합하는가?'라고 물어보세요. 만일 그렇게 하는 것이 여러분의 장기 목표에 부합하지 않는다면, 그것은 효과적인 것이 아닙니다.

참여하기 연습: 소리 던지기(5분)

다음과 같이 설명한다.

이 연습은 소리를 '잡는' 놀이예요. 마치 소리가 공인 것처럼 한 사람이 목소리와 몸을 사용해서 다른 사람에게 어떤 소리를 던집니다. 받는 사람은 던진 사람의 소리와 몸동작을 따라 하면서 그 소리를 잡습니다. 소리를 잡은 사람은 이제 다른 사람에게 새로운 소리와 동작을 던지고, 이렇게 연습은 계속됩니다.

이것은 여러분이 스스로를 활동에 완전히 던져 버리는 것을 연습하는, 효과적으로 참여하기 연습이에요. 우리는 스스로와 다른 사람들을 평가하지 않는 것도 연습할 건데, 여기에는 긍정적인 평가와 부정적 평가 모두가 포함됩니다. 만일 평가하고 있는 것을 알아차리면 그것이 흘러가게 내버려 두고, 연습으로 돌아옵니다. 또한 우리는 다음에 어떤 소리를 던질 것인지와 방금 들은 소리가 무엇인지에 대해 생각하지 않고 그저 이 순간에 있는 하나씩에 집중할 거예요.

한 2분 정도 후, 학생들이 연습을 잠시 멈추게 하고 다음과 같이 물어본다.

여러분이 이 연습에 어떻게 참여했는지를 생각해 보세요. 1에서 10까지의 척도에서 1이 '전혀 참여하지 않았다'이고 10이 '완전히 참여했다'라고 했을 때, 이 연습에 대한 여러분의 참여를 평가해 봅니다. 여러분 중 몇 명이 1, 2, 3, … 8, 9, 10이었나요? 10이 아니라도 괜찮습니다. 눈을 감고 만일 10이었다면 무엇이 달랐을지를 상상해 보세요. 여러분은 무엇을 다르게 할 것이고, 다르게 하는 것은 어떤 모습일까요? 모두 10으로 참여하는 것을 그려 볼 수 있나요? 좋아요. 이제는 여러분이 상상한 그대로 모두가 10으로 참여하면서 이 연습을 다시 해 볼 거예요.

2분 정도 연습을 다시 한다. 소리의 크기나 에너지에 변화가 있는지 본다. 교사 스스로 이 연습에 10으로 참여하여 학생들에게 10으로 참여한다는 것이 어떤 것인지를 보여 주는 게 매우 중요하다. 집에서나 동료들과 함께 연습해 보는 것은 자신의 참여하기를 향상시키는 훌륭한 방법이다.

단원 요약(1분)

학생들이 '어떻게' 기술을 끝낸 것을 축하해 주고, 다음과 같이 상기시킨다.

마음챙김 기술은 다른 모든 기술의 토대가 되는 '핵심' 기술이기 때문에 우리는 새로운 모듈을 시작할 때마다 이 기술로 돌아올 거예요. 여러분이 마음챙김 기술을 잘 이해하고 실제로 연습하는 것이 정말 중요합니다. 오늘 했던 것처럼 우리는 모든 수업을 마음챙김 연습으로 시작해서 여러분이 이 핵심 기술을 배우고 연습할 시간을 더 갖게 할 것입니다.

다음과 같이 반복한다.

마음챙김은 현재 순간을 인식하면서 마음을 여러분이 원하는 곳에 두는 것입니다. 시간이 가면서 이 기술을 더 잘하게 될 거예요. 아마 지금은 여러분의 마음이 사방에 흩어져 있거나 주의를 집중해야 할 때 그렇게 하기 힘들 거예요. 하지만 연습하면 주의가 분산되었을 때를 알아차리고 주의를 다시 되돌릴 수 있게 될 겁니다.

'어떻게' 기술을 복습한다.

과제 설명(2분)

〈과제 5-2〉 마음챙김: '어떻게' 기술 연습
다음과 같이 설명한다.

이것은 '어떻게' 기술에 초점을 맞춘 과제예요. '어떻게' 기술 중에서 다음 한 주 동안 최소 한 번 이상 연습할 기술을 고르세요. 세 가지 다 연습해도 됩니다. 그런 다음, 각각의 기술을 사용해 본 경험을 기술하기 위해 과제지에 있는 질문에 답하세요.

다이어리 카드

새로운 다이어리 카드를 나누어 주고, 아직 거두지 않았다면 지난주 카드를 거둔다. 이제 학생들이 관찰하기, 기술하기, 참여하기, 평가하지 않고, 하나씩, 효과적으로 기술을 배웠음을 강조한다. 학생들은 과제로 이 기술들을 연습하거나 지혜로운 마음을 연습했을 때, 다이어리 카드에 날마다 어떤 기술을 연습했는지를 기록하고 주 전체의 기술 사용을 평가해야 한다.

마지막으로, 과제 완수를 방해하는 요인에 대한 문제 해결 시간을 가진다. 과제 혹은 과제를 할 때의 장애물에 대해 질문이 있는지 확인한다. 만약 있다면, 질문에 답하고 장애물을 다룬다. 과제를 할 의지가 없거나, 이번 주에 다른 과제가 너무 많거나, 잊어버리거나, 과제를 이해하지 못하는 것 등이 장애물이 될 수 있다. 학생들이 장애물을 찾을 수 있도록 돕고, 이를 극복할 수 있는 계획을 함께 세운다. 한 예로, 잊어버리는 것이 문제라면, 과제를 적고 휴대전화나 달력에 과제 완성 알람을 설정할 수 있다. 과제를 할 의지가 없는 경우에는 먼저 이유를 듣고 동기를 높여 주거나, 과제를 해 오는 것의 중요성(예: 성적)을 상기시켜 주거나, 또는 기타 도움이 될 만한 설명을 해 준다. 과제 관련 문제 해결은 매주 과제를 나누어 준 이후 반드시 진행하도록 한다.

6단원

고통 감싸기:
위기 생존 기술 소개와 달라진 활기비밀

⚛ 요약

이 단원은 고통 감싸기 기술을 다루는 여섯 개의 단원 중 첫 단원이다. 고통 감싸기 기술은 고통을 기술적으로 견디는 것에 대한 배움을 강조한다. 이 단원에서는 고통 감싸기 모듈을 간단히 소개하고, 두 가지 유형의 고통 감싸기 기술—위기 생존과 현실 수용—을 소개한다. 그다음으로는 위기 생존 기술의 첫 번째 기술인 '지혜로운 마음으로 주의 환기: 달라진 활기비밀'에 초점을 맞춘다.

🌐 요점

1. 고통 감싸기 기술은 강렬한 감정을 경험할 때, 감정 마음으로부터 행동하려는 충동을 견디는 방법을 가르쳐 준다.
2. 위기 생존 전략은 안 좋은 상황을 더 안 좋게 만들지 않고, 지나가게 하기 위해 사용한다.
3. 극심한 스트레스의 상황에서 즉각적인 해결책을 찾기 어려울 때, 현실 수용 기술을 사용한다.

4. 위기 생존 기술 중 첫 번째 기술은 <u>달</u>라진 감정, <u>달</u>라진 생각, <u>달</u>라진 감각, <u>활</u>동하기, <u>기</u>여하기, <u>비</u>교하기, <u>밀</u>쳐 내기(달라진 활기비밀)를 사용해 주의를 환기하는 것이다.

🕐 준비물

1. 본 단원 유인물
   - 〈유인물 6-1〉 고통 감싸기: 도대체 왜 고통스러운 감정과 충동을 참아 내야 할까?
   - 〈유인물 6-2〉 고통 감싸기: 위기 생존 기술은 언제 사용할까?
   - 〈유인물 6-3〉 고통 감싸기: 위기 생존 기술
   - 〈유인물 6-4〉 고통 감싸기: 지혜로운 마음으로 주의 환기-달라진 활기비밀
   - 〈과제 6-5〉 고통 감싸기: 지혜로운 마음으로 주의 환기-달라진 활기비밀 연습
2. 자료 없이 수업에 온 학생들을 위한 여분의 유인물과 필기도구
3. 보드 마커나 분필
4. 포스트잇(한 명당 한 개)
5. 다이어리 카드: 수업을 마칠 때 나누어 줄 수 있도록 새 다이어리 카드를 준비한다. 가능하면 다이어리 카드에 '달라진 활기비밀'을 강조해 둔다.
6. 마음챙김 연습을 위한 동전(교사와 학생들이 모두 하나씩 고를 수 있을 만큼의 충분한 동전)

🔵 준비

1. 학생 기술 바인더에 있는 강의 계획과 유인물을 검토한다.
2. 가능하면 학생들이 서로 바라보고 앉도록 교실의 책상을 미리 배치해 둔다.
3. 2열과 7행으로 된 표를 커다란 두꺼운 도화지 위에 미리 그려 둔다. 이 단원의 [그림 6-1]에서 볼 수 있듯이, '지혜로운 마음으로 주의 환기: 달라진 활기비밀'이라고 제목을 쓴다. 왼쪽 열에는 각각의 달라진 활기비밀 주의 환기 방법—<u>달</u>라진 감정, <u>달</u>라진 생각, <u>달</u>라진 감각, <u>활</u>동하기, <u>기</u>여하기, <u>비</u>교하기, <u>밀</u>쳐 내기—을 적는다. 오른쪽 열은 수업 활동을 위해 비워 둔다.

🔵 강의 개요와 시간표

- 마음챙김 연습(7분)
  - ■ 동전을 관찰하고 기술하기(5분)
  - ■ 연습에서 관찰한 바 기술하기(2분)
- 과제 점검(10분)
  - ■ 〈과제 5-2〉 마음챙김: '어떻게' 기술 연습
    - ○ 짝과 나누기
    - ○ 학급 전체와 나누기
  - ■ 다이어리 카드
- 주요 개념 소개(4분)
  - ■ 〈유인물 6-1〉 고통 감싸기: 도대체 왜 고통스러운 감정과 충동을 참아 내야 할까? 소개
    - ○ 두 가지 유형의 고통 감싸기 기술: 위기 생존 기술과 현실 수용 기술
- 토론: 위기 생존 기술(25분)
  - ■ 〈유인물 6-2〉 고통 감싸기: 위기 생존 기술은 언제 사용할까? 소개(10분)
    - ○ 위기란 무엇인가?
    - ○ 위기 생존 기술
    - ○ 감정 온도계
  - ■ 〈유인물 6-3〉 고통 감싸기: 위기 생존 기술 소개(1분)
    - ○ 다섯 가지 위기 생존 기술의 간략한 개요
  - ■ 〈유인물 6-4〉 고통 감싸기: 지혜로운 마음으로 주의 환기-달라진 활기비밀 소개 (14분)
    - ○ 주의를 환기한다는 것은 무슨 뜻인가?
    - ○ 주의 환기가 필요한 때
    - ○ 수업 활동: 큰 도화지 위에 지혜로운 마음으로 주의 환기-달라진 활기비밀에 대한 예를 쓰기
- 단원 요약(2분)
  - ■ 학생들을 무작위로 호명하여 달라진 활기비밀의 뜻 복습
- 과제 설명(2분)

■ 〈과제 6-5〉 고통 감싸기: 지혜로운 마음으로 주의 환기—달라진 활기비밀 연습
  ○ 이번 주에 두 가지 달라진 활기비밀 기술을 정하여 연습하기
■ 다이어리 카드

📖 세부 강의 계획

마음챙김 연습(7분)

동전을 관찰하고 기술하기(5분)

학생들을 환영하고 연습을 소개한다. 학생들에게 동전 하나씩을 나누어 주고 다음과 같이 말한다.

> 지금부터 우리는 관찰하기와 기술하기를 포함하는 마음챙김 활동으로 수업을 시작해 볼 거예요. 여러분 각자가 동전을 하나씩 집어서 책상 위에 올려놓고, 동전을 관찰하는 것으로 시작할 거예요. 동전을 그냥 바라보세요.
>
> 마음챙김/완전히 깨어 있는 자세를 취해 보세요. 이제 모두가 잘 아는 대로 발을 바닥에 잘 붙이고, 바르게 앉아 손을 무릎 위에 올립니다. 눈은 뜬 채로 부드럽게 앞쪽을 바라보세요. 연습 중에 생각, 판단이나 신체 감각으로 주의가 분산된 것을 알아차리면, 행동하려는 충동에 따르지 말고 그냥 알아차리기만 하세요. 충동을 흘려보내고, 여러분의 주의를 다시 동전으로 가져오세요.
>
> 관찰을 시작하세요. 동전을 그냥 바라보세요.

1분이 지난 후 다음과 같이 안내한다.

> 이제 여러분이 관찰한 것에 언어를 붙여 보세요. 마음속으로 스스로 동전에 관해 기술해 보세요.

1분이 더 지난 후, 학생들에게 기술하기를 계속하게 하면서 동전을 수거한다.

그다음 수거한 동전을 한 학생에게 건네며 아까 관찰했던 동전을 찾게 한다. 그 학생이 자기 동전을 찾고 나면, 동전 더미를 다음 학생에게 넘기고, 받은 학생이 자신의 동전을 찾는다. 이런 식으로 계속해서 교실 내의 모든 학생이 자신의 동전을 찾게 한다. 만일 학생

수가 많다면, 줄별로 동전을 수거하여 각 줄에 다시 나누어 준다. 학생들에게 동전을 조용히 찾도록 상기시키고, 떠오르는 생각이나 판단을 알아차리도록 지시한다. 자신의 동전을 찾은 학생은 주의를 다시 동전으로 가져가게 해야 한다.

동전 더미가 모두에게 돌아간 다음, 학생들에게 자신의 동전을 찾을 수 있었는지 묻는다. 만일 자기 동전을 다른 학생이 이미 골라 버렸다면 찾지 못했을 수도 있다는 점을 말해 준다.

연습에서 관찰한 바 기술하기(2분)

관찰하기를 사용하는 것이 얼마나 힘들고 노력이 필요한 일인지, 또 우리가 날마다 우리 주변에서 알아차리지 못하고 그냥 지나치는 것들이 얼마나 많은지에 대해 강조한다. 학생 각자에게 동전을 관찰하면서 무엇을 알아차렸는지 혹은 연습에 대한 다른 관찰이 있었는지 묻는다. 필요하다면 관찰에 대한 피드백을 제공하는데, 학생들의 대답이 자기가 평가 없이 관찰하고 기술한 무언가를 포함하도록 한다. 예를 들면, 다음과 같이 말함으로써 학생들이 자신의 관찰을 고쳐 말할 수 있도록 돕는다.

> 내 동전을 찾을 수 없었을 때, 나는 긴장과 좌절이 커지고 있는 것을 알아차렸어요. 옆에 있는 사람에게 내 동전을 달라고 말하고 싶은 충동을 알아차렸어요. 연습이 잠깐 중단될 때마다 멈칫하는 것을 알아차렸어요. 이 연습이 지난주의 연습과는 어떻게 다른지에 대해 생각하고 있는 것을 알아차렸어요. 어떤 생각을 알아차렸어요. 어떤 감각을 알아차렸어요. 다른 생각으로 방황하는 마음을 알아차렸어요.

필요하다면, 이와 같이 말하는 것이 다음과 같이 말하는 것과는 엄연히 다름을 알려 준다.

> 나는 '이게 어떤 도움이 된다는 거지?'라고 생각했어요. 지난주에 한 연습이 더 좋았어요. 불편해서 몸을 움직여야 했어요.

과제 점검(10분)

〈과제 5-2〉 마음챙김: '어떻게' 기술 연습

짝과 나누기

과제 점검을 위해 두 명씩 짝을 짓는다. 학생 한 사람이 지난주 과제가 무엇이었는지 다시 말하도록 한다. 그다음, 과제를 연습해 본 상황 하나를 짝과 나누게 한다. 그 상황에서 연습이 도움이 되었는지 혹은 도움이 되지 않았는지를 공유하게 한다.

학급 전체와 나누기

학생들을 전체 집단으로 다시 돌아오게 한 다음, 어떤 기술을 연습해 보았는지 나누게 한다. 기술이 도움이 되었는지, 도움이 되지 않았는지, 혹은 중간이었는지 말하게 하고, 도움이 되지 않았다면 설명하도록 한다. 사용해 본 기술에 대해 학급 전체와 나누고 싶은 것이 있는지 물어본다.

만일 학생들이 기술이 전혀 도움이 되지 않았다고 한다면, 그 기술을 다르게 사용해서 효과를 낼 수 있는 방법을 생각해 보게 한다. 또 기술이 도움이 되지 않았다는 것을 '알아차렸는지' 물어본다. 그런 다음, 기술을 사용하지 않았다면 도움이 안 되는 것을 알아차릴 수 있었을지 묻는다.

다이어리 카드

모든 학생이 다이어리 카드와 과제지를 제출하여 검토받도록 한다. 만일 모든 학생의 과제를 매 단원 검토할 수 없다면, 몇 단원을 거치는 동안에는 모두 검토할 수 있도록 한다.

주요 개념 소개(4분)

다음과 같이 설명한다.

> 오늘 우리는 고통 감싸기라는 새로운 모듈을 시작할 거예요. 이 모듈의 모든 기술은 고통과 아픔에 대처하는 방법에 관한 겁니다.

〈유인물 6-1〉 고통 감싸기: 도대체 왜 고통스러운 감정과 충동을 참아 내야 할까? 소개

〈유인물 6-1〉의 세 개의 요점을 소리 내어 읽거나, 학생들에게 읽도록 한다. 다음과 같이 토론을 시작한다.

> "고통은 삶의 일부이며 피할 수 없다." 누구도 고통과 아픔을 원하지 않지요. 어쩌면 여러분은 고통과 아픔에 대처하는 것뿐만 아니라, 고통에 대해 생각조차 하기 싫을지 몰라요. 하지만 우리 삶에서 모든 고통을 없앨 수 있을까요? 아니지요. 누구나 아픔을 겪습니다.

학생들의 예시를 유도한다(부모님의 이혼, 사랑하는 사람의 죽음, 만성 질환, 이별, 어떤 수업에서 잘하려고 애쓰는 것 등).

"고통을 잘 다루지 못하면 충동적으로 행동하기 쉽다." 여러분 중 정말 화가 났거나 무서웠던 것처럼 강렬한 감정을 경험했을 때 충동적으로 행동해 본 사람 있나요?

다시 한번 학생들의 예시를 유도한다.

"충동적으로 행동하면, 나 자신이나 다른 사람을 다치게 하고 원하는 것을 얻지 못할 수 있다." 하지만 너무나 감정이 강렬하거나 기분이 나빠서 참을 수 없었던 적이 있나요? 그런 일이 일어나면 어떻게 하나요? 어쩌면 물건을 부수거나 관계를 망쳐 버리는 것처럼 나중에 후회할 일을 할 수도 있지요.
살아가면서 고통을 피할 수는 없는데, 고통을 참지 못하면 우리 삶에 더 많은 아픔이 생기기 때문에 우리는 고통 감싸기 기술을 배워야 합니다.

두 가지 유형의 고통 감싸기 기술
다음과 같이 설명한다.

고통 감싸기 기술은 두 가지 범주로 분류할 수 있는데, 그 두 가지는 위기 생존 기술과 현실 수용 기술이에요.

위기 생존 기술

위기 생존 기술의 목표는 단기간만 지속되는 위기 상황을 더 나쁘게 만들지 않고 지나가게 만드는 거예요. 위기가 일어났을 때, 우리는 감정 마음으로 행동해서 처음보다 더 많은 문제를 일으키게 될 때가 많지요. 위기 생존 기술은 우리가 그 고통을 견디게 하고, 감정에 따라 행동하지 않도록 도와줍니다.

현실 수용 기술

현실 수용은 장기적인 고통 상황에서 필요한 기술이에요. 안 좋은 상황에 처해 있고, 단기간 내에 그 상황을 바꾸거나 고칠 방법이 없다면, 이때가 바로 현실 수용이 필요한 때입니다. 여러분 중에 현실이 지금과는 '달라야 한다.'고 생각해 본 사람 있나요? 어쩌면 현실을 받아들이는 것을 거부하면서 마치 실제 상황과 싸우고 있는 것처럼 화를 느꼈을 수도 있어요. 이것은 정상적인 반응이기는 하지만, 사실은 고통 위에 괴로움을 더하게 됩니다. 이 모듈의 후반부에서는 이미 지나간 과거의 일이나 통제할 수 없는 현실과 같은, 우리를 고통스럽게 하지만 바꿀 수 없는 것들에 대처할 때 사용하는 기술들을 배우게 될 거예요.

간단히 정리하면, 위기 생존 기술은 단기적인 문제에 대한 고통을 견디는 것이고, 현실 수용 기술은 장기적인 문제에 대한 고통을 견디는 것이에요. 가장 중요한 것은 고통 감싸기 기술이 고통을 일으키는 문제를 해결해 주지는 않는다는 것이지요. 이 기술의 목표는 고통을 없애고 기분을 좋게 하려는 것이 아닙니다. 때로 우리가 이 기술을 사용하고 나서 기분이 좋아질 수도 있겠지만, 이 기술의 목표는 아픔을 좀 더 견딜 만하게 만드는 것입니다.

학생들이 〈유인물 6-1〉에 위기 생존 기술과 현실 수용 기술의 정의를 채워 넣도록 한다.

토론: 위기 생존 기술(25분)

〈유인물 6-2〉 고통 감싸기: 위기 생존 기술은 언제 사용할까? 소개(10분)
학생들이 〈유인물 6-2〉를 펴게 하고 다음과 같이 말한다.

우리는 위기 생존 기술을 먼저 배울 거예요. 이것은 위기에 처했을 때 사용하는 기술입니다.

위기란 무엇인가?
칠판에 '위기란 무엇인가?'라고 적고 나서 학생들이 2~3명씩 소집단을 만들고 이 질문에 대해 토론하도록 한다. 학생들에게 〈유인물 6-2〉 상단에 있는 상자를 읽고, 위기 상황에 대한 예를 생각해 보게 한다.

2~3분 후, 위기의 정의에 대해 짧게 논의한다. 위기 상황에서 자신과 타인을 위해 상황을 더 악화시키지 않고 넘길 수 있도록 도움을 주는 기술을 사용하는 것이 효과적이라는 점을 강조한다.

이제 학생 한 명에게 〈유인물 6-2〉의 두 번째와 세 번째 상자를 읽도록 한다. 다음과 같이 강조한다.

위기 생존 기술은 모든 문제를 해결하거나 삶을 살 만하게 만들기 위해 날마다 사용하는 기술이 아니에요. 이것은 우리가 하던 일을 계속하고 기능할 수 있도록, 상황을 더 나쁘게 만들지 않도록, 혹은 충동적인 행동을 멈출 수 있도록 돕는 기술이에요. 이것은 감정이 고조되어 있고 문제 해결이 지금 당장 어렵거나 불가능할 때 쓰는 기술입니다.

무엇보다 언제 이 위기 생존 기술을 써야 하고 쓰지 말아야 하는지를 아는 것이 중요해요. 오늘 우리가 배울 기술 중 하나는 때로는 감정으로부터 주의를 돌리는 것이 도움이 될 수 있다고 가르칩니다. 감정이 생길 때마다 주의를 돌리는 것은 효과적일까요? 그리고 그것이 가능하기는 할까요? 그렇지 않지요. 그래서 이제 위기 생존 기술을 언제 써야 할까를 어떻게 가늠할 수 있는지를 다루려고 합니다.

감정 온도계

칠판에 맨 끝은 0이고 맨 위는 100이라고 되어 있는 온도계를 그리고, 다음과 같이 설명한다.

이건 감정 온도계예요. 0은 너무 차분해서 사실상 잠자고 있는 것과 마찬가지이고, 100은 살면서 경험한 가장 고통스러운 상태 또는 상상할 수 있는 최고의 고통 상태를 말해요. 상황이 심각할 때는 위기 생존 기술이 필요합니다. 심각하다는 것은 0에서 100까지의 척도에서 65나 그 이상이 될 거예요. 그리고 이 상황은 지금 당장 해소될 수 없어요. 즉각적인 해결책이 없는 거죠. 내 마음 상태는 감정적이고요. 그리고 이보다 더 나빠지면 안 되는 상황이에요.

앞의 소집단 토론에서 나왔던 예를 다시 든다. 그리고 비슷한 예가 아직 나오지 않았다면, 다음에 있는 예 중 몇 가지를 추가한다. 그다음, 학생들이 여러 가지 상황에 대한 자신의 감정 온도를 평가해 보게 한다. 사람들은 내성의 정도가 서로 달라서 어떤 이에게 40인 것이 다른 이에게는 75일 수 있다는 점을 강조한다(추가로 들 수 있는 위기 상황의 예: '바다에서 역류에 휩쓸림' '부모님이 집안에 일이 있으니 금요일 밤에 놀러 나가서는 안 된다고 말씀하심' '준비 없이 시험을 보게 됨', 혹은 '누군가가 소셜 미디어에 나에 대해 부정적인 말을 함').

이제 다음과 같이 설명한다.

위기 생존 기술의 목표는 효과적으로 행동하는 상태에 계속 머물러 있는 거예요. 위기가 왔을 때 계속 효과적으로 행동하면서 상황을 악화시키지 않는 것은 다소 어려울 수 있는데, 이것은 스트레스와 감정이 너무 높은 나머지 문제를 해결하고 극복하는 능력이 상실될 수 있기 때문이에요. 위기 생존 기술이 위기와 스트레스를 없애 주지는 않지만, 효과적으로 상황을 악화시키지 않는 것은 위기 상황에서 결코 작은 일이 아닙니다.

학생들이 견뎌야 했던 힘든 상황이나 위기(예: 부모님과의 갈등, 누군가가 나에게 소리 지름)에 대해 생각해 보도록 한다. 위기를 견디는 것과 그것을 악화시키는 것(예: 같이 소리를 지름) 사이에 어떤 차이가 있는지 묻는다. 위기에 적절히 대응하지 못해 상황을 악화시켰던 경험이 있는지 물어본다.

〈유인물 6-3〉 고통 감싸기: 위기 생존 기술 소개(1분)

학생들이 〈유인물 6-3〉을 보도록 한다. 다음 몇 주 동안 배우게 될 위기 생존 기술에는 다섯 가지가 있으며, 오늘은 언제 위기 생존 기술을 사용할 것인가를 배웠음을 간략하게 짚고 넘어간다. 여기서는 기술을 가르치거나 검토하지 않는다. 첫 번째 기술인 지혜로운 마음으로 주의 환기: 달라진 활기비밀로 넘어간다.

〈유인물 6-4〉 고통 감싸기: 지혜로운 마음으로 주의 환기-달라진 활기비밀 소개(14분)

학생들이 〈유인물 6-4〉를 펴게 한다.

주의를 환기한다는 것은 무슨 뜻인가?

주의 환기는 다음과 같은 뜻임을 설명한다.

1. 다른 것을 하면서
2. 충동이 스스로 줄어들기를 기다리며
3. 감정에 따라 행동하려는 충동에서 벗어나는 것

주의 환기가 필요한 때

주의를 돌리는 것이 주어진 상황에 대한 감정적 반응을 다루는 가장 적절한 방법이었던 순간들에 대해 학생들과 토론한다. 이런 예들을 들 수 있다. "친구와 싸운 후, 그 친구가 내 전화를 받지 않을 상황일 때 메시지로 독설을 남기고 싶은 충동이 든다." "지갑이 없는 상황에서 학교 사물함에 넣은 것 같다는 생각이 들지만, 내일까지 확인할 수가 없어 학교 건물에 몰래 들어가고 싶은 충동을 느낀다." 혹은 "부모님에게 혼나서 밖에 못 나가게 되었는데, 부모님은 나랑 더 이야기하고 싶어 하지 않으신다. 그래서 도망가 버리고 싶다." 다음과 같이 학생들에게 상기시킨다.

주의를 환기하는 것은 이런 상황 중 어느 것도 바꿔 주지 않아요. 이 상황에 대한 우리의 기분을 나아지게 해 주지도 않지요. 하지만 우리가 어떤 상황을 더 악화시키는 행동을 하지 않고, 그 상황을 넘기도록 해 줄 수가 있어요. 그래서 이 기술들은 감정에 따라 행동하려는 충동을 잘 견딜 수 있도록 돕는 것에 초점을 맞춥니다. 예를 들면, 벌을 받은 것에 화가 나서 부모님에게 공격적인 행동을 하거나 소리 지르려는 충동을 견디도록 도와줄 수 있어요. 혹은 학교 건물에 무단으로 들어가 지갑을 찾으려는 충동을 참도록 도와줄 수 있는 것이죠.

수업 활동: 지혜로운 마음으로 주의 환기하기의 예

포스트잇 메모지를 꺼내고, 수업 전에 준비한([그림 6]-1]에 나온 것과 같은) '지혜로운 마음으로 주의 환기하기' 도표가 그려진 도화지를 칠판에 붙이거나 칠판 위에 도표를 그린다. 기억할 점은 도화지를 사용하게 되면 학생들의 생각을 저장할 수 있고, 학생들이 수시로 볼 수 있게 교실에 걸어 둘 수 있다는 것이다. 이렇게 하면, 학생들이 필요로 할 때 달라진 활기비밀 기술을 사용하는 방법을 상기시킬 수 있다. 마지막으로 학생들이 〈과제 6-5〉 고통 감싸기: 지혜로운 마음으로 주의 환기-달라진 활기비밀 연습을 꺼내게 한다. 다음과 같이 설명한다.

달라진 활기비밀은 기억하기 쉽게 만든 이름이에요. 말하자면, 기억 도우미라고 할 수 있지요. 일곱 글자 각각이 나의 주의를 환기할 수 있는 다른 방법을 나타내요. 이 기술이 효과를 낼 수 있는 비결은 마음챙김을 하며 기술을 사용하는 거예요. 이 말은, 평가하지 않는 마음으로 한 번에 오직 한 가지씩만 하면서 기술에 온전히 참여한다는 뜻입니다.

지혜로운 마음으로 주의 환기-달라진 활기비밀	
달라진 감정	
달라진 생각	
달라진 감각	
활동하기	
기여하기	
비교하기	
밀쳐 내기	

[그림 6]-1] '달라진 활기비밀' 도표를 위한 견본

포스트잇 메모지를 학생들에게 돌리고, 학생들이 달라진 활기비밀의 각 글자를 서로 다른 메모지에 쓰게 한다. 그리고 다음과 같이 안내한다.

우리는 각 글자를 거치면서 그것이 무엇을 뜻하는지에 대해 살펴볼 텐데요. 나에게 효과가 있을 것 같은 예 한두 개를 생각해 보고, 그것을 해당 글자 밑에 쓰면 좋겠어요. 우리가 하려는 것은 과제랑 아주 비슷해요. 그러니까 나에게 맞는 무언가가 나오면, 그것을 〈과제 6-5〉에도 적으면 돼요.

이제 달라진 활기비밀의 각 글자를 살펴보면서 각각의 주의 환기 방법을 설명하고 예를 제시한다. 그러고 나서 학생들에게 포스트잇 메모지 위에 각자 사용할 수 있는 예를 쓰게 한다.

달라진 감정: 현재의 고통스러운 감정을 바꾸기 위해 상반되는 감정을 만들어 내어 주의를 환기시키는 것이에요. 누구나 매우 슬플 때 비통한 음악을 듣고 기분이 더 나빠진 경험이나 정말 짜증이 났을 때 화나는 음악을 듣고 더 짜증이 나 본 경험을 가지고 있지요. 이 기술은 그렇게 하는 것이 아니에요. 핵심은 다른 감정을 불러일으키는 것에 있어요. 화가 났을 때는 웃긴 영화를 보거나 만화책을 보고, 슬플 때는 행복한 음악을 듣거나 공포 영화를 보며 달라진 감정을 만들 수 있어요.

달라진 생각: 나의 마음을 다른 생각으로 채워서 부정적이거나 기분을 안 좋게 하는 생각이 들어올 수 없게 함으로써 주의를 환기시키는 것이에요. 무언가를 읽기, 낱말 맞추기, 10까지 세기, 방에 있는 색깔을 말하거나 세기, 내가 꿈꾸는 집의 인테리어 생각해 보기, 누군가가 나에게 소리를 지를 때 단어가 몇 개인지 세어 보기, 소리 지르는 사람의 말을 외국어로 번역해 보기 등을 할 수 있어요.

달라진 감각: 신체 감각에 집중함으로써 주의를 환기시키는 것이에요. 〈유인물 6-4〉에는 얼음을 쥐기, 요란한 음악 듣기, 찬물 혹은 뜨거운 물로 샤워하기, 공을 꽉 쥐기 등이 나와 있어요.

활동하기: 내 마음을 확실히 사로잡는 무언가를 함으로써 나의 주의를 환기시키는 것이에요. 이를테면 재미있는 책 읽기, TV 보기, 인터넷 서핑하기, 과제하기, 운동하기 혹은 〈유인물 6-4〉에 나와 있는 것 중 아무 활동이나 할 수 있어요. 핵심은 그 활동에 온전히 뛰어들어 참여하는 것입니다.

기여하기: 나 자신에게서 타인으로 주의를 돌리는 것이에요. 이 방법은 자신에 대한 존중도 향상시킬 수 있어요. 〈유인물 6-4〉에 친구 돕기나 자원봉사 등의 기여하기에 해당하는

활동 목록이 나와 있어요. 점원에게 친절하게 말 거는 것도 예가 될 수 있어요.

　　비교하기: 주의를 현재의 나로부터 돌리고, 자신을 보다 긍정적인 관점으로 바라보면서 기분을 환기시키는 것이에요. 나 자신을 나보다 더 불행한 사람이나 더 안 좋은 상황에 처한 사람, 이를테면 동료, 토크쇼의 출연자 혹은 불운해 보이는 사람과 비교해 볼 수 있어요. 다른 형태의 비교로는 현재의 나를 과거에 더 안 좋았던 나와 비교하면서 내가 그때 상황을 잘 헤쳐 나갈 수 있었다는 사실을 기억하는 거예요. 혹은 현재의 나를 어려운 순간을 슬기롭게 극복하고 헤쳐 나갔던 때의 나와 비교하는 것도 한 방법이지요. 하지만 비교는 항상 효과적인 것이 아님을 알아야 하며, 내가 스스로를 평가하거나 죄책감을 느끼는 것을 관찰하게 되면 비교하기를 멈추어야 해요.

　　밀쳐 내기: 힘든 상황을 떠나거나 그것을 나의 마음에서 차단함으로써 주의를 환기시키는 것이에요. 이 방법은 기분을 안 좋게 만드는 것과의 접촉을 현저히 줄어들게 해 주죠. 위기 상황에 있을 때는 부인하는 것이 꼭 나쁘지만은 않아요. 중요한 것은 지나치게 자주 하지 않는 것이에요. 〈유인물 6-4〉에서 설명하듯이 나와 힘든 상황 사이에 상상의 벽을 세우거나, 그 상황을 상상 속의 금고나 잠긴 방 안에 넣는 방법을 쓸 수 있어요. 혹은 나를 신경 쓰게 하는 것이 무엇인지를 적은 후, 적은 종이를 서랍 속이나 벽장 안의 선반 위에 있는 상자에 넣어 둘 수도 있어요.

　달라진 활기비밀 기술을 모두 살펴본 후, 몇몇 학생에게 앞에 나와 자신의 방법을 쓴 메모지를 도표에서 상응하는 글자 옆에 붙이게 한다. 학생들이 메모지를 다 붙이고 나면, 감정에 따라 행동하려는 충동에서 주의를 환기시키기 위해 얼마나 다양한 방법이 나왔는지를 언급한다. 그리고 다음과 같이 덧붙인다.

　　　이제 여러분의 목표는 강렬한 충동이 생겼을 때 잘 알아차리고, 사용할 위기 생존 기술을 효과적으로 선택하고, 마음챙김을 하며 주의를 충동으로부터 환기시키는 것입니다.

　수업이 끝나면, 메모지에 적힌 방법들을 (의견을 내놓은 학생들에 대한 어떠한 개인적 정보도 없이) 표에 적어 학기가 끝날 때까지 교실 안에 걸어 둔다.

단원 요약(2분)

　매우 적절한 예들을 들어 준 것에 대해 학생들을 칭찬한다. 고통 감싸기의 주요 목적을 간단하게 정리해 줄 자원자를 찾는다. 돌아가면서 다른 학생들을 지명하여 달라진 활기비밀의 각 글자가 무엇을 뜻하는지 말하게 한다. 이렇게 서너 번을 하는데, 할 때마다 점점 더 빠르게 한다.

과제 설명(2분)

〈과제 6-5〉 고통 감싸기: 지혜로운 마음으로 주의 환기-달라진 활기비밀 연습

학생들이 달라진 활기비밀 기술 중 최소 두 개를 연습하게 하고, 과제지에 대략적인 상황과 그 상황에서 사용한 기술, 그리고 기술이 얼마나 도움이 되었는지를 적게 한다.

다이어리 카드

새로운 다이어리 카드를 나누어 주고, 아직 거두지 않았다면 지난주 카드를 걷는다. 이제 학생들이 달라진 활기비밀 기술을 배웠음을 강조한다. 각 단원에서 학생들은 최소한 하나의 새로운 기술을 배운다. 새로 배운 기술은 매일 연습을 점검해야 하는 기술 목록에 추가된다. 새로운 기술을 배우는 유일한 방법은 계속해서 연습하는 것임을 상기시킨다. 새로운 기술을 배우면, 그것을 이전에 배웠던 모든 기술과 더불어 연습해야 한다.

마지막으로, 과제 완수를 방해하는 요인에 대한 문제 해결 시간을 가진다. 과제 혹은 과제를 할 때의 장애물에 대해 질문이 있는지 확인한다. 만약 있다면, 질문에 답하고 장애물을 다룬다. 과제를 할 의지가 없거나, 이번 주에 다른 과제가 너무 많거나, 잊어버리거나, 과제를 이해하지 못하는 것 등이 장애물이 될 수 있다. 학생들이 장애물을 찾을 수 있도록 돕고, 이를 극복할 수 있는 계획을 함께 세운다. 한 예로, 잊어버리는 것이 문제라면, 과제를 적고 휴대전화나 달력에 과제 완성 알람을 설정할 수 있다. 과제를 할 의지가 없는 경우에는 먼저 이유를 듣고 동기를 높여 주거나, 과제를 해 오는 것의 중요성(예: 성적)을 상기시켜 주거나, 또는 기타 도움이 될 만한 설명을 해 준다. 과제 관련 문제 해결은 매주 과제를 나누어 준 이후 반드시 진행하도록 한다.

7단원

고통 감싸기:
자기위안과 신기한 쉼의 상자

⚛ 요약

이 단원은 위기 생존 기술의 다음 두 가지 기술—자기위안과 신기한 쉼의 상자—을 다룬다. 이 기술들은 6단원과 맥을 같이한다. 위기 생존 기술은 감정적인 상황에서 충동적으로 행동하여 상황을 악화시키지 않고 효과적으로 지나가기 위해 사용하며, 강렬한 감정에 따라 행동하려는 충동을 견디기 위해서도 사용한다. 이 단원에서도 두 개의 큰 도표를 사용하는데, 6단원에서 수업 활동을 위해 만들었던 '지혜로운 마음으로 주의 환기: 달라진 활기비밀' 도표와 비슷하다.

🌐 요점

1. 위기 생존 기술은 안 좋은 상황을 더 나쁘게 만들지 않고 지나가기 위해 사용하는 것이다.
2. 자기위안은 나 자신을 위로하고 친절하게 대하기 위해 오감(시각, 청각, 후각, 미각, 촉각)과 움직임을 사용하는 것이다.

3. 이 순간을 살리기: 신기한 쉼의 상자는 부정적인 사건을 <u>신</u>체이완, <u>기</u>도하기, <u>한</u> 가지만, <u>쉼</u>표: 잠시 탈출!, <u>의</u>미 찾기, <u>상</u>상하기, <u>자</u>기격려로 대체하는 것을 말한다.

🅰 준비물

1. 본 단원 유인물
   - 〈유인물 7-1〉 고통 감싸기: 자기위안 기술
   - 〈유인물 7-2〉 고통 감싸기: 이 순간을 살리기-신기한 쉼의 상자
   - 〈과제 7-3〉 고통 감싸기: 이 순간을 살리기-신기한 쉼의 상자 연습
   - 〈과제 7-4〉 고통 감싸기: 나의 위기 생존 구급상자 만들기
2. 자료 없이 수업에 온 학생들을 위한 여분의 유인물과 필기도구
3. 보드 마커나 분필
4. 포스트잇(한 명당 한 개)
5. 다이어리 카드: 수업을 마칠 때 나누어 줄 수 있도록 새 다이어리 카드를 준비한다. 가능하면 다이어리 카드에 '자기위안' 기술과 '이 순간을 살리기: 신기한 쉼의 상자'를 강조해 둔다.
6. 작은 일상용품(클립, 열쇠 등. 다른 제안을 위해서는 세부 강의 계획 참고). 학생 한 명당 한 가지 물건이 필요하다.

🔔 준비

1. 학생 기술 바인더에 있는 강의 계획과 유인물을 검토한다.
2. 가능하면 학생들이 서로 바라보고 앉도록 교실의 책상을 미리 배치해 둔다.
3. 두 장의 커다란 도화지 각 장에 2열로 된 두 개의 표를 미리 그려 둔다. 표 하나는 6행, 다른 하나는 7행이 되도록 한다. 추후 이 단원에 나오게 될 [그림 ⑦-1]과 [그림 ⑦-2]에서처럼, 각각 '자기위안 기술'과 '이 순간을 살리기-신기한 쉼의 상자'라고 제목을 쓴다. 왼쪽 열 아래에는 '자기위안 기술' 혹은 '이 순간을 살리기-신기한 쉼의 상자' 방법을 [그림 ⑦-1]과 [그림 ⑦-2]에 나온 것처럼 나열한다. 오른쪽 열은 수업 활동을 위해 비워 둔다.

🔵 강의 개요와 시간표

- 마음챙김 연습(5분)
  - 사물을 관찰하고 기술하기(3분)
  - 연습에서 관찰한 바 기술하기(2분)
- 과제 점검(10분)
  - 〈과제 6-5〉 고통 감싸기: 지혜로운 마음으로 주의 환기-달라진 활기비밀 연습
  - 다이어리 카드
- 주요 개념 소개(2분)
  - 위기 생존 기술은 감정적 충동에 따라 행동하지 않고 참도록 돕는 것임을 소개
- 토론: 자기위안 기술(12분)
  - 〈유인물 7-1〉 고통 감싸기: 자기위안 기술 소개
    - 수업 활동: 자기위안 도표를 사용해서 자기위안 기술의 예시 만들기
- 토론: 이 순간을 살리기-신기한 쉼의 상자(16분)
  - 〈유인물 7-2〉 고통 감싸기: 이 순간을 살리기-신기한 쉼의 상자 소개
    - 수업 활동: 신기한 쉼의 상자 도표를 이용하여 이 순간을 살리기 기술의 예시 만들기
- 단원 요약(2분)
- 과제 설명(3분)
  - 〈과제 7-3〉 고통 감싸기: 이 순간을 살리기-신기한 쉼의 상자 연습
    - 두 가지 신기한 쉼의 상자 기술 연습하기
  - 〈과제 7-4〉 고통 감싸기: 나의 위기 생존 구급상자 만들기
    - 자기위안용 오감 느끼기와 움직임을 위한 물건 모으기
  - 다이어리 카드

🔖 세부 강의 계획

마음챙김 연습(5분)

사물을 관찰하고 기술하기(3분)

학생들을 환영하고 연습을 소개한다. 이 연습을 위해서는 학생 한 명당 한 가지 물건이 필요하다. 제안할 수 있는 물건으로는 보드 마커, 펜, 연필, 스테이플러, 클립, 스트링치즈, 초콜릿 봉지, 공, 비누, 깃털, 털실, 수건, 또는 다양한 질감의 헝겊 등이 있다(그러나 다른 물건을 사용해도 된다). 학생들의 물건 준비가 확인되면, 다음과 같이 말한다.

> 우리는 관찰하기와 기술하기를 쓰는 마음챙김 연습을 하면서 이 단원을 시작할 거예요. 감각에는 시각만 있는 것이 아니지만, 관찰할 때 우리는 주로 시각에 의존해요. 오늘 여러분은 눈을 감은 상태에서 흔한 생활용품 하나를 받을 거예요. 시각 말고 다른 감각으로 그 물건을 관찰해서 기술할 수 있을까요?

다음과 같이 이어서 설명한다.

> 연습이 시작되면, 제가 물건 하나를 여러분 손에 놓을 거예요. 먼저 여러분은 그 물건을 보지 않고 관찰하는 것을 연습할 거예요. 물건이 손안에서 어떻게 느껴지는지, 질감, 모양, 무게, 가능하면 냄새까지도 관찰해 보세요. 1분 정도 후에 제가 관찰에 단어를 붙여서 그 물건을 자신에게 기술해 보라고 말할 거예요.

필요하다면, 첫 번째 단계는 단순히 바라보고 관찰하는 것임을 명확히 한다. 그리고 나서 다음과 같이 계속 진행한다.

> 다음 단계는 마음챙김 자세를 취하는 거예요. 제가 '1'이라고 하면, 그건 이미 우리가 배운 마음챙김/완전히 깨어 있는 자세로 앉으라는 거예요. 발을 바닥에 잘 붙이고, 바르게 앉아 손을 무릎 위에 올립니다. 그리고 다시 눈을 감습니다.

다음과 같이 계속한다.

제가 '2'라고 하면, 그건 심호흡을 하라는 거예요. 제가 '3'이라고 하면, 그건 연습을 시작하라는 신호이고 그때 제가 물건을 나누어 주기 시작할 거예요. 끝날 때는 '그만'이라고 말할 겁니다.

이제 3을 세면서 연습을 시작한다.

1: 마음챙김/완전히 깨어 있는 자세를 취하세요. 2: 심호흡을 하세요. 3: 연습을 시작하세요.

2분간 연습한다. '그만'이라고 하기 전에 학생들이 물건을 쥔 채로 손을 책상이나 테이블 밑에 두게 하여, 눈을 떴을 때 그 물건이 보이지 않게 한다.

연습에서 관찰한 바 기술하기(2분)

학생들에게 돌아가면서 자기 물건이 무엇인지를 추측하게 한다. 이 과정에서 학생들에게 마음챙김 연습에 대한 관찰을 기술할 기회를 준다. 연습에서 관찰한 것을 나누면서 "나는 ……을 알아차렸다."라는 문장을 올바르게 사용하는 시범을 보인다. 필요하다면 관찰에 대한 피드백을 제공하는데, 학생들의 대답이 자기가 평가 없이 관찰하고 기술한 무언가를 포함하도록 한다. 예를 들면, 다음과 같이 말함으로써 학생들이 자신의 관찰을 고쳐 말하도록 돕는다.

나는 내 물건이 동그랗고 부드럽다는 생각을 알아차렸어요. 그 물건이 무엇인지 모른다는 생각을 하는 것을 관찰했어요. 나는 눈을 뜨고 물건을 보고 싶다는 충동을 알아차렸어요. 나는 연습이 잠깐 중단될 때마다 멈칫하는 것을 알아차렸어요. 이 연습이 지난주의 연습과는 어떻게 다른지에 대해 생각하고 있는 것을 알아차렸어요. 어떤 생각을 알아차렸어요. 어떤 감각을 알아차렸어요. 다른 생각으로 방황하는 마음을 알아차렸어요.

필요하다면 이와 같이 말하는 것이 다음과 같이 말하는 것과는 엄연히 다르다는 것을 알려 주고, 학생들이 자신의 관찰을 앞에 기술한 것처럼 고쳐 말하도록 돕는다.

나는 '이게 어떤 도움이 된다는 거지?'라고 생각했어요. 지난주에 한 연습이 더 좋았어요. 불편해서 몸을 좀 움직여야 했어요.

과제 점검(10분)

〈과제 6-5〉 고통 감싸기: 지혜로운 마음으로 주의 환기-달라진 활기비밀 연습

다음과 같이 설명한다.

> 과제가 지난 수업 시간에 했던 것과 매우 비슷하므로 여기에 대해 자세한 이야기를 하지는 않을 거예요. 지난주에 여러분이 달라진 활기비밀 전략을 어떻게 연습했는지, 그리고 그것이 얼마나 효과적이었는지에 초점을 맞추었으면 해요. 주의 환기를 연습할 수 있는 다른 방법을 생각해 냈다면, 그것도 말해 주세요. 그것도 도표의 목록에 넣을 거예요.

몇몇 학생이 지난주에 연습한 달라진 활기비밀 기술에 대해 공유해 달라고 한다. 학생들이 경험을 나누면, 그 기술이 얼마나 효과적이었는지 그리고 기술 사용 전후의 감정이 어떻게 달랐는지에 관해 묻는다. 새로 생각해 낸 달라진 활기비밀 기술이 있다면 '지혜로운 마음으로 주의 환기-달라진 활기비밀' 도표에 적는다.

다음에는 누가 과제를 끝내지 못했는지 묻고, 무엇이 과제를 못하도록 방해했는지, 어떻게 하면 다음에는 다 할 수 있을지 간략히 물어본다.

다이어리 카드

모든 학생이 다이어리 카드와 과제지를 제출하여 검토받도록 한다. 만일 모든 학생의 과제를 매 단원 검토할 수 없다면, 몇 단원을 거치는 동안에는 모두 검토할 수 있도록 한다.

주요 개념 소개(2분)

고통 감싸기 기술은 어려운 상황을 악화시키지 않고 지나가기 위한 기술임을 간략히 복습한다. 또한 위기 생존 기술은 단기적인 문제에 대응할 때 성급히 행동하려는 충동을 참기 위한 것이며, 달라진 활기비밀 기술은 마음챙김하며 단기적으로 주의를 돌리는 방법임을 복습한다. 학생들에게 위기 생존 기술의 목표는 문제를 해결하거나 기분을 더 좋게 만드는 것이 아니며, 우리가 감정적인 충동에 따라 행동하여 상황을 더 악화시키지 않고, 그 상황을 잘 지나가기 위한 것임을 상기시킨다.

그다음, 학생들에게 이 단원에서는 새로운 두 가지 기술—오감과 움직임을 이용해서 어떻게 자기를 위안할 것인가와 어떻게 이 순간을 더 낫게 만들까—을 배울 것이라고 말한다.

토론: 자기위안 기술(12분)

〈유인물 7-1〉 고통 감싸기: 자기위안 기술 소개

학생들에게 〈유인물 7-1〉을 펴게 하고 다음과 같이 말한다.

> 유인물이 말해 주는 것처럼 이 기술을 기억하는 좋은 방법은 우리의 오감(시각, 청각, 후각, 미각, 촉각) 그리고 움직임을 써서 달랜다고 생각하는 거예요. 이것은 우리를 편안하게 하고, 돌보며, 친절하고 부드럽게 대하는 기술이에요. 자신을 친절하게 대하면 부정적인 감정에 대한 취약성을 줄일 수 있고, 감정에 따라 행동하는 것에 대한 저항력을 높일 수 있어요. 다시 한번 말하지만, 가장 중요한 것은 이 모든 활동을 한 번에 하나씩 평가하지 않고 연습해야 효과적이라는 겁니다.

학생들에게 다음과 같이 질문한다.

> 강렬한 감정을 경험하고 있을 때 자신을 위해 친절한 행동을 하는 사람 있나요? 강렬한 감정, 특히 화, 죄책감, 수치심, 슬픔처럼 고통스러운 감정을 느꼈을 때 나는 위안이나 좋은 것을 받을 자격이 없다고 생각하는 사람은 없나요?

학생들의 반응을 가지고 토론한다. 어떤 사람들은 자신이 위안이나 친절, 온화함을 받을 자격이 없다고 믿는다. 이런 사람들은 자기위안을 할 때 죄책감이나 수치심을 느낄 수 있다. 이것은 평가하는 것이라고 학생들에게 강조한다. 이 기술을 마음챙김하며 연습하는 것이 목표이므로, 평가하지 않고 하는 것과 되는 것(what works)을 해서 효과를 보는 것이 중요하다. 어떤 학생들은 위안을 다른 사람들로부터 받아야 한다고 믿을 수 있다. 다시 말하지만, 이것은 효과적이지 않을 수 있으므로 모든 사람이 자기위안 기술을 배우는 것이 중요하다. 하지만 이 기술을 과용해서는 안 된다. 해결할 수 있는 문제라면 해결해야 한다.

수업 활동: 자기위안 기술의 예

포스트잇 메모지를 꺼내고, 수업 전에 준비한([그림 7-1]에 나온 것과 같은) '자기위안 기술' 도표가 그려진 도화지를 칠판에 붙이거나 칠판 위에 도표를 그린다. 기억할 점은 도화지를 사용하게 되면 학생들의 생각을 저장할 수 있고, 학생들이 수시로 볼 수 있게 교실에 걸어 둘 수 있다는 것이다. 이렇게 하면, 학생들이 필요로 할 때 자기위안 기술을 사용하는 방법을 상기시킬 수 있다.

자기위안 기술	
시각	
후각	
촉각	
청각	
미각	
움직임	

[그림 7-1] 자기위안 기술 도표를 위한 견본

〈유인물 7-1〉에 나온 오감과 움직임의 예를 읽어 가면서 학생들 자신에게 효과가 있을 것이라고 생각되는 것이 있다면 아이디어를 발표하도록 격려한다. 교실에 전시할 수 있게 적절한 답들을 도표에 적는다. 과제 일부는 학생들 스스로 자기위안 구급상자를 만드는 것이므로, 자기에게 맞는 아이디어를 들으면 적어 두어야 한다는 점을 강조한다.

이제 포스트잇 메모지를 학생들에게 돌리고, 학생들이 오감과 움직임을 여섯 개의 메모지에 쓰도록 한 후, 다음과 같이 안내한다.

> 이제 우리는 오감과 움직임을 살펴볼 텐데, 나에게 효과가 있을 것 같은 예를 한두 개 생각해 보고 그것을 해당되는 메모지에 적으세요. 과제로 자기위안 구급상자를 만들 거예요. 그러니 여러분에게 도움이 될 것 같은 예가 있다면, 유인물 위에 적어 두고 나중에 구급상자에 그 항목을 넣도록 하세요.

예를 들어 가며 오감과 움직임 각각을 살펴보고, 학생들이 추가적인 예를 생각해 낼 수 있게 돕는다. 그다음, 학생들이 메모지에 자기가 해 볼 수 있는 예를 적도록 한다.

> **시각**: 바라보면 기분 좋은 무언가를 찾음으로써 자신을 위안하세요. 흔들리는 촛불을 바라보거나, 지난 가족 휴가 때 혹은 친구들과 재미있게 놀면서 찍은 사진들을 슬라이드쇼로 보거나, 반려견이 공원을 뛰어다니는 것을 보는 것이 여기에 포함될 수 있어요.
> **청각**: 들으면 위안이 되는 무언가를 찾습니다. 음악, 웃음소리, 자연의 소리 혹은 누군가가 나에게 뭔가를 읽어 주는 소리가 여기에 해당될 수 있어요. 만일 음악을 듣는다면, 내 기분을 더 나쁘게 만들거나 힘든 감정을 지속시키는 음악은 듣지 않도록 하세요. 자신을 위안하기 위해 느린 박자의 진정시켜 주는 음악을 듣습니다. 슬프거나 우울한 음악만

아니라면 효과적일 거예요. 위안을 줌과 동시에 다른 감정을 불러일으키는 음악을 들음으로써 자기위안 기술과 다른 감정으로 주의를 환기시키기(달라진 활기비밀의 달라진 감정) 기술을 결합시킬 수 있어요. 예를 들어, 만일 슬프다면 평화롭고 즐거운 음악을 들어 보세요.

후각: 냄새에 집중함으로써 자신을 위안하세요. 양초를 태우거나, 향이 있는 로션을 바르거나, 가장 좋아하는 음식을 만들거나, 막 깎인 풀밭 혹은 꽃밭을 걷거나 장미 정원을 방문할 수 있어요.

미각: 다른 감각과 마찬가지로, 마음챙김을 하며 한 번에 오직 하나씩만 하는 것이 중요합니다. 내가 가장 좋아하는 음식을 마음챙김하며 먹으면 어떨지 상상해 보세요. 즐겁게 먹으며 위안을 찾을 것 같나요? 우리는 때로 음식을 너무 빨리 먹느라 우리가 좋아하는 음식을 충분히 즐기지 못하지요. 이 기술은 반대로 하는 거예요. 한순간도 놓치지 않으면서 내가 제일 좋아하는 음식 중 한 가지의 맛을 보는 것이죠. 여러분은 어떤 음식을 좋아하세요?

촉각: 이 기술은 촉감에 온전히 집중하는 것을 필요로 합니다. 어떤 것을 만지면 위안을 받나요? 고양이, 개, 햄스터를 쓰다듬거나 행운의 토끼 발 장식(역주: 어떤 문화권에서는 토끼의 발을 만지면 행운이 온다고 믿음)이나 동물 털로 만든 열쇠고리 같은 부드러운 것을 주머니에 넣고 다니는 것이 여기에 해당할 수 있어요. 혹은 로션을 바르면서 촉감에 집중해 보세요. 향이 나는 로션을 바름으로써 이것을 후각과 결합할 수 있어요. 다른 어떤 것들을 만지면 위안이 될까요?

움직임: 때로는 우리를 달래고 친절하게 대할 수 있는 가장 효과적인 방법이 움직이는 것일 수 있어요. 음악을 틀고 춤추기, 해먹(역주: 나무 등에 매달 수 있는 그물 침대)에 누워서 흔들기, 요가나 필라테스를 천천히 하기 혹은 산책하기 등이 여기에 해당할 수 있어요.

다음과 같이 설명한다.

무엇을 하기로 결정하든 마음챙김을 하며 하는 것이 중요해요. 내가 제일 좋아하는 음식을 괴로운 일을 곱씹으며 먹는 것은 기분에 도움이 되지 않겠죠. 어떤 감각으로 자기위안을 하든 거기에 완전히 마음챙김하며 집중하세요.

자기위안 기술을 모두 살펴본 후, 학생들에게 앞에 나와 자신의 생각을 쓴 메모지를 도표에서 상응하는 글자 옆에 붙이게 한다. 수업 후, 메모지에 적힌 의견들을 (의견을 내놓은 학생들에 대한 어떠한 개인적 정보도 없이) 표에 적어 학기가 끝날 때까지 교실 안에 걸어 둔다.

학생들에게 질문이나 하고 싶은 말이 있는지 물어보고 자기위안 기술 강의를 마친다.

토론: 이 순간을 살리기-신기한 쉼의 상자(16분)

〈유인물 7-2〉 고통 감싸기: 이 순간을 살리기-신기한 쉼의 상자 소개

학생들이 〈유인물 7-2〉를 보게 한다. 학생들은 '〈과제 7-3〉 이 순간을 살리기-신기한 쉼의 상자 연습'도 꺼내야 한다. 그리고 다음과 같이 설명한다.

> 달라진 활기비밀처럼 신기한 쉼의 상자도 '기억하기 쉽도록 만든 말', 즉 기억 도우미입니다. 일곱 개 글자 각각은 당면한 부정적 사건을 보다 긍정적인 것으로 대체하기 위한 기술을 나타내고 있어요. 부정적인 사건은 부모님과의 싸움, 과제에 압도되는 것, 아파서 춤추러 가지 못하는 것 등에서부터 조부모의 죽음이나 상점에서 물건을 훔치다 구속된 것과 같은 사건에 이르기까지 다양한 것이 있을 수 있어요. 우리는 신기한 쉼의 상자 기술을 배우면서 달라진 활기비밀과 자기위안 기술을 익힐 때 했던 것과 비슷한 연습을 할 거예요. 우리의 목표는 신기한 쉼의 상자 활동들을 기억해서 감정에 따라 행동하고 싶은 강렬한 충동을 느낄 때 쓸 수 있게 하는 거예요.

수업 활동: 신기한 쉼의 상자의 예

포스트잇 메모지를 더 꺼내고, 수업 전에 준비한 '이 순간을 살리기-신기한 쉼의 상자' 도표([그림 7]-2]처럼)를 벽에 붙이거나 칠판에 그린다. 앞서 언급한 것처럼, 도표를 큰 도화지 위에 만들어 학생들의 아이디어를 기록하여 교실 안에 붙여 두고 학생들이 계속 보게 할 수 있다. 이렇게 하면 학생들이 필요할 때 신기한 쉼의 상자 기술을 기억하기 쉬워진다.

만일 지난 활동에서 쓰고 남은 것이 없다면, 포스트잇 메모지를 학생들에게 나누어 준다. 그리고 학생들이 신기한 쉼의 상자의 글자를 서로 다른 메모지에 한 자씩 쓰게 한다. 신기한 쉼의 상자를 한 글자씩 순서대로 설명하고, 학생들이 예를 생각해 내는 것을 돕는다. 시작 전, 학생들에게 다음과 같이 강조한다.

> 이 순간을 더 나아지게 만드는 것과 현재에 머무는 것 사이의 균형 잡기가 중요해요. 자기위안 기술과 마찬가지로 이 기술을 너무 많이 사용하지 않아야 하고, 사용할 때는 꼭 마음챙김을 하며 쓰는 것을 잊지 마세요.

이 순간을 살리기-신기한 쉼의 상자	
신체 이완	
기도하기	
한 가지만	
쉼표: 잠시 탈출!	
의미 찾기	
상상하기	
자기격려	

[그림 7-2] '이 순간을 살리기' 도표를 위한 견본

이제 〈유인물 7-2〉에 나온 예를 읽고 자신에게 효과적일 수 있는 아이디어를 발표하게 한다. 모든 항목을 살펴본 다음, 학생들이 자신의 예를 〈과제 7-3〉과 포스트잇에 적게 한다. 과제의 일부는 이 순간을 더 나아지게 만들기 위한 자기만의 목록을 만드는 것이고, 토론 중에 좋은 아이디어가 나오면 적어 둘 것을 강조한다. 다음과 같이 예를 제시할 수 있다.

신체 이완: 이것은 여러분을 이완시켜 줄 수 있는 활동을 찾는 거예요. 몸이 스트레스와 위기에 대응하는 방식을 바꾸는 것이죠. 종종 사람들은 상황을 통제하려고 몸을 긴장시키는데, 몸을 이완하는 것은 몸이 마음에 수용을 전달할 수 있게 합니다.

기도하기: 이 기술은 이 순간의 고통이 사라지게 해 달라고 기도하기보다는 고통을 견디기 위해 강인함이나 지혜를 달라고 기도하는 것입니다. 종교가 있거나 전지적 존재를 믿어야만 이 기술을 쓸 수 있는 것은 아니에요.

연습: 학생들이 함께 소리 내어 다음과 같이 말하도록 한다. "부디 이 일이 저에게 그만 일어나게 해 주세요. 없어지게 해 주세요." 학생들에게 이렇게 말하면서 무엇을 경험했는지 알아차려 보라고 한다. 이제 학생들이 함께 소리 내어 다음과 같이 말하도록 한다. "부디 이 어려운 상황을 견딜 수 있는 능력과 힘을 갖도록 도와주세요." 다시 한번 학생들이 이렇게 말하면서 무엇을 경험했는지 알아차려 보게 한다. 두 경험 사이에 차이를 느낀 사람이 있는지 물어보고, 학생 두어 명에게 관찰한 것을 나누게 한다.

여기서 목표는 모든 학생이 기도하기를 쓰도록 권하는 것이 아님을 기억한다. 이에 관해 다음과 같이 말할 수 있다.

어떤 사람들에게는 기도하기가 효과가 있어요. 만일 여러분이 기도를 믿는 사람이 아니라면, 이 기술은 도움이 되지 않을 수도 있습니다. 이런 점에서 이 기술은 달라진 활기비밀의 비교하기와 비슷한데, 어떤 사람들은 비교하고 나서 더 기분이 나빠지기 때문에 비교하기는 모든 사람에게 도움이 되는 기술이 아닐 수 있어요.

앞의 연습의 목표는 학생들이 도움을 요청하는 두 가지 방법의 차이를 경험하게 하는 것이다. 만일 학생들이 기도하기를 써 보기로 결정하면, 자기가 쓸 기도문을 '기'가 쓰인 포스트잇 메모지에 적게 한다.

한 가지만: 이것은 우리가 마음챙김 기술의 일부로 배웠던 하나씩 기술과 같은 기술이에요. 강렬한 감정이 들었을 때, 우리는 지금의 이 위기를 우리 삶 전체의 위기라고 생각하기 시작할 수 있어요. 우리는 과거나 미래에 여러 가지 문제를 겪을 수 있지요. 하지만 지금을 견디는 핵심은 오직 이 한순간만 견디면 된다는 것을 기억하는 것입니다. 지금 과거나 미래의 고통을 줄일 필요는 없습니다. 또한 끝내야 하는 큰 작업이나 풀어야 하는 문제에 압도되어 있을 때, 그것을 작은 일들로 쪼개 가장 쉬운 것부터 한 번에 하나씩 할 수 있음을 알아야 해요. 여기 몇 가지 예가 있습니다. '한 가지 활동을 하면서 주의를 분산할 때, 나는 오직 그 활동만 한다.' '모든 과목을 어떻게 통과할지 생각하지 않아도 된다. 지금은 그냥 이 한 과목만 생각하면 된다.' 혹은 '어떻게 하면 엄마가 앞으로 영원히 나에게 소리를 지르지 않을지 알아내지 않아도 된다. 그저 지금 이 상황에서 엄마가 나에게 소리 지르는 것을 멈추게 할 방법만 생각해 내면 된다.'

쉼표: 잠시 탈출!: 모든 사람에게는 때때로 휴가가 필요하지요. 하지만 불행하게도 진짜 휴가는 언제나 가능하지는 않아요. 그래서 이 기술을 사용하는 목표는 짧은 휴가를 보내는 거예요. 이때 기억할 것이 두 가지 있습니다. 첫째, 끝나는 날짜나 시간이 정해져 있어야 해요. 두 번째는 효과적인 시기에 휴가를 가져야 해요. 중요한 시험이나 프로젝트의 마감 하루 전은 효과적이지 않지요. 그래서 휴가는 10분이거나 2시간일 수 있지만, 온종일 또는 이틀은 아닐 거예요. 재정비하기 위해서 잠깐 시간을 갖는 것이죠. 5분간 눈을 감고 머리를 책상에 기대고 있거나 침대로 들어가 이불을 덮고 있는 것이 예가 될 수 있어요. 여러분 중 몇 사람은 아마 휴가에 상당히 익숙할 거예요. 핵심은 책임감 있는 휴가 가기 또는 잠시 탈출입니다. 휴가를 마치면 일상으로 돌아와서 문제를 해결해야 합니다.

의미 찾기: 의미를 찾거나 만드는 것은 위기 상황에 처한 많은 사람에게 도움이 됩니다. 부모님이 이혼한 청소년들은 이혼 때문에 고통스러운 와중에 종종 삶의 의미를 찾고 있는 자신을 보게 됩니다. 힘겨운 상황을 겪으며 의미를 찾는 것은 그 상황에서 생존 기술이 될

수 있어요. 이것은 어려운 상황에서 한 줄기 희망을 찾거나, 레몬으로 레모네이드를 만들거나(역주: 주어진 상황에 최선을 다해서 어려운 상황에서도 긍정적인 결과물을 만들어 낸다는 뜻), 찾을 수 있는 긍정적인 면이 있다면 그것에 집중하는 것입니다. 예를 들어, 부모님의 이혼으로 인해 형제, 자매 혹은 조부모님과 가까워지거나, 엄마나 아빠와의 개인적인 뜻깊은 시간을 통해 멀어졌던 관계를 회복할 수도 있어요.

　　상상하기: 상상하기는 주의를 돌리거나, 마음을 달래거나, 다른 상황을 만들기 위해서, 혹은 위기를 효과적으로 극복하는 것을 연습하기 위해서 사용할 수 있어요. 상상하기는 내가 임시로 머물 수 있는 안전한 공간을 만들어 냅니다. 상상하기를 사용하는 비결은 위기가 아닐 때 연습해 보는 거예요. 내가 효과적으로 행동하고 있는 것을 상상해 보세요. 안전한 공간에 있다고 상상해 보세요. 물이 관에서 빠져나가듯이 고통스러운 감정이 내 안에서 빠져나간다고 상상해 보세요.

　　자기격려: 이 기술은 내가 아끼는 누군가가 위기에 처해 있을 때 그 사람에게 할 수 있는 말, 또는 내가 힘들 때 누군가가 나에게 해 주었으면 하는 말을 자신에게 해 주는 것입니다. 이 기술은 스스로를 응원하는 것입니다.

　연습: 학생들이 팔을 앞으로 뻗어 몸과 직각을 이루게 한다. 팔을 계속 들고 있게 하고 30초나 1분 정도 후에 이렇게 말하게 한다. "이거 정말 힘들어. 못하겠어. 팔을 내려야겠어. 못하겠어." 학생들이 팔을 내리게 한 다음, 자신의 경험을 관찰하고 기술하게 한다.

　이제 학생들에게 팔을 다시 올리게 한다. 이번에도 30~60초 후에 다음과 같이 말하도록 한다. "나는 할 수 있어. 나는 내 팔을 영원히 들고 있을 수 있어. 견딜 수 있어. 그 무엇도 내 팔을 내려오게 할 수 없어. 나는 잘하고 있고 최선을 다하고 있어." 학생들이 팔을 내리게 하고 다시 한번 자신의 경험을 관찰하고 기술하게 한다. 두 가지 경험에 대해 관찰한 것을 두세 명의 학생이 발표하게 한다.

　신기한 쉼의 상자 기술을 모두 살펴본 후, 학생들에게 앞에 나와 자신이 생각한 것을 쓴 메모지를 도표에서 상응하는 글자 옆에 붙이게 한다. 수업 후 메모지에 적힌 의견들을 (의견을 내놓은 학생들에 대한 어떠한 개인적 정보도 없이) 표에 적어, 학기가 끝날 때까지 교실 안에 걸어 둔다.

단원 요약(2분)

열심히 공부한 것과 매우 적절한 예들을 들어 준 것에 대해 학생들을 칭찬한다.

자기위안과 신기한 쉼의 상자의 목적을 복습한다. 그다음 학생들이 돌아가면서 오감 +1이 무엇인지, 그리고 신기한 쉼의 상자의 각 글자가 무엇을 뜻하는지 발표하게 한다.

과제 설명(3분)

〈과제 7-3〉 고통 감싸기: 이 순간을 살리기-신기한 쉼의 상자 연습

학생들과 〈과제 7-3〉을 읽어 가면서 질문이 있는지 확인한다. 학생들은 한 주 동안 연습할 신기한 쉼의 상자 기술 두 가지를 정한다. 고통스러운 상황에 대처할 때 쓸 수도 있지만, 꼭 그럴 필요는 없다. 과제의 목표는 기술을 연습하는 것이다. 학생들은 연습한 상황을 적고, 기술이 도움이 되었는지 기록하고, 고통의 강도 및 감정에 따르려는 행동 충동을 다룰 수 있는 능력을 평가할 것이다. 만일 기술을 연습하지 않았다면, 연습에 방해된 걸림돌이 무엇인지 적어 온다.

〈과제 7-4〉 고통 감싸기: 나의 위기 생존 구급상자 만들기

학생들에게 〈과제 7-4〉를 펴게 하고 각자가 집에서 쓸 위기 생존 구급상자와 학교에서 쓸 구급상자 하나를 만드는 것에 대해 설명한다. 다음과 같이 안내한다.

> 두 번째 과제는 상자, 바구니, 주머니를 만들거나 구해서 지금까지 배운 위기 생존 기술 (달라진 활기비밀, 신기한 쉼의 상자, 자기위안)을 대표하는 물건을 넣는 거예요. 이것들은 여러분의 고통이 극심할 때 감정을 견디도록 도와줄 수 있는 물건입니다. 제일 좋아하는 코미디 영화와 전자레인지에 돌리면 되는 팝콘 봉지, 색연필과 종이, 양초, 반려동물이나 친구의 사진, 혹은 로션 같은 것들이 예가 될 수 있어요. 여러분은 집에서 쓸 구급상자 하나와 학교 책상이나 사물함에 보관할 수 있는 좀 더 작은 학교용 상자 하나를 만들 거예요. 다음 주에 구급상자 또는 구급상자의 사진을 가지고 오거나, 아니면 과제 점검 시간에 공유할 수 있도록 구급상자에 넣은 물건의 목록을 적어 오기만 해도 됩니다.

다이어리 카드

새로운 다이어리 카드를 나누어 주고, 이제 학생들이 자기위안과 신기한 쉼의 상자 기술을 배웠음을 강조한다. 과제로 이 기술들을 연습하면서 매일 연습했는지 평가하고, 이번 주 전반적 기술 사용을 다이어리 카드에 기록해야 한다. 이전에 배운 기술들도 되도록 많이 연습하고 다이어리 카드에 기록한다.

마지막으로, 과제 완수를 방해하는 요인에 대한 문제 해결 시간을 가진다. 과제 혹은 과제를 할 때의 장애물에 대해 질문이 있는지 확인한다. 만약 있다면, 질문에 답하고 장애물을 다룬다. 과제를 할 의지가 없거나, 이번 주에 다른 과제가 너무 많거나, 잊어버리거나, 과제를 이해하지 못하는 것 등이 장애물이 될 수 있다. 학생들이 장애물을 찾을 수 있도록 돕고, 이를 극복할 수 있는 계획을 함께 세운다. 한 예로, 잊어버리는 것이 문제라면, 과제를 적고 휴대전화나 달력에 과제 완성 알람을 설정할 수 있다. 과제를 할 의지가 없는 경우에는 먼저 이유를 듣고 동기를 높여 주거나, 과제를 해 오는 것의 중요성(예: 성적)을 상기시켜 주거나, 또는 기타 도움이 될 만한 설명을 해 준다. 과제 관련 문제 해결은 매주 과제를 나누어 준 이후 반드시 진행하도록 한다.

8단원

고통 감싸기:
극단적인 감정을 다루기 위한 신체 안정
-냉동복식 기술

⚛ 요약

이 단원은 강렬한 감정을 짧은 시간 동안 빠르게 완화하는 수단으로 부교감신경계를 활성화하는 것의 효과에 초점을 맞춘다. 부교감신경계는 자율신경계의 일부이다. 자율신경계는 부교감신경계와 교감신경계로 이루어져 있다. 교감신경계는 몸을 행동하도록 하는 '싸움-도망' 체계이다. 부교감신경계는 몸을 쉬도록 하는 생리학적인 감정 조절 체계이다. 이 단원은 부교감신경계와 교감신경계에 대한 간략한 설명을 포함하며, 학생들이 부교감신경계를 활성화시키기 위해 사용할 수 있는 세 가지 기술에 집중한다. 기억을 돕기 위해 냉동복식(냉: 차게 식히기, 동: 강렬한 운동, 복식: 복식호흡)이라고 부른다.

🌐 요점

1. 몸에 생리적 변화를 주는 것은 감정의 강도를 줄일 수 있다.
2. 냉동복식 기술(냉: 차게 식히기, 동: 강렬한 운동, 복식: 복식호흡)은 감정이 너무 고조되어서 아무것도 할 수 없을 때 쓴다.
3. 냉동복식 기술은 상황 악화를 피하기 위해 사용한다.

ⓐ 준비물

1. 본 단원 유인물
   - 〈유인물 8-1〉 고통 감싸기: 극단적인 감정을 다루기 위한 냉동복식 기술
   - 〈과제 8-2〉 고통 감싸기: 극단적인 감정을 다루기 위한 냉동복식 기술 사용하기
   - 자료 없이 수업에 온 학생들을 위한 여분의 유인물과 필기도구
2. 보드 마커나 분필
3. 마음챙김 연습을 위한 색깔 점토(학생 한 사람이 지름 2.5~5cm 크기의 공을 만들기에 충분한 양)
4. 다이어리 카드: 수업을 마칠 때 나누어 줄 수 있도록 새 다이어리 카드를 준비한다. 가능하면 다이어리 카드에 '냉동복식' 기술을 강조해 둔다.
5. 냉: 차게 식히기를 실습하기 위한 얼음 넣은 지퍼백과 종이수건(학생 수만큼 준비)

ⓐ 준비

1. 학생 기술 바인더에 있는 강의 계획과 유인물을 검토한다.
2. 가능하면 학생들이 서로 바라보고 앉도록 교실의 책상을 미리 배치해 둔다.

ⓐ 강의 개요와 시간표

- 마음챙김 연습(5분)
  - 참여하기: 소리 던지기(3분)
  - 연습에서 관찰한 바 기술하기(2분)
- 과제 점검(10분)
  - 〈과제 7-3〉 고통 감싸기: 이 순간을 살리기-신기한 쉼의 상자 연습
  - 〈과제 7-4〉 고통 감싸기: 나의 위기 생존 구급상자 만들기
    - 소집단에서 나누기
    - 학급 전체와 나누기

- ■ 다이어리 카드
- 주요 개념 소개(7분)
  - ■ 위기란 무엇인가?
  - ■ 자율신경계
    - ○ 교감신경계: 몸의 '싸움–도망' 체계
    - ○ 부교감신경계: 몸의 자연적인 정서 조절 체계
- 토론: 냉동복식 기술(23분)
  - ■ 〈유인물 8–1〉 고통 감싸기: 극단적인 감정을 다루기 위한 냉동복식 기술 소개
    - ○ 냉: 차게 식히기(9분)
      - □ 수업 활동: 온도를 바꾸기 위해 차가운 것을 이용하기
    - ○ 동: 격렬한 운동(5분)
    - ○ 복식: 복식호흡(9분)
      - □ 수업 활동: 복식호흡
- 단원 요약(3분)
  - ■ 냉동복식 기술은 어떤 다른 기술을 쓸지 결정하기 위해 빨리 감정을 낮춰야 할 필요가 있을 때 사용한다.
  - ■ 냉동복식 기술을 짧게 복습
- 과제 설명(2분)
  - ■ 〈과제 8–2〉 고통 감싸기: 극단적인 감정을 다루기 위한 냉동복식 기술 사용하기
    - ○ 냉동복식 기술 각각을 최소한 한 번씩 연습하기
    - ○ 수업 시간에 연습하지 못한 격렬한 운동 20분 해 보기
  - ■ 다이어리 카드

🖥 세부 강의 계획

마음챙김 연습(5분)

참여하기: 소리 던지기(3분)
학생들을 환영하고 다음과 같이 말한다.

마음챙김의 참여하기 연습을 하면서 수업을 시작하겠습니다. 이 연습은 5단원에서 이미 한 번 해 봤어요. 마음챙김하면서 소리 던지기에 참여하는, '소리 공'을 갖고 놀기를 할 겁니다.

여러분이 기억할 수도 있는데, 이 연습에서는 소리를 잡아 보려고 할 거예요. 한 사람이 목소리와 몸을 써서 마치 소리가 공인 것처럼 다른 사람에게 던질 겁니다. 받은 사람은 소리와 몸의 동작을 따라 하는 것으로 소리를 잡을 거예요. 소리를 잡은 사람은 이제 새로운 소리와 동작을 다른 사람에게 던질 것이고, 이렇게 연습은 계속됩니다.

이것은 참여하기 연습이에요. 여러분은 자신을 이 활동에 완전히 던지는 것을 연습하게 될 거예요. 자신과 타인을 평가하지 않는 것도 연습합니다. 평가에는 긍정적 평가와 부정적 평가 모두 포함됩니다. 평가하는 것을 알아차리면, 생각을 그냥 흘려보내고 연습으로 돌아오세요. 또한 다음에 어떤 소리를 던질 것인지 혹은 방금 어떤 소리를 들었는지에 대해 생각하지 않고 오직 지금, 이 순간에 있는 것만 집중할 거예요.

이번 연습에서는 우리가 얼마나 참여하고 있는지 1~10점 척도로 평가하지 않을 거예요. 지금은 여러분 모두 100%, 10점만큼 참여하고 있다고 상상해 보세요. 상상할 수 있나요? 이제 제가 시작하라고 하면, 여러분은 100% 참여하면 됩니다.

학생들에게 일어나서 하나의 원(필요하면 하나 이상의 원: 원 하나에 최소한 다섯 명이 있어야 함)을 만들도록 하고 다음과 같이 말한다.

제가 1이라고 말하면, 일어나서 마음챙김하며 원을 만들라는 신호입니다. 제가 2라고 말하면, 심호흡하라는 뜻입니다. 그리고 제가 3이라고 말하면 연습을 시작하라는 신호예요. 끝날 때 '그만'이라고 말하면 자리로 돌아가면 됩니다.

이제 3까지 세면서 연습을 시작한다.

1: 마음챙김/완전히 깨어 있는 자세를 취하세요. 2: 심호흡을 하세요. 3: 연습을 시작하세요.

2분간 연습을 한 다음 '그만'이라고 말한다.

연습에서 관찰한 바 기술하기(2분)

학생들이 돌아가며 연습할 때 관찰한 것을 나누게 한다. 필요하다면 관찰에 대한 피드백을 제공하도록 하고, 학생들의 대답이 자기가 평가 없이 관찰하고 기술한 무언가를 포함하도록 한다(예: 내 생각이 몸의 느낌에 집중되어 있지 않을 때 균형을 잃는 것을 알아차렸어요. 나는 연습이 잠시 중단될 때마다 멈추는 것을 알아차렸어요. 이것이 지난주와는 어떻게 다른지 생각하는 것을 알아차렸어요. 생각을 알아차렸어요. 신체 감각을 알아차렸어요. 내 마음이 다른 생각으로 흘러가는 것을 알아차렸어요. 이것이 어떻게 도움을 줄지 여러 생각이 들었어요. 지난주에 한 연습을 더 좋아한다는 것을 알아차렸어요. 불편하다는 것을 알아차렸고, 그래서 움직여야 했어요).

과제 점검(10분)

〈과제 7-3〉 고통 감싸기: 이 순간을 살리기-신기한 쉼의 상자 연습
〈과제 7-4〉 고통 감싸기: 나의 위기 생존 구급상자 만들기

소집단에서 나누기(5분)

학생들을 세 집단으로 나눈다. 각 집단의 구성원들이 먼저 자신의 위기 생존 구급상자에 있는 물품 중 몇 개를 공유하게 한 다음, 한 주 동안 신기한 쉼의 상자 기술을 어떻게 연습했는지를 나누어 보게 한다. 되도록 자신에게 가장 효과적이었거나 지난 수업 때 예로 사용되지 않았던 신기한 쉼의 상자 기술에 관해 이야기하도록 한다.

학급 전체와 나누기(5분)

반 전체로 돌아오게 한 다음, 집단별로 위기 생존 구급상자에 든 물품 중에 흥미로웠고 도움이 될 만한 것 하나씩을 공유하게 한다. 발표를 진행하면서 학생들이 각각의 물품이 왜 자기위안의 기준을 충족하는지 설명하도록 한다.

마지막으로, 누가 과제를 다 안 해 왔는지 묻는다. 이 학생들에게 무엇이 과제를 해 오는 데 장애물이 되었는지, 또 어떻게 하면 다음 시간에는 과제를 다 해 올 것인지 간략하게 묻는다.

다이어리 카드

모든 학생이 다이어리 카드와 과제지를 제출하여 검토받도록 한다. 만일 모든 학생의 과제를 매 단원 검토할 수 없다면, 몇 단원을 거치는 동안에는 모두 검토할 수 있도록 한다.

주요 개념 소개(7분)

학생들에게 위기가 무엇인지 질문하고 답하게 하면서 잠시 복습한다. 위기란 스트레스를 주는 단기적인 사건으로, 지금 해결하기를 원하지만 해결할 수 없는 것이라는 대답을 유도하고, 다음과 같이 설명한다.

감정에 '빨간 불'이 들어왔을 때, 말하자면 0~100의 스트레스 척도에서 65나 그 이상에 대해 우리가 이야기했던 것을 기억해 보세요. 그럴 때는 이때까지 우리가 배웠던 위기 생존 기술(달라진 활기비밀, 신기한 쉼의 상자, 자기위안 기술)을 사용하는 것이 도움이 됩니다. 하지만 감정이 너무 강렬해서 주의 환기하기나 자기위안과 같은 기술을 쓸 수 있는 우리의 능력이 고장 나 버리는 때가 있어요. 이럴 때는 감정이 너무 극단적이어서 우리가 무엇을 해야 할지 생각하는 것을 막습니다. 우리는 이것을 '싸움 혹은 도망' 상태라고 부르는데, 너무 각성되어서 기술을 쓸 수 없는 때입니다. 이것은 학교 연극에 참가하거나 이번 주말에 친구들과 놀러 가기 위해서 잘 봐야 하는 시험에 실패했거나, 남자친구나 여자친구가 나를 속이고 다른 사람을 만났을 때(감정적으로 '고조시키고' 나를 감정 마음과 폭발 직전의 '위험 지대'로 몰고 가는 무언가가 있을 때) 일어날 수 있습니다. 감정이 아주 강렬하고 다른 위기 생존 기술이 효과가 없거나 다른 기술을 사용할 정도로 충분히 집중할 수 없다면, 이때는 오늘 우리가 배울 냉동복식 기술을 사용해서 몸의 화학 작용을 바꿈으로써 강렬한 감정을 빠르게 진정시켜야 할 시간입니다.

하지만 여기서 기억해야 할 핵심은 이 기술의 효과가 5~20분 정도만 지속되기 때문에 장기적인 해결책이 아니라는 겁니다. 이 기술들은 단지 어떤 추가적인 기술을 사용해야 할지를 좀 더 차분한 상태에서 마음챙김하면서 결정할 수 있도록 시간을 벌어 주는 거예요.

다음과 같이 계속한다.

극단적인 감정은 우리 몸의 화학 작용을 바꿈으로써 금세 바뀔 수 있습니다. 그래서 우리는 감정을 빨리 바꾸기 위해서 냉동복식 기술을 배우고 연습해 볼 거예요. 우리의 초점은 부교감신경계(혹은 줄여서 PNS)를 활성화하는 기술을 배우는 데 있어요. 그래서 먼저 부교감신경계를 이해하는 것이 도움이 될 거예요.

이것은 학생들에게 자율신경계와 그것의 두 구성 요소(교감신경계와 부교감신경계)에 대해 간략히 가르쳐 줄 기회이다. 어떤 학생들은 이 내용을 다른 수업 시간에 배웠을 수도 있으므로 그 학생들이 토론에 참여하도록 요청할 수 있다.

교감신경계(sympathetic nervous system) 혹은 SNS는 고통스러운 순간에 활성화되는 몸의 '싸움 혹은 도망' 체계입니다. 이 체계가 활성화되면, 심장 박동 증가, 혈압 상승, 침 분비 증가, 동공 팽창(더 커짐)과 소화 저하와 같은 일이 몸에서 일어나요. 몸은 행동할 태세를 갖춥니다.

부교감신경계(parasympathetic nervous system) 혹은 PNS는 몸의 자연적인 감정 조절 체계입니다. 이것은 '싸움 혹은 도망' 체계와는 반대되는 '휴식하고 속도를 줄이는' 체계입니다. 이 체계가 활성화되면, 몸에서는 심장 박동 저하, 혈압 하락, 침 분비 감소, 동공 수축(더 작아짐)과 소화 항진과 같은 일이 일어납니다.

냉동복식 기술의 목표는 부교감신경계(PNS)를 활성화해서 감정이 빠르게 낮아지도록 하고 어떤 다른 기술을 쓸 수 있을지에 대한 명확한 생각을 가능하도록 하는 거예요. 냉동 복식 기술은 부교감신경계를 약 5~20분 정도만 활성화할 거예요.

다음의 예를 제시한다.

여러분과 친구들이 영화관에서 나와 길을 건너려고 해요. 이때 갑자기 어떤 차가 여러분을 향해 달려오는 것을 알아차렸어요. 여러분의 몸속에서는 어떤 일이 벌어질까요?

학생들이 대답하도록 한다. 필요하면, 다음과 같이 말한다.

만일 차가 정말 빠르게 달려온다면, 여러분은 충격을 느끼며 얼어붙어서 차에 치이겠다고 생각할 수 있어요. 운전자를 향해 소리를 지르며 재빨리 도로에서 빠져나갈 수도 있고요. 내부적으로는 여러분의 교감신경계(SNS)가 여러분이 빨리 빠져나갈 수 있도록 활성화되었던 거예요. 이것은 도움이 되지요. 이제는 방금 영화관을 나오면서 친한 친구와 영화에 관해 얘기하는 것을 상상해 보세요. 여러분은 얼마나 이 영화가 재미있었는지 말했는데, 친구는 이 영화가 형편없었으며 이런 영화를 좋아하다니 멍청하다고 말하는 거예요. 여러분은 어떤 느낌이 들 것 같아요?

다시 한번, 학생들의 대답을 유도한다. 필요하면, 다음과 같이 말한다.

여러분은 아마도 매우 화가 나서 친구에게 소리를 지르고, 나중에 후회할 말이나 행동을 하고 싶은 충동을 느낄 거예요. 이를테면 친구가 혼자 가 버리거나 관계가 상하는 등의 문제가 생길 수 있겠죠. 이럴 때는 여러분이 강렬한 감정적 충동에 따라 행동하여 장기적으로 자신에게 더 많은 문제를 일으키지 않도록 부교감신경계(PNS)를 활성화하는 것이 도움이 됩니다. 기억하세요. 이것은 친구가 옳았고, 친구가 한 모든 말을 받아들여야 한다는 뜻이 아닙니다. 이건 단지 충동적인 결정을 내리지 않도록 하기 위해 감정을 빠르게 가라앉히는 방법에 관한 것입니다.

토론: 냉동복식 기술(23분)

〈유인물 8-1〉 고통 감싸기: 극단적인 감정을 다루기 위한 냉동복식 기술 소개

학생들이 〈유인물 8-1〉을 보도록 한다. 냉동복식도 기억하기 쉽게 만든 말(즉, 기억 도우미)이며, 각 글자가 냉: 차게 식히기, 동: 격렬한 운동, 복식: 복식호흡임을 설명한다.

냉: 차게 식히기(9분)

> 냉동복식의 첫 번째 기술은 냉, 즉 온도를 사용하는 거예요.

학생 한 명에게 〈유인물 8-1〉의 상자에서 '냉'에 해당하는 부분을 읽게 한다. 다음과 같이 설명한다.

> 찬물은 부교감신경계를 활성화함으로써 우리를 진정시킵니다. 이것은 우리가 찬물로 잠수할 때 일어나는 잠수 반사에서 오는 거예요. 보트에서 떨어져서 차가운 바다나 호수에 빠진 사람에게 어떤 일이 일어날 것 같아요?

학생들이 '공포에 질려 소리를 지르기 시작할 것이고, 맹렬하게 수영을 하기 시작할 것이고, 이렇게 하면 금방 지쳐서 물에 빠져 버릴 것이다.'라는 식으로 대답하면 다음과 같이 계속한다.

> 우리 몸에는 우리를 살아 있게 하는 이런 자동적인 반응이 있어요. 여기서 부교감신경계가 작용을 하는데, 각성이 줄어들어서 사람이 가라앉지 않고 계속 떠 있을 수 있게 하지요. 마치 잠수 반사가 사람이 익사하지 않도록 구해 줄 수 있는 것처럼, 우리는 극단적인 감정에 반응하여 충동적으로 행동하지 않도록 부교감신경계의 작용을 활용할 수 있어요. 마치

찬물에 빠져서 잠수 반사가 활성화되는 것처럼 하기 위해 찬물을 사용할 거예요. 여기서 핵심 요소는 우리가 몸을 구부리고 숨을 참고 있는 동안 뭔가 차갑고 축축한 것을 얼굴에 갖다 대어야 한다는 것입니다.

다음이 매우 중요함을 강조한다.

이 기술을 쓰기 전에 여러분이 심장 질환이 있는지를 확인하는 것이 중요한데, 찬물이 심장 박동을 느리게 하기 때문이에요. 만일 심장 질환이 있다면, 이 특정 기술은 사용하지 말아야 합니다.

다음과 같이 계속한다.

여러분이 할 일은 숨을 참고 10초간(혹은 참을 수 있는 만큼 오래) 얼굴을 찬물이 담긴 그릇에 넣었다가 얼굴을 들고, 숨을 쉬고, 그러고 나서 이것을 세 번까지 반복하는 거예요. 만일 찬물이 든 그릇을 구할 수 없는 상황이라면, 몸을 구부리고 숨을 참으면서 얼음팩이나 찬 음료가 든 캔을 눈 바로 밑의 광대뼈에 댈 수도 있어요.

수업 활동: 온도를 바꾸기 위해 차가운 것을 이용하기

수업 시작 전, 지퍼백에 물을 담아서 얼린다. 한 학생당 지퍼백 하나씩을 얼린다(혹은 냉습포를 사용한다). 얼린 지퍼백과 키친타월(또는 냉습포)을 수업에 가지고 온다. 학생들에게 자신이 싫어하거나 역겨움을 느끼는 사람이나 그 대상을 떠올려 중간 수준의 부정적 감정을 느끼도록 유도한다.

우리는 얼굴을 찬물에 빠뜨리는 것과 비슷한 것을 지금 연습해 볼 거예요. 얼음물이 든 많은 그릇을 오늘 수업에 가져오는 대신, 얼린 얼음팩(혹은 냉습포)을 준비했어요. 다음 1분 동안 여러분이 싫어하거나 역겨움을 느끼는 사람이나 대상, 혹은 중간 정도의 불안이나 슬픔을 느끼게 할 무언가를 생각하면서 감정이 여러분 안에서 커지도록 해 보세요. 여러분에게 극단적인 감정을 불러일으킬 것은 떠올리지 마세요. 감정에 따라 행동하고 싶은 충동이 있으면, 충동에 따르지 말고 알아차리세요. 감정을 만들어 내는 그 상황에 대해 계속해서 생각하세요. 1분 후, 제가 키친타월에 싼 얼음팩(혹은 냉습포)을 얼굴에 대고 앉은 채로 몸을 숙이고 숨을 참으라고 할 거예요. 얼음팩이 최소한 여러분의 눈 바로 밑에 있는 광대뼈에 닿아야 한다는 것을 기억하세요. 얼음팩을 얼굴에 대고 있는 동안, 몸의 느낌 또

는 감정에 어떤 변화가 있는지 알아차려 보세요. 얼음팩(또는 냉습포)을 최소한 30초 동
안 얼굴에 대고 있으세요.

얼음팩과 키친타월(혹은 냉습포)을 나누어 준다. 감정 유발을 위해 1분 정도 시간을 준
다. 1분이 지난 후, 학생들에게 자리에 앉은 채로 몸을 숙이고 한 번에 10초 정도 숨을 참
으면서, 얼음팩과 키친타월(혹은 냉습포)을 얼굴에 대고 30초 혹은 그 이상 있어 보게 한다.
이것이 끝나면 학생들에게 얼음팩(또는 냉습포)을 얼굴에 댄 것이 어떤 효과가 있었는지
를 토론하게 한다. 그리고 나서 다음과 같이 설명한다.

얼음팩(또는 냉습포)을 사용하는 것은 얼굴을 얼음물이 든 그릇에 담그는 것과 같은 강
도를 내지는 않지만, 그다음으로 가장 좋은 방법이에요.

만일 여전히 각성 상태인 학생들이 있으면, 두 가지 기술을 더 배울 것이며 잠시 뒤에 하
나를 실습해 볼 것이라고 알려 준다. 이 학생들이 마음챙김하며 강의에 집중할 수 있도록
안내하고, 만일 주의가 흐트러지면 주의를 조심스럽게 수업으로 돌린다.

<u>동</u>: 격렬한 운동(5분)

학생 한 명에게 〈유인물 8-1〉의 상자에서 '동'에 해당하는 내용을 읽도록 한다. 다음과
같이 설명한다.

정서 조절 기술을 배울 때 알게 되는 것 한 가지가 있어요. 감정은 우리에게 행동해야 할
필요성을 전달한다는 거예요. 그래서 우리가 강렬한 감정을 경험할 때, 우리의 행동을 통제
하는 한 가지 방법은 감정적인 충동 행동을 하는 대신 격렬한 운동을 하는 것이에요. 예를
들면, 화가 났을 때는 종종 공격하고 싶어집니다. 무서우면, 달아나서 숨고 싶죠. 그러므로
여기서 목표는 20분 동안 격렬한 운동을 하는 거예요. 조깅하기, 힘차게 걷기, 팔 벌려 뛰기,
줄넘기나 그 어떤 다른 운동도 격렬하게 하기만 하면 괜찮습니다. 20분 동안 할 수 있는 다
른 격렬한 운동에는 어떤 것들이 있을까요?

가능한 예/대답으로는 노 젓기 운동, 샌드백 운동, 자전거 빨리 타기, 등산, 농구, 수영
등이 있다.

핵심은 운동을 멈췄을 때 부교감신경계가 활성화되기 때문에 몸도 한 20분간 진정된다

는 점이에요. 이것은 행동을 통제하는 상태를 유지하기 위해 계속해서 어떤 다른 기술들을 써야 할까를 생각해 볼 수 있는 충분한 시간이지요. 또한 이 연습은 마음챙김을 하며 해야 합니다. 만일 이때 강렬한 감정을 불러일으키는 것을 생각한다면, 감정이 내려가는 것은 더 어려워질 거예요.

학생들에게 다음과 같이 묻는다.

헬스장이나 체육대회 혹은 친구와 뭔가를 하고 놀면서 잠시 격렬한 운동을 막 끝낸 후 이렇게 진정되는 것을 경험해 본 적 있나요? 있다면, 그건 어떤 느낌이었나요? 만일 강렬한 감정을 경험하고 있고 그것을 빠르게 진정시켜야 한다면 격렬한 운동이 도움이 될 것으로 생각하세요? 다시 말하지만, 이것은 부교감신경계의 작용입니다.

다음과 같이 말한다.

오늘 수업에서는 20분간 격렬한 운동을 할 시간이 없기 때문에, 이것은 이번 주 여러분 과제의 일부가 될 것입니다.

복식: 복식호흡(9분)

학생 한 명에게 〈유인물 8-1〉의 상자에서 '복식'에 해당하는 내용을 읽게 한다. 다음과 같이 설명한다.

복식호흡은 우리가 부교감신경계를 활성화하기 위해 쓸 수 있는 또 다른 방법이에요. 이 전략은 어디에서든 쓸 수 있는데, 찬물이나 격렬한 운동과는 달리 우리는 언제나 숨을 쉬고 있기 때문이지요. 심장 박동은 우리가 숨을 들이마시면 자연스럽게 증가하고, 숨을 내쉬면 느려집니다. 그래서 우리는 날숨의 효과를 높이고 부교감신경계를 활성화하기 위해 호흡을 일정한 속도로 쉴 거예요. 목표는 들숨보다 날숨을 길게 하는 거예요. 우리는 4초간 숨을 들이마시고, 그런 다음 6~8초간 숨을 내쉴 거예요. 날숨이 들숨보다 길기만 하다면, 5초간 들숨을 쉬고 7초간 날숨을 쉬어도 돼요. 우리의 부교감신경계는 날숨을 쉬는 동안 활성화된다는 것을 기억하세요. 가슴이 아닌 배로부터 깊게 숨을 들이마셔야 합니다.

수업 활동: 복식호흡

학생들은 복식호흡을 2분간 연습한다. 다음과 같이 안내한다.

한 손을 배꼽 주위에 놓고 심호흡을 할 때마다 배의 오르내림을 느껴 보세요. 가슴까지만 가는 얕은 호흡이 아닌, 이런 호흡을 해야 합니다. 이제 복식호흡을 해 볼 거예요. 우리는 찬물 연습을 했을 때와 같은 것을 할 거예요. 다음 1분 동안 여러분이 싫어하거나 역겨움을 느끼는 사람이나 대상, 혹은 여러분에게 중간 정도의 불안이나 슬픔을 느끼게 할 무언가를 생각해 보세요. 아까와 같은 상황을 생각해도 되고 다른 것을 떠올려도 됩니다. 감정이 여러분 안에서 자라나도록 해 보셨으면 좋겠어요. 감정에 따라 행동하고 싶은 충동이 있는지 알아차려 보세요. 충동에 따르지 말고 감정을 만들어 내는 그 상황에 대해 계속해서 생각하세요. 한 1분 뒤, 제가 여러분에게 복식호흡을 시작하라고 할 거예요. 여러분은 호흡을 세기 위해 시계를 쓰거나 머릿속으로 세어 볼 수 있어요. 들숨을 쉴 때는 4까지 세고 날숨을 쉴 때는 6이나 8까지 셉니다. 할 수 있으면 1분간 호흡을 몇 번 했는지도 세어 보세요. 손가락으로 세는 것이 가장 쉽습니다.

감정 유발을 위해 1분을 준다. 1분이 지나면, 학생들에게 들숨에서 4까지 세고 날숨에서 6이나 8까지 세면서 복식호흡을 시작하라고 안내한다. 이렇게 2분간 하게 한다. 복식호흡을 하면서 느낀 효과에 대해서 토론하고, 얼음팩을 사용했던 것과의 차이점을 기술하게 한다.

학생들에게 다음과 같이 상기시키면서 마친다.

냉동복식 기술은 감정의 강도를 5~20분 동안만 낮춰 줄 수 있다는 것을 기억하세요. 이 시간 동안 여러분은 감정을 견디거나 바꾸기 위해 다른 어떤 기술을 쓸까에 집중해야 합니다.

단원 요약(3분)

우리의 감정이 너무 고조될 때가 있으며, 위기를 넘기기 위해 감정을 빠르게 진정시키기 위해서는 부교감신경계를 활성화하는 냉동복식 기술을 씀으로써 몸의 화학 작용을 바꿀 수 있음을 복습한다. 냉동복식의 각 글자가 무엇을 의미하는지를 간략히 정리해 줄 자원자가 있는지 묻는다.

과제 설명(2분)

〈과제 8-2〉 고통 감싸기: 극단적인 감정을 다루기 위한 냉동복식 기술 사용하기
다음과 같이 설명한다.

> 이 과제지가 여러분의 숙제예요. 중요한 경기가 있기 전에 연습하는 것처럼, 위기 상황이 아닐 때 기술을 연습해 보는 것이 중요합니다. 그래서 다음 주에 어떤 종류의 상황에 처했을 때 냉동복식 기술을 각각 연습해 보셔야 해요. 격렬한 운동은 오늘 수업에서 못했기 때문에 여러분은 이번 주에 20분간 격렬한 운동을 하고, 운동을 멈췄을 때 어떤 효과가 나타났는지 보고할 거예요. 기억하세요. 마음챙김하면서 20분 동안 하기만 하면(그리고 과도하게 하지 않는다면), 어떤 종류의 격렬한 운동도 괜찮습니다.

과제지의 다른 부분들을 점검하고 질문이 있는지 묻는다.

다이어리 카드
새로운 다이어리 카드를 학생들에게 나누어 준다. 이번 시간에 냉동복식 기술을 배웠음을 강조하고, 다이어리 카드에 기술을 사용한 날짜와 정도를 표기할 것을 상기시킨다.

마지막으로, 과제 완수를 방해하는 요인에 대한 문제 해결 시간을 가진다. 과제 혹은 과제를 할 때의 장애물에 대해 질문이 있는지 확인한다. 만약 있다면, 질문에 답하고 장애물을 다룬다. 과제를 할 의지가 없거나, 이번 주에 다른 과제가 너무 많거나, 잊어버리거나, 과제를 이해하지 못하는 것 등이 장애물이 될 수 있다. 학생들이 장애물을 찾을 수 있도록 돕고, 이를 극복할 수 있는 계획을 함께 세운다. 한 예로, 잊어버리는 것이 문제라면, 과제를 적고 휴대전화나 달력에 과제 완성 알람을 설정할 수 있다. 과제를 할 의지가 없는 경우에는 먼저 이유를 듣고 동기를 높여 주거나, 과제를 해 오는 것의 중요성(예: 성적)을 상기시켜 주거나, 또는 기타 도움이 될 만한 설명을 해 준다. 과제 관련 문제 해결은 매주 과제를 나누어 준 이후 반드시 진행하도록 한다.

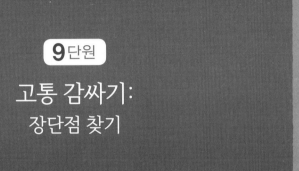

9단원

고통 감싸기:
장단점 찾기

⚛ 요약

이 단원은 마지막 위기 생존 기술인 장단점 찾기를 다룬다. 우리가 문제 행동을 하려는 강한 충동에 저항하려고 노력할 때 장단점 찾기 기술을 쓰는데, 이것은 행동하기보다 고통을 견디는 것의 긍정적 측면과 부정적 측면에 대해 생각하도록 돕는다. 이런 과정은 우리가 스스로 내리는 결정에 대해 더욱 잘 이해하게 해 준다. 충동적 결정이나 감정적 결정을 내리는 문제가 있는 많은 사람이 위기 상황이 아닐 때 장단점 목록을 작성하는 것은, 미래의 문제 행동 가능성을 줄이는 데 많은 도움을 줄 것이다. 학생들은 이 수업에서 자신들의 주요 목표 행동에 대한 장단점 목록을 작성한다.

🌐 요점

1. 장단점 찾기는 두 가지 행동 방침 중 하나를 택하기 위해 쓸 수 있고, 문제 행동을 하려는 충동에 대비해 미리 써 놓을 수 있다.
2. 일반적인 장단점 목록과 달리, DBT STEPS-A에서 쓰는 목록에는 두 개의 열이 아닌 네 개의 상자가 있다.

🕐 준비물

1. 본 단원 유인물
    • 〈유인물 9-1〉 고통 감싸기: 장단점 찾기
    • 〈과제 9-2〉 고통 감싸기: 장단점 찾기 연습(이 과제지의 여분을 준비해 두어야 함. 이
      단원 후반부의 과제 배정 부분을 참조할 것)
2. 자료 없이 수업에 온 학생들을 위한 여분의 유인물과 필기도구
3. 보드 마커나 분필
4. 마음챙김 연습을 위해 학생 한 명당 작은 초콜릿 하나씩
5. 다이어리 카드: 수업을 마칠 때 나누어 줄 수 있도록 새 다이어리 카드를 준비한다.
   가능하면 '장단점 찾기'를 강조해 둔다.

🔔 준비

1. 학생 기술 바인더에 있는 강의 계획과 유인물을 검토한다.
2. 가능하면 학생들이 서로 바라보고 앉도록 교실의 책상을 미리 배치해 둔다.

🖥 강의 개요와 시간표

• 마음챙김 연습(5분)
    ■ 관찰하기와 기술하기: 초콜릿 먹기(3분)
    ■ 연습에서 관찰한 바 기술하기(2분)
• 과제 점검(10분)
    ■ 〈과제 8-2〉 고통 감싸기: 극단적인 감정을 다루기 위한 냉동복식 기술 사용하기
    ■ 다이어리 카드
• 주요 개념 소개(5분)
    ■ 장단점 찾기에서는 행동의 유익한 점과 불리한 점을 비교함
• 토론: 장단점 찾기(25분)

■ 〈유인물 9-1〉 고통 감싸기: 장단점 찾기(5분)

　○ 장단점 찾기에는 네 개의 상자가 있음

　○ 잘 따져 보고 결정을 내리기 위해 지혜로운 마음 사용

■ 수업 활동: 장단점 목록 작성하기(20분)

　○ 칠판에 장단점 표를 그림

　○ 단기 목표와 장기 목표 모두에 초점을 맞춤

　○ 각 항목에 대한 사실과 타당성을 평가함

• 단원 요약(3분)

■ 요점 복습

　○ 각 목록에 충동 행동을 하는 것과 안 하는 것의 장단점이 포함되어야 한다.

　○ 단기 결과와 장기 결과를 모두 찾아본다.

　○ 장단점 각각의 타당성을 확인한다.

• 과제 설명(2분)

■ 〈과제 9-2〉 고통 감싸기: 장단점 찾기 연습

　○ 학생 각자의 표적 행동들 중 최소 한 가지에 대한 장단점 작성

■ 다이어리 카드

🖥 세부 강의 계획

마음챙김 연습(5분)

관찰하기와 기술하기: 초콜릿 먹기(3분)

학생들을 환영하고 연습을 소개한다. 이 연습을 위해서는 한 학생당 작은 초콜릿(예: 허쉬 키세스나 ABC 초콜릿 같은 작은 초콜릿)이 하나씩 필요하다. 다음과 같이 말한다.

　관찰하기와 기술하기에 관한 또 다른 마음챙김 연습을 하면서 시작할 거예요. 우리는 자주 마음챙김하지 않고 음식을 먹어서 맛조차도 거의 못 느낄 때가 많아요. 오늘 우리는 초콜릿을 마음챙김하며 먹을 거예요. 우리가 마음챙김하며 먹도록 하는 기술이 무엇인지 기억하는 사람 있나요?

'미각으로 자기위안'이라는 대답을 유도(혹은 제공)한다. 학생들에게 초콜릿을 하나씩 나

누어 주고 다음과 같이 설명한다.

> 기억하세요. 우리의 감각에 시각만 있는 것은 아니지만, 우리는 관찰하기 위해 자주 시각에 의존합니다. 오늘 우리는 초콜릿 한 조각을 관찰하기 위해 눈, 코, 입을 사용할 거예요. 우리가 세 가지 모두를 사용할 거라고 말하는 이유는 제가 시작하라고 했을 때 여러분이 바로 껍질을 벗겨서 초콜릿을 먹지 않도록 하기 위해서예요. 제가 시작하라는 신호를 주면, 여러분은 손에 있는 초콜릿을 관찰할 거예요. 껍질, 모양, 그리고 초콜릿에 대한 그 어떤 것이든 모두 다 관찰하세요. 준비가 되면 포장을 벗기세요. 색깔, 질감, 모양, 초콜릿이 어떻게 느껴지는지, 어떤 냄새가 나는지를 알아차려 보세요. 초콜릿을 입에 넣을지 말지를 결정할 수 있습니다. 초콜릿을 먹기로 하면, 준비되었을 때 초콜릿을 입에 넣되 바로 씹거나 삼키지 마세요. 혀에 닿는 감각, 씹으려는 충동, 침에 있는 효소로부터 초콜릿 일부가 녹으면서 나는 맛을 느껴 보세요. 입안에 있는 초콜릿에 아무것도 하지 않으면서 그저 관찰하세요. 삼키는 것은 자연스러운 반응으로 일어날 때만 하도록 하세요.

주의: 여러 가지 이유(예: 알레르기가 있음, 초콜릿을 싫어함, 혹은 섭식장애가 있음)로 이 연습을 하고 싶어 하지 않는 학생들이 있을 수 있다. 초콜릿을 먹지 않는 옵션을 주는 것이 문제를 해소할 수도 있는데, 만일 그렇지 않다면 다른 가능한 음식(건포도나 물 한 컵)을 준비할 수 있다. 가장 좋은 것은 그들이 이 연습의 관찰하기 부분을 해 보되 입에 초콜릿을 넣지는 않도록 격려하는 것이다. 그들은 껍질, 냄새, 포장이 초콜릿에 남긴 자국 등등을 관찰할 수 있다. 필요하다면 이 부분을 학생들에게 설명하고 나서 다음과 같이 계속한다.

> 제가 1이라고 말하면, 마음챙김 또는 완전히 깨어 있는 자세로 앉으세요. 다 알고 있듯이, 발을 바닥에 잘 붙이고 바르게 앉아 손을 무릎 위에 올립니다. 이 연습 중에는 계속 눈을 뜨고 있을 거예요.
> 제가 2라고 말하면, 심호흡하라는 뜻입니다. 그리고 제가 3이라고 말하면, 연습이 시작되고 초콜릿을 나누어 줄 거예요. '그만'이라고 말하면 연습을 마칩니다.

이제 3가지 세면서 연습을 시작한다.

> 1: 마음챙김/완전히 깨어 있는 자세를 취하세요. 2: 심호흡을 하세요. 3: 연습을 시작하세요.

학생들이 이 연습을 1분간 하게 한다. 1분이 지나면 '그만'이라고 말한다. 초콜릿이 아직 입안에 남아 있다면 초콜릿을 먹어도 된다고 안내한다.

연습에서 관찰한 바 기술하기(2분)

학생들이 돌아가며 연습할 때 관찰한 것을 나누게 한다. 그다음에는 마음챙김하면서 초콜릿 먹는 것을 일상에서 초콜릿 먹는 경험과 비교하는 질문들을 던진다. 필요하다면 관찰에 대한 피드백을 제공하는데, 학생들의 대답이 자기가 평가 없이 관찰하고 기술한 무언가를 포함하도록 한다(예: 나는 연습이 잠시 중단될 때마다 멈추는 것을 알아차렸어요. 이것이 지난주와는 어떻게 다른지 생각하는 것을 알아차렸어요. 생각을 알아차렸어요. 신체 감각을 알아차렸어요. 내 마음이 다른 생각으로 흘러가는 것을 알아차렸어요. 이것이 어떻게 도움을 줄지 여러 생각이 들었어요. 지난주에 한 연습을 더 좋아한다는 것을 알아차렸어요. 불편하다는 것을 알아차렸고, 그래서 움직여야 했어요).

과제 점검(10분)

〈과제 8-2〉 고통 감싸기: 극단적인 감정을 다루기 위한 냉동복식 기술 사용하기

다음과 같이 질문한다.

> 얼음이나 찬물로 '냉' 기술을 연습해 본 사람이 있어요? 격렬한 운동을 연습해 본 사람이 있나요? 복식호흡을 해 본 사람은요?

학생들과 함께 각 기술을 살펴보고, 몇몇 학생에게 기술을 연습해 본 경험을 발표하게 한다. 구체적으로 무엇을 해 보았으며, 기술을 연습하기 전과 후에 차이가 느껴졌는지, 고통의 정도가 조금이라도 줄었는지, 결과에 대해 놀랐는지 물어본다.

모든 기술을 다 연습해 보지 않은 학생들이 있다면, 이번 주에 안 해 본 기술을 연습하도록 격려하고, 과제를 다 해 오는 데 방해가 되었던 걸림돌에 대해 문제 해결의 시간을 가진다.

다이어리 카드

모든 학생이 다이어리 카드와 과제지를 제출하여 검토받도록 한다. 만일 모든 학생의 과제를 매 단원 검토할 수 없다면, 몇 단원을 거치는 동안에는 모두 검토할 수 있도록 한다.

주요 개념 소개(5분)

학생들에게 다음과 같이 말한다.

> 부모님과 언쟁하기, 수업 또는 학교 빠지기, 과제나 공부 미루기, 술 마시기, 마약 사용, 가게에서 물건 훔치기 등과 같은 문제 행동을 하려는 강력한 충동을 느낄 때가 있어요. 하지만 대개는 고통을 견뎠을 때 더 나은 결과가 있지요.
> 그런데 이런 충동에 따라 행동할지 안 할지를 어떻게 결정할까요?

학생들이 대답하게 한 다음 계속한다.

> 대부분의 사람은 종종 어떤 행동을 하는 것의 장단점을 따져 봅니다. 예를 들어, 스스로 이렇게 물어볼 수 있어요. '이 행동을 해서 느낄 재미와 쌓일 문제 중 어떤 것이 더 클까?' 장단점 찾기는 결정을 내려야 할 때, 선택지들의 유익한 점과 불리한 점을 비교할 수 있게 도와주지요.
> 여러분은 매일 자신이 내릴 수 있는 선택에 대해 따져 보면서 결정을 내립니다. 단지 그것을 정식으로 적어 보지 않을 뿐이죠. 예를 들어, 여러분은 밤에 과제를 할지 유튜브 영상을 볼지 결정을 내리지요. 아마도 유튜브를 보는 게 얼마나 더 재미가 있을지 생각하겠지만, 그러고 나면 문제에 처하거나 나쁜 점수를 받는 것의 단점을 생각해 볼 거예요. 단점이 영상을 보는 것의 장점보다 커서 여러분이 과제를 하면 정말 좋겠죠!
> 오늘 우리는 장단점 목록 작성 방법을 배울 거예요. 하지만 이것은 단지 위기 상황에서 생긴 충동에 따르는 것의 유익한 점과 불리한 점을 보는 것과는 좀 다를 거예요.

토론: 장단점 찾기(25분)

〈유인물 9-1〉 고통 감싸기: 장단점 찾기(5분)

학생들이 〈유인물 9-1〉을 보게 하고, 다음과 같이 말한다.

> 이 장단점 찾기 유인물은 여러분이 두 가지 행동 사이에서 결정을 내리거나, 해로운 행동을 하려는 강한 충동을 참으려고 할 때 쓸 수 있어요. 어떤 상황이 발생하면 장단점을 적어 보거나, 혹은 멈춰 보려고 노력해 온 문제 행동이 있다면 장단점 목록을 미리 적어 두어서 다음에 그 행동을 하려는 충동이 들었을 때 쉽게 볼 수 있게 준비해 둘 수 있어요. 이런

목록은 그 행동을 하고 싶지 않은 모든 이유를 상기시켜 주는 역할을 할 수 있어요.

이 장단점 목록에는 네 개의 상자가 있음을 강조한다.

> 장단점 목록을 작성하는 것은 변증법의 한 예랍니다. 즉, 여러분이 염두에 두고 있는 행동 두 개 모두에는 단점뿐 아니라 장점이 있을 수 있어요. 문제 행동에도 뭔가 장점이 있어요. 그렇지 않다면 여러분은 그 행동을 하지 않을 거예요. 여기서 핵심은 일단 충동에 따라 행동하는 것과 행동하지 않는 것 양쪽의 모든 장단점을 나열하고 나서, 지혜로운 마음으로 돌아가서 결정을 내린다는 거예요. 어떨 때는 행동을 하는 것의 장점이 하지 않는 것의 단점보다 많을 수 있어요. 이럴 때는 우리가 각 항목을 같은 중요도로 고려하지 않고 각 항목이 단기적 결과인지 장기적 결과인지를 이해하는 것이 중요해요. 일단 이렇게 하고 나면, 지혜로운 마음이 우리가 결정하는 것을 도울 거예요.

수업 활동: 장단점 목록 작성하기(20분)

칠판에 장단점 표를 그린다. [그림 9-1]과 [그림 9-2]는 장단점 목록의 예이다. 하나는 파티에서 마약을 사용하는 것에 관한 것이고, 두 번째는 소셜미디어에 자신의 노출 사진을 올리는 일에 관한 것이다. 둘 중 하나를 선택할 수 있다. 학생들에게 다음과 같이 말한다.

> 우리는 [파티에서 마약을 사용하려는] [소셜미디어에 자신의 노출 사진이나 노골적으로 성적인 사진을 올리려는] 충동에 대해 논의하고, 이 행동에 대한 장단점 목록을 만들어 볼 거예요.

학생들의 답변을 유도한다. 단기 목표와 장기 목표 모두에 초점을 맞추도록 한다(이것은 [그림 9-1]과 [그림 9-2]에 '단기'와 '장기'라고 표시되어 있다). 그리고 다음과 같이 설명한다.

> 장단점은 단기 결과이거나 장기 결과일 수 있어요. 종종 단기 결과는 장기 결과보다 더 매력적이거나 구미를 당길 수 있지요. 하지만 장기 결과는 우리가 애써 얻으려고 하는 목표(우리가 고통을 감싸는 법을 견디려고 하는 바로 그 이유)입니다. 예를 들어, 친구들과 하룻밤을 재미있게 보내는 것은 단기적으로는 즐겁지만, 내일 있을 시험공부를 안 해서 시험을 망치는 것은 다음 시합에 나가거나 과목을 통과하기 위한 여러분의 역량에 장기적으로 안 좋은 영향을 미칠 거예요.

일단 칠판에 장단점 목록을 작성하고 나면, 지혜로운 마음의 결정은 무엇일지 학생들과 논의한다.

마지막으로 우리가 장단점 각각으로 돌아가서 각 항목에 대한 사실이나 타당성을 평가해 보는 것이 중요해요. 때로는 실제 사실이 아닌, 감정에 기반을 둔 결과를 찾을 수 있어요. 예를 들어, 운동하기 위해 일찍 일어나는 대신 늦게까지 잘지를 결정하고 있다면, 여러분은 '학교 가기 전에 운동하려고 일찍 일어나는 것을 건너뛴다면, 하루를 보낼 에너지가 더 있을 거야.'라고 생각할 수 있어요. 하지만 현실은 만일 아침에 운동을 하면 온종일 에너지가 더 생기고, 아침에 운동을 하지 않으면 그날의 에너지가 낮아질 수 있다는 것이지요. 우리의 목록으로 돌아가서 장단점 중 팩트 체크를 할 필요가 있는 항목이 있는지 확인해 봅시다.

[그림 9-1]과 [그림 9-2]에 예시된 목록 중 어떤 것을 활용할지에 따라 다음 예 중의 하

	장점	단점
위기 상황에서 충동에 따라 행동함	마약을 사용하는 것의 장점 1. 친구들과 어울릴 수 있음(단기) 2. 이것이 재미있게 보내기 위한 유일한 방법임(단기) 3. 불안 감소(단기)	마약을 사용하는 것의 단점 1. 몸이 안 좋아질 수 있음(숙취, 응급실)(단기) 2. 문제에 처함(부모님, 법, 학교)(장기) 3. 마약과 음주 치료(장기) 4. 어리석게 행동함(단기) 5. 가치관에 맞지 않게 행동함(장기) 6. 부모님의 신뢰를 잃음(장기) 7. 마약을 하지 않는 친구들을 잃음(장기) 8. 많은 돈을 잃음(단기, 장기)
위기 상황에서 충동을 참음	마약을 사용하지 않는 것의 장점 1. 자기존중(장기) 2. 신뢰 유지(장기) 3. 책임감 있음 4. 부모으로부터 벌 받지 않음(장기) 5. 들킬까 봐 걱정하지 않음(장기) 6. 동생들에게 좋은 본보기가 됨(장기) 7. 돈 절약(장기, 단기) 8. 내일 있을 시험공부를 할 수 있음(단기)	마약을 사용하지 않는 것의 단점 1. 지루함(단기) 2. 파티에서 마약을 하는 다른 친구들이 나를 부정적으로 평가할 수 있음(단기) 3. 어쨌든 마약을 한 사람들과 어울렸으므로 똑같이 취급될 수 있음(단기) 4. 친구들이 따돌리거나 놀릴 수 있음(단기, 장기)

[그림 9-1] 파티에서 마약을 사용하는 것에 대한 장단점 목록의 예
(단기: 단기 결과, 장기: 장기 결과)

	장점	단점
위기 상황에서 충동에 따라 행동함	사진을 올리는 것의 장점 1. 더 많은 주목, '좋아요'를 받음(단기) 2. 재미있음(단기) 3. 나 자신에 대해서 좋게 느낌(단기) 4. 더 많은 사람이 나에게 말을 걸고 나와 어울리고 싶어 함(단기) 5. 오직 내 친구들만 이 사진을 볼 것이고, 나는 친구들의 피드백을 신뢰할 수 있음	사진을 올리는 것의 단점 1. 사람들이 나에게 안 좋은 말을 하거나 욕할 수 있음(단기) 2. 문제에 처할 수 있음(부모님, 학교)(장기) 3. 어리석게 보임(단기) 4. 부모님의 신뢰를 잃음(장기) 5. 친구들을 잃음(장기) 6. 사람들이 나를 이용하려고 할 수 있음(단기, 장기) 7. 나에 대해 더 안 좋게 느낌(장기) 8. 누가 사진을 볼지 통제할 수 없음(단기, 장기)
위기 상황에서 충동을 참음	사진을 올리지 않는 것의 장점 1. 자기 존중(장기) 2. 신뢰 유지(장기) 3. 책임감 있게 행동함 4. 부모님으로부터 벌 받지 않음(장기) 5. 들킬까 봐 걱정하지 않음(장기) 6. 동생들에게 좋은 본보기가 됨(장기) 7. 누군가가 그저 사진 때문에 나와 친구가 되었나 하고 의심하지 않아도 됨(장기)	사진을 올리지 않는 것의 단점 1. 내 친구들이 나에 대해 좋게 말하지 않음(단기) 2. 혼자라고 느낌(단기)

[그림 9-2] 소셜미디어에 자기 사진을 올리는 것에 대한 장단점 목록의 예
(단기: 단기 결과, 장기: 장기 결과)

나를 이용할 수 있다.

장점: '이것이 재미있게 보내기 위한 유일한 방법임.' 팩트 체크: '마약을 쓰지 않고 친구들과 재미있게 보내 본 적 있나요?'

장점: '오직 내 친구들만 이 사진을 볼 것이고, 나는 친구들의 피드백을 신뢰할 수 있음.' 팩트 체크: 사진이 일단 올라가거나 전송되고 나면, 그다음에 어떤 일이 일어날 것인지를 통제할 수 없죠.

다음과 같이 강조한다.

단지 여러분의 장단점 목록이 [마약을 사용하지 않는 것] [소셜미디어에 사진을 올리지 않는 것]을 지지한다고 해서 지혜로운 마음으로 행동하는 것이 쉬우리라는 것은 아니에요. 일단 지혜로운 마음으로 결정을 내리고 나면, 행동하지 않는 것을 견딜 수 있는 다른 기술

을 써야 할 수 있어요.

만일 시간이 있으면, 학생들에게서 나온 예를 사용해서 또 다른 장단점 분석을 시켜 본다. 1~4명의 학생들을 칠판 앞으로 나오도록 해서 나머지 학생들이 해당 행동에 대한 장단점을 이야기하면, 장단점 좌표의 사분면 중 하나를 채우도록 한다.

단원 요약(3분)

학생들이 오늘 수업에서 열심히 공부한 것과 훌륭한 예들을 내고 참여한 것을 칭찬한다. 장단점 찾기의 요점을 간략히 정리해 줄 자원자를 찾는다. 점검은 다음의 내용을 포함해야 한다.

- 각 목록에는 어떤 행동을 하는 것의 장단점 그리고 하지 않는 것의 장단점이 있어야 한다.
- 단기 결과와 장기 결과 모두를 찾는 것이 중요하다. 종종 단기 결과가 더 강력하지만, 우리는 장기 결과를 계속 염두에 두어야 한다.
- 장단점 각각의 타당성을 확인하는 것도 중요하다.

과제 설명(2분)

〈과제 9-2〉 고통 감싸기: 장단점 찾기 연습

〈과제 9-2〉의 여분을 나누어 준다. 학생들에게 자신의 목표 행동 중 하나에 대해 최소한 〈과제 9-2〉 한 장을 채워 오는 것이 과제라고 말한다. 학생들에게 멈추려고 전념할 행동을 골라야 하며 단기 목표와 장기 결과 모두를 염두에 두어야 함을 상기시킨다. 다음의 안내를 덧붙인다.

만일 여러분이 바꾸고 싶은 행동이 우리가 첫 시간에 이 수업에서 논의하지 않을 것이라고 한 행동 중 하나라면, 그 행동에 대한 장단점 목록을 작성하세요. 이걸 해 보는 것이 중요해요. 추가로 제공된 과제지에는 수업 시간에 공유하기에 적절한 행동에 대한 다른 장단점 목록을 작성하세요.

문제 행동에 대한 자신의 장단점 목록을 미리 작성해 두면, 여러분이 감정 마음에 있을 때 문제 행동이나 충동에 저항하기 위해 이것을 사용할 수 있음을 기억하세요. 달라진 활기비밀 목록과 마찬가지로, 장단점 목록도 충동이 일었을 때 쉽게 쓸 수 있도록 가까이 두는 게 좋아요.

과제지를 검토하고 질문이 있는지 물어본다.

다이어리 카드

새로운 다이어리 카드를 학생들에게 나누어 준다. 이제 그들이 장단점 기술을 배웠음을 강조하고 과제를 위해 이 기술들을 연습할 때, 다이어리 카드에 이 기술들을 사용한 날에 동그라미를 치고 (이때까지 배운 다른 기술들을 비롯한) 이번 주의 기술 사용을 평가하라고 안내한다.

마지막으로, 과제 완수를 방해하는 요인에 대한 문제 해결 시간을 가진다. 과제 혹은 과제를 할 때의 장애물에 대해 질문이 있는지 확인한다. 만약 있다면, 질문에 답하고 장애물을 다룬다. 과제를 할 의지가 없거나, 이번 주에 다른 과제가 너무 많거나, 잊어버리거나, 과제를 이해하지 못하는 것 등이 장애물이 될 수 있다. 학생들이 장애물을 찾을 수 있도록 돕고, 이를 극복할 수 있는 계획을 함께 세운다. 한 예로, 잊어버리는 것이 문제라면, 과제를 적고 휴대전화나 달력에 과제 완성 알람을 설정할 수 있다. 과제를 할 의지가 없는 경우에는 먼저 이유를 듣고 동기를 높여 주거나, 과제를 해 오는 것의 중요성(예: 성적)을 상기시켜 주거나, 또는 기타 도움이 될 만한 설명을 해 준다. 과제 관련 문제 해결은 매주 과제를 나누어 준 이후 반드시 진행하도록 한다.

10 단원

고통 감싸기:
현실 수용 기술 소개와 온전한 수용

⚛ 요약

오늘 강의에서는 고통 감싸기 모듈의 두 번째 부분—현실 수용 기술—을 시작한다. 위기 생존 기술이 당장 해결될 수 없는 문제에 대해 단기간 고통을 견디는 데 초점을 맞추었던 것과 달리, 현실 수용 기술은 과거에 일어난 일이라 바꿀 수 없거나 미래에 올 일이기 때문에 당장 해결할 수 없으므로 장기적으로 해결될 수 없는 문제에 대한 고통(pain)을 견디는 데 초점을 맞춘다. 주안점은 사람들이 세상과 자신을 있는 그대로 수용할 수 있도록 돕는 데 있다. 괴로움(suffering)은 현실을 수용하지 않는 것에서 온다. 그러므로 온전한 수용을 위한 구체적인 기술을 사용하는 것은 괴로움을 벗어나는 방법이다. 오늘 강의에서 학생들은 자신의 삶에서 온전한 수용을 연습해야 할 필요가 있는 무언가를 찾아볼 것이다.

🌐 요점

1. 고통은 피할 수 없지만, 괴로움은 선택 사항이다.
2. 온전한 수용('몸과 마음을 열과 성을 다해 모두 동원한, 완전하고 총체적인 수용'을 통한 현실 수용)은 괴로움을 완화할 수 있다.

3. 현실 수용을 위해 기꺼이 수용하려는 마음, 어떨 때는 몇 번이고 다시 마음을 수용의 방향으로 돌리는 것, 그리고 현재 생각에 마음챙김하는 것도 필요하다.

4. 수용은 승인이나 수동성을 의미하지 않는다.

🕐 준비물

1. 본 단원을 위한 유인물
   - 〈유인물 10-1〉 고통 감싸기: 현실 수용 기술의 개요
   - 〈유인물 10-2〉 고통 감싸기: 현실을 수용하기
   - 〈유인물 10-3〉 고통 감싸기: 온전한 수용, 한 걸음 한 걸음
   - 〈과제 10-4〉 고통 감싸기: 온전한 수용 연습을 위해 선택하기
2. 자료 없이 수업에 온 학생들을 위한 여분의 유인물과 필기도구
3. 보드 마커나 분필
4. 다이어리 카드: 수업을 마칠 때 나누어 줄 수 있도록 새 다이어리 카드를 준비한다. 가능하면 다이어리 카드에 '현실 수용' 기술을 강조해 둔다.

🔔 준비

1. 학생 기술 바인더에 있는 강의 계획과 유인물을 검토한다.
2. 가능하면 학생들이 서로 바라보고 앉도록 교실의 책상을 미리 배치해 둔다.

🟦 강의 개요와 시간표

- 마음챙김 연습(5분)
   - ■ 참여하기: 한 발로 서기(3분)
   - ■ 연습에서 관찰한 바 기술하기(2분)
- 과제 점검(10분)
   - ■ 〈과제 9-2〉 고통 감싸기: 장단점 찾기 연습

　　ㅇ학급 전체와 나누기

　　ㅇ짝과 나누기

　■ 다이어리 카드

• 주요 개념 소개(5분)

　■ 〈유인물 10-1〉 고통 감싸기: 현실 수용 기술의 개요

　■ 위기 생존 기술과 현실 수용 기술의 차이는 무엇인가?

　■ 온전히 수용해야 하는 한 가지 예 찾기

• 토론: 현실 수용 기술과 온전한 수용(25분)

　■ 〈유인물 10-2〉 고통 감싸기: 현실을 수용하기(8분)

　　ㅇ모든 문제를 해결하는 네 가지 방법 간단히 복습

　　ㅇ괴로움=고통+수용하지 않음

　　ㅇ미래가 아닌 과거와 현재의 사실을 수용

　　ㅇ자각, 수용, 행동

　■ 수업 활동: 현실 수용 연습(7분)

　　ㅇ〈과제 10-4〉 고통 감싸기: 온전한 수용 연습을 위해 선택하기 사용

　　ㅇ온전히 수용해야 할 것 찾기

　■ 수업 활동: 〈유인물 10-3〉에 대한 소집단 토론(10분)

　　ㅇ온전한 수용 연습의 10단계 논의하기

　　ㅇ다음 주에 연습할 두 단계 정하기

• 단원 요약(2분)

　■ 온전한 수용은 장기간 해결될 수 없는 문제들을 위한 것이다.

　■ 현실을 수용하지 않는 것은 고통을 괴로움으로 만든다.

• 과제 설명(3분)

　■ 〈과제 10-4〉 고통 감싸기: 온전한 수용 연습을 위해 선택하기

　　ㅇ온전한 수용의 최소 두 단계 연습하기

　■ 다이어리 카드

🗐 세부 강의 계획

마음챙김 연습(5분)

참여하기: 한 발로 서기(3분)

학생들을 환영하고 연습을 소개한다. 다음과 같이 설명한다.

> 오늘 우리는 참여하기 기술을 사용하는 마음챙김 활동으로 시작을 할 거예요. 우리는 마음챙김하며 한 발로 서는 것을 연습할 건데, 여러분은 균형에 신경 쓰면서 한 발로 서는 데에 자신을 온전히 던져야 할 거예요. 바닥에서 여러분보다 12~15cm 앞의 지점을 찾으세요. 이 연습을 하는 동안 여러분의 시선을 그곳에 부드럽게 고정하세요. 균형을 잡는 데 집중하면서 몸의 자세, 발의 감각과 충동을 인식하는 연습을 하세요. 만일 마음이 다른 생각들로 흘러가거나 판단을 내리기 시작하는 것을 알아차린다면, 한 발로 서는 것에 주의를 부드럽게 다시 가져오세요. 만일 넘어질 것 같으면, 주저하지 말고 손을 책상에 올려놓고 중심을 잡으세요. 넘어졌을 때는 잠시 손이나 발에 힘을 빼고 평가 없이 있는 그대로를 알아차려 보세요. 그리고 준비가 되면 다시 한 발로 서는 것으로 돌아오세요.

다음과 같이 계속한다.

> 제가 1이라고 말하면, 방금 말한 것처럼 마음챙김하며 원을 만들라는 신호입니다. 제가 2라고 말하면, 심호흡하라는 뜻입니다. 그리고 제가 3이라고 말하면 연습을 시작하라는 신호예요. 끝날 때 '그만'이라고 말하면 자리로 돌아가면 됩니다.

이제 3까지 세면서 연습을 시작한다.

> 1: 마음챙김/완전히 깨어 있는 자세를 취하세요. 2: 심호흡을 하세요. 3: 연습을 시작하세요.

1분간 연습을 한 다음 '그만'이라고 말한다.

연습에서 관찰한 바 기술하기(2분)

다음과 같이 강조한다.

> 균형을 유지하기 위해 마음챙김을 아주 많이 해야 했지요? 만일 마음이 다른 생각이나 판단으로 흘러가면 한 발로 서는 현재 순간에서 벗어나게 되고, 어쩌면 균형을 잃고 넘어질 수도 있어요. 여러분의 자세를 현재 순간에 유지하는 것, 그것이 마음챙김의 핵심이에요.

학생들이 돌아가며 연습할 때 관찰한 것을 나누게 한다. 필요하다면 관찰에 대한 피드백을 제공하는데, 학생들의 대답이 자기가 평가 없이 관찰하고 기술한 무언가를 포함하도록 한다(예: 내 생각이 몸의 느낌에 집중되어 있지 않을 때 균형을 잃는 것을 알아차렸어요. 나는 연습이 잠시 중단될 때마다 내가 멈추는 것을 알아차렸어요. 이것이 지난주와는 어떻게 다른지 생각하는 것을 알아차렸어요. 생각을 알아차렸어요. 신체 감각을 알아차렸어요. 내 마음이 다른 생각으로 흘러가는 것을 알아차렸어요. 이것이 어떻게 도움이 될지 여러 생각이 들었어요. 지난주에 한 연습을 더 좋아한다는 것을 알아차렸어요. 불편하다는 것을 알아차렸고, 그래서 움직여야 했어요).

과제 점검(10분)

〈과제 9-2〉 고통 감싸기: 장단점 찾기 연습

학급 전체와 나누기

〈과제 9-2〉에 작성해 온 예시 하나를 학급 전체와 간단히 살펴보는 것으로 시작한다. 목록을 검토하면서, 사분면 전체의 사용, 단기 결과와 장기 결과, 항목의 사실과 타당성 확인을 강조한다. 학급 전체가 예시 목록에 장단점을 더 추가해 볼 기회를 준다.

짝과 나누기

과제 점검을 위해 두 명씩 짝을 짓는다. 짝에게 문제 행동이 무엇인지를 읽어 주고 나서 장단점 목록을 공유하게 한다(수업 시간에 사용하기에 적절한 장단점 목록을 논의해야 함을 상기시킨다). 또한 이번 주에 사용해 본 다른 기술 중에서 도움이 필요할 수 있는 것에 대해서 짝과 짧게 나누어 보게 한다.

교실 안을 돌아다니면서 여러 조가 장단점 목록에 관해 이야기하는 것을 들어 본다. 각 목록이 제대로 채워져 있는지 살펴본다. 그리고 위기 상황에서 충동을 참는 것의 장점과 그에 따라 행동하는 것의 단점이, 위기 상황에서 충동을 참는 것의 단점과 그에 따라 행동하는 것의 장점보다 큰지 확인한다. 학생들이 단기 결과와 장기 결과의 차이점을 논의하고, 타당하지 않을 수 있는 항목이 있다면 따져 보도록 격려한다. 학생들이 자신의 장단점 목록을 사용해 보았는지, 써 보았다면 효과적이었는지 확인해 본다.

학생들이 자신의 목록을 쉽게 찾을 수 있는 곳에 보관하도록 격려하는데, 특히 평소에 자주 하는 문제 행동을 피하기 위한 장단점을 썼다면 더욱 그렇다. 필요하다면 학생들이 자신의 목록을 정한 곳에 두게 하기 위한 방법을 찾는 시간을 가진다.

과제를 다 해 오지 않은 학생이 있는지 확인해 보고, 과제를 다 해 오는 데 방해가 되었던 걸림돌에 대해 문제 해결하는 시간을 가진다.

다이어리 카드

모든 학생이 다이어리 카드와 과제지를 제출하여 검토받도록 한다. 만일 모든 학생의 과제를 매 단원 검토할 수 없다면, 몇 단원을 거치는 동안에는 모두 검토할 수 있도록 한다.

주요 개념 소개(5분)

〈유인물 10-1〉 고통 감싸기: 현실 수용 기술의 개요

〈유인물 10-1〉은 다음 몇 주간 배울 기술들의 목록이며, 오늘 이 모든 기술을 다 배우지 않을 것이라고 알려 주고 다음과 같이 말한다.

> 우리는 이제 고통 감싸기 모듈의 위기 생존 기술을 마쳤고, 현실 수용 기술로 넘어갈 거예요. 위기 생존 기술과 현실 수용 기술 사이의 차이점을 다시 얘기해 줄 수 있는 사람 있나요?

다음과 같은 대답을 유도(또는 제공)한다. 위기 생존 기술은 지금 해결할 수 없는 단기적 문제를 견디기 위해 사용한다. 현실 수용 기술은 과거에 일어났거나 미래의 일이라서 해결할 수 없는 장기적인 문제를 견디기 위해 사용한다. 다음과 같이 계속한다.

> 이것은 우리가 해결할 수 없는 문제들이 일어났을 때, 그리고 이 문제들이 고통을 초래할 때, 현실을 인식하고 수용하도록 하는 기술이에요. 현실 수용 기술들은 여러분이 자신의 삶/현실과 싸우지 않고 '잘 지내도록' 돕기 위한 것이죠. 이 기술들을 위기 상황에서 쓸 수도 있지만, 주로 장기적으로 풀 수 없는 문제에 도움을 주기 위해 씁니다.

〈유인물 10-1〉을 언급한다.

> 현실 수용 기술에는 온전한 수용, 마음 돌리기, 기꺼이 마음, 지금 생각챙김의 네 가지가 있어요. 오늘은 온전한 수용 기술을 배울 거예요.

학생들에게 자신의 삶에서 힘들게 하거나 불공평하지만 받아들여야 하는 무언가를 생각해 보게 한다. 그리고 다음과 같은 예를 제시한다.

- 성적이 평균 70점 아래로 떨어졌고, 그래서 다음 경기에는 나갈 수 없다.
- 전 남자친구/여자친구가 다른 누군가와 사귀고 있다.

학생들이 자신의 삶에서 온전히 받아들여야 하는 무언가를 찾아서 적을 수 있도록 1분 정도를 주고 다음과 같이 말한다.

> 우리가 현실 수용 기술을 살펴보고 배우는 동안, 여러분이 자신의 예를 계속 염두에 두었으면 해요. 여러분의 예가 수용에 대한 우리의 정의와 맞아떨어지는지 혹은 바꿀 필요가 있는지 보기 위해서예요.

토론: 현실 수용 기술과 온전한 수용(25분)

〈유인물 10-2〉 고통 감싸기: 현실을 수용하기(8분)

어떤 문제에도 적용될 수 있는 네 가지 해결책을 칠판에 쓴다.

- 문제를 해결한다.
- 문제에 대한 감정을 바꾼다.
- 문제를 수용한다.
- 불행한 상태에 머무른다(혹은 상황을 더 나쁘게 만든다).

그러고 나서 다음과 같이 말한다.

> 우리는 첫 수업 시간에 어떤 문제에도 적용할 수 있는 이 네 가지 해결책에 대해 논의했어요. 오늘은 온전한 수용을 통해 문제를 수용하거나 현실을 수용하는 것에 초점을 맞출

거예요. 정서 조절 기술에 들어가면, 그때는 문제 해결과 문제에 대한 감정을 바꾸는 것에 초점을 맞출 거예요.

다음과 같이 계속한다.

현실은 '있는 그대로'예요. 모든 일에는 원인이 있고, 아픔은 우리 삶에서 피할 수 없지요. 원인과 결과는 우주의 법칙이에요. 모든 일에는 그것이 생겨난 원인이 있기 때문에 모든 것이 지금 있는 그대로인 것이 당연해요. 결과를 바꾸기를 원한다면, 원인을 바꿔야 해요. 우리는 우리가 지금, 이 순간에 바꿀 수 없는 것을 받아들여야 해요.

학생들에게 〈유인물 10-2〉의 '온전한 수용' 밑에 있는 요점들을 읽게 한다. 그러고 나서 다음의 예를 논의한다.

먼저, 여러분이 큰 경기가 있기 전 달리기 연습을 하다가 발목을 삐었다고 해 봅시다. 여러분은 자신이 다쳤다는 것을 인정하기를 거부하고 계속 연습합니다. 그러나 여러분이 뛰면 뛸수록, 발목은 더욱 아프겠죠. 온전한 수용은 여러분이 발목을 다쳤고 쉬어야 하며 내일 경기에서 뛸 수 없을 것이라는 현실을 전적으로 그리고 완전히 받아들이는 것입니다. 현실을 수용하지 않거나 거부하면 화를 내거나(아마도 자신을 포함한) 누군가 혹은 발목을 다치게 만든 무언가를 비난하겠지요. 여러분은 앞을 잘 살피지 않은 것에 대해 자신을 바보 멍청이라고 부를 수도 있을 거예요. "이 일은 일어나지 말았어야 해. 나는 뛸 수 있어야 해."와 같은 말을 하는 것은 수용하지 않는 것입니다. 이런 말을 스스로 한다면 어떤 느낌이 들 것 같아요?

학생들이 대답하게 한 후 다음과 같이 계속한다.

이 예에서 온전한 수용은 무엇이 여러분의 발목을 다치게 했건 간에 여러분은 발목을 다쳤고 걷는 것도 힘들며 내일 경기에는 나가지 못할 것이라는 현실 속 사실을 완전히 그리고 전부 받아들이는 것입니다. 일단 수용에 도달하고 나면 슬픔이나 다른 고통스러운 감정이 올라올 수 있어요. 하지만 그런 감정이 올라왔을 때, 여러분은 그 감정을 인정하고 느낀 다음에 흘려보낼 수 있어요. 수용은 여러분이 대처할 수 없는 괴로움을 여러분이 대처할 수 있는 아픔으로 바꿔 줍니다. 수용은 여러분이 인정하고, 인식하고, 견디도록 도울 수 있어요. 만일 여러분이 수용에 도달하지 않는다면, 감정은 계속 자라고 자라서 상황을 더 힘들게 만들 것이고, 여러분은 더 괴로워질 거예요.

칠판에 '괴로움=고통+수용하지 않음'이라는 등식을 쓴다. 다음과 같이 말한다.

이 등식을 이런 서술을 통해 다른 방식으로 생각해 볼 수 있어요. "고통은 피할 수 없지만 괴로움은 선택 사항이다." 괴로움을 멈추는 방법은 고통이나 현실에 대한 수용이에요.

온전한 수용의 또 다른 예를 봅시다. 여러분이 좋아했던 사람이 다른 사람을 사귀게 되었을 때, 이 관계가 끝났다는 사실을 받아들여야 해요. 편지를 쓰거나 그 사람을 소셜미디어에서 스토킹하거나 그 사람을 되찾기 위해 감정 마음으로 행동하는 것은 현실을 수용하지 않는 거예요. 이렇게 하면 오로지 괴로움만 느낄 뿐이지요. 일단 관계가 끝났다는 것을 받아들이고 나면, 고통은 여전히 있겠지만 그건 괴로움이 없는 아픔일 거예요.

다음과 같이 계속한다.

온전한 수용은 현실의 삶을 거부하기보다 인정하는 거예요. 그것은 우리가 삶에서 바꿀 수 없는 것들을 받아들이는 것이지요. 현실을 수용할 때, 우리는 괴로움을 우리가 다룰 수 있는 아픔으로 바꿀 수 있어요. 정서 조절 기술 수업에 들어가게 되면, 여러분은 고통스러운 감정을 어떻게 경험하고 원할 경우 어떻게 바꾸는지를 배우게 될 거예요.

온전한 수용은 현재 순간과 과거의 사실을 완전히, 그리고 전적으로 받아들이는 거예요. 이것은 미래는 아직 존재하지 않기에 우리가 받아들여야 하는 사실이 아님을 아는 것이기도 해요. 예를 들어, 여러분이 영영 남자친구나 여자친구가 없을 거라는 생각 또는 대학에 못 갈 거라는 생각은 받아들일 필요가 없어요. 이런 것들은 생각이지 사실이 아니지요. 지금 남자친구나 여자친구가 없다는 것 혹은 작년에 생물 시험을 망쳤고 이 사실이 여러분이 최상위권 대학에 들어갈 확률을 낮출 수 있다는 것을 받아들일 필요는 있어요. 이렇게 하는 것은 여러분이 현재의 아픔을 인정하고, 그것을 흘려보낼 때까지 견디게 해 줄 거예요.

칠판에 변화하기 위한 단계로서 '자각, 수용, 행동'이라고 쓴다. 다음과 같이 계속한다.

현실을 거부한다고 해서 문제가 사라지지 않아요. 먼저 여러분은 문제를 알아차려야 해요. 그런 다음, 문제가 있다는 현실을 수용해야 해요. 이렇게 하는 것이 문제를 해결하거나 애도하는 것과 같은 행동을 하기 전에 필요해요. 만일 여러분이 계속해서 현실을 거부한다면, 괴로움이 생겨 계속 여러분을 쫓아다닐 거예요. 이 3단계 모델(자각-수용-행동)을 꼭 기억하세요.

더 나아가, 온전한 수용은 승인이 아니에요. 무언가를 받아들인다는 것은 여러분이 그것을 좋아한다거나 항복한다는 것이 아니에요. 그것은 수동성, 무력함이나 나약함도 아니에요. 무언가를 받아들이는 것은 여러분이 그것을 바꾸려고 노력하지 않는다는 뜻이 아닙니다. 아픔은 피할 수 없지만 괴로움은 선택 사항이라는 것을 기억하세요. 우리는 모두 삶에서 아픔이 있을 거예요. 중요한 것은 우리가 어떻게 아픔을 다루느냐 하는 거예요.

수업 활동: 현실 수용 연습(7분)

학생들이 '〈과제 10-4〉 고통 감싸기: 온전한 수용 연습을 위해 선택하기'를 꺼내게 한다. 학생들은 과제를 하면서 이것을 마저 작성하게 될 것이다. 다음과 같이 묻는다.

오늘 수업을 시작할 때 떠올렸던 예를 생각해 보세요. 여러분이 수용해야 한다고 생각했던 것들이 온전한 수용에 대한 우리의 정의와 어떻게 맞아떨어지고 있나요?

다음과 같이 설명한다.

온전한 수용을 연습하기 위한 두 가지 매우 중요한 것과 두 가지 덜 중요한 것을 결정하기 위해 우리는 이 연습지를 지금 수업 중에, 그리고 과제를 할 때 사용하게 될 거예요. 이제 수업 시작했을 때 적었던 것이 매우 중요한 것인지 덜 중요한 것인지 정하고, 그것을 첫 번째 혹은 두 번째 단계를 위한 부분에 적으세요.

다음에는 학생들 모두 〈과제 10-4〉의 1단계(지금 받아들여야 하는 두 가지 매우 중요한 것들을 정하고 이들에 대한 현재의 수용 정도를 과제지에 있는 0~5 척도로 평가하기)를 시작하게 한다. 그러고 나서 2단계(이번 주에 받아들여야 할 두 가지 덜 중요한 것들을 정하고 이들에 대한 현재의 수용 정도를 과제지에 있는 0~5 척도로 평가하기)를 시작하게 한다. 학생 한두 명에게 수업을 위해 적절한 예를 공유해 달라고 한다.

마지막으로 학생들이 3단계(1~2단계에 적은 문제가 사실인지 확인해 보고 또 그것들이 판단이 아니고 현실을 반영하고 있는지 확인해 보기)를 하도록 한다. 다시 한번 몇몇 학생에게 전체와 예를 공유하도록 하고, 판단과 현실에 대한 피드백을 준다.

학생들은 〈과제 10-4〉의 4~6단계를 온전한 수용 연습하기를 위한 과제로서 작성한다. 5단계에는 학생들이 온전한 수용을 연습할 수 있는 몇 가지 방법의 목록이 제시되어 있다(반대로 행동하기는 정서 조절 모듈에서 배울 것이라고 언급한다. 다른 요점들 대부분 마음챙김하며 관찰하기에 초점을 맞춘다).

수업 활동: 〈유인물 10-3〉에 대한 소집단 토론(10분)

학생들이 한 조당 2~4명으로 구성된 소집단으로 흩어져서 '〈유인물 10-3〉 고통 감싸기: 온전한 수용, 한 걸음 한 걸음'을 읽도록 한다. 다음과 같이 설명한다.

> 〈유인물 10-3〉에는 온전한 수용을 연습하는 방법의 단계별 계획이 나와 있어요. 이 10단계가 우리가 방금 살펴본 〈과제 10-4〉에도 적혀 있어요. 과제 중 하나는 4단계에 적힌 문제에 대한 여러분의 수용 정도를 높이기 위해 일부 혹은 모든 단계를 연습해 보는 거예요. 소집단에서 온전한 수용을 연습하는 각각의 다른 방법을 논의해 보고, 여러분에게 매우 중요한 항목 하나와 덜 중요한 항목 하나에 대해 다음 한 주 동안 온전한 수용을 연습할 최소 두 가지 방법을 정해 보세요.

단원 요약(2분)

학생들이 이렇게 큰 주제에 대해 생각해 보려고 열심히 노력한 것을 칭찬한다. 온전한 수용을 복습하고 학생들에게 기술해 보라고 한다. 다음의 항목들이 다루어져야 한다.

- 온전한 수용은 장기적으로 해결할 수 없는 문제를 위한 것이다.
- 현실을 거부하는 것은 현실을 바꿔 주지 않는다. 현실을 바꾸는 것은 먼저 현실 속의 사실을 받아들이기를 요구한다.
- 고통은 항상 막을 수는 없는 현실의 한 부분이다.
- 현실을 받아들이지 않는 것은 고통을 괴로움으로 바꾼다.

학생들에게 질문이 있는지 물어본다.

과제 설명(3분)

〈과제 10-4〉 고통 감싸기: 온전한 수용 연습을 위해 선택하기

이 과제지의 일부는 수업 시간 중에 이미 작성되었다. 주요 과제는 학생들이 미리 정해진 두 가지를 온전히 수용하는 연습을 하고 연습지를 작성하는 것이다. 명확히 하기 위해서 과제지 전체를 읽고 질문이 있는지 물어본다.

다이어리 카드

　새로운 다이어리 카드를 학생들에게 나누어 준다. 이제 학생들이 온전한 수용을 배웠음을 강조하고 과제를 위해 이 기술들을 연습할 때, 다이어리 카드에 이 기술들을 사용한 날에 동그라미를 치고(이때까지 배운 다른 기술들을 비롯한) 이번 주의 기술 사용을 평가하라고 안내한다.

　마지막으로, 과제 완수를 방해하는 요인에 대한 문제 해결 시간을 가진다. 과제 혹은 과제를 할 때의 장애물에 대해 질문이 있는지 확인한다. 만약 있다면, 질문에 답하고 장애물을 다룬다. 과제를 할 의지가 없거나, 이번 주에 다른 과제가 너무 많거나, 잊어버리거나, 과제를 이해하지 못하는 것 등이 장애물이 될 수 있다. 학생들이 장애물을 찾을 수 있도록 돕고, 이를 극복할 수 있는 계획을 함께 세운다. 한 예로, 잊어버리는 것이 문제라면, 과제를 적고 휴대전화나 달력에 과제 완성 알람을 설정할 수 있다. 과제를 할 의지가 없는 경우에는 먼저 이유를 듣고 동기를 높여 주거나, 과제를 해 오는 것의 중요성(예: 성적)을 상기시켜 주거나, 또는 기타 도움이 될 만한 설명을 해 준다. 과제 관련 문제 해결은 매주 과제를 나누어 준 이후 반드시 진행하도록 한다.

11 단원

고통 감싸기:
마음 돌리기와 기꺼이 마음

⊛ 요약

　오늘의 강의는 마음 돌리기와 기꺼이 마음을 통한 현실 수용 기술에 초점을 맞춘다. 마음 돌리기는 온전한 수용이란 우리가 몇 번이고 반복해서 내려야 하는 선택이라는 인식에 기반을 두고 있다. 단지 우리가 어떤 것을 한 번 온전하게 수용했다고 해서 그것을 영원히 수용할 것임을 뜻하지는 않는다. 기꺼이 마음 기술은 마음챙김의 '어떻게' 기술 중 '효과적으로'를 연습하는 것과 비슷하다. 때로는 고집하는 마음 대신 기꺼이 마음으로 무언가에 접근하는 선택을 내린다는 것이 어려울 수 있다. 기꺼이 마음은 우리 삶의 현실에 대처할 때 능동적이고 효과적이기를 택하는 것을 의미한다. 고집하는 마음은 이와 반대이다. 그것은 효과적이기보다는 내가 옳기 위해 아무것도 하지 않고 손 놓고 있거나 완강하게 버티는 것이다. 학생들은 이 기술들의 사용을 보여 주기 위한 짧은 촌극을 만드는 활동도 하게 될 것이다.

⊛ 요점

1. 현실을 수용한다는 것은(어떨 때는 몇 번이고 반복해서) 수용하는 것을 택하고 수용하

는 방향으로 마음을 돌리는 것을 필요로 한다.

2. 기꺼이 마음을 통해 현실을 수용하는 것은 아무것도 하지 않고 손 놓고 있거나 상황을 고치려고 하기보다 우리가 가진 것으로 최선을 다하는 것이다.

🔺 준비물

1. 본 단원 유인물
   - 〈유인물 11-1〉 고통 감싸기: 마음 돌리기
   - 〈유인물 11-2〉 고통 감싸기: 기꺼이 마음
   - 〈과제 11-3〉 고통 감싸기: 마음 돌리기와 기꺼이 마음 연습
2. 자료 없이 수업에 온 학생들을 위한 여분의 유인물과 필기도구
3. 보드 마커나 분필
4. 마음챙김 연습을 위한 그릇과 젤리
5. 다이어리 카드: 수업을 마칠 때 나누어 줄 수 있도록 새 다이어리 카드를 준비한다. 가능하면 다이어리 카드에 '마음 돌리기' 기술과 '기꺼이 마음'을 강조해 둔다.

🔔 준비

1. 학생 기술 바인더에 있는 강의 계획과 유인물을 검토한다.
2. 가능하면 학생들이 서로 바라보고 앉도록 교실의 책상을 미리 배치해 둔다.

🖥 강의 개요와 시간표

- 마음챙김 연습(5분)
  - 관찰하기: 젤리 한 그릇(3분)
  - 연습에서 관찰한 바 기술하기(2분)
- 과제 점검(10분)
  - 〈과제 10-4〉 고통 감싸기: 온전한 수용 연습을 위해 선택하기

○ 학급 전체와 나누기

■ 다이어리 카드

- 주요 개념 소개(2분)

　■ 수용은 한 번에 되는 것이 아니라, 내가 또 수용하지 않고 있음을 발견했을 때 내 마음을 수용으로 돌리는 것을 포함한다.

　■ 기꺼이 마음은 효과적이기 위해 필요한 것을 하는 것이다.

- 토론: 마음 돌리기(13분)

　■ 〈유인물 11-1〉 고통 감싸기: 마음 돌리기

　　○ 마음을 돌리는 세 단계

　　○ 소집단 토론

　　○ 전체 토론

- 토론: 기꺼이 마음(15분)

　■ 〈유인물 11-2〉 고통 감싸기: 기꺼이 마음(5분)

　■ 수업 활동: 고집하는 마음 대 기꺼이 마음에 대한 소집난 촌극(10분)

- 단원 요약(2분)

　■ 마음 돌리기와 기꺼이 마음 복습

- 과제 설명(3분)

　■ 〈과제 11-3〉 고통 감싸기: 마음 돌리기와 기꺼이 마음 연습

　　○ 수용하지 않는 것을 경험한 후 마음 돌리기를 연습한 상황 적기

　　○ 고집스러울 수 있었던 상황에서 기꺼이 마음을 사용해서 현실 수용을 향상시킨 상황 적기

　■ 다이어리 카드

🔲 세부 강의 계획

마음챙김 연습(5분)

관찰하기: 젤리 한 그릇(3분)

　학생들을 환영하고 오늘의 마음챙김 연습은 관찰하기에 관한 것이라고 말한다. 책상이나 탁자 가운데 혹은 학생 모두에게 보이는 장소에 젤리로 가득 찬 그릇을 놓는다. 교실 구조에 따라서 한 개 이상의 그릇을 사용하고, 학생들이 그릇 주위로 움직여야 할 수도 있다.

다음과 같이 설명한다.

> 오늘은 우리의 생각, 충동, 그리고 생길 수 있는 평가를 관찰하는 연습을 해 볼 거예요. 평소에 연습을 시작할 때 하는 것처럼 3까지 세는 것은 안 할 거예요. 오늘은 연습하면서 여러분이 할 것을 계속 안내할 거예요. 연습하는 내내 여러분에게 드는 생각, 충동이나 평가가 있으면 관찰하거나 알아차려 보세요.
>
> 먼저, 우리가 평소에 하는 마음챙김 또는 완전히 깨어 있는 자세를 취하세요. 여러분이 있는 곳에서 젤리 그릇이 보여야 합니다.
>
> 이제 젤리를 관찰하기 시작하세요. 색깔, 형태와 크기를 알아차려 보세요. 각각의 다른 색 사탕이 어떤 맛이 날지 상상해 보세요. 이제 제일 마음에 드는 색이 무엇인지 생각해 보세요. 가장 마음에 드는 색의 젤리를 보면서 어떤 맛이 날지 상상해 보세요.

이것을 30초간 하게 한다.

> 이제 그릇에서 여러분 마음에 제일 드는 젤리 두 개를 골라내세요. 만일 원했던 젤리를 다른 사람이 먼저 가져가거나 혹은 원하는 젤리를 손에 넣었을 때 떠오르는 감정, 감각이나 생각을 알아차려 보고, 그리고 나서는 그것들을 흘려보내세요. 이런 것들을 알아차린 다음, 주의를 손에 있는 젤리로 가지고 오세요.
>
> 여러분 손에 있는 젤리를 관찰하세요. 먹고 싶은 충동이 들면 충동에 따라 행동하지 않으면서 충동을 알아차려 보세요.

젤리를 관찰하는 데 30~45초를 준다.

> 이제 자신의 젤리를 오른쪽에 있는 사람에게 건네주세요.

학생들이 자신의 젤리를 건넨 후, 다음과 같이 말한다.

> 이제 방금 받은 젤리를 관찰하세요. 그리고 어떤 생각, 충동, 감각이나 감정이 일어나는지 알아차려 보세요.

학생들이 새로운 젤리를 45~60초 동안 관찰하게 한다. 그러고 나서 학생들에게 그만하라고 한다.

연습에서 관찰한 바 기술하기(2분)

몇몇 학생에게 연습하면서 관찰한 것을 나누게 한다. 특히 자기가 처음에 선택했던 젤리를 옆 사람에게 넘기는 것이 어려웠던 사람이 있었는지 묻는다.

> 어떤 감정, 충동, 생각이나 감각이 여러분 안에서 일어나는 것을 알아차렸나요? 처음 선택했던 젤리를 다른 사람에게 넘겨야 한다는 것을 받아들이는 것이 어려웠던 사람 있나요?

다음과 같이 말한다.

> 현실 수용이 항상 여러분 삶 속의 크고 중대한 일에 관한 것이어야 하는 것은 아니에요. 내가 먹을 생각에 들떠 있었던 젤리를 옆 사람에게 넘겨야 했고, 어쩌면 내가 정말 안 좋아하는 색깔의 젤리를 받게 되었다는 사실같이 단순한 무언가를 온전히 수용하는 것이 필요할 수 있어요. 이처럼 작은 일들도 현실 수용의 일부예요.

필요하다면 관찰에 대한 피드백을 제공하는데, 학생들의 대답이 자기가 평가 없이 관찰하고 기술한 무언가를 포함하도록 한다(예: 나는 젤리를 건네기 전에 재빨리 먹어 버릴 수 있다는 생각과 충동을 알아차렸어요. 나는 연습이 잠시 중단될 때마다 멈추는 것을 알아차렸어요. 이것이 지난주와는 어떻게 다른지 생각하는 것을 알아차렸어요. 생각을 알아차렸어요. 신체 감각을 알아차렸어요. 내 마음이 다른 생각으로 흘러가는 것을 알아차렸어요. 이것이 어떻게 도움이 될지 여러 생각이 들었어요. 지난주에 한 연습을 더 좋아한다는 것을 알아차렸어요. 불편하다는 것을 알아차렸고, 그래서 움직여야 했어요).

과제 점검(10분)

〈과제 10-4〉 고통 감싸기: 온전한 수용 연습을 위해 선택하기

학급 전체와 나누기
학생들이 완성된 〈과제 10-4〉를 꺼내도록 한 다음 설명한다.

> 온전한 수용은 배우기 어려운 개념일 수 있는데, 우리는 여러분이 이 기술을 지난 한 주간 어떻게 연습했는지 들으면서 온전한 수용에 대한 우리의 이해가 깊어지게 해 볼 거예요.

학생들에게 온전한 수용 연습을 위해 이 과제지의 5단계의 방법 중 어떤 것을 사용했으며, 한 주간 자신의 수용 정도가 만일 조금이라도 바뀌었다면, 얼마나 바뀌었는지 전체와 공유해 보게 한다.

각 학생의 경험을 각자에게 맞게 타당화하고 강화한다.

> 발표해 줘서 고마워요. 정말 열심히 노력한 것 같네요.

학생들이 더 깊이 이해할 수 있게 그들로부터 더 많은 정보를 끌어낸다. 예를 들면, 온전한 수용을 연습하고 나서 차이를 느꼈는지, 연습이 어려웠는지, 만일 어려웠다면 어려움을 이겨 내기 위해 무엇을 했는지 묻는다. 이 연습을 다시 해 본다면 다르게 할 수 있는 것들에 관해 물어보는 것도 가능하다.

다이어리 카드

모든 학생이 다이어리 카드와 과제지를 제출하여 검토받도록 한다. 만일 모든 학생의 과제를 매 단원 검토할 수 없다면, 몇 단원을 거치는 동안에는 모두 검토할 수 있도록 한다.

주요 개념 소개(2분)

고통 감싸기 모듈을 거의 끝낸 것을 축하한다. 그리고 나서 다음과 같이 말한다.

> 오늘 우리는 현실을 수용하는 두 가지 기술을 더 배울 거고, 다음 주가 고통 감싸기 모듈의 마지막 주가 될 거예요. 첫 번째 기술은 마음 돌리기라 부르고, 두 번째 기술은 고집하는 마음 대신 기꺼이 마음을 사용하기라고 해요.

다음과 같이 묻는다.

> 만일 여러분이 무언가를 온전히 수용한다면, 그것을 영원히 수용한 거라고 생각하세요?

학생들이 대답할 기회를 주고 다음과 같이 계속한다.

> 때로 우리는 한 가지 사실을 계속해서 몇 번이고 반복해서 온전히 수용해야 해요. 마음 돌리기는 이것을 어떻게 하는지를 가르쳐 줄 거예요. 종종 수용은 됐다가 안 됐다가 할 수

있고, 우리가 수용하지 않는 상태에 있다는 것을 발견하면 마음을 수용으로 되돌려야 해요. 우리는 화나 고집하는 마음이 생기고 현실을 거부할 때, 자신이 수용하지 않는 상태로 돌아간 것을 알아차릴 수 있지요. 마음 돌리기는 현실 수용을 향해 돌아서는 것을 선택하는 것이에요. 이것은 걷다가 갈림길을 만났을 때 결정을 내리는 것과 같아요. 마음 돌리기는 1년에 한 번, 한 달에 한 번, 1주일에 한 번, 1시간에 한 번, 혹은 1분에 30번이 필요할 수 있어요. 우리는 수용하지 않고 있거나 현실 거부가 일어났다는 것을 알아차리기 위해 마음챙김을 늘 연습해야 해요.

　　고집하는 마음 대신 기꺼이 마음을 연습하는 것은 마음챙김의 '어떻게' 기술에서 '효과적으로'를 연습하는 것과 비슷해요. 필요하고 효과적인 것을 기꺼이 하는 것은 때로 힘이 들죠. 그러므로 우리는 효과적이기 위해 지금까지 고수하던 것을 바꾸거나, 고집스러운 자세에서 벗어나는 것을 열심히 연습해야 해요. 기꺼이 하기는 그저 당면한 상황을 헤쳐 나가기 위해 필요한 것을 하는 거예요.

토론: 마음 돌리기(13분)

〈유인물 11-1〉 고통 감싸기: 마음 돌리기

학생들이 〈유인물 11-1〉을 보게 한다. 그리고 다음과 같이 말한다.

　　온전한 수용은 우리가 내린 선택이고, 마음 돌리기는 그 선택을 실행하는 행동이에요. 마음 돌리기는 여러분의 마음을 수용하는 쪽으로 돌리고 현실을 거부하는 것에서 멀어지게 하는 거예요. 그건 마치 여러분이 수용과 수용하지 않는 것(수용의 길과 현실 거부의 길) 사이에서 선택하는 갈림길에 온 것과 같아요. 어떤 길을 고를지는 여러분의 선택이에요. 선택 자체만으로는 아직 수용이 아니에요. 그것은 그저 여러분의 길을 돌리는 거예요.

소집단 토론

〈유인물 11-1〉에 나온 단계들을 토론하기 위해 학생들을 2~4명으로 된 소집단으로 나눈다. 그리고 다음과 같이 말한다.

　　우리는 〈유인물 11-1〉의 '마음 돌리기' 아래에 나와 있는 항목들을 읽을 거예요. 이것은 마음 돌리기에 대한 단계별 안내로 생각할 수 있어요.

학생 한 명에게 한 번에 한 단계(한 항목)씩 읽게 한다. 각 단계를 읽은 후, 소집단이 그 항목을 토론하게 한다. 다음과 같이 안내한다.

1단계: 1단계는 마음챙김을 하며 여러분이 현실을 수용하지 않고 있을 수 있다는 것을 관찰하거나 알아차리는 거예요. 수용하지 않고 있다는 대표적인 신호는 화, 불만, 자신이나 상황에 대해 평가하는 마음이 드는 것, 혹은 "상황이 지금과는 달라야만 해."처럼 '~해야 한다'(당위)를 많이 사용하는 거예요.

2단계: 2단계는 현실을 완전히 수용하기로 다짐하거나, 지혜로운 마음 결정을 내리는 거예요. 갈림길에 섰을 때 마음을 현실을 향해 돌리는 것이지요. 이것은 마치 회전의자에 앉아서 여러분이 몸과 마음을 적극적으로 수용 쪽으로 돌리는 것과 같아요. 지혜로운 마음에 어떻게 접촉할까요? 마음챙김 단원들에서 나온 연습 중 하나를 사용할까요? 여러분이 갈림길에 서 있었던 때의 예 하나를 나누어 주세요.

3단계: 3단계는 수용이 그저 한 번의 결심으로 다 되는 것이 아님을 인식하는 거예요. 무언가를 온전히 수용하기를 선택하는 것은 한 달에 한 번에서 1분에 30번에 이르기까지 몇 번이고 반복해서 해야 할 수 있어요. 또한 수용하지 않은 상태의 단서나 신호가 무엇인지를 생각해 보세요. 여러분이 무언가를 수용하지 않고 있음을 어떻게 아시나요? 앞으로 그런 단서들이 있나 지켜보기 위한 계획을 세우세요. 그리고 어떻게 하면 수용으로 돌아가라고 스스로 상기시켜 줄 수 있을까요?

학생들에게 다음에 대해서도 토론하게 한다.

현실을 수용하고 있지 않았던 다른 경험 중 생각나는 게 있나요? 그 순간에도 수용하고 있지 않다는 것을 알았나요? 이제는 여러분이 이 기술들을 배웠으니 무엇을 다르게 할 수 있을까요?

전체 토론

앞의 질문들에 대한 학생들의 대답을 논의한다. 수용하지 않는 것을 선택했었다는 것을 깨달은 학생이 있는지 확인해 본다. 다음에는 어떻게 수용으로 마음을 돌릴 수 있을지 토론해 본다.

토론: 기꺼이 마음(15분)

〈유인물 11-2〉 고통 감싸기: 기꺼이 마음(5분)

학생들에게 〈유인물 11-2〉를 펴게 하고 설명한다.

여러분의 인생에서 일어나는 일들을 부인하거나, 그 일들이 내 삶의 한 부분이 되는 것을 거부하거나, 또는 문제를 모른 척하는 것은 문제를 없어지게 만들지 않아요. 이것은 고집을 부리는 것이지요. 타격 연습용 투구기가 여러분을 향해 공을 던지는 것을 멈추게 하기 위해 기계 앞에 서 있다고 상상해 보세요. 공을 안 치는 것은 기계가 여러분을 향해 공을 던지는 것을 멈추게 하지 않을 거예요. 여러분은 공을 쳐 내야만 해요. 공을 치지 않으면, 공에 맞게 될 거예요. 기계 앞에 서서 멈추라고 말하면, 기계는 어찌 됐건 다음 공을 던질 것이고 여러분은 그 공에 맞을 거예요.

학생 한 명이 '고집하는 마음' 아래에 나와 있는 항목들을 읽게 한 후, 다음과 같이 묻는다.

개인적인 것이나 일반적인 것, 무엇이든 간에 고집하는 행동의 예 몇 개를 말해 볼 수 있을까요? 우리 중에 무언가 고집해 본 사람 있나요?

학생들로부터 예를 유도하거나 다음의 예를 제시한다.

- 고집스럽게 지지 않으려고 마음을 바꾸지 않는 것
- 친구 입장을 들으려고 하지 않는 것
- 부모님의 차를 세차하지만, 내내 마지못해 억지로 하는 것

학생들에게 묻는다.

만일 이런 것이 고집스러운 것이라면, 기꺼이 마음은 어떤 모습일까요?

예를 모으고 나서 한 학생에게 '고집하는 마음을 기꺼이 마음으로 대체하기' 아래에 적힌 항목들을 읽게 한다. 다음과 같이 계속한다.

기꺼이 하기란 살면서 생기는 일에 대한 불평이나 억울함 없이 지혜롭게 대응하는 것을

말해요. 이것은 '일어나고 있는 일들'을 받아들이고, 그것에 완전히 참여하는 거예요. 고집하는 마음이 감정 마음이나 이성 마음으로 대응하는 것인 데에 반해, 기꺼이 하기는 지혜로운 마음으로 대응하는 거예요. 고집하는 마음은 '나'에 집중되어 있고, 삶에서 일어나는 상황들에 대해 '아니야/싫어' 혹은 '그래, 하지만'이라고 말하는 것에 초점을 맞춥니다.

우리는 모두 살면서 현실과 싸우고 싶었던 적이 있지요. 방학을 마치고 처음 등교했던 날을 생각해 보세요. 장담하건대 알람시계가 울리고 방학이 끝났다는 것을 알았을 때, 베개를 뒤집어쓰고 다시 잠들었을 거예요. 그런 것이 고집하는 마음이에요. 삶의 현실을 부정하는 것이지요. 기꺼이 마음은 반대로, 일어나서 방학이 끝났음을 수용하고 학교 갈 준비를 하는 거예요.

기꺼이 마음은 있는 그대로를 받아들이고, 적절히 효과적으로 대응하는 거예요. 그것은 현재 상황이나 순간에서 필요한 것을 하는 것이지요. 이 순간에 대해 완전히 열려 있는 상태이고요. 여러분이 이 상황을 좋아해야 한다는 뜻은 아니에요.

고집하는 마음을 기꺼이 마음과 구분할 방법을 논의한다. 몸과 자세의 차이를 논의에 포함시킨다. 그다음, 학생들에게 〈유인물 11-2〉의 하단에 나오는 질문들에 대답하게 하고 자신이 무엇을 적었는지 나눌 자원자 몇 명을 찾는다.

수업 활동: 고집하는 마음 대 기꺼이 마음에 대한 소집단 촌극(10분)

교실을 4~5명의 소집단으로 나눈다. 학생들에게 각 그룹에서 같은 시나리오에 대해 30초짜리 촌극 두 개를 만들게 될 것이라고 안내한다. 첫 번째 촌극은 고집하는 마음, 두 번째는 기꺼이 마음을 보여 주는 것이다. 학생들이 알아서 적당한 시나리오를 만들게 한다. 이미 논의한 것과 비슷한 예를 이용할 수 있다. 수업이 거의 끝나 가므로, 3~4분 안에 촌극을 만들어야 함을 상기시킨다.

3~4분 후에 각 그룹이 무엇이 기꺼이 마음이고 고집하는 마음인지를 말하지 않고, 두 개의 촌극을 연기하게 한다. 학생들에게 무엇이 어떤 마음인지를 구별해 보게 한다. 필요하면 학생들이 잘한 것과 (만일 있다면) 수정이 필요한 부분에 대해 피드백을 제공한다.

학생들에게 계속해서 마음 돌리기와 기꺼이 마음 기술을 열심히 연습하고, 고집하는 행동을 하고 있는지 알아차릴 수 있도록 마음챙김할 것을 격려한다. 지금부터는 학생들이 고집하는 행동을 할 때 물어볼 수도 있다(예: "혹시 여러분이 지금 고집하는 마음 상태에 있는 것은 아닐까요?").

단원 요약(2분)

오늘 수업에서 그리고 이 모듈을 배우는 동안 몇몇 어려운 주제를 생각해 보며 열심히 공부한 것을 칭찬한다. 그다음, 마음 돌리기와 기꺼이 마음이 무엇을 말하는지 정리해 줄 자원자들을 찾는다.

- 마음 돌리기: 우리가 갈림길에 섰을 때, 수용이라는 선택을 하는 것
- 기꺼이 마음: 효과적이기를 선택하고 필요한 것을 하는 것. 고집하는 마음의 반대

학생들에게 질문이 있는지 물어본다.

과제 설명(3분)

〈과제 11–3〉 고통 감싸기: 마음 돌리기와 기꺼이 마음 연습

학생들이 명확히 이해했는지를 확인하면서 과제지를 학생들과 함께 살펴본다. 다음과 같이 설명한다.

> 여러분은 한 주 동안 수용하지 않을 때를 발견하고, 마음을 수용으로 돌리기 위한 단계들을 사용해 볼 거예요. 또 한 주 동안 기꺼이 마음을 연습하는 때도 발견하고 기술해 볼 거예요.

학생들에게 다음 주에는 고통 감싸기 모듈을 마친다는 것(그리고 만일 모듈에 관한 시험이 있다면 그것도 다음 주에 있다는 것)을 상기시킨다. 시험에는 핵심 마음챙김에 대한 질문도 몇 개 포함되기 때문에 학생들은 시험에 대한 준비로서 마음챙김 및 고통 감싸기 모듈의 모든 유인물과 필기 내용을 검토해야 한다.

다이어리 카드

새로운 다이어리 카드를 나누어 주고, 이제 마음 돌리기와 기꺼이 마음을 배웠음을 강조한다. 과제를 위해 이 기술들을 연습할 때, 다이어리 카드에 이 기술들을 사용한 날에 동그라미를 치고 (이때까지 배운 다른 기술들을 비롯한) 이번 주의 기술 사용을 평가하라고 안내한다.

마지막으로, 과제 완수를 방해하는 요인에 대한 문제 해결 시간을 가진다. 과제 혹은 과제를 할 때의 장애물에 대해 질문이 있는지 확인한다. 만약 있다면, 질문에 답하고 장애물을 다룬다. 과제를 할 의지가 없거나, 이번 주에 다른 과제가 너무 많거나, 잊어버리거나, 과제를 이해하지 못하는 것 등이 장애물이 될 수 있다. 학생들이 장애물을 찾을 수 있도록 돕고, 이를 극복할 수 있는 계획을 함께 세운다. 한 예로, 잊어버리는 것이 문제라면, 과제를 적고 휴대전화나 달력에 과제 완성 알람을 설정할 수 있다. 과제를 할 의지가 없는 경우에는 먼저 이유를 듣고 동기를 높여 주거나, 과제를 해 오는 것의 중요성(예: 성적)을 상기시켜 주거나, 또는 기타 도움이 될 만한 설명을 해 준다. 과제 관련 문제 해결은 매주 과제를 나누어 준 이후 반드시 진행하도록 한다.

12단원

고통 감싸기:
지금 생각챙김(그리고 고통 감싸기 시험)

⚛ 요약

고통 감싸기 모듈의 마지막 기술은 지금 생각챙김이다. 이 기술은 우리가 생각으로부터 떨어져서 행동하고 느낄 수 있는 방법이다. 지금 생각챙김은 생각을 바꾸려고 하는 것과 반대이다. 이것은 생각에 얽매이지 않고, 생각이 오갈 수 있게 하는 것이다. 지금 생각챙김은 생각을 그저 생각(생각은 사실일 수도 있고 아닐 수도 있음)으로 명명하는 기술과 생각을 관찰하는 것을 포함한다. 생각 관찰을 통해 우리는 생각으로부터 거리를 두고, 생각에 얽매이거나 사실이어야만 한다고 믿지 않으면서 그것이 오가는 것을 바라볼 수 있다. 모듈 시험은 이 수업의 후반부에 시행한다. 시험을 보지 않는 경우, 지금 생각챙김 기술을 강화하기 위한 추가적 강의와 활동을 진행한다.

시험은 학생들이 고통 감싸기 모듈에서 무엇을 배웠는지 확인해 보고, 복습이 더 필요한 주제를 평가할 수 있게 한다.

🌐 요점

1. 지금 생각챙김을 통해 우리는 생각을 억누르거나 생각에 얽매여서 모든 생각을 사실로 대하기보다, 생각이 그냥 생각일 수 있게 한다.
2. 시험은 다양한 고통 감싸기 기술(또한 핵심 마음챙김 기술)에 대한 학생들의 지식과 이해를 평가하기 위한 것이다.

🧭 준비물

1. 본 단원 유인물
   - 〈유인물 12-1〉 고통 감싸기: 지금 생각챙김, 한 걸음 한 걸음
   - 〈유인물 12-2〉 고통 감싸기: 지금 생각챙김을 연습하는 방법
   - 〈과제 12-3〉 고통 감싸기: 지금 생각챙김 연습
2. 시험을 볼 예정이면, 고통 감싸기 시험지 준비(학급 전체를 위해 충분한 양을 출력)
3. 자료 없이 수업에 온 학생들을 위한 여분의 유인물과 필기도구
4. 보드 마커나 분필
5. 다이어리 카드: 수업을 마칠 때 나누어 줄 수 있도록 새 다이어리 카드를 준비한다. 가능하면 다이어리 카드에 '지금 생각챙김'을 강조해 둔다.

🔔 준비

1. 학생 기술 바인더에 있는 강의 계획과 유인물을 검토한다.
2. 만일 오늘 고통 감싸기 시험이 없다면, 가급적 학생들이 서로 바라보고 앉도록 책상을 미리 배치해 둔다.
3. 오늘 시험을 본다면, 평소에 시험을 치를 때처럼 책상을 배치한다.

● 강의 개요와 시간표

- 마음챙김 연습(5분)
  - 관찰하기: 하나의 호흡 세기(3분)
  - 연습에서 관찰한 바 기술하기(2분)
- 과제 점검(10분, 만일 오늘 시험이 있다면 6분)
  - 〈과제 11-3〉 고통 감싸기: 마음 돌리기와 기꺼이 마음 연습
    - 학급 전체와 나누기
  - 다이어리 카드
- 주요 개념 소개(3분)
  - 강물 위의 배 은유
- 토론: 지금 생각챙김(10분)
  - 〈유인물 12-1〉 고통 감싸기: 지금 생각챙김, 한 걸음 한 걸음
    - 생각을 관찰하세요.
    - 호기심 어린 마음을 가지세요.
    - 기억하세요. '나는 내 생각이 아니다.'
    - 생각을 막거나 억누르지 마세요.

  (만일 오늘 시험이 없다면)
  - 〈유인물 12-2〉 고통 감싸기: 지금 생각챙김을 연습하는 방법(15분)
  - 고통 감싸기 모듈과 시험 복습(5분)
  - 과제(2분)
    - 〈과제 12-3〉 고통 감싸기: 지금 생각챙김 연습
      - 날마다 생각 관찰하고 기술하기 연습
    - 다이어리 카드

  (만일 오늘 시험이 있다면)
  - 과제(1분)
    - 〈과제 12-3〉 고통 감싸기: 지금 생각챙김 연습
      - 날마다 생각 관찰하고 기술하기 연습
    - 다이어리 카드
  - 고통 감싸기 모듈과 시험 복습(5분)
  - 시험(20분)

🔲 세부 강의 계획

마음챙김 연습(5분)

관찰하기: 하나의 호흡 세기(3분)

학생들을 환영하고 마음챙김 연습을 소개한다.

> 오늘 우리는 다시 우리 호흡을 관찰하고 연습해 볼 거예요. 예전 연습에서는 단순히 호흡을 관찰하거나, 호흡을 관찰하며 반복해서 10까지 세었어요. 오늘은 한 번에 하나의 호흡만 알아채고, 호흡 하나하나를 흘려보내는 데 집중할 거예요. 마치 우리가 각각의 순간을 흘려보냈던 것처럼요. 우리는 호흡을 셀 건데, 그 이유는 몸 느낌에 집중하는 것이 현재 순간에 머무는 데 도움을 주기 때문이에요. 기억하세요. 우리는 언제나 숨을 쉬기 때문에 항상 호흡을 초점으로 사용할 수 있어요.

다음과 같이 계속한다.

> 이 연습에서는 들숨을 관찰하고 날숨을 쉬며 '하나'를 셀 거예요. 다음 호흡에서는 다시 들숨을 관찰하고 나서 날숨을 쉬며 '하나'를 셀 거예요. 우리는 단지 이 한 번의 호흡, 단지 이 순간에 '하나'를 세는 데에만 집중할 거예요. 만일 여러분이 갑자기 '둘' '다섯' 혹은 '아홉'이라고 세는 것을 관찰하면, 그저 알아차리고 흘려보내고 나서 '하나'로 돌아오세요. 만일 여러분의 마음이 호흡에서 멀어지는 것을 알아차린다면, 주의를 조심스럽게 호흡과 '하나'를 세는 것으로 되돌리세요. 만일 평가하는 생각이 드는 것을 발견하면, 그 생각을 알아차리고 흘려보내고 호흡으로 돌아오세요. 만일 눈을 깜빡이거나 침을 삼키는 것 외에 다른 움직임을 하고 싶은 충동이 든다면, 충동 하나하나를 알아차리되 충동에 따라 행동하지 말고 주의를 호흡으로 되돌리세요.

다음과 같이 계속한다.

> 제가 1이라고 말하면, 마음챙김/완전히 깨어 있는 자세를 취해 보세요. 이제 모두가 잘 아는 대로 발을 바닥에 잘 붙이고, 바르게 앉아 손을 무릎 위에 올립니다. 눈은 뜬 채로 부드럽게 앞쪽을 바라보세요. 이것은 시선을 앞쪽 아래로 두고 특별히 뭔가를 바라보지 않는

다는 뜻이에요. 마음챙김을 항상 눈을 감고 연습하지는 않을 건데, 그 이유는 우리가 항상 눈을 감고 사는 게 아니기 때문이에요. 제가 2라고 말하면, 심호흡하라는 뜻입니다. 그리고 제가 3이라고 말하면 연습을 시작하세요. 끝날 때 '그만'이라고 말하면 자리로 돌아가면 됩니다.

이제 3까지 세면서 연습을 시작한다.

> 1: 마음챙김/완전히 깨어 있는 자세를 취하세요. 2: 심호흡을 하세요. 3: 연습을 시작하세요.

2분간 연습을 한 다음 '그만'이라고 말한다.

연습에서 관찰한 바 기술하기(2분)

학생들이 돌아가며 연습할 때 관찰한 것을 나누게 한다(학생 수에 따라서, 항상 모든 학생에게 다 물어보지는 못할 수도 있다). 하나만 세는 것을 잊어버린 학생들이 있었는지, 그랬다면 얼마나 자주 그랬는지 물어본다. 필요하다면 관찰에 대한 피드백을 제공하는데, 학생들의 대답이 자기가 평가 없이 관찰하고 기술한 무언가를 포함하도록 한다(예: 나는 하나 이상을 세고 싶은 충동과 생각을 알아차렸어요. 나는 연습이 잠시 중단될 때마다 멈추는 것을 알아차렸어요. 이것이 지난주와는 어떻게 다른지 생각하는 것을 알아차렸어요. 생각을 알아차렸어요. 신체 감각을 알아차렸어요. 내 마음이 다른 생각으로 흘러가는 것을 알아차렸어요. 이것이 나에게 어떻게 도움이 될지 여러 생각이 들었어요. 지난주에 한 연습을 더 좋아한다는 것을 알아차렸어요. 불편하다는 것을 알아차렸고, 그래서 움직여야 했어요).

마지막으로, 이 연습에서는 주의가 흐트러지는 것을 알아차리는 것이 중요함을 강조한다.

> 기억하세요. 호흡을 세는 데 집중하면서 현재에 머물러 있는 것만큼이나 주의가 흐트러지는 것을 알아채는 것이 중요합니다. 주의가 흐트러지는 것을 알아차리고 주의를 호흡으로 되돌림으로써 우리는 우리의 '관찰 근육'을 키웁니다. 이것이 중요한 이유는 감정 마음에 있을 때 지혜로운 마음으로 돌아오기 위해서는 우리가 감정 마음에 있음을 알아차리는 것이 필요하기 때문이에요. 수업 시간에 몽상에 젖어 강의에 집중하지 않고 있을 때, 자신이 몽상에 젖어 있다는 것을 인식하거나 관찰해야 주의를 현재 순간으로 되돌릴 수 있습니다. 시간이 지나면서 많은 연습을 통해 이 기술들은 더 강력해질 거예요.

과제 점검(10분, 만일 오늘 시험이 있다면 6분)

〈과제 11-3〉 고통 감싸기: 마음 돌리기와 기꺼이 마음 연습

학급 전체와 나누기

학생들이 완성된 〈과제 11-3〉을 꺼내게 한다. 몇몇 학생에게 마음 돌리기와 고집하는 마음 대신 기꺼이 마음 사용하기를 어떻게 연습했는지 기술하게 한다. 지난 한 주간 수용과 수용하지 않음 사이에서 선택해야 했던 순간을 알아차렸는지 물어본다.

다이어리 카드

모든 학생이 다이어리 카드와 과제지를 제출하여 검토받도록 한다. 만일 모든 학생의 과제를 단원마다 검토할 수 없다면, 몇 단원을 거치는 동안에는 모두 검토할 수 있도록 한다.

주요 개념 소개(3분)

다음과 같이 설명한다.

> 오늘이 고통 감싸기 기술을 배우는 마지막 날이에요. 그동안 참 잘했어요!
> 오늘 배울 기술은 지금 생각챙김이라는 것인데, 이 기술은 우리가 생각을 그저 생각으로 알아채고 반응할 수 있도록 도와줄 거예요. 어떨 때는 내가 내 생각에 갇혀서 생각이 꼬리에 꼬리를 물고, 더 큰 생각으로 커지고 감정의 강도까지 높이기 시작한다는 것을 알아차린 적이 있나요? 우리는 이런 것을 멈추는 작업을 해 볼 거예요.

다음과 같은 은유를 소개한다.

> 여러분이 크고 아름다운 강둑에 앉아 있다고 상상해 보세요. 강을 타고 배 한 척이 내려오고 있어요. 그리고 그 배에는 여러분의 생각, 감정, 감각과 충동 모두가 있어요. 여러분에게는 두 가지 선택이 있습니다. 물속으로 뛰어들어 배를 향해 헤엄을 치고 배 위에 올라타서 여러분의 생각, 감정, 감각과 충동 모두를 가지고 강물을 떠내려갈 수 있고요. 다른 선택은 그냥 강둑에 앉아서 배가 떠내려가는 것을 시야에서 사라질 때까지 바라보는 것입니다. 어떤 선택을 하겠어요?

학생들이 이 질문에 대해 2분간 토론하게 하고 다음과 같이 말한다.

> 지금 생각챙김을 통해 여러분은 생각을 억누르거나 생각에 얽매이기보다 생각이 오고 갈 수 있게 합니다.

토론: 지금 생각챙김(10분)

〈유인물 12-1〉 고통 감싸기: 지금 생각챙김, 한 걸음 한 걸음
학생들이 〈유인물 12-1〉을 보도록 한다. 다음과 같이 설명한다.

> 지금 생각챙김은 '마음을 그냥 두는 것'이라고 생각할 수 있어요. 이 말은 마음이 하는 일(뇌세포의 계속되는 발화로부터 생각을 만들어 내는 것)을 하도록 둔다는 뜻이에요. 어떤 것을 생각하지 않으려고 노력해 본 적이 있나요? 아마도 그렇게 했을 때 생각하지 않으려는 것을 계속해서 더 생각하게 되었을 거예요. 또 다른 현실 수용 기술로서, 생각에 얽매이거나 밀어내려고 하지 않고 그저 생각이 오고 갈 수 있게 함으로써 지금 생각챙김을 연습할 거예요.
>
> 이 기술은 우리가 나중에 정서 조절 모듈에서 배우게 될 팩트 체크 기술과는 달라요. 이 기술은 우리가 하는 모든 생각에 반응하거나 생각을 멈추거나 억누르려고 하는 대신, 생각과 새로운 관계를 맺을 수 있게 도와줍니다. 우리는 생각이 스스로 원하는 대로 오갈 수 있도록 그냥 두는 것을 연습할 거예요. 어떻게 보면 그것은 생각이 가진 힘을 없애고, 생각을 그저 우리 마음의 화면 위에 지나가는 단어나 이미지로 보는 것이라고 이해할 수 있어요.
>
> 우리가 마음챙김 모듈에서 논의했듯이 나는 나의 생각이 아니에요. 생각은 단지 생각일 뿐이에요. 그리고 종종 생각은 주어진 상황에 대한 사실조차 아니기도 해요. '단지 내가 무엇을 생각했다고 해서 그것이 사실은 아니다.'라는 말을 떠올리는 것도 좋아요.

'단지 내가 무엇을 생각했다고 해서 그것이 사실은 아니다.'라는 문장을 칠판에 쓴다. 학생들은 이 서술을 '단지 누군가가 무언가를 말했다고 해서 그것이 사실인 것은 아니다.'로 바꿀 수도 있다. 이것은 학생들이 스스로에 대해 내리는 판단 혹은 다른 사람이 자기에 대해 내린다고 생각하는 판단을 세는 데 효과적이다. 만일 생각은 단순히 생각이며 모든 생각이 사실이 아니라는 것을 배운다면, 두 문장 모두 학생들이 자신을 자기 생각으로부터 분리하는 것을 도울 수 있다.

〈유인물 12-1〉의 상자는 지금 생각챙김을 연습할 수 있는 4단계를 보여 준다. 학생들이 돌아가면서 각각의 상자를 읽게 한다.

생각을 관찰하세요.

다음과 같이 설명한다.

이것은 우리가 마음챙김 모듈에서 배웠던 관찰하기 기술이에요. 즉, 생각을 알아차리고 그것이 지나갈 수 있도록 하는 것이지요.

다음과 같이 묻는다.

왜 우리는 생각으로부터 거리를 두거나 생각을 밀어내기를 원할까요?

학생들이 대답하게 한다. 그리고 나서 다음과 같이 말한다.

생각이 우리의 마음을 통제할 수 있기 때문이에요. 우리 모두 고통스럽고 스트레스를 주는 생각을 할 때가 있고, 목표는 그런 생각들이 우리에게 고통을 불러일으키거나 통제를 잃게 하지 않도록 하는 것입니다. 생각을 관찰하는 것의 목표는 그 생각을 바꾸는 것이 아니라, 단지 그 생각에 대한 우리의 반응을 바꾸는 거예요. 생각의 존재를 인정함으로써 우리는 생각의 내용을 타당화하지 않은 채 생각이 거기 있음을 타당화하는 것을 선택할 수 있어요. 바닷가 가장자리에 앉아서 마치 파도가 오가는 것처럼 내 생각이 그냥 나에게로 물결쳐 왔다가 가도록 해 보세요.

호기심 어린 마음을 가지세요.

다음과 같이 설명한다.

여러분의 마음에 들어온 모든 생각을 완전히 믿기보다, 생각이 어디에서 왔으며 어디로 가는지를 평가해 보세요. 생각이 가는 길을 추적해 보세요. 하나의 생각이 어떻게 다른 생각으로, 또 다른 생각으로 이어질 수 있는지를 알아차려 봅니다. 객관적인 구경꾼이 되어서 마치 여러분의 생각이 전자 광고판을 스치고 지나가는 것처럼 바라보세요. 다음에는 어떤 생각이 올지 궁금해하고 조금 전에 일어난 생각이 얼마나 빨리 지나가 버렸는지를 알아차리면서요. 여러분의 생각을 평가하지 않기를 연습해 보세요.

기억하세요. '나는 내 생각이 아니다.'

생각은 단지 생각입니다. 뇌세포에서 발화한 것이지요. 여러분의 뇌가 만들어 낸 모든 생각에 따를 필요는 없습니다. 만일 그렇게 하면 어떨 것 같은지 상상해 보세요. 생각을 그냥 알아차린 다음, 그냥 흘려보낸 적이 있나요? 어떤 생각은 이렇게 하기가 더 어렵지만, 연습을 하면 더 쉬워질 거예요.

생각을 막거나 억누르지 마세요.

생각이 우리 마음에 들어오는 것을 억누르거나 막는 것은 정말 어려워요. 여러분의 생각과 놀아 주는 것을 연습하세요. 생각을 국가, 〈생일 축하 노래〉, 〈반짝반짝 작은 별〉, 혹은 여러분이 좋아하는 다른 노래의 선율에 따라 불러 보세요. 우리가 말을 말로, 혹은 생각을 그저 뇌세포의 발화로 볼 때, 그것들은 의미가 없어지고 우리가 허락하는 것만큼의 효과만을 내게 됩니다.

이 기술은 정말 여러분의 생각과 새로운 관계를 맺는 일(그들이 오고 가도록 하는 것)에 관한 것입니다. 이것은 생각에 얽매이거나 생각을 곱씹을 때 생길 수 있는 고통을 줄이는 방법이에요.

이제 학생들이 '〈유인물 12-2〉 고통 감싸기: 지금 생각챙김을 연습하는 방법'을 펴게 한다. 학생들에게 지금 생각챙김을 연습하기 위한 아이디어를 찾기 위해 이 유인물을 사용하라고 말한다. 과제를 할 때는 이 유인물을 다 읽고 나서 '〈과제 12-3〉 고통 감싸기: 지금 생각챙김 연습'을 작성해야 한다.

만일 오늘 고통 감싸기 시험을 볼 거라면, 이때 과제를 설명한 후 남은 시간은 모듈 복습과 시험을 위해 쓴다. 시험을 보지 않을 거라면, 다음에 나온 것처럼 지금 생각챙김을 검토하고 연습하는 것(그리고 시간이 있다면, 모듈 전체 검토)에 더 시간을 할애할 수 있다. 오늘 시험을 본다면 이 단원 끝의 240쪽으로 건너뛴다. 시험을 보지 않을 거라면, 다음과 같이 계속한다.

〈유인물 12-2〉 고통 감싸기: 지금 생각챙김을 연습하는 방법(15분)
다음과 같이 설명한다.

생각을 오고 가게 하거나 생각에 반응하는 것을 멈추는 연습을 하기 위한 다양한 방법
이 있어요. 〈유인물 12-2〉에 그런 방법들이 많이 나와 있어요.

학생 한 명이 유인물의 첫 번째 부분(말과 목소리를 사용해서 지금 생각챙김을 연습하기)을
읽게 한다. 그리고 다음과 같이 말한다.

우리는 자주 생각에 감정적으로 반응을 합니다. 우리의 목표는 생각을 그저 생각이나 이
미지로 봄으로써 생각에 대한 반응을 바꾸는 거예요. 이렇게 하는 한 가지 방법은 생각이
하나의 소리로 들릴 때까지 몇 번이고 반복해서 말하는 것입니다.

수업 활동
다음과 같이 말한다.

우리는 '뚱뚱해'라는 단어를 말하면서 이것을 연습할 거예요. 우리 사회에서 이 단어는
많은 판단과 연결되어 있죠. 그래서 이 단어를 생각할 때면 우리는 종종 우리 자신이나 다
른 사람에 대해 다른 많은 판단을 하기 시작해요.
제가 시작하라고 하면, 한 1분 동안 단순히 '뚱뚱해'라는 단어를 계속 반복해서 말하세
요. 제가 그만하라고 할 때까지 멈추면 안 돼요. 하다가 말하는 속도나 목소리의 톤은 마
음대로 바꾸실 수 있어요. 준비, 시작! "뚱뚱해 뚱뚱해 뚱뚱해 뚱뚱해 뚱뚱해 뚱뚱해 뚱뚱
해……."

1분 후에 멈춘다. 다음과 같이 묻는다.

연습을 하면서 무엇을 알아차렸나요?

학생들이 답하게 한 후 다음과 같이 말한다.

결국, 그것은 그냥 소리가 되었죠. 또 다른 방법은 생각을 〈반짝반짝 작은 별〉이나 〈애
국가〉 같은 노래의 선율에 맞춰 소리 내어 불러 보는 것입니다.

또 다른 학생이 〈유인물 12-2〉의 두 번째 부분(반대로 행동하기 기술을 써서 지금 생각챙
김을 연습하기)을 읽게 한다. 그리고 나서 학생들에게 그들이 무언가 하는 것을 방해하는

생각에 대해 생각해 보게 한다. 이를테면 '내가 저런 종류의 서츠를 입으면 이상해 보일 테니 입을 수 없어.' 혹은 '나는 멍청해. 그래서 수업 시간에 질문에 대답할 수 없어.'와 같은 것들이다. 학생들이 이런 생각을 유인물에(항목 4 아래에) 적고, 만일 그들이 그런 생각을 믿지 않는다면 어떨 것 같은지 상상해 보게 한다. 연습할 시간을 2~3분 정도 주고 나서 학생들에게 자기 생각이 무엇이었는지 말하고, 그것을 전부 믿지는 않았을 때 무엇이 다를 것 같은지를 발표하게 한다.

다음과 같이 설명한다.

> 〈유인물 12-2〉의 마지막 두 부분은 마음챙김 연습의 예인데, 심상을 사용해 생각을 관찰하고 기술하는 거예요.

또 다른 학생이 유인물의 세 번째 부분(생각 관찰하기로 지금 생각챙김을 연습하기)을 읽게 한다. 그러고 나서 다음과 같이 말한다.

> 생각을 평가하거나 생각이 우리의 마음을 통제하도록 하기보다, 생각을 알아차렸을 때 생각에 대해 언급하는 것을 연습해 볼 수 있어요.

수업 활동

다음과 같이 말한다.

> 1분간 어떤 생각이건 간에 생각이 들 때마다 단순히 '생각이 내 마음으로 들어왔어.' 혹은 '또 다른 생각이 방금 내 마음에 들어왔어.'라고 스스로 말하기를 연습할 거예요. 여기에서 목표는 생각의 내용에 반응하는 대신, 단지 생각을 생각으로 기술하는 거예요. 제가 '시작'이라고 하면 1분간 이렇게 해 보세요.

'시작'이라고 말하고 1분 후에 멈추도록 한다. 학생들에게 관찰한 것을 말해 보도록 요청한다.

또 다른 학생이 〈유인물 12-2〉의 마지막 부분(내 마음이 다음과 같은 것이라고 상상하면서 지금 생각챙김을 연습하기)을 읽게 하고, 다음과 같이 말한다.

> 이렇게 연습하는 것은 제가 이 단원 처음에 강둑에 앉아 있는 것에 대해 얘기했던 것과 비슷해요. 우리의 목표는 단지 마음이 우리의 생각을 평가하지 않고 관찰하게 하는 거예요.

현재 생각에 대한 마음챙김의 궁극적인 목표는 나는 나의 생각이 아니고, 생각은 마치 바람처럼 오고 갈 수 있음을 기억하는 거예요. 우리는 생각을 밀어내거나 그것에 얽매이기 보다, 생각을 흘러가게 하는 것을 연습하려고 해요.

과제(시험을 본다면 1분, 시험을 안 본다면 2분)

학생들이 오늘 수업에서 그리고 이 모듈을 배우면서 어려운 주제들에 대해 열심히 생각해 본 것을 칭찬해 준다. 〈유인물 12-2〉 중 수업에서 다루지 않은 부분이 있으면 읽어 오라고 한다.

〈과제 12-3〉 고통 감싸기: 지금 생각챙김 연습
다음과 같이 말한다.

이번 주 내내 여러분은 최소한 하루에 한 번 생각을 관찰하는 연습을 하고, 생각 자체를 바꾸는 대신 생각과의 관계를 바꾸기 위해 어떤 연습을 했는지 표시할 거예요. 또한 한 주 동안 여러분이 마음챙김하면서 알아차렸던 세 가지 생각, 여러분이 사용한 전략, 그리고 그 전략이 얼마나 효과적이었는지를 기술할 거예요.

다이어리 카드
새로운 다이어리 카드를 나누어 준다. 이제 지금 생각챙김 기술을 배웠으며, 이번 주에 기술을 연습할 때 카드에 기술을 사용한 날에 동그라미를 치고 (이때까지 배운 다른 기술들을 비롯해서) 이번 주의 기술 사용을 평가할 것을 강조한다. 이제 마음챙김과 고통 감싸기 기술을 모두 배웠음을 상기시킨다.

마지막으로, 과제 완수를 방해하는 요인에 대한 문제 해결 시간을 가진다. 과제 혹은 과제를 할 때의 장애물에 대해 질문이 있는지 확인한다. 만약 있다면, 질문에 답하고 장애물을 다룬다. 과제를 할 의지가 없거나, 이번 주에 다른 과제가 너무 많거나, 잊어버리거나, 과제를 이해하지 못하는 것 등이 장애물이 될 수 있다. 학생들이 장애물을 찾을 수 있도록 돕고, 이를 극복할 수 있는 계획을 함께 세운다. 한 예로, 잊어버리는 것이 문제라면, 과제를 적고 휴대전화나 달력에 과제 완성 알람을 설정할 수 있다. 과제를 할 의지가 없는 경우에는 먼저 이유를 듣고 동기를 높여 주거나, 과제를 해 오는 것의 중요성(예: 성적)을 상기시켜 주거나, 또는 기타 도움이 될 만한 설명을 해 준다. 과제 관련 문제 해결은 매주 과제를 나누어 준 이후 반드시 진행하도록 한다.

주의: 만일 오늘 시험을 본다면, 다음과 같이 계속한다.

고통 감싸기 모듈과 시험 복습(5분)

마음챙김과 고통 감싸기 모듈의 기술에 대한 학생들의 질문에 답한다. 다음 두 단원에서는 핵심 마음챙김 기술을 배울 것임을 상기시킨다.

시험(20분)

고통 감싸기 시험을 본다.

13 단원

마음챙김:
지혜로운 마음

⊛ 요약

이 수업은 마음챙김과 지혜로운 마음의 개념을 복습하고 연습하는 데에 주로 초점을 맞춘다. Jon Kabat-Zinn(1994)은 마음챙김을 현재 순간에 특정 방식으로 의도적인 관심을 기울이는 것이라 묘사했다. 학생들은 각기 다른 마음 상태—이성 마음, 감정 마음, 지혜로운 마음—에 따라 해결책을 만들어 내는 활동을 하게 될 것이다. 이러한 활동의 목적은 학생들이 여러 가지 딜레마에 대해 지혜로운 마음으로 해결책을 찾는 것을 연습하게 돕는 것이다. 학생들은 함께 연습하면서 서로에게 피드백과 제안을 줄 수 있을 것이다. 이것은 한 사람의 지혜로운 마음 해결책이 다른 사람의 지혜로운 마음 해결책과 다르다는 것을 보여 줄 기회이다.

⊕ 요점

1. 마음챙김은 스스로의 마음을 통제하는 방법을 배우는 것이다.
2. 우리에게는 세 가지 상태의 마음—이성 마음, 감정 마음, 지혜로운 마음—이 존재한다.
3. 마음챙김 기술은 연습을 요한다.

⚙️ 준비물

1. 본 단원 유인물
   - 〈유인물 3-1〉 마음챙김: 내 마음의 주인이 되기
   - 〈유인물 3-3〉 마음챙김: 세 가지 마음 상태
   - 〈과제 13-1〉 마음챙김: 세 가지 마음 상태를 이용한 해결책
2. 자료 없이 수업에 온 학생들을 위한 여분의 유인물과 필기도구
3. 보드 마커나 분필
4. 다이어리 카드: 수업을 마칠 때 나누어 줄 수 있도록 새 다이어리 카드를 준비한다.

🔔 준비

1. 학생 기술 바인더에 있는 강의 계획과 유인물을 검토한다.
2. 지혜로운 마음에 대한 종합적인 강의를 위해 3단원을 복습한다.
3. 가능하면 학생들이 서로 바라보고 앉도록 교실의 책상을 미리 배치해 둔다.

🖥️ 강의 개요와 시간표

- 마음챙김 연습(5분)
  - ■ 참여하기: 호키포키(3분)
  - ■ 연습에서 관찰한 바 기술하기(2분)
- 과제 점검(10분, 시험 검토를 위해 시간이 필요하면 5분)
  - ■ 〈과제 12-3〉 고통 감싸기: 지금 생각챙김 연습
    - ○ 학급 전체와 나누기
  - ■ 다이어리 카드
- 시험 검토(만일 시험을 봤다면 5분)
- 주요 개념 소개(5분)
  - ■ 〈유인물 3-1〉 마음챙김: 내 마음의 주인이 되기 소개
    - ○ 마음챙김의 목표

ㅇ마음챙김 대 마음놓음
- 토론: 지혜로운 마음(25분)
  - 〈유인물 3-3〉 마음챙김: 세 가지 마음 상태(10분)
    ㅇ이성 마음
    ㅇ감정 마음
    ㅇ지혜로운 마음
  - 수업 활동: 세 가지 마음 상태 연습(15분)
    ㅇ3인 1조
    ㅇ다양한 시나리오에 대해 자신에게 할당된 마음 상태에 따라 다른 해결책 제시
- 단원 요약(2분)
  - 지혜로운 마음은 균형 잡힌 중도이다.
  - 목표는 이성이나 감정을 전부 없애는 것이 아니다. 핵심은 한쪽이 완전히 무시된 채다른 한쪽이 내 결정을 모두 지휘하도록 하지 않는 것이다.
- 과제 설명(3분)
  - 〈과제 13-1〉 마음챙김: 세 가지 마음 상태를 이용한 해결책
    ㅇ두 가지 상황에 대해서 이성 마음, 감정 마음, 지혜로운 마음을 써서 해결책을 만들기
  - 다이어리 카드

🔘 세부 강의 계획

마음챙김 연습(5분)

참여하기: 호키포키(3분)
학생들을 환영하고 오늘의 마음챙김 활동은 참여하기와 관련된 것이라고 말한다. 다음과 같이 설명한다.

> 오늘은 마음챙김 연습을 위해 노래를 부르고 춤을 출 건데요. 율동과 함께 〈호키포키〉를 노래하는 동안 자신과 남들을 평가하지 않으면서 우리 자신을 이 활동에 완전히 던지는연습을 할 거예요. 〈호키포키〉 노래를 하면서 오른팔과 왼팔, 그리고 몸 전체를 쓰게 될 거예요.

〈호키포키〉 노래를 모르는 학생들을 위해 다음과 같이 가사를 읽는다(혹은 수업 시작 전에 칠판에 써 놓는다).

> 다 같이 [오른손]을 안에 넣고
> [오른손]을 밖에 내고,
> [오른손]을 안에 넣고 힘껏 흔들어
> 손들고 호키포키 하며 빙빙 돌면서
> 즐겁게 춤추자.
> [괄호 안을 왼손, 오른발, 왼발 그리고 온몸으로 바꿔서 반복함]

다음과 같이 계속한다.

> 제가 1이라고 하면, 그건 마음챙김 자세로 서라는 신호예요. 호키포키를 하기 위한 충분한 공간을 확보하세요. 제가 2라고 하면, 그건 심호흡을 하라는 신호예요. 제가 3이라고 하면, 이제 노래를 부르며 연습을 시작하라는 신호예요. '온몸으로' 하는 마지막 절까지 노래를 다 부르고 나면, 우리는 그만하고 자리에 앉을 거예요.

3까지 세면서 연습을 시작한다.

> 1: 일어나서 춤출 수 있는 공간이 있는 곳에 서서 마음챙김 자세를 취하세요. 2: 심호흡을 하세요. 3: 노래를 시작하세요.

마지막 절이 끝나면 연습을 마친다.

연습에서 관찰한 바 기술하기(2분)

다음과 같이 질문한다.

> 연습하면서 무엇을 관찰했나요? 자신이나 타인에 대한 어떤 판단을 알아차렸나요? 그런 판단이 나 자신을 완전히 노래와 춤에 던져 버리는 것을 방해했나요?

학생들이 돌아가며 연습할 때 관찰한 것을 나누게 한다. 필요하다면 관찰에 대한 피드백을 제공하는데, 학생들의 대답이 자기가 평가 없이 관찰하고 기술한 무언가를 포함하도록 한다(예: 내가 '나는 노래를 형편없이 못 불러.'라고 평가하는 것을 알아차렸어요. 나는 몸에서 기쁨을 느꼈어요. 나는 얼굴에 미소가 피는 것을 알아차렸어요. 이 연습이 지난주와는 어떻게 다른지에 대한 생각을 알아차렸어요. 생각을 알아차렸어요. 감각을 알아차렸어요. 내 마음이 다른 생각을 향해 흘러가는 것을 알아차렸어요. 이 연습이 나한테 어떻게 도움이 될지에 대해 여러 생각이 들었어요. 지난주 연습을 더 좋아한다는 것을 알아차렸어요. 불편하다는 것을 알아차렸고, 그래서 움직여야 했어요).

과제 점검(10분, 시험 검토를 위해 시간이 필요하면 5분)

〈과제 12-3〉 고통 감싸기: 지금 생각챙김 연습

학급 전체와 나누기
〈과제 12-3〉 완성본을 꺼내도록 한다. 다음과 같이 묻는다.

> 한 주 동안 여러분이 관찰한 생각 하나를 나누어 주세요. 그리고 그 생각으로부터 거리를 두기 위해 혹은 그저 밀어내거나 집착하려고 하지 않고 그 생각을 허용하기 위해 어떤 전략을 썼는지 기술해 보세요. 또 그 전략이 얼마나 효과적이었는지에 대한 여러분의 평가도 공유해 보세요.

학생들이 기울인 모든 노력을 강화하고 전체와 공유한 것에 대해 감사를 표한다. 다음과 같이 상기시킨다.

> 이것은 매우 어려운 기술이며, 연습을 필요로 합니다. 다른 모든 기술과 마찬가지로 꾸준히 규칙적인 연습을 해야 자동적으로 쓸 수 있게 됩니다.

다이어리 카드
모든 학생이 다이어리 카드와 과제지를 제출하여 검토받도록 한다. 만일 모든 학생의 과제를 매 단원 검토할 수 없다면, 몇 단원을 거치는 동안에는 모두 검토할 수 있도록 한다.

시험 검토(만일 시험을 봤다면 5분)

만일 12단원에서 고통 감싸기 시험을 봤다면, 시험지를 학생들에게 돌려준다. 시험에 대한 학생들의 질문에 답한다. 만일 다수의 학생이 틀린 문항들이 있다면, 그 문항을 더욱 자세히 검토해 볼 수 있다.

주요 개념 소개(5분)

〈유인물 3-1〉 마음챙김: 내 마음의 주인이 되기 소개
학생들이 바인더에 있는 〈유인물 3-1〉을 펴게 하고 다음과 같이 묻는다.

> 우리가 마음챙김 기술을 왜 다시 살펴보는지 말해 줄 수 있는 사람이 있을까요?

대답을 유도한 뒤, 필요하면 다음과 같이 말한다.

> 마음챙김 기술은 우리가 사용하는 다른 모든 기술을 위한 핵심 기술이에요. 우리가 배우는 기술을 모두 사용할 수 있도록 우리는 마음챙김을 해야 합니다.
> 마음챙김은 마음이 우리를 통제하는 대신, 우리가 마음을 통제하는 방법을 배우는 거예요. 이것은 우리의 마음을 우리가 원하는 곳에 두는 것이죠.

이제 다음과 같이 질문한다.

> 마음챙김이 무엇일까요?

목표는 '현재 순간에 있는 것, 의도적으로 주의를 기울이는 것, 우리가 어디에 마음을 집중할 것인지를 통제하는 것, 우리가 지금 무엇을 경험하고 있는지 인식하는 것'과 같은 대답을 얻는 것이다.

다음에는 몇몇 학생에게 (1단원을 배운 후부터) 지난 12주 동안 언제 그리고 어떻게 스스로 마음챙김을 연습했는지 예를 들게 한다. 각 학생에게 다음과 같이 묻는다.

> 그렇게 하는 것이 예전에 하던 방식이랑 어떻게 달랐나요?

토론: 지혜로운 마음(25분)

〈유인물 3-3〉 마음챙김: 세 가지 마음 상태(10분)

학생들이 〈유인물 3-3〉을 퍼게 한 다음, 학생 세 명을 교실 앞으로 나오게 한다. 학생 각자가 세 가지 중 하나를 맡아 칠판에 쓰는데, 각각의 마음 상태 밑에 적을 공간을 남겨 두게 한다. 그리고 학급 전체에게 다음과 같이 묻는다.

서로 다른 마음의 상태를 어떻게 기술할까요?

칠판 앞에 나와 있는 학생들에게 다른 학생들이 묘사한 것을 각자의 제목 아래에 적게 한다. 예를 들면, 다음과 같다.

감정 마음:

겁먹은, 신이 난, 행복한, 기쁜, 슬픈, 화가 난······ (혹은 다른 감정)

감정이 행동을 주도함

행동의 단기적 · 장기적 결과에 대해 생각하지 않음

현재에 있지 않음

논리나 이성을 무시함

이성 마음:

정비사, 항공 교통 관제사, 조종사, 화학 실험 수업······ (이성 마음이 필요한 직업이나 상황)

논리와 이성이 행동을 주도함

감정을 고려하지 않음

지혜로운 마음:

직관적—감정과 이성의 조화

모든 사람에게 지혜로운 마음이 있음

내가 가진 가장 지혜로운 부분

하지만 지혜로운 마음이 나에게 무엇을 하라고 하는지 알고 있을 때에도 감정 마음을 극복하는 것은 여전히 힘들 수 있음

이제 다음과 같이 묻는다.

만일 우리가 어떤 결정을 지혜로운 마음으로 내리는지, 감정 마음으로 내리는지가 확실하지 않다면 그것을 어떻게 알 수 있을까요?

대답을 유도하거나 다음과 같은 대답을 제시한다.

만일 우리가 그 결정을 두고 보면, 시간이 말해 줄 거예요. 1~2일 후에 우리가 여전히 같은 결정에 이르게 된다면, 그것은 지혜로운 마음의 결정이에요. 만일 결정이 바뀐다면, 처음 내린 결정은 아마도 감정 마음으로 한 것일 가능성이 커요. 이후 정서 조절 모듈에서는, 감정은 다시 불붙지 않는 한 60~90초 동안만 지속된다는 것을 배우게 될 거예요. 그러므로 만일 시간이 지나 결정이 바뀐다면, 그것은 애초에 감정에 기반을 둔 결정이었을 가능성이 커요.

수업 활동: 세 가지 마음 상태 연습(15분)
다음과 같이 설명한다.

이제 우리가 가진 다른 마음의 상태를 써 보는 것을 연습해 볼 거예요.

학생들을 세 조로 나눈다. 다음과 같이 계속한다.

이 활동을 위해 우리는 결정을 내려야 하는 여러 가지 상황을 살펴볼 거예요. 각 조가 이성 마음, 감정 마음, 지혜로운 마음에서 나온 해결책을 하나씩 제시할 건데요. 일단 조 안에서 해결책을 정하고 나면, 각 조는 앞에 나와 발표할 겁니다.

학생들이 각자의 해결책을 발표할 때 칠판 앞에 서게 한다. 발표할 때, 한 명은 이성 마음, 한 명은 감정 마음, 다른 한 명은 지혜로운 마음을 대표할 것이다. 앞서 칠판에 써 놓았던 마음의 상태 중 자신이 대표하는 것 앞에 서게 한다.
각 조의 학생들이 자신들의 해결책을 발표하고 난 후, 나머지 학생들은 피드백을 주거나 다른 마음의 상태에서 나온 또 다른 해결책을 내놓도록 한다. 한 학생의 지혜로운 마음 해결책이 다른 학생의 것과 다를 수 있음을 강조한다.
학생들에게 지혜로운 마음의 결정을 내리고자 노력했던 예전의 경험이나 현재 경험하고 있는 다른 상황에 대해 물어볼 수도 있다. 여러 개의 상황을 종이에 적어 각 조에 한 장씩 나누어 준다. 학생 수에 따라서 교사 자신의 예를 주거나 다음의 예 중 하나를 두 개의 조에 줄 수도 있다.

- 오늘 수학 시간은 임시 교사가 가르칠 예정이다. 몇몇 친구는 수업을 빠질 것이며 나에게 같이 빠지자고 한다.
- 내가 어울리고 있는 새로운 친구들이 이번 주말에 파티를 연다. 나는 거기에 초대받았는데, 그날은 엄마의 생신이다.
- 친구 은아가 수학 숙제를 안 했다며 자기가 베낄 수 있도록 숙제를 보여 달라고 한다.
- 나는 지난 3개월간 사귄 사람과 말다툼을 많이 해 왔다. 그 사람을 그만 만나야겠다고 생각하고 있지만, 서로 다투지 않을 때는 그 사람이 정말 좋다.
- 나는 3교시가 시작하기 전에 남자친구 혹은 여자친구와 헤어졌다. 정말 슬프고 화가 나서 나머지 수업을 빼먹고 싶다.
- 나는 방금 같은 학년의 학생이 마약을 사용하다가 걸려서 구속되었다고 들었다. 나는 이 소식을 페이스북, 인스타그램, 트위터 등에 올리고 싶다.
- 나는 상급생과 사귀고 있고, 그 사람이 정말 좋다. 그 사람이 나에게 "난 널 사랑하고 너랑 자고 싶어."(즉, 성관계)라고 말한다. 나는 원하지 않지만, 만일 동의하지 않으면 그 사람이 헤어지자고 할까 봐 겁이 난다(학생들의 연령에 맞게 예를 바꿀 수 있다. 예를 들어, 초등학교 6학년에게 드는 예는 고등학교 3학년에게 드는 예시와 다를 것이다).
- 나는 친구 태우의 집에서 자고 가기로 했다. 부모님에게 태우의 집에 누가 있는지를 말했고, 밤새 집에 있을 거라고 했다. 태우가 다른 친구들로부터 전화를 받았는데, 그 애들은 나와 태우에게 공원에서 함께 놀자고 한다. 태우는 자기 부모님이 이미 주무시기 때문에 몰래 나가서 공원에 가기를 원한다.

단원 요약(2분)

세 가지 마음 상태를 검토하고, 최종적인 목표는 지혜로운 마음 상태에 있는 것임을 강조한다. 그리고 다음과 같이 설명한다.

우리는 방금 서로 다른 마음의 상태를 바탕으로 해결책 만들기를 연습해 봤어요. 지혜로운 마음이 단순히 감정 마음과 이성 마음의 절충이 아니라는 것을 기억하세요. 지혜로운 마음은 이성 마음과 감정 마음을 동시에 존중하는 것입니다. 다른 말로 하자면, 변증법적인 것이죠! 감정이나 논리의 경험을 없애는 것이 목표가 아니에요. 핵심은 한 가지 마음이 다른 마음을 무시한 채 여러분의 모든 결정을 지휘하도록 허용하지 않는 것입니다.

과제 설명(3분)

〈과제 13-1〉 마음챙김: 세 가지 마음 상태를 이용한 해결책
다음과 같이 설명한다.

> 〈과제 13-1〉을 이용하여 오늘 수업 시간에 배운 것을 계속하는 것이 과제예요. 여러분이 경험하고 있는 두 가지 다른 상황에 대해 이성 마음, 감정 마음, 지혜로운 마음에 기반을 둔 해결책을 만들 거예요. 이 과제를 위해서는 수업 시간에 공유할 수 있는 예들을 적어야 함을 명심하세요.

학생들과 과제지를 검토하고 과제에 대해 질문이 있는지 물어본다.

다이어리 카드
새로운 다이어리 카드를 학생들에게 나누어 준다. 이제 그들이 모든 마음챙김 기술과 고통 감싸기 기술을 배웠음을 강조한다. 한 주 동안 다이어리 카드에 각각의 기술을 사용한 날에 표시를 하고, 기술의 사용을 평가할 것을 상기시킨다.

마지막으로, 과제 완수를 방해하는 요인에 대한 문제 해결 시간을 가진다. 과제 혹은 과제를 할 때의 장애물에 대해 질문이 있는지 확인한다. 만약 있다면, 질문에 답하고 장애물을 다룬다. 과제를 할 의지가 없거나, 이번 주에 다른 과제가 너무 많거나, 잊어버리거나, 과제를 이해하지 못하는 것 등이 장애물이 될 수 있다. 학생들이 장애물을 찾을 수 있도록 돕고, 이를 극복할 수 있는 계획을 함께 세운다. 한 예로, 잊어버리는 것이 문제라면, 과제를 적고 휴대전화나 달력에 과제 완성 알람을 설정할 수 있다. 과제를 할 의지가 없는 경우에는 먼저 이유를 듣고 동기를 높여 주거나, 과제를 해 오는 것의 중요성(예: 성적)을 상기시켜 주거나, 또는 기타 도움이 될 만한 설명을 해 준다. 과제 관련 문제 해결은 매주 과제를 나누어 준 이후 반드시 진행하도록 한다.

14단원

마음챙김:
'무엇을' 기술과 '어떻게' 기술

⚛ 요약

오늘 수업은 마음챙김 '무엇을' 기술과 '어떻게' 기술을 복습하고 강화하는 데에 초점을 맞춘다. 학생들은 여섯 가지 기술에 대한 실습을 통해 스스로 수업을 이끌고 배울 요점을 정할 기회를 가질 것이다.

🌐 요점

1. 마음챙김 기술은 '무엇을' 기술과 '어떻게' 기술로 나누어진다.
2. '무엇을' 기술에는 관찰하기, 기술하기, 참여하기가 있다.
3. '어떻게' 기술에는 평가하지 않고, 하나씩, 효과적으로가 있다.

⚙ 준비물

1. 본 단원 유인물

- 〈유인물 4-1〉 마음챙김: '무엇을' 기술
- 〈유인물 5-1〉 마음챙김: '어떻게' 기술
- 〈과제 14-1〉 마음챙김: '무엇을' 기술과 '어떻게' 기술 연습

2. 자료 없이 수업에 온 학생들을 위한 여분의 유인물과 필기도구
3. 보드 마커나 분필
4. 다이어리 카드: 수업을 마칠 때 나누어 줄 수 있도록 새 다이어리 카드를 준비한다.

🔔 준비

1. 학생 기술 바인더에 있는 강의 계획과 유인물을 검토한다.
2. 가능하면 학생들이 서로 바라보고 앉도록 교실의 책상을 미리 배치해 둔다.

🔵 강의 개요와 시간표

- 마음챙김 연습(5분)
  - 관찰하기: 짝 관찰하기(3분)
  - 연습에서 관찰한 바 기술하기(2분)
- 과제 점검(10분)
  - 〈과제 13-1〉 마음챙김: 세 가지 마음 상태를 이용한 해결책
    - 짝과 나누기
    - 학급 전체와 나누기
  - 다이어리 카드
- 주요 개념 소개(2분)
  - 무엇을 기술: 관찰하기, 기술하기, 참여하기
  - 어떻게 기술: 평가하지 않고, 하나씩, 효과적으로
  - 왜 다음 모듈로 넘어가기 전에 마음챙김을 또 배울까?
- 토론: '무엇을' 기술과 '어떻게' 기술(29분)
  - 〈유인물 4-1〉 마음챙김: '무엇을' 기술과 〈유인물 5-1〉 마음챙김: '어떻게' 기술 소개(2분)
  - 수업 활동: '무엇을' 기술과 '어떻게' 기술 시연(27분)

- 단원 요약(2분)
  - 학생들의 시연에 대한 피드백 제공
- 과제 설명(2분)
  - 〈과제 14-1〉 마음챙김: '무엇을' 기술과 '어떻게' 기술 연습
    - ○ 최소한 한 가지 '무엇을' 기술과 '어떻게' 기술 연습
  - 다이어리 카드

🏢 세부 강의 계획

마음챙김 연습(5분)

관찰하기: 짝 관찰하기(3분)

학생들을 환영하고 오늘의 마음챙김 활동은 관찰하기에 관한 것이라고 말한다. 학생들이 짝을 짓게 하고 다음과 같이 설명한다.

> 이제 여러분은 자기 짝을 1분 동안 관찰할 거예요. 제가 여러분에게 1분이 지났다는 것을 알려 줄 텐데, 그러면 짝과 서로 등을 돌리세요. 그다음, 자신의 모습 세 가지를 바꿀 겁니다. 예를 들어, 시계를 다른 손목에 차거나, 안경을 벗거나, 머리를 바꾸세요. 그 후 다시 서로를 마주 보고 무엇이 바뀌었는지를 알아차릴 수 있는지 볼 거예요.

다음과 같이 계속한다.

> 제가 1이라고 하면, 짝을 향해 몸을 돌리고 우리가 평소에 하는 것처럼 마음챙김/완전히 깨어 있는 자세로 앉으세요. 이제 모두가 잘 아는 대로 발을 바닥에 잘 붙이고, 바르게 앉아 손을 무릎 위에 올립니다. 이 연습을 위해 눈은 뜬 채로 부드럽게 앞쪽을 바라보세요. 만일 눈을 깜빡이거나 침을 삼키는 것 외에 움직이려는 다른 어떤 충동이 들면, 각각의 충동을 알아차리되 행동으로 옮기지 말고 호흡으로 돌아오세요. 제가 2라고 말하면, 심호흡을 하세요. 제가 3이라고 하면, 짝을 관찰하면서 연습을 시작하세요.
> 제가 "돌아앉으세요."라고 말하면, 돌아앉아서 세 가지를 바꿀 시간입니다. 일단 세 가지를 빨리 바꾸고 나서, 다시 짝을 마주 보세요. 짝을 관찰하면서 차이를 알아차려 보세요. 제가 '그만'이라고 하면 연습이 끝납니다.

3까지 세는 것으로 연습을 시작한다.

> 1: 마음챙김/완전히 깨어 있는 자세를 취하고 짝을 마주 보세요. 2: 심호흡을 하세요.
> 3: 연습을 시작하세요.

1분이 지난 후, "돌아앉아서 바꾸세요."라고 말한다. 다시 1분이 지나면 "그만."이라고 한다.

연습에서 관찰한 바 기술하기(2분)

알아본 변화에 대해 잠시 짝과 이야기할 시간을 준다.

그다음 두세 명의 학생에게 연습에서 관찰한 것을 나누게 한다. 필요하다면 관찰에 대한 피드백을 제공하는데, 학생들의 대답이 자기가 평가 없이 관찰하고 기술한 무언가를 포함하도록 한다. 예를 들면, 다음과 같이 말함으로써 학생들이 자신의 관찰을 고쳐 말할 수 있도록 돕는다(나는 짝의 손목시계가 왼쪽 손목에 있다는 것과 이것이 조금 전과 달라진 점이라는 것을 알아차렸어요. 나는 연습이 잠시 중단될 때마다 멈추는 것을 알아차렸어요. 이것이 지난주와는 어떻게 다른지 생각하는 것을 알아차렸어요. 생각을 알아차렸어요. 신체 감각을 알아차렸어요. 내 마음이 다른 생각으로 흘러가는 것을 알아차렸어요. 이것이 나에게 어떻게 도움을 줄지 여러 생각이 들었어요. 지난주에 한 연습을 더 좋아한다는 것을 알아차렸어요. 불편하다는 것을 알아차렸고, 그래서 움직여야 했어요).

과제 점검(10분)

〈과제 13-1〉 마음챙김: 세 가지 마음 상태를 이용한 해결책

짝과 나누기

〈과제 13-1〉을 꺼내게 하고 2인 1조로 짝을 짓는다. 두 가지 상황과 이성 마음, 감정 마음, 지혜로운 마음 해결책을 공유하게 한다. 학생들은 서로의 다른 해결책에 대해 피드백을 주고받을 수 있다(학생들이 다이어리 카드를 꺼내도록 하여 짝과 함께 과제를 검토하는 동안 카드를 걷는다).

학급 전체와 나누기

각 조에서 한 명이 세 가지 마음 상태를 바탕으로 만든 서로 다른 해결책의 예를 공유하게 한다. 다음과 같이 묻는다.

> 지혜로운 마음의 결정을 정하거나 따르는 데 어려움이 있었던 사람 있나요?

만일 어려움이 있었다고 하는 학생들이 있으면, 지혜로운 마음의 결정을 하거나 따르는데 무엇이 방해되었는지 학급 전체의 도움을 받아 알아낼 수 있게 돕는다. 지혜로운 마음을 이해하고 따르는 것은 때로 어려울 수 있음을 보여 주는 기회로 삼는다. 또한 한 사람의 지혜로운 마음은 다른 사람의 지혜로운 마음과 다를 수 있음을 상기시킨다.

다이어리 카드

앞에서 언급했듯이 2인 1조로 과제를 검토하는 동안 다이어리 카드를 걷는다. 지난주 기술 사용의 정도를 간략히 점검한다. 일기에 적힌 기술 연습의 양에 대해 언급한다. 그리고 나서 다음과 같이 설명한다.

> 우리는 이제 첫 번째 모듈 전체를 마쳤고 마음챙김을 복습하고 있어요. 이제 지금까지 배운 모든 기술을 계속 연습하기 바랍니다.

만일 다이어리 카드에 기술을 정기적으로 연습하는 것을 기록하고 있지 않은 학생이 한 명이라도 있다면, 기술을 연습하거나 사용하는 것을 방해할 수 있는 장애물에 대해서 학급 전체와 문제를 해결하는 시간을 갖는다.

주요 개념 소개(2분)

마음챙김 기술에는 일곱 가지가 있다는 것을 복습한다.

- 지혜로운 마음: 감정 마음과 이성 마음의 통합
- 세 가지 '무엇을' 기술: 무엇을 할 것인가
- 세 가지 '어떻게' 기술: '무엇을' 기술을 어떻게 할 것인가

일곱 가지 기술을 기억하는 사람이 있는지 물어보고, 자원하는 학생들에게 말해 보게 한

다. 그리고 다음과 같이 질문한다.

왜 우리는 새로운 모듈을 시작할 때마다 핵심 마음챙김 기술을 복습할까요?

대답을 끌어내거나 다음과 같이 말해 준다.

그건 마음챙김 기술이 다른 모든 기술의 핵심 또는 기초이기 때문이에요. 다른 기술들을
잘 사용하려면 마음챙김을 통해 이 기술들이 필요할 때를 알아차려야 하고, 그다음 마음
챙김하며 기술을 실행해야 합니다.

토론: '무엇을' 기술과 '어떻게' 기술(29분)

〈유인물 4-1〉 마음챙김: '무엇을' 기술과 〈유인물 5-1〉 마음챙김: '어떻게' 기술 소개(2분)
학생들이 마음챙김 '무엇을' 기술과 '어떻게' 기술의 개요를 보여 주는 〈유인물 4-1〉과
〈유인물 5-1〉, 그리고 각자 기술에 대해 추가로 필기한 것을 잠시 읽어 보게 한 다음 설명
한다.

오늘 수업의 남은 시간 동안 '무엇을' 기술과 '어떻게' 기술을 복습하고 연습할 거예요.

수업 활동: '무엇을' 기술과 '어떻게' 기술 시연(27분)
학생들을 여섯 조로 나누고, 다음과 같이 설명한다.

각 조가 하나의 '무엇을' 혹은 '어떻게' 기술에 배정될 거예요. 각 조는 맡은 기술에 대한
설명과 그 기술을 어떻게 사용할지 보여 주는 시연을 준비합니다.

조를 배정하고 학생들에게 준비 시간 4분을 준다.
준비를 마친 다음, 한 조마다 3분 정도 발표하고 1분간 피드백을 받는다. 이때 목표는 학
생들이 여섯 개의 마음챙김 기술을 연습할 수 있는 다양한 방법을 양산하도록 돕는 것이
다. 각 조가 기술을 발표하면, 다른 학생들이 피드백을 주도록 하고 4, 5단원 수업과 〈유인
물 4-1〉과 〈유인물 5-1〉에서 다룬 요점 중 빠진 부분이 있으면 짚어 준다.
전반적인 피드백이 필요할 경우를 위해 1분 정도를 남겨 둔다. 필요하면 이 시간을 추가
적 피드백의 제공을 위한 단원 요약의 시간으로 활용할 수도 있다.

단원 요약(2분)

학생 시연에 대한 피드백을 준다. 검토와 설명이 필요한 부분이 있으면 다룬다.

과제 설명(2분)

〈과제 14-1〉 마음챙김: '무엇을' 기술과 '어떻게' 기술 연습
다음과 같이 설명한다.

> 이번 주 과제는 적어도 하나의 '무엇을' 기술과 하나의 '어떻게' 기술을 연습하는 겁니다. 〈과제 14-1〉을 이용하여 기술을 어떻게 연습해 봤는지, 그리고 기술이 내 생각, 감정, 혹은 행동에 어떤 영향을 미쳤는지 적어 보세요.

다이어리 카드

새로운 다이어리 카드를 학생들에게 나누어 주고, 이제 학생들이 모든 마음챙김 기술과 고통 감싸기 기술을 안다는 것을 강조한다. 비록 이번 주에는 '무엇을' 기술과 '어떻게' 기술만 연습하도록 배정받았지만, 학생들은 모든 기술을 정기적으로 사용해야 한다. 학생들은 이번 주 내내 매일 기술을 사용하고, 각각의 기술을 사용한 것을 평가해야 한다.

마지막으로, 과제 완수를 방해하는 요인에 대한 문제 해결 시간을 가진다. 과제 혹은 과제를 할 때의 장애물에 대해 질문이 있는지 확인한다. 만약 있다면, 질문에 답하고 장애물을 다룬다. 과제를 할 의지가 없거나, 이번 주에 다른 과제가 너무 많거나, 잊어버리거나, 과제를 이해하지 못하는 것 등이 장애물이 될 수 있다. 학생들이 장애물을 찾을 수 있도록 돕고, 이를 극복할 수 있는 계획을 함께 세운다. 한 예로, 잊어버리는 것이 문제라면, 과제를 적고 휴대전화나 달력에 과제 완성 알람을 설정할 수 있다. 과제를 할 의지가 없는 경우에는 먼저 이유를 듣고 동기를 높여 주거나, 과제를 해 오는 것의 중요성(예: 성적)을 상기시켜 주거나, 또는 기타 도움이 될 만한 설명을 해 준다. 과제 관련 문제 해결은 매주 과제를 나누어 준 이후 반드시 진행하도록 한다.

15단원

정서 조절:
정서 조절의 목표와 정서의 기능

⚛ 요약

이 단원에서는 정서 조절 모듈을 시작한다. 이 모듈은 전반적으로 학생들이 정서를 이름 붙이고 인식하고 조절하면서, 취약 요인을 줄이고 행동을 변화시키는 방법을 가르친다. 또한 학생들은 마음챙김하며 정서를 알아차리고 견뎌 내어, 정서를 바꾸고 싶은 욕구 자체를 없애는 방법도 배운다. 오늘 단원은 정서 조절 모듈의 목표를 살펴보고 소개하며, 정서를 느끼는 전반적인 목적에 대해 논의해 볼 것이다.

🌐 요점

1. 정서 조절 기술의 목표는 우리가 경험하는 정서를 이해하고, 원치 않는 정서를 줄이며, 정서적 취약성을 줄이고, 정서적 괴로움을 줄이는 데 있다.
2. 정서는 행동에 동기를 부여하고 준비시키며 다른 사람과 의사소통하게 하고 그들에게 영향을 미치며 우리 자신과 의사소통하는 데 좋다.
3. 사람들은 정서에 대한 오해를 갖기도 하는데, 이런 오해는 정서를 효과적으로 다루는 능력을 방해한다.

🅰 준비물

1. 본 단원 유인물
   - 〈유인물 15-1〉 정서 조절: 정서 조절 목표
   - 〈유인물 15-2〉 정서 조절: 정서 목록
   - 〈유인물 15-3〉 정서 조절: 정서는 무슨 도움이 되나?
   - 〈과제 15-4〉 정서 조절: 정서에 관한 오해
   - 〈과제 15-5〉 정서 조절: 정서 일기
2. 자료 없이 수업에 온 학생들을 위한 여분의 유인물과 필기도구
3. 보드 마커나 분필
4. 다이어리 카드: 오늘은 새로운 기술을 배우지는 않는다. 정서의 목적에 대해 배우고, 정서에 대한 자신의 오해를 인식하고 이에 도전하는 방법을 배울 것이다. 따라서 이번 주 다이어리 카드에서 강조할 기술은 없다.

🔔 준비

1. 학생 기술 바인더에 있는 강의 계획과 유인물을 검토한다.
2. 가능하면 학생들이 서로 바라보고 앉도록 교실의 책상을 미리 배치해 둔다.

🟦 강의 개요와 시간표

- 마음챙김 연습(5분)
  - 참여하기: 딱 빠지직 뿅(3분)
  - 연습에서 관찰한 바 기술하기(2분)
- 과제 점검(10분)
  - 〈과제 14-1〉 마음챙김: '무엇을' 기술과 '어떻게' 기술 연습
    - 학급 전체와 나누기
  - 다이어리 카드
- 주요 개념 소개(5분)

■ 정서 조절은 어떤 정서를 느낄지, 언제 느낄지, 어떻게 표현할지에 영향을 주는 과정이다.

■ 모두 정서의 목록을 만든다.

• 토론: 정서 조절의 목표(13분)

■ 〈유인물 15-1〉 정서 조절: 정서 조절 목표 소개(10분)

○ 정서 경험 이해하기

○ 정서 취약성 줄이기

○ 원치 않는 정서의 빈도 줄이기, 정서 괴로움 줄이기

■ 〈유인물 15-2〉 정서 조절: 정서 목록 소개(3분)

○ '정서 가족'을 찾아본다.

• 토론: 정서는 무슨 도움이 되나?(10분)

■ 〈유인물 15-3〉 정서 조절: 정서는 무슨 도움이 되나? 소개

○ 정서는 정보를 제공한다.

○ 정서는 타인과 소통하게 하고 타인에게 영향을 미친다.

○ 정서는 우리 행동에 동기를 부여하고 준비시킨다.

• 단원 요약(2분)

■ 정서 조절의 목표와 정서의 기능 복습

• 과제 설명(5분)

■ 〈과제 15-4〉 정서 조절: 정서에 관한 오해

○ 각 오해에 대한 반대 의견을 적는다.

■ 〈과제 15-5〉 정서 조절: 정서 일기

○ 한 주 동안 경험한 세 가지 정서의 기능을 분석한다.

■ 다이어리 카드

🔲 세부 강의 계획

마음챙김 연습(5분)

참여하기: 딱 빠지직 뽕(3분)

학생들을 환영하고 오늘의 마음챙김 연습은 참여하기임을 알린다. 다음과 같이 설명한다.

오늘 우리는 '딱 빠지직 뿅' 게임을 하면서 마음챙김 참여하기를 연습할 거예요. 각 단어를 말할 때마다 해야 하는 동작이 있어요. 제가 설명을 한 뒤에 일어서서 커다란 원으로 서서 게임을 할 거예요.

필요하다면 대여섯 명의 학생으로 구성된 작은 원을 만들 수도 있다.

우리가 해 볼 것은 이거예요. 한 사람이 오른팔을 머리 위로 올려 왼쪽에 있는 사람을 가리키거나 아니면, 왼팔을 머리 위로 올려 오른쪽에 있는 사람을 가리키면서 '딱'이라고 말해요. '딱'을 받은 사람(첫 사람의 왼쪽이나 오른쪽에 있는 사람)은 왼팔을 가슴 높이로 들어 올려 오른쪽에 있는 사람을 가리키거나, 오른팔을 가슴 높이로 들어 올려 왼쪽에 있는 사람을 가리키면서 '빠지직'이라고 말합니다.

'빠지직'을 받은 사람은 원 안에 아무나(가로질러 있는 사람도 포함해서) 가리켜 '뿅'이라고 말해요. '뿅'을 받은 사람은 자기 왼쪽이나 오른쪽에 있는 사람에게 '딱'을 보내면서 다시 시작하는 거예요. 연습을 이렇게 이어 가고, 빠르게 계속할수록 좋아요. 만약 누군가가 실수를 하면 모두 알아차리고, 아무나 다시 '딱'으로 시작해요.

이 연습은 참여하기 연습이기 때문에 이 활동에 온전히, 평가 없이 뛰어들기를 기억합니다. 평가하는 생각이 든다는 것을 알아차리면 그저 알아차리고, 흘려보낸 뒤에 다시 연습으로 돌아오세요. 만약 자기 차례가 돌아오면 뭘 할지 생각하고 있다는 것을 알아차리면, 그 순간에 참여하지 않고 있는 거예요. 그것도 알아차리고 순간으로 돌아오세요. 다시 한번, 누군가 실수를 해도 그저 알아차리고 흘려보내고, 게임을 다시 시작합니다.

계속 이어 간다.

제가 1이라고 말하면, 일어나서 마음챙김하며 큰 원(수업 크기에 따라서 작은 원)을 만들도록 하세요. 모두 자리를 잡고 제가 2라고 말하면, 심호흡하라는 뜻입니다. 그리고 제가 3이라고 말하면, 딱 빠지직 뿅 게임을 시작합니다.

이제 3까지 세면서 연습을 시작한다.

1: 마음챙김/완전히 깨어 있는 자세를 취하세요. 2: 심호흡을 하세요. 3: 딱 빠지직 뿅을 시작하세요.

3분간 연습을 한 다음 '그만'이라고 말한다.

연습에서 관찰한 바 기술하기(2분)
다음과 같이 강조한다.

실수를 할 때 자기 자신 또는 다른 사람을 평가하지 않거나, 언제 내 차례가 될지 생각하지 않고 마음챙김하며 기다리는 것은 참 어려워요. 그래서 우리의 목표는 우선 평가하지 않기, 두 번째, 만약 평가한다면 재빨리 알아차리고, 흘려보내고, 연습으로 다시 뛰어드는 것입니다.

학생들이 마음챙김 연습에서 관찰한 점을 나누게 한다. 필요하다면 관찰에 대한 피드백을 제공하는데, 학생들의 대답이 자기가 평가 없이 관찰하고 기술한 무언가를 포함하도록 한다(예: 연습을 평가하는 생각을 알아차렸어요. 매번 어떤 손동작이 다음에 오는지 잊어버렸다는 걸 알아차렸어요. 매번 멈추는 것을 알아차렸어요. 이것이 지난주와는 어떻게 다른지 생각하는 것을 알아차렸어요. 생각을 알아차렸어요. 신체 감각을 알아차렸어요. 내 마음이 다른 생각으로 흘러가는 것을 알아차렸어요. 이것이 나에게 어떻게 도움을 줄지 여러 생각이 들었어요. 지난주에 한 연습을 더 좋아한다는 것을 알아차렸어요. 불편하다는 것을 알아차렸고, 그래서 움직여야 했어요).

과제 점검(10분)

〈과제 14-1〉 마음챙김: '무엇을' 기술과 '어떻게' 기술 연습

학급 전체와 나누기
〈과제 14-1〉 완성본을 꺼내도록 한다. 누가 과제를 완성했는지 물어보고, 다 해 온 사람 중 한 사람이 '무엇을'과 '어떻게' 기술을 어떻게 연습했는지, 그리고 이 연습을 통해 생각, 정서, 행동이 어떻게 바뀌었는지 발표하게 하여 강화시킨다. 발표하는 학생과 같은 기술을 연습한 학생이 있는지 묻고 과제 점검을 한꺼번에 할 수도 있다. 경험의 유사점과 차이점에 대해 묻는다. 그다음 누가 다른 방법의 '무엇을' 혹은 '어떻게' 기술을 연습했는지 묻는다. 가능한 한 많은 학생과 이러한 방식으로 계속한다.

만약 연습을 어려워하는 학생이 있다면, 어려움을 해결하고 앞으로의 연습을 위해 코칭을 제공한다. 다른 학생들이 제안해 보도록 격려한다.

다이어리 카드

모든 학생이 다이어리 카드와 과제지를 제출하여 검토받도록 한다. 만일 모든 학생의 과제를 매 단원 검토할 수 없다면, 몇 단원을 거치는 동안에는 모두 검토할 수 있도록 한다.

주요 개념 소개(5분)

다음과 같이 설명한다.

> 우리는 모두 정서를 느껴요. 때때로 이 정서는 거대한 파도처럼 아주 강렬하기도 하죠. 이 강렬한 정서는 자신을 해치는 행동이나 문제가 되는 행동으로 이어지기도 합니다. 아무튼 우리는 이 파도를 타거나 파도의 크기를 줄이는 기술을 배워서 문제가 되는 행동을 피하도록 할 거예요.
>
> 우리는 정서를 없애 버리는 것이 아니라, 능숙하게 다루는 법을 배울 거예요. 정서 그 자체는 좋지도 나쁘지도 않아요. 그냥 정서인 것이죠. 어떤 것은 좋고, 어떤 것은 고통스럽습니다. 우리가 고통 감싸기 모듈에서 배운 것처럼 우리는 정서를 피할 수 없고, 정서를 단순히 없애 버릴 수 없기 때문에 어떻게 조절하는지를 배울 필요가 있어요.
>
> '정서 조절'은 어떤 정서를 느끼는지, 언제 느끼는지, 어떻게 표현하는지에 영향을 미치는 과정이라고 할 수 있습니다.

정서 목록 작성하기: 두 명의 학생을 앞으로 초대한다. 집단에게 가능한 한 많은 정서의 이름을 말하도록 하고, 두 명의 학생이 이를 칠판에 받아 적게 한다.

토론: 정서 조절의 목표(13분)

〈유인물 15-1〉 정서 조절: 정서 조절 목표 소개(10분)

〈유인물 15-1〉을 펴도록 한다. 이 유인물은 학생들이 이번 모듈에서 배울 기술의 일반적인 목표에 관한 개요이다.

정서 경험 이해하기

> 첫 번째 목표는 경험하는 정서를 이해하는 거예요. 이것은 정서를 관찰하고 기술하는 마음챙김 기술과 관련이 있고, 정서의 기능과 관련 있습니다. 정서는 우리 주변에서 일어나는

사건 혹은 자기 생각이나 느낌에 대한 반응일 수 있어요.

학생 한 명이 〈유인물 15-1〉의 첫 번째 목표 아래를 읽게 한다. 다음과 같이 설명한다.

모든 정서에는 생물학적 기능이 있어요.

만약 칠판에 쓰이지 않았다면, 네 가지 정서(두려움, 분노, 슬픔, 죄책감)를 적는다. 혹은 이미 적혀 있다면 동그라미 친다. 그리고 나서 다음과 같이 질문한다.

이 네 가지 정서의 기능은 무엇인지 다 같이 살펴볼까요? 두려움의 목적은 무엇이지요?

학생들이 답해 보도록 격려한다. (답: 위험에 대비시키는 신호)

분노의 목적은 무엇이지요?

학생들이 답해 보도록 격려한다. (답: 목표가 막혔다는 점을 알리는 신호)

슬픔의 목적은 무엇이지요?

학생들이 답해 보도록 격려한다. (답: 무언가를 잃어버렸다는 신호)

죄책감의 목적은 무엇이지요?

학생들이 답해 보도록 격려한다. (답: 우리 스스로가 가치에 위반하는 행동을 알리는 신호) 그리고 다음과 같이 말한다.

이제 우리는 정서가 과연 상황에 맞는지, 정서가 효과적으로 우리를 돕고 있는지, 혹은 그 순간에 모든 일을 더 어렵게 만드는지 아는 방법을 배워야 합니다.

정서 취약성 줄이기

〈유인물 15-1〉의 두 번째 목표 아래를 학생이 읽게 하거나, 아니면 다음과 같이 말한다.

두 번째 목표는 원치 않는 정서가 애초에 시작되지 않도록 막을 수 있게 정서 취약성을 줄이기입니다. 감정 마음에 대한 우리의 취약성을 줄이고 즐거운 활동을 늘리는 기술을 통해 이것을 달성할 거예요.

원치 않는 정서의 빈도 줄이기, 정서 괴로움 줄이기
계속 이어 간다.

마지막 두 목표는 원치 않는 정서의 빈도 줄이기와 원치 않는 정서가 생길 때 그로 인한 괴로움 줄이기입니다. 이 모듈에서는 우리가 느끼는 바를 변화시킬 수 있는 다양한 기술과 마음챙김을 사용하여 정서를 경험하는 방법을 배울 거예요.

다음과 같이 질문한다.

고통 감싸기 모듈에서 정서로부터 주의를 환기하는 방법을 배웠습니다. 매번 정서로부터 주의를 돌리는 것이 과연 효과적일까요?

'아니요'라는 대답을 격려하고, 다음을 덧붙인다.

이 모듈에서는 정서에 압도되지도 않고 감정 마음으로 치닫지 않은 채 진득하게 정서를 경험하는 방법을 배울 거예요.

〈유인물 15-2〉 정서 조절: 정서 목록 소개(3분)
〈유인물 15-2〉를 펴게 한 다음 묻는다.

칠판에 없는 정서 중에서 이 목록에 무엇이 있나요?

만약 있다면, 학생이 추가로 칠판에 적게 한 다음 묻는다.

여기 목록에 없는 정서 중 우리 칠판에 무엇이 있나요?

만약 있다면, 유인물의 목록에 추가하도록 한다. 계속 설명한다.

여기 나와 있는 것처럼 정서는 무척 많아요. 하나의 정서가 강도에 따라 서로 다른 이름
으로 표현되기도 합니다. 예를 들어, 좌절, 분노, 격분처럼 말이지요. 강도 수준에 따라 다
른 '정서 가족'을 찾아볼 수 있나요?

대답을 격려한다. 그리고 다음과 같이 설명한다.

이 모듈을 하는 동안 우리는 정서를 인식하고, 이름 붙이고, 조절하는 방법을 배울 거예요.
여러분이 이렇게 많은 정서 이름을 이미 알고 시작할 수 있다니 훌륭합니다.

토론: 정서는 무슨 도움이 되나?(10분)

〈유인물 15-3〉 정서 조절: 정서는 무슨 도움이 되나? 소개

〈유인물 15-3〉을 펴게 한다. 이 모듈의 목적은 정서 조절이지, 정서를 없애는 것이 아
니라고 강조한다. 다음과 같이 질문한다.

살면서 정서가 도움이 되었던 때를 생각해 볼 수 있나요?

한두 학생이 정서가 어떻게 도움이 되었는지 나누게 한다. 다음 학생이 〈유인물 15-3〉
에서 '정서는 정보를 제공합니다.' 아래를 읽게 한다. 정서는 내면의 자명종과 같아서 중요
한 무언가를 알리는 신호임을 강조한다. 무언가에 대한 어떤 직감이 든다면, 그것을 사실
로 받아들이기보다는 어떤 메시지로 받아들인다. 하지만 그 신호를 무시해서는 안 될 것이
다. '직감'이 든다면 팩트 체크를 하는 것이 중요하다.
학생들이 어떤 상황에서 '직감'에 귀를 기울였고 결국 사실로 판명 났던 경험을 나누도록
격려한다. 이는 지혜로운 마음 경험이었을 수 있음을 짚어 준다. 그러나 다음을 덧붙인다.

정서를 사실로 받아들일 때 문제가 생길 수 있어요. 치과에 대한 두려움에만 귀 기울이
고, 이것을 마치 치과 의사는 해롭다는 사실로 받아들인다면, 우리 입속은 전부 다 썩은 이
로 가득하겠지요! 마찬가지로, 자신이 나쁜 사람 같다는 죄책감을 느낀다고 해서 이것이
실제로 내가 나쁜 사람이라는 사실을 증명하는 건 아닙니다.

이제 학생이 〈유인물 15-3〉에서 '정서는 타인과 소통하게 하고 타인에게 영향을 미칩
니다.' 아래를 읽게 한다. 표정을 통해 정서를 의사소통하는 것의 중요성을 논의하고, 말로

표현할 기회가 없는 위험한 상황에서 이것이 생명을 구할 수 있을 정도로 중요하다는 점을
언급한다.

> 우리 얼굴은 정서를 보여 주도록 만들어져 있고, 우리 두뇌는 다른 사람의 얼굴에 나타
> 난 정서를 인식하도록 만들어져 있어요. 슬픔은 다른 사람에게 '나 도움이 필요해.'라는
> 메시지를 전달하고, 분노는 '그만해!'라는 메시지를 다른 사람에게 전달합니다. 예를 들
> 어, 2004년 인도양 쓰나미 때 사람들은 다른 사람의 표정을 보았고, 즉각적으로 도망칠
> 수 있었습니다.
>
> 여러 연구는 문화 차이에도 불구하고 사람들이 타인의 정서가 담긴 얼굴 표정을 인식할
> 수 있음을 밝혀냈습니다. 이런 표정은 보편적이에요. 표정은 '보편적 언어'와 같아서 만약
> 언어 표현이 얼굴, 자세, 목소리 톤에서 표현되는 정서와 일치하지 않는다면, 사람들은 말
> 보다는 비언어적 표현을 더 믿을 가능성이 커요. 때로 사람들이 비언어적 표현만 읽고 말
> 을 듣지 않는다면, 이는 문제를 야기할 수 있습니다. 예를 들어, 반에서 어떤 애가 나를 놀
> 릴 때, 체면을 세우기 위해서 덩달아 웃으면서 그만두라고 말로 할 수 있어요. 그런데 사
> 람들은 웃는 것에만 주의를 기울이고 말에는 주의를 두지 않아서 마치 내가 그 농담을 괜
> 찮게 생각하는 것처럼 잘못 해석할 수 있지요.

언어와 비언어적 정서 표현이 불일치했던 경험의 예가 있는지 학생들에게 묻는다. 앞의
예시처럼 학생들이 누군가의 말보다 비언어적 표현에 더 주의를 둔 적이 있는지 묻는다.
학생이 〈유인물 15-3〉에서 '정서는 우리 행동에 동기를 주고 행동을 준비시킵니다.' 아
래를 읽게 하고, 다음과 같이 말한다.

> 우리가 앞서 논의했듯이 모든 정서는 우리 행동에 동기를 주는 기능이 있어요. 두려움은
> 몸이 도망치거나 얼어붙도록 준비시키고, 이것은 위험을 피하도록 돕죠. 분노는 싸우거나
> 공격하도록 몸을 준비시키고, 이것은 우리 스스로를 방어하고 통제를 얻도록 도와요. 정서
> 는 어떤 상황에서 우리가 빠르게 행동하도록 하고, 응급 상황이라면 중요한 시간을 벌 수
> 있습니다. 시험 때문에 불안했던 때를 한번 떠올려 보세요. 시험 불안은 공부하는 행동에
> 동기를 줍니다.

칠판에 여키스 도슨(Yerkes-Dodson) 곡선([그림 15-1] 참조)을 그리고 설명한다.

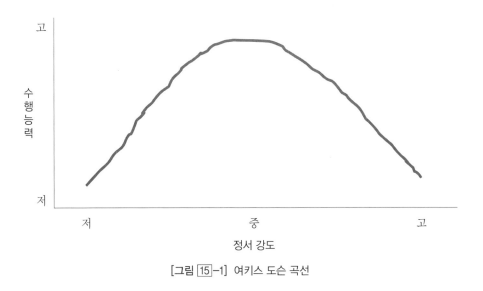

[그림 15-1] 여키스 도슨 곡선

사람마다 최적의 수행 구역이 있어요. 이것은 도전할 만은 하지만 과잉은 아닌 마음 상태입니다. 이는 정서 강도가 너무 높거나 너무 낮지 않을 때, 그 사람에게 중간 정도일 때 일어나요. 시험 불안이 낮다면 공부하지 않겠지요. 반대로 너무 높다면, 책을 펴고 앉거나 그 무엇도 공부할 수 없을 만큼 너무 스트레스가 클 겁니다.

단원 요약(2분)

새로운 모듈을 시작하고 하루에 많은 정보를 배운 학생들의 큰 노력을 인정해 준다. 정서 조절의 목표와 정서 기능을 복습한다.

과제 설명(5분)

〈과제 15-4〉 정서 조절: 정서에 관한 오해
다음과 같이 설명한다.

다음 주에 여러 정서를 살펴보기 전에, 정서에 관해 사람들이 가진 오해를 논의해 볼 거예요. 정서에 대한 오해를 논의하는 게 왜 중요할까요?

학생들이 대답하게 하고, 토론한다.

어떤 사람들은 정서를 느끼는 데 방해가 되는 생각들을 합니다. 예를 들어, 사람들이 이렇게 말하기도 해요. "나는 절대로 슬픔을 허용하지 않아." 혹은 "약해 빠진 사람들만 무서워하지." 이런 말에 대해 어떻게 생각하나요? 여러분도 정서에 대해 이와 같이 생각하나요?

〈과제 15-4〉는 정서에 관한 오해의 목록이에요. 각 오해마다 반대하는 생각도 적혀 있습니다. 과제로, 또 다른 반대 생각을 적어 보고, 자기 자신에게 적용하여 자신에게 의미 있도록 적어 보세요. 과제지의 1번을 함께 봅시다.

학생이 1번을 읽게 한다. "모든 상황마다 느껴야 할 감정이 따로 있다." 그리고 학생들에게 묻는다.

정말 그런가요? 모든 상황마다 느껴야 할 감정이 정해져 있다고 생각하나요?

대답을 격려한다. 다음 학생에게 1번에 반박하는 생각을 읽게 하고, 학생들에게 묻는다.

이 반대 생각을 자신에게 적용하거나 자신에게 의미 있는 방식으로 바꾸어 말해 본다면 어떻게 될까요?

다음과 같은 대답이 가능하다.

• 어떤 상황에서 다른 사람들과는 다른 감정을 느낄 수 있고, 그래도 괜찮다. 모든 사람은 다르다.
• 다양한 사람이 각기 다른 정서 반응을 느껴도 괜찮다.
• 나의 감정은 다른 사람들의 감정이 그렇듯 타당하다.

첫 번째 과제로 학생들이 〈과제 15-4〉를 해 오게 한다. 활동지에는 정서에 대한 몇 가지 오해와 각 오해마다 가능한 반대 생각이 적혀 있다. 각 오해마다 자신만의 반대 생각을 만들어 오게 한다.

〈과제 15-5〉 정서 조절: 정서 일기

다음을 설명한다.

오늘 우리는 정서의 기능을 배웠어요. 이 기능에 대한 이해를 더 높이기 위해 두 번째 과제로 〈과제 15-5〉에 이번 주 정서 일기를 써 봅시다. 이 과제는 정서가 자신과 타인에게 주는 영향을 이해할 수 있도록 효과적으로 도와줄 거예요. 이번 주에 느낀 정서 최소 세 가지를 기록하세요. 하루 중 가장 강한 정서일 수도 있고, 가장 오래간 정서일 수도 있습니다. 그리고 나서 그 정서가 행동에 동기를 주었는지, 타인에게 무엇을 소통했는지, 자신에게 무엇을 소통했는지 기술해 보세요. 최소한 세 번은 해 보세요.

다이어리 카드

학생들에게 새로운 다이어리 카드를 나누어 준다. 이 주에는 모든 마음챙김 기술과 고통 감싸기 기술을 연습하도록 과제를 준다. 학생들은 다이어리 카드에 이번 주에 기술을 사용한 날짜와 정도를 표기한다.

마지막으로, 과제 완수를 방해하는 요인에 대한 문제 해결 시간을 가진다. 과제 혹은 과제를 할 때의 장애물에 대해 질문이 있는지 확인한다. 만약 있다면, 질문에 답하고 장애물을 다룬다. 과제를 할 의지가 없거나, 이번 주에 다른 과제가 너무 많거나, 잊어버리거나, 과제를 이해하지 못하는 것 등이 장애물이 될 수 있다. 학생들이 장애물을 찾을 수 있도록 돕고, 이를 극복할 수 있는 계획을 함께 세운다. 한 예로, 잊어버리는 것이 문제라면, 과제를 적고 휴대전화나 달력에 과제 완성 알람을 설정할 수 있다. 과제를 할 의지가 없는 경우에는 먼저 이유를 듣고 동기를 높여 주거나, 과제를 해 오는 것의 중요성(예: 성적)을 상기시켜 주거나, 또는 기타 도움이 될 만한 설명을 해 준다. 과제 관련 문제 해결은 매주 과제를 나누어 준 이후 반드시 진행하도록 한다.

16단원

정서 조절:
정서 기술하기

⚛ 요약

정서(역주: 이 책에서 '정서'와 '감정'은 같은 의미로 쓰임)의 종류는 무수하고, 각 종류를 기술하는 용어가 여러 개 있다. 오늘 가르칠 단원은 정서가 무엇인가를 학생에게 가르치는 데 초점이 있다. 정서란 일차적으로 생물학적으로 타고나며, 촉발 사건, 해석, 생리적 변화, 표현, 사후 효과를 포함한 여러 요소로 구성되는 복잡하고 총체적인(full-system) 반응이다. 이 단원에서는 다양한 요소를 학생들이 잘 이해하도록 정서 모형을 활용한다. 단원 마무리에는 정서 한 가지를 골라서 정서 모형에 따라 논의하고 설명하는 소집단 활동을 한다.

🌐 요점

1. 정서는 총체적 반응으로 약 60~90초간 지속된다. 이보다 더 오래 지속되는 정서는 두뇌 신경 세포의 반복적 재활성화에 기인한다.
2. 정서는 복잡하다. 촉발 사건, 해석, 생리적 변화, 표현, 신체에서 경험하는 사후 효과를 탐색할 때에 가장 잘 이해할 수 있다.

🔵 준비물

1. 본 단원 유인물
   - 〈유인물 16-1〉 정서 조절: 정서 모형
   - 〈유인물 16-2a~16-2h〉 정서 조절: 정서를 기술하는 방법
   - 〈과제 16-3〉 정서 조절: 정서 모형 연습(2부)
2. 자료 없이 수업에 온 학생들을 위한 여분의 유인물과 필기도구
3. 과제 복습 활동: 색도화지 10장과 마커
4. 보드 마커나 분필
5. 수업을 마칠 때 나누어 줄 수 있도록 새 다이어리 카드를 준비한다. 가능하면 다이어리 카드에 '정서 기술하기' 기술을 강조해 둔다.

🔔 준비

1. 학생 기술 바인더에 있는 강의 계획과 유인물을 검토한다.
2. 가능하면 학생들이 서로 바라보고 앉도록 교실의 책상을 미리 배치해 둔다.

🔵 강의 개요와 시간표

- 마음챙김 연습(5분)
  - ■ 관찰하기/지혜로운 마음: 들이마시면서 '지혜', 내쉬면서 '마음'(3분)
  - ■ 연습에서 관찰한 바 기술하기(2분)
- 과제 점검(10분)
  - ■ 〈과제 15-4〉 정서 조절: 정서에 관한 오해
  - ■ 〈과제 15-5〉 정서 조절: 정서 일기
    - ○ 소집단과 나누기
  - ■ 다이어리 카드
- 주요 개념 소개(2분)
  - ■ 정서는 다양한 요소로 구성된 총체적 반응이다.

■ 정서는 60~90초 동안 지속된다.

• 토론: 정서 모형(28분)

■ 〈유인물 16-1〉 정서 조절: 정서 모형 소개(15분)

○ 수업 연습: 예시를 들어 모형 배우기

○ 촉발 사건 1

○ 취약 요인

○ 사건에 대한 생각

○ 내적 경험: 몸 안에 미치는 영향

○ 외적 경험: 몸 밖에 미치는 영향

○ 정서 이름

○ 행동 결과

○ 촉발 사건 2

■ 〈유인물 16-2a~16-2h〉 정서 조절: 정서를 기술하는 방법 소개(5분)

○ 분노 소개

■ 수업 활동: 〈과제 16-3〉으로 소집단 활동(8분)

• 단원 요약(2분)

• 과제 설명(3분)

■ 〈과제 16-3〉 정서 조절: 정서 모형 연습

■ 다이어리 카드

📖 세부 강의 계획

마음챙김 연습(5분)

관찰하기/지혜로운 마음: 들이마시면서 '지혜', 내쉬면서 '마음'(3분)
수업에 온 것을 환영하고 마음챙김 연습을 소개한다.

　　오늘 우리는 호흡을 관찰하고 지혜로운 마음에 닿는 연습을 할 거예요. 때때로 우리는 지혜로운 마음에 닿기 위해 의도적으로 우리 마음의 속도를 늦추고 고요하게 할 필요가 있어요. 오늘 연습에서는 호흡에 집중해 볼게요. 들이마시면서 속으로 '지혜'라는 단어를 말하고, 내쉬면서 '마음'이라는 단어를 말합니다. 우리 모든 주의를 오직 호흡에만 두면서 지혜로운 마음에 닿는 연습을 해 보겠습니다. 3단원에서 이 연습을 했다는 것을 기억하지요?

제가 1이라고 말하면, 마음챙김/완전히 깨어 있는 자세를 취해 보세요. 이제 모두가 잘 아는 대로 발을 바닥에 잘 붙이고, 바르게 앉아 손을 무릎 위에 올립니다. 눈은 뜬 채로 부드럽게 앞쪽을 바라보세요. 시선을 편히 둘 수 있는 10~15cm 정면 공간을 찾아봅시다. 눈을 깜빡이거나 침을 삼키는 충동 이외에 신체 감각으로 주의가 분산된 것을 알아차리면, 행동하려는 충동에 따르지 말고 그냥 알아차리기만 하세요. 그리고 호흡으로 돌아옵니다. 제가 2라고 말하면, 심호흡을 하세요. 그리고 제가 3이라고 말하면 연습을 시작하세요. 끝날 때 '그만'이라고 말하면 자리로 돌아가면 됩니다.

이제 3까지 세면서 연습을 시작한다.

1: 마음챙김/완전히 깨어 있는 자세를 취하세요. 2: 심호흡을 하세요. 3: 연습을 시작하세요.

2분간 연습을 한 다음 '그만'이라고 말한다.

연습에서 관찰한 바 기술하기(2분)

다음과 같이 질문한다.

연습하면서 무엇을 관찰하였나요? 지혜로운 마음에 닿으면서 생긴 평가나 어려움을 알아차렸나요?

학생들이 돌아가며 연습할 때 관찰한 것을 나누게 한다. 필요하다면 관찰에 대한 피드백을 제공하는데, 학생들의 대답이 자기가 평가 없이 관찰하고 기술한 무언가를 포함하도록 한다(예: 평가하는 생각을 알아차렸어요. 움직이려는 충동을 알아차렸어요. 안에서 일어나는 슬픔을 알아차렸어요. 얼굴에 미소를 알아차렸어요. 이것이 지난주와는 어떻게 다른지 생각하는 것을 알아차렸어요. 생각을 알아차렸어요. 신체 감각을 알아차렸어요. 내 마음이 다른 생각으로 흘러가는 것을 알아차렸어요. 이것이 나에게 어떻게 도움을 줄지 여러 생각이 들었어요. 지난주에 한 연습을 더 좋아한다는 것을 알아차렸어요. 불편하다는 것을 알아차렸고, 그래서 움직여야 했어요).

과제 점검(10분)

〈과제 15-4〉 정서 조절: 정서에 관한 오해
〈과제 15-5〉 정서 조절: 정서 일기

소집단과 나누기
〈과제 15-4〉와 〈과제 15-5〉의 완성본을 꺼내 놓게 하고 다음과 같이 말한다.

> 오해에 대한 반대 생각을 만들고 정서의 기능을 기술하기란 어려울 수 있습니다. 이번 주 과제가 어려웠던 사람 있나요?

학생들이 겪은 어려움에 대한 전반적인 질문에 답한다. 그 후 셋 혹은 넷의 집단으로 나눈 다음, 집단별로 8가지 오해를 나누어 주고 설명한다.

> 집단에서 배정받은 오해에 대해 이번 주에 각자 개발한 반대 생각을 나누어 보세요. 반대 생각을 도화지에 적어서 방을 장식해 볼 거예요. 시간이 되면 제가 도화지를 나누어 드리겠습니다. 반대 생각을 논의한 다음(특히 생각해 내기 어려웠던 반대 생각에 대해서), 그것이 오해를 여전히 지지하는 면이 있다면 필요한 만큼 바꿔 보세요. 오해에 대한 활동을 끝냈으면, 〈과제 15-5〉의 정서 일기를 꺼내서 일주일 동안 경험한 정서 중 다른 사람과 나눌 만한 정서에 대해 논의해 보세요. 그리고 정서가 어떤 행동에 동기를 주었는지, 무엇을 다른 사람과 소통하고 자신과 소통하게 했는지 기술해 보세요.

5분 뒤 도화지와 마커를 나누어 준다. 앞으로 5분 동안 창의적인 방법으로 가장 마음에 드는 반대 생각을 도화지에 적어서 교실 벽에 붙이게 한다. 모든 사람이 끝났으면, 전체가 다시 모여서 반대 생각과 정서의 기능을 나누어 보게 한다.
만약 연습을 어려워하는 학생이 있다면, 어려움을 해결하고 앞으로의 연습을 위해 코칭을 제공한다. 다른 학생들이 제안해 보도록 격려한다.

다이어리 카드
모든 학생이 다이어리 카드와 과제지를 제출하여 검토받도록 한다. 만일 모든 학생의 과제를 매 단원 검토할 수 없다면, 몇 단원을 거치는 동안에는 모두 검토할 수 있도록 한다.

주요 개념 소개(2분)

학생들과 복습한다.

정서의 목적 세 가지는 무엇이지요?

다음과 같은 대답을 유도한다.

- 행동에 동기를 준다.
- 스스로와 소통한다.
- 타인과 소통한다.

그다음 질문한다.

정서는 얼마나 오래가지요?

이 질문에 여러 학생이 답하여 다양한 답이 나오도록 한 다음 설명한다.

실제로 정서는 60~90초 동안 지속됩니다. 하지만 때로는 마치 정서가 몇 시간이고 며칠이고 계속되는 것처럼 느껴지기도 해요. 왜냐하면 우리 몸에 정서를 유발하도록 신경 세포가 지속적으로 다시 활성화되기 때문이에요. 오늘 우리는 정서의 다양한 요소에 대해 배우고, 앞으로 이 모듈 마지막까지 우리가 정서를 조절하기 위해 개입해야 할 다양한 지점을 확인할 거예요. 하나의 요소를 바꿀 수 있다면 전체 정서 반응에 영향을 미칠 수 있습니다. 정서는 자기 영속적이므로 때로는 너무 오래 계속되는 것처럼 느껴질 수 있어요. 한번 정서가 시작되면, 이는 다른 정서를 촉발하는 사건을 유발하는 방식으로 영향을 미칠 수 있습니다.

토론: 정서 모형(28분)

〈유인물 16-1〉 정서 조절: 정서 모형 소개(15분)
다음과 같이 설명한다.

정서를 조절하는 법을 배우기에 앞서 정서를 인식하고 이름 붙이는 것이 중요해요. 과거에 이런 질문을 받아 본 적이 있나요? '기분이 어때?' 여기에 '짜증 나.'라는 답을 해 본 적이 있나요?

학생들에게 '짜증 나.'의 뜻을 설명해 보게 한다. 그리고 질문한다.

　좋아요. '짜증 나.'의 정서는 무엇인가요? '짜증'은 부정적인 정서를 지칭하는 쉬운 용어로 잘 쓰입니다. 무서움, 슬픔, 걱정, 화, 좌절감 대신 쓰이죠. 오늘은 구체적인 정서를 인식하고 이름 붙이는 법을 배울 거예요. 우리가 무엇을 느끼는지 인식할 수 있게 되면, 정서 조절을 시작할 수 있습니다. 자신과 다른 사람에게 기분이 어떤지 소통하거나, 필요할 때 정서를 바꿔 보는 시도를 하면서 정서에 이름을 붙일 수 있어야 합니다.

수업 연습: 예시를 들어 모형 배우기
계속 설명한다.

　모형을 한 번에 한 요소씩 살펴보고, 각 요소를 알고 이해해 보도록 하겠습니다. 예시를 들어 전체 모형을 다 살펴본 뒤, 소집단으로 나누어 각기 다른 정서에 대한 모형을 만들어 보겠습니다.
　우선, 누군가가 '나 무서워.'라고 말했다면 이것은 무슨 뜻인가요?

학생들에게 답하도록 격려한 다음 설명한다.

　정서는 총체적 반응(full-system response)으로 우리의 생각, 몸의 감각, 행동을 포함해요. 오늘은 정서를 구성하는 다양한 요소를 전부 살펴볼 거예요.

모형을 설명하면서 각 요소를 칠판에 그려 전체 그림을 완성하도록 한다. 〈유인물 16-1〉의 **촉발 사건 1** 상자부터 설명한다.

　촉발 사건 1은 전체 정서 과정을 촉발하는 사건을 말합니다. 이는 생각이나 감각처럼 내적으로 일어날 수도 있습니다. 하지만 대개는 주변에서 일어나는 일들로, 본 것이나 들은 것, 혹은 누군가가 한 말이나 행동이 될 수 있습니다. 외적 촉발 사건은 주변에서 일어나는 일을 말합니다. 누군가가 무슨 말을 한 것, 성적이 나오거나 싸움을 보는 것이 될 수 있습니다. 내적 촉발 사건은 내 안에서 일어나는 것, 기억이나 생각이 될 수 있습니다. '무서움'의 촉발 사건으로 무엇이 있을까요?

예시를 칠판에 적는다.
다음, 촉발 사건으로 이어지는 **취약 요인**을 그리고 묻는다.

> 혹시 어떤 날은 다른 날보다 특히 더 정서적으로 예민하게 반응하게 된다는 점을 알고 있었나요?

학생들이 이런 경험에 관한 예시를 제공하게 한 다음 설명을 계속한다.

> 정서는 특정 취약성으로 인해 더 강해질 수 있어요. 잠을 충분히 못 잔다거나, 잘 먹지 않았거나, 몸이 아플 때 그래요. 만약 피곤하거나 배고프거나 아프면, 평소에 잘 먹고 잘 쉬고 건강할 때와 비교했을 때, 누군가가 인사를 하지 않고 지나가는 촉발 사건에 더 반응하게 될 수 있어요. 과거에 일어난 일 또한 취약성이 될 수 있습니다. 할머니의 기일이나 헤어진 연인과의 기념일도 될 수 있어요. 이런 요인은 그 자체로 촉발 사건은 아니지만, 촉발 사건이 일어났을 때 정서가 일어날 취약성을 높입니다. 피곤하고, 배고프고, 아픈 것 이외에 어떤 다른 취약 요인이 있을 수 있을까요?

칠판에 예시를 적는다.
다음, **사건에 대한 생각** 상자를 그린다.

> 생각은 촉발 사건에 대한 해석이에요. 누군가가 인사를 하지 않은 일은 외적 촉발 사건이고요. 이것은 여러 다양한 해석으로 이어질 수 있습니다. 이렇게 생각할 수 있지요. '그냥 나를 못 봤을 거야.' 혹은 '나에게 화가 났나 봐.' 혹은 '몹시 우울해서 말하고 싶어 하지 않았나 봐.'라고 생각할 수도 있어요. 무언가가 일어났을 때, 우리는 그 사건에 대해 생각합니다. 마음속으로 사건을 해석하고 어떤 의미를 부여하죠. 자, 사건에 대한 우리의 생각이 언제나 정확할까요? 때로는 그렇지 않습니다. 그러나 사건에 대해 우리가 어떻게 생각하느냐는 우리의 느낌에 엄청난 영향을 미칩니다. 우리가 만든 '무서움'의 촉발 사건에 대한 생각에는 무엇이 있을까요?

칠판에 예시를 적는다. 똑같은 촉발 사건이라 할지라도 무수한 해석이 붙고, 다양한 정서 반응으로 이어질 수 있음을 강조한다. 예를 들어, 뱀을 보았을 때 누군가가 '나를 해칠 거야.'라고 생각하면 두려움이 촉발될 것이고, '멋있다.'라고 생각한 사람에게는 호기심이나 신나는 마음이 촉발될 것이다.

다음 **몸 안**에서 무엇이 일어나는지 그리고 논의한다.

> 각 정서는 다른 사람이 볼 수 없는 내면에서 무언가를 일으켜 각기 다르게 몸에 영향을 미쳐요. 보이지 않는 것이란 두뇌에서 활성화하는 신경세포나 생리적 변화, 예를 들어 심장이 빨리 뛴다거나, 체온이 상승한다거나, 근육이 긴장하는 것 등이 있어요. 또한 내적으로 행동 충동을 경험하게 됩니다. 행동 충동이란 어떤 행동을 하려는 충동으로, 실제 우리 모두에게 특정 행동을 행하기 전에 생깁니다. 때로는 행동 충동이 너무 빨리 일어나서 알아차리지 못할 때도 있지만, 이제 우리에게 마음챙김 기술이 있으니 앞으로는 실제로 행동하기에 앞서 충동을 더 잘 자각하게 될 거예요. 여기 종이 울리기 직전에 실제 가방을 싸지는 않지만, 가방을 싸고 싶은 충동을 느껴 본 사람이 몇 명인가요? 사람들에게 익숙한 충동 중에는 분노와도 관련이 있는, 싸우거나 공격하려는 충동이 있어요. 화가 났다고 사람들을 때리는 것이 보통은 사회에서 받아들여지지 않기 때문에 때리기 전의 충동을 우리는 알고 있습니다. 중요한 것은 행동하려는 충동과 실제 행동하기는 다르다는 거예요. 우리는 충동을 관찰하고 기술하도록 해 볼 거예요. 충동 행동을 줄이는 방법으로써 행동하지 않고 충동을 관찰하는 능력을 알고 키워야 합니다. 무서움에 대한 촉발 사건과 해석에 대한 반응으로 느낄 수 있는 신체 감각이나 행동 충동에는 무엇이 있을까요?

예시를 칠판에 적는다.

다음, **몸 밖**에서 무엇이 일어나는지 그리고 논의한다.

> 자, 우리 몸 안에서 일어나는 것을 배웠습니다. 몸 밖에서는 무엇이 일어날까요? 다른 사람이 관찰할 수 있는 것으로 무엇이 있을까요?

학생이 대답해 보게 한다. 그리고 계속 이어 간다.

> 보이는 것, 몸 밖에서 관찰할 수 있는 것 중에는 표정, 자세, 우리가 하는 말, 우리가 하는 행동이 있어요. 정서를 표현하는 가장 또렷한 방법은 말을 통해서입니다. '무서움' 촉발 사건과 생각에 대한 반응으로 우리가 경험할 수 있는 외적 신체 반응과 행동에는 무엇이 있을까요?

예시를 칠판에 적고 덧붙인다.

> 정서를 다르게 표현하는 것이 정서를 억제하는 것과는 다르다는 점을 잘 알아야 해요. 정서를 억제한다면 더 극단적인 정서가 생길 수 있습니다. 정서를 다르게 표현한다는 것은 정서를 더 효과적인 방법으로 표현한다는 뜻이에요('효과적으로'는 마음챙김 '어떻게' 기술 중 하나라는 것을 기억한다).

다음, 칠판에 **행동의 결과** 상자를 그리고, 다음과 같이 말한다.

> 결과란 행동이나 신체 반응 이후에 일어나는 사건을 말해요. 이것을 정서의 '사후 효과' 라고 말할 수 있어요. 너무나 슬퍼서 운 다음에는 피곤해지고, 또렷하게 생각하지 못한다는 점을 알고 있나요? 이것이 바로 사후 효과 혹은 결과입니다. 때로 결과는 다른 정서, 혹은 심지어 똑같은 정서를 유발하는 새로운 촉발 사건이 될 수도 있어요. 이런 식으로 정서는 두뇌에서 반복적으로 재활성화됩니다. 무서움의 결과에는 무엇이 있을까요?

예시를 칠판에 적는다.
마지막으로, 칠판에 **촉발 사건 2** 상자를 그리고, 다음과 같이 말한다.

> 때때로 결과는 다른 정서 경로를 시작하는 두 번째 촉발 사건으로 이어질 수 있어요. 결과는 현재 정서를 유지시키거나 두 번째 정서를 촉발하기도 합니다. 예를 들어, 무서워서 비명을 질렀는데 누군가가 나를 보고 웃었다고 해 보죠. 누군가가 웃은 일은 두 번째 촉발 사건이 되어서 창피함이라는 경험으로 이어질 수 있어요. 우리가 만든 무서움 모형에서 일어날 수 있는 다른 촉발 사건의 예시로 무엇이 있을까요?

예시를 칠판에 적는다.
모형에서 실선과 점선을 설명한다.

> 각기 다른 요소로 이어지는 선 중에 실선이 있고 점선이 있습니다. 왜 다른 선일까요?

학생이 답해 보도록 한다. 필요하다면 덧붙인다.

> 실선은 한 정서의 총체적 반응에서 일어날 수 있는 경로입니다. 첫 번째 촉발 사건이 생

각으로 이어질 수도 있고, 혹은 바로 내적 경험으로 갈 수도 있어요. 왜 이렇게 되어 있을
까요?

학생들이 답해 보게 한 다음 설명을 이어 간다.

때로 일어난 일에 대한 생각이 없을 수도 있어요. 자동으로 반응이 일어날 수도 있죠. 위
험에 대한 우리 몸의 자연스러운 경보 체계가 그렇습니다. 길에서 자전거를 타거나 운전을
하고 있는데 갑자기 앞에 무언가 뛰어 들어오면, 앞으로 닥칠 위험에 대해서 생각할 시간
이 없을 거예요. 몸이 빠르게 반응하지요. 심장 박동이 증가하고, 혈압이 높아지고, 급히 브
레이크를 밟거나 다른 방향으로 틀 겁니다. 점선은 발생 가능한 경로를 나타내는데, 이 경
로를 통해 다음 정서가 재활성화될 수 있어요. 그러나 정서 하나의 결과가 언제나 다른 촉
발 사건이나 다른 정서를 유발하는 것은 아닙니다.

학생들과 이 전체 과정에 관해 질의응답의 시간을 가진 다음 말한다.

자, 이제 다시 인사를 하지 않고 지나간 친구에 대해서 생각해 보죠. 사건을 어떻게 해석
했느냐에 따라 다른 감각이 생길 거예요. 만약 친구가 일부러 무시한다고 생각했다면, 내
적 · 외적 경험에는 무엇이 생길까요?

학생이 대답해 보게 한다. 그리고 필요하다면 덧붙인다.

심장 박동이 올라가거나, 폭발할 것 같은 느낌이 들거나, 상대에게 소리 지르고 싶은 충
동이 들 수도 있어요. 신체 언어를 보면 주먹을 꽉 쥐고 있거나, 얼굴이 붉어질 거예요. 실제
로 소리를 지를 수도 있을 것이고, 이때 소리를 지르는 것은 행동이 되겠죠. 이 정서는 화입
니다.
만약 친구가 더 이상 나를 좋아하지 않는다는 식으로 사건을 해석한다면, 내적 · 외적 경
험으로 무엇이 생길까요?

다시 학생이 대답해 보게 하고, 필요하다면 덧붙인다.

목구멍이 좁혀지는 신체 감각이나 울고 싶은 충동이 생길 수 있어요. 물러서는 신체 언어
를 취할 수도 있어요. 이 정서는 슬픔입니다. 나와 말하려 하지 않는 친구를 떠올릴 때마다

슬픔이라는 정서의 전체 바퀴가 다시 시작될 거예요. 혹은 두려움 반응을 유발할 수 있어
요. 다시는 친구가 생기지 않을 거라는 걱정을 할 수 있습니다.

〈유인물 16-2〉 정서 조절: 정서를 기술하는 방법 소개(5분)

〈유인물 16-2a〉를 펴 보게 한다. 유인물의 각 부분과 칠판에 그린 정서 모형과 연결시
켜 살펴본다. 다음과 같이 설명한다.

> 정서를 관찰하고 기술하는 법을 배우면 정서를 이해하고 조절하는 데 도움이 됩니다.
> 다음 유인물은 매우 긴데요. 페이지마다 다양한 정서와 각 정서의 요소가 담겨 있어요. 〈유
> 인물 16-2a〉화부터 시작하겠습니다. 보시다시피 우리가 논의할 각 부분은 여기 모형의
> 부분과 일치할 거예요. 〈유인물 16-2〉는 어떤 정서를 느끼는지 확실하지 않을 때 쓰면 좋
> 아요. 확인 가능한 요소, 예를 들어 생각이나 행동 충동부터 확인해 보고, 유인물 전체를
> 살펴보면서 특정 경험들이 결국 어떤 정서에 들어맞는지 볼 수 있어요. 〈유인물 16-2〉의
> 나머지 (b~h)에서는 다양한 정서에 관한 기술이 나와 있으니 읽어 보기 바랍니다.

화를 뜻하는 다양한 단어를 학생들에게 짚어 준다. 또한 화를 촉발하는 다양한 촉발 사
건, 화를 촉발하는 사건에 관한 생각, 내적 신체 반응(신체 변화와 감각), 외적 신체 요소(표
현과 행동)에 대해 논의한다.

수업 활동: 〈과제 16-3〉으로 소집단 활동(8분)

소집단으로 학생들을 나눈다(학생 수에 따라, 남은 7가지 정서를 골고루 나누어 맡을 수 있도
록 학생 수에 맞게 집단을 꾸린다). '〈과제 16-3〉 정서 조절: 정서 모형 연습'을 펼치게 한다.
집단마다 정서 하나를 배정해 주고, 해당 정서에 관해 읽어 보게 한다. 집단이 동의하는 한
명의 예시를 가지고 정서에 적절한 정보로 도형의 각 부분을 채워 보게 한다. 정서 반응을
이끄는 촉발 사건 한 가지를 고르는 것은 집단의 선택에 맡긴다. 첫 예시를 하고 시간이 남
는다면 똑같은 촉발 사건을 가지고 두 번째 예시를 적어 보도록 한다. 다만, 다른 식의 해
석을 찾아서 다른 내적ㆍ외적 경험 그리고 결과적으로 다른 정서로 이어지도록 한다.

시간이 다 되면, 명료화를 위한 질문을 하거나 활동에 대해 소감을 나누어 보도록 한다.

단원 요약(2분)

정서 모형을 배우고 몇 가지 정서를 기술해 본 것을 축하한다. 학생이 간단하게 정서의

다양한 요소를 되짚어 보도록 한 다음 말한다.

> 자, 이제 우리가 정서의 다양한 요소를 알게 됐으니 다음 단원에서는 각 요소를 변화시키는 데 쓰는 다양한 기술을 배우기 시작할 거예요. 기억하세요. 하나의 요소를 변화시키면서 전체 체계에 영향을 미칠 수 있습니다.

과제 설명(3분)

〈과제 16-3〉 정서 조절: 정서 모형 연습

다음과 같이 설명한다.

> 과제로 이번 주에 일어난 정서 하나를 가지고 오늘 수업에서처럼 해 볼 거예요. 촉발 사건 하나에 대해서 그 이후 일어난 요소나 있었을 법한 취약 요인을 과제지에 그려진 각 지점에 따라 적어 보세요.

질문이 있는지 묻는다.

다이어리 카드

새로운 다이어리 카드를 나누어 준다. 정서 기술하기 기술을 새로 배웠다는 점을 강조한다. 정서의 다양한 요소를 관찰하는 연습을 했다면, 학생들은 다이어리 카드에 기술을 사용한 날짜와 기술 사용 정도를 표기한다(이미 배운 다른 기술도 포함하도록 한다).

마지막으로, 과제 완수를 방해하는 요인에 대한 문제 해결 시간을 가진다. 과제 혹은 과제를 할 때의 장애물에 대해 질문이 있는지 확인한다. 만약 있다면, 질문에 답하고 장애물을 다룬다. 과제를 할 의지가 없거나, 이번 주에 다른 과제가 너무 많거나, 잊어버리거나, 과제를 이해하지 못하는 것 등이 장애물이 될 수 있다. 학생들이 장애물을 찾을 수 있도록 돕고, 이를 극복할 수 있는 계획을 함께 세운다. 한 예로, 잊어버리는 것이 문제라면, 과제를 적고 휴대전화나 달력에 과제 완성 알람을 설정할 수 있다. 과제를 할 의지가 없는 경우에는 먼저 이유를 듣고 동기를 높여 주거나, 과제를 해 오는 것의 중요성(예: 성적)을 상기시켜 주거나, 또는 기타 도움이 될 만한 설명을 해 준다. 과제 관련 문제 해결은 매주 과제를 나누어 준 이후 반드시 진행하도록 한다.

17단원

정서 조절:
팩트 체크와 반대로 행동하기

🜛 요약

16단원에서 학생들은 정서 및 여러 요소를 인식하고 정서에 이름 붙이는 법을 배웠다. 이 단원에서는 정서 반응을 바꿀 수 있는 두 가지 기술을 가르친다. 16단원을 통해, 정서 모형의 한 요소를 바꾸면 전체 정서 반응에 영향을 줄 수 있다는 점을 알게 되었다. 이번 시간에는 먼저 학생들이 상황의 사실을 점검하는(팩트 체크) 방법으로 사건에 대한 생각과 신념을 수정하는 법을 배운다. 그다음, 반대로 행동하기 기술을 통해 행동 변화로 정서를 변화시키는 법을 배운다. 모든 정서는 어떤 종류의 행동을 실행하는 충동과 연결되어 있다. 예를 들어, 무서우면 피하고 싶은 충동을 갖고, 화가 나면 공격하고 싶은 충동을 가질 수 있다. 그러므로 정서를 변화시키거나 조절하는 전략 중에는 정서와 연관된 행동 충동에 반대되거나 불일치하는 방향으로 행동을 바꾸는 전략이 있다.

🌐 요점

1. 팩트 체크를 통해 사건에 대한 신념과 해석을 바꾸고, 이를 통해 정서를 변화시킬 수 있다.

2. 우리 정서가 사실에 부합하는지(즉, 사실에 의거하여 정당한지) 혹은 부합하지 않는지 (즉, 사실에 의거하여 정당하지 않은지)를 결정하면, 정서를 변화시키기 위해 문제 해결을 쓸지 반대로 행동하기를 쓸지 결정할 수 있다(문제 해결은 18단원에서 다룬다).

3. 모든 정서는 관련된 행동이나 행동 충동을 포함한다. 정서 반응의 표현 혹은 행동 요소를 역으로 바꾸면 효과적으로 정서를 변화시킬 수 있다.

🅐 준비물

1. 본 단원 유인물
   - 〈유인물 17-1〉 정서 조절: 정서 반응 변화를 위한 기술 요약
   - 〈유인물 17-2〉 정서 조절: 팩트 체크
   - 〈유인물 17-3〉 정서 조절: 팩트에 맞는 정서 예시
   - 〈유인물 17-4〉 정서 조절: 정서 변화를 위한 반대로 행동하기
   - 〈과제 17-5〉 정서 조절: 팩트 체크 연습
   - 〈과제 17-6〉 정서 조절: 정서 변화를 위한 반대로 행동하기 연습
2. 자료 없이 수업에 온 학생들을 위한 여분의 유인물과 필기도구
3. 보드 마커나 분필
4. 다이어리 카드: 수업을 마칠 때 나누어 줄 수 있도록 새 다이어리 카드를 준비한다. 가능하면 다이어리 카드에 '팩트 체크'와 '반대로 행동하기'를 강조해 둔다.

🅐 준비

1. 학생 기술 바인더에 있는 강의 계획과 유인물을 검토한다.
2. 가능하면 학생들이 서로 바라보고 앉도록 교실의 책상을 미리 배치해 둔다.

🅐 강의 개요와 시간표

- 마음챙김 연습(5분)

- ■ 참여하기: 선 숫자 세기(3분)
- ■ 연습에서 관찰한 바 기술하기(2분)
- 과제 점검(10분)
  - ■ 〈과제 16-3〉 정서 조절: 정서 모형 연습
    - ○ 학급 전체와 나누기
  - ■ 다이어리 카드
- 주요 개념 소개(2분)
  - ■ 〈유인물 17-1〉 정서 조절: 정서 반응 변화를 위한 기술 요약 소개
    - ○ 팩트 체크
    - ○ 반대로 행동하기
    - ○ 문제 해결하기
- 토론: 팩트 체크(13분)
  - ■ 〈유인물 17-2〉 정서 조절: 팩트 체크 소개(8분)
    - ○ 생각은 정서에 영향을 준다.
    - ○ 정서는 생각에 영향을 준다.
    - ○ 팩트 체크 3단계
  - ■ 〈유인물 17-3〉 정서 조절: 팩트에 맞는 정서 예시 소개(5분)
    - ○ 정서가 팩트에 맞는지 결정할 때 참고할 요약지
    - ○ 수업 활동: 〈유인물 17-3〉 소집단 활동
- 토론: 반대로 행동하기(15분)
  - ■ 〈유인물 17-4〉 정서 조절: 정서 변화를 위한 반대로 행동하기 소개
    - ○ 정서는 행동에 영향을 주고 행동은 정서에 영향을 준다.
    - ○ 반대로 행동하기는 정서가 팩트에 맞지 않거나 행동이 효과적이지 않을 때 가장 효과가 좋다.
    - ○ 반대로 행동하기는 끝까지 해야 한다.
    - ○ 반대로 행동하기 7단계
- 단원 요약(3분)
  - ■ 팩트 체크 3단계
  - ■ 반대로 행동하기 7단계
- 과제 설명(2분)
  - ■ 〈과제 17-5〉 정서 조절: 팩트 체크 연습
    - ○ 생각과 해석이 팩트에 맞는지 확인하기

■ 〈과제 17-6〉 정서 조절: 정서 변화를 위한 반대로 행동하기 연습
  ○ 정서를 변화시키고 싶을 때 각 단계를 밟아 반대로 행동하기 연습
■ 다이어리 카드

🔲 세부 강의 계획

마음챙김 연습(5분)

참여하기: 선 숫자 세기(3분)

학생들을 환영하고 마음챙김 활동을 다음과 같이 소개한다.

> 오늘 우리는 마음챙김의 참여하기 연습을 하나 해 볼 거예요. 우리가 배웠듯이, 참여하기란 우리 반 모두가 오직 이 순간에 한 가지에만 온전히 참여한다는 뜻이에요. '선 숫자 세기'라는 걸 해 보겠습니다.
>
> 이렇게 하는 거예요. 한 번에 한 사람씩 숫자를 셉니다. 아무나 한 사람씩 순서대로 숫자를 외쳐요. 20까지 도달하면, 다시 1부터 시작합니다. 한 사람이 1을 외치고, 그다음 2, 그다음 3, 이렇게 순서대로 외치는 거예요. 만약 동시에 두 사람이 같은 숫자를 외치면, 다시 1부터 시작해야 합니다. 한 사람이 연속으로 외칠 수는 없어요. 추가로, 어떤 방식으로든 서로 소통하면 안 됩니다.
>
> 이 연습은 평가를 놓아 버릴 수 있는 중요한 연습이에요. 만약 다른 사람과 똑같이 외치면 어떡하나, 혹은 다른 사람이 뭐라고 생각하면 어떡하나 하고 모두 걱정한다면, 아무도 숫자를 외치지 못합니다. 핵심은 자신을 이 연습에 내던지는 거예요. 만약 누군가와 동시에 숫자를 외치면, 그때 느낄 수 있는 어떤 평가나 걱정을 흘려보내고, 다시 숫자 세기로 돌아오세요.

15명 이상인 반에서는 두 개 집단으로 나눌 수 있다. 학생에 따라서 이 연습은 매우 빨리 끝날 수도 있고, 3분을 다 쓸 수도 있다. 만약 학생들이 바로 20까지 세기에 성공한다면, 한 번 더 20까지 세기를 하거나, 알파벳 외치기로 연습을 바꿀 수 있다.

계속 설명을 이어 간다.

> 제가 1이라고 말하면, 일어나서 마음챙김하며 원을 만들라는 신호입니다(혹은 반 크기

에 따라 두 개 원). 여러분이 자리를 잡으면 제가 2라고 말하겠습니다. 제가 2라고 말하면, 심호흡하라는 뜻입니다. 그리고 제가 3이라고 말하면, 20까지 선 숫자 세기를 시작하라는 신호입니다.

이제 3까지 세면서 연습을 시작한다.

1: 마음챙김/완전히 깨어 있는 자세를 취하세요. 2: 심호흡을 하세요. 3: 20까지 선 숫자 세기를 시작하세요.

3분간 연습을 한 다음 '그만'이라고 말한다.

연습에서 관찰한 바 기술하기(2분)

강조할 점을 말한다.

숫자 세기를 하면서 마음챙김을 해 보았어요. 여러 사람이 한꺼번에 숫자를 외칠 때 스스로나 다른 사람을 평가하지 않기가 쉽지 않지요. 우리의 가장 중요한 목적은 평가하지 않기이고, 두 번째 목적은 만약 평가했다면 알아차린 후에 빠르게 놓아 버리고, 다시 연습으로 뛰어드는 데 있습니다.

학생들이 돌아가며 연습할 때 관찰한 것을 나누게 한다. 필요하다면 관찰에 대한 피드백을 제공하는데, 학생들의 대답이 자기가 평가 없이 관찰하고 기술한 무언가를 포함하도록 한다[예: 숫자를 말하려는 충동을 알아차렸어요. 바로 말하기 불안한 마음을 알아차렸어요. (다른 학생과) 똑같은 숫자를 외친 나에 대해 평가하는 생각을 알아차렸어요. 연습이 잠시 중단될 때마다 내가 멈추는 것을 알아차렸어요. 이것이 지난주와는 어떻게 다른지 생각하는 것을 알아차렸어요. 생각을 알아차렸어요. 신체 감각을 알아차렸어요. 내 마음이 다른 생각으로 흘러가는 것을 알아차렸어요. 이것이 나에게 어떻게 도움을 줄지 여러 생각이 들었어요. 지난주에 한 연습을 더 좋아한다는 것을 알아차렸어요. 불편하다는 것을 알아차렸고, 그래서 움직여야 했어요].

과제 점검(10분)

〈과제 16-3〉 정서 조절: 정서 모형 연습

학급 전체와 나누기
학생들이 완성한 〈과제 16-3〉을 꺼내게 한 다음, 설명한다.

> 배우기 어려운 개념일 수 있지만, 지난 한 주 동안 기술 연습을 어떻게 했는지 같이 들어
> 보면서 우리의 이해를 좀 더 깊게 해 봅시다.

자기 모형을 반에서 나누고 싶은 사람이 있는지 묻는다. 완성한 과제 모형 한두 개를 함께 검토한다. 정서 모형을 살펴보면서, 촉발 사건에 대한 또 다른 가능한 해석을 만들 수 있는지 학생들에게 묻고, 그렇다면 이 사건은 다른 정서 반응을 일으킬지 확인해 본다.
또한 한 주 동안 있었던 정서를 관찰하고 기술할 때의 어려움이 있었는지 묻는다. 과제를 완성하지 않은 학생들을 점검하고, 과제 완성을 방해한 문제 해결을 간단하게 실시한다.

다이어리 카드
모든 학생이 다이어리 카드와 과제지를 제출하여 검토받도록 한다. 만일 모든 학생의 과제를 매 단원 검토할 수 없다면, 몇 단원을 거치는 동안에는 모두 검토할 수 있도록 한다.

주요 개념 소개(2분)

〈유인물 17-1〉 정서 조절: 정서 반응 변화를 위한 기술 요약 소개
〈유인물 17-1〉을 펴도록 한다. 이는 앞으로 가르칠 세 가지 기술에 대한 소개 유인물이다. 다음과 같이 설명한다.

> 16단원에서 우리는 정서의 여러 요소에 대해 배우고, 하나의 요소를 변화시키면 전체
> 체계 반응을 변화시킬 수 있다는 점을 배웠어요. 오늘 우리는 요소 중 두 개를 변화시키는
> 방법을 배워 볼 거예요. 이 두 개는 해석과 행동입니다. 일어난 상황의 사실, 즉 팩트를 검
> 토하는 법을 배우고, 행동을 변화시켜 정서 반응을 변화시킬 방법을 배우겠습니다.

학생 세 명이 돌아가며 유인물을 큰 소리로 읽게 하거나, 다음처럼 요약해 준다.

- 팩트 체크: 우리의 해석이 상황의 현실과 맞는가?
- 반대로 행동하기: 행동을 변화시키면 정서를 변화시킬 수 있다.
- 문제 해결: 생각이 팩트에 맞는다면, 문제를 해결해야 한다(이 기술을 다음 단원에서 배운다).

토론: 팩트 체크(13분)

〈유인물 17-2〉 정서 조절: 팩트 체크 소개(8분)

〈유인물 17-2〉를 펴게 한다. 유인물의 첫 문장을 학생이 읽게 한다. "여러 정서와 행동은 사건 그 자체에서 출발하는 것이 아니라, 사건에 대한 우리의 생각과 해석에서 출발합니다." 읽고 난 후 설명한다.

정서 기술하기 단원에서 배웠듯, 사건에 관한 생각이나 해석은 우리가 사건에 어떻게 반응하는지에 영향을 주죠. 때로는 우리가 반응하는 방식이 상황의 실제 팩트에 맞지 않을 수 있고, 사건에 대한 우리의 해석에 따르는 경우가 있어요. 예를 들어, 복도를 지나갈 때 나를 무시한 누군가에게 화가 날 수 있는데, 만약 그 상대가 나를 보지 못했다면 상황의 팩트에 맞지 않습니다.

어떤 사람이 사건에 대한 팩트가 아니라 사건에 대한 해석에 반응하는 몇 가지 예시를 떠올려 보게 한다. 혹은 다음의 예시를 제공한다. 각 예시를 제공한 뒤, 학생들이 다른 가능한 해석을 만들어 보게 한다. 그다음 각 해석에 따라 어떤 다른 정서를 경험하게 될지 묻는다.

예시 1: 내 친구 유진이가 복도에서 지나쳤는데 내게 인사를 하지 않았습니다(사실). 그 애가 나에게 화가 났을 수 있고(해석 1. 정서: 화, 거절당한 느낌), 혹은 그 애가 아파서 보건실에 가는 중일 수 있습니다(해석 2. 정서: 걱정). 나중에 유진이를 만나서 왜 인사하지 않았냐고 물었는데, 그 애가 다음 시간에 보는 시험 준비에 너무 집중하느라 나를 보지 못했다고 말했습니다(사실. 정서: 정서 반응이 아주 작거나 없다).

예시 2: 엄마에게 아주 좋은 소식을 말해 주려 했는데, 엄마가 형과 대화한 후 말하자며 조금 기다리라고 했습니다. 그런데 시간이 지나도 엄마가 나와 대화하러 오지 않았습니다(사실). 그렇다면 엄마는 내가 뭘 하는지 혹은 나에게 뭐가 중요한지 관심이 없다는 겁니다(해석 1. 정서: 분노, 거절당한 느낌, 부러움). 혹은 형에게 무슨 큰일이 일어나서 엄마가 걱정하는 중일 수 있습니다(해석 2. 정서: 걱정, 두려움). 나중에 알고 보니 엄마가 가스레인지 위에 올려놓은 냄비가 생각나서 부엌으로 서둘러 간 상황이었습니다(사실. 정서: 실망, 혹은 별다른 정서 반응 없음).

설명을 이어 간다.

오류가 있는 믿음도 우리 정서에 영향을 미칠 수 있어요. 만약 우리가 '모든 사람이 내 친구여야 해.' 혹은 '나랑 제일 친하다면 나랑만 놀아야 해.'와 같은 믿음을 가지고 있다면, 이런 믿음은 우리에게 정서적 고통을 줄 수 있어요. 사람들이 많이 가진 다른 오류 믿음으로는 '전부 아니면 전무'라는 생각이 있어요. 이런 생각(때로는 이를 흑백논리라고 하기도 함)의 예시로는 '전부 다 100점을 맞지 않는다면 나는 실패자야.' 혹은 '모든 경기에 이기지 않는다면 나는 형편없는 선수야.'가 있습니다. 이러한 '절대 생각'은 극단적이고, 극단적으로 부정적인 정서로 이어질 수 있어요.

다음 학생이 〈유인물 17-2〉의 두 번째 문장을 읽게 한다. "정서는 사건에 대한 우리의 생각에 큰 영향을 줄 수도 있습니다." 다음과 같이 설명한다.

정서는 우리가 생각하는 방식에도 영향을 미치지요. 우리가 슬플 때, 행복한 사람들을 재수 없다고 생각할 수 있어요. 우리가 화가 날 때는 마치 주변 사람들이 다 느려 터졌고 앞길을 막는다고 생각할 수 있지요. 우리 정서는 우리가 사건을 해석하는 방식에 영향을 미칩니다. 그리고 만약 우리가 화가 난다면, 느리게 움직이는 사람들은 우리를 더 화나게 하고, 분노 정서의 악순환을 촉진합니다. 사실을 잘 아는 건 문제 해결에 중요해요.

지금까지 궁금한 점이 있는지 학생들에게 묻는다.
학생들과 함께 〈유인물 17-2〉 나머지를 다 읽는다. 누가 '팩트 체크 3단계'를 읽어 줄지 묻고, 차례로 각 단계를 논의한다.

1단계: "내가 변화시키고 싶은 정서는 무엇이지?"에 대해서 다음을 강조한다.

우리의 느낌을 바꾸려면 우리가 무엇을 느끼는지 알아야 해요. 만약 우리가 뭘 느끼는지 모른다면, 정서를 과연 바꾸고 싶은 것인지 아닌지 알 수가 없습니다.

2단계: "나의 정서를 촉발한 사건은 무엇이지?"에 대해서 다음을 강조한다.

상황에 대한 사실을 기술하는 데 그저 집중하는 게 중요해요. '누가, 무엇을, 어디서'같
이요. 내가 어떤 극단적인 생각을 하고 있는지 알아차려 봅니다.

3단계: "내가 상황을 정확하게 해석하고 있나?"에 대해서 다음을 강조한다.

많은 부정적 정서는 우리가 사건에 대해 어떻게 생각하거나 해석하는지에 따라 일어나
요. 우리에게는 가장 최악의 결과를 생각하는 습관이 있을 수 있어요. 어느 날 친구가 점심
을 다른 사람과 먹었고 이게 사실일 때, 만약 '쟤는 내 친구가 되고 싶지 않은 거야.'라고 해
석한다면 우리는 슬픔을 느낍니다. 사실을 검토하면 상황을 더욱 또렷하게 보는 데 도움이
됩니다.

그다음, '추가 질문'을 함께 논의한다.

다음 세 질문은 모든 상황에 다 맞지는 않을 수 있어요. 이 질문은 여러분이 생각을 분석
할 때 사용할 수 있는 추가 질문이에요.

a. '내가 극단적으로 생각하고 있나?'에 대해 학생들이 다음과 같이 스스로 질문해 보도
록 격려한다.

"이게 정말 파국의 상황일까? 이 세상이 끝나는 일인가? 만약 파국이 정말 일어났을 때
나는 어떻게 효과적으로 대처하면 될까?" 때로는 스스로에게 최악의 일이 무엇일까를 물
어보면 도움이 될 때도 있어요. 그다음 상황을 세세히 점검하고, 최악의 일이 일어나더라
도 여전히 대안이 생길 것임을 생각해 볼 수 있어요. 상황을 파국으로 본다면 가장 희망 없
는 측면만 보게 되고 우리에게는 아무런 이득도 없습니다. 사람들은 때로 시험을 망치면
학교에서 낙오하는 것처럼, 혼나서 친구 만나는 걸 금지당하면 다시는 친구들을 못 만나는
것처럼 반응할 수도 있어요. 하지만 사실 그렇지는 않지요. 팩트 체크는 중요합니다.

b. '최악의 일이 일어날 확률은 얼마나 될까?'에 대해 학생들이 스스로 다음과 같이 질문
해 보도록 격려한다.

"최악의 상황이 일어날 확률은 얼마나 될까? 내가 내일 시합에 나가지 못했을 때 내 인생을 망칠 확률은 얼마나 될까? 이번 주에 내가 파티에 못 갔을 때 친구를 전부 잃게 될 확률은 얼마나 될까?"

c. '만약 최악이 일어날지라도, 그 상황에서 잘 대처하는 나를 상상해 볼 수 있을까?'에 대해서 다음과 같이 말한다.

최악의 결과에서 스스로 효과적으로 대처하는 모습을 상상해 볼 수 있겠어요? 이후 단원에서 우리는 미리 연습하기 기술을 배울 건데요. 이 기술은 어떤 결과에서도 준비할 수 있도록 그 상황 속에서 효과적으로 대처하는 자신을 상상하는 기술입니다.

〈유인물 17-3〉 정서 조절: 팩트에 맞는 정서 예시 소개(5분)

〈유인물 17-3〉을 펴 보도록 한 다음 설명한다.

정서가 팩트에 안 맞는다는 점을 어떻게 알 수 있을까요? 〈유인물 17-3〉은 우리 정서가 팩트에 맞거나, 팩트에 따라 정당한지 이해하기 위해 참조할 수 있는 요약지입니다.

이 부분은 15단원 정서의 기능에 관한 수업과 유사하다. 이 유인물을 살펴보는 것은 반대로 행동하기 기술의 소개가 될 것이다. 그러므로 여기에 나오는 내용은 이후에도 여러 번 다루게 될 테니, 여기에서 시간을 너무 많이 쓰지 말고 수업 활동으로 빠르게 넘어간다.

수업 활동: 〈유인물 17-3〉 소집단 활동

학생 2~3명으로 구성된 소집단으로 나눈다. 각 집단에게 일곱 가지 정서 중 하나를 배정한다. 학생들은 〈유인물 17-3〉의 팩트에 맞는 정서 예시를 함께 읽고, 해당 정서가 팩트에 적절할 상황을 골라 본다. 유인물 하단의 세 가지 질문을 함께 읽어서 정서의 강도나 지속시간이 팩트에 맞는지도 결정해야 한다. 다음은 각 정서에 관한 핵심 요점으로 활동 전에 같이 검토할 수 있다.

- 두려움: 이 정서는 실제 위협이 있을 때 사실에 맞아요. 위협이 있다고 보는 것만으로는 사실에 맞지 않을 수 있습니다(예: '파티에 가면 놀림을 받을 것 같아.').
- 화: 이 정서는 목표 달성이 막히거나 내가 아끼는 사람이 공격받거나 상처받았을 때 사실에 맞습니다. 그러나 단지 분노가 사실에 맞다고 해서 항상 분노대로 행동할 수 있다

는 뜻은 아니에요.

- 질투: 이 정서는 나에게서 중요한 무언가를 누군가가 혹은 무언가가 빼앗으려고 위협할 때 사실에 맞아요. 관계가 위협받는지 아닌지 알기는 어려울 수 있고, 그럴 때 가장 중요한 질문은 질투대로 행동하는 게 과연 효과적인가 하는 물음이지요.
- 사랑: 이 정서는 사람, 동물, 혹은 사물이 나 혹은 내가 아끼는 사람들의 삶의 질을 개선하고, 내가 가치 있게 보는 특성을 지닐 때 사실에 맞습니다. 많은 학대하는 관계는 이 사실에 맞지 않아요.
- 슬픔: 이 정서는 나에게 매우 중요한 누군가나 무언가를 잃었을 때 사실에 맞습니다.
- 수치심: 이 정서는 나의 행동이 사람들의 거절을 유발할 때 사실에 맞습니다.
- 죄책감: 이 정서는 나의 행동이 나 자신의 가치나 도덕 규범에 어긋날 때 사실에 맞아요.

학생들이 사실에 맞는 자신의 상황 예시를 나누고 질문할 시간을 준다.

토론: 반대로 행동하기(15분)

〈유인물 17-4〉 정서 조절: 정서 변화를 위한 반대로 행동하기
학생들이 〈유인물 17-4〉를 펴게 한 다음 설명한다.

　　모든 정서에는 행동 충동이 있어요. 우리는 행동을 변화시킴으로써 정서를 변화시킬 수 있습니다.

[그림 17-1]의 상단 동그라미를 칠판에 그리고 설명한다.

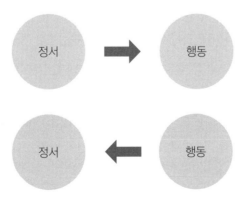

[그림 17-1] 정서가 행동을 이끌고(상단 동그라미 두 개), 행동이 정서를 이끈다(하단 동그라미 두 개)

전형적으로 정서는 행동을 이끕니다. 정서를 느끼면, 특정 방식으로 행동하죠. 화가 날 때, 우리는 공격하려는 행동 충동을 느껴요. 그리고 무서울 때는 피하려는 행동 충동을 느끼고요. 슬플 때, 사람들로부터 멀어져 혼자 있고 싶은 행동 충동을 느끼죠. 수치심이나 죄책감을 느끼면, 숨으려는 행동 충동을 느낍니다.

학생 한 명이 〈유인물 17-4〉에서 질투와 사랑의 행동 충동을 읽어 보게 한 다음, 질문한다.

이러한 감정을 느끼고, 감정에 동반하는 행동 충동을 느꼈던 예를 나누어 주겠어요?

학생 몇 명이 나누게 한 다음 설명한다.

우리는 정서가 행동에 영향을 미친다는 점을 알지요. 그렇다면 그 반대도 참일 수 있습니다. 우리 행동은 정서에 영향을 미칠 수 있습니다.

이제 [그림 [7]-1]의 하단 동그라미를 칠판에 그린다. 화살표가 반대 방향을 향하고 있다. 다음과 같이 설명한다.

이는 행동을 바꿔서 정서를 변화시킬 수 있다는 뜻이에요. 예를 들어, 우리가 공격할 때, 우리는 분노를 느낄 수 있습니다. 누군가에게 소리를 더 많이 지를수록 더 화가 나는 걸 느낀 적이 있나요? 우리 행동이 정서를 증폭시키는 하나의 예입니다. 마찬가지로 피한다면, 무섭거나 불안을 느낄 수 있어요. 사람들과 거리를 두고 혼자 있으면, 슬픔을 느낄 수 있습니다. 숨으면, 수치심과 죄책감을 느낄 수 있습니다.

자, 우리의 목표가 행동을 변화시켜서 더 고통스러운 정서를 일으키는 건가요? 아니죠. 고통스러운 정서를 줄이거나 변화시키기 위해서 우리가 실행할 기술을 '반대로 행동하기'라고 부릅니다. 정서에 따르는 행동 충동에 반대되는 행동을 하는 데 집중해 보겠습니다.

〈유인물 17-4〉에서 '정서 → 반대 행동' 아래의 각 정서 목록을 살펴본 다음 질문한다.

무섭거나 두려울 때, 도망치거나 피하기의 반대 행동은 무엇일까요?

학생들이 답하도록 하고, 계속 설명한다.

정답은 나를 무섭게 하는 것에 다가가기예요. 무서워하는 행동을 반복해서 더는 무섭지 않을 때까지 계속합니다. 만약에 누군가가 독이 없는 뱀이 위험하다고 생각하고 이를 무서워한다면, 실제 이 뱀은 위험하지 않기 때문에 두려움은 사실에 맞지 않아 정당하지 않아요. 이때 두려움을 줄이는 방법은 두려움이 내려갈 때까지 반복해서 뱀에게 다가가는 겁니다. 누군가는 이 두려움이 너무 커서 다가가는 행동을 천천히 점진적으로 해야 할 수도 있어요. 뱀의 사진을 보는 것으로 시작해서 뱀을 만지는 행동까지 나아갑니다. 핵심은 두려움이 정당하지 않다면, 즉 사실에 맞지 않다면, 반복해서 상황에 다가가는 반대로 행동하기를 해야 한다는 것입니다.

그다음, 다음의 질문을 한다.

화가 날 때 공격하기에 반대되는 행동은 무엇일까요?

학생들이 대답해 보게 하고, 계속 설명한다.

할 수 있는 세 가지 방법이 있어요. 첫째로, 공격하기보다는 부드럽게 그 사람을 피합니다. 박차고 자리를 뜨거나 문을 세게 닫지 말라는 뜻이에요. 둘째, 시간을 갖고 천천히 심호흡합니다. 이는 공격하는 행동 충동을 줄이는 데 도움이 될 거예요. 셋째로, 상대에게 친절한 행동을 합니다. 그가 좋아하는 음식을 만들어 주거나 친절하고 힘이 되는 말을 전하는 거예요. 그 사람의 입장에서 생각해 보고, 그에게 동정이나 공감을 하는 상상을 해 봅니다.

계속 진행한다.

슬플 때 사람들을 만나지 않고 혼자 있는 것에 반대되는 행동은 무엇일까요?

학생들이 대답해 보게 하고, 계속 설명한다.

다른 행동을 하면서 활발해지고 즐거운 일이나 자신감을 주는 일을 하는 거예요. 슬플 때는 뭘 별로 하고 싶지 않다고 느낀 적이 있나요? 심지어 '기분이 나아질 때까지 아무것도 하지 않고 가만히 있을 거야.'라고 생각할 수도 있죠. 하지만 정서가 스스로 바뀌려면 아주 오랜 시간 가만히 있어야 할 거예요.

계속 이어 간다.

　　수치심과 죄책감을 느끼지만 이 정서가 정당하지 않을 때, 그러니까 사실에 맞지 않을 때, 숨는 행동의 반대 행동은 무엇일까요?

학생들이 대답하게 한 다음, 설명한다.

　　죄책감과 수치심을 느끼지 않을 때까지 이 정서를 느끼게 한 바로 그 행동을 반복해서 계속하는 게 답이에요. 하지만 오직 정서가 **정당하지 않을 때** 해당합니다. 예를 들어, 선생님이 내가 잘 못 알아듣는다고 수업에서 쫓아낼까 봐 창피해서 수업 시간에 손 들고 질문하지 않는다면, 팩트 체크를 통해 수치심이 사실에 맞지 않다는 점을 알게 될 겁니다. 이럴 때는 질문하는 데 더는 수치심을 느끼지 않을 때까지 질문을 엄청 많이 하면 좋아요. 하지만 수치심과 죄책감이 정당한 상황이라면, 즉 사실에 맞고 내가 나 자신의 가치와 내가 속한 곳의 가치를 위반했다면, 정서를 변화시키기 위해 비난을 각오하고 잘못한 바를 고치도록 합니다.

학생들이 죄책감과 수치심의 '비난을 달게 받기'와 '공개하기'의 설명을 읽도록 지도한다. 그리고 다음과 같이 말한다.

　　수치심과 죄책감을 느낄 때는 반대로 행동하기가 잘 맞는지 판단하기 위해, 먼저 정서가 사실에 맞는지 파악해야 해요. 반대로 행동하기는 정서가 사실에 맞지 않을 때(정당하지 않을 때), 혹은 정서대로 행동하면 상황에 효과적이지 않을 때(효과적으로는 마음챙김 기술임을 기억한다) 가장 효과가 좋습니다.

다음, 〈유인물 17-4〉에서 질투와 사랑 부분을 함께 읽는다.

　　질투를 느끼지만 사실에 맞지 않을 때, 상대를 통제하려 하거나 모함하는 행동의 반대 행동은 무엇일까요? 질투를 적극적으로 줄이기 위해서는 상대를 그만 통제하고 상대에게 자유를 더 주어야 할 겁니다. 예를 들어, 소셜 미디어에서 상대를 염탐하거나 스토킹하지 않습니다.
　　만약 사실에 맞지 않는 사랑 정서를 변화시키고 싶다면 어떻게 해야 할까요? 사랑의 반대 행동은 무엇일까요? 대체로 누군가를 사랑하면, 상대와 같이 있고 싶고 온종일 상대 생각을 하죠. 그러나 상대에 대한 사랑이 사실에 맞지 않는다면, 관계가 완전히 끝나서일 수도 있고, 혹은 내 생각만큼 단단한 관계가 아니었을 수 있고, 혹은 학대하는 관계여서일 수도 있습니다. 이때는 상대를 피하거나, 관계의 단점에 대해 상기하거나, 상대를 떠올리게 하는 것을 피하는 방식을 이용하여 반대로 행동하기를 연습해야 해요. 예를 들어, 상대가 사 준 옷을 입지 말아야 하고, 상대와 함께 듣던 노래를 듣지 말아야 합니다.

정서가 사실에 맞는지 판단할 때 〈유인물 17-3〉을 참고할 수 있습니다.

이제 〈유인물 17-4〉에서 '반대로 행동하기는 다음과 같을 때 가장 효과가 좋습니다.'를 펴게 한다. 학생이 1번을 읽게 한 후, 다음과 같이 설명한다.

반대로 행동하기는 정서가 사실에 맞지 않을 때 가장 잘됩니다. 예를 들어, 오늘 교실에 들어왔는데 교실에 호랑이가 있다면 무서울 거예요. 실제로 목숨이 위험하기 때문에 그 두려움은 사실에 맞습니다. 그런데 다음 수업 시간에 교실에서 호랑이를 빼냈는데도 다음 날 교실에 있을 때 두렵다고 한다면, 이때의 두려움은 사실에 맞지 않아요. 실제 목숨에 위협이 없기 때문이에요. 두려움은 이해되지만, 정당하지는 않습니다.

더불어 정서가 사실에 비춰 정당하지만 상황에 효과적이지 않을 때, 정서를 변화시키기 위해 반대로 행동하기를 쓸 수 있어요. 혹은 나중에 배울 문제 해결이 또 다른 선택지입니다.

다음과 같이 질문한다.

정서가 사실에 비춰 정당하지만 효과적이지는 않은 예시가 무엇이 있을까요?

대답을 끌어내거나 다음과 같이 말한다.

화가 하나의 예입니다. 화가 사실에 비춰 정당해도, 상대를 신체적·언어적으로 공격하는 행동은 보통 효과적인 해결책은 아니죠. 그러므로 분노가 정당하지만 줄이기 위해 반대로 행동하기를 쓰는 건 중요합니다.

이제 '반대로 행동하기는 다음과 같을 때 가장 효과가 좋습니다.' 2번을 학생이 읽도록 하고, 다음과 같이 말한다.

반대로 행동하기가 잘되려면 끝까지 해야 해요. 행동, 생각, 표정, 목소리까지 말입니다. 만약 파티에 간다면, 반대로 행동하기는 단순히 파티에 나타나기만 하는 데서 끝나지 않아요. 파티에 가서 구석에 있다면 사실상 파티에 갔다고 하기 어렵겠죠. 끝까지 반대로 행동하기란 파티에 가서 사람들과 대화하려고 노력하는 행동까지를 말합니다.

마지막으로 반대로 행동하기 7단계를 살펴본다. 〈유인물 17-4〉의 마지막 부분을 학생이 읽어 보도록 한 다음 설명한다.

반대로 행동하기에는 일곱 개의 주요 단계가 있어요. 첫째로, 느끼는 정서를 인식하고 여기에 이름을 붙입니다. 둘째로, 정서에 연결된 행동 충동을 인식합니다. 셋째로, 팩트 체크를 합니다. '정서가 사실에 맞는가? 정서를 표현하거나 정서대로 행동하기가 효과적인가?' 넷째로, 스스로 묻습니다. "내 정서를 바꾸고 싶은가?" 이 질문은 아주 중요해요. 왜냐하면 정서를 바꾸고 싶지 않다면 반대로 행동하기를 쓸 때가 아니기 때문이에요. 정서를 그대로 느끼고 온전히 경험하고 싶을 때가 찾아올 거예요. 이건 나중에 배우겠습니다.

다섯째로, 네 번째 단계의 답이 '그렇다'이면, 정서에 따른 행동 충동의 반대 행동을 결정합니다. 여섯째로, 이 반대 행동을 **끝까지** 합니다. 생각, 모습(눈 맞춤, 미소 등), 행동 모두를 반대로 합니다. 일곱째, 스스로 알아차릴 수 있을 만큼 정서가 내려갈 때까지 반대로 행동하기를 반복합니다.

단원 요약(3분)

오늘 수업에서 많은 예시를 잘 생각해 낸 점을 칭찬한다. 팩트 체크의 핵심 3단계와 반대로 행동하기의 핵심 7단계를 간략하게 복습하고 나서 다음과 같이 말한다.

다음 단원에서는 정서가 사실에 맞을 때(정당할 때) 문제를 해결하는 방법에 대해 배울 거예요. 지금은 우리 해석이 사실에 맞는지 결정하는 방법과 행동 변화를 통해 정서를 변화시키는 방법에 초점을 맞추도록 해요.

과제 설명(2분)

〈과제 17-5〉 정서 조절: 팩트 체크 연습

반대로 행동하기 위해서는 우선 팩트 체크가 매우 중요하므로, 팩트 체크를 좀 더 연습하는 것이 첫 번째 과제라고 설명한다. 학생들은 앞으로 한 주 동안 경험할 정서에 대해

〈과제 17-5〉를 완성해야 한다. 다음과 같이 설명한다.

> 이 과제에서는 오늘 수업에서 예시를 들면서 했던 똑같은 질문을 스스로 해 보도록 합시
> 다. 목표는 내 생각과 해석이 상황의 사실에 맞는지 확인하는 데 있어요. 상황의 실제 사실
> 에 맞춰 해석을 바꾸었을 때 정서도 변화하는지 알아보세요.

〈과제 17-6〉 정서 조절: 정서 변화를 위한 반대로 행동하기 연습

두 번째 과제로 한 주 동안 경험한 정서에 반대로 행동하기를 연습하고 〈과제 17-6〉을
완성하도록 설명한다.

> 반대로 행동하기 단계를 하나씩 해 보도록 합시다. 정서 인식하기, 행동 충동 인식하
> 기, 팩트에 맞는지 아닌지 결정하기, 반대로 행동 찾기, 그리고 끝까지 반대로 행동하기,
> 마지막으로, 끝까지 반대로 행동하고 나서 정서가 어땠는지 적어 보세요.

과제는 새 기술을 배우는 데 도움이 되기 위한 것이고, 연습은 배움의 가장 좋은 방법이
며, 유인물은 배움의 보조 수단이라고 학생들에게 일러 둔다.

다이어리 카드

새로운 다이어리 카드를 나누어 준다. 이제 팩트 체크와 반대로 행동하기를 배웠다는
점을 강조하고, 학생들이 한 주 동안 과제로 이 기술을 연습하면서 다이어리 카드에 기술
을 사용한 날짜와 기술 사용 정도를 표기하게 한다(이전에 배운 다른 기술도 연습하고 기록하
도록 한다).

마지막으로, 과제 완수를 방해하는 요인에 대한 문제 해결 시간을 가진다. 과제 혹은 과
제를 할 때의 장애물에 대해 질문이 있는지 확인한다. 만약 있다면, 질문에 답하고 장애물
을 다룬다. 과제를 할 의지가 없거나, 이번 주에 다른 과제가 너무 많거나, 잊어버리거나,
과제를 이해하지 못하는 것 등이 장애물이 될 수 있다. 학생들이 장애물을 찾을 수 있도록
돕고, 이를 극복할 수 있는 계획을 함께 세운다. 한 예로, 잊어버리는 것이 문제라면, 과제
를 적고 휴대전화나 달력에 과제 완성 알람을 설정할 수 있다. 과제를 할 의지가 없는 경우
에는 먼저 이유를 듣고 동기를 높여 주거나, 과제를 해 오는 것의 중요성(예: 성적)을 상기
시켜 주거나, 또는 기타 도움이 될 만한 설명을 해 준다. 과제 관련 문제 해결은 매주 과제
를 나누어 준 이후 반드시 진행하도록 한다.

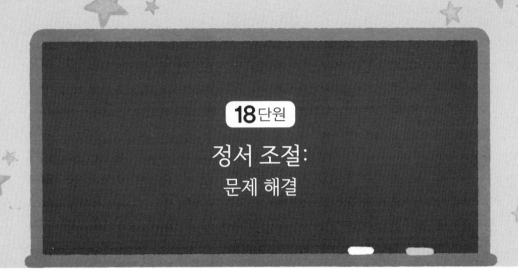

18단원

정서 조절:
문제 해결

⚛ 요약

17단원에서는 정서를 변화시키기 위한 팩트 체크와 반대로 행동하기 기술에 초점을 두었다. 어떤 정서가 사실에 맞는지(정당한지) 판단하기 위해 팩트 체크를 사용한다. 정서가 사실에 맞지 않으면, 정서를 줄이거나 변화시키기 위해 반대로 행동하기를 쓴다. 정서가 사실에 맞는다면, 문제 해결을 쓸 때이다. 이번 단원은 문제 해결에 초점을 둔다.

🌐 요점

1. 문제 해결은 사실에 맞는 정서의 효과적인 해결책을 찾는 기술이다.
2. 해결해야 할 실제 문제가 무엇인지 결정하는 일이 중요하다.
3. 원치 않지만 사실에 맞는 정서일 때, 어떻게 문제 해결을 하는가?

🏃 준비물

1. 본 단원 유인물
   - 〈유인물 18-1〉 정서 조절: 문제 해결
   - 〈유인물 18-2〉 정서 조절: 반대로 행동하기와 문제 해결을 함께 보기
   - 〈과제 18-3〉 정서 조절: 정서 변화를 위한 문제 해결 연습
2. 자료 없이 수업에 온 학생들을 위한 여분의 유인물과 필기도구
3. 보드 마커나 분필
4. 다이어리 카드: 수업을 마칠 때 나누어 줄 수 있도록 새 다이어리 카드를 준비한다. 가능하면 다이어리 카드에 '문제 해결' 기술을 강조해 둔다. 음악 플레이어(예: CD 플레이어, 아이팟, 스마트폰 등)와 옛날 음악 혹은 학생들이 못 들어 본 생소한 음악을 준비하여 마음챙김 연습을 하는 동안 사용한다.

🔔 준비

1. 학생 기술 바인더에 있는 강의 계획과 유인물을 검토한다.
2. 가능하면 학생들이 서로 바라보고 앉도록 교실의 책상을 미리 배치해 둔다.

🖥 강의 개요와 시간표

- 마음챙김 연습(5분)
  - 관찰하기: 생소한 음악 듣기(3분)
  - 연습에서 관찰한 바 기술하기(2분)
- 과제 점검(10분)
  - 〈과제 17-5〉 정서 조절: 팩트 체크 연습
  - 〈과제 17-6〉 정서 조절: 정서 변화를 위한 반대로 행동하기 연습
    ○ 학급 전체와 나누기
  - 다이어리 카드
- 주요 개념 소개(3분)

■ 모든 문제를 위한 네 가지 해결책

■ 정서가 사실에 맞을 때 문제 해결 쓰기

• 토론: 문제 해결(17분)

　■ 〈유인물 18-1〉 정서 조절: 문제 해결 소개(7분)

　　○ 문제 상황 기술하기

　　○ 팩트 체크

　　○ 목표 정하기

　　○ 해결책 브레인스토밍

　　○ 될 법한 해결책 최소한 한 가지 고르기

　　○ 해결책 실행하기

　　○ 결과 평가하기

　■ 수업 활동: 〈과제 18-3〉 소집단 활동(10분)

　　○ 문제 해결 단계를 각자 예시로 소집단 작업하기

• 토론: 정서를 바꾸기 위한 방법 총정리(10분)

　■ 〈유인물 18-2〉 정서 조절: 반대로 행동하기와 문제 해결을 함께 보기 소개

　　○ 일곱 가지 정서에 대한 반대로 행동하기와 문제 해결 요약

　　○ 정서가 팩트에 맞거나 맞지 않을 때의 예시를 떠올리기

• 단원 요약(3분)

　■ 어떤 질문을 해 가면서 팩트 체크를 이어 가는가?

　■ 문제 해결 단계 말하기

• 과제 설명(2분)

　■ 〈과제 18-3〉 정서 조절: 정서 변화를 위한 문제 해결 연습

　　○ 문제 해결 단계를 연습한다.

　　○ 수업에서 학생들이 자신의 문제에 대해 가능한 해결책을 찾았다면, 실제 하나의 해결책을 실행하는 다음 단계를 취하여 결과를 평가해 본다.

　■ 다이어리 카드

세부 강의 계획

마음챙김 연습(5분)

관찰하기: 생소한 음악 듣기(3분)

마음챙김 연습에 사용할 음악을 바로 시작할 수 있도록 미리 준비한다. 이 음악은 학생들 사이에서 잘 알려져 있어서는 안 되고, 대부분 학생에게 완전히 새로운 경험을 주어야 한다. 오케스트라 음악 혹은 옛날 영화 사운드트랙, 소프트 재즈 등이 될 수 있다. 학생들을 환영하고 오늘 마음챙김 활동은 새로운 유형의 관찰하기와 관련 있다고 설명한다.

> 오늘은 마음챙김하며 음악을 듣고 관찰할 거예요. 여러분이 평소에 듣거나 살 만한 음악은 아닙니다. 이 연습의 목적은 평가를 내려놓고 음악을 듣는 데 있어요. 고조, 리듬, 멜로디, 크기 변화, 악기 배열, 가사, 혹은 들으면서 관찰할 수 있는 그 모두를 듣습니다. 음악으로부터 마음이 떠나가는 걸 알아차리면, 부드럽게 돌려놓으세요. 음악에 대해 (긍정이든 부정이든) 평가하는 자신을 알아차리면, 평가하는 생각을 알아차리고, 내려놓고, 음악으로 주의를 돌려놓습니다.

설명을 이어 간다.

> 제가 1이라고 말하면, 마음챙김/완전히 깨어 있는 자세를 취해 보세요. 이제 모두가 잘 아는 대로 발을 바닥에 잘 붙이고, 바르게 앉아 손을 무릎 위에 올립니다. 눈은 뜬 채로 부드럽게 앞쪽을 바라보세요. 이것은 시선을 앞쪽 아래로 두고 특별히 뭔가를 바라보지 않는다는 뜻이에요. 만약 눈을 깜빡이거나 침을 삼키는 것 외에 움직이려는 다른 어떤 충동이 들면, 충동에 따르지 말고 그냥 알아차리기만 하세요. 제가 2라고 말하면, 심호흡하라는 뜻입니다. 그리고 제가 3이라고 말하면, 연습을 시작하세요. 끝날 때 '그만'이라고 말하면 자리로 돌아가면 됩니다.

이제 3까지 세면서 연습을 시작한다.

> 1: 마음챙김/완전히 깨어 있는 자세를 취하세요. 2: 심호흡을 하세요. 3: 연습을 시작하세요.

음악을 2분 동안 튼 다음 '그만'이라고 말한다.

연습에서 관찰한 바 기술하기(2분)

학생들이 돌아가며 연습할 때 관찰한 것을 나누게 한다. 필요하다면 관찰에 대한 피드백을 제공하는데, 학생들의 대답이 자기가 평가 없이 관찰하고 기술한 무언가를 포함하도록 한다(예: 음악에 따라 몸을 움직이고 싶은 충동을 알아차렸어요. 이것이 지난주와는 어떻게 다른지 생각하는 것을 알아차렸어요. 생각을 알아차렸어요. 신체 감각을 알아차렸어요. 내 마음이 다른 생각으로 흘러가는 것을 알아차렸어요. 이것이 나에게 어떻게 도움을 줄지 여러 생각이 들었어요. 지난주에 한 연습을 더 좋아한다는 것을 알아차렸어요. 불편하다는 것을 알아차렸고, 그래서 움직여야 했어요).

과제 점검(10분)

〈과제 17-5〉 정서 조절: 팩트 체크 연습
〈과제 17-6〉 정서 조절: 정서 변화를 위한 반대로 행동하기 연습

학급 전체와 나누기

〈과제 17-5〉 완성본을 학생들이 꺼내게 한다. 팩트 체크를 하면서 어려운 점이 없었는지 묻는다. 학생 1~3명 정도의 과제를 점검하고, 필요하다면 개념을 복습한다. 이 학생들의 예시에 다른 학생들이 추가로 가능한 해석을 찾아보게 한다.

그런 다음, 〈과제 17-6〉으로 옮겨 와 반대로 행동하기에 어려움이 없었는지 묻는다. 마찬가지로 학생들과 함께 1~3명의 과제를 점검한다.

두 가지 기술에 대해 다른 질문이 있는지 묻는다. 과제를 완성한 점을 칭찬한다. 만약 과제를 완성하지 못한 학생이 있다면, 방해물에 대한 어려움을 해결하고, 이번 주 과제를 완성하기 위해서는 어떻게 해야 할지 묻는다.

다이어리 카드

모든 학생이 다이어리 카드와 과제지를 제출하여 검토받도록 한다. 만일 모든 학생의 과제를 매 단원 검토할 수 없다면, 몇 단원을 거치는 동안에는 모두 검토할 수 있도록 한다.

주요 개념 소개(3분)

다음 질문을 한다.

모든 문제에 대한 네 가지 해결책, 기억하는 사람 있나요?

학생들이 대답하면 해결책을 칠판에 적는다.

1. 어떻게 문제를 해결할지 생각해 낸다.
2. 문제에 대한 감정을 변화시킨다.
3. 문제를 받아들인다.
4. 계속 괴로워한다(혹은 사태를 더 악화시킨다).

다음과 같이 설명한다.

우리가 17단원에서 배우고 방금 복습한 기술은 팩트 체크와 반대로 행동하기였어요. 반대로 행동하기는 정서가 사실에 맞지 않거나 상황에 효과적이지 않을 때 쓰는 기술입니다. 그렇다면 정당한 정서를 느낄 때, 즉 정서가 상황의 사실에 맞을 때, 그리고 내가 원치 않는 정서일 때는 어떻게 할까요? 이런 일이 생기면, 우리가 오늘 배울 문제 해결 기술을 씁니다. 문제 해결은 정서가 사실에 맞을 때 정서를 변화시키도록 도와주는 아주 효과적인 기술이에요. 그리고 일반적으로 문제 해결은 우리가 살면서 마주하고 해결해야 하는 어떤 문제에도 유용한 기술입니다. 오늘 수업에서는 정서 변화를 위한 문제 해결 기술에 집중해 볼게요. 동시에, 여러분이 가진 문제를 해결하기 위해 오늘 우리가 배운 단계를 어떻게 그대로 적용할지 생각해 보아도 좋습니다. 추가로, 나에게는 문제가 되는 게 나의 친구들에게는 문제가 되지 않을 수 있다는 점을 기억하세요. 문제 상황과 정서는 사람에 따라 다릅니다.

토론: 문제 해결(17분)

〈유인물 18-1〉 정서 조절: 문제 해결 소개(7분)
학생들이 〈유인물 18-1〉을 펴게 한 다음 설명한다.

오늘은 우리가 어떻게 문제를 해결할 수 있을지에 집중해 보겠습니다. 때로 우리에게 원치 않는 정서를 야기하는 원인은 문제 그 자체예요. 그리고 이 강한 정서는 우리가 어떻게 상황을 해결할 수 있을지 바라보지 못하도록 방해해요. 그래서 우리의 진짜 문제가 무엇인지 찾기 위해 한 걸음 물러서야 할 때가 있습니다.

예를 들어, '숙제를 안 하는 것'이 문제라고 생각했을 수 있어요. 우리는 숙제를 하기 위한 모든 방법을 찾아볼 수도 있습니다. 하지만 만약에 숙제를 안 하는 것이 문제 그 자체이기보다 사실 문제에 대한 해결책이었다면, 우리는 엉뚱한 문제를 풀려고 했던 거예요. 여기서 문제는 숙제 생각만 하면 뭔지 잘 몰라서 몹시 불안해지는 것이었을 수 있어요. 그래서 숙제를 미뤄 두면, 불안이 사라지죠. 그런 상황이라면, 수업을 잘 이해하고 불안을 감내하는 방법을 찾는 문제 해결이 필요합니다.

계속 설명한다.

문제 해결에는 일곱 단계가 있어요. 하나씩 읽어 보고 다시 돌아가 몇 가지 예시를 함께 들어 보겠습니다.

〈유인물 18-1〉에서 문제 해결 일곱 단계를 함께 읽거나, 한 학생이 대표로 읽게 한다. 그다음, 다음의 예시를 학생들과 살펴본다.

여기 예시를 봅시다. 친구 집에서 주말을 보내고 싶은데 집안일을 해 두지 않았고, 지난번 성적에서 과제 미제출 때문에 두 과목에서 낙방한 탓에 부모님이 안 된다고 했어요. 부모님은 이번 주말에 집에서 밀린 집안일을 하고 과제를 완성하라고 했습니다. 여러분은 분노를 느껴요. 이 분노는 사실에 맞는데, 왜냐하면 중요한 목표나 활동에 방해를 받았기 때문이에요. 하지만 부모님을 공격하는 건 아마도 효과적인 계획은 아닐 겁니다. 그렇기 때문에 부모님과 마주칠 때는 반대로 행동하기를 써서 분노를 낮출 수 있어요. 목표를 방해받았다는 점에서 분노가 사실에 맞기 때문에, 주말에 친구 집에 간다는 목표의 방해물을 극복하기 위해 문제 해결을 써 볼 때이기도 합니다. 방해물을 극복하면 분노 역시 줄어들 거예요.

첫째로, 자신에게 묻습니다. 이 문제를 풀 수 있는가? 부모님이 시키는 대로 했을 때 부모님이 마음을 바꿨던 적이 있나? 만약 그런 적이 없었다면, 온전한 수용 기술을 씁니다. 만약 그런 적이 있었다면, 문제 해결 기술을 씁니다.

오늘이 월요일이라고 치고, 부모님은 시키는 대로 하면 마음을 바꿨던 적이 있다고 합시다.

학생들과 각 문제 해결 단계를 살펴보고, 각 단계에 대한 어떤 생각과 피드백이 있는지 묻는다.

1. 문제 상황을 기술하기

첫 번째 단계는 문제 상황을 기술하기입니다. 주말에 친구 집에 가고 싶어요. 부모님은 안 된다고 했죠. 안 되는 이유는 과제를 제출하지 않아서 두 과목을 낙방했고, 그동안 집 안일을 하지 않았기 때문이에요. 여러분은 화가 나고 슬픕니다. 주말에 재미있게 보낼 기회를 놓치게 될 것 같기 때문이죠. 우리가 문제 상황을 기술할 때는 사실만 기술한다는 점을 기억합니다. 하지만 사실은 우리 정서 반응에 대한 기술도 포함합니다. 문제의 핵심은 여러분이 생각하기에 주말에 못 가면 재미있게 놀 기회를 놓치고, 다음 주에 친구들이 하는 얘기에 낄 수 없을 거란 거예요.

2. 팩트 체크하기

두 번째 단계는 팩트 체크하기입니다. 팩트를 체크할 때 스스로 물어야 할 질문이 몇 가지 있다는 건 17단원에서 배웠죠. 팩트 체크의 목적은 상황에 대한 우리 해석이 과연 사실에 맞는지 판단하는 데 있어요. 이제 읽어 볼 질문은 우리가 팩트를 체크할 때 밟아 가는 단계에 대한 간략한 요점입니다.

학생들이 각 요점을 읽고 하나씩 토론해 보게 한다.

나는 상황을 정확하게 해석하고 있는가?

부모님은 성적 그리고 집안일을 하지 않은 점 때문에 주말에 친구 집에서 놀 수 없다고 말했습니다.

나는 극단적으로 생각하고 있나? (이분법적 사고, 파국적 생각)

나의 생각은 '이번 주말에 나는 모든 걸 놓칠 거야. 다음 주에 친구들이 하는 말을 하나도 모를 거야. 내가 끼지 못해서 모든 애들은 나를 왕따라고 생각할 거야.'입니다. 앞의 두 생각은 이분법적 사고입니다. 이번 주말에 친구 집에서 일어나는 일이 다 중요하지는 않을 거고, 모든 사람이 이 얘기만 하지는 않을 겁니다. 세 번째 생각은 파국화 생각입니다. 다른 친구들이 주말에 무언가를 놓쳤을 때 나는 그들을 '왕따'라고 무시하지 않습니다.

최악의 일이 일어날 가능성은 얼마나 되는가?

모든 사람이 나를 왕따라고 생각할 가능성은 꽤 낮아요. 그러나 과제를 완성하지 못해서 성적을 올리지 못하면, 그리고 이번 주에 집안일을 하지 못하면 부모님이 나를 보내 줄 가능성도 꽤 낮습니다.

만약 최악의 일이 실제 일어났다고 한다면, 잘 대처하는 모습을 상상할 수 있는가?

나 스스로에게 이렇게 말할 수 있어요. '주말 동안 친구들과 메신저와 소셜 미디어로 계속 만날 수 있어. 이번에 과제를 완성해서 다음 주말에는 함께 놀 수 있어.'

계속 설명한다.

여전히 문제가 풀리지 않았고 여전히 정서를 낮추고 싶다면, 다음 단계를 시작하는 거예요. 부모님이 왜 안 된다고 하는지 이해할지라도, 여전히 가고 싶을 수 있지요. 그렇다면 다음 단계를 따릅니다.

3. 목표 정하기

세 번째 단계에서는 나의 목표, 혹은 문제 해결의 목표를 확인합니다. 이번 예시에서 나의 목표는 무엇인가요? 주말에 친구 집에 가는 게 나의 목표입니다.

4. 여러 해결책을 브레인스토밍하기

네 번째 단계는 여러 해결책을 브레인스토밍하기입니다. '브레인스토밍'이란 생각할 수 있는 모든 가능한 해결책을 평가 없이 만들어 내는 과정이에요. 가능한 해결책을 떠올리기가 힘들다면, 믿을 만한 사람에게 제안해 보라고 합니다. 내가 효과적으로 행동하는 데 도움이 될 만한 사람들에게 묻도록 해 보세요. 예를 들어, 나를 더 곤궁에 빠뜨릴 친구에게는 물어보지 않습니다. 해결책을 평가 없이 만든다는 건 무슨 뜻일까요?

학생들의 대답을 듣고, 설명을 계속한다.

> 브레인스토밍에서 요령은 생각나는 전부, 모든 걸 적어 두는 거예요. 어떤 생각도 평가
> 하거나 버리지 않고요.

학생들과 해결책을 생각해 낸다. 만약 학생들이 말하지 않는다면 교사가 극단적인 해결책(예: 가출하기, 가사도우미 고용하기, 선생님에게 뇌물을 주어 성적 고치게 만들기)을 내고, 브레인스토밍하는 동안에는 해결책을 모두 생각해 내기 전까지는 제안된 해결책에 대해서 평가하지 않는다고 말해 준다. 가능한 다른 해결책에는 '어떻게 되든 그냥 친구 집에 가기, 매일 집안일하기, 성적을 만회하는 방법을 선생님과 상의하기, 금요일 전에 과제 제출하기, 가출하기, 주중에 숙제 엄청 많이 하기'가 있다. 모든 제안을 직접 또는 한 학생이 칠판에 적는다.

5. 될 법한 해결책을 최소 한 가지 고르기

다섯 번째 단계에서는 가장 될 법한 해결책을 최소 한 가지 고른다. 이제 여러 가능성의 목록을 만들어 두었으니, 하나씩 살펴보고 평가하면서 될 법한 해결책을 찾는다. 학생들과 모든 가능한 해결책을 살펴보고, ① 될 수 있다(문장 옆에 체크 표시), ② 아니, 될 수 없어(문장 옆에 × 표시), 혹은 ③ 된다와 안 된다의 사이(문장 옆에 작대기 표시)로 평가해 본다. 여기에서는 어떻게 하는지 보여 주기 위해, 학생들이 '집안일을 매일 한다.'와 '금요일 전에 과제를 완성한다.'로 정했다고 하자(금요일 전에 과제를 다 완성할 수 있을지를 확인해야 하지만, 이번 예시에서는 할 수 있는 것으로 가정한다).

그다음, 가능한 해결책의 장단점을 적을 네 칸을 칠판에 그려 보고, 학생들에게 장단점을 찾도록 한다([그림 18-1] 참조).

> 장단점 찾기는 의사결정을 보조해요. 예를 들어, 주중에 모든 과제를 다 완성한다는 건
> 이번 주 방과 후 활동을 몇 가지 빠져서 모든 걸 완성해 둔다는 뜻입니다.

학생들이 의사결정을 위한 장단점 찾기를 해 보게 한다. 어떻게 하는지 보여 주기 위해, 학생들의 결정은 금요일 전에 과제를 다 완성하기였다고 가정하자.

6. 해결책 실행하기

> 여섯 번째에는 선택한 해결책 하나 혹은 여러 개를 실행해 봅니다. 금요일 전에 과제를 다

완성하려면 어떤 단계를 밟아야 할까요? 여기에는 매일 어떤 과제를 완성할지 계획을 세우는 일이 포함됩니다. 이 예시에서는 나의 계획을 부모님에게 보여 주어 계획을 받아들이실지, 계획대로 완성하면 생각을 바꾸실지 확인해 보는 일도 포함할 수 있어요.

	장점	단점
이 해결책을 사용하는 것		
이 해결책을 사용하지 않는 것		

[그림 18-1] 문제 해결을 위한 장단점 찾기 표

7. 모든 결과를 평가하기

일곱째이자 마지막 단계는 모든 결과를 평가하는 거예요. 물론 전체적인 평가를 하기 위해서는 금요일까지 기다려야 합니다. 나의 해결책이 문제를 해결했나요? 목표를 달성할 수 있었나요?

만약 해결됐다면, 스스로에게 상을 주세요. 해결하지 못했다면, 열심히 한 자신을 인정해 주고 해결책이 통하지 않은 이유를 평가해 보세요. 이번 예시에서는 생각보다 과제에 걸리는 시간이 더 길어져서 4일 동안 모든 과제를 다 끝내기에는 무리였을 수 있어요. 다른 해결책을 고르거나, 만약 해결할 수 없는 문제라면 온전한 수용으로 되돌아갑니다.

수업 활동: 〈과제 18-3〉 소집단 활동(10분)

학생들을 3~4명의 소집단으로 나누고, '〈과제 18-3〉 정서 조절: 정서 변화를 위한 문제 해결 연습'을 펴게 한다. 그리고 설명한다.

소집단에서 10분 동안 문제 해결 기술을 쓰는 연습을 하겠습니다. 우선, 원치 않는 정서를 유발하는 자기의 문제 하나를 각자 찾으세요. 함께 연습해 볼 문제 한 가지를 고르고, 과제 유인물을 같이 풀어 보세요. 특히 평가 없이 해결책 브레인스토밍하기를 연습해 보면 좋겠습니다. 첫 번째 문제를 끝냈으면, 다음 사람의 문제로 넘어가세요.

학생들이 작업하는 동안 반드시 돌아다니면서 대화를 들어 보도록 하고, 단계를 따라 문제 해결하는 것에 대해서 학생들에게 피드백을 제공한다. 7분 뒤, 관찰한 바를 나누거나 과정에 대해 질문하도록 한다.

토론: 정서를 바꾸기 위한 방법 총정리(10분)

〈유인물 18-2〉 정서 조절: 반대로 행동하기와 문제 해결을 함께 보기 소개
학생들이 〈유인물 18-2〉를 펴게 한다.

〈유인물 18-2〉에는 일곱 가지 정서가 있고, 어떤 경우에 각 정서가 정당하거나 사실에 부합하는지가 적혀 있어요. 만약 정서가 사실에 맞지 않다면, 다양한 반대로 행동하기가 적혀 있습니다. 정서가 사실에 맞다면, 문제 해결의 다양한 접근이 적혀 있습니다. 이 유인물은 우리가 오늘, 그리고 17단원에서 얘기했던 내용을 훌륭하게 요약해 주고 있어요. 반대로 행동할지 혹은 문제를 해결할지는 상황의 사실 여부에 따라 달라질 거예요.

학생들과 정서 몇 가지를 같이 읽고 질문할 기회를 주도록 한다. 예시를 읽으면서, 정서가 사실에 맞고 정당할 상황에 대한 간단한 예시, 그리고 정서가 사실에 맞지 않고 정당하지 않을 상황에 대한 예시를 학생들이 만들게 한다. 학생들이 예시를 생각하지 못하면, 직접 예시를 제공한다.

남은 시간 동안 몇 가지 예시를 검토하고 난 뒤, 이 유인물 읽기가 과제의 일부임을 학생들에게 알려 준다. 학생들은 이 유인물을 〈과제 18-3〉 완성을 위한 안내문으로 활용할 수 있다.

단원 요약(3분)

오늘 우리는 팩트 체크를 복습하고 문제 해결 기술을 쓰는 방법을 배웠습니다. 팩트 체크를 위해 스스로 해 볼 질문은 무엇이 있었나요?

학생들이 팩트 체크할 때 쓸 질문을 만들어 보도록 한다. 지침으로 '〈유인물 17-2〉 정서 조절: 팩트 체크'를 사용한다.

- 나는 상황을 정확하게 해석하고 있나? 다른 가능한 해석이 있나?
- 내가 극단적으로 생각하고 있나?
- 최악의 일이 일어날 확률은 얼마나 될까?
- 만약 최악의 일이 일어날지라도, 그 상황에서 잘 대처하는 나를 상상해 볼 수 있을까?

　　문제 해결의 단계는 무엇이지요?

학생들이 일곱 단계를 말해 보게 한다. 〈유인물 18-1〉 '정서 조절: 문제 해결'을 사용해 안내할 수 있다.

과제 설명(2분)

〈과제 18-3〉 정서 조절: 정서 변화를 위한 문제 해결 연습
다음과 같이 설명한다.

　　이번 주 동안 원치 않는 정서를 유발하는 상황에서 새로 배운 문제 해결 기술을 써 보도록 해요. 이미 오늘 수업 활동에서 일부분을 시작한 사람도 있어요. 시작했다면, 해결책을 실행하고 결과를 평가하는 나머지 단계를 따라야 합니다. 정서가 사실에 맞는지 결정하고 반대로 행동하기를 쓸지 혹은 문제 해결을 쓸지 지침이 필요하다면 '〈유인물 18-2〉 정서 조절: 반대로 행동하기와 문제 해결을 함께 보기'를 쓰도록 하세요.

다이어리 카드
새로운 다이어리 카드를 나누어 준다. 이제 학생들이 문제 해결을 배웠음을 강조하고, 학생들이 한 주 동안 과제로 이 기술을 연습하면서 다이어리 카드에 기술을 사용한 날짜와 기술 사용 정도를 표기하게 한다(이전에 배운 다른 기술도 연습하고 기록하도록 한다).

　　마지막으로, 과제 완수를 방해하는 요인에 대한 문제 해결 시간을 가진다. 과제 혹은 과제를 할 때의 장애물에 대해 질문이 있는지 확인한다. 만약 있다면, 질문에 답하고 장애물을 다룬다. 과제를 할 의지가 없거나, 이번 주에 다른 과제가 너무 많거나, 잊어버리거나, 과제를 이해하지 못하는 것 등이 장애물이 될 수 있다. 학생들이 장애물을 찾을 수 있도록 돕고, 이를 극복할 수 있는 계획을 함께 세운다. 한 예로, 잊어버리는 것이 문제라면, 과제를 적고 휴대전화나 달력에 과제 완성 알람을 설정할 수 있다. 과제를 할 의지가 없는 경우에는 먼저 이유를 듣고 동기를 높여 주거나, 과제를 해 오는 것의 중요성(예: 성적)을 상기시켜 주거나, 또는 기타 도움이 될 만한 설명을 해 준다. 과제 관련 문제 해결은 매주 과제를 나누어 준 이후 반드시 진행하도록 한다.

19단원

정서 조절:
자긍 연습 안아파수식 – '긍'

✲ 요약

긍정 정서 증가, 부정 정서 취약성 감소, 그리고 감정 마음에서 벗어나기는 '자긍 연습 안아파수식'으로 요약한 기술 연습으로 달성할 수 있다. 이 수업은 자긍 연습 안아파수식에서 '긍'에 집중한다. 이 단원의 목표는 학생들의 긍정 정서를 단기적·장기적으로 높이는 데 있다. 학생들이 단기적으로 매일의 즐거운 활동을 높이도록 돕고, 장기적으로는 개인의 가치와 목표를 찾아 가치에 따라 일관되게 사는 방법을 가르친다.

🌐 요점

1. '자긍 연습 안아파수식'의 '긍'은 긍정 경험 쌓기이다.
2. 긍정 경험 쌓기는 단기적으로는 매일의 즐거운 활동에 참여하기, 장기적으로 가치와 목표 찾기를 포함한다.

⚙ 준비물

1. 본 단원 유인물
    - 〈유인물 19-1〉 정서 조절: 자긍 연습 안아파수식 개요
    - 〈유인물 19-2〉 정서 조절: 단기 긍정 경험 쌓기
    - 〈유인물 19-3〉 정서 조절: 즐거운 활동 목록
    - 〈유인물 19-4〉 정서 조절: 장기 긍정 경험 쌓기
    - 〈유인물 19-5〉 정서 조절: 지혜로운 마음 가치와 우선순위 목록
    - 〈과제 19-6〉 정서 조절: 긍정 경험 쌓기(단기와 장기) 연습
2. 자료 없이 수업에 온 학생들을 위한 여분의 유인물과 필기도구
3. 보드 마커나 분필
4. 다이어리 카드: 수업을 마칠 때 나누어 줄 수 있도록 새 다이어리 카드를 준비한다.
   가능하면 다이어리 카드에 '긍정 경험 쌓기' 기술을 강조해 둔다.

🔔 준비

1. 학생 기술 바인더에 있는 강의 계획과 유인물을 검토한다.
2. 가능하면 학생들이 서로 바라보고 앉도록 교실의 책상을 미리 배치해 둔다.

⬤ 강의 개요와 시간표

- 마음챙김 연습(5분)
    - 참여하기: 이야기 만들기(4분)
    - 연습에서 관찰한 바 기술하기(1분)
- 과제 점검(10분)
    - 〈과제 18-3〉 정서 조절: 정서 변화를 위한 문제 해결 연습
        - 소집단과 나누기
        - 학급 전체와 나누기
    - 다이어리 카드

- 주요 개념 소개(3분)
  - 〈유인물 19-1〉 정서 조절: 자긍 연습 안아파수식 개요 소개
    - 감정 마음은 무엇일까?
    - 자긍 연습 안아파수식은 감정 마음 취약성을 줄인다.
- 토론: 단기 긍정 경험 쌓기(18분)
  - 〈유인물 19-2〉 정서 조절: 단기 긍정 경험 쌓기 소개(8분)
    - 즐거운 활동
    - 긍정 경험에 마음챙김
    - 걱정은 놓아 주기
  - 〈유인물 19-3〉 정서 조절: 즐거운 활동 목록 소개(10분)
    - 수업 활동: 〈유인물 19-3〉 소집단 활동
    - 참여할 수 있는 즐거운 활동을 찾고 논의하기
- 토론: 장기 긍정 경험 쌓기(10분)
  - 〈유인물 19-4〉 정서 조절: 장기 긍정 경험 쌓기 소개(5분)
  - 〈유인물 19-5〉 정서 조절: 지혜로운 마음 가치와 우선순위 목록 소개(5분)
    - 학생들은 각자 자기의 지혜로운 마음 가치를 찾고 우선순위를 정한다.
- 단원 요약(2분)
  - 긍정 경험을 쌓는 건 왜 우리 정서에 중요할까?
  - 왜 단기, 장기적으로 긍정 경험을 쌓아야 할까? 어떻게 쌓을까?
- 과제 설명(2분)
  - 〈과제 19-6〉 정서 조절: 긍정 경험 쌓기(단기와 장기) 연습
    - 매일 완성할 즐거운 활동을 계획하기
    - 지혜로운 마음 가치와 목표를 찾고 단계를 밟기
  - 다이어리 카드

🔋 세부 강의 계획

마음챙김 연습(5분)

참여하기: 이야기 만들기(4분)

학생들을 환영하고 오늘의 마음챙김 활동을 소개한다. 다음과 같이 설명한다.

오늘 우리는 마음챙김의 참여하기 연습을 해 볼 거예요. 다시 말해서, 이 순간에 오직 한 가지만 하는 방법으로 온전히 여기 모두가 참여하도록 합니다. 오늘은 '이야기 만들기'라는 것을 해 보겠습니다.

이렇게 합니다. 한 사람이 하나의 단어를 말하는 방법으로 이야기를 만들어 말해 보도록 해요. 순서대로 한 사람씩, 각자가 이야기에 하나의 단어를 덧붙입니다. 핵심은 온전히 하나씩 참여하기 연습을 해 보는 거예요. 각자 자기 차례를 기다리고 자기 단어를 결정합니다. 마음이 이야기를 앞서 나가면, 내가 선택한 단어가 막상 내 차례가 됐을 때는 이야기에 어울리지 않을 수도 있어요. 이런 경우 평가나 실망으로 이어질 수 있어요. 만약 이런 일이 일어난다면, 단지 알아차리기 연습을 하고 순간으로 자신을 내던져 이야기를 따라가 보세요. 2~3분 동안 진행하면서 이야기가 우리를 어디로 데려가는지 봅시다. 일어서서 원으로 서서 연습해 볼게요.

학생이 15명 이상인 교실에서는 두 개 집단으로 나눈다. 그리고 설명을 계속한다.

제가 1이라고 말하면, 일어나서 마음챙김하며 원을 만들라는 신호입니다. 제가 2라고 말하면, 심호흡하라는 뜻입니다. 그리고 제가 3이라고 말하면 연습을 시작하라는 신호예요. 첫 번째 단어는 제가 말하겠습니다.

이제 3까지 세면서 연습을 시작한다.

1: 마음챙김/완전히 깨어 있는 자세를 취하세요. 2: 심호흡을 하세요. 3: 제가 이제 첫 단어를 말하겠습니다.

첫 번째 단어를 말하고, 옆에 있는 학생을 계속하도록 가리킨다(원이 하나 이상이면, 두 번째 원에서 시작할 학생을 정한다). 3분 뒤, '그만'이라고 말한다.

연습에서 관찰한 바 기술하기(1분)
강조할 것에 대해 다음과 같이 말한다.

이 연습의 첫 목표는 내 순서를 기다리면서 온전히 하나씩 이야기에 참여하기였어요. 두 번째 목표는 평가 없이였습니다. 그리고 만약 평가했다면, 알아차리고, 빠르게 놓아 주고, 다시 연습으로 우리를 내던지는 거였죠. 연습하는 동안 무엇을 관찰하였나요?

학생들이 돌아가며 연습할 때 관찰한 것을 나누게 한다. 필요하다면 관찰에 대한 피드백을 제공하는데, 학생들의 대답이 자기가 평가 없이 관찰하고 기술한 무언가를 포함하도록 한다(예: 내가 특정한 결론의 이야기를 원한다는 생각을 알아차렸어요. 말도 안 되는 단어를 말한 나를 평가하는 생각을 알아차렸어요. 순간 멈칫하는 나를 알아차렸어요. 이것이 지난주와는 어떻게 다른지 생각하는 것을 알아차렸어요. 생각을 알아차렸어요. 신체 감각을 알아차렸어요. 내 마음이 다른 생각으로 흘러가는 것을 알아차렸어요. 이것이 나에게 어떻게 도움을 줄지 여러 생각이 들었어요. 지난주에 한 연습을 더 좋아한다는 것을 알아차렸어요. 불편하다는 것을 알아차렸고, 그래서 움직여야 했어요).

과제 점검(10분)

〈과제 18-3〉 정서 조절: 정서 변화를 위한 문제 해결 연습

<u>소집단과 나누기</u>
완성한 〈과제 18-3〉을 꺼내 보도록 한다. 18단원에서 문제 해결 소집단 연습을 했을 때와 똑같은 소집단으로 앉게 한다. 집단 사이를 돌아다니면서 살펴보고, 질문에 답해 주거나 피드백을 제공한다. 다음과 같이 지시한다.

> 지난 한 주 동안 문제 해결 기술 연습을 위해 썼던 문제와 정서에 대해 집단 안에서 각자 나누어 보세요. 평가 과정을 논의해 보고, 특히 지난 시간 교실에서 같이 작업한 사람의 예시로 해 보세요. 각 단계를 논의하고, 어려움이 있었다면 풀어 보도록 하고, 문제 해결이 정서에 미친 영향을 논의해 봅니다.

학급 전체와 나누기
문제 해결 경험을 나눌 발표자 몇 명을 고른다. 발표자마다 모든 단계를 살펴보고, 발표자가 했던 구체적 행동을 예시로 써서 문제 해결이 어떻게 정서에 영향을 주었는지 확실히 짚어 주도록 한다. 정서에 변화가 없었다면, 이유를 살펴보고 이 과정에서 재평가해야 할 단계가 있었는지 논의하는데, 특히 정서를 유발한 문제 찾기 부분을 재평가해 본다.

과제를 완성하지 않은 학생들을 점검하고, 과제 완성을 방해한 문제를 간단하게 논의한다.

다이어리 카드

모든 학생이 다이어리 카드와 과제지를 제출하여 검토받도록 한다. 만일 모든 학생의 과제를 매 단원 검토할 수 없다면, 몇 단원을 거치는 동안에는 모두 검토할 수 있도록 한다. 다이어리 카드에 표시한 기술 사용량에 대해 코멘트를 남긴다.

주요 개념 소개(3분)

〈유인물 19-1〉 정서 조절: 자긍 연습 안아파수식 개요 소개

감정 마음 상태에 있다는 것은 무슨 뜻인지 복습하면서 시작한다. 다음의 질문을 한다.

> 감정 마음이란 무엇이지요? 우리에게 어떤 영향을 주지요?

다음과 같은 대답을 끌어내거나 직접 말한다.

> 감정 마음은 정서 수준이 높을 때의 마음 상태이고, 논리나 지혜로운 마음보다는 감정에 따라서 판단하고 행동하는 상태입니다.

설명을 시작한다.

> 모든 사람은 신체적·환경적 스트레스 상황에서 정서적으로 반응합니다. 오늘과 다음 단원에서는 즐거움, 자부심, 자기 확신감과 같은 긍정 정서를 높이고 슬픔, 두려움, 수치심과 같은 부정 정서에 덜 취약해지는 방법을 배울 거예요.

〈유인물 19-1〉을 펴게 한다. 이 유인물은 오늘과 다음 단원에서 배울 내용의 개요이므로 소개하는 데 1~2분 정도만 쓰도록 한다. 다음과 같이 설명한다.

> 자긍 연습 안아파수식은 기억을 돕도록 만든 말이에요. 이 기술은 우리가 쉽게 감정 마음으로 가지 않도록 도와줄 기술입니다. 오늘은 자긍 연습 안아파수식에서 '긍'을 배울 건데요. 긍은 긍정 경험 쌓기입니다. 다음에는 나머지 기술, 자신감 쌓기, 어려운 상황 미리 연습, 그리고 신체를 돌보면서 마음을 돌보는 안아파수식을 배울 거예요.

한 학생이 〈유인물 19-1〉의 자긍 연습 부분을 읽게 한 다음 설명한다.

삶에는 균형이 필요하죠. 긍정 정서 경험을 높이는 한 가지 방법은 단기 혹은 장기간에 걸쳐 긍정 경험에 집중하는 방법입니다. 즐거운 사건이 없다면 긍정 정서가 없습니다. 긍정 경험을 쌓는 건 참 중요해요. 왜냐하면 우리 삶의 저울에서 긍정을 쌓아 나가면, 뒤따르는 부정으로 저울이 한쪽으로 쏠리는 일을 막을 수 있기 때문이에요.

토론: 단기 긍정 경험 쌓기(18분)

〈유인물 19-2〉 정서 조절: 단기 긍정 경험 쌓기 소개(8분)
학생들이 〈유인물 19-2〉를 펴도록 한 다음 설명한다.

자급 연습 안아파수식에서 '긍'은 긍정 경험 쌓기예요. 단기와 장기에 걸쳐서 긍정 경험 쌓기를 합니다. 단기 긍정 사건은 지금 우리를 행복하게 하는 일이고, 장기 긍정 사건은 지속적인 행복감을 주죠. 먼저, 단기에 긍정 정서를 높이는 방법에 집중해 보겠습니다.

학생이 유인물에서 '단기적으로' 부분을 읽게 한 다음 묻는다.

매일 즐거움이나 기쁨을 주는 활동을 하는 사람 여기 있나요?

'예'라고 답하는 학생을 칭찬하고, 모두에게 강조한다.

이것이 바로 이 기술의 목표입니다. 슬픔, 분노, 두려움, 수치심, 죄책감과 같은 정서에 덜 취약해지도록 하려면, 긍정 정서를 높이기 위해 매일 즐거운 활동에 반드시 참여해야 해요. 즐거운 사건은 비타민 같은 겁니다. 매일 먹어야 하지요. 즐거운 사건이 없다면 슬픔이나 다른 부정 정서가 높아질 수 있어요.

덧붙인다.

내가 과연 즐거운 사건을 겪을 자격이 있나 하는 생각은 효과적이지 않아요. 자격에 대한 생각은 평가하는 생각입니다. 자격이 없다고 느낄지라도 우리는 모두 긍정 활동에 참여해야 해요. 조금 있다가, 우리가 모두 참여할 수 있는 몇 가지 즐거운 사건을 찾아볼 거예요. 우선은 이 유인물을 끝까지 읽어 봅시다.

한 학생이 〈유인물 19-2〉의 '긍정 경험에 마음챙김하세요.' 부분을 읽게 한 다음 질문한다.

> 모두 이게 무슨 뜻인 것 같나요? 여러분은 어떻게 할지 예시를 하나 들어 주겠어요?

학생들이 마음챙김 기술을 두 번 복습했으므로, 이는 기술 사용을 일반화시킬 기회이다. 다음과 같이 짚어 준다.

> 즐거운 활동을 계획하는 일도 중요하고, 이러한 활동에 참여할 때 마음챙김하는 것도 똑같이 중요해요. 즐거운 활동에 온전히 참여하지 않는다면, 활동은 여러분의 전반적인 정서에 별 영향을 미치지 못합니다.

다음 학생이 〈유인물 19-2〉의 '걱정은 놓아 주세요.' 부분을 읽게 한다.

> 이건 무슨 뜻일까요? 걱정을 놓아 준다는 건 무슨 뜻일까요? 어떻게 할지 예시를 들어 주겠어요?

학생들의 예시를 끌어낸다. 예시 드는 것을 힘들어한다면, 다음과 같이 설명한다.

> 걱정을 놓아 주기는 방학 동안에 바닷가에 앉아서 언제 방학이 끝날지, 개학하면 얼마나 슬프고 불안할지, 혹은 내가 놀 자격이 있는지, 내가 지금 놀고 있어도 되는지를 생각하지 않는 거예요. 사건이나 경험이 언제 끝날지, 혹은 언제 안 좋은 일이 일어날지에 집중한다면, 여러분은 그 순간을 놓치고 맙니다. 따라서 긍정 정서를 높이지 못해요.
> 다른 예시는 하루 동안 옛날 친구를 만나는 일이에요. 친구와 함께 있을 수 있는 날은 오직 하루입니다. 내일 친구가 떠나는 것을 생각하면서 시간을 낭비하고 싶진 않겠지요.

다음과 같이 질문한다.

> 즐겁게 지내던 중, 이게 언제 끝날지, 혹은 내가 자격이 있는지, 혹은 내가 다른 뭘 해야 한다든지 하는 생각을 하느라 순간에 주의 집중을 못 했던 적이 있나요?

학생들의 대답을 듣고, 다음과 같이 질문한다.

그렇다면 이런 상황에서는 어떻게 해야 할까요? 마음챙김 기술을 어떻게 써서 걱정을 놓아 주고 긍정 경험에 마음챙김할까요?

학생들이 즐거운 순간의 활동에 집중하는 연습을 어떻게 해 볼지, 즐거운 활동이 끝나거나 다른 활동을 해야 한다는 생각을 알아차리면 어떻게 놓아 주고 순간으로 주의를 돌릴지 나누어 보도록 격려한다. 이는 매 수업 시작 때 연습한 마음챙김 기술을 일상의 삶에서 써 보도록 연결 지을 기회이다.

〈유인물 19-3〉 정서 조절: 즐거운 활동 목록 소개(10분)

학생들이 〈유인물 19-3〉을 펴게 한 다음 설명한다.

이 유인물은 삶의 저울을 긍정 쪽으로 기울이게 하기 위해 매일 할 수 있는 많은 아이디어 목록입니다.

학생들이 유인물을 읽어 볼 시간을 잠시 준다.

수업 활동: 〈유인물 19-3〉 소집단 활동

3~4명으로 구성한 소집단으로 학생을 나눈다. 다음과 같이 지도한다.

〈유인물 19-3〉을 읽어 보고 자신이 즐길 법한 활동에 대해 논의해 보세요. 즐거울 것 같은 혹은 과거에 즐거워했던 활동 번호에 동그라미 쳐 보세요. 예전에는 즐겼지만, 지금은 별로 즐기지 않는 활동이라도 번호에 동그라미 쳐 보세요.

여기에 적힌 활동들이 모든 사람에게 즐겁지 않고, 또 모든 사람에게 효과적이지도 않아요. 그러니 지금은 평가하지 않는 것을 연습하고 즐기지 않을 법한 활동이 무엇인지 알아볼 기회입니다. 당연히 어떤 활동을 즐길 법하지 않다고 생각하는 타당한 이유가 있을 거예요. 예를 들어, 최근에 반려견을 잃었다면, 다른 반려동물을 돌보는 활동은 즐거운 활동이 되지 못할 거예요. 혹은 열대 지방에서 산다면, 눈썰매는 선택지가 아니겠지요. 마지막으로 자신이 즐기는 활동이지만 유인물에 없다면, 마지막 빈칸에 추가해 봅시다.

학생들이 유인물을 다 살펴보고 난 뒤, 발표할 사람을 골라 무엇에 동그라미 쳤고 무엇을 추가했는지 나누어 보게 한다. 자신도 좋아할 법한 활동을 누군가 발표했다면, 자기 목록에도 이를 포함하도록 격려한다. 다른 집단 구성원 덕에 생각하지 못했던 새로운 즐거운 활동을 알게 되었는지 나누어 본다.

마지막으로, 즐거운 활동에 즉흥적으로 참여하는 것과 즐거운 사건을 미리 계획하는 것이 똑같이 중요하다고 설명한다. 이 목록은 두 가지 방법 모두에 도움이 된다.

토론: 장기 긍정 경험 쌓기(10분)

〈유인물 19-4〉 정서 조절: 장기 긍정 경험 쌓기 소개(5분)
학생들이 〈유인물 19-4〉를 펴 보게 한다. 그리고 다음을 질문한다.

- 여기 자신의 가치가 무엇인지 말해 줄 수 있는 사람 있나요?
- 여러분의 가치는 무엇인가요?
- 여기 일상에서 정기적으로 자신의 가치에 일치하는 의사결정을 내리는 사람 있나요?

각 질문 뒤에 잠시 멈추고 학생의 반응을 이끌고 나서 다음과 같이 말한다.

한편으로, 우리에게는 바로 지금 우리 인생에 첨가할 수 있는 긍정적인 무언가가 필요합니다. 다른 한편으로, 우리가 앞으로 나아갈 목표를 지니는 것 역시 중요하죠. 우리 삶에서 진정으로 원하는 목표 말이에요. 우리는 이 목표가 지혜로운 마음에서 나온 가치에 맞기를 바랍니다.

학생 한 명에게 〈유인물 19-4〉의 '장기적으로' 그리고 '나의 가치에 따른 목표를 향해 나아가기를 시도하세요.'를 읽게 한 다음 설명한다.

좀 있다가 우리 가치를 찾아보겠습니다. 일단 우리 가치가 무엇인지 알면, 우리 가치에 기반하여 자신을 위한 목표를 세울 수 있어요. 목표에 도달하기 위해, 목표를 성취하려면 밟아 가야 하는 단계 목록을 만들면 가장 도움이 됩니다.

학생 한 명에게 유인물의 '관계에 관심을 두세요.' 부분을 읽게 한 다음 질문한다.

이건 무슨 뜻일까요?

학생들이 설명하게 한다. 복구해야 할 관계의 예시 혹은 끝내야 할 관계의 예시를 들어 보게 한다. 이어서 말한다.

관계는 주의를 필요로 하므로 관계를 쌓고 유지하는 방향으로 나아가는 게 중요해요. 정원의 꽃처럼 관계는 관심을 기울이고, 물을 주고, 잡초도 뽑아 주고, 양분도 주어야 합니다.

마지막으로, 피하기를 피하기, 그리고 포기를 피하기가 중요해요. 과거에 큰 과제를 미루고 피하거나, 나한테 화가 났거나 나를 피한다고 여기는 친구에게 말 걸기를 피하는 식으로 무언가를 피해 본 적이 있나요? 핵심은 이러한 활동을 피하는 행동을 피하는 거예요. 내가 피하고 있다는 점을 마음챙김하여 알아차리고, 반대로 행동합니다.

〈유인물 19-5〉 정서 조절: 지혜로운 마음 가치와 우선순위 목록 소개(5분)
학생들이 〈유인물 19-5〉를 펴게 하고 설명한다.

우리가 목표를 결정할 때, 우리의 가치와 우선순위가 무엇인지 먼저 이해하고 알 필요가 있어요. 〈유인물 19-5〉는 사람들이 보통 지니는 가치의 목록입니다. 이 목록을 읽으면서, 여러분 자신의 가치에 표시해 보세요. 모든 사람이 같은 가치를 공유하지는 않고, 서로 달라도 괜찮아요. 다양한 상황에서 판단을 내리고 행동을 결정해야 할 때 자기 가치가 무엇인지 아는 건 매우 중요합니다.

예를 들어, 여러분의 가치가 책임지기와 즐겁게 살기라면, 옆집 아이 돌보기를 하러 가거나 주말에 일을 할지, 혹은 친구들과 밤샘 파티를 하러 갈지 결정하기 매우 어려울 거예요. 그렇다면 마음챙김하여 어떤 가치가 나에게 더 우선순위에 있는지 혹은 한동안 집중하지 못한 가치가 무엇인지 찾아야 하고, 친구들과 놀러 갈지 혹은 독립하기 위해서 일하고 돈 버는 데 더 집중할 것인지 결정해야 합니다.

두 번째 예시를 들어 보죠. 나의 가치는 집단 소속감, 그리고 나의 성품을 가꾸는 일이라고 합시다. 만약 친구들이 성품을 가꾸려는 내 지혜로운 마음의 가치에 위배되는 방식으로 행동하기 시작한다면, 예를 들어 물건을 훔치거나, 술을 마시거나, 친구를 괴롭히거나 할 때 어떻게 할 건가요? 내가 스스로 나의 가치와 일관되게 살고 있는지, 그리고 나의 가치를 위반하는 행동을 할 때의 결과를 제대로 인식하고 있는지는 중요합니다. 성품 가꾸기보다는 집단 소속감을 더 우선순위 가치로 둘 수 있지만, 성품 가꾸기의 가치를 위반하는 스스로에게 어떤 감정을 느낄지 그 결과를 감당할 준비가 되어 있을까요? 여기서 우리가 배울 점은 나의 행동이 나 자신의 지혜로운 마음 가치 안에 속하는지 판단하는 방법입니다.

학생들을 안내한다.

> 유인물의 가치 목록을 잠시 시간을 들여 읽어 보세요. 나의 가치는 무엇인지 결정해 보세요. 하나 이상의 가치를 지닌다면(아마 대부분 그럴 겁니다), 다음 단계에서 우선순위에 따라 배열합니다. 1번이 최우선 가치입니다. 가치를 찾았다면 각 가치 옆에 순위를 매겨 봅시다.

3~4분 동안 학생들이 가치를 찾고 우선순위를 매기게 하고 나서 질문한다.

> 이제 지혜로운 마음 가치를 찾았으니, 다음 단계는 무엇일까요?

학생들이 대답해 보도록 한 다음, 설명한다.

> 자기 가치를 찾고 순위를 매긴 다음 단계에서는 내가 나의 가치를 따라 살고 있는지 판단해 봐야 해요. 만약 아니라면, 가치에 따라 살기 위해 무엇을 해야 하는지 생각해야 합니다. 이런 식으로 목표를 찾고 정합니다. 목표를 결정하는 과정은 중요하며, 여러분의 가치와 일관되어야 해요.
> 앞서 질문을 했었죠? 우리가 가치에 대해 조금 더 배웠으니 제가 다시 한번 묻겠습니다. 여기 자기 가치와 일관된 삶을 살고 있고 목표가 가치와 일관된 사람이 있나요?

손을 든 사람의 수가 바뀌었는지 아닌지에 관해 언급한다. 원한다면 학생들이 이 수업을 듣는 동안 어떤 점에서 변화했는지 논의하게 하고, 다음과 같이 말한다.

> 오늘 과제 중 하나로 여러분은 가치 중 하나를 선택하고, 가치에 따르는 삶에 더 가까워질 수 있도록 목표를 찾아볼 거예요. 그리고 목표를 향해 나아가기 위해 시작할 수 있는 작은 첫 단계들을 결정해 볼 겁니다. 조금 이따가 과제에 관해 더 자세히 이야기할게요.

단원 요약(2분)

학생들이 다음에 대해 답하게 한다.

• 긍정 경험을 쌓는 일이 우리 정서에 왜 중요할까요?

- 단기적으로 긍정 경험을 쌓아야 하는 이유는 무엇일까요? 어떻게 할 수 있을까요?
- 장기적으로 긍정 경험을 쌓아야 하는 이유는 무엇일까요? 어떻게 할 수 있을까요?

과제 설명(2분)

〈과제 19-6〉 정서 조절: 긍정 경험 쌓기(단기와 장기) 연습
다음과 같이 설명한다.

> 과제로 단기와 장기로 긍정 경험을 쌓는 데 집중해 보겠습니다. 단기로, 다음 한 주 동안 매일 최소한 한 가지 즐거운 활동에 참여해 보고, 각 활동 전후로 유인물에 나타난 것처럼 -5에서 +5의 척도로 기분을 평가해 보세요.

과제 첫 부분에 관한 질문이 있는지 살펴본 다음, 계속 이어 간다.

> 과제 두 번째 부분으로, 좀 전에 여러분이 만든 가치 우선순위 목록 중 하나의 가치와 관련된 장기 목표를 결정해 보도록 합니다. 그리고 다음 주에 해 볼 수 있는 목표 달성의 첫 번째 단계를 찾아봅니다. 첫 단계를 밟은 뒤, 경험을 기술해 보세요. 첫 단계만 적지 말고, 여러 단계를 적는 것이 목표에 이르는 경로를 알아보는 데 더 도움이 됩니다. 또한 이렇게 하면 하나의 단계를 더 작은 단계로 쪼개야 할지 판단하는 데도 도움이 될 거예요.

학생들에게 두 번째 과제에 관한 질문이 있는지 묻는다.

다이어리 카드

새로운 다이어리 카드를 학생에게 나누어 준다. 자긍 연습 안아파수식에서 이제 '긍'을 배운 점을 강조하고, 학생들이 한 주 동안 과제로 이 기술을 연습하면서 다이어리 카드에 기술을 사용한 날짜와 기술 사용 정도를 표기하게 한다(이전에 배운 다른 기술도 연습하고 기록하도록 한다).

마지막으로, 과제 완수를 방해하는 요인에 대한 문제 해결 시간을 가진다. 과제 혹은 과제를 할 때의 장애물에 대해 질문이 있는지 확인한다. 만약 있다면, 질문에 답하고 장애물을 다룬다. 과제를 할 의지가 없거나, 이번 주에 다른 과제가 너무 많거나, 잊어버리거나, 과제를 이해하지 못하는 것 등이 장애물이 될 수 있다. 학생들이 장애물을 찾을 수 있도록

돕고, 이를 극복할 수 있는 계획을 함께 세운다. 한 예로, 잊어버리는 것이 문제라면, 과제를 적고 휴대전화나 달력에 과제 완성 알람을 설정할 수 있다. 과제를 할 의지가 없는 경우에는 먼저 이유를 듣고 동기를 높여 주거나, 과제를 해 오는 것의 중요성(예: 성적)을 상기시켜 주거나, 또는 기타 도움이 될 만한 설명을 해 준다. 과제 관련 문제 해결은 매주 과제를 나누어 준 이후 반드시 진행하도록 한다.

20단원

정서 조절:
자긍 연습 안아파수식 – 나머지 기술

⚛ 요약

19단원은 단기적 · 장기적으로 긍정 경험 쌓기 기술을 통해 긍정 정서를 높이고, 부정 정서의 취약성을 낮추며, 감정 마음에서 벗어나는 데 집중했다. 이는 자긍 연습 안아파수식의 '긍'에 해당된다. 오늘 단원은 나머지 기술에 집중한다. '자'신감 쌓기는 어렵지만 불가능하지 않은 활동에 참여하는 기술이다. 어려운 과제에 정기적으로 참여하고 이를 완성하면서 사람들은 전반적인 자신감과 기쁨을 높일 수 있다. 미리 '연습'하기는 힘든 정서가 떠오를 때 이를 다루는 능력을 높이는 상상 연습 기술이다. 마지막으로, 안아파수식은 신체를 돌보는 데 초점을 둔다. 매일 균형 잡힌 섭식하기, 충분한 수면, 매일 운동하기, 기분을 바꾸는 물질 피하기, 그리고 신체 질병 돌보기를 포함한다. 안아파수식 기술을 사용하면 사람들은 고통스러운 정서에 대한 잠재적 취약성을 완화시킬 수 있다. 학생들은 정기적으로 몇 가지 안아파수식 기술에 참여하는지 찾아보고 감정 마음 취약성을 줄이기 위해 얼마나 자신을 보살피고 있는지 함께 살펴볼 것이다.

🌐 요점

1. '자'는 <u>자</u>신감 쌓기
2. '연습'은 정서 상황에서 미리 <u>연습</u>하기
3. '안아파수식'은 '<u>안</u> 돼요 위험 약물, <u>아</u>프면 치료, <u>파</u>이팅 운동, <u>수</u>면 챙겨, <u>식</u>사 챙겨'를 줄인 말이다. 신체를 돌보면 부정 정서의 취약성이 줄어든다.

🧭 준비물

1. 본 단원 유인물
   • 〈유인물 20-1〉 정서 조절: 자신감 쌓기와 미리 연습하기
   • 〈유인물 20-2〉 정서 조절: 안아파수식 기술
   • 〈유인물 20-3〉 정서 조절: 음식과 기분
   • 〈유인물 20-4〉 정서 조절: 숙면을 위한 12가지 비결
   • 〈과제 20-5〉 정서 조절: 자신감 쌓기, 미리 연습하기, 안아파수식 연습
2. 자료 없이 수업에 온 학생들을 위한 여분의 유인물과 필기도구
3. 보드 마커나 분필
4. 다이어리 카드: 수업 마칠 때 나누어 줄 수 있도록 새 다이어리 카드를 준비한다. 가능하면 다이어리 카드에 '자긍 연습 안아파수식'을 강조해 둔다.

🔔 준비

1. 노래 〈솜사탕〉의 가사를 학생들에게 보여 줄 수 있게 준비한다.
2. 학생 기술 바인더의 유인물과 수업 계획을 준비한다.
3. 가능하면 학생들이 서로 바라보고 앉도록 교실의 책상을 미리 배치해 둔다.

🔘 강의 개요와 시간표

- 마음챙김 연습(5분)

  ■ 참여하기: 〈솜사탕〉 노래하기(3분)

  ■ 연습에서 관찰한 바 기술하기(2분)

- 과제 점검(10분)

  ■ 〈과제 19-6〉 정서 조절: 긍정 경험 쌓기(단기와 장기) 연습

    ○ 짝과 나누기

    ○ 학급 전체와 나누기

  ■ 다이어리 카드

- 주요 개념 소개(2분)

  ■ 자: 어려운 활동을 해서 자신감 쌓기

  ■ 연습: 어려운 상황을 미리 연습하기

  ■ 신체를 돌봐 정서 취약성 줄이기: 안아파수식

- 토론: 자신감 쌓기와 미리 연습하기(15분)

  ■ 〈유인물 20-1〉 정서 조절: 자신감 쌓기와 미리 연습하기 소개

    ○ 자신감 쌓기: 매일 어려운 일 한 가지를 한다(5분).

    ○ 미리 연습하기: 어려운 상황에 대한 대처 계획을 리허설한다(10분).

      □ 수업 활동: 미리 연습하기 소집단 활동

- 토론: 마음을 돌보기 위해 신체를 돌보기(13분)

  ■ 〈유인물 20-2〉 정서 조절: 안아파수식 기술 소개(5분)

    ○ <u>안</u> 돼요 위험 약물: 기분을 바꾸는 물질 피하기

    ○ <u>아</u>프면 치료: 신체 질환을 치료하기

    ○ <u>파</u>이팅 운동: 운동하기

    ○ <u>수</u>면 챙겨: 균형 잡힌 수면

    ○ <u>식</u>사 챙겨: 균형 잡힌 섭식

  ■ 〈유인물 20-3〉 정서 조절: 음식과 기분 소개(3분)

    ○ 일주일 동안 음식 일기 쓰기

  ■ 〈유인물 20-4〉 정서 조절: 숙면을 위한 12가지 비결 소개(5분)

    ○ 수업 활동: 〈유인물 20-4〉 소집단 토론

- 단원 요약(3분)
  - 학생들을 무작위로 시켜 자궁 연습 안아파수식 외우기 복습
  - 자신감 쌓기, 미리 연습하기, 안아파수식이 생활에 익숙해지도록 계획 세우고 나누기
- 과제 설명(2분)
  - 〈과제 20-5〉 정서 조절: 자신감 쌓기, 미리 연습하기, 안아파수식 기술 연습
    - 자신감 쌓기를 연습할 두 가지 방법 찾기
    - 두 가지 안아파수식 기술 연습하기
  - 다이어리 카드

📖 세부 강의 계획

마음챙김 연습(5분)

참여하기: 〈솜사탕〉 노래하기(3분)
학생들을 환영하고 오늘 마음챙김 활동은 참여하기와 관련되어 있다고 설명한다.

> 오늘은 마음챙김하면서 노래를 부를 거예요. 우리는 모두 노래 실력이 다 다르고 노래를 편안해하는 정도가 다르죠. 오늘은 나 자신과 다른 사람을 평가하지 않는 연습을 하면서 노래 부르기에 온전히 참여하겠습니다. 우리가 부를 노래는 〈솜사탕〉이에요.

수업 시작 전에 미리 가사를 칠판에 적거나, 프로젝터에 가사를 띄운다. 가사는 다음과 같다.

> 나뭇가지에 실처럼 날아든 솜사탕
> 하얀 눈처럼 희고도 깨끗한 솜사탕
> 엄마 손잡고 나들이 갈 때 먹어 본 솜사탕
> 후후 불면은 구멍이 뚫리는 커다란 솜사탕

학생들에게 다음과 같이 말한다.

잠시 자신이 100% 참여하기, 온전히 하나씩, 평가 없이 기술을 써서 노래하는 모습을 상상해 보세요.

학생들이 15초 정도 상상해 보게 하고, 계속 설명한다.

'이건 바보 같아.'와 같이 이 연습을 평가하는 생각을 알아차렸다면, 혹은 '나 노래 완전 못하는데.'와 같이 자신을 평가하는 생각을 알아차렸다면, 그저 생각을 알아차리고, 놓아 주고, 연습으로 돌아옵니다.

교사로서 100% 참여하는 것의 모범을 보여야 한다는 것을 잊으면 안 된다. 수업 전에 미리 노래를 연습해서 학생들이 어떻게 노래하는지에 상관없이 자신을 완전히 노래에 내던 질 수 있게 준비한다. 다음과 같이 지시한다.

제가 1이라고 말하면, 일어나서 마음챙김하며 원을 만들라는 신호입니다. 제가 2라고 말하면, 심호흡하라는 뜻입니다. 그리고 제가 3이라고 말하면, 노래를 시작하라는 신호예 요. 노래가 다 끝나면 멈추고 자리로 돌아가면 됩니다.

이제 3까지 세면서 연습을 시작한다.

1: 마음챙김/완전히 깨어 있는 자세를 취하세요. 2: 심호흡을 하세요. 3. 노래를 시작하 세요.

연습에서 관찰한 바 기술하기(2분)
다음처럼 말한다.

이런 연습은 아주 빨리 진행되는 활동이에요. 만약 스스로나 다른 사람, 혹은 활동을 평 가하는 생각을 하기 위해 멈추었다면, 더 이상 그 순간에 있지 않게 되고, 노래는 그냥 끝나 버립니다. 이런 경우에는 그 순간을 놓치게 됩니다. 참여하기란 지금 내가 이 순간에 하는 일에 완전히 뛰어드는 온전한 참여를 의미합니다.

학생들이 돌아가며 연습할 때 관찰한 것을 나누게 한다. 필요하다면 관찰에 대한 피드 백을 제공하는데, 학생들의 대답이 자기가 평가 없이 관찰하고 기술한 무언가를 포함하도록 한다(예: 노래에 대한 평가를 알아차렸어요. 이것이 지난주와는 어떻게 다른지 생각하는 것을 알아차렸어요. 생각을 알아차렸어요. 신체 감각을 알아차렸어요. 내 마음이 다른 생각으로 흘러가는 것을 알아차렸어요. 이것이 나에게 어떻게 도움을 줄지 여러 생각이 들었어요. 지난주에 한 연습을 더 좋아한다는 것을 알아차렸어요. 불편하다는 것을 알아차렸고, 그래서 움직여야 했어요).

과제 점검(10분)

〈과제 19-6〉 정서 조절: 긍정 경험 쌓기(단기와 장기) 연습

짝과 나누기

〈과제 19-6〉 완성본을 꺼내 보도록 한다. 학생들을 짝짓고 다음과 같이 지시한다.

> 한 주 동안 참여했던 즐거운 활동을 짝과 나누고, 목표와 단계적으로 실행한 행동도 나누어 보세요. 짝은 긍정 경험을 더 쌓거나, 장기 목표를 위해 나아가면서 정서에 어떤 변화가 있었는지 물어보도록 합니다.

즐거운 활동이나 장기 목표를 위한 행동을 하는 것은 정서를 아주 조금씩 천천히 변화시킨다는 점을 말해 준다. 한 주 동안 극적인 정서 변화가 없었다고 해서 학생들이 실망하지 않게 한다.

학급 전체와 나누기

다시 전체로 모여 장기 목표를 점검한다. 질문으로 시작한다.

> 누가 우리와 장기 목표를 나누어 줄 사람 있나요?

자원한 학생이 목표를 달성하기 위한 첫 번째 단계가 무엇이었는지 그리고 첫 단계를 실행했는지 물어본다.

매일 즐거운 활동을 하는 데 어려움이 없었는지 혹은 장기 목표를 위한 첫 번째 단계를 실행하는 데 어려움이 없었는지 학생들에게 물어본다. 과제를 완성한 학생들을 칭찬해 주고 다음과 같이 말한다.

> 과제 점검 뒤에 다음 기술로 넘어갈게요. 다음 기술로 넘어간다고 해서 목표를 이루기

위한 행동을 멈추지는 말아야 합니다. 계속해서 매일 즐거운 활동에 참여하고, 자기 가치와 일치하는 장기 목표를 향해 점차 나아가 보도록 하세요.

과제를 완성하지 못한 학생과는 어떤 장애물이 있었는지 살피고, 다음 주에는 어떻게 과제를 완성할지 논의한다.

다이어리 카드

모든 학생이 다이어리 카드와 과제지를 제출하여 검토받도록 한다. 만일 모든 학생의 과제를 검토할 수 없다면, 몇 단원을 거치는 동안에는 모두 검토할 수 있도록 한다. 한 주 동안 학생이 기술 사용한 점에 코멘트를 남기고, 다이어리 카드를 완성하고 기술을 사용한 점을 강화한다. 기술 연습을 적게 한 학생들에게는 더 연습하도록 격려하고, 연습만이 기술을 더 도움이 되고 자동적으로 쓰게 하는 길임을 상기시킨다.

주요 개념 소개(2분)

다음과 같이 설명한다.

스트레스는 부정 정서와 감정 마음에 약해지게 만듭니다. 지난주에는 자긍 연습 안아파수식에서 '긍'을 배웠죠. 이번 주에는 나머지 기술을 배워 취약성을 줄일 수 있는 더 많은 방법을 알아보겠습니다.

'긍'은 <u>긍</u>정 경험 쌓기의 약자임을 알죠. '자'는 <u>자</u>신감 쌓기의 약자입니다. 즉, 스스로 능력 있고 효과적이라고 느끼게 하는 활동을 하는 거예요. '연습'은 미리 <u>연습</u>하기입니다. 정서적으로 힘든 상황에 앞서 미리 계획을 리허설하는 기술입니다.

이번 주에는 안아파수식 기술로 신체를 돌보고 마음을 돌보는 방법을 배우겠습니다. 안아파수식은 '<u>안</u> 돼요 위험 약물, <u>아</u>프면 치료, <u>파</u>이팅 운동, <u>수</u>면 챙겨, <u>식</u>사 챙겨'의 약자입니다.

토론: 자신감 쌓기와 미리 연습하기(15분)

〈유인물 20-1〉 정서 조절: 자신감 쌓기와 미리 연습하기 소개
학생들이 〈유인물 20-1〉을 펴게 하고 설명한다.

자신을 갖거나 유능감을 느끼고 어려운 정서 상황에 준비할 수 있다면, 어려운 상황에서 부정 정서를 경험할 가능성을 낮추고 기술을 사용할 수 있는 확률을 높여 줄 겁니다. 다음 두 기술인 자신감과 유능감 쌓기(자), 어려운 정서 상황에 준비하기(연습)는 여기에 초점을 두고 있어요.

자신감 쌓기(5분)
다음과 같이 시작한다.

자신감, 통제감, 유능감과 같은 느낌을 주는 활동을 하는 건 아주 중요해요. 이를 '자신감 쌓기'라고 합니다.

학생 한 명이 〈유인물 20-1〉의 '자신감 쌓기' 부분을 읽게 한 다음 설명한다.

여러분이 할 수 있는 자신감 활동에는 두 가지가 있습니다. 하나는 (즐거운 활동과 비교하여) 여러분이 하면서 즐겁지 않은 활동이에요. 하지만 이 과제를 완수하면 기분이 나아져요. 예를 들어, 방 청소를 즐기지 않지만, 방 청소를 끝낸 후 깨끗한 방에 있으면 긍정 정서가 생기고 방과 스스로에 대해 더 좋게 느낍니다. 이런 종류의 자신감 쌓기의 다른 예시는 무엇이 있을까요?

학생들이 보고서 쓰기, 운동 연습, 청소, 수업 준비하기, 요리하기 등의 다른 예시를 들어 보게 한 다음 설명을 이어 간다.

두 번째 종류의 자신감 활동은 스스로 효과적이라 느끼고 통제감을 느끼게 하는 활동이에요. 이런 활동은 자신감을 쌓게 합니다. 때로 이런 활동은 우리가 앞서 말한 예시와 겹치기도 해요. 이 기술의 목표는 하루에 최소한 한 가지 활동을 계획하여 자신감을 쌓을 수 있게 도와주고, 성취감을 주는 겁니다. 요령이라면 어렵지만 할 수 있는 무언가를 계획하는 데 있습니다. 너무 어렵거나 불가능한 일, 혹은 너무 쉬운 일을 하는 건 별로 도움이 되지 않아요. 성취의 요소가 있어야 합니다. 조금 어렵지만 성공할 수 있는 활동을 선택해야 해요. 시간이 흐르면서 점차 난도를 높여 갈 수 있습니다.

학생들에게 일상의 어떤 활동이 이러한 종류의 자신감을 주는지 묻고, 다음을 강조하여 말한다.

자신감 활동이 큰 사건이나 엄청난 목표 달성이어야 할 필요는 없어요. 자신감은 꼭 학업과 관련 있는 건 아니에요. 멋진 옷을 입어 자신감을 느낄 수 있고, 화장이 진짜 잘됐을 때, 정말로 멋진 모양으로 머리를 했을 때, 맛있는 요리를 만들 때, 퍼즐을 풀 때, 게임에서 다음 레벨로 올라갈 때 역시 자신감을 느낄 수 있어요. 이 활동은 어렵지만 동시에 성취감을 줍니다. 중요한 것은 시간이 지나면서 난도를 점차 높여야 한다는 겁니다.

〈유인물 20-1〉의 '자신감 쌓기'의 빈칸을 학생들이 채워 보게 한다.

미리 연습하기(10분)

설명을 시작한다.

매우 불쾌한 정서를 줄 만한 상황에 앞서 미리 연습하는 건, 마치 큰 이벤트 전의 리허설과 같아요. 상황에 효과적으로 대처하기 위해 미리 계획하는 것이 좋습니다. 미리 연습하는 또 다른 이유는 어떤 상황에서 정서가 너무 강렬해지면 기술 사용을 쉽게 잊기 때문이에요. 자신에게 '위협이 무엇이지? 무엇이 가장 걱정이 되지?'라고 질문하는 것이 정말 중요합니다. 바로 이 위협에 우리는 미리 대비하고 싶은 거예요.

운동선수는 여러분이 스트레스 상황에 대비하여 연습하는 것처럼 경기 연습을 해요. 만약 선수들이 훈련하러 못 나간다면, 정신 혹은 심상 리허설처럼 머리로 연습을 하죠. 일부 경우에는 상상을 써서 머리로 연습한 선수들이 실제 몸을 움직여 연습한 선수만큼 수행을 잘했다고 밝혀지기도 했어요. 활동을 상상하는 건 실제 활동을 실행할 때 쓰는 두뇌 영역에 영향을 미칩니다. 핵심은 일이 잘 풀리는 상황뿐 아니라, 잘 안 풀리는 상황을 상상하고 이때 어떻게 기술을 잘 써서 대응할지 리허설하는 데 있습니다. 마치 최고와 최악의 시나리오에 대비하는 일과 같습니다. 여러분은 일어날 수 있는 모든 경우에 준비가 되어 있는 거죠. 예를 들어, 올림픽 다이빙 선수들이 다이빙대에서 잘못 뛰었을 때 실수를 털어 내고 마음 다스리는 것에 주의를 집중하면, 다음번 다이빙 때 정서를 조절하는 데 도움이 될 겁니다. 그런데 그들이 만약 관객이나 코치 혹은 자신의 부정적인 평가가 가장 두렵다면, 이 두려움이 가장 큰 위협이고 다이빙 선수들은 여기에 대비해야 할 겁니다.

상상 연습이 효과가 있다는 것은 실제 상황에서 스트레스 사건에 대해 연습을 하지 않아도 된다는 뜻이기 때문에 우리에게는 좋은 소식입니다. 머릿속으로만 연습해도 실제만큼 효과가 있으니까요!

수업 활동: 미리 연습하기 소집단 활동

학생 2~3명이 한 조가 되도록 지시하고 다음과 같이 안내한다.

> 효과적으로 다루기 어렵고 미리 연습하기가 필요한 상황을 생각해 보기 바랍니다.

학생 중 한 명에게 예시를 끌어낸다. 이 예시를 사용하여 〈유인물 20-1〉에서 '강한 정서를 느낄 상황에 앞서 미리 연습하기' 부분을 함께 읽고, 이 기술의 네 단계를 설명한다. 각 단계마다 학생들이 소집단에서 자신의 예시에 대해 2~3분가량 이야기하면서 단계를 밟아 보도록 한다.

1단계("부정적 정서를 일으킬 만한 상황을 기술해 봅니다.")에 대해서 다음을 강조한다.

> 여기에서는 여러 기술을 써야 해요. 평가 없이 상황을 기술해야 하고, 팩트 체크 기술도 써야 합니다. 팩트 체크하고 상황과 정서를 기술해 보세요. 상황이 무엇인지 기술하는 데 더해서, 그 일이 일어나면 자신이 어떤 방식으로 반응할지도 기술해 보세요. '위협이 무엇이지?'라고 스스로 물어보세요.

2단계("이 상황에서 어떤 대처 혹은 문제 해결 기술을 쓸지 결정합니다.")에 대해 다음과 같이 말한다.

> 이 모든 기술을 다 배우지는 않았지만, 우리가 배운 기술 중에서 어떤 걸 쓸 건가요? 적어 보세요.

3단계("상황을 머릿속으로 가능한 한 아주 생생하게 상상해 봅니다.")에 대해서 다음처럼 설명한다.

> 여러분이 이 상황에 있는 걸 상상해야 해요. 마치 다이빙 선수가 자신의 완벽한 다이빙을 상상하듯 말이지요. 다이버들은 자신을 쳐다보는 식으로 상상하지 않습니다. 마치 자신이 그 상황에 처한 것처럼 상상하죠. 여러분이 최고 그리고 최악의 가능한 결과와 강렬한 정서에 어떻게 효과적으로 대응할지 상상해 보세요. 그리고 소집단에서 논의해 보세요.

4단계("효과적으로 대처하는 리허설을 마음속으로 실시하세요.")에 대해서 말한다.

해결해야 할 예상되는 어려운 점이 있나요? 이 순간을 효과적으로 대처하는 데 무엇이 방해될 수 있나요?

예시의 어려움을 다루고, 학생들이 소집단에서 예상되는 어려움에 대한 해결책을 내도록 한 다음 설명한다.

다이빙 선수 예시로 다시 돌아가 봅시다. 모든 관객이 수영장 밖에서 지켜보고 있는 상황에서 선수들은 물을 쳐다보고, 다이빙대 위에서 자기 몸을 느끼고, 다이빙하는 동안 몸을 어떻게 움직일지 느낍니다. 다이빙대 위에서 진짜로 긴장한 상황을 상상하고, 이 불안을 다루기 위해 대처 기술을 쓰는 것을 상상합니다. 흥분된 느낌으로 다이빙대 위에 서 있는 상황과 이 상황에 대처하는 기술을 사용하는 것 역시 상상해 볼 거예요.

다음처럼 설명한다.

이 기술이 문제 해결 기술과 다르다는 것을 분명히 이해해야 해요. 문제 해결은 가능한 한 최악의 결과를 피하도록 돕습니다. 미리 연습은 최악의 가능한 결과가 발생했다면, 어떤 기술을 잘 써 볼지 계획하는 기술입니다.

토론: 마음을 돌보기 위해 신체를 돌보기 (13분)

〈유인물 20-2〉 정서 조절: 안아파수식 기술 소개 (5분)

학생들이 〈유인물 20-2〉를 펴게 한 다음 설명한다.

모든 사람이 연습해야 할 중요한 기술이 있어요. 어른들, 10대들, 부모님들, 선생님들, 모든 사람이 자신의 몸을 어떻게 돌보는지 알아야 하고, 몸 상태가 마음과 부정 정서 취약성에 어떤 영향을 미치는지 알아야 합니다.

사람들은 바이러스에 노출됐다고 생각했을 때, 아연이나 비타민 C 같은 보조제를 먹어서 면역계를 활성화하고 바이러스 작용을 낮추려고 하죠. 안아파수식 기술이 쓰이는 방법도 마찬가지예요. 이 기술은 정서에는 마치 비타민과 미네랄과도 같습니다. 몸을 돌보면 부정 정서에 덜 취약해집니다.

안아파수식 기술인 '안 돼요 위험 약물, 아프면 치료, 파이팅 운동, 수면 챙겨, 식사 챙겨'

를 알려 준다. 기술을 논의하면서 학생들이 각각에 자신의 경험을 말하도록 격려하고, 각 기술에 집중할 때 기분이 어떻게 나아졌는지 짚어 준다.

안 돼요 위험 약물

다음과 같이 설명한다.

> 술이나 약물은 특정 음식처럼 부정 정서에 대한 저항력을 낮춰요. 알코올은 억제제로서 억제력 역시 낮추고, 억제력이 낮춰지면 성급한 정서 반응으로 이어질 수 있어요. 사람들이 술을 마시는 파티에서 일어나는 싸움을 떠올려 봅시다. 사람들은 카페인이 기분을 바꾸는 물질이라고 생각하지 않지만, 실제로 맞습니다. 카페인은 아드레날린, 코르티솔(스트레스 호르몬), 도파민(신경 물질) 수치를 높여 기분에 영향을 미치지요. 이는 모두 에너지 상승과 각성 상태를 주지만, 이어서 에너지 하락과 저조한 기분을 야기합니다. 카페인은 수면에도 영향을 미칩니다.
>
> 매일 커피나 카페인이 든 음료를 마시면 카페인을 섭취하지 못한 날에 더 각성되고, 떨리고, 기력 없게 느껴져요. 카페인을 섭취하면 이런 느낌이 사라지죠. 많은 사람이 카페인에 중독되는 이유입니다. 여러분이 경험하는 증상은 금단 증상이에요. 그래서 카페인을 먹으면 금단 증상이 사라지는 겁니다.

아프면 치료

설명한다.

> 아프면 부정 정서에 대한 저항력이 줄어들어요. 아플 때는 몸을 잘 돌보는 게 중요합니다.

다음의 질문을 한다.

> 주중에 아팠는데 토요일에 정말 가고 싶었던 모임이나 운동 경기가 있었던 적 있나요? 토요일에 몸이 다 낫지 않았지만, 그래도 갔을 때 평소보다 좀 더 짜증이 나거나 처진 느낌이 들었던 경우가 있나요? 이것은 아마도 아팠기 때문에 부정 정서 경험에 더 취약해져서 생긴 일일 겁니다.

파이팅 운동

설명한다.

꾸준한 운동은 항우울제처럼 작용해요. 또한 스트레스를 줄이고, 면역계를 활성화하는 데 도움이 됩니다. 규칙적 운동은 자신감도 쌓게 하죠. 하지만 너무 많은 운동은 신체에 무리를 주고, 면역계에 스트레스를 줍니다. 균형 잡힌 운동이 핵심이에요. 매일 최소 20분씩 운동하세요.

수면 챙겨
계속 설명한다.

10대에게 수면은 큰 문제이기도 해요. 10대는 숙제하느라, 문자 보내느라, 소셜미디어 하느라 혹은 전화하느라 늦게까지 자지 않는 경향이 있어요. 학교는 아침 일찍 시작하기 때문에, 늦게 자고 충분히 자지 못하면 부정 정서에 특히 취약해지고 맙니다. 반대로, 잠을 너무 많이 자면 기운이 빠지고 우울해집니다. 청소년은 하룻밤에 8~10시간의 수면이 필요해요.

그래서 다음 날 잘 기능하는 데 필요한 수면 양을 아는 게 중요해요. 얼마나 자야 하는지 알면, 일어나야 할 시간에 맞추어 밤에 언제 잠자리에 들어야 하는지도 결정할 수 있어요. 이건 몹시 어렵지만, 정서를 잘 다루기 위해 정말 중요한 문제입니다. 좀 이따가 어떻게 잠을 잘 자는지 더 자세히 얘기해 볼게요.

식사 챙겨
다음처럼 말한다.

기분을 좋게 해 주는 양과 종류의 음식을 먹도록 해요. 너무 많이 먹지도, 너무 적게 먹지도 않습니다. 너무 적게 먹으면 신체와 정신에 부정적 영향을 줍니다. 약해지거나 두통이 생길 수 있어요. 너무 많이 먹어도 몸에 부정적 영향을 미칩니다. 느릿해지거나 복통이 생길 수 있죠.

배가 고프거나 먹은 게 없을 때 짜증이 더 잘 나는 걸 알아차린 적 있나요? 이는 혈당 감소 때문일 수 있는데, 역시 부정 정서 경험에 취약하게 만들어요. 이제 안아파수식을 끝내고, 건강하게 먹는 구체적 단계를 더 살펴보겠습니다.

〈유인물 20-3〉 정서 조절: 음식과 기분 소개(3분)
학생들이 〈유인물 20-3〉을 펴게 한다. 몇 명의 학생이 1~5단계를 큰 소리로 읽게 한다. 학생들에게 다음의 질문을 생각해 보게 한다.

이미 균형 잡힌 건강한 식사를 하고 있는 사람이 있나요? 건강한 식습관을 만드는 데 도움이 필요한 사람도 있나요?

덧붙여 설명한다.

이미 건강한 식습관을 가지고 있거나 도움이 필요하다고 느끼는 사람 모두 건강한 식사를 하고 있는지, 또는 개선이 필요한지 확인하려면 음식 일기를 써 보면 도움이 될 거예요. 최소 1주일 동안 매일 자신이 먹은 모든 음식을 기록하는 것입니다. 내가 무엇을 먹고 있는지 관찰했다면, 균형 잡힌 식사에 맞는지 기술하고 변화를 생각해 볼 수 있어요. 그다음, 한번에 한두 가지의 작은 변화를 시도해 봅니다.

식사 습관을 변화시키는 계획에 관한 생각을 나눌 사람이 있는지 묻는다.

〈유인물 20-4〉 정서 조절: 숙면을 위한 12가지 비결 소개(5분)

수업 활동: 〈유인물 20-4〉 소집단 토론
3명이 한 집단이 되게 하고, 〈유인물 20-4〉를 펴게 한다. 10대가 밤에 숙면해야 할 필요성을 다시 한번 강조하면서 활동을 시작한다.

소집단에서 12가지 비결을 살펴보고, 그중 어려운 비결에 관해 논의해 봅시다. 수면 습관을 어떻게 변화시킬 수 있을까요?

밤에 시도해 볼 아이디어나 다른 질문이 있는지 묻는다. 설명한다.

10대들이 균형 잡힌 수면을 한다는 건 어렵기 때문에 잠을 자기 위한 계획을 몇 분 동안 세워 볼게요. 방금 읽은 점을 생각해 보고, 변화시킬 계획을 적어 보세요. 잠자기 전에 카페인이 든 탄산음료 마시지 않기 혹은 문자에 방해받지 않도록 자기 전에 핸드폰 꺼 두기 혹은 잠자리에 더 일찍 들게 도와줄 저녁과 밤 시간의 새로운 스케줄 세우기와 같은 아이디어가 있습니다.
수면 계획을 완성했으면, 다른 안아파수식 기술(신체 질환 치료, 균형 잡힌 운동, 기분을 바꾸는 약물 피하기)을 전체적으로 살펴보세요. 이 기술을 여러분 일정에 어떻게 끼워 넣을지 집단 구성원들과 논의해 보세요.

단원 요약(3분)

자긍 연습 안아파수식이 무엇의 약자인지, 그리고 왜 중요한지 학생들이 말해 보게 하여 복습한다. 학생들이 단원 요약으로 '자' '연습' '안아파수식' 기술을 삶에서 어떻게 쓸지 나누어 보도록 한다.

과제(2분)

〈과제 20–5〉 정서 조절: 자신감 쌓기, 미리 연습하기, 안아파수식 기술 연습
〈과제 20–5〉를 학생들과 살펴본 다음 설명한다.

> 기술을 쓰기 위해 미리 계획하면, 기술을 연습하고 과제를 완성할 가능성이 커져요. 잠시 동안 자신감 쌓기를 연습할 두 가지 방법, 그리고 이번 주에 연습해 볼 두 가지 안아파수식 기술을 정해 봅시다. 더불어 이번 주 기술 연습을 위해 오늘 논의한 미리 연습하기 예시를 써도 좋고, 다른 상황에 대한 미리 연습하기를 해도 좋습니다.

다음을 제안한다.

> 과제의 안아파수식 부분을 할 때, 어떤 안아파수식 기술을 썼는지 표시하는 것과 더불어 특별히 무엇을 했는지 메모하도록 합니다.

다이어리 카드
새로운 다이어리 카드를 학생들에게 나누어 준다. '자' '연습' '안아파수식' 기술을 새로 배웠음을 강조한다. 학생들이 한 주 동안 과제로 이 기술을 연습하면서 다이어리 카드에 기술을 사용한 날짜와 기술 사용 정도를 표기하게 한다(이전에 배운 다른 기술도 연습하고 기록하도록 한다).

마지막으로, 과제 완수를 방해하는 요인에 대한 문제 해결 시간을 가진다. 과제 혹은 과제를 할 때의 장애물에 대해 질문이 있는지 확인한다. 만약 있다면, 질문에 답하고 장애물을 다룬다. 과제를 할 의지가 없거나, 이번 주에 다른 과제가 너무 많거나, 잊어버리거나, 과제를 이해하지 못하는 것 등이 장애물이 될 수 있다. 학생들이 장애물을 찾을 수 있도록 돕고, 이를 극복할 수 있는 계획을 함께 세운다. 한 예로, 잊어버리는 것이 문제라면, 과제를 적고 휴대전화나 달력에 과제 완성 알람을 설정할 수 있다. 과제를 할 의지가 없는 경우에는 먼저 이유를 듣고 동기를 높여 주거나, 과제를 해 오는 것의 중요성(예: 성적)을 상기시켜 주거나, 또는 기타 도움이 될 만한 설명을 해 준다. 과제 관련 문제 해결은 매주 과제를 나누어 준 이후 반드시 진행하도록 한다.

21단원

정서 조절:
파도타기 기술 – 지금 감정챙김

⚛ 요약

지금 감정챙김은 '파도타기' 기술로도 알려져 있다. 이 기술은 지금 생각챙김(마음 허용하기)과 유사한 기술인데, 단지 정서를 허용하는 데 초점을 둔다는 점에서 다르다. 정서를 밀치거나 붙들지 않은 채 마음챙김하며 경험한다는 것은 '정서 파도타기'라고 불리며, 신체 감각에 초점을 두는 방식이다. 이는 '달라진 활기비밀' 주의 전환 기술의 반대 기술이다. 때로는 정서로부터 주의 전환할 수 있는 능력이 중요한 것처럼, 정서를 밀치지 않고 머물며 경험할 수 있는 능력 또한 중요하다. 마지막으로, 이 단원으로 정서 모형을 복습하고 모형에 따라 각 정서 조절 기술을 연결 지으면서 전체 정서 조절 모듈을 마칠 것이다.

🌐 요점

1. 때로는 정서로부터 주의 전환하는 것이 효과적이지만, 어떤 때에는 정서에 머물며 오고 가도록 허용하는 것 역시 똑같이 중요하다.
2. 지금까지 배운 다양한 정서 조절 기술을 정서 모형의 각 요소에 적용할 수 있다.

🕐 준비물

1. 본 단원 유인물
   - 〈유인물 21-1〉 정서 조절: 파도타기 기술—지금 감정챙김
   - 〈유인물 21-2〉 정서 조절: 정서 모형의 각 요소에 적용할 기술 복습
   - 〈과제 21-3〉 정서 조절: 파도타기 기술 연습
2. 자료 없이 수업에 온 학생들을 위한 여분의 유인물과 필기도구
3. 보드 마커나 분필
4. 다이어리 카드: 수업을 마칠 때 나누어 줄 수 있도록 새 다이어리 카드를 준비한다. 가능하면 다이어리 카드에 '파도타기 기술'을 강조해 둔다.

🔔 준비

1. 칠판에 정서 조절 모형(정서 모형: 〈유인물 16-1〉 참조)을 그려 둔다.
2. 학생 기술 바인더용 유인물과 수업 계획을 준비한다.
3. 가능하면 학생들이 서로 바라보고 앉도록 교실의 책상을 미리 배치해 둔다.

⬜ 강의 개요와 시간표

- 마음챙김 연습(5분)
   - 관찰하기: 충동 알아차리기(3분)
   - 연습에서 관찰한 바 기술하기(2분)
- 과제 점검(10분)
   - 〈과제 20-5〉 정서 조절: 자신감 쌓기, 미리 연습하기, 안아파수식 기술 연습
     - 짝과 나누기
     - 학급 전체와 나누기
   - 다이어리 카드
- 주요 개념 소개(4분)
   - 정서에서 주의 전환하거나 정서를 밀치지 않고 경험하기

- ■ 달라진 활기비밀로 주의 환기하기의 반대
- 토론: 지금 감정챙김(16분)
  - ■ 〈유인물 21-1〉 정서 조절: 파도타기 기술—지금 감정챙김 소개(11분)
    - ○ 정서를 경험하세요.
    - ○ 정서의 신체 감각에 마음챙김하세요.
    - ○ 기억하세요. 나는 나의 감정이 아닙니다.
    - ○ 정서를 평가하지 마세요.
  - ■ 수업 활동: 짝과 눈 맞춤 하기(5분)
- 모듈 복습(10분)
  - ■ 〈유인물 21-2〉 정서 조절: 정서 모형의 각 요소에 적용할 기술 복습 소개
    - ○ 정서 모형 각 요소마다 쓸 기술 알기
- 단원 요약(3분)
  - ■ 달라진 활기비밀을 쓸 때와 파도타기 기술을 쓸 때를 구별하기
- 과제 설명(2분)
  - ■ 〈과제 21-3〉 정서 조절: 파도타기 기술 연습
    - ○ 파도타기 기술을 연습하고 과제지에 사용한 전략 기록하기
  - ■ 다이어리 카드

🔲 세부 강의 계획

마음챙김 연습(5분)

관찰하기: 충동 알아차리기(3분)

학생들을 환영하고 오늘의 마음챙김 연습은 관찰하기라고 소개한다.

오늘 마음챙김 연습으로는 충동 알아차리기를 해 볼 거예요. 어떤 행동을 하기 전에는 항상 행동 충동이 있습니다. 우리 행동이 너무도 빨리 일어나서 그전에 오는 충동을 알아차리지 못한다고 생각하기 쉬워요. 예를 들어, 가려우면 긁어야 한다고 생각할 수 있습니다. 그러나 마음챙김은 행동을 하지 않으면서도 행동이 일어나기에 앞서 드는 생각, 감정, 충동을 알아차릴 수 있다는 점을 가르쳐 주지요. 그래서 오늘은 행동하지 않은 채, 행동 충동을 단지 알아차리는 연습을 해 볼 거예요. 눈을 뜨거나 감으려는 충동, 자세를 바꾸려는

충동, 가려운 데를 긁으려는 충동, 혹은 다른 어떤 충동 등 연습하는 동안 나타날 수 있는 모든 충동에 주의를 기울여 보겠습니다. 연습은 우선 숨을 따라가는 것부터 시작할 거예요. 그다음 어떤 충동이 일어나는 것을 알아차리면, 충동대로 행동하지 않고 충동을 계속 관찰하세요. 충동을 감내하되, 행동하지는 마세요. 충동이 사라지면 다시 숨으로 주의를 돌리고, 다른 충동이 일어나는 걸 알아차리세요. 다른 마음챙김 연습과 마찬가지로 눈을 깜박이거나 침을 삼키고 싶은 자연스러운 충동이 일어나면 그렇게 해도 됩니다.

설명을 이어 간다.

제가 1이라고 말하면, 마음챙김/완전히 깨어 있는 자세를 취해 보세요. 이제 모두가 잘 아는 대로 발을 바닥에 잘 붙이고, 바르게 앉아 손을 무릎 위에 올립니다. 눈은 뜬 채로 부드럽게 앞쪽을 바라보세요. 특정한 사물을 쳐다보지는 않습니다. 눈을 깜빡이거나 침을 삼키는 충동 이외에 신체 감각으로 주의가 분산된 것을 알아차리면, 행동하려는 충동에 따르지 말고 그냥 알아차리기만 하세요. 그리고 호흡으로 돌아옵니다. 제가 2라고 말하면, 심호흡하라는 뜻입니다. 그리고 제가 3이라고 말하면 연습을 시작하세요. 끝날 때 '그만'이라고 말하면 자리로 돌아가면 됩니다.

이제 3까지 세면서 연습을 시작한다.

1: 마음챙김/완전히 깨어 있는 자세를 취하세요. 2: 심호흡을 하세요. 3: 연습을 시작하세요.

2분간 연습을 한 다음 '그만'이라고 말한다.

연습에서 관찰한 바 기술하기(2분)

학생들이 돌아가며 연습할 때 일어난 충동, 정서, 감각을 관찰한 것을 나누게 한다. 필요하다면 관찰에 대한 피드백을 제공하는데, 학생들의 대답이 자기가 평가 없이 관찰하고 기술한 무언가를 포함하도록 한다(예: 다리를 꼬고 싶은 충동을 알아차렸어요. 두리번거리고 싶은 충동을 알아차렸어요. 과거 일에 대한 기억을 알아차렸어요. 이것이 지난주와는 어떻게 다른지 생각하는 것을 알아차렸어요. 생각을 알아차렸어요. 신체 감각을 알아차렸어요. 내 마음이 다른 생각으로 흘러가는 것을 알아차렸어요. 이것이 나에게 어떻게 도움을 줄지 여러 생각이 들었어요. 지난주에 한 연습을 더 좋아한다는 것을 알아차렸어요. 불편하다는 것을 알아차렸고, 그래서 움직여야 했어요).

과제 점검(10분)

〈과제 20–5〉 정서 조절: 자신감 쌓기, 미리 연습하기, 안아파수식 기술 연습

짝과 나누기
학생 두 명씩 짝을 짓게 한 다음 설명한다.

> 한 주 동안 각자가 자신감을 쌓은 방법과 효과적으로 대처했던 정서 상황에 대해 짝과 나누도록 합니다. 어려웠던 점, 성공했던 점을 나누세요.

학급 전체와 나누기
다음과 같이 묻는다.

> 여러분이 완성한 예시를 살펴봅시다. 이번 주에 자신감을 어떻게 쌓았는지 나누어 줄 사람 있나요?

필요하다면 정정해 주는 피드백을 제공한다. 과제를 하고 참여하는 학생들을 강화하고 다음과 같이 묻는다.

> 이번 주에 미리 연습하기를 해 본 사람 있나요?

이때도 필요하다면 정정하는 피드백을 주고, 참여하는 학생들을 칭찬한다. 마지막으로 한 번에 한 기술씩 짚으면서 학생들에게 예시를 물어보며 안아파수식 기술을 복습한다.

다이어리 카드
모든 학생이 다이어리 카드와 과제지를 제출하여 검토받도록 한다. 만일 모든 학생의 과제를 매 단원 검토할 수 없다면, 몇 단원을 거치는 동안에는 모두 검토할 수 있도록 한다. 다이어리 카드에 표시된 기술 사용량에 관해 학생들에게 피드백을 준다.

주요 개념 소개(4분)

다음과 같이 설명한다.

오늘 우리는 정서를 마치 파도처럼 경험할 수 있도록 자신을 허용하는 방법을 배울 거예요. 정서가 어떻게 시작하고, 정점으로 올라가고, 다시 내려오는지 알아차릴 수 있도록 마음챙김합니다. 정서를 통제하려 하지 않습니다.

그리고 질문한다.

항상 스스로에게 일어나는 모든 감정을 다 느껴 보도록 하는 사람이 있나요?

학생들의 대답을 듣고, 이어 간다.

고통 감싸기 모듈에서는 고통스러운 정서로부터 스스로 주의를 전환하기 위해 달라진 활기비밀 기술을 쓰는 것의 중요성을 배웠어요. 고통을 느낄 때 능숙하게 주의 전환을 하는 것이 방법이라면, 도대체 왜 정서에 주의를 두고 정서가 우리 곁에 있도록 두어야 할까요?

계속하기 전, 학생들이 답을 생각해 보게 한다.

대립되는 힘의 통합이라는 변증법 관점에서 볼 때, 정서를 밀치지 않고 경험하며 정서에 머무는 능력도 똑같이 중요합니다. 살면서 여러 번 무언가에 대해 불안해하지 말라는 말을 듣거나, 혹은 우리가 슬플 때도 항상 무언가를 해야 한다고 말하는 주변 사람이 있었을 거예요. 이 때문에 우리는 정서로부터 주의 전환하거나 회피하는 방식으로 정서를 밀쳐야 할 필요를 배웠습니다. 하지만 우리 스스로가 슬퍼하거나 불안해하도록 허용하는 것도 중요하며, 우리가 이 정서를 감쌀 수 있다는 점은 아마 배우지 못했을 겁니다. 중간 정도의 불안은 우리가 어려운 과제를 완수하는 데 꽤 효과적인 도움을 줍니다. 다만, 우리가 이 중간 정도의 불안을 감쌀 수 있어야 하죠. 오늘 수업은 스스로 주의를 전환하는 대신, 정서에 주의하여 정서를 감싸고 경험하는 방법에 집중해 보겠습니다.

다음과 같이 덧붙인다.

오늘 수업 마무리 시간에는 처음 정서 조절 모듈을 시작할 때 배운 정서 모형 그림을 다시 살펴볼 텐데, 이번에는 이 그림을 더 자세히 살펴보겠습니다.

토론: 지금 감정챙김(16분)

〈유인물 21-1〉 정서 조절: 파도타기 기술–지금 감정챙김 소개(11분)
학생들이 〈유인물 21-1〉을 펴게 한 다음 설명한다.

정서를 마음챙김하는 것은 중요합니다. 정서를 붙들어서 더 오래 지속되게 하거나 밀치려 하는 식으로 통제하지 않으면서 정서를 알아차리고 경험할 수 있어요. 정서를 무시하거나 억제하는 방식은 정서를 없애지 못해요. 이때 정서는 때로 더 강해져서 다시 돌아옵니다. 다시 말해, 우리는 정서를 온전히 수용하는 연습을 해야 합니다. 우리가 고통 감싸기 기술에서 다른 일들을 온전히 수용하는 연습을 했던 것처럼 해 보도록 해요. '지금 감정챙김'은 정서를 밀치거나 더 강하게 만들지 않으면서 정서가 일어나도록 허용하는 거예요.

학생들에게 묻는다.

우리가 정서에 대한 마음챙김을 하려 할 때 쓸 수 있는 두 가지 마음챙김 기술은 무엇일까요?

관찰하기와 기술하기라고 답하도록 격려한 다음, 설명을 이어 간다.

온전한 수용을 배울 때 괴로움과 고통에 대해 토론한 것을 기억하나요? 고통은 피할 수 없지만, 괴로움은 선택 사항입니다. 지금 감정챙김은 고통을 수용하는 방법이에요. 우리는 살아가면서 반드시 슬픔, 분노, 불안을 느낍니다. 이러한 정서를 감쌀 수 있어야 해요.

이제 질문한다.

정서를 관찰하고 기술하는 연습을 할 때, 도대체 무엇을 관찰할까요?

학생들이 생각, 몸 느낌, 충동이라고 대답하도록 격려한 후 말한다.

우리는 이미 고통 감싸기 기술에서 지금 생각챙김을 배웠어요. 지금 생각챙김은 생각을 관찰하고 기술하는 데 초점을 둡니다. 오늘은 신체 감각과 충동을 관찰하는 데 초점을 맞출 거예요. 이러한 다양한 요소를 관찰하고 기술할 수 있게 되면, 정서로부터 거리를 둘 수 있게 되는 거예요. 그래서 궁극적으로 문제를 해결할 때 좀 더 쉬워지죠. 우리가 정서를 더 경험하도록 스스로 허용하는 것이 우리 두뇌에게 정서는 두려워할 것이 아니라는 점을 더 잘 알려 줍니다. 혹시 '약한 사람만 감정을 느껴.' '슬픔은 견딜 수가 없어.' '나는 감정 따위는 다루지 않아.'라는 생각을 해 본 적 있나요?

학생들이 답하고 예시를 말해 보게 한 다음 말한다.

정서에 점차 마음챙김할 수 있게 되면, 이러한 생각이 틀릴 수 있음을 알게 되고 스스로 정서를 느껴 보도록 허용하기 시작할 수 있어요.

정서를 경험하세요.
〈유인물 21-1〉의 첫 상자를 한 학생이 읽게 한 다음 질문한다.

강렬한 감정을 경험했을 때, 곧바로 감정을 밀치고 잊어버리려 하거나 주의를 딴 곳으로 전환했던 경우가 있었나요?

학생들이 답하고 예를 들게 하고, 다시 질문한다.

감정을 밀어내려 하니 어떤 일이 벌어졌나요? 단기적으로 도움이 됐나요? 장기적으로는 어땠나요?

다시 학생들이 예를 들도록 한 다음 설명한다.

우리가 고통 감싸기 모듈의 달라진 활기비밀 기술에서 배웠듯이 때로는 정서로부터 주의를 돌리는 방법이 유용해요. 문제는 항상 정서로부터 주의 전환을 할 때 찾아옵니다. 막 시험을 치려고 하는데 내 남자친구나 여자친구가 나와 헤어지려 한다는 사실을 알게 됐을 때는 주의 전환을 해야 하는 때이겠죠. 그러나 하교 후 집에 돌아와서 당장 해야 할 일이 없을 때는 슬픔, 창피함, 화 또는 다른 감정을 그냥 느껴 보는 것이 중요해요. 정서를 파도처럼 생각해 보세요. 정서는 오고 가요. 정서가 그저 흘러가도록 합니다. 감정을 그냥 느껴 보는 경험을 하면, 감정이 끔찍한 것은 아니며 내가 정서를 다루고 견뎌 낼 수 있다는 사실을 알게 되는 것이죠. 핵심은 정서에 따라 행동하지 않으면서 정서와 신체 감각을 경험해 보는 겁니다.

설명을 이어 간다.

정서에서 가장 견디기 힘든 부분은 무엇일까요? 많은 사람에게 정서 중에서 가장 힘든 부분은 정서와 관련된 신체 감각입니다. 힘든 정서를 경험할 때, 우리는 배 속의 불편한 느낌, 어깨의 긴장감, 가슴의 묵직함 등을 느껴요. 정서를 밀어내려 할 때, 생각과 신체 감각으로부터 멀어지려고 애쓴다는 점을 알아차린 적이 있나요?

정서의 신체 감각에 마음챙김하세요.
한 학생에게 〈유인물 21-1〉의 두 번째 상자를 읽게 한 다음 설명한다.

정서와 연관된 신체 감각에 마음챙김하는 연습은 정서를 경험하도록 허용해 줘요. 정서의 신체 감각에 온전히 주의를 두는 것이 정서를 막거나 억제하지 않는 한 가지 방법이죠. 우리가 정서를 경험하는 가장 분명한 방법 중 하나가 정서의 신체 감각을 느끼는 것입니다. 이제 몇 가지 질문을 드릴게요. 유인물에 답을 적어 보세요.

학생들에게 질문 사이에 답을 적을 시간을 준다.

• 불안할 때, 몸의 어디에서 불안을 느끼나요?
• 슬플 때, 몸의 어디에서 슬픔을 느끼나요?
• 신날 때, 몸의 어디에서 신남을 느끼나요?
• 화가 날 때, 몸의 어디에서 화를 느끼나요?

학생들이 답을 나누도록 한 다음 묻는다.

신체 감각을 항상 좋아할 수 있을까요? 때로는 이러한 신체 감각이 우리를 불편하게 해서 정서를 피하는 방식으로 신체 감각을 피하려 할 수도 있어요. 그래서 감각을 경험하고 감싸는 법을 배우면, 정서를 경험하고 감싸는 방법도 배울 수 있습니다. 그 결과, 정서가 마치 파도처럼 들어오고, 올라가고, 내려갈 때 정서를 밀쳐 내지 않고 그냥 느껴 볼 수 있는 거죠. 정서를 밀쳐 내면 정서는 오히려 더 길어지고 강해집니다. 연구 결과를 살펴보면 정서는 오직 60~90초 동안만 지속된다는 점을 기억하세요. 이보다 더 오래 지속되는 것처럼 느껴지는 이유는 두뇌에서 신경 세포가 재점화되기 때문입니다. 생각, 심상, 행동이 정서를 계속해서 활성화시킬 수 있어요. 그래서 신체 감각에 우리의 모든 주의를 두고 생각이나 심상에서부터 효과적으로 주의 전환을 한다면, 계속되는 신경 세포의 재점화를 멈추고 신체 감각을 느끼며 정서의 파도를 탈 수 있습니다.

기억하세요. 나는 나의 감정이 아닙니다.

〈유인물 21-1〉의 세 번째 상자를 학생이 읽어 보도록 한 다음 설명한다.

우리는 경험하는 모든 정서에 따라 행동하지 않아도 됩니다. 우리가 정서 모형의 요소를 배울 때, 정서 행동과 정서에 따른 행동 충동의 차이에 대해 이야기했던 것을 기억해 보죠. 정서를 느끼면서도 정서대로 행동할 충동은 감내할 수 있어요. 나는 나의 정서가 아닙니다.

정서를 평가하지 마세요.

〈유인물 21-1〉의 네 번째 상자를 한 학생이 읽어 보도록 하고 설명한다.

정서를 수용하는 것도 정서를 다루는 한 가지 방법이에요. 정서를 수용하고 그냥 느끼면, 정서적 괴로움을 경험할 가능성이 낮아집니다. 온전한 수용은 괴로움을 줄이는 한 방법임을 기억하세요. 정서를 경험하는 것을 두려워할 필요가 없어요. 정서를 받아들이고, 정서는 불가피한 경험이라는 것을 인정할 수 있습니다. 이것을 위해 정서를 밀치기보다는 경험하는 법을 배워야 합니다.

수업 활동: 짝과 눈 맞춤 하기(5분)

학생들이 짝을 짓도록 한다. 가까운 친구가 아닌 사람과 짝이 되면 더 좋다. 다음처럼 설명한다.

조금 있다가 지금 감정챙김을 연습할 거예요. 모두가 몸에서 일어나는 신체 감각, 움직이려는 충동, 짝을 안 보려는 충동을 알아차리되, 충동대로 행동하지 않습니다. 평가를 알아차리면 놓아 주고 다시 정서(신체 감각)를 알아차리는 연습으로 주의를 돌리세요.

계속 설명한다.

제가 시작하라고 하면, 일어서서 15~30cm 떨어져서 짝 앞에 서세요. 그다음, 짝을 똑바로 쳐다보고 연습 내내 짝과 눈 맞춤을 합니다. 다른 사람과 가까이서 눈 맞춤을 지속하면 다양한 정서가 떠오를 수 있어요. 떠오르는 정서를 그대로 관찰하도록 하고, 눈을 돌리거나, 웃거나, 미소 지으려는 충동을 알아차리고, 충동대로 하지 않은 채 충동을 감내합니다. 오르고 내려가는 정서를 파도처럼 경험합니다. 어떤 평가도 내려놓고 정서를 수용하고, 신체 감각에 주의를 기울이세요.

이제 연습을 시작한다. 학생들이 1~2분 동안 눈 맞춤을 유지하게 하고 끝나면 앉게 한다. 속으로 경험을 관찰하고 기술할 시간을 가진 후에 적어 보도록 안내한다.

알아차린 점을 학생 몇 명이 나누게 한다. 연습이 어려웠던 학생이 있다면 무엇이 어려웠는지 살피고, 앞으로 이 기술을 쓰기 위해 어떤 연습을 할 수 있을지 나눈다. 만약 정서의 일부(예: 신체 감각, 생각, 충동)를 회피하고자 눈을 돌리려는 충동을 알아차린 학생이 있다면 짚어 준다. 눈 맞춤을 피하기보다 계속 유지하는 것이 지금 감정챙김 연습이라는 점을 강조한다.

모듈 복습(10분)

〈유인물 21–2〉 정서 조절: 정서 모형의 각 요소에 적용할 기술 복습 소개
학생들이 〈유인물 21–2〉를 펴게 하고 설명한다.

이 그림은 정서 조절 모듈의 초반에 보았던 〈유인물 16–1〉과 비슷해요. 이 그림은 정서 경험의 일부 요소에 적용할 수 있는 구체적인 기술을 보여 줍니다. 정서 모형을 다시 살펴보면서 각 요소에 따라 가장 유용한 기술이 무엇인지 복습해 봅시다. 대부분의 기술은 정서 조절 모듈에서 배운 기술이지만, 몇 가지 기술은 고통 감싸기 모듈에서 배운 기술이에요.

학생들이 〈유인물 16–1〉과 〈유인물 21–2〉를 같이 보게 한다. 혹은 〈유인물 16–1〉에 나온 그림을 칠판에 그리거나 붙여 두고 〈유인물 21–2〉를 읽으면서 칠판을 살펴본다. 헷갈리는 부분은 학생들이 질문할 수 있도록 격려한다. 일상에서 언제 어떤 기술을 쓸지 익히고 이해한다면 얼마나 유용할지 강조한다.

〈유인물 21–2〉를 살펴 가면서 모형의 요소마다 기술을 어떻게 쓸지 학생들이 예시를 만들어 보도록 하거나 다음의 예시를 쓴다. 다음에 제시한 순서로 칠판에 각 요소를 그려 가면서 진행한다. 모형의 요소들에 대해 설명하면서 쓸 수 있는 예시들은 다음과 같다.

예시 1:

안아파수식 기술을 사용하여 정서 취약성 요인을 완화합니다.

예시 2:

안절부절못하는 것과 감정적 예민함을 줄이도록 하루에 세 번에서 다섯 번 영양소가 있는 음식을 먹도록 해요. 중요한 일정 전날에는 충분히 잠을 자고 영양을 섭취하도록 합니다. 이렇게 하면 감정이 덜 예민해질 수 있어요.
팩트 체크와 지금 생각챙김을 사용하여 사건에 대한 생각을 변화시키세요.

예시 3:

방과 후에 남자친구가 다른 여학생과 말하는 모습을 보았고, 마치 둘이 시시덕거리는 것처럼 보였어요. 그렇다면 실제로 무슨 일이 일어나고 있는지 팩트 체크를 합니다. 사실은 남자친구가 전날 빠진 수업의 과제에 대해 그 여학생이 말해 주고 있었습니다.
자긍 연습과 문제 해결을 사용하여 정서를 유발하는 사건(모형의 촉발 사건 1, 2)을 다루세요.

예시 4:

세 번 연속 화학 쪽지 시험을 망쳤기 때문에 무척 두렵고 화가 났는데, 이 감정들은 일어난 사실에 맞습니다. 문제 해결 방법으로 부모님에게 말해서 화학 과외를 받거나, 화학 선생님이나 친구로부터 추가로 도움을 받는 방법이 있습니다.
냉동복식, 파도타기 기술, 그 밖에 위기 생존 전략을 사용하여 신체 변화와 신체 감각을 완화하고 행동 충동을 감싸세요.

예시 5:

한 시간 동안 친구 집에 놀러 갈 준비를 했는데 갑자기 아버지가 친구 집에 데려다주기 싫다고 말합니다. 나는 소리를 지르고 물건을 마구 던져 버리고 싶은 충동을 느껴요. 파도타기 기술은 이러한 충동에 마음챙김하고, 감정으로부터 주의 전환을 하지 않은 채, 마치 파도를 타듯이 감정에서 벗어나는 방법이지요. 그저 고통을 경험하면서 바라봅니다. 만약 이러한 감각이나 충동을 감싸기 어렵고 상황이 더 악화되기 직전이라면, 냉동복식 기술을 쓸 수 있습니다.

반대로 행동하기로 정서 반응(모형에서 표현, 동작, 행동)을 바꿉니다.

예시 6:

여자친구와 막 헤어져서 몹시 슬프고, 나가기도 싫고 뭘 하기도 싫습니다. 반대로 행동하기는 친구나 가족들과 계획을 짜서 주말에 뭔가 신나는 일을 하는 것이 될 수 있어요.

정서를 기술하여 정서에 이름을 붙이세요(모형에서 정서 이름).

예시 7:

남자친구가 멀리 떨어진 곳으로 여름 캠프를 가서 3주 동안 만날 수 없다는 사실을 방금 알게 되었는데, 내가 무엇을 느끼는지 확실하지 않아요. 남자친구가 가고 싶은 캠프에 참여하는 것은 기쁘지만, 그곳에서 그가 다른 사람들을 만나느라 나를 생각할 시간도 없을 것만 같은 생각도 듭니다. 아마도 나는 행복과 두려움을 같이 느끼는 것 같아요. 〈유인물 16-2〉에서 다양한 정서 목록을 살펴보고, 지금 내 생각과 신체 감각에 맞는 이름이 무엇인지 찾아볼 수 있습니다.

고통 감싸기 기술을 사용하여 행동의 결과를 참아 냅니다. 상황에 따라 위기 생존 기술이 필요한지, 현실 수용 기술이 필요한지 결정하세요.

예시 8:

이번 주말에 친구들과 콘서트에 가기로 계획하고 한 달 동안 준비를 해 왔어요. 방금 부모님이 고모가 매우 아파서 가족들이 주말에 고모네를 방문할 거라고 말했어요. 아마 이번이 고모를 만날 마지막 기회이고, 콘서트장에는 갈 수 없게 되었죠. 내가 혼날 만한 일이 생기거나 부모님이 힘들어지는 행동을 하지 않도록 위기 생존 기술을 연습해야 할 수도 있습니다. 어쩌면 콘서트에 갈 수 없다는 점을 온전히 수용하고, 이에 대해 슬퍼할 수 있도록 허용하는 연습을 해야 할지도 모릅니다.

마지막으로, 다음을 강조한다.

우리는 모두 정서를 느낍니다. 정서는 인간적이고 자연스러운 거예요. 정서는 우리 두 뇌에 새겨져 있어 어떤 정서를 거부하거나 무시하려 해도, 우리 몸은 정서가 그대로 있다는 사실을 알고 있어요. 우리는 정서를 느끼지 않도록 예방할 수 없습니다. 정서가 생기는 데는 이유가 있어요. 즉, 정서는 어떤 사건으로 인해 촉발됩니다. 하지만 정서에 수반하는 자동적인 생각이나 해석이 항상 사실은 아닙니다. 이 그림에서 볼 수 있는 것처럼, 부정적인 정서를 느낄 때 정서가 시작된 이후 여러 시점에서 기술을 개입하여 정서를 멈추거나 완화시키는 방법을 쓸 수 있고, 심지어 원치 않는 정서가 생기기 이전부터 멈추게 할 수도 있어요.

단원 요약(3분)

정서 조절 모듈을 끝낸 것을 축하한 후, 파도타기 기술을 쓴다는 것이 무슨 뜻인지 학생 한 명이 설명하게 한 후, 질문한다.

달라진 활기비밀 주의 환기 기술은 언제 사용하고, 파도타기 기술로 지금 감정챙김 기술은 언제 사용해야 할까요?

대답을 격려한 다음 말한다.

정서대로 행동하려는 충동이 일어나서 상황을 더 악화시킬까 두려운 순간에는 달라진 활기비밀 기술을 씁니다. 처음에는 낮은 강도의 정서에 마음챙김하는 연습을 시작하고, 강도를 조금씩 늘려 가세요. 그렇게 하면 정서에 따르는 감각을 관찰하고 기술하는 것이 가능해요. 부모님이나 가까운 친구처럼 믿을 만한 사람과 함께 있을 때, 정서를 밀치지 말고 느끼기를 시도하는 것이 때로 더 안전할 수 있는데요. 왜냐하면 이들이 내가 충동적으로 정서에 따라 행동하지 않게 도와줄 수 있기 때문입니다.

과제 설명(2분)

〈과제 21-3〉 정서 조절: 파도타기 기술 연습
다음과 같이 지시한다.

한 주 동안 정서를 느끼면 〈과제 21-3〉의 지금 감정챙김 연습, 즉 파도타기 기술을 완성

해 보세요. 과제지에 지금 감정챙김을 어떻게 연습했는지 체크해 가며 연습하세요. 과제지
에 파도타기 기술을 연습할 때 쓰는 몇 가지 전략이 나와 있습니다.

한 학생이 전략을 읽어 보게 한다.

다이어리 카드

학생들에게 새로운 다이어리 카드를 나누어 준다. 지금 감정챙김 혹은 파도타기 기술을
배웠다는 점을 강조하고, 과제로 이 기술을 연습할 때 다이어리 카드에 한 주 동안 이 기술
(전에 배운 다른 기술을 포함하여)을 사용한 날짜와 기술 사용 정도를 표시하도록 한다. 다음
수업에서 정서 조절 시험이 있을 예정임을 알리고, 정서 조절 기술을 모두 공부해 오라고
말한다.

마지막으로, 과제 완수를 방해하는 요인에 대한 문제 해결 시간을 가진다. 과제 혹은 과
제를 할 때의 장애물에 대해 질문이 있는지 확인한다. 만약 있다면, 질문에 답하고 장애물
을 다룬다. 과제를 할 의지가 없거나, 이번 주에 다른 과제가 너무 많거나, 잊어버리거나,
과제를 이해하지 못하는 것 등이 장애물이 될 수 있다. 학생들이 장애물을 찾을 수 있도록
돕고, 이를 극복할 수 있는 계획을 함께 세운다. 한 예로, 잊어버리는 것이 문제라면, 과제
를 적고 휴대전화나 달력에 과제 완성 알람을 설정할 수 있다. 과제를 할 의지가 없는 경우
에는 먼저 이유를 듣고 동기를 높여 주거나, 과제를 해 오는 것의 중요성(예: 성적)을 상기
시켜 주거나, 또는 기타 도움이 될 만한 설명을 해 준다. 과제 관련 문제 해결은 매주 과제
를 나누어 준 이후 반드시 진행하도록 한다.

22단원

정서 조절:
정서 조절 시험

요약

이 단원은 마음챙김 연습, 과제 점검, 그리고 마음챙김과 정서 조절 기술에 관한 학생들의 질문에 답할 잠깐의 시간을 포함한다. 이후 대부분의 시간은 정서 조절 시험을 보는 데 쓴다. 시험의 목적은 학생들이 본 모듈의 내용을 얼마나 소화했는지 평가하여 추후 복습이 필요한 부분을 알아내는 데 있다.

준비물

1. 이 단원에는 유인물이 없다.
2. 정서 조절 시험지(학급 전체를 위해 충분한 양을 출력)
3. 자료 없이 수업에 온 학생들을 위한 여분의 유인물과 필기도구
4. 보드 마커나 분필
5. 다이어리 카드: 수업을 마칠 때 나누어 줄 수 있도록 새 다이어리 카드를 준비한다.

🔔 준비

1. 시험을 보기 위해 평소처럼 책상을 배치해 둔다.
2. 학생들의 질문에 대비하기 위해 정서 조절 시험을 검토한다.

💬 강의 개요와 시간표

- 마음챙김 연습(5분)
    - 관찰하기/지혜로운 마음: 들이마시며 '지혜', 내쉬며 '마음'(3분)
    - 연습에서 관찰한 바 기술하기(2분)
- 과제 점검(10분)
    - 〈과제 21-3〉 정서 조절: 파도타기 기술 연습
        - 학급 전체와 나누기
    - 다이어리 카드
- 과제 설명(2분)
    - 다이어리 카드
- 모듈 시험 안내(5분)
- 시험 실시(28분)

📖 세부 강의 계획

마음챙김 연습(5분)

관찰하기/지혜로운 마음: 들이마시며 '지혜', 내쉬며 '마음'(3분)
학생들을 환영하고 마음챙김 연습을 소개한다.

　　오늘은 정서 조절 모듈 시험 날이기 때문에 이전에 했던 마음챙김 연습을 할 거예요. 호흡을 관찰하고 지혜로운 마음에 닿아 보겠습니다. 지금 이 순간에 주의하면서 우리 안에 있는 고요한 지점을 찾아볼게요. '지혜'라는 단어에 들이마시고, '마음'이라는 단어에 내쉬겠습니다. 그러니까 들이마시면서 속으로 '지혜'라고 말하고, 내쉬면서 '마음'이라고 말하세요. 마음속으로 천천히 말하고 숨 전체 동안 말합니다. 매번 단어를 말하면서 나의 온 주의를 기울입니다. 역시 생각이 떠오르면 알아차리고, 떠나보낸 다음 숨으로 다시 돌아오세요.

　　제가 1이라고 말하면, 마음챙김/완전히 깨어 있는 자세를 취해 보세요. 이제 모두가 잘 아는 대로 발을 바닥에 잘 붙이고, 바르게 앉아 손을 무릎 위에 올립니다. 눈은 뜬 채로 부드럽게 앞쪽을 바라보세요. 이것은 시선을 앞쪽 아래로 두고 특별히 뭔가를 바라보지 않는다는 뜻이에요. 만약 눈을 깜빡이거나 침을 삼키는 것 외에 움직이려는 다른 어떤 충동이 들면, 충동에 따르지 말고 그냥 알아차리기만 하세요. 제가 2라고 말하면, 심호흡하라는 뜻입니다. 그리고 제가 3이라고 말하면 연습을 시작하세요. 끝날 때 '그만'이라고 말하면 자리로 돌아가면 됩니다.

이제 3까지 세면서 연습을 시작한다.

　　1: 마음챙김/완전히 깨어 있는 자세를 취하세요. 2: 심호흡을 하세요. 3: 연습을 시작하세요.

학생들이 2분 동안 호흡하도록 하고, '그만'이라고 말한다.

연습에서 관찰한 바 기술하기(2분)

학생들이 돌아가며 연습할 때 관찰한 것을 나누게 한다. 필요하다면 관찰에 대한 피드백을 제공하는데, 학생들의 대답이 자기가 평가 없이 관찰하고 기술한 무언가를 포함하도록 한다(예: 몸 안에 중심이 잡히는 감각을 느꼈어요. 단어를 잊어버렸음을 알아차렸어요. 다리를 꼬고 싶은 충동을 알아차렸어요. 두리번거리고 싶은 충동을 알아차렸어요. 과거 일에 대한 기억을 알아차렸어요. 이것이 지난주와는 어떻게 다른지 생각하는 것을 알아차렸어요. 생각을 알아차렸어요. 신체 감각을 알아차렸어요. 내 마음이 다른 생각으로 흘러가는 것을 알아차렸어요. 이것이 나에게 어떻게 도움을 줄지 여러 생각이 들었어요. 지난주에 한 연습을 더 좋아한다는 것을 알아차렸어요. 불편하다는 것을 알아차렸고, 그래서 움직여야 했어요).

과제 점검(10분)

〈과제 21-3〉 정서 조절: 파도타기 기술 연습

학급 전체와 나누기

학생들이 완성한 〈과제 21-3〉을 꺼내게 한다. 과제를 완성한 자원자들이 발표하게 하여 과제를 점검한다. 발표를 자원한 학생들에게 다음의 질문을 한다.

> 경험한 정서, 그리고 지금 감정챙김을 연습하기 위해 어떤 전략을 썼나요? 정서 파도를 타는 경험이 어땠나요?

학생들이 사용한 전략을 나누면서, 다른 학생 중 유사한 전략을 쓴 사람이 있으면 참여시키고 같이 나누게 한다. 그다음에는 다른 전략을 써서 과제를 완성한 쓴 학생이 발표하게 한다. 다음을 강조하면서 과제 점검을 마친다.

> 지난주에 배우고 연습했듯이 파도타기 기술을 연습할 때는 다양한 전략을 쓸 수 있어요. 궁극적인 목적은 정서를 밀치거나 정서대로 행동하지 않고 정서를 느껴 보도록 허용하는 데 있습니다.

과제를 완성하지 못한 학생들을 점검하면서 왜 과제를 완성하지 못했는지 간단하게 논의한다.

다이어리 카드

모든 학생이 다이어리 카드와 과제지를 제출하여 검토받도록 한다. 만일 모든 학생의 과제를 매 단원 검토할 수 없다면, 몇 단원을 거치는 동안에는 모두 검토할 수 있도록 한다. 학생들이 다이어리 카드에 기록한 기술 사용량에 대해 언급해 준다. 기술 연습을 적게 한 학생들에게는 더 연습하도록 격려하고, 연습만이 기술을 더 도움이 되고 자동적으로 쓰게 하는 길임을 상기시킨다.

과제 설명(2분)

학생들에게 새로운 다이어리 카드를 나누어 준 다음 설명한다.

이제 여러분은 핵심 마음챙김, 고통 감싸기, 정서 조절 기술을 모두 배웠습니다. 이번 주에 연습한 기술을 다이어리 카드에 동그라미 쳐 오세요.

모듈 시험 안내(5분)

정서 조절 모듈 기술에 관한 학생들의 질문에 답한다(시험에 마음챙김 모듈에 대한 문제가 몇 개 포함되어 있음을 알려 준다). 다음 수업 두 번은 핵심 마음챙김 기술 복습으로 돌아간다는 점을 알려 준다.

시험 실시(28분)

정서 조절 시험을 시행한다.

23단원

마음챙김:
지혜로운 마음 복습

☸ 요약

마음챙김 기술은 다른 기술들의 중심이 되므로, 마음챙김 기술에 대한 '재교육' 단원들이 DBT STEPS-A의 다른 모듈 사이에 섞여 있다. 오늘의 강의는 학생들이 지혜로운 마음 연습을 하도록 지도한 후, 지혜로운 마음의 중요성과 사용에 대해서 소집단과 전체 집단 토론을 하도록 하는 데에 초점을 맞춘다. 이뿐만 아니라, 학생들은 이성 마음 혹은 감정 마음 상태에서 경험할 수 있는 어려운 상황을 생각해 내고 지혜로운 마음에 닿기 위한 해결책을 논의하는 마지막 기회를 얻게 될 것이다.

☸ 요점

1. 마음챙김은 우리 자신의 마음을 통제하기 위해 배우는 것이다.
2. 우리에게는 세 가지 마음 상태가 있는데, 그것은 이성 마음, 감정 마음, 지혜로운 마음이다.
3. 마음챙김 기술은 지속적인 연습을 필요로 한다.

✓ 준비물

1. 본 단원 유인물
   - 〈유인물 3-4〉 지혜로운 마음 연습
   - 〈과제 23-1〉 마음챙김: 지혜로운 마음으로 들어가기
2. 자료 없이 수업에 온 학생을 위한 여분의 유인물과 필기도구
3. 보드 마커나 분필
4. 마음챙김 연습을 위한 테니스공(혹은 비슷한 종류의 공) 3~4개. 만일 학생이 14명 이상이면, 두 집단을 만드는 것이 좋다. 이때는 6~8개의 공이 필요할 것이다.
5. 다이어리 카드: 수업을 마칠 때 나누어 줄 수 있도록 새로운 다이어리 카드를 준비한다.

○ 준비

1. 학생 기술 바인더에 있는 강의 계획과 유인물을 검토한다. 또한 3단원과 13단원의 마음챙김과 지혜로운 마음을 검토한다.
2. 가능하면 학생들이 서로 바라보고 앉도록 교실의 책상을 미리 배치해 둔다.
3. 소집단에 나누어 줄 수 있도록 [그림 23-1]을 넉넉히 복사해 둔다.

■ 강의 개요와 시간표

- 마음챙김 연습(7분)
  - 참여하기: 공 던지기(5분)
  - 연습에서 관찰한 바 기술하기(2분)
- 시험 검토(10분)
- 주요 개념 소개(3분)
- 토론: 지혜로운 마음(25분)
  - 세 가지 마음 상태 복습(3분)
    - 수업 활동: 이것이 지혜로운 마음인가?(5분)
    - 수업 활동: 소집단 토론과 발표(17분)

- 단원 요약(2분)
- 과제 설명(3분)
  - ■〈유인물 3-4〉 지혜로운 마음 연습
  - ■〈과제 23-1〉 마음챙김: 지혜로운 마음으로 들어가기
  - ■ 다이어리 카드

📱 세부 강의 계획

마음챙김 연습(7분)

참여하기: 공 던지기(5분)

학생들을 환영하고 오늘의 마음챙김 연습은 참여하기임을 알린다. 다음과 같이 설명한다.

> 오늘 우리는 참여하기를 하며 공 던지기를 해 볼 겁니다. 먼저, 이 연습을 어떻게 하는지 알아봅시다. 제가 어떤 사람의 이름을 말하고, 그 사람에게 공을 던질 거예요. 그 사람은 또 다른 학생(자기 옆에 있는 사람일 필요는 없습니다)을 선택해 그 사람의 이름을 말하고, 그 사람에게 공을 던집니다. 그 사람은 또 다른 학생을 골라 이름을 말한 다음, 공을 던지게 됩니다. 이미 공을 받았던 사람에게 다시 던지지는 않을 거예요. 일단 모든 사람이 공을 한 번씩 받은 다음에는 이 과정을 되풀이할 거예요. 각자가 전과 같은 사람에게 공을 던지는데, 공을 던지기 전에 그 사람의 이름을 말할 거예요. 그런데 이번에는 제가 두 번째 공을 추가할 거예요. 그리고 다음에는 세 번째 공을 더할 거고요. 만일 누군가 공을 떨어뜨리면, 누구든지 그 공을 집어서 다음 사람에게 던짐으로써 다시 시작할 수 있습니다.
>
> 만일 이 연습에 대한 평가하는 생각(이를테면 '이건 바보 같아.')이나 자신을 평가하는 생각('나는 정말 지독히 못한다.')을 하는 것을 관찰한다면 그런 생각을 알아차리고, 흘려보내고, 연습으로 돌아오세요.

만일 학생 수가 14명보다 많다면, 학급을 두 집단으로 나누어서 두 집단에서 연습을 동시에 진행한다. 만일 집단이 두 개 이상 있다면 교사는 참여하지 않는다. 대신, 교사는 마음챙김하며 관찰을 해서 연습이 한 번 돌아간 다음 두 번째 공을 더하고, 또 한 번 돌아간 다음에는 세 번째 공을 추가하도록 한다. 설명을 계속한다.

먼저, 돌아가면서 우리 모두 자기 이름을 말할 건데, 이렇게 하는 건 서로의 이름을 다 아는지 확인하기 위해서예요.

모든 학생이 자신을 소개하고 나면, 다음과 같이 설명한다.

제가 1이라고 하면, 그건 일어나서 원(학생 수에 따라서 두 개의 원이 될 수도 있음)을 만들라는 신호예요. 제가 2라고 하기 전에 자리를 잡으세요. 제가 2라고 하면, 그건 심호흡을 하라는 신호예요. 제가 3이라고 하면, 공 던지기를 시작하라는 신호입니다. 제가 "그만."이라고 하면 멈추세요.

이제 3까지 세면서 연습을 시작한다.

1: 조용히 원을 만드세요. 2: 심호흡을 하세요. 3: 공 던지기를 시작하세요.

모든 사람에게 공이 한 번씩 돌아가고 난 후, 2회전에서 공이 몇 사람에게 던져지고 나면 두 번째 공을 더한다. 그런 다음 적절한 간격으로 세 번째 공과 네 번째 공도 추가한다. 2분이 지난 후에 연습을 끝낸다.

연습에서 관찰한 바 기술하기(2분)

그다음 두세 명의 학생들에게 연습에서 관찰한 것을 나누게 한다. 필요하다면 관찰에 대한 피드백을 제공하는데, 학생들의 대답이 자기가 평가 없이 관찰하고 기술한 무언가를 포함하도록 한다. 예를 들면, 다음과 같이 말함으로써 학생들이 자신의 관찰을 고쳐 말할 수 있도록 돕는다(예: 연습을 평가하는 생각을 알아차렸어요. 매번 어떤 손동작이 다음에 오는지 잊어버렸다는 걸 알아차렸어요. 연습이 잠시 중단될 때마다 내가 멈추는 것을 알아차렸어요. 이것이 지난주와는 어떻게 다른지 생각하는 것을 알아차렸어요. 생각을 알아차렸어요. 신체 감각을 알아차렸어요. 내 마음이 다른 생각으로 흘러가는 것을 알아차렸어요. 이것이 나에게 어떻게 도움을 줄지 여러 생각이 들었어요. 지난주에 한 연습을 더 좋아한다는 것을 알아차렸어요. 불편하다는 것을 알아차렸고, 그래서 움직여야 했어요.).

시험 검토(10분)

채점이 끝난 정서 조절 시험지를 학생들에게 돌려준다. 많이 틀린 문제들을 검토하고 토론을 통해 답을 명확히 한다. 학생들의 추가 질문에 대해 이와 같은 과정을 반복한다.

주요 개념 소개(3분)

다음과 같이 말한다.

> 마음챙김은 마음이 우리를 통제하기보다 우리가 마음을 다스릴 수 있도록 배우는 거예요. 마음챙김은 마음을 우리가 원하는 곳에 두는 것에 관한 겁니다.

학생들에게 마음챙김을 자신의 말로 설명하게 한다. 목표는 '이 순간에 있는 것, 의도적으로 주의를 기울이는 것, 우리의 마음을 어디에 집중할지를 통제하는 것, 그리고 우리가 지금 무엇을 경험하는지를 인식하는 것'과 같은 대답을 얻는 것이다. 그다음, 질문한다.

> 여러분이 DBT STEPS-A 과정을 배우기 시작한 이후, 언제 어떻게 마음챙김을 연습했는지 그 예를 나누어 주세요. 이 예들이 여러분이 예전에 했던 행동과 어떻게 달랐나요?

토론: 지혜로운 마음(25분)

세 가지 마음 상태 복습(3분)

학생들에게 세 가지 마음 상태(이성 마음, 감정 마음, 지혜로운 마음)를 말해 보게 한다. 칠판에 이 세 가지 상태를 보여 주는 원을 그린 다음 질문한다.

> 각각의 마음 상태를 정의하고, 이 세 개 사이의 차이를 말해 볼 사람 있나요?

학생들의 반응을 유도하고, 필요에 따라 다음처럼 학생들의 대답에 살을 붙여 말한다.

> 이성 마음은 차갑고 합리적이며 논리적이고 계획적이며 할 일에 집중합니다. 감정 마음은 감정이 통제하고 있는 상태예요. 감정이 여러분의 생각, 행동과 무언가를 하거나 말하려는 충동에 영향을 미치고 통제하는 상태이지요. 사실과 논리는 중요하지 않고, 이성으로 감정을 조율하는 것이 없어요. 지혜로운 마음은 직관적이에요. 그것은 감정과 이성의 조화이지요. 지혜로운 마음은 우리 각자 안에서 진실을 알고 경험하는 부분이에요. 그것은 거의 항상 고요합니다. 그것은 중심이 잡힌 상태에서 무언가를 아는 곳입니다.

수업 활동: 이것이 지혜로운 마음인가?(5분)

학생들에게 책상 위의 물건을 치우도록 한다. 그리고 설명한다.

> 마음챙김은 매일 연습하는 것이 중요해요. 여러분에게 맞는 마음챙김 연습을 찾을 수 있다면, 연습이 제일 잘될 거예요. 오늘은 잠깐 한 3분간 또 다른 지혜로운 마음 연습을 할 거예요.

만일 많은 학생에게 3분이 너무 길 것 같으면, 2분으로 시작한다. 학생들이 더 길게 연습할 수 있을 것 같으면, 그때 시간을 4분이나 5분으로 늘린다. 혹은 다음과 같이 말한다.

> 집에서 연습할 때, 3분 정도부터 시작해 볼 수 있어요. 하지만 가장 좋은 것은 점점 오래 할 수 있도록 시간을 늘려 가는 거예요. 한 주에 한 번 30분 연습하는 것보다 매일 3~5분 연습하는 것이 더 효과적이라는 것을 아는 게 중요합니다.

다음과 같이 계속한다.

> 이전 단원에서는 숨을 들이마시며 '지혜로운'이라고 하고 숨을 내쉬며 '마음'이라고 하는 것을 연습했어요. 오늘은 지혜로운 마음에게 질문을 하고, 대답을 기다리는 연습을 해 볼 거예요. 이 연습은 '〈유인물 3-4〉 지혜로운 마음 연습'의 네 번째 항목에 나오는 거예요. 숨을 들이마실 때, '이것(생각, 행동, 계획 등)이 지혜로운 마음인가?'라고 스스로 물어보세요. 숨을 내쉴 때는 내 안에서 나오는 대답을 들어 볼 거예요. 대답을 강요하지 마세요. 들어 보려고 하세요. 숨을 들이마실 때마다 어떤 질문을 하고 대답을 들어 보세요. 만일 오늘은 대답이 없다면, 대답이 지혜로운 마음으로부터 나올 때까지 다른 시간에 다시 시도해 보세요. 예를 들어, 제가 오늘 저녁을 먹으러 나가서 주문하기 직전에 스스로 '내 선택이 지혜로운 마음의 결정인가?'라고 물어보고 대답을 기다려 볼 수 있을 거예요. 질문 있는 사람 있나요?

다음과 같이 계속한다.

> 제가 1이라고 하면, 우리에게 이제는 익숙한 마음챙김/완전히 깨어 있는 자세로 앉으라는 신호예요. 이건 우리의 발을 땅에 평평하게 대고 똑바로 앉아서 손을 무릎에 놓는다는 뜻이에요. 이 연습에서는 눈을 뜬 채로 부드럽게 앞을 내려 볼 텐데, 특별히 뭔가를 응시하

는 것은 아닙니다. 만일 눈을 깜빡이거나 침을 삼키는 것 외에 움직이고 싶다는 충동이 들면, 그 충동을 알아차리되 따르지 말고 호흡으로 돌아오세요. 제가 2라고 하면, 그건 심호흡을 하라는 신호예요. 제가 3이라고 하면, 그건 연습을 시작하라는 신호입니다. 3분 후, 제가 "그만"이라고 하면 연습이 끝납니다.

이제 3을 세면서 연습을 시작한다.

　　1: 마음챙김/완전히 깨어 있는 자세를 취하세요. 2: 심호흡을 하세요. 3: 연습을 시작하세요.

학생들이 3분 동안 호흡하도록 한 다음, "그만"이라고 말한다. 학생들이 관찰한 것을 나누도록 한다.

　　질문에 대해 지혜로운 마음의 대답을 들은 사람 있나요? 있으면 얘기해 주세요.

학생들의 반응을 듣고 다음과 같이 묻는다.

　　어떤 대답도 듣지 못한 사람 있나요? 대답을 들을 때까지 이 연습을 계속할 건가요?

수업 활동: 소집단 토론과 발표(17분)

학급의 규모에 따라(규모가 크면 한 집단에 다섯 명 정도) 학생들을 4~5개 집단으로 나눈다. 각 집단은 [그림 23-1]에 있는 토론거리로 실습할 것이다.

그다음, 각 집단의 학생들은 [그림 23-1]의 마지막 항목을 위한 시나리오와 지혜로운 마음에 닿기 위한 해결책을 함께 만든다. 10분 후, 각 집단은 만든 시나리오와 해결책을 발표하고 다른 학생들이 피드백과 추가적인 제안을 줄 수 있게 한다.

시간이 남으면 계속해서 [그림 23-1]의 나머지 여섯 개의 질문에 관해 토론한다. 첫 번째와 세 번째 질문에는 특정한 대답이 있으므로 대답을 제시해 준다.

- 모든 사람에게 지혜로운 마음이 있는가?

  정답: 그렇다. 때로는 지혜로운 마음을 발견하고, 지혜로운 마음의 소리를 듣기 위해 연습이 필요하다.
- 지혜로운 마음에 닿기 위해서는 어떤 연습이 도움이 될까?
- 우리는 항상 지혜로운 마음에 있어야 할까?

  정답: 아니다. 항상 지혜로운 마음일 필요는 없다. 어떨 때는 이성 마음인 것이 도움이 된다. 특히 많은 집중과 논리를 필요로 하는 일을 하고 있을 때 그렇다. 때로는 감정을 경험하고 누리는 것을 원할 수 있다. 핵심은 감정 마음이나 이성 마음의 극단에서 살지 않는 것이다.
- 지혜로운 마음을 찾으려고 할 때 가장 어려운 점이 무엇인가?
- 언제 지혜로운 마음에 닿는 것이 가장 어려운가?
- 무엇이 지혜로운 마음에 닿는 데 도움이 될까?
- 감정 마음이나 이성 마음에 있다는 것을 스스로 알아차리기 매우 어려운 시나리오를 만들고 지혜로운 마음에 닿기 위해서 무엇을 할 것인지 토론한다. 이성 마음과 감정 마음이 어떤 모습일지 기술한다. 지혜로운 마음에 닿기 위해서 어떤 전략을 사용했는가? 지혜로운 마음은 어떤 모습인가?

[그림 23-1] 소집단 토론을 위한 질문

이 자료는 『DBT®, 학교에 가다: 청소년 정서 문제 해결을 위한 DBT 기술 훈련(DBT STEPS-A)』(저자 James J. Mazza, Elizabeth T. Dexter-Mazza, Alec L. Miller, Jill H. Rathus, and Heather E. Murphy, 역자 조윤화, 김기환, 권승희, 최현정, 2022)의 일부입니다. 원 저작권은 The Guilford Press에, 한국어판 저작권은 학지사에 있습니다. 이 책을 구입하신 분들은 개인 용도로 활용하는 경우에 한해 이 자료를 복사할 수 있습니다.

단원 요약(2분)

마음챙김은 현재 순간을 인식하고, 마음을 우리가 원하는 곳에 놓는 것이라고 반복해서 말한다. 다음과 같이 질문한다.

> 내가 감정 마음에 있다는 것을 어떻게 알 수 있을까요? 어떻게 스스로를 이성 마음이나 지혜로운 마음으로 가게 할까요?

과제 설명(3분)

〈유인물 3-4〉 지혜로운 마음 연습
〈과제 23-1〉 마음챙김: 지혜로운 마음으로 들어가기
다음과 같이 안내한다.

다음 한 주 동안 여러분은 과제로 〈유인물 3-4〉에 있는 연습 중 어떤 것이든 최소한 3번을 해 볼 건데, 한 번에 3~5분씩 합니다. 연습을 마칠 때마다 옆에 있는 상자에 체크 표시를 하세요. 또한 〈과제 23-1〉에 나온 감정 마음을 경험했던 상황, 이성 마음을 경험했던 상황, 지혜로운 마음을 경험했던 상황에 대한 질문에 대답하세요.

다이어리 카드

새로운 다이어리 카드를 학생들에게 나누어 준다. 이제 모든 마음챙김 기술, 고통 감싸기 기술과 정서 조절 기술을 알고 있다는 것을 강조한다. 학생들에게 다이어리 카드에 기술을 사용한 날짜와 정도를 표기할 것을 안내한다.

마지막으로, 과제 완수를 방해하는 요인에 대한 문제 해결 시간을 가진다. 과제 혹은 과제를 할 때의 장애물에 대해 질문이 있는지 확인한다. 만약 있다면, 질문에 답하고 장애물을 다룬다. 과제를 할 의지가 없거나, 이번 주에 다른 과제가 너무 많거나, 잊어버리거나, 과제를 이해하지 못하는 것 등이 장애물이 될 수 있다. 학생들이 장애물을 찾을 수 있도록 돕고, 이를 극복할 수 있는 계획을 함께 세운다. 한 예로, 잊어버리는 것이 문제라면, 과제를 적고 휴대전화나 달력에 과제 완성 알람을 설정할 수 있다. 과제를 할 의지가 없는 경우에는 먼저 이유를 듣고 동기를 높여 주거나, 과제를 해 오는 것의 중요성(예: 성적)을 상기시켜 주거나, 또는 기타 도움이 될 만한 설명을 해 준다. 과제 관련 문제 해결은 매주 과제를 나누어 준 이후 반드시 진행하도록 한다.

24단원
마음챙김:
'무엇을' 기술과 '어떻게' 기술 복습

🧬 요약

이 단원은 '무엇을' 기술과 '어떻게' 기술을 간략히 복습하는 데에 초점을 맞춘다. 구체적으로 두 가지 유형의 판단(구별과 평가)을 복습하고, 관찰하기와 기술하기를 중점적으로 살펴본다. 학생 중 일부는 다양한 시나리오에 대한 역할극을 할 것이고, 나머지는 그들이 본 것을 평가하지 않으면서 관찰하고 기술하는 연습을 할 것이다. 이 단원은 마음챙김을 복습하는 마지막 시간이다.

🌏 요점

1. 마음챙김 기술은 '무엇을' 기술과 '어떻게' 기술로 나뉜다.
2. '무엇을' 기술에는 관찰하기, 기술하기, 참여하기가 있다.
3. '어떻게' 기술에는 평가하지 않고, 하나씩, 효과적으로가 있다.

🔘 준비물

1. 본 단원의 유인물
    - 〈과제 24-1〉 마음챙김: 관찰하기, 기술하기, 참여하기 체크리스트
    - 〈과제 24-2〉 마음챙김: 평가하지 않고, 하나씩, 효과적으로 체크리스트
2. 자료 없이 수업에 온 학생들을 위한 여분의 유인물과 필기도구
3. 보드 마커나 분필
4. 다이어리 카드: 수업 마칠 때 나누어 줄 수 있도록 새 다이어리 카드 준비를 준비한다.
5. 마음챙김 연습을 위한 향초(상록수나 시나몬 향처럼 되도록 향이 강한 것으로). 화염 규제 때문에 초를 쓸 수 없는 경우에는 강한 향의 방향제로 대체
6. 수업 중 역할극을 위한 실습 시나리오를 적은 종이

🔔 준비

1. 학생 기술 바인더에 있는 수업 계획과 유인물을 검토한다. 더불어 '무엇을' 기술과 '어떻게' 기술에 대한 4, 5, 14단원의 주요 요점을 점검한다.
2. 가능하면 학생들이 서로 바라보고 앉도록 교실의 책상을 미리 배치해 둔다.

🔲 강의 개요와 시간표

- 마음챙김 연습(5분)
    - 관찰하기: 향(3분)
    - 연습에서 관찰한 바 기술하기(2분)
- 과제 점검(10분)
    - 〈유인물 3-4〉 지혜로운 마음 연습
    - 〈과제 23-1〉 마음챙김: 지혜로운 마음으로 들어가기
        ○ 학급 전체와 나누기
    - 다이어리 카드
- 주요 개념 소개(5분)

- ■ '무엇을' 기술과 '어떻게' 기술 복습
- 토론: 평가하지 않는 자세(5분)
  - ■ 평가하는 판단
  - ■ 구별하는 판단
- 수업 활동: 2인조 역할극 시나리오(20분)
  - ■ 평가하지 않고 관찰하고 기술하기 연습
- 단원 요약(3분)
  - ■ '무엇을' 기술과 '어떻게' 기술의 목적
    - ○ 우리가 어떤 마음 상태에 있는지를(특히 감정 마음에 있을 때) 관찰하고 기술할 수 있도록 함
    - ○ 이 순간에 마음챙김할 수 있는 능력을 향상시킴
    - ○ 현재 순간에 계속 적극적으로 참여할 수 있게 함
    - ○ 장기 목표에 지속적으로 집중할 수 있도록 도움
- 과제 설명(2분)
  - ■ 〈과제 24-1〉 마음챙김: 관찰하기, 기술하기, 참여하기 체크리스트
    - ○ 세 가지 '무엇을' 기술 연습
  - ■ 〈과제 24-2〉 마음챙김: 평가하지 않고, 하나씩, 효과적으로 체크리스트
    - ○ 세 가지 '어떻게' 기술 연습
  - ■ 다이어리 카드

🔵 세부 강의 계획

마음챙김 연습(5분)

관찰하기: 향(3분)

학생들이 도착하기 전, 향초에 불을 붙여 둔다(만일 화염 규제 때문에 교실에서 향초를 쓰는 것이 불가능하다면 방향제를 쓴다). 학생들을 환영하고 오늘의 마음챙김 연습은 관찰하기에 관한 것이라고 말한다. 다음과 같이 설명한다.

오늘은 후각에 집중하는 관찰하기 연습을 해 볼 거예요. 주의를 분산시키는 것은 무엇이든지 흘려보내고, 이 향초(혹은 방향제)의 향을 평가하지 않고 관찰할 겁니다. 우리는 그

저 떠오르는 감정, 생각과 감각을 알아차릴 거예요. 향에 대해 긍정적이거나 부정적으로 평가하고 있는 것을 관찰하면, 그냥 그 생각을 평가로 인식하고 흘려보낸 다음, 주의를 다시 향으로 갖고 오세요.

다음과 같이 계속한다.

제가 1이라고 하면, 우리에게 이제는 익숙한 마음챙김/완전히 깨어 있는 자세로 앉으라는 신호예요. 이건 우리의 발을 땅에 평평하게 대고 똑바로 앉아서 손을 무릎에 놓는다는 뜻이에요. 이 연습에서는 눈을 뜬 채로 부드럽게 앞을 내려 볼 텐데, 특별히 뭔가를 응시하는 것은 아닙니다. 만일 눈을 깜빡이거나 침을 삼키는 것 외에 움직이고 싶다는 충동이 들면, 그 충동을 알아차리되 따르지 말고 호흡으로 돌아오세요. 제가 2라고 하면, 그건 심호흡을 하라는 신호예요. 제가 3이라고 하면, 그건 연습을 시작하라는 신호입니다. 3분 후, 제가 "그만"이라고 하면 연습이 끝납니다.

이제 3을 세면서 연습을 시작한다.

1: 마음챙김/완전히 깨어 있는 자세를 취하세요. 2: 심호흡을 하세요. 3: 연습을 시작하세요.

학생들이 2분간 초(혹은 방향제)의 향을 맡게 하고, '그만'이라고 말한다.

연습에서 관찰한 바 기술하기(2분)

두세 명의 학생들에게 초(혹은 방향제)의 향에 대한 관찰, 들었던 생각, 감정이나 감각에 대해 관찰한 것을 나누게 한다. 필요하다면 관찰에 대한 피드백을 제공하는데, 학생들의 대답이 자기가 평가 없이 관찰하고 기술한 무언가를 포함하도록 한다. 예를 들면, 다음과 같이 말함으로써 학생들이 자신의 관찰을 고쳐 말할 수 있도록 돕는다(예: 캠프파이어에 대한 생각이 떠오르는 것을 알아차렸어요. 과거의 사건에 대한 기억이 나는 것을 알아차렸어요. 이것이 지난주와는 어떻게 다른지 생각하는 것을 알아차렸어요. 생각을 알아차렸어요. 신체 감각을 알아차렸어요. 내 마음이 다른 생각으로 흘러가는 것을 알아차렸어요. 이것이 나에게 어떻게 도움을 줄지 여러 생각이 들었어요. 지난주에 한 연습을 더 좋아한다는 것을 알아차렸어요. 불편하다는 것을 알아차렸고, 그래서 움직여야 했어요).

과제 점검(10분)

〈유인물 3-4〉 지혜로운 마음 연습
〈과제 23-1〉 마음챙김: 지혜로운 마음으로 들어가기

학급 전체와 나누기

학생들이 〈유인물 3-4〉와 〈과제 23-1〉을 꺼내게 한다. 다음과 같이 말한다.

> 지혜로운 마음은 이성 마음과 감정 마음의 통합이에요.

돌아가면서 몇몇 학생에게 지혜로운 마음 연습으로 〈유인물 3-4〉에 있는 것 중 무엇을 해 보았는지 나누게 한다. 각 학생이 연습을 나눌 때 다른 학생들에게 같은 연습을 해 보았는지 물어본다. 같은 것을 해 본 학생이 있다면, 그들의 경험이 비슷했는지 달랐는지 알아본다. 자신의 과제를 발표하는 학생들이 해 본 여러 가지 연습에 대해 나누게 한다. 또한 몇몇 학생에게 〈과제 23-1〉의 이성 마음, 감정 마음, 지혜로운 마음에 대한 각자의 예시를 공유하게 한다.

학생 한 명에게 자기가 해 본 마음챙김 연습을 발표하게 한 다음, 연습 중 관찰한 것이나 지난주에 지혜로운 마음을 써서 어떤 변화가 있었던 것에 대해 물어본다.

과제를 다 못 한 학생들과는 무엇이 과제를 못 하도록 방해했는지 살피고, 이번 주에는 어떻게 과제를 완수할 것인지 논의하는 문제 해결의 시간을 갖는다.

다이어리 카드

모든 학생이 다이어리 카드와 과제지를 제출하여 검토받도록 한다. 만일 모든 학생의 과제를 매 단원 검토할 수 없다면, 몇 단원을 거치는 동안에는 모두 검토할 수 있도록 한다. 다이어리 카드에 기록되어 있는 기술 사용량에 대해 언급한다. 기술 연습을 적게 한 학생들에게는 더 연습하도록 격려하고, 연습만이 기술을 더 도움이 되고 자동적으로 쓰게 하는 길임을 상기시킨다.

주요 개념 소개(5분)

다음과 같이 말한다.

오늘 강의는 전부 '무엇을' 기술과 '어떻게' 기술에 관한 겁니다. 오늘이 이 기술들을 복
습하는 마지막 수업이 될 거예요.

자원하는 학생에게 세 가지 '무엇을' 기술(지혜로운 마음에 있기 위해 무엇을 하는가)과 세
가지 '어떻게' 기술('무엇을' 기술을 어떻게 하는가)을 말해 보게 한다. 다음과 같이 칠판에
쓴다.

무엇을	어떻게
관찰하기	평가하지 않고
기술하기	하나씩
참여하기	효과적으로

학생들에게 여섯 가지 기술을 설명하게 한다. 만일 4단원과 5단원의 요점(〈유인물 4-1〉
과 〈유인물 5-1〉)이 언급되지 않으면, 학생들이 서로 도와주게 한다. '무엇을' 기술과 '어떻
게' 기술 중 학생들이 이해하지 못한 부분이 있으면 더 자세히 복습한다.

토론: 평가하지 않는 자세(5분)

다음과 같이 설명한다.

오늘 우리는 관찰하기, 기술하기, 참여하기 기술을 평가하지 않고 하는 것을 연습하는
데 초점을 맞출 거예요.

학생들에게 묻는다.

우리가 할 수 있는 두 가지 유형의 판단은 무엇일까요? 이 둘의 차이는 우리가 짚고 넘어
가야 할 중요한 부분이에요.

학생들로부터 두 가지 유형 중 하나는 평가적인 혹은 평가하는 판단이고, 다른 하나는
구별하는/구분 짓는 판단이라는 대답을 끌어낸다.

평가하는 판단

다음을 상기시킨다.

평가하는 판단은 의견, 생각과 가치를 기반으로 하며, 사실이나 현실에 기반을 둔 것이 아니에요. 종종 이런 판단은 무언가를 '좋거나 나쁜 것' '가치 있거나 없는 것' '옳거나 그른 것'으로 기술하지요. 평가하는 판단은 종종 무언가를 기술하는 지름길로 간주되기도 해요. 예를 들면, 우리는 과일 한 조각이 먹을 수 없고 갈색이며 벌레 먹었다는 것을 설명하기 위해 그것을 '나쁘다'고 이름 지을 수 있어요.

구별하는 판단

다음과 같이 계속한다.

구별하는 판단은 현실 속의 사실에 기반하고 있어요. 그것은 두 가지나 그 이상의 것이 같거나 다른지, 혹은 무언가가 이미 정해져 있는 일련의 기준을 충족하는지를 결정합니다. 예를 들어, 판사는 무언가가 법의 테두리 안에 있는지 법을 위반한 것인지를 밝힘으로써 구분하지요. 교사는 시험 답안이 정확한지 부정확한지를 구별하거나 결정하고요. 이것은 '좋거나 나쁨'의 판단이 아니에요. 이것은 단순히 무언가가 이미 정해져 있는 조건에 맞아떨어지는지를 결정하는 서술이에요. 구별은 사실에 기반을 둔 것이고 살아가는 데 꼭 필요합니다. 우리는 구별하는 판단을 없애려는 것이 아니에요. 5단원에서도 구별하는 판단은 법과 같이 기존에 확립된 일련의 표준에 기반을 둔다는 것을 다뤘음을 기억하세요. 이것은 사람을 좋다 나쁘다로 판단하거나 타인을 인종, 성별, 나이나 성적 지향에 기반하여 차별하는 것과는 다르다는 것을 알아야 해요.

다음과 같이 말한다.

평가하지 않는 자세를 취하는 것의 목표는 평가적인 판단의 수를 줄이는 것에 있어요. 현실 속 사실보다 우리의 인식이나 의견에 기반을 둔 평가하는 생각을 줄이고자 하는 것입니다. 예를 들어, 저는 올리브를 싫어해요. 저는 올리브가 나쁘다고 생각해요. 여기서 '나쁘다'는 것은 저의 평가적인 판단이지요. 다른 사람들에게는 올리브가 너무 좋죠. 올리브를 '나쁘다'거나 '너무 좋다'고 기술하는 대신, 우리는 그것이 '부드럽거나 딱딱하다' '검은색, 녹색, 혹은 보라색이다' '짜다' 등과 같이 말할 수 있어요.

수업 활동: 2인조 역할극 시나리오(20분)

다음과 같이 설명한다.

> 이제 두 명씩 한 조가 될 거예요. 각 조에 반 전체 앞에서 할 역할극을 위한 시나리오를
> 줄 겁니다. 한 조가 역할극을 하는 동안 다른 사람들은 평가하지 않고, 관찰하고 기술하기
> 연습을 위해 자기가 본 것을 적습니다. 모든 조가 역할극을 마치고 여러분이 관찰한 것을
> 다 적은 후에 함께 관찰한 것에 대해 이야기를 나눌 거예요.

학생들이 짝을 짓게 하고, 각 조에 다음에 나오는 시나리오 중 하나를 준다. 학생 수가
많은 경우, 같은 시나리오를 받는 조가 생길 수 있다. 새 시나리오를 만들어서 써도 된다.
각 조는 시나리오를 연기하고, 나머지 학생들은 관찰한 것을 평가하지 않고 기술하는 연습
을 한다.

학생들이 관찰한 것을 적고 나서 반 전체가 토론을 시작한다. 예를 들어, 어떤 학생이
"저는 성우가 재혁이에게 정말 화가 난 것을 관찰했어요."라고 말할 수 있다. 이 학생에게
"성우가 화났다는 것을 어떻게 알았어요? 무엇을 관찰했나요?"라고 질문한다. 학생들이
"주먹을 꽉 쥐고 있었어요." "목소리가 커졌어요." "얼굴이 굳어 있었어요." 혹은 "눈이 재
혁이를 빤히 응시하고 있었어요."와 같은 관찰을 하도록 안내한다.

이런 행동들을 관찰했기 때문에 성우가 화가 났다고 해석할 수 있고, 이것은 해석이기
때문에 틀릴 수도 있다는 것을 말해 준다. 해석이 틀릴 가능성이 있기 때문에 어떤 상황에
서든 사실을 확인할 필요성이 있다. 게다가 우리는 어떤 사람의 의도(예: "쟤는 나를 자극하
고 있어." "쟤는 나에게 죄책감을 느끼게 하고 있어." "저 사람은 내가 하는 말을 못 알아듣는 척 행
동하는 거야.")를 관찰할 수 없다는 점을 꼭 강조하도록 한다.

하나의 시나리오를 시연하고 토론하는 데 얼마나 많은 시간을 할애할지는 학생 수에 따
라 결정한다. 다음의 시나리오들을 사용하고, 앞에서 언급했듯이 필요하면 여분의 시나리
오를 만든다.

- 내일 중요한 수학 시험이 있는데, 최근에 너무 바빠서 공부를 전혀 하지 않았다. 나는
  가장 친한 친구에게 시험 시간에 답안을 베끼게 해 달라고 사정한다. 왜냐하면 만일
  시험을 못 보면, 부모님이 벌로서 다음 주에 그 친구의 생일 파티에 못 가게 하실 것이
  기 때문이다.
- 나는 방금 학교에서 돌아왔고, 생물 시험에서 A를 받았다는 것을 부모님께 알려 드릴

생각에 매우 신이 나 있다. 부모님은 정말 나를 자랑스러워하신다.

- 나는 방금 학교에서 돌아왔고, 생물 시험에서 B를 받았다는 것을 부모님께 알려 드릴 생각에 매우 신이 나 있다. 부모님은 더 좋은 점수를 받지 못한 것에 실망한다.

- 나와 친구 정아는 살을 빼기 위해 먹는 것 줄이기에 관한 이야기를 해 왔다. 오늘 너무 많이 먹은 것 같다고 정아에게 이야기했을 때, 정아는 서로 건강하지 않은 행동을 지지해 주는 것은 바람직하지 않고, 둘의 대화가 건강한 식습관 회복에 초점이 맞춰졌으면 좋겠다고 말한다.

- 나와 남자친구(또는 여자친구)는 두 달간 만나 왔고 나는 키스 이상으로 진도를 나가기를 정말로 원하고 있다. 나는 남자친구(여자친구)에게 보다 성적으로 가까워지는 것이 어떻게 우리 두 사람의 관계를 훨씬 좋게 만들지에 대해 말하기 시작했다. 남자친구(여자친구)는 거절하면서 내가 헤어지자고 할까 봐 겁을 낸다.

- 선생님이 성적에 대해 논의할 것이 있다고 수업 후에 남으라고 하셨다. 선생님은 내가 정신 차리고 공부하기 시작하지 않는다면, 좋은 대학에 절대 못 갈 것이라고 말씀하신다. 나는 선생님에게 화가 나서 선생님이 나에 대해 뭐라고 생각하든 상관하지 않는다고 말한다.

- 선생님이 성적에 대해 논의할 것이 있다고 수업 후에 남으라고 하셨다. 선생님은 내가 과제를 제출하지 않으면 낙제하게 될 것 같아 걱정이라고 하신다. 선생님은 나를 지지해 주고 내가 문제를 해결할 수 있게 도와주려고 하신다. 나는 창피해졌고 낙제하게 될 것이라고 걱정한다.

- 나는 남자친구(또는 여자친구)의 집에 놀러 왔는데, 그 애는 텔레비전에서 운동 경기를 보고 있다. 나는 경기에는 관심이 없고, 금요일에 학교에서 친구들과 있었던 일에 대해 대화하고 싶다. 남자친구(또는 여자친구)는 나를 무시한다. 나는 그 애가 나를 정말로 좋아하지 않는 것이라고 생각한다.

- 나는 누군가가 나의 남자친구(또는 여자친구)에게 접근해 왔다는 말을 듣고 몹시 화가 났다. 나는 그 사람에게 따진다. 그 사람은 화를 내며 방어적인 태도로 반응하면서 내가 오해한 것이고, 둘은 그냥 공부를 같이 한 것뿐이라고 말한다.

- 나는 누군가가 나의 남자친구(또는 여자친구)에게 접근해 왔다는 말을 듣고 몹시 화가 났으며 상처를 받았다. 나는 그 사람에게 따진다. 그 사람은 놀라며 미안한 태도를 보이고, 두 사람이 그냥 시험공부를 같이 한 것뿐이라고 말한다.

단원 요약(3분)

학생들이 역할극을 훌륭하게 해낸 것과 마음챙김 기술을 연습해 본 것을 칭찬한다. 다음과 같이 질문한다.

이렇게 '무엇을' 기술과 '어떻게' 기술을 연습하는 목적은 무엇일까요?

다음과 같은 대답을 유도해 낸다.

- 우리가 어떤 마음의 상태에 있는지를, 특히 감정 마음에 있는지를 관찰하고 기술할 수 있도록 하기 위해서
- 그 순간에 마음챙김할 수 있는 우리의 능력을 향상하기 위해서
- 현재 순간에 적극적으로 참여하도록 하기 위해서
- 장기 목표에 계속 집중할 수 있도록 하기 위해서

과제 설명(2분)

〈과제 24-1〉 마음챙김: 관찰하기, 기술하기, 참여하기 체크리스트
〈과제 24-2〉 마음챙김: 평가하지 않고, 하나씩, 효과적으로 체크리스트
다음과 같이 설명한다.

다음 주까지 〈과제 24-1〉에 나와 있는 연습 중 최소한 세 개, 그리고 〈과제 24-2〉에 나와 있는 것 중 최소한 세 개를 연습해서 가져오면 됩니다. 이런 질문들을 생각해 보세요. 연습할수록 나의 내적인 경험과 내 주위에 있는 것들 모두에 조금 더 마음챙김할 수 있었는가? 연습하고 마음챙김하는 능력을 향상하는 것이 나의 일상 경험에 영향이 있었다면 어떤 것이 있었을까?

다이어리 카드

새로운 다이어리 카드를 학생들에게 나누어 준다. 이제 모든 마음챙김 기술, 고통 감싸기 기술과 정서 조절 기술을 배웠음을 강조한다. 학생들에게 다이어리 카드에 기술을 사용한 날에 동그라미를 치고, 그 기술 사용에 대해 평가할 것을 안내한다.

　　마지막으로, 과제 완수를 방해하는 요인에 대한 문제 해결 시간을 가진다. 과제 혹은 과제를 할 때의 장애물에 대해 질문이 있는지 확인한다. 만약 있다면, 질문에 답하고 장애물을 다룬다. 과제를 할 의지가 없거나, 이번 주에 다른 과제가 너무 많거나, 잊어버리거나, 과제를 이해하지 못하는 것 등이 장애물이 될 수 있다. 학생들이 장애물을 찾을 수 있도록 돕고, 이를 극복할 수 있는 계획을 함께 세운다. 한 예로, 잊어버리는 것이 문제라면, 과제를 적고 휴대전화나 달력에 과제 완성 알람을 설정할 수 있다. 과제를 할 의지가 없는 경우에는 먼저 이유를 듣고 동기를 높여 주거나, 과제를 해 오는 것의 중요성(예: 성적)을 상기시켜 주거나, 또는 기타 도움이 될 만한 설명을 해 준다. 과제 관련 문제 해결은 매주 과제를 나누어 준 이후 반드시 진행하도록 한다.

25단원
효과적인 대인관계:
목표와 개요

⚛ 요약

효과적인 대인관계 기술은 원하는 것을 요청하고, 거절하고, 대인관계에서의 갈등에 대처하기 위해, 그리고 관계를 유지하며 자기존중감을 유지하기 위해 필요한 효과적인 전략들을 강조한다. 이번 단원에서는 이 모듈에 대한 소개, 대인관계 상호작용(interaction)에서의 우선순위 정하기와 목적에 대한 설명, 그리고 타인과의 상호작용에서 문제를 일으킬 수 있는 걱정거리나 오해에 대한 검토 등을 다룰 것이다.

🌐 요점

1. 모든 대인관계 상황에서 목표를 인식하는 것이 중요하다.
2. 목표는 '결과 효율성, 관계 효율성, 자기존중감 효율성'의 세 범주로 구분될 수 있다. 그리고 개인의 목표를 성취하는 것을 방해할 수 있는 오해와 걱정을 알아차리고 바꿔 보려고 노력해 보는 것도 중요하다.

✒ 준비물

1. 본 단원 유인물
   - 〈유인물 25-1〉 효과적인 대인관계: 효과적인 대인관계 만들기 개요
   - 〈유인물 25-2〉 효과적인 대인관계: 나의 목표는?
   - 〈유인물 25-3〉 효과적인 대인관계: 목표 달성을 방해하는 요인은 무엇일까?
   - 〈과제 25-4〉 효과적인 대인관계: 대인관계 상황에서 우선순위 정하기
2. 자료 없이 수업에 온 학생들을 위한 여분의 유인물과 필기도구
3. 보드 마커나 분필
4. 다이어리 카드: 수업을 마칠 때 나누어 줄 수 있도록 새 다이어리 카드를 준비한다. 가능하면 다이어리 카드에 '우선순위 정하기'를 강조해 둔다.

🔔 준비

1. 학생 기술 바인더에 있는 강의 계획과 유인물을 검토한다.
2. 가능하면 학생들이 서로 바라보고 앉도록 교실의 책상을 미리 배치해 둔다.

🖥 강의 개요와 시간표

- 마음챙김 연습(5분)
  - 관찰하기: 마음챙김 걷기(3분)
  - 연습에서 관찰한 바 기술하기(2분)
- 과제 점검(10분)
  - 〈과제 24-1〉 마음챙김: 관찰하기, 기술하기, 참여하기 체크리스트
  - 〈과제 24-2〉 마음챙김: 평가하지 않고, 하나씩, 효과적으로 체크리스트
    - 학급 전체와 나누기
  - 다이어리 카드
- 주요 개념 소개(10분)
  - 〈유인물 25-1〉 효과적인 대인관계: 효과적인 대인관계 만들기 개요 소개

■ 나의 권리를 주장하기: 기표주보 집단협상

■ 대인관계를 만들고 유지하기: 친심원해

■ 자기존중감을 쌓고 유지하기: 금가진자

■ 우선순위 정하기

■ 고려할 요인들 살펴보기

• 토론: 우선순위와 목표 정하기(10분)

　■ 〈유인물 25-2〉 효과적인 대인관계: 나의 목표는? 소개(5분)

　　○ 관계 효율성

　　○ 결과 효율성

　　○ 자기존중감 효율성

　■ 수업 활동: 〈유인물 25-2〉 연습하기(5분)

• 토론: 대인관계의 목표 달성을 방해하는 요인은 무엇일까?(10분)

　■ 〈유인물 25-3〉 효과적인 대인관계: 목표 달성을 방해하는 요인은 무엇일까? 소개

　　○ 기술 부족

　　○ 걱정

　　○ 감정

　　○ 결정의 어려움

　　○ 환경

• 단원 요약(3분)

　　○ 관계 효율성

　　○ 결과 효율성

　　○ 자기존중감 효율성

• 과제 설명(2분)

　■ 〈과제 25-4〉 효과적인 대인관계: 대인관계 상황에서 우선순위 정하기

　　○ 촉발사건 찾기

　　○ 대인관계 상황의 우선순위 정하기

　■ 다이어리 카드

🚪 세부 강의 계획

마음챙김 연습(5분)

관찰하기: 마음챙김 걷기(3분)

학생들을 환영하고 오늘의 마음챙김 활동은 관찰하기임을 설명한다.

오늘 우리는 마음챙김을 위해, 우리 모두가 하고 있지만 그 행동에 대해 거의 주의를 두지 않고 있는 무언가를 할 거예요. 우리는 마음챙김 걷기를 통해 관찰하기 연습을 할 거예요. 우리 대부분은 걷는다는 인식조차 없이 걷고 있어요. 땅이 꽁꽁 얼어 있거나 부상을 입은 경우에만 천천히 걸으며 발을 어디에 딛고 있는지, 다리를 어떻게 움직이는지 알아차리지요.

이제 모두 일어서서 책상 주변을 마음챙김하면서 걸어 볼 거예요. 여러분이 걷는 행동을 잘 알아차리길 바라요. 몸을 잘 살펴보세요. 숨을 들이마시면서 발을 들어 올리고, 앞으로 내딛으세요. 숨을 내쉬면서 발이 바닥에 닿게 하세요. 숨을 들이마시면서 다른 발을 들어 올리고, 계속 그렇게 반복하세요.

자신이 어디로 가고 있는지 보고 균형을 잃지 않기 위해 눈을 뜨고 이 연습을 하세요. 시선을 부드럽게 유지하고, 어떤 한곳을 특별히 쳐다보지는 마세요. 팔에 힘을 빼고 자연스럽게 늘어뜨리세요. 걷는 행동에 모든 주의를 기울이세요. 근육이 다리를 들어 올리는 감각, 발이 바닥에 닿는 느낌을 느끼면서 발과 다리의 감각에 주목하세요. 만약 여러분의 마음이 이 연습으로부터 멀어지는 것을 발견하거나 평가하는 생각들이 드는 것을 알아차리면, 그냥 알아차리고, 다시 부드럽게 걷는 것으로 돌아오세요.

제가 1이라고 말하면, 책상 옆에 서서 주변 의자를 치우세요.

만약 학생들이 원형으로 앉아 있지 않다면, 연습하기에 적절한 위치에 설 수 있도록 지시한다. 계속해서 진행한다.

제가 2라고 말하면, 심호흡하라는 뜻입니다. 그리고 제가 3이라고 말하면, 걸으면서 관찰하는 연습을 시작하세요. 제 지시에 따르면서 걸으면 됩니다. 제가 '그만'이라고 하면 멈추면 됩니다.

이제 3까지 세면서 연습을 시작한다.

> 1: 일어서서 여러분 주위의 의자를 치우세요. 2: 심호흡을 하세요. 3: 마음챙김 걷기를 시작하세요.

2분 혹은 학생들이 충분히 마음챙김 걷기를 한 후, '그만'이라고 말한다.

연습에서 관찰한 바 기술하기(2분)

학생들이 자리로 돌아온 뒤, 두 명의 학생에게 관찰한 것에 대해 나누게 한다. 필요하다면 관찰에 대한 피드백을 제공하는데, 학생들의 대답이 자기가 평가 없이 관찰하고 기술한 무언가를 포함하도록 한다(예: 이 연습에 대해 판단하고 있는 것을 알아차렸어요. 균형 잡는 것이 어려움을 알아차렸어요. 이것이 지난주와는 어떻게 다른지 생각하는 것을 알아차렸어요. 생각을 알아차렸어요. 신체 감각을 알아차렸어요. 내 마음이 다른 생각으로 흘러가는 것을 알아차렸어요. 이것이 나에게 어떻게 도움을 줄지 여러 생각이 들었어요. 지난주에 한 연습을 더 좋아한다는 것을 알아차렸어요. 불편하다는 것을 알아차렸고, 그래서 움직여야 했어요).

과제 점검(10분)

〈과제 24-1〉 마음챙김: 관찰하기, 기술하기, 참여하기 체크리스트
〈과제 24-2〉 마음챙김: 평가하지 않고, 하나씩, 효과적으로 체크리스트

학급 전체와 나누기

학생들에게 완성된 〈과제 24-1〉과 〈과제 24-2〉를 꺼내게 한 뒤, 다음과 같이 상기시킨다.

> '무엇을' 기술과 '어떻게' 기술은 우리가 마음챙김을 연습하고 지혜로운 마음으로 갈 수 있는 방법입니다.

몇몇 학생에게 '무엇을' 기술과 '어떻게' 기술을 위해 무엇을 연습했는지 발표하게 한다. 학생들이 경험을 나눌 때, 다른 학생들도 같은 연습을 했는지 물어본다. 만약 그렇다면, 다른 학생들의 경험은 발표한 학생의 경험과 비슷한지, 아니면 다른지 나누게 한다. 과제에 대해 나누는 학생들이 다양한 연습에 대해 이야기하도록 이끌어 준다.

학생 한 명이 마음챙김 연습에 대해 나눈 후, 연습하면서 관찰한 것이나 마음챙김과 관련하여 이번 주 생활에서 있었던 변화에 대해 물어본다.

과제를 완성하지 않은 학생들에게 무엇이 과제를 다 하지 못하도록 방해했는지, 어떻게 하면 다음에는 다 해 올 수 있을지 간략히 물어본다.

다이어리 카드

모든 학생이 다이어리 카드와 과제지를 제출하여 검토받도록 한다. 만약 모든 학생의 과제를 매 단원 검토할 수 없다면, 몇 단원을 거치는 동안에는 모두 검토할 수 있도록 한다. 학생들의 다이어리 카드에 표시된 기술 활용의 양에 대해 언급해 준다. 기술 연습을 적게 한 학생들에게는 더 연습하도록 격려하고, 연습만이 기술을 더 도움이 되고 자동적으로 쓰게 하는 길임을 상기시킨다.

주요 개념 소개(10분)

〈유인물 25-1〉 효과적인 대인관계: 효과적인 대인관계 만들기 개요 소개
학생들이 〈유인물 25-1〉을 보게 한다.

> 우리 모두 능숙하지 못하면 어떻게 되는지 알고 있어요. 부모님이나 선생님에게 매번 거절당할 수 있는 방식으로 무언가를 요구하거나, 아니면 친구에게 뭔가를 함께하고 싶지 않다고 말할 때 마음을 상하게 혹은 화나게 하는 방식으로 하는 것입니다. 대인관계에서 능숙하지 못한 것은 좋지 않은 결과를 낳을 수 있어요.

다음과 같이 묻는다.

> 효과적인 대인관계 모듈에서 어떤 유형의 기술을 배울 것 같거나, 혹은 배워야 한다고 생각하나요?

학생들이 배울 것으로 생각하는 기술들의 영역이나 유형에 대해 나열하게 한다. 학생들이 생각을 말하면, 그것들을 칠판에 써서 다음의 4개의 범주로 정리한다. 각 범주의 예는 다음과 같다.

• 권리 주장하기(예: 거절하기, 숙제를 도와 달라고 하기, 집까지 태워다 달라고 부탁하기,

자신 또는 다른 사람을 괴롭히는 것을 중단하라고 요구하기)
- **대인관계 만들기와 유지하기**(예: 점심시간이나 주말에 친구들과 어울리기, 부모님, 형제, 또는 다른 가족들과 좋은 관계 유지하기)
- **자기존중감 쌓기와 유지하기**(예: 자신에 대해 긍정적으로 느끼기, 자신이 옳다고 생각하는 방식으로 행동하기)
- **요청하는 방법의 강도 조절하기**(예: 자신을 위해 무언가를 하도록 요구하는 것에서부터 그것을 요청하지 않고 은근히 암시하는 것 사이)

'우선순위 정하기' 범주를 칠판에 따로 적지는 않지만, 학생들은 주어진 상황에서 가장 중요한 영역의 우선순위를 정하는 법을 마지막에 배우게 될 것이다.
다음과 같이 설명한다.

> 대인관계 기술은 우리 삶의 큰 부분을 차지하고 있어요. 왜냐하면 그것이 인간됨의 중요한 측면이기 때문이죠. 때로는 우리가 원하는 것이 있는데, 그것을 어떻게 요청해야 할지 잘 모를 수 있습니다. 하고 싶지 않은 일들이 있을 때도 어떻게 거절해야 할지 잘 모를 수 있죠. 여러분의 삶에서 대인관계의 어려움을 경험한 어떤 상황이 있었나요? 무엇인가를 요청하기가 어렵나요, 아니면 거절하기가 어렵나요? 아니면 다른 사람을 기쁘게 하기 위해 혹은 관계 속 갈등을 피하기 위해 자신이 원하는 것을 희생하기도 하나요?

칠판에 적혀 있는 '권리 주장하기' 범주에 '기표주보 집단협상'이라고 쓴다.

> 우리는 '기표주보 집단협상'이라고 불리는 기술들을 배워 볼 거예요. 이것은 우리가 원하는 무엇인가를 요청하거나 혹은 원하지 않는 무언가를 거절하는 데 도움이 됩니다. 이 기술이 도움이 될 거라고 생각하는 사람 있나요?

학생들의 대답을 듣고 난 다음, 계속한다.

> 어떨 때는 다른 누군가를 기쁘게 하는 것이 우리에게 가장 중요한 일인 순간도 있고, 또는 상호작용이 끝난 후에도 상대가 나와 관계를 유지하기를 원하도록 하는 것이 중요한 목표일 때도 있어요.

칠판에 적혀 있는 '대인관계 만들기와 유지하기' 범주에 '친심원해'라고 쓴다.

우리는 대인관계를 만들고 유지하기 위해 '친심원해'라고 불리는 기술들을 배워 볼 겁니다.

계속한다.

그리고 어떤 때는 상호작용이 끝난 다음, 자기존중감을 유지하거나 자신에 대해 긍정적으로 느끼는 것이 가장 중요할 때도 있어요.

칠판에 적혀 있는 '자기존중감 형성 및 유지' 범주에 '금가진자'라고 쓴다.

우리는 자신에 대한 긍정적 느낌을 향상시키기 위해 '금가진자'라는 기술을 배워 볼 겁니다.

계속 설명한다.

이제 우리에게 가장 중요한 것이 무엇인지 명확히 하는 데 도움을 주는 기술을 배울 거예요. 〈유인물 25-1〉 상단에 있는 '우선순위 정하기' 부분을 참고하세요. 이 기술은 여러분이 어떤 상황에서 진짜 원하는 게 무엇인지 알아야 하기 때문에 중요해요. 여러분은 원하는 결과를 얻는 것이 가장 중요한가요, 관계를 유지하는 것이 가장 중요한가요, 아니면 자기존중감을 지키는 것이 가장 중요한가요? 마지막으로, 여러분은 무엇인가를 요청하거나 거절할 때 그 강도를 결정하는 법도 배워야 합니다. 〈유인물 25-1〉 하단에 있는 '요청이나 거절할 때 고려할 요인들'을 보세요. 이 모든 것은 대인관계 기술을 요구합니다. 우리는 오늘 이러한 기술들을 배우기 시작할 거예요.

토론: 우선순위와 목표 정하기(10분)

〈유인물 25-2〉 효과적인 대인관계: 나의 목표는? 소개(5분)
학생들에게 〈유인물 25-2〉를 보게 한다.

대인관계 목표는 '관계 효율성' '결과 효율성' '자기존중감 효율성'이라는 세 가지 범주로 분류할 수 있습니다.

각 범주를 살펴보면서, 칠판에 이미 적혀 있는 해당 범주에 각각의 용어를 기록한다. 학생에게 〈유인물 25-2〉의 첫 번째 상자를 읽도록 한 다음, 다음과 같이 설명한다.

> 관계 효율성은 원하는 것을 얻기 위해 노력하면서 건강한 관계를 유지하는 거예요. 이것은 여러분이 친심원해 기술을 사용할 때 가지게 되는 목표입니다. 이 기술들은 상호작용이 끝난 뒤 상대방이 당신에 대해 어떻게 생각하고 느끼는지가 중요할 때 사용하게 됩니다. 여러분은 관계를 개선함으로써 얻는 이익이 있다고 생각하나요?

대답을 들은 뒤, 한 학생이 〈유인물 25-2〉의 두 번째 상자를 읽도록 한다. 그리고 다음과 같이 설명한다.

> 결과 효율성은 여러분이 원하는 것을 누군가가 하도록 하거나 누군가의 요청을 거절하기 위한 것입니다. 이것은 '기표주보 집단협상'이라고 불리는 기술들을 사용할 때 여러분이 갖는 목적이기도 해요. 이 기술들은 여러분이 특정한 결과를 원할 때 사용됩니다. 여러분은 누군가에게 요청하거나 또는 사람들의 부탁을 거절할 때 어려움을 겪는 경우가 있나요?

다시 반응을 이끌어 낸 뒤, 한 학생에게 〈유인물 25-2〉에 있는 세 번째 상자를 읽도록 하고, 다음과 같이 설명한다.

> 자기존중감 효율성은 다른 사람과 상호작용하는 동안, 그리고 상호작용이 끝난 이후에 자기존중감을 쌓고 유지하는 거예요. 이를 위해 우리는 '금가진자'라는 기술들을 배울 건데요. 이 기술들은 여러분의 신념과 가치를 지킬 수 있도록 도와줍니다. 타인의 인정을 받기 위해 자신의 신념을 포기하거나 무력하게 행동하는 것은 자기존중감을 해칠 수 있어요. 이 기술은 우리가 정서 조절 모듈에서 했었던 가치를 식별하는 작업과 연결되어 있습니다.

계속한다.

> 효과적인 행동의 세 가지 범주 모두를 대인관계 상호작용에서 고려해야 해요. 각 기술이 얼마나 여러분에게 효과적일지를 판단하려면, 이 세 범주에 대한 중요도의 순서를 결정해야 해요. 특정 상황에서 어떤 범주가 가장 중요하고, 어떻게 우선순위를 세워야 할까요? 우선순위를 정한다는 것이 "저에게는 절친한 친구와의 관계가 가장 중요하기 때문에, 그가 원하는 것은 무엇이든지 할 것입니다."와 같이 한 가지 요인 때문에 다른 중요한 것들을

완전히 포기하는 것을 의미하지는 않아요. 우선순위를 정하는 것은 우리가 각각의 상호작용에서 자신의 목표를 인식하도록 도와주며, 그래서 우리는 어느 하나를 위해 다른 것들을 완전히 포기하지 않게 됩니다.

수업 활동: 〈유인물 25-2〉 연습하기(5분)

다음과 같이 설명한다.

〈유인물 25-2〉의 하단에 연습 활동이 있어요. 모두 오늘 누군가와 함께할 상호작용에 대해 잠시 생각해 보세요. 모든 대인관계 상호작용이 목표 달성을 위한 것은 아니기 때문에, 다음의 기준에 맞는 상호작용을 생각해 보세요.

여러분의 권리나 바라는 것이 존중받지 못하는 상황을 떠올려 보세요. 누군가가 여러분에게 무엇을 해 주기를 원하거나 혹은 무엇을 주기를 원할 수도 있고, 어떤 요청에 대해 거절하고 싶을 수도 있고, 여러분의 관점을 진지하게 받아들이기를 원할 수도 있고, 누군가와 갈등을 겪을 수도 있고, 또는 누군가와의 관계를 더 좋게 만들고 싶을 수도 있습니다. 이런 상황에는 친구들과 점심을 먹기 위해 만나 어디 가서 먹을지를 정하는 상황이나, 오늘 밤에 용돈 인상에 대해 부모님과 이야기하는 상황 등이 있을 수 있어요.

다음과 같은 예를 들 수도 있다.

예를 들어, 나는 이번 주말에 개봉하는 영화를 꼭 보고 싶어요. 그런데 내 친구 미지는 다른 영화를 보고 싶어 합니다. 이때 나는 친구를 기쁘게 하고 이 관계를 유지하고 싶은 마음과 이 영화를 보고 싶은 마음 중 어느 것이 더 큰지에 대해 생각해 볼 필요가 있죠. 그런데 어쩌면 나는 항상 내 친구가 원하는 영화를 보는 편이고, 그래서 나의 자기존중감은 손상되었을 수 있고, 이런 경우에는 자기존중감과 친구가 하고 싶은 대로 해 주는 것 사이에서 균형을 맞춰야 합니다. 이런 것들이 우리가 어떤 결정을 내릴 때 고려해야 하는 요소들이에요. 관계를 유지하는 것, 원하는 것을 얻는 것, 자기존중감을 유지하는 것 중 어떤 것이 여러분에게 가장 중요한지 생각해 보세요. 그다음 〈유인물 25-2〉 아래쪽에 있는 빈칸에 순위를 매겨 보세요.

학생들이 〈유인물 25-2〉의 연습 활동을 채우도록 시간을 주고, 몇몇 자원자에게 자신의 순위에 대해 나누고 왜 그렇게 순위를 매겼는지 설명하게 한다. 비록 관계 효율성이 중요하다 하더라도, 관계, 인정, 호감을 유지하기 위해 항상 개인의 목표를 희생하는 것은 결국 효과적이지 않기 때문에, 관계가 늘 가장 높은 우선순위가 될 수는 없음을 강조한다. 관계가 항상 우선순위가 되면 좌절감이 쌓여 싸움을 일으키거나 관계를 완전히 끝내거나 시간이 흐르면서 자기존중감을 감소시킬 수 있다.

토론: 대인관계의 목표 달성을 방해하는 요인은 무엇일까?(10분)

〈유인물 25-3〉 효과적인 대인관계: 목표 달성을 방해하는 요인은 무엇일까? 소개
학생들이 〈유인물 25-3〉을 펴게 한다.

> 여러분이 원하는 만큼 대인관계를 능숙하게 하는 데 방해가 되는 요소는 무엇인가요?

학생들이 대답하고 논의할 시간을 주고 다음과 같이 설명한다.

> 일반적으로 대인관계에서 목표를 달성하고자 하는 데 방해가 되는 요소는 5가지입니다. 기술의 부족, 걱정, 감정, 결정의 어려움, 그리고 환경이지요. 〈유인물 25-3〉에서 각각에 대해 살펴보고, 방금 여러분이 이야기한 내용이 어떤 범주에 해당하는지 확인해 봅시다.

유인물의 각 영역을 살펴보면서, 학생들에게 각 상자에 적힌 내용을 하나씩 읽어 달라고 한다. 그리고 다음과 같이 자세히 설명한다. 먼저 '기술의 부족'을 언급한다.

> 모든 대인관계 기술은 자동적으로 사용할 수 있도록 숙달하는 것이 중요해요. 이를 위해서는 연습과 피드백이 필요하지요. 많은 사람이 자라면서 이러한 기술들을 배우지 못하기 때문에 우리가 지금 이런 기술들을 배우려고 합니다. 이 수업에서 배우는 모든 기술이 그렇듯, 이 대인관계 기술들은 앞으로의 삶에서 매우 중요해요. 여러분은 어른들이 효과적이지 못하게 상호작용하는 것을 본 적이 있나요? 그 어른들이 더 잘 소통하게 해 주는 기술을 배우면 도움이 될 거라고 생각하나요? 운 좋게도 우리는 지금 이 기술들을 배우고 있답니다.

다음으로 '걱정'을 설명한다.

> 모든 사람이 자신이 원하는 것을 요청하거나, 자기주장을 하거나, 거절하는 것에 대해서 어느 정도 걱정합니다. 또한 사람들은 대인관계에 대한 근거 없는 신념을 쉽게 가지기도

하죠. 이러한 걱정에 대처하는 한 가지 방법은 이런 신념이나 걱정거리에 논리적으로 도전하는 거예요. 이러한 신념을 타파하는 기술도 차차 배우게 될 겁니다.

다음으로 '감정'을 설명한다.

때로는 기술을 가지고 있지만, 감정이 끼어들어 능숙한 기술 사용을 어렵게 합니다. 여러분이 좋아하는 누군가에게 말을 걸려고 할 때, 혹은 사귀던 사람과 방금 헤어지고 부모님께 쇼핑몰에 데려가 달라고 부탁할 때 등이 그러한 예가 될 수 있어요. 불안, 흥분, 슬픔, 분노와 같은 감정들은 너무나 강렬해서 간단한 대화조차 어렵게 합니다. 또는 수치심 때문에 자신이 원하는 것을 말할 자격이 없다고 생각할 수도 있어요. 이렇게 우리가 배운 정서조절 모듈이 대인관계 기술에 연결되어 있습니다.

학생들에게 감정이 다른 사람과 효과적으로 상호작용하는 능력을 손상시킬 수 있는 상황의 예를 더 발표하게 한다.
다음으로 '결정의 어려움'에 대해 말한다.

우유부단하거나 양가적인 것이 효과적인 대인관계를 방해할 수 있어요. 때때로 우리는 정말 원하는 것이 무엇인지 확신하기 어려워요. 그렇기 때문에 마음챙김 기술이 중요하며, 마음챙김은 대인관계에서 우선순위를 정하는 데 도움이 됩니다.

학생들에게 우유부단함이 대인관계 의사소통에 방해가 될 수 있는 예들을 들어 보라고 한다. 이것이 관계나 자기존중감에 어떤 영향을 미칠 수 있는지 물어본다.
다음으로 '환경'을 설명한다.

아무리 숙련된 사람이라고 해도 다른 사람들이 너무 강하다면 자신이 원하는 것을 항상 얻기는 힘들어요. 10대인 여러분은 이것을 아주 잘 알고 있을 거예요. 여러분의 부모님과 선생님은 많은 힘을 가지고 있지요. 때로는 다른 사람들이 여러분을 싫어하고, 이에 대해 아무것도 할 수 없을 때도 있어요. 그리고 때로는 원하는 것을 얻는 유일한 방법이 자기존중감을 희생하는 것일 때도 있지요. 이러한 상황에 직면했을 때, 온전한 수용과 효과적으로(마음챙김 '어떻게' 기술 중 하나)가 매우 중요한 기술이 됩니다.

우리의 대인관계 기술이 얼마나 좋은지와는 상관없이 원하는 것을 얻지 못할 수도 있기 때문에, 온전한 수용을 연습해야 하는 상황에는 어떤 것이 있을지 학생들에게 예를 들게 한다. 혹은 다음과 같은 예를 사용할 수 있다.

> 여러분이 운동 경기가 있는 날 학교에 지각했다고 해 보죠. 그런데 경기에 참여하기 위해서는 정시에 와야 한다는 규칙이 정해져 있어요. 어머니가 여러분이 모르는 사이에 진료 예약을 잡았고 빠지면 안 된다고 해서 늦었기에, 경기에 참여할 수 있도록 해 달라고 코치와 교장 선생님께 이야기하고 싶습니다. 그러나 이런 상황은 여러분이 얼마나 능숙하게 요청하느냐와 상관없이, 코치와 교장 선생님이 규칙 때문에 안 된다고 하는 상황일 것입니다.

이제 학생들이 잠시 유인물을 읽고 자신에게 어떻게 적용될지 생각해 보게 한다.

> 자, 몇 분 동안 각자가 한번 생각해 보도록 하지요. 〈유인물 25-3〉의 5개 영역을 보면서 어떤 부분이 가장 힘든지 한번 살펴보세요. 여러분은 어떻게 해야 할지 잘 모르고 있나요? 너무 걱정이 많나요? 여러분의 감정이 방해되나요? 결정을 내리는 것이 어렵나요? 아니면 환경이 여러분이 목표를 이루는 것을 방해하나요? 모든 것이 한 가지 이유로 설명되지 않을 수도 있습니다. 여러분의 삶의 여러 가지 상황이나 관계에 따라 어떤 이유가 여러분의 목표 달성을 방해하는지 생각해 보세요.
>
> 마지막으로, 여러분이 대인관계 목표를 이루는 데 무엇이 방해되는지 알아냈다면, 이 요소들을 줄이기 위해 지혜로운 마음으로 결심하는 시간을 잠시 가져 보세요. 어떤 감정이 떠오르면 알아차리고 받아들이세요. 지혜로운 마음에 머물면서 어떤 노력을 하고 싶은지 결심해 보세요.

단원 요약(3분)

효과적인 대인관계의 세 가지 목표인 결과 효율성, 관계 효율성, 자기존중감 효율성을 복습하고, 각 상호작용에서 우선순위를 정하는 것의 중요성을 재확인한다.

과제 설명(2분)

〈과제 25-4〉 효과적인 대인관계: 대인관계 상황에서 우선순위 정하기

학생들이 〈과제 25-4〉를 보게 하고 설명한다.

과제는 오늘 수업 시간에 우리가 한 것과 같이 우선순위를 정하는 거예요. 다른 예를 가지고 〈과제 25-4〉를 다시 해 보세요. 촉발사건을 쓰고, 각각의 우선순위 영역에 자신의 목표를 나열한 다음, 여러분이 결과 효율성, 관계 효율성, 자기존중감 효율성에 우선순위를 어떻게 매겼는지 쓰세요.

다이어리 카드

새로운 다이어리 카드를 나누어 준다. 이제 학생들에게 우리가 우선순위 정하기를 배웠음을 강조하고, 학생들이 한 주 동안 과제로 이 기술을 연습하면서 다이어리 카드에 기술을 사용한 날짜와 기술 사용 정도를 표기하게 한다(이전에 배운 다른 기술도 연습하고 기록하도록 한다).

마지막으로, 과제 완수를 방해하는 요인에 대한 문제 해결 시간을 가진다. 과제 혹은 과제를 할 때의 장애물에 대해 질문이 있는지 확인한다. 만약 있다면, 질문에 답하고 장애물을 다룬다. 과제를 할 의지가 없거나, 이번 주에 다른 과제가 너무 많거나, 잊어버리거나, 과제를 이해하지 못하는 것 등이 장애물이 될 수 있다. 학생들이 장애물을 찾을 수 있도록 돕고, 이를 극복할 수 있는 계획을 함께 세운다. 한 예로, 잊어버리는 것이 문제라면, 과제를 적고 휴대전화나 달력에 과제 완성 알람을 설정할 수 있다. 과제를 할 의지가 없는 경우에는 먼저 이유를 듣고 동기를 높여 주거나, 과제를 해 오는 것의 중요성(예: 성적)을 상기시켜 주거나, 또는 기타 도움이 될 만한 설명을 해 준다. 과제 관련 문제 해결은 매주 과제를 나누어 준 이후 반드시 진행하도록 한다.

26단원

효과적인 대인관계:
기표주보 집단협상 기술

⊛ 요약

이번 단원에서는 결과 효율성을 위한 기술에 초점을 맞춘다. 이는 '기표주보 집단협상' 기술이라고도 불린다. 많은 학생은 의사소통에 있어 효과적인 자기주장 기술의 부족으로, 대인관계 상황에서 자신이 원하는 것을 얻는 데 어려움을 겪는다. 기표주보 집단협상 기술은 자신이 원하는 것을 효과적으로 요청하고, 원하지 않는 것은 거절하기 위해 필요한 가장 기본적인 자기주장 기술이다. 이 기술을 사용한다고 해서 반드시 성공하리라는 보장은 없지만, 적어도 성공의 가능성은 높아질 수 있다. 이 단원에서는 기억을 돕기 위해 '기표주보 집단협상'이라고 적혀 있는 카드를 활용한다.

🌐 요점

1. 대인관계 상호작용에서의 목표가 결과 효율성이라면, '기표주보 집단협상' 기술을 사용할 수 있다.
2. 기표주보 기술은 '무엇을 할지'(기술하기, 표현하기, 주장하기, 보상하기)에 관한 것이며, 집단협상 기술은 '어떻게 할지'[(목표에) 집중하기, 단단하게 보이기, 협상하기]에 관한 것이다.

📐 준비물

1. 본 단원 유인물
   - 〈유인물 26-1〉 효과적인 대인관계: 다른 사람이 내가 원하는 것 하게 하기
   - 〈유인물 26-2〉 기표주보 집단협상 기술 습득을 위한 연습 카드
   - 〈과제 26-3〉 효과적인 대인관계: 기표주보 집단협상 기술 연습
2. 자료 없이 수업에 온 학생들을 위한 여분의 유인물과 필기도구
3. 보드 마커나 분필
4. 다이어리 카드: 수업을 마칠 때 나누어 줄 수 있도록 새 다이어리 카드를 준비한다. 가능하면 다이어리 카드에 '기표주보 집단협상' 기술을 강조해 둔다.

🔔 준비

1. 학생 기술 바인더에 있는 강의 계획과 유인물을 검토한다.
2. 학생들에게 어떻게 하는지 잘 보여 주기 위해 〈리 자로 끝나는 말은〉 노래를 큰 목소리와 몸짓을 써 가면서 100% 참여하며 불러 본다.
3. 가능하면 학생들이 서로 바라보고 앉도록 교실의 책상을 미리 배치해 둔다.

🟦 강의 개요와 시간표

- 마음챙김 연습(5분)
  - 참여하기: 〈리 자로 끝나는 말은〉 노래하기(3분)
  - 연습에서 관찰한 바 기술하기(2분)
- 과제 점검(10분)
  - 〈과제 25-4〉 효과적인 대인관계: 대인관계 상황에서 우선순위 정하기
    - 학급 전체와 나누기
  - 다이어리 카드
- 주요 개념 소개(8분)
  - 결과 효율성의 범주

○다른 사람들이 내가 요청하는 것 하게 하기

○원치 않는 요청을 거절하기

○대인관계 갈등을 해결하기

○나의 권리를 존중해 달라고 요청하기

○내 의견이 진지하게 받아들여지도록 하기

• 토론: 결과 효율성—기표주보 집단협상(22분)

■〈유인물 26-1〉 효과적인 대인관계: 다른 사람이 내가 원하는 것 하게 하기 소개

(10분)

○기: 기술하기

○표: 표현하기

○주: 주장하기

○보: 보상하기

○집: (목표에) 집중하기

○단: 단단하게 보이기

○협상: 협상하기

■수업 활동: 두 명씩 짝지어 역할 연습하고 발표하기(12분)

• 단원 요약(3분)

■학생들에게 무작위로 질문하여 약어(기표주보 집단협상)의 의미 복습하기

• 과제 설명(2분)

■〈과제 26-3〉 효과적인 대인관계: 기표주보 집단협상 기술 연습

○기표주보 집단협상 대본을 쓰고 연습하기

■다이어리 카드

🖥 세부 강의 계획

마음챙김 연습(5분)

참여하기: 〈리 자로 끝나는 말은〉 노래하기(3분)

수업에 온 것을 환영하고, 오늘의 마음챙김 활동은 참여하기라고 말해 준다.

오늘의 마음챙김 활동은 〈리 자로 끝나는 말은〉 노래 부르기입니다. 이 노래를 돌림 노

래로 부를 거예요. 그래서 반을 세 집단으로 나누겠습니다.

학생들을 세 집단으로 나누고, 일어서서 노래를 시작할 때 어느 부분을 불러야 하는지 알려 준다.

1번 집단이 먼저 노래를 시작하세요. 1번 집단이 첫 번째 소절('리, 리, 리 자로')을 끝내자마자 2번 집단은 노래를 시작하세요. 이때 1번 집단은 노래를 끊지 말고 계속 부르세요. 3번 집단은 2번 집단의 첫 번째 소절이 끝날 때 노래를 시작하세요. 이런 식으로 세 부분으로 나누어 돌림 노래를 부를 거예요. 자, 여기에 노래 가사가 있습니다. '리, 리, 리 자로 끝나는 말은? 괴나리 보따리 댑싸리 소쿠리 유리 항아리'

참여할 때는 자신을 100% 내던져야 한다는 것을 잊지 마세요. 자, 재미있게 놀아 봅시다. 손동작을 가미해서 열정적으로 노래합시다. 만약 평가하는 생각이 드는 것을 알아차리면, 그냥 그것을 알아차리고 그대로 내버려 둔 채 다시 노래 부르는 것으로 돌아옵시다.

이때 교사도 활동에 온전히 자신을 내던짐으로써 100% 참여하기의 본보기가 되어 주는 것이 중요하다(사전 연습이 필요할 수 있다).

제가 1이라고 말하면, 책상 옆에 서서 의자를 밀어 넣으세요. 제가 2라고 말하면, 심호흡하라는 뜻입니다. 제가 3이라고 말하면, 하나씩, 평가하지 않는 자세로 노래 부르기에 온전히 참여하기를 시작하세요. 1번 집단이 시작하고 난 뒤에 2번, 3번 집단이 뒤이어 각자 들어갈 시점에서 시작하세요. 끝날 때 '그만'이라고 말하면 멈추면 됩니다.

이제 3까지 세면서 연습을 시작한다.

1: 일어서서 여러분 주위의 의자를 옮기세요. 2: 심호흡을 하세요. 3: 노래를 부르기 시작하세요.

1번 집단이 노래를 시작하도록 지시한다. 2분이 지난 후 '그만'이라고 말한다.

연습에서 관찰한 바 기술하기(2분)
노래가 끝난 다음 학생들이 자리로 돌아온 뒤, 몇 명의 학생에게 관찰한 것을 나누도록 한다. 필요하다면 관찰에 대한 피드백을 제공하는데, 학생들의 대답이 자기가 평가 없이 관찰하고 기술한 무언가를 포함하도록 한다(예: 이 활동에 대해 평가하고 있는 것을 알아차렸어요. 이 활동에 100% 참여하고 있다는 사실을 알아차렸어요. 이것이 지난주와는 어떻게 다른지 생각하는 것을 알아차렸어요. 생각을 알아차렸어요. 신체 감각을 알아차렸어요. 내 마음이 다른 생각으로 흘러가는 것을 알아차렸어요. 이것이 나에게 어떻게 도움을 줄지 여러 생각이 들었어요. 지난주에 한 연습을 더 좋아한다는 것을 알아차렸어요. 불편하다는 것을 알아차렸고, 그래서 움직여야 했어요).

과제 점검(10분)

⟨과제 25-4⟩ 효과적인 대인관계: 대인관계 상황에서 우선순위 정하기

학급 전체와 나누기
완성된 ⟨과제 25-4⟩를 꺼내게 한 뒤, 다음과 같이 묻는다.

> 대인관계 상황에서 우선순위를 인식하고 숙제를 잘 완성할 수 있었던 학생이 있나요?
> 우선순위를 결정하는 데 어려움이 있었거나 숙제를 하지 못한 사람은 누구인가요?

지난 단원을 복습하는 차원에서 과제를 하는 데 어려움이 있었던 학생 2명과 그렇지 않은 2명을 예시로 들어 이야기해 본다. 이들이 자신의 과제에 대해 나누고 나면, 과제를 완성한 학생들과 어려움을 겪은 학생들 모두를 정상화(normalize)하기 위해, 다른 학생들도 비슷한 경험을 했는지 물어본다.

늘 그렇듯 과제를 완성하지 못한 학생들에게 무엇이 문제였는지, 이번 주에는 어떻게 과제를 완성할 것인지에 대해 물어보면서 문제해결을 돕는다.

다이어리 카드
모든 학생이 다이어리 카드와 과제지를 제출하여 검토받도록 한다. 만일 모든 학생의 과제를 매 단원 검토할 수 없다면, 몇 단원을 거치는 동안에는 모두 검토할 수 있도록 한다. 각 다이어리 카드에 기록된 기술 활용의 양에 대해 코멘트를 달아 준다. 기술 연습을 적게 한 학생들에게는 더 연습하도록 격려하고, 연습만이 기술을 더 도움이 되고 자동적으로 쓰게 하는 길임을 상기시킨다.

주요 개념 소개(8분)

다음과 같이 말하면서 시작한다.

> 지난 수업을 간단하게 복습해 봅시다. 대인관계 상황에서 여러분이 가장 먼저 해야 할 것은 우선순위가 무엇인지, 가장 중요한 목표가 무엇인지 분명히 하는 거예요. 효과적인 대인관계에서 세 가지 목표는 무엇이었나요?

칠판에 다음을 나열한다.

- 내가 원하는 결과를 얻는 것
- 관계를 유지하고 향상시키는 것
- 자기존중감을 유지하고 향상시키는 것

계속 이어 간다.

> 지난주에 논의한 것처럼, 각 목표에 따라 사용할 수 있는 세 가지 기술도 있습니다. 각 목표에 맞는 세 가지 기술은 무엇이었나요?

각 목표에 해당하는 기술을 칠판에 쓴다.

- 원하는 결과를 얻는 것: 결과 효율성(기표주보 집단협상)
- 관계를 유지하고 향상시키는 것: 관계 효율성(친심원해)
- 자기존중감을 유지하고 향상시키는 것: 자기존중감 효율성(금가진자)

다음과 같이 이야기한다.

> 오늘 우리는 결과 효율성을 위한 기술을 배우고 연습하는 것에 초점을 맞추려고 해요. 결과 효율성은 여러분이 대인관계 상황에서 원하는 것을 얻어 내거나 원치 않는 것을 거절하는 거예요. 오늘 우리는 최우선순위가 결과 효율성일 경우 사용할 수 있는 기술을 배울 겁니다.

학생들에게 완성된 〈과제 25-4〉를 펴게 한다. 만약 과제지를 완성하지 못했다면, 25단원에서 완성한 〈유인물 25-2〉를 보게 한다. 그리고 다음과 같이 설명한다.

종이에 과제를 할 때 혹은 지난주 수업 시간에 써 둔 원하는 결과를 적으세요. 그런 다음 이 종이를 따로 보관해 두고 나중에 연습할 때 사용할 수 있도록 하세요. 여러분이 이 수업에서 나눌 수 있는 내용이어야 하고, 이 수업에 있는 다른 학생을 포함하지 않아야 합니다.

다음과 같이 묻는다.

무엇인가를 거절하거나 아니면 어려운 것을 요청해야 하는 때는 언제가 있을까요? 일반적으로 결과 효율성이 요구되는 대부분의 상황은 다음의 다섯 가지 범주에 속합니다.

칠판에 다음과 같은 다섯 가지 범주를 쓰고, 제시된 예들을 사용하여 각각에 대해 논의하고 다룬다.

- 다른 사람들이 내가 요청하는 것 하게 하기
  - 부모님에게 통금을 늦춰 달라고 하기
  - 급우에게 수업에 빠진 날의 노트를 복사할 수 있는지 물어보기
  - 부모님에게 차로 데리러 와 달라고 부탁하기
- 원치 않는 요청을 거절하기
  - 친구들에게 더는 같이 학원 수업을 빼먹고 싶지 않다고 말하기
  - 친구에게 더는 돈을 빌려주고 싶지 않다고 말하기
- 대인관계 갈등을 해결하기
  - 친구나 부모님에게 내 입장을 들어 달라고 요청하고, 그들의 입장을 설명해 달라고 요청하기
- 나의 권리를 존중해 달라고 요청하기
  - 옆 사물함을 쓰는 친구에게 백팩을 내 사물함 방향으로 메고 서 있지 말라고 말하기. 왜냐하면 내 사물함을 사용할 수 없고 그 친구가 사물함을 닫을 때까지 기다릴 만한 여유가 없기 때문에
- 내 의견이나 관점이 진지하게 받아들여지도록 하기
  - 앞에 제시된 무엇인가를 요청하거나 거절할 때, 자신감 있고 단도직입적으로 하기

학생들이 무언가를 요청하거나 거절하기가 어려웠던 때의 예를 들게 한다. 다음과 같이 질문한다.

무엇인가를 요청하는 데 어려움이 전혀 없는 상황과 반대로 요청하기에 매우 어려운 상황이 있었나요? 또 여러분이 거절하는 데 전혀 어려움이 없는 사람들이 있고, 반대로 여러분이 거절하는 것이 매우 어려운 사람들도 있나요?

여러 학생이 예를 들게 한다. 발표한 내용은 학생들이 필요한 기술의 일부를 이미 가지고 있다는 것을 보여 줄 수 있다. 그렇다면 기술을 필요한 모든 환경과 상황에서 사용하기 어려운 것이 학생들의 어려움일 수 있다.

토론: 결과 효율성-기표주보 집단협상(22분)

〈유인물 26-1〉 효과적인 대인관계: 다른 사람이 내가 원하는 것 하게 하기 소개(10분)
학생들에게 〈유인물 26-1〉을 보게 하고 다음과 같이 설명한다.

'기표주보 집단협상'은 여러분이 원하는 것이나 거절하고 싶은 것을 도와주는 기술들의 (기억을 돕기 위한) 약어입니다. '기표주보'는 여러분이 무엇을 할지, '집단협상'은 어떻게 할지를 나타냅니다.

약어를 칠판에 수직으로 쓴 뒤, 각 단어를 채우면서 설명한다.

우리는 우리에게 의미 있는 상황과 관계에서 대인관계 기술을 사용할 수 있도록 돕는 방법을 배우고 연습할 거예요. 이 부분은 매우 중요하기 때문에 여러분이 스스로 방법을 활용해 보거나 집단에서 연습하기에 앞서 시간을 내어 여러분 각자가 이 방법에 얼마나 익숙한지 확인해 볼 거예요. 이 방법의 각 단계를 한 번에 하나씩 배우면서 관련된 여러 예를 생각해 봅시다. 이 훈련은 결과 효율성을 위한 것임을 기억하세요.

세 개의 다른 상황에서 기표주보 집단협상 기술이 어떻게 사용되는지 설명하기 위해 각각의 예를 다음에 제시하였다. 기표주보 집단협상 기술을 가르치기 위해 이 예들을 활용하거나 교사 개인의 예나 조금 전에 발표한 학생들의 예를 사용할 수도 있다. 한 가지 상황에서 각 기술이 어떻게 통합적으로 사용되는지 보여 주기 위해 한 가지 혹은 두 가지의 예를 선택한다.

기: 기술하기

현재 상황을 기술한다(필요한 경우에만). 사실만을 이야기하고 평가적인 언급은 피한다.

- 예시 1: 수학 선생님을 좋아하지 않는데, 그 선생님이 준 시험 성적을 보고 기분이 상했다.
  - 기술하기(선생님에게): "저 이번 시험에서 C를 받았습니다."
- 예시 2: 친구들과 어울려 놀고 있는데 친구들이 담배를 주며 함께 피우자고 한다. 나는 담배를 피우지 않지만, 거절하면 친구들이 나를 싫어할까 봐 두렵다.
  - 기술하기(친구들에게): "담배를 주고 함께 피우자고 해서 고마워."
- 예시 3: 놀이동산에 왔는데 친구들이 모두 롤러코스터를 타러 간다고 말한다. 나는 롤러코스터를 무서워한다.
  - 기술하기(친구들에게): "함께 롤러코스터 타자고 말해 줘서 고마워."

표: 표현하기

그 상황에 대한 느낌과 의견을 표현한다. '나' 전달법('I' statements)을 사용하라("나는 ……라고 느껴." "나는 ……하고 싶어."). "너는 ……해야 해."와 같은 표현은 피한다.

- 예시 1: 시험 결과에 대한 당신의 느낌을 표현한다.
  - 표현하기: "저는 시험을 위해 4일이나 공부했기 때문에, 성적을 받고 좌절감을 느꼈습니다. 제가 살펴봤을 때, 답안 중 몇 개는 맞는 것으로 생각됩니다."
- 예시 2: 친구들의 기분을 상하게 하고 싶지 않음을 표현한다.
  - 표현하기: "나를 불러 주고 노는 데 끼워 줘서 정말 고마워. 그런데 혹시나 너희가 나에게 화가 날까 봐 걱정돼."
- 예시 3: 롤러코스터에 대한 마음을 표현한다.
  - 표현하기: "롤러코스터는 나한테 그리 재밌지 않고, 사실 엄청 무서워."

주: 주장하기

명확하게 요청하거나 거절하여 원하는 것을 내세운다. 분명하고 간결하게 말한다.

- 예시 1: 수학 선생님께 시험 결과를 살펴보고 싶다고 말한다.
  - 주장하기: "제가 틀린 문제들을 한번 볼 수 있을까요? 제가 무엇을 틀렸는지 이해하

고 싶습니다."

- ●예시 2: 친구들에게 담배를 피우고 싶지 않다고 분명하게 말한다.
  - ○주장하기: "고맙지만 나는 피우지 않을게. 나는 담배에는 관심이 없어."
- ●예시 3: 친구들에게 롤러코스터를 타고 싶지 않다고 분명하게 말한다.
  - ○주장하기: "고맙지만 괜찮아. 나는 롤러코스터는 타고 싶지 않아."

보: 보상하기

결과에 대해 설명하여 미리 강화하거나 보상한다.

- ●예시 1: 시험지를 함께 살펴보는 것이 선생님과 자신 모두에게 좋다는 점을 설명한다.
  - ○보상하기: "저와 함께 시험지를 봐 주시면 정말 감사하겠습니다. 제가 배운 것을 이해 하는 데에 큰 도움이 될 것 같아요."
- ●예시 2: 친구들에게 내가 그들과 함께 담배를 피우지 않더라도 여전히 친구 사이라는 사 실을 설명한다.
  - ○보상하기: "이해해 줘서 고마워. 그리고 난 너희들과 계속 같이 놀 수 있어서 기뻐."
- ●예시 3: 친구들에게 롤러코스터에 함께 타지 않더라도 우리는 여전히 친구이며, 기다리 는 동안 그들을 위해 무언가를 할 수 있다는 것을 설명한다.
  - ○보상하기: "같이 타자고 말해 줘서, 그리고 이해해 줘서 고마워. 난 너희들이 탈 동안 여기서 가방을 지키고 있을게."

집: (목표에) 집중하기

마음챙김하면서 원하는 결과에 집중한다. 집중하기에는 두 가지 기법이 있다.

1. 반복하기(고장 난 기계처럼): 요청하고, 거절하고, 자신의 의견을 표현하는 것을 계속 해서 반복한다. 매번 새로운 방식으로 말하지 않고 똑같은 말을 반복해도 된다. '기표주 보'를 계속해서 반복해도 된다.

2. 무시하기: 만약 상대가 공격하거나, 위협하거나, 혹은 주제를 바꾸려고 시도하면, 단순 히 그러한 시도를 무시한다. 이 기법은 권투 경기에서 상체를 상하좌우로 움직이는 기 술 같은 것이다. 몸을 움직여 (잽을 날리는 동작을 취하며) 잽을 날린 다음, 상대의 펀 치를 피하기 위해 (상체를 좌우로 숙여 움직이는 동작을 취하며) 몸을 숙여 피한다. 이 처럼 상대가 나에게 여러 말을 던질 때, 그리고 특히 그 말들이 지금 이야기하는 주제와 직접적으로 연관이 없고 급하지 않을 때, 권투 경기에서 하는 것처럼 피하면서 상대방

의 공격에 크게 반응하지 않고 비켜 나가게 한다.

단: 단단하게 보이기

말할 때 상대를 쳐다보고, 자신 있는 목소리로 이야기한다.

한 학생에게 다가가서 눈 맞춤을 하지 않고 아래를 보면서 힘없는 목소리로, 오늘 수업이 끝난 뒤 남아서 책상을 정리하고 칠판을 닦아 줄 수 있는지 부탁한다. 이후 학생들에게 관찰한 것에 대한 피드백을 요청하라. 이를 통해 눈 맞춤과 자신 있는 태도가 왜 중요한지에 대해 간단한 토의를 할 수 있을 것이다.

협상: 협상하기

얻기 위해 내줄 것을 기꺼이 주는 것이다. 문제에 대한 대안을 제시하고 요청한다. 또한 '판 뒤집기(turning the tables)'를 사용한다. 이 기술은 문제 해결을 상대에게 넘기고 대안을 요청하는 것이다.

언제 협상할지 결정하는 것도 중요하다. 상대가 나의 거절을 받아들이거나 내가 요청한 것을 하기를 모두 원치 않는다면, 그때는 협상할 필요가 없다. 두세 번의 시도에도 진전이 없다면, 협상하거나 상대가 해결책을 제시하도록 요청할 수 있다. "나의 요청을 받아들이기 원치 않으니, 당신이 생각하는 해결책을 얘기해 주세요."라고 말한다.

- 예시 1: 수학 선생님과 협상한다.
  - 협상하기: "선생님께서 매우 바쁘신 것 알아요. 하지만 저도 제 시험지를 정말 살펴보고 싶습니다. 어떻게 하면 시험에 대한 피드백을 받을 수 있을까요?"
- 예시 2: 친구들과 협상한다.
  - 협상하기: "재미있는 일에 나를 끼워 줘서 고마워. 그런데 나는 담배에는 관심이 없어. 하지만 나는 너희들과 노는 게 좋아. 내가 담배를 피우지 않더라도 너희들과 놀 수 있다면, 무엇을 하면 좋을까?"
- 예시 3: 놀이동산에서 친구들과 협상한다.
  - 협상하기: "너희가 롤러코스터를 타고 싶어 하는 것을 알지만, 나는 타고 싶지 않아. 나는 너희들이 타는 동안 기다려도 괜찮아. 만약 이게 별로라면 어떻게 하면 좋을까? 나는 타지 않더라도 너희들은 즐겁게 지냈으면 해."

수업 활동: 두 명씩 짝지어 역할 연습하고 발표하기(12분)

학생들을 둘씩 짝지어 준다. 이때 가능하면 한동안 함께 연습하지 않은 학생끼리 짝지어 준다.

> 여러분은 25단원의 과제에서 찾아낸 결과 효율성 목표를 사용할 거예요. 이 목표는 오늘 수업 시작할 때 종이에 적었지요(이 목표는 여러분이 수업에서 공개해도 되는 것이며, 이 수업에 있는 다른 학생을 대상으로 하는 것이 아님을 기억하세요). 두 사람은 교대로 짝의 상대방 역할을 맡아서 요청이나 거절에 저항해 보세요. 이때 너무 세게 저항하지 말고, 적절한 수준에서 하는 것을 잊지 마세요. 한 사람이 끝나면 역할을 바꾸세요. 기표주보 집단협상 기술을 모두에게 보여 줄 수 있을 만큼 충분히 연습해 보세요.

학생들에게 〈유인물 26-2〉에 있는 '기표주보 집단협상 기술 습득을 위한 연습 카드'를 보게 하거나, 각 쌍에게 이를 확대한 카드를 하나씩 나누어 준다.

> 이 카드를 여러분이 어떤 글자에 맞추어 기표주보 집단협상 역할극을 연습하고 있는지 기억하는 수단으로 사용할 수 있습니다. 자리에서 연습할 때는 카드를 책상 위에 두고, 발표할 때는 가지고 나오세요.

돌아다니면서 학생들이 어려워하는 부분을 도와준다. 5분 정도 지난 후, 학생들이 제자리에 앉게 한다. 〈유인물 26-2〉나 이를 확대한 카드를 교실 중간이나 앞에 배치하여 볼수 있게 한다. 정해진 시간 내에서 무작위로 짝들을 선택해서 기술 사용을 발표하게 한다. 학생들이 반복하거나 무시하기를 연습할 수 있도록 언쟁하거나 대화의 주제를 바꾸도록해 본다. 역할극 도중에 말이 막히면, 반 학생들이 도움을 주게 한다. 학생들이 기술을 적절하게 사용한 발표자에게 긍정적 피드백을 주게 한다. 기술을 잘 활용하지 못했을 때는 건설적인 피드백을 제공하도록 지도한다.

시간이 허락하는 한 많은 학생이 발표할 수 있게 한다. 학생들은 이때 사용한 기술들을 다음 몇 주 안에 써 볼 수 있다.

단원 요약(3분)

결과 효율성의 목표와 기표주보 집단협상 기술을 간단하게 복습한다. 교실을 돌아다니며 학생들을 무작위로 선택하여, 기표주보 집단협상의 각 의미를 하나씩 말해 보도록 한다.

과제 설명(2분)

〈과제 26-3〉 효과적인 대인관계: 기표주보 집단협상 기술 연습
다음과 같이 설명한다.

> 기표주보 집단협상은 매우 중요한 기술이며, 일상의 수많은 경우에 유용하게 활용될 수 있어요. 여러분의 이번 주 과제는 기표주보 집단협상 기술을 사용할 상황을 적어 보고 연습하는 것입니다. 기표주보 집단협상 기술을 하나하나 다 써 보는 것은 여러분이 어떤 단계를 놓치고 있는지 파악하게 해 줄 거예요. 계속 연습하면 자동으로 이 기술을 쓸 수 있습니다. 만약 적절한 상황을 생각해 내지 못한다면, 이번 단원이나 지난 단원에서 쓴 예시를 사용하면 됩니다. 다음 주 과제 점검 시간에 여러분이 경험한 기표주보 집단협상 상황을 살펴보는 데 꽤 많은 시간을 사용할 것이기 때문에 각 단계를 꼭 적어 두기 바랍니다.

다이어리 카드
새로운 다이어리 카드를 나누어 준다. 이제 기표주보 집단협상 기술을 배웠음을 강조하고, 과제로 (이전에 배운 다른 기술들과 함께) 이 기술들을 연습할 때 다이어리 카드에 연습한 날짜에 동그라미 표시하고 사용했던 기술을 평가해야 함을 알려 준다.

마지막으로, 과제 완수를 방해하는 요인에 대한 문제 해결 시간을 가진다. 과제 혹은 과제를 할 때의 장애물에 대해 질문이 있는지 확인한다. 만약 있다면, 질문에 답하고 장애물을 다룬다. 과제를 할 의지가 없거나, 이번 주에 다른 과제가 너무 많거나, 잊어버리거나, 과제를 이해하지 못하는 것 등이 장애물이 될 수 있다. 학생들이 장애물을 찾을 수 있도록 돕고, 이를 극복할 수 있는 계획을 함께 세운다. 한 예로, 잊어버리는 것이 문제라면, 과제를 적고 휴대전화나 달력에 과제 완성 알람을 설정할 수 있다. 과제를 할 의지가 없는 경우에는 먼저 이유를 듣고 동기를 높여 주거나, 과제를 해 오는 것의 중요성(예: 성적)을 상기시켜 주거나, 또는 기타 도움이 될 만한 설명을 해 준다. 과제 관련 문제 해결은 매주 과제를 나누어 준 이후 반드시 진행하도록 한다.

27단원

효과적인 대인관계:
친심원해 기술

✺ 요약

대인관계 기술에는 건강한 관계를 형성하고 유지하는 것 또한 포함된다. 관계를 만들고 유지하는 것은 모든 대인관계 상황에서 중요한 요소이다. 관계에 초점을 맞추기 위해 '친심원해(친절한 관심 원해)' 기술을 쓰는데, 이 기술은 목표를 추구하면서 동시에 관계를 형성하고 유지하고자 할 때 유용할 것이다. 이 기술에 얼마나 중점을 둘지는 결과 효율성이나 자기존중감 효율성보다 관계 효율성 달성이 얼마나 우선순위가 되는지에 따라 결정된다. 친심원해는 '친절하게, 관심 보이기, 원만하게, 이해해 주기'를 의미한다. 이 단원에서는 학생들에게 친심원해의 각 단계를 수행하는 방법을 가르치고, 특히 다른 사람의 관점이나 입장을 인정해 주는 것(validation)에 중점을 둔다. 다른 사람을 인정해 주는 것은 차후에 자기 자신을 인정하는 것을 가능하게 하는 중요한 기술이다. 이 단원에서는 학생들이 친심원해 기술을 연습하는 기회도 제공한다.

🌐 요점

1. 만약 관계 효율성이 중요한 목표라면, 친심원해(<u>친</u>절하게, 관<u>심</u> 보이기, <u>원</u>만하게, 이<u>해</u>해 주기) 기술을 사용할 수 있다.
2. 이 기술은 다른 대인관계 기술들과 함께 활용된다. 친심원해 기술은 '말하는 방식'이다.

🅰 준비물

1. 본 단원 유인물
   • 〈유인물 27-1〉 효과적인 대인관계: 긍정적인 관계 만들고 유지하기
   • 〈과제 27-2〉 효과적인 대인관계: 친심원해 기술 연습
2. 자료 없이 수업에 온 학생들을 위한 여분의 유인물과 필기도구
3. 보드 마커나 분필
4. 다이어리 카드: 수업을 마칠 때 나누어 줄 수 있도록 새 다이어리 카드를 준비한다. 가능하면 다이어리 카드에 '친심원해' 기술을 강조해 둔다.

🔔 준비

1. 학생 기술 바인더에 있는 강의 계획과 유인물을 검토한다.
2. 가능하면 학생들이 서로 바라보고 앉도록 교실의 책상을 미리 배치해 둔다.

🔲 강의 개요와 시간표

• 마음챙김 연습(5분)
   ■ 관찰하기: 호흡이 멈추는 순간 살펴보기(3분)
   ■ 연습에서 관찰한 바 기술하기(2분)
• 과제 점검(10분)

■ 〈과제 26-3〉 효과적인 대인관계: 기표주보 집단협상 기술 연습

　　○ 짝과 나누기

　　○ 학급 전체와 나누기

■ 다이어리 카드

• 주요 개념 소개(5분)

　■ 관계 효율성의 목표

　　○ 관계를 만들고 유지하는 방식으로 내가 원하는 것을 전달하기

　　○ 상호작용이 끝났을 때 상대방이 나에 대해 긍정적으로 느끼게 하기

　■ 각 상호작용에서 관계를 얼마나 우선순위에 둘지 파악하기

• 토론: 관계 효율성—친심원해(25분)

　■ 〈유인물 27-1〉 효과적인 대인관계: 긍정적인 관계 만들고 유지하기 소개(15분)

　　○ 친: 친절하게

　　○ 심: 관심 보이기

　　○ 원: 원만하게

　　○ 해: 이해해 주기

　■ 수업 활동: 두 명씩 짝지어 역할 연습하기(10분)

• 단원 요약(3분)

　■ 학생들에게 무작위로 질문하여 약어(친심원해)의 의미 복습하기

• 과제 설명(2분)

　■ 〈과제 27-2〉 효과적인 대인관계: 친심원해 기술 연습

　　○ 친심원해 기술을 사용한 두 가지 상황 적어 오기

　■ 다이어리 카드

🔖 세부 강의 계획

마음챙김 연습(5분)

관찰하기: 호흡이 멈추는 순간 살펴보기(3분)

학생들을 환영하고 오늘의 마음챙김 활동은 관찰하기임을 알린다.

　　오늘 마음챙김 연습은 호흡을 관찰하는 거예요. 여러분은 어떤 행동을 실제로 하기 전에

그 행동을 하려고 한다는 것을 알아차리면서 멈추는 것을 하루에 몇 번 하나요? 의자에 앉기 바로 전에 앉고 싶은 욕구가 일어나는 것을 알아차리나요? 손을 올리기 직전에 손을 들고 싶은 욕구를 알아차리나요? 아니면 엄마에게 소리치기 직전에 소리 지르고 싶은 충동이 올라오는 것을 알아차리나요? 물론 이런 알아차림은 우리 대부분에게 쉬운 일이 아니에요. 하지만 관찰하기를 연습하게 되면, 이러한 순간들을 더 잘 알아차릴 수 있답니다.

그래서 오늘은 '호흡이 멈추는 순간 살펴보기'라는 연습을 해 볼 거예요. 모든 사람이 숨을 쉴 때, 들이마시고-멈추고-내쉬게 됩니다. 그리고 또 멈추고 들이마시게 되지요. 각 호흡의 시작과 끝에서, 들숨과 날숨 사이에 자연스러운 멈춤이 있지요. 이 멈춤은 아주 잠깐일 수 있습니다. 오늘 우리는 호흡에 초점을 맞추면서 들숨과 날숨 사이에 있는 짧은 공간인 멈춤을 살펴볼 거예요.

계속 설명을 이어 간다.

제가 1이라고 말하면, 마음챙김/완전히 깨어 있는 자세를 취해 보세요. 이제 모두가 잘 아는 대로 발을 바닥에 잘 붙이고, 바르게 앉아 손을 무릎 위에 올립니다. 눈은 뜬 채로 부드럽게 앞쪽을 바라보세요. 이것은 시선을 앞쪽 아래로 두고 특별히 뭔가를 바라보지 않는다는 뜻이에요. 만약 눈을 깜빡이거나 침을 삼키는 것 외에 움직이려는 다른 어떤 충동이 들면, 충동에 따르지 말고 그냥 알아차리기만 하세요. 제가 2라고 말하면, 심호흡하라는 뜻입니다. 그리고 제가 3이라고 말하면, 연습을 시작하라는 신호예요. 끝날 때 '그만'이라고 말하면 자리로 돌아가면 됩니다.

이제 3까지 세면서 연습을 시작한다.

1: 마음챙김/완전히 깨어 있는 자세를 취하세요. 2: 심호흡을 하세요. 3: 연습을 시작하세요.

2분이 지난 다음 '그만'이라고 말한다.

연습에서 관찰한 바 기술하기(2분)

학생들이 돌아가며 연습할 때 관찰한 것을 나누게 한다. 필요하다면 관찰에 대한 피드백을 제공하는데, 학생들의 대답이 자기가 평가 없이 관찰하고 기술한 무언가를 포함하도록 한다(예: 이 연습에 대해 평가하고 있는 것을 알아차렸어요. 이 활동에 100% 참여하고 있다는 것을 알아차렸어요. 이것이 지난주와는 어떻게 다른지 생각하는 것을 알아차렸어요. 생각을 알아차렸어요. 신체 감각을 알아차렸어요. 내 마음이 다른 생각으로 흘러가는 것을 알아차렸어요. 이것이 나에게 어떻게 도움을 줄지 여러 생각이 들었어요. 지난주에 한 연습을 더 좋아한다는 것을 알아차렸어요. 불편하다는 것을 알아차렸고, 그래서 움직여야 했어요).

과제 점검(10분)

〈과제 26-3〉 효과적인 대인관계: 기표주보 집단협상 기술 연습

짝과 나누기
학생들에게 둘씩 짝을 짓게 하고 설명한다.

이제 각자 짝과 함께 기표주보 집단협상 과제로 무엇을 했는지 나누게 될 거예요. 써 온 것을 그냥 읽지 말고 역할극을 해 보세요. 여러분의 짝이 기표주보 집단협상 기술을 쓴 상대방이라고 생각합니다. "나는 ……라고 말했어."라고 하지 말고, 과제하면서 했던 방식 그대로 짝에게 말해 보세요. 그러면 짝은 기표주보 집단협상 기술의 관점에서 효과적이었던 한 부분과 좀 더 개선이 필요한 한 부분에 대해 피드백을 주기 바랍니다.

한 사람이 과제를 나누고 피드백을 받고 나면, 서로 역할을 바꾸어서 다른 사람이 과제를 한 것에 대해 나누고, 마찬가지로 잘한 부분과 노력이 필요한 부분 하나씩에 대해 피드백을 받으세요.

만약 과제를 하지 않은 학생이 있다면, 그 학생은 지난 수업 시간에 연습했던 예를 사용하게 한다.

학급 전체와 나누기
학생 한 명이 기표주보 집단협상 과제를 발표하게 한다. 학생의 예시가 꼭 자신이 원하는 결과를 성공적으로 얻은 것일 필요는 없다. 왜냐하면 기표주보 집단협상 기술을 사용하는 것은 원하는 결과를 얻을 가능성을 높일 뿐이지, 성공을 보장하는 것이 아님을 학생들이 알 필요가 있기 때문이다.

학생들에게 자신이 원하는 목표에 집중할 수 있었는지, 무시하기가 필요한 공격들은 없었는지, 고장 난 기계처럼 반복하기 기법을 사용했는지, 판 뒤집기를 썼는지 등에 대한 질문을 한다. 과제를 완성하지 못한 학생들에게는 무엇이 문제였는지, 이번 주에는 어떻게

과제를 완성할 것인지와 관련된 문제 해결을 도와준다.

다이어리 카드

모든 학생이 다이어리 카드와 과제지를 제출하여 검토받도록 한다. 만일 모든 학생의 과제를 매 단원 검토할 수 없다면, 몇 단원을 거치는 동안에는 모두 검토할 수 있도록 한다. 각 다이어리 카드에 기록된 기술 활용의 양에 대해 코멘트를 달아 준다. 기술 연습을 적게 한 학생들에게는 더 연습하도록 격려하고, 연습만이 기술을 더 도움이 되고 자동적으로 쓰게 하는 길임을 상기시킨다.

주요 기념 소개(5분)

학생들에게 관계 효율성의 목표가 무엇인지 질문하고 다음과 같이 적는다.

- 관계를 맺고 유지하는 데 도움이 되는 방식으로 내가 원하는 것을 전달하기
- 상호작용이 끝났을 때 상대방이 나에 대해 어떻게 느끼기를 원하는지 생각하기

다음의 질문들을 통해 관계에 초점을 맞추는 것의 중요성에 대해 토론하게 한다.

> 만약 계속해서 내가 원하는 것만 하고, 내 이야기만 하고, 다른 사람의 감정은 전혀 고려하지 않는다면, 얼마나 많은 친구를 가질 수 있다고 생각하나요?
> 내가 부모님과 어떻게 상호작용하는지 주의를 기울여 본 적 있나요? 어떤 10대들은 부모님과의 관계에 큰 관심을 두지 않는데, 왜냐하면 부모님과 상호작용하는 방식이 부모-자녀 관계에 별 영향을 주지 않는다고 생각하기 때문입니다. 만약 여러분이 부모님과의 관계를 더 좋게 만드는 방식으로 행동한다면, 부모님으로부터 원하는 것을 얻게 될 가능성이 더 높아질 수도 있을까요?
> 친구나 선생님과 같은 다른 관계들은 어떨까요? 여러분은 이러한 관계들을 좋게 만드는 데 더 능숙해질 수 있을까요?
> 오늘 우리는 '친심원해'라고 하는 관계 효율성 기술을 배울 거예요. 여러분이 관계에 대해 중점을 두는 정도는 상대가 누구냐에 따라 달라질 수 있습니다.

다음과 같이 설명한다.

내가 원하는 것을 얻는 것보다 관계를 유지하는 것이 더 중요할 때도 있고, 혹은 자기존중감을 유지하는 것이 가장 중요한 목표일 때도 있어요. 사람들과 상호작용을 할 때 내가 원하는 것을 얻기 위해 여전히 노력은 하겠지만, 이것이 나에게 가장 중요한 것이 아닌 경우도 있습니다. 또한 원하는 결과를 얻는 것이 가장 우선순위에 있을 때도, 관계와 자기존중감을 고려하는 것이 여전히 중요합니다. 따라서 관계나 자기존중감이 가장 높은 우선순위가 아닐 때도 기표주보 집단협상 기술과 함께 관계와 자기존중감을 위한 기술들도 활용해야 해요. 기술들을 상호 배타적으로 사용하는 것이 아니라, 함께 사용해야 한다는 것을 기억하세요. 그러나 세 가지 목표 중 어떤 것에 얼마나 중점을 둘지 결정하기 위해 상호작용마다 우선순위를 정하는 것이 필요합니다. 다음 주에는 자기존중감 효율성 기술에 초점을 맞출 거예요.

다음과 같이 예를 든다.

친구와 함께 영화를 보러 가는데, 각자 다른 영화를 보고 싶어 합니다. 만약 보고 싶은 영화를 보는 것이 가장 중요한 목표라면, 내가 원하는 영화를 보려는 목표를 이루기 위해 기표주보 집단협상 기술에 집중할 거예요. 그러나 만약 내가 영화에 대해 크게 신경 쓰지 않고 친구와의 관계를 유지하는 것이 가장 중요한 목표라면, 비록 다른 영화를 보고 싶지만 친구와 함께 영화를 보는 것이 더 중요하기 때문에 기표주보 집단협상 기술보다는 친심원해 기술에 더 중점을 둘 것입니다.

학생들이 관계를 형성하거나 유지하는 데 초점을 두었던 상황의 예시를 들게 한다.

토론: 관계 효율성–친심원해(25분)

〈유인물 27–1〉 효과적인 대인관계: 긍정적인 관계 만들고 유지하기 소개(15분)

학생들이 〈유인물 27–1〉을 보게 하고, '친심원해'라는 단어를 칠판에 세로로 적고 각 글자의 뜻을 적어 가며 설명한다.

'친심원해'는 관계를 형성하고 유지하는 데 사용하는 기술들을 뜻하는 (기억을 돕기 위한) 약어입니다. 이 기술들은 다른 사람들과 어떻게 상호작용하는지에 초점을 맞추고 있으며, 마음챙김에서의 '어떻게' 기술과 유사합니다.

친: 친절하게

학생들에게 〈유인물 27-1〉에 제시된 친심원해의 '친'에 해당되는 요점들을 읽게 하고 질문한다.

주장하는(assertive) 것과 공격적인(aggressive) 것은 어떻게 다른가요?

학생들의 답을 듣고 계속한다.

친심원해의 '친'에 초점을 맞춤으로써 공격적이지 않게 주장할 수 있습니다.

'친절하게'는 다른 사람에게 공손하고, 정중하고, 상냥하게 대하는 것입니다. '꿀이 식초보다 파리를 잘 잡는다'는 말을 들어 본 적이 있나요? 식초를 사용한다는 것은 친절하게의 반대를 의미합니다.

공격하거나 위협하지 말아야 해요. 사람들은 공격이나 위협을 당하거나, 자신에게 분노를 표출하는 것을 좋아하지 않죠. "이거 안 해 주시면 저는 시험을 망쳐 버릴 거예요." "새 옷을 안 사 주면 모두 저를 비웃을 거예요." 또는 "만약 나랑 헤어지면 네 삶을 끔찍하게 만들어 버릴 거야."와 같이 위협하지 말아야 합니다.

그리고 판단하지 말아야 해요. 험담이나 깔아뭉개는 말을 하지 말아야 하고, 평가하지 말아야 합니다. "이렇게 해야만 해."라고 말하거나 죄책감을 느끼게 하는 말을 하지 말아야 합니다.

목소리 톤도 주의해야 해요. 우리는 종종 다른 사람이 말하는 내용보다 비언어적인 행동에 더 주의를 기울입니다. 그래서 매우 친절한 단어를 써서 공격적이지 않은 내용을 말할 때 이것을 비꼬거나 평가하는 목소리로 전달한다면, 상대는 내용은 듣지 않고 목소리만 들을 거예요. 우리는 말, 생각, 목소리 모두를 친절하게 해야 합니다.

심: 관심 보이기

학생들에게 〈유인물 27-1〉의 친심원해의 '심'에 해당되는 요점들을 읽게 하고 설명한다.

우리가 관계에 신경을 쓰고 있다면, 상대가 말하는 주제에 관심이 없더라도 상대방의 이야기에 관심을 보여야 합니다.

상대방이 자기 생각을 말할 때 방해하지 마세요. 거절하거나 요청하는 이유에 대해 들어 주세요. 나의 요청에 대한 대답에도 귀 기울여 주세요. 그리고 인내심을 가지세요. 특히 상대의 말을 끊거나, 그 사람이 이야기하는 것에 동의하지 않거나, 관심 없는 듯한 표정을 짓지 마세요. 적절한 눈 맞춤도 유지하세요.

다음과 같이 묻는다.

대화하면서 내가 이야기하는 동안 계속해서 문자나 페이스북을 확인하는 사람을 본 적
있나요? 그때 여러분의 기분은 어땠나요? 상대방이 내가 말하는 것을 중요하게 여긴다고
생각했나요? 다시 말하지만, 비언어적인 행동이 때로는 말보다 더 많은 것을 전달합니다.

원: 원만하게

학생들에게 〈유인물 27-1〉에 제시된 친심원해의 '원'에 해당되는 요점들을 읽게 하고
설명한다.

미소 짓고, 둥글둥글하게 행동하며, 유머를 사용하고, 밝은 목소리를 사용하세요. 이러
한 태도는 상대방이 내 이야기를 더 잘 들어 주고 덜 방어적으로 행동하게 합니다.

학생들이 위협적이지 않은 자세와 위협적인 자세를 취해 보게 한다(예를 들어, 느긋하고
편안하게 있는 것과 타인의 공간을 침범하며 서 있는 것, 손가락질하는 것, 긴장감을 조성하는 것을
연기해 보고 비교하게 한다).

어떤 자세가 관계를 형성하고 유지하는 데 더 효과적이라고 생각하나요?

다음으로 학생들이 "왜 어젯밤에 나에게 전화를 안 했어?"라는 말을 공격적이고 냉정한
목소리와, 반대로 부드럽고 편안하고 밝은 목소리로 말해 보게 한다. 그리고 질문한다.

어떤 목소리가 상대방의 방어적인 태도나 분노를 줄여 준다고 생각하나요? 여러분은
이 두 가지 목소리에 어떻게 다르게 반응할 것 같나요?

학생들의 대답을 유도한다.

해: 이해해 주기

학생들에게 〈유인물 27-1〉에 나온 친심원해의 '해'에 해당되는 요점들을 읽게 하고 설
명한다.

친구에게 부모님과 크게 싸운 이야기를 한다고 해 봅시다. 그때 친구가 나를 바라보며 "그래, 당연히 네가 화날 만했어. 왜 네가 부모님에게 소리 지르고 욕하게 됐는지 알 것 같아. 부모님이 그렇게 말했다면 누구라도 그만큼 열받았을 거야."라고 말해 줍니다. 그러자 갑자기 기분이 나아져요. 왜 그럴까요? 왜냐하면 친구가 나를 받아 주었고, 나는 이해받는다고 느꼈기 때문이에요. 사실 친구는 내가 부모님께 욕한 것에 대해 동의하지 않을 수 있고, 또 내가 욕을 한 것이 그 상황에서 효과적이지 않았을 수 있습니다. 그렇지만 친구는 내가 경험한 것을 이해해 주고 있는 것이죠. 만약에 친구가 "와, 그건 멍청한 짓이야. 네가 이유 없이 폭발한 것 같네."라고 말한다면 어떨까요? 기분이 나아질까요, 아니면 더 나빠질까요? 아마도 더 나빠질 것입니다. 이것을 불인정 또는 비타당화(invalidation)라고 합니다.

우리의 목적은 인정해 주는 능력을 높이는 거예요. '인정해 주기 또는 타당화(validation)'란 상대방의 감정, 행동, 의견을 인정해 주는 것입니다. 앞의 예에서 부모님께 욕을 한 행동처럼, 상대방이 한 행동(무엇)에 대해서는 인정할 수 없어도, 그렇게 한 이유(왜)에 대해서는 이해해 줄 수 있습니다.

먼저 상대가 느끼는 것을 이해하고 인정하고, 그다음에 필요하다면 동의하지 않는 점에 대해 말할 수 있어요. 예를 들면, 친구가 내 전화를 끊어버렸을 때, "네가 나에게 화가 많이 나서 전화를 끊었다는 거 알아. 그리고 나는 우리 중 한 명이 화가 났을 때, 대화를 그렇게 끊어 버리는 것은 효과적이지 않다고 생각해. 왜냐하면 그렇게 하면 우리 둘 모두를 더욱 화나게 만들 수 있기 때문이야."라고 말할 수 있습니다.

강조한다.

인정해 주기는 승인이나 찬성이 아니에요. 우리는 항상 타인 혹은 자신의 감정을 인정해 줄 수 있어요. 사람들에게 그들이 느낀 것처럼 느껴서는 안 된다고 말하는 것은 불인정입니다.

질문한다.

누군가가 여러분에게 어떤 일에 대해 슬퍼하거나, 화내거나, 죄책감을 느끼거나, 당황하지 말라고 한 적이 있었나요? 그렇게 말할 때 여러분은 어떻게 느꼈나요?

학생들이 답하게 하고 다시 묻는다.

여러분의 감정이 더 커졌나요, 아니면 가라앉았나요? 일반적으로 타인이나 자신에게 이해받지 못하면 감정은 더 강해집니다.

계속한다.

사람들을 인정해 주는 방법은 여러 가지가 있어요. 첫 번째는 그들의 과거 경험을 감안해서 이해해 주는 거예요. 즉, 그들이 이전에 처했던 상황을 고려할 때 그들의 반응이 그럴수 있는 거라고 말해 주는 것입니다. 예를 들면, "네가 화학 시험에 낙제했을 때 부모님께 말씀드리는 것이 당연히 무서웠을 거야. 왜냐하면 지난번 시험에서 낙제했을 때 부모님께서 한 달 동안 외출금지령을 내리셨잖아."라고 말하는 것입니다.

다른 방법은 지금 상황에 대한 상대의 반응을 정상화(normalizing)해 주는 거예요. 바꿔 말해, 많은 사람이 같은 상황에서 유사한 반응을 보였을 거라는 사실에 근거해서 이해해 주는 것입니다. 예를 들면, "네가 화학 시험에서 낙제한 것을 부모님께 말하는 게 얼마나 무서웠을지 알겠어. 누가 안 그러겠어? 나라도 그랬을 거야."라고 말하는 것입니다.

질문한다.

이제 여러분은 인정해 주는 것과 인정받는 것에 대해서 더 잘 알게 되었을 거예요. 이제 여러분이 다른 사람에게 이해받지 못했다고 느꼈던 상황에 대해 잠시 생각해 보기를 바랍니다. 그때 어땠나요? 다음으로, 여러분이 다른 사람에게 인정과 이해를 받았다고 느꼈던 상황에 대해 잠시 생각해 보기 바랍니다. 그때는 어땠나요?"

학생들의 대답을 들어 본다.

수업 활동: 두 명씩 짝지어 역할 연습하기(10분)
학생들이 최근에 같이 활동을 해 보지 않은 상대와 짝을 짓게 하고, 다음과 같이 설명한다.

이제 이해해 주기를 중심으로 하는 친심원해 기술을 연습해 보려고 해요. 그리고 이 기술이 여러분의 짝과의 관계에 어떤 영향을 주는지 보려고 합니다. 첫 번째로, 각자의 짝과 누가 말하는 사람이 되고, 누가 친심원해 기술을 사용하는 사람이 될지 정하세요. 친심원해 기술을 사용하는 사람은 말하는 상대방에게 친절하고, 관심을 보이며, 원만한 태도로, 이해해 주어야 합니다. 이해해 주기는 상대의 말을 반영해 주고, 그 상황에서는 그럴 수 있었다는 것을 인정해 주고, 온전히 진실한 태도를 보이는 것들을 포함합니다.

역할 연습을 시작한다. 1~2분 정도 지난 후, 다음과 같은 두 번째 지시를 한다.

> 자, 한 번 더 역할 연습을 해 볼 텐데요. 이번에는 친심원해 기술을 연습하던 사람이 기술을 사용하지 않도록 합니다. 상대방에게 집중하지 마세요. 예를 들어, 교실을 둘러보거나 자신의 가방을 살펴보거나 해 보세요. 또한 이해해 주지 말고, 친절하거나 원만한 태도도 보이지 마세요. 말하는 사람은 계속해서 이야기해 보세요.

학생들이 지시에 따라 해 보게 하고 1~2분 뒤에 멈추게 한다. 그다음에는 두 사람이 역할을 바꾸어서 친심원해 기술을 연습해 보고 또 기술을 쓰지 않도록 해 본다.

이제 몇몇 학생에게 연습하면서 관찰한 것이 무엇인지 물어본다. 듣는 사람이 친심원해 기술을 멈추었을 때, 말하는 사람은 어떤 경험을 했는가? 계속 말할 수 있었는가? 그때 학생들의 목소리가 더 커지거나 작아졌는가? 친심원해 기술을 쓰거나 멈추었던 학생들의 경험은 어땠는가?

역할 연습이 끝난 다음에 다음과 같이 질문한다.

> 이 기술이 관계를 좋게 하는 데 도움이 된다고 생각하나요?

대답을 듣고 다시 질문한다.

> 비록 관계가 최우선순위가 아니라고 해도, 친심원해 기술을 사용하는 것이 좋은 때가 있을까요?

다시 학생들의 답을 듣는다.

> 비록 우리가 어떤 관계를 더 이상 중요하게 생각하지 않을 때도 상대방이 나를 부정적으로 생각하기보다는 긍정적으로 생각하게 하면서 멀어지는 것이 더 낫다고 생각하나요? 예를 들면, 여자친구나 남자친구와 헤어지게 될 때, 상대가 당신을 미워하고 저주하길 바라나요, 아니면 당신이 잘되길 바라는 마음을 갖기를 원하나요? 만약 당신이 친심원해 기술을 쓰지 않는다면, 전 남자친구 혹은 여자친구가 페이스북이나 트위터에 당신에 대해 뭐라고 쓰게 될까요?

단원 요약(3분)

무작위로 몇몇 학생을 선택하고 약어의 뜻을 말하게 하여 친심원해의 의미를 짧게 복습한다. 이 과정을 3~4번 정도 빠르게 반복하여 학생들이 친심원해의 의미를 떠올릴 수 있도록 돕는다.

과제 설명(2분)

〈과제 27-2〉 효과적인 대인관계: 친심원해 기술 연습
다음과 같이 설명한다.

> 이번 주의 과제는 다음과 같습니다. 친심원해 기술을 사용할 수 있는 두 가지 상황을 선택하고, 기술을 활용했던 상대의 이름이 무엇인지, 어떤 상황이었는지, 어떤 결과가 있었는지, 기술 사용 후에 그 관계에 대해 어떻게 느꼈는지를 과제지에 기록해 오면 됩니다.

다이어리 카드

학생들에게 새로운 다이어리 카드를 나누어 준다. 이제 친심원해 기술을 배웠음을 강조하고, 과제로 (이전에 배운 다른 기술들과 함께) 이 기술들을 연습할 때 다이어리 카드에 연습한 날짜에 동그라미 표시하고 사용했던 기술을 평가해야 함을 알려 준다.

마지막으로, 과제 완수를 방해하는 요인에 대한 문제 해결 시간을 가진다. 과제 혹은 과제를 할 때의 장애물에 대해 질문이 있는지 확인한다. 만약 있다면, 질문에 답하고 장애물을 다룬다. 과제를 할 의지가 없거나, 이번 주에 다른 과제가 너무 많거나, 잊어버리거나, 과제를 이해하지 못하는 것 등이 장애물이 될 수 있다. 학생들이 장애물을 찾을 수 있도록 돕고, 이를 극복할 수 있는 계획을 함께 세운다. 한 예로, 잊어버리는 것이 문제라면, 과제를 적고 휴대전화나 달력에 과제 완성 알람을 설정할 수 있다. 과제를 할 의지가 없는 경우에는 먼저 이유를 듣고 동기를 높여 주거나, 과제를 해 오는 것의 중요성(예: 성적)을 상기시켜 주거나, 또는 기타 도움이 될 만한 설명을 해 준다. 과제 관련 문제 해결은 매주 과제를 나누어 준 이후 반드시 진행하도록 한다.

28단원

효과적인 대인관계:
금가진자 기술

⚛ 요약

대인관계 기술에는 자기존중감을 지키고 유지하는 것 또한 포함된다. 이 단원에서는 자기존중감 효율성을 성취하기 위한 '금가진자' 기술에 중점을 둘 것이다. 특히 원하는 결과를 얻는 동시에 어떻게 자기존중감을 유지할 수 있는지에 대해 살펴보고자 한다. 친심원해 기술처럼 금가진자 기술은 모든 사회적 상황에서 중요하다. 금가진자 기술에 얼마나 중점을 둘지는 개인이 결과 효율성과 관계 효율성과 비교해 자기존중감 효율성 성취에 얼마나 우선순위를 두느냐에 따라 결정된다. 금가진자는 '금지하라 사과, 가치 지키기, 진솔하게, 자타공평'을 의미한다. 이 단원에서 학생들은 대인 간 상호작용이 끝난 후에 스스로에 대해 좋게 느낄 수 있는 가능성을 높이기 위해, 각 단계를 어떻게 적용할지에 대해 배울 것이다. 아울러 이 단원은 학생들이 기표주보 집단협상, 친심원해, 금가진자 기술을 모두 함께 사용해 보는 연습을 할 기회를 제공한다.

🌐 요점

1. 계속해서 효과적인 대인관계 모듈의 기술을 배운다. 대인관계 기술들은 상호 배타적인 것이 아님을 명심해야 한다. 또한 한 상황에서 한 가지 기술만 사용해야 하는 것이 아니며, 항상 모든 기술을 다 사용해야 하는 것이 아니라는 것도 기억해야 한다. 이 기술들을 사용하는 방식은 상황에 따라 달라질 수 있다.
2. 만약 의사소통의 주요 목적이 자기존중감 효율성이라면, 금가진자(금지하라 사과, 가치 지키기, 진솔하게, 자타공평) 기술을 사용한다.

⚒ 준비물

1. 본 단원 유인물
   • 〈유인물 28–1〉 효과적인 대인관계: 자기존중감 유지하기
   • 〈과제 28–2〉 효과적인 대인관계: 금가진자 기술 연습
2. 자료 없이 수업에 온 학생들을 위한 여분의 유인물과 필기도구
3. 보드 마커나 분필
4. 다이어리 카드: 수업을 마칠 때 나누어 줄 수 있도록 새 다이어리 카드를 준비한다. 가능하면 다이어리 카드에 '금가진자' 기술을 강조해 둔다.

🔔 준비

1. 학생 기술 바인더에 있는 강의 계획과 유인물을 검토한다.
2. 가능하면 학생들이 서로 바라보고 앉도록 교실의 책상을 미리 배치해 둔다.

🖥 강의 개요와 시간표

• 마음챙김 연습(5분)
   ■ 참여하기: 369 게임(3분)

- ■ 연습에서 관찰한 바 기술하기(2분)
- 과제 점검(10분)
  - ■ 〈과제 27-2〉 효과적인 대인관계: 친심원해 기술 연습
    - ○ 짝과 나누기
    - ○ 학급 전체와 나누기
  - ■ 다이어리 카드
- 주요 개념 소개(5분)
  - ■ 자기존중감 효율성의 목표
  - ■ 스스로 자신의 가치를 어기는 경우와 그 영향의 예시
- 토론: 자기존중감 효율성—금가진자(10분)
  - ■ 〈유인물 28-1〉 효과적인 대인관계: 자기존중감 유지하기 소개
    - ○ 금: 금지하라 사과
    - ○ 가: 가치 지키기
    - ○ 진: 진솔하게
    - ○ 자: 자타공평
    - ○ 금가진자 기술과 기표주보 집단협상 및 친심원해 기술의 균형 맞추기
- 수업 활동: 두 명씩 짝지어 역할 연습하기-모든 기술을 함께 활용하기(15분)
  - ■ 각 쌍에게 우선순위/목표 할당하기
    - ○ 할당된 우선순위에 맞게 기표주보 집단협상, 친심원해, 금가진자 기술 역할 연습하기
    - ○ 학급원들이 우선순위/목적의 순서 맞추기
- 단원 요약(3분)
  - ■ 각 대인관계 기술과 연결된 기술들 복습하기(기표주보 집단협상, 친심원해, 금가진자)
  - ■ 학생들에게 무작위로 질문하여 약어(금가진자)의 의미 복습하기
- 과제 설명(2분)
  - ■ 〈과제 28-2〉 효과적인 대인관계: 금가진자 기술 연습
    - ○ 두 가지 상황에서 금가진자 기술 연습하기
  - ■ 다이어리 카드

🔲 세부 강의 계획

마음챙김 연습(5분)

참여하기: 369 게임(3분)

학생들을 환영하고, 오늘의 마음챙김 활동은 참여하기라고 설명한다.

오늘의 마음챙김 연습으로는 평가하지 않는 태도로 지금 이 순간에 하는 한 가지 일에만 집중하기를 해 보려고 해요. 여러분은 얼마나 자주 다음 순간에 뭘 할지 미리 생각하고 계획을 세운다는 것을 알아차리나요? 우리는 다음에 일어날 일을 생각하느라 현재의 순간을 놓쳐 버리거나 실수를 할 때가 많습니다.

이제 '369 게임'을 할 텐데, 이 게임은 숫자를 세는 게임입니다. 먼저 제가 신호를 하면 모두가 일어서서 원을 만들면 됩니다(만약 인원이 12명이 넘는다면 원을 두 개로 나눈다). 이 게임에서는 먼저 한 사람이 1이라고 말하면서 시작합니다. 그다음에는 옆에 서 있는 다음 사람이 2라고 말합니다(이때 어느 방향으로 진행할지는 미리 정해야 한다). 계속 이렇게 진행하는데, 3, 6, 또는 9가 들어가는 숫자를 말할 차례가 오면 숫자를 말하는 대신 박수를 쳐야 합니다. 13의 경우 '십! 짝!'이 아닌 그냥 박수만 치면 됩니다. 3의 배수에 박수를 치는 것이 아니라, 3, 6, 9가 들어가는 숫자를 말하는 차례에 박수를 치는 것입니다. 3, 6, 9가 어느 자리에 있느냐는 상관없어요. 그래서 29에서 39까지는 계속 박수를 치게 됩니다(구구단 3단과는 차이가 있다. 구구단 3단은 '3 → 6 → 9 → 12 → 15 → 18……'로 진행되지만, 369는 '3 → 6 → 9 → 13 → 16 → 19……'와 같이 진행된다).

얼마나 높은 숫자까지 셀 수 있는지를 볼까요? 우선 한 번 연습해 볼게요. 만약 누군가 실수를 하는 경우, 다음 사람이 1부터 다시 시작하면 됩니다. 1분 정도 지났을 때 게임을 잠시 멈추고 다시 시작할게요. 연습 게임이 끝나고 나서 누군가 실수를 한다면 그 사람은 원 밖으로 나가고, 다음 사람이 1을 세며 게임을 다시 시작하면 됩니다. 기억하세요! 게임의 목적은 그 순간의 현재에 충실하게 집중하는 것이지, 내 차례에 숫자가 몇이 될지 미리 생각하는 것이 아닙니다.

만약 시간이 되거나 다음에 다시 할 때는 더 심화된 버전으로 '뽀숑' 규칙을 포함할 수 있다. 이는 5의 배수가 나올 때는 두 손을 머리 위로 올리고 주먹을 쥐는 동작을 하면서 '뽀숑!'이라고 외치는 것이다.

제가 1이라고 말하면, 책상 옆으로 서고 모두 원을 만들어 주세요. 제가 2라고 말하면 심호흡하라는 뜻입니다. 그리고 제가 3이라고 말하면, 하나씩, 평가하지 않고 온전히 참여해 주시고, 한 명이 숫자를 시작해 주세요. 제가 '그만'이라고 하면 게임을 멈춰 주세요.

이제 3까지 세면서 연습을 시작한다.

1: 일어서서 원을 만드세요. 2: 심호흡을 하세요. 3: 연습을 시작하세요.

2분간 연습을 한 다음 '그만'이라고 말한다.

연습에서 관찰한 바 기술하기(2분)

몇 명의 학생이 관찰한 것을 나누게 한다. 필요하다면 관찰에 대한 피드백을 제공하는데, 학생들의 대답이 자기가 평가 없이 관찰하고 기술한 무언가를 포함하도록 한다(예: 이 연습에 대해 평가하고 있는 것을 알아차렸어요. 이 활동에 100% 참여하고 있다는 것을 알아차렸어요. 이것이 지난주와는 어떻게 다른지 생각하는 것을 알아차렸어요. 생각을 알아차렸어요. 신체 감각을 알아차렸어요. 내 마음이 다른 생각으로 흘러가는 것을 알아차렸어요. 이것이 나에게 어떻게 도움을 줄지 여러 생각이 들었어요. 지난주에 한 연습을 더 좋아한다는 것을 알아차렸어요. 불편하다는 것을 알아차렸고, 그래서 움직여야 했어요).

과제 점검(10분)

〈과제 27-2〉 효과적인 대인관계: 친심원해 기술 연습

짝과 나누기

두 명이 짝을 짓게 하고 설명한다.

친심원해 과제를 짝과 나누세요. 과제지에 적어 온 두 가지 상황 중 하나를 골라서 나누면 됩니다. 친심원해 글자 각각에 맞게 무엇을 했는지 설명하세요. 설명을 들었던 학생은 한 가지 질문을 하세요. 만약 결과가 효과적이었다면, 어떤 것을 잘했다고 생각하는지 물어보면 됩니다. 결과가 기대한 만큼 효과적이지 않았다면 어떻게 다르게 해야 했다고 생각하는지 묻고, 도움이 될 만한 몇 가지 제안을 해도 됩니다. 그다음 역할을 바꿉니다. 두 사람 모두 각자가 친심원해를 연습한 한 가지 상황에 대해 말할 수 있도록 하세요.

학급 전체와 나누기

친심원해 과제를 완성한 학생들에게 연습한 상황에 대해 발표하도록 요청한다. 과제를 한 상황에 대해 살펴볼 때, 친심원해 각 글자에 맞게 무엇을 했는지 물어본다. 대부분의 학생에게 친심원해 중 '해'에 대해 더 이해할 수 있도록 돕고 설명하는 것이 필요한데, 그래서 과제할 때 시도했던 인정해 주기(validation)에 대해 더 논의하는 것은 특히 중요하다. 발표한 학생들에게 특별히 효과적이었던 부분과 발전이 필요한 부분을 말해 준다.

과제를 완성하지 못한 학생들에게는 무엇이 문제였는지, 이번 주에는 어떻게 과제를 완성할 것인지를 이야기하며 과제에 대한 문제 해결을 도와준다.

다이어리 카드

모든 학생이 다이어리 카드와 과제지를 제출하여 검토받도록 한다. 만일 모든 학생의 과제를 매 단원 검토할 수 없다면, 몇 단원을 거치는 동안에는 모두 검토할 수 있도록 한다. 각 다이어리 카드에 기록된 기술 활용의 양에 대해 코멘트를 달아 준다. 기술 연습을 적게 한 학생들에게는 더 연습하도록 격려하고, 연습만이 기술을 더 도움이 되고 자동적으로 쓰게 하는 길임을 상기시킨다.

주요 개념 소개(5분)

다음과 같이 설명한다.

> 오늘은 여러분의 우선순위 중 하나가 자기존중감 효율성일 때 사용할 수 있는 기술들을 배우려고 해요. 이 기술의 이름은 '금가진자'입니다. 타인이 필요하거나 원하는 것과 내가 필요하거나 원하는 것 사이의 균형을 어떻게 잡을지에 대해 이야기해 보려고 합니다.

학생들에게 자기존중감 효율성의 목표에 대해 물어보면서 칠판에 다음의 내용을 적는다.

- 타인과 상호작용하는 동안이나 그 이후에 자기존중감을 쌓고 유지하는 것
- 자신의 신념과 가치를 고수하는 것. 타인의 인정을 위해 자신의 신념을 포기하거나, 실제 그렇지 않음에도 무력한 듯 행동하는 것은 자기존중감을 손상시킬 수 있음

다음과 같이 질문한다.

친구를 기쁘게 하기 위해 내가 원하는 것을 희생할 때 어떤 느낌이 드나요? 혹은 다른 사람의 압력에 의해 나의 가치에 거스르는 행동을 하게 될 때 어떤 느낌이 드나요?

학생들이 대답하게 한다. 질문의 목적은 자신의 가치나 원칙에 거스르는 행동을 할 때, 자신을 평가하게 되고 자신에 대해 좋지 않게 느낄 수 있음을 알려 주기 위함이다.

기억하세요. 결과가 가장 높은 우선순위에 있을 때도 관계와 자기존중감을 신경 쓰는 것은 여전히 중요합니다. 따라서 기표주보 집단협상 기술뿐만 아니라, 친심원해와 금가진자 기술도 필요하지요. 이 세 가지 기술들은 상호 배타적인 것이 아니며, 한 번에 한 가지 기술만 사용할 필요가 없어요. 모든 상호작용에서 자기존중감 기술을 쓸 필요가 있습니다.

이제 다음과 같이 질문한다.

잠시 여러분의 일상에서 경험한 예들을 한번 생각해 보세요. 언제 다른 사람과 상호작용하는 동안 자기존중감을 유지할 수 없었나요? 가능하다면 학교 수업에서 나누기에 적합한 경우를 생각해 보세요.

학생들이 예시를 들게 하거나, 아니면 다음과 같은 대답이나 주제들을 사용한다.

- 너무 화가 나서 내가 원하는 것을 상대방이 하도록 소리 지르고 고함치는 것
- 누군가를 괴롭히는 것
- 상대가 정말로 하고 싶어 하지 않는 일을 하도록 압력을 행사하는 것(예: 시험 때 부정행위 하기, 수업에 빠지기, 술 마시기, 마약 복용하기, 담배 피우기, 성적인 행동하기 등)
- 친구들이나 가족에게 거짓말하는 것
- 많이 울어서 상대가 내가 원하는 것을 해 주도록 하는 것

계속 이어 간다.

자기존중감이 낮아졌던 때 혹은 낮아질 수 있는 때에 대해 이야기해 보았어요. 이번에는 여러분이 관계나 결과보다 자기존중감을 유지하는 데 더 집중했던 상황의 예를 이야기해 봅시다.

다시 학생들이 예시를 들게 한다. 학생들의 참여를 독려하고, 특히 금가진자 기술과 관련된 예를 들 때 더욱 칭찬해 준다.

토론: 자기존중감 효율성–금가진자(10분)

〈유인물 28-1〉 효과적인 대인관계: 자기존중감 유지하기 소개

학생들이 〈유인물 28-1〉을 펴게 하고, '금가진자'라는 단어를 칠판에 세로로 적고 각 글자의 뜻을 적으면서 설명한다.

> 이번 기술의 약자는 '금가진자'입니다. 하나하나 살펴보면서 각 기술을 방금 논의한 예시들과 연결해 볼 수 있어요.

금: 금지하라 사과

학생들에게 〈유인물 28-1〉에 제시된 금가진자의 '금'에 해당하는 요점을 읽게 하고 설명한다.

> 여러분이 사과하는 것이 정당할 때 하는 사과는 괜찮습니다. 사과해야 할 때는 당연히 해야겠죠. 그런데 누군가에게 과도하게 사과하는 것이 문제가 되는 때는 언제일까요?

몇 명이 대답하게 한 후, 계속한다.

> 과도하게 사과하는 것은 문제가 될 수 있습니다. 왜냐하면 이것은 내가 무언가 지독하게 잘못했거나 정말 잘못했다고 느끼는 엄청난 실수를 했음을 의미하기 때문이에요. 또한 내가 과도하게 사과할 때, 다른 사람들을 귀찮게 할 수도 있어요. 때때로 사람들은 상대방으로부터 괜찮다는 말을 듣고 싶어서 혹은 죄책감을 줄이기 위해서 과도하게 사과하기도 합니다. 그러나 이것은 시간이 지날수록 자신에 대해 더 좋지 않게 느끼도록 만들 수 있어요. 왜냐하면 그렇게 하면 나 스스로 그 상황을 넘겨 버리지 못하게 만들기 때문입니다. 또한 다른 사람에게 부탁하거나 나의 의견을 가진 것에 대해 사과하지 않아도 됩니다.

학생들에게 과도하게 사과했던 경험에 관해 묻고, 그 행동이 단기적·장기적으로 자기존중감에 어떤 영향을 미쳤는지 질문한다. 또는 다음의 예시를 사용할 수도 있다.

지희는 구내식당에서 우석이와 화학 과제에 관해 이야기하고 있었어요. 그때 지희의 남자친구인 명수가 들어와서 그들이 이야기하는 것을 보았고, 지희를 한번 쳐다보고는 나가 버렸어요. 지희는 명수를 쫓아가서 우석이와 이야기한 것에 대해 반복해서 사과하기 시작했어요.

다음과 같이 질문한다.

이때 지희의 반복적인 사과는 무엇을 의미하나요? 이것은 지희가 무언가를 잘못했으며, 지희가 화학 과제를 위해 누군가와 논의하면 안 된다는 것을 의미합니다. 여러분은 지희가 여러 차례 사과한 후, 자신에 대해 어떻게 느꼈을 거라고 생각하나요?

가: 가치 지키기

학생들에게 〈유인물 28-1〉에 제시된 금가진자의 '가'에 해당되는 요점들을 읽게 하고 설명한다.

정직, 돈, 훔치는 것, 성, 술과 마약, 부정행위와 같은 여러분의 삶의 중요한 주제들과 관련된 가치들이 무엇인지 생각해 보세요. 중요한 가치 혹은 도덕적 신념을 적어 보세요. 정서 조절 모듈에서 가치에 대해 살펴본 것을 기억하세요. 잠시 참고하고 싶다면, '〈유인물 19-5〉 정서 조절: 지혜로운 마음 가치와 우선순위 목록'을 찾아보세요.

다음과 같이 질문한다.

어떨 때 여러분의 가치를 지키는 것이 어렵나요?

학생들의 예시를 듣고 계속한다.

나의 신념이 내가 소속된 집단의 신념과 부딪힐 때, 집단에서 소외될까 봐 염려하게 될 수 있어요. 만약 자신의 가치들을 반복해서 포기한다면 어떻게 될까요? 결국 시간이 지날수록 자신에 대해 좋지 않게 느끼게 되고, 자신을 부정적으로 평가하게 될 것입니다.

진: 진솔하게

학생들에게 〈유인물 28-1〉에 제시된 금가진자의 '진'에 해당되는 요점들을 읽게 하고 설명한다.

거짓말하는 것이 자기존중감에 어떤 영향을 미칠까요?

대답을 듣고 설명한다.

반복적인 거짓말은 자신에 대해 좋지 않게 느끼게 할 수 있어요. 그리고 시간이 지날수록 관계 또한 악화시킬 것입니다. 나약한 척 행동하는 것은 진실하지 않은 것일까요? 그렇습니다. 이런 행동은 누군가가 나를 위해 무언가를 해 줄 가능성을 높일 수 있지만, 시간이 지나면 도움을 얻기 위해 사람들을 '속였다는 것' 때문에 스스로에 대해 나쁘게 느끼게 될 수 있어요. 예를 들면, 곤경에서 벗어나기 위해 선생님 앞에서 울거나, 아픈 척해서 다른 사람이 여러분 옆에 있어 주느라 자신이 하고 싶은 것을 포기하게 되는 상황 같은 경우가 있겠지요.

학생들에게 다른 예시를 들도록 요청한다.

자: 자타공평

학생들에게 〈유인물 28-1〉에 제시된 금가진자의 '자'에 해당되는 요점들을 읽게 하고 질문한다.

공평하다는 것은 여러분에게 무엇을 의미하나요? 여러분은 늘 다른 사람이 원하는 것을 하나요? 그렇다면 상대방에게 공평하다는 것은 무엇입니까? 내가 상대방의 입장이라면 무엇을 원할까요? 만약 늘 내가 원하는 것만 한다면, 나에 대해 좋지 않게 느끼게 될 것입니다. 또한 만약 늘 다른 사람들이 원하는 것만 한다면, 이 또한 나에 대해 좋지 않게 느끼게 할 것입니다. 자타공평이란 균형을 이루는 것을 말합니다.

[그림 28-1]과 같은 '시소들'을 칠판에 그리고 설명한다.

만약 시소가 한쪽으로 너무 치우쳐 있다면, 관계는 균형이 깨지고 말 거예요. 공평하다는 것은 나의 욕구와 상대의 욕구가 균형을 이루는 것을 의미합니다. 균형적이지 않은 관계는 자신에 대해 부정적으로 느끼게 만들 수 있으며, 자기존중감을 저하시킬 수 있어요.

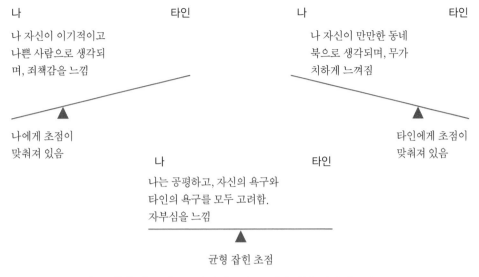

[그림 28-1] 자신과 타인 간 욕구의 불균형/균형을 나타내는 시소들

금가진자 기술과 기표주보 집단협상 및 친심원해 기술의 균형 맞추기
질문한다.

금가진자 기술은 자기존중감이 상호작용에서 최우선순위일 때만 필요할까요, 아니면 모든 상호작용에서 사용되어야 할까요?

학생들에게서 금가진자 기술이 대부분의 대인관계 상황에서 유용하다는 대답을 들은 후, 다시 질문한다.

27단원에 나온 것처럼 친구와 함께 영화를 보러 가는데 각자가 다른 영화를 보고 싶어 하는 상황의 예를 떠올려 봅시다. 만약 보고 싶은 영화를 보는 것이 목표라면, 선택한 영화를 보기 위해 기표주보 집단협상 기술을 사용하게 될 거예요. 만약 이 친구와 관계를 유지하는 것이 더 중요하고, 영화에는 신경을 덜 쓴다면 친심원해 기술의 사용을 늘려서 다른 영화를 보고 싶다거나 친구가 원하는 영화를 보는 것에 동의한다는 의사를 전달할 수 있을 겁니다.

그러나 내가 항상 이 친구가 원하는 것만 하는 편이고, 내가 호구로 느껴지기 시작한다면 어떻게 해야 할까요? 이런 경우라면 금가진자 기술을 늘려야 할 때입니다. 이런 상황에서 어떻게 해야 한다고 생각하나요?

학생들이 효과적이고 금가진자 기술에 부합하는 대답을 할 때 격려하고 칭찬한다. 다시 묻는다.

> 금가진자 기술에 너무 집중하는 것이 언제 문제가 될 수 있을까요? 힌트를 드릴게요. 마음챙김 기술에 대해 생각해 보세요. 오직 자기존중감에만 초점을 맞추는 것은 문제가 될 수 있어요. 이렇게 하는 것이 효과적이지 않다면, 이는 여러분의 장기적인 목적과 맞지 않음을 의미합니다. 자기존중감이 여러분의 최우선 가치가 아니라면, 너무 적게 혹은 너무 많이 집중하지 않는 것이 중요합니다.

수업 활동:
두 명씩 짝지어 역할 연습하기–모든 기술을 함께 활용하기(15분)

2인 1조를 만들게 한다. 각 조에게 ① 결과 효율성, ② 관계 효율성, ③ 자기존중감 효율성의 우선순위를 다르게 할당한다. [그림 28-2]에 제시된 번호들을 사용하여 우선순위의 순서들을 정할 수 있다(학생이 12명이 넘는 경우에는 같은 순서를 가진 조가 두 개 이상이 된다). 각 조의 우선순위 순서는 오직 자신들만 알고 있게 한다. 역할 연기를 마치면 다른 학생들이 순서를 맞추게 한다. 다음과 같이 지시한다.

> 이제 여러분은 짝과 함께 받은 우선순위의 순서에 따라 기표주보 집단협상, 친심원해, 금가진자 기술들을 사용하는 연습을 할 거예요. 연기할 상황은 이렇습니다. 친구와 점심을 먹으러 패스트푸드점에 왔고, 방금 계산대에서 음식을 주문했어요. 그런데 친구가 다가와서 자기는 돈이 없다며 나에게 점심을 사 달라고 합니다. 이 친구는 이전에도 이런 적이 있는데, 결코 돈을 갚지 않았어요. 이 친구는 좋은 친구이고, 여러분은 이 친구와 잘 지내기 위해 공을 많이 들였습니다. 여기서 여러분의 목표는 돈을 내지 않는 것, 친구관계를 유지하는 것, 자기존중감을 지키는 것 중 무엇인가요? 여러분이 받은 우선순위의 순서에 따라 어떻게 결과 효율성, 관계 효율성, 자기존중감 효율성 기술을 사용할 건가요? 여러분 모두 한 번씩 기술을 활용하는 역할과 받아 주는 상대 역할을 합니다. 효과적인 대인관계를 위한 기표주보 집단협상, 친심원해, 금가진자 기술 모두 사용해야 하는 것을 잊지 마세요.

123	213	312
132	231	321

[그림 28-2] 학급 연습 시 활용 가능한 우선순위의 순서들

연습을 마치면, 주어진 시간 내에서 몇 조가 전체 앞에서 기술을 연기하게 한다. 이때 자신들이 뽑은 우선순위 순서를 이야기하지 않고, 청중들이 그 순서를 맞추게 한다.

단원 요약(3분)

새로운 기술들을 배우고 역할 연습을 잘 해낸 것을 칭찬하고, 학생들이 효과적인 대인관계의 세 가지 목표에 대해 하나씩 간략히 설명하게 한다. 그다음으로 각 목표에 해당하는 기술들을 말해 보게 한다. 학생들이 돌아가면서 빠르게 세 가지 약어에 들어 있는 기술들을 말하도록 한다. 특히 금가진자 기술을 강조한다.

과제 설명(2분)

〈과제 28-2〉 효과적인 대인관계: 금가진자 기술 연습
다음과 같이 설명한다.

> 이번 주에는 이 과제지를 사용하세요. 다음 수업까지 금가진자 기술을 사용할 수 있는 두 가지 상황을 선택해 보세요. 그리고 어떤 관계였는지, 어떤 상황이었는지, 어떤 결과가 있었는지, 기술 사용 후에 자신에 대해 어떻게 느꼈는지를 작성해 오면 됩니다.

다이어리 카드

새로운 다이어리 카드를 나누어 준다. 이제 금가진자 기술을 배웠음을 강조하고, 학생들이 과제로 (이전에 배운 다른 기술들과 함께) 이 기술들을 연습할 때 다이어리 카드에 연습한 날짜에 동그라미 표시하고 사용했던 기술을 평가해야 함을 알려 준다.

마지막으로, 과제 완수를 방해하는 요인에 대한 문제 해결 시간을 가진다. 과제 혹은 과제를 할 때의 장애물에 대해 질문이 있는지 확인한다. 만약 있다면, 질문에 답하고 장애물을 다룬다. 과제를 할 의지가 없거나, 이번 주에 다른 과제가 너무 많거나, 잊어버리거나, 과제를 이해하지 못하는 것 등이 장애물이 될 수 있다. 학생들이 장애물을 찾을 수 있도록 돕고, 이를 극복할 수 있는 계획을 함께 세운다. 한 예로, 잊어버리는 것이 문제라면, 과제를 적고 휴대전화나 달력에 과제 완성 알람을 설정할 수 있다. 과제를 할 의지가 없는 경우에는 먼저 이유를 듣고 동기를 높여 주거나, 과제를 해 오는 것의 중요성(예: 성적)을 상기시켜 주거나, 또는 기타 도움이 될 만한 설명을 해 준다. 과제 관련 문제 해결은 매주 과제를 나누어 준 이후 반드시 진행하도록 한다.

29단원

효과적인 대인관계:
요청과 거절의 강도를 정하기 위한 조건 따져 보기

🔬 요약

이 단원은 학생들이 결과 효율성을 위해 기표주보 집단협상 기술을 사용할 때, 요청이나 거절을 얼마나 강하게 할지 결정하는 것을 돕는다. 먼저, 강도를 결정하는 데 있어 고려해야 할 10가지 요인들을 소개한다. 다음으로 학생들이 기표주보 집단협상 기술을 사용할 상황을 고르는데, 이때 교사도 자신의 사례를 가지고 있어야 한다. 각 요인을 살펴보고, 요인들이 선택한 상황과 관련이 있는지 그리고 강도를 높여야 할지를 결정할 것이다.

🌐 요점

1. 어떤 상황에서 무언가를 요청하거나 거절할 때, 그 강도를 다양하게 할 수 있다.
2. 요청이나 거절을 얼마나 강하게 할지 결정할 때 고려할 10가지 요인이 있다. 이들은 능력, 우선순위, 자기존중감, 권리, 권위, 관계, 장기 대 단기 목표, 주고받기, 준비, 타이밍이다.

🔋 준비물

1. 본 단원 유인물
    - 〈유인물 29-1〉 효과적인 대인관계: 요청과 거절의 조건 따져 보기
    - 〈유인물 29-2〉 효과적인 대인관계: 고려할 요인
    - 〈유인물 29-3〉 효과적인 대인관계: 요청과 거절의 강도 정하기
    - 〈과제 29-4〉 효과적인 대인관계: 모든 기술을 한꺼번에 사용하기
2. 자료 없이 수업에 온 학생들을 위한 여분의 유인물과 필기도구
3. 보드 마커나 분필
4. 다이어리 카드: 수업을 마칠 때 나누어 줄 수 있도록 새 다이어리 카드를 준비한다. 가능하면 다이어리 카드에 '요청과 거절의 조건 따져 보기' 기술을 강조해 둔다.
5. 학생 한 명당 10원짜리 동전 10개씩을 준비한다(동전 준비가 어려운 경우에는 종이 클립으로 대체한다).

🔔 준비

1. 학생 기술 바인더에 있는 강의 계획과 유인물을 검토한다.
2. 가능하면 학생들이 서로 바라보고 앉도록 교실의 책상을 미리 배치해 둔다.

⬛ 강의 개요와 시간표

- 마음챙김 연습(5분)
    - 참여하기: 끝말잇기(3분)
    - 연습에서 관찰한 바 기술하기(2분)
- 과제 점검(10분)
    - 〈과제 28-2〉 효과적인 대인관계: 금가진자 기술 연습
        - 짝과 나누기
        - 학급 전체와 나누기
    - 다이어리 카드

- 주요 개념 소개(10분)
  - ■ 〈유인물 29-1〉 효과적인 대인관계: 요청과 거절의 조건 따져 보기 소개
    - ○ 요청하거나 거절하는 것이 적절한지 결정하기
    - ○ 요청과 거절의 강도를 정하기
- 토론: 고려할 요인(20분)
  - ■ 〈유인물 29-2〉 효과적인 대인관계: 고려할 요인 소개
  - ■ 〈유인물 29-3〉 효과적인 대인관계: 요청과 거절의 강도 정하기 소개
    - ○ 능력
    - ○ 우선순위
    - ○ 자기존중감
    - ○ 권리
    - ○ 권위
    - ○ 관계
    - ○ 장기 대 단기 목표
    - ○ 주고받기
    - ○ 준비
    - ○ 타이밍
- 단원 요약(3분)
  - ■ 10가지 요인 간략하게 복습하기
  - ■ 학생 한두 명에게 요청과 거절의 강도가 다른 상황의 예를 들게 하기
- 과제 설명(2분)
  - ■ 〈유인물 29-3〉 효과적인 대인관계: 요청과 거절의 강도 정하기
  - ■ 〈과제 29-4〉 효과적인 대인관계: 모든 기술을 한꺼번에 사용하기
    - ○ 오늘 수업에서 요청과 거절의 강도를 결정하기 위해 연습한 상황에 대해 기표주보 집단협상, 친심원해, 금가진자 기술의 대본 써 보기
  - ■ 다이어리 카드

🖥 세부 강의 계획

마음챙김 연습(5분)

참여하기: 끝말잇기(3분)

학생들을 환영하고, 오늘의 마음챙김 활동은 참여하기라고 말한다.

우리가 했던 다른 참여하기 연습들처럼 우리의 목표는 지금 하는 활동에 하나씩, 평가하지 않고 온전히 집중하는 것입니다. 제가 신호를 주면 모두 일어나서 하나의 원을 만드세요(만약 인원이 8명을 넘으면, 두 개의 원을 만든다). 제가 먼저 단어를 말하면, 오른쪽에 있는 학생이 그 단어의 끝 글자를 연결해서 다른 단어를 말하면 됩니다. 그리고 다음 학생도 같은 방법으로 단어를 말하는 거예요. 예를 들어, '주전자'로 시작하면 다음 사람이 '자전거'라고 말하고, 다음 사람은 '거절', 또 다음 사람은 '절편'과 같이 끝 글자를 연결하여 계속해서 단어를 만드는 겁니다. 최대한 빠르게, 즉흥적으로 하세요. 이 활동에 자신을 온전히 던져 보세요.

만약 이 활동, 어떤 단어, 또는 다른 것들에 대해 평가하는 생각이 든다면, 그냥 그 생각을 알아차리고 흘려보내고 주의를 이 연습으로 돌리세요. 누가 실수를 하면 그냥 알아차리고, 다른 사람이 다시 시작하면 됩니다. 기억하세요. 끝 글자를 연결해서 새로운 단어를 만들면 됩니다.

계속한다.

제가 1이라고 말하면, 일어나서 마음챙김하며 원을 만들라는 신호입니다. 제가 2라고 말하면, 심호흡하라는 뜻입니다. 그리고 제가 3이라고 말하면, 하나씩, 평가하지 않고 온전히 참여하세요. 제가 제일 먼저 시작할게요. '그만'이라고 하면 게임을 멈추세요.

이제 3까지 세면서 연습을 시작한다.

1: 일어서서 원을 만드세요. 2: 심호흡을 하세요. 3: 연습을 시작하세요.

첫 단어를 제시하고 2분간 연습을 한 다음 '그만'이라고 말한다.

연습에서 관찰한 바 기술하기(2분)

학생들이 돌아가며 연습할 때 관찰한 것을 나누게 한다. 필요하다면 관찰에 대한 피드백을 제공하는데, 학생들의 대답이 자기가 평가 없이 관찰하고 기술한 무언가를 포함하도록 한다(예: 이 연습에 대해 평가하고 있는 것을 알아차렸어요. 이 활동에 100% 참여하고 있다는 것을 알아차렸어요. 이것이 지난주와는 어떻게 다른지 생각하는 것을 알아차렸어요. 생각을 알아차렸어요. 신체 감각을 알아차렸어요. 내 마음이 다른 생각으로 흘러가는 것을 알아차렸어요. 이것이 나에게 어떻게 도움을 줄지 여러 생각이 들었어요. 지난주에 한 연습을 더 좋아한다는 것을 알아차렸어요. 불편하다는 것을 알아차렸고, 그래서 움직여야 했어요).

과제 점검(10분)

〈과제 28-2〉 효과적인 대인관계: 금가진자 기술 연습

짝과 나누기

학생들에게 둘씩 짝을 짓게 하고 설명한다.

> 금가진자 과제를 짝과 나누어 보세요. 과제지에 적어 온 두 가지 상황 중 하나를 선택하고 나누면 됩니다. 금가진자 글자 각각에 맞게 무엇을 했는지 설명하세요. 설명을 들었던 학생은 한 가지 질문을 하세요. 만약 결과가 효과적이었다면, 어떤 것을 잘했다고 생각하는지 물어보면 됩니다. 결과가 기대한 만큼 효과적이지 않았다면, 어떻게 다르게 해야 했다고 생각하는지 묻고 도움이 될 만한 몇 가지 제안을 해도 됩니다. 그다음 역할을 바꿉니다. 두 사람 모두 금가진자를 연습한 한 가지 상황에 대해 말할 수 있도록 하세요.

학급 전체와 나누기

학생들에게 자신의 짝이 보고한 것을 반 전체와 나누도록 요청한다. 학생들은 금가진자의 각 글자에 맞게 무엇을 했는지 설명한다. 필요하다면 적절한 피드백을 제공하고, 과제와 기술 연습에 대해 발표한 학생들을 칭찬한다.

과제를 완성하지 못한 학생들에게는 무엇이 문제가 되는지, 이번 주에는 어떻게 과제를 완성할 것인지를 이야기하며 과제에 대한 문제 해결을 도와준다.

다이어리 카드

모든 학생이 다이어리 카드와 과제지를 제출하여 검토받도록 한다. 만일 모든 학생의 과제를 매 단원 검토할 수 없다면, 몇 단원을 거치는 동안에는 모두 검토할 수 있도록 한다. 각 다이어리 카드에 기록된 기술 활용의 양에 대해 코멘트를 달아 준다. 기술 연습을 적게 한 학생들에게는 더 연습하도록 격려하고, 연습만이 기술을 더 도움이 되고 자동적으로 쓰게 하는 길임을 상기시킨다.

주요 개념 소개(10분)

다음과 같은 질문으로 시작한다.

> 여러분이 무언가를 정말 간절히 원했는데 정작 요청은 너무 약하게 한 적이 있나요? 혹은 여러분이 정말정말 원하고 또 상대가 내 요청을 들어줄 만하다고 생각했는데 너무 쉽게 거절을 받아들인 적이 있나요? 아니면 반대로, 여러분이 무언가를 너무 강하게 요청했기 때문에, 상대가 여러분이 거절을 받아들이지 않을 거라고 생각하고 거절하지 못했던 경험이 있나요? 각각의 경우는 관계에 어떤 영향을 미칠까요?

학생들의 대답을 듣고 설명한다.

> 이 단원에서 우리는 두 가지에 초점을 맞출 거예요. 첫 번째로 무언가를 요청하거나 거절하는 것이 지금 적절한지 결정하는 법을 배울 겁니다. 두 번째로는 대인관계 상황에서 요청이나 거절을 얼마나 강하게 해야 할지에 대해 배울 것입니다. 기본적으로 기표주보 집단협상, 친심원해, 금가진자 기술을 얼마나 강하게 사용해야 할지에 대해 초점을 맞추고, 그다음 모든 기술을 함께 사용할 것입니다.
>
> 효과적인 대인관계의 핵심적 요소 중 하나는 이러한 질문과 상황에 대해 딱 맞아떨어지는 '정답'이 언제나 존재하지는 않는다는 것과, 요청하거나 거절할 때 여러 가지 요소를 고려해야 함을 아는 것입니다. 요청하거나 거절할 때, 이 결정에 영향을 주는 10가지 요인들이 있는데, 이들은 우리가 얼마나 강하게 요청하거나 거절할지에 영향을 줍니다.

〈유인물 29-1〉 효과적인 대인관계: 요청과 거절의 조건 따져 보기 소개

학생들이 〈유인물 29-1〉을 보게 하고 한 명에게 윗부분(처음 두 문장)을 읽게 한다.

다음으로 칠판에 수직선을 그리고 맨 위에 1을 쓰고 맨 아래에 10을 쓴 다음, 일정한 간격으로 나누어 나머지 숫자를 기입한다. 유인물에 제시된 다양한 강도의 수준에 밑줄을 긋고 질문한다.

낮은 강도로 요청하거나 거절하는 행동에는 어떤 것이 있을까요? 높은 강도로 요청하거나 거절하는 행동에는 어떤 것이 있을까요?

학생들이 낮은 강도의 행동(예: 시선 접촉을 피함, 작은 목소리, 직설적이지 않고 힌트를 줌, 상대에게 굴복함)과 높은 강도의 행동(예: 타협을 거부함, 큰 목소리, 확고한 태도) 간의 차이에 대해 논의하게 한 후 질문한다.

이 연속선에서 어디에 있는 편인가요? 항상 변하나요, 아니면 주로 위쪽이나 아래쪽인가요? 어느 쪽에 있고 싶은가요?

학생들이 생각할 시간을 준다. 몇 명의 대답을 들어 보아도 좋다. 이어서 설명한다.

오늘은 각 상황에서 어떤 강도로 말하는 것이 좋을지 결정하기 위해 고려할 10가지 요인에 대해 배울 거예요. 한 가지 상황에서 통하는 것이 다른 상황에서는 통하지 않을 수 있다는 것을 기억하세요. 동생에게 도와주지 않겠다고 할 때는 꽤 강하게 말할 수 있지만, 부모님에게 같은 강도로 말하는 것은 문제가 될 수 있습니다. 어떤 날은 아버지에게 용돈을 달라고 강하게 요청할 수 있지만, 아버지께서 해고를 당하신 경우에는 다른 강도로 요청하겠죠. 행동이 상황에 적절한 것이 중요합니다.

토론: 고려할 요인(20분)

이 부분에서는 학생 또는 교사의 예시를 적용하며 10가지 요인을 다룬다. 각 요인을 다룰 때, 학생 한 명이 〈유인물 29-2〉의 설명을 읽게 하고 나서 모든 학생에게 그 요인이 자신에게 중요한 것인지 결정하게 한다.

〈유인물 29-2〉 효과적인 대인관계: 고려할 요인 소개
〈유인물 29-3〉 효과적인 대인관계: 요청과 거절의 강도 정하기 소개
학생들에게 〈유인물 29-2〉와 〈유인물 29-3〉을 책상에 펼쳐 놓게 하고 설명한다.

이제 우리가 요청이나 거절을 할 때의 강도를 결정하기 위해 고려해야 할 10가지 요인에 대해 배울 거예요. 우선 우리 모두 무언가를 요청하거나 거절하려는 상황의 예시가 하나씩 필요합니다. 수업 중에 나눌 수 있고 함께 이야기해 보기에 적절한 예를 생각해야 합니다.

학생들이 예시를 생각할 시간을 준다. 교사도 예시를 준비해 두어야 한다. 교사를 위한 예로는 교장에게 승진을 요구하는 것, 체육관에 다녀오기 위해 다른 교사에게 잠시 반을 맡아 달라고 하는 것, 가족 중 한 명에게 방 청소를 하라고 말하는 것 등이 있을 수 있다. 학생들을 위한 가능한 예로는, 친구나 애인은 그렇게 좋아하지 않는 콘서트에 같이 가자고 요청하는 것, 방과 후에 쇼핑하러 가는 데 따라가 달라는 친구의 요청을 거절하는 것, 콘서트에 같이 가자는 요청을 거절하는 것, 같이 문신이나 피어싱을 하자는 친한 친구의 요청을 거절하는 것 등이 있다.

학생들이 자신의 예를 생각해 내고 말하면, 교사는 돌아다니면서 각 학생에게 10원짜리 10개를 전달한다(동전이 없다면 종이 클립으로 대체해도 된다. 만약 학생들의 수가 많으면 시간을 절약하기 위해 수업 전에 미리 학생들에게 전달해도 된다). 학생들이 예를 생각해 내면, 교사는 모든 학생이 예를 찾았는지 확인하기 위해 돌아다니면서 무엇을 요청하거나 거절할지에 대해 짧게 물어본다. 그리고 설명한다.

> 우리는 각자의 예를 활용해서 얼마나 강하게 요청하거나 거절할지 정하기 위해 〈유인물 29-2〉를 살펴볼 거예요. 〈유인물 29-3〉은 우리가 연습을 위해 사용할 문제지입니다. 이 문제지에는 〈유인물 29-2〉에서 나온 모든 요인이 들어 있기 때문에 이 요인들을 빠르게 살펴보는 데 도움이 될 거예요. 요청의 강도를 결정하기 위해 각각의 요인을 살펴보면서 10원씩(혹은 클립 하나씩) 책상 위에 올려놓아 여러분의 은행에 적립하시기 바랍니다. 〈유인물 29-3〉을 보면, 특정 요인에 대한 여러분의 답이 '예'일 때마다 표의 왼편에 있는 10원 표시에 동그라미를 칠 수 있어요. 또한 거절의 강도를 결정하기 위해서는 특정 요인에 대한 여러분의 답이 '아니요'일 때마다 여러분의 은행에 10원씩(혹은 클립 하나씩) 책상 위에 올려놓아 적립하거나 〈유인물 29-3〉 표의 오른편에 있는 10원 표시에 동그라미를 칠 수 있어요. 끝으로 은행에 적립된 10원짜리 동전(혹은 클립)을 합산하여 기표주보 집단협상 기술을 얼마나 강하게 사용해야 할지 결정하게 됩니다.

이제 교사와 학생들의 예시를 활용하여 이 연습을 해 본다. 여기서는 부모님께 피어싱을 허락받기 위해 요청하는 예를 사용하여 각 요인을 설명할 것이다. 각 요인에 해당하는 질문에 대한 답이 '예'인 경우가 몇 개나 되는지 살펴볼 것이다. 각 요인을 살펴볼 때, 학생 한 명이 〈유인물 29-2〉에 있는 요인과 그에 대한 설명을 읽게 한다. 다음에 제시된 추가 설명을 제공하고, 각 요인이 예시에 부합하는지 아닌지를 학생들과 함께 결정하도록 한다.

학급 규모에 따라 각 요인에 대한 모든 학생의 답변을 듣지 못할 수도 있지만, 모든 학생이 적어도 한 번씩 말하게 한다. 또한 '예'와 '아니요' 사이에서 결정을 어려워하는 학생이 있다면, 모두 함께 이 학생의 결정을 도와준다. 교사 역시 각 질문에 대한 자신의 답을 칠판에 적으면서 학급과 공유한다. 각 요인을 다룰 때 그 요인의 이름을 칠판에 적는다. 각 요인이 예시에 부합할 때마다 칠판에 체크 표시를 하거나 '10원'이라고 써서 학생들이 따라 할 수 있도록 한다.

능력

학생 한 명이 〈유인물 29-2〉에 있는 질문들을 읽게 하고 설명한다.

> 그 사람이 당신이 원하는 것을 줄 수 있나요? 답이 '예'라면 10원(또는 종이 클립)을 은행에 적립하세요. 답이 '아니요'라면 적립하지 마세요.

예를 든다.

> 부모님께 피어싱을 하게 해 달라고 요청하는 경우를 생각해 보죠. 이 경우 답은 '예'입니다. 왜냐하면 부모님이 여러분의 법적 보호자이기 때문에 허락을 할 능력이 있어요. 그러므로 10원을 은행에 적립하고 〈유인물 29-3〉 표의 왼쪽에 있는 10원에 동그라미를 칩니다.

교실을 돌아다니면서 학생들에게 자신이 요청하는 상대가 내가 원하는 것을 줄 수 있는 능력이 있는 사람인지 아닌지 물어본다. 또는 학생들이 무언가를 요청받은 상황이라면, 그것을 해 줄 수 있는 능력이 있는지 물어본다. 필요한 경우 명료화할 수 있는 질문들을 한다. 학생들의 이해를 높이고, 연습에 도움이 되도록 교사 자신의 예를 활용한다.

우선순위

학생 한 명이 〈유인물 29-2〉에 있는 질문들을 읽게 하고 설명한다.

> 다음으로 우선순위를 정해야 하는데요. 원하는 결과가 관계보다 더 우선순위에 있나요? 만약 결과가 더 우선순위라면, 답은 '예'이고 10원(혹은 클립)을 은행에 적립하면 됩니다. 만약 관계가 더 우선순위라면, 여러분의 답은 '아니요'이고 적립하지 않습니다.

예를 든다.

> 자, 부모님께 피어싱 허락을 받는 예를 살펴보죠. 부모님과 관계를 잘 유지하는 것보다

원하는 것을 이루는 것이 더 중요한가요? 아니죠. 피어싱을 정말정말 하고 싶지만, 부모님과의 관계를 깰 만큼의 가치가 있는 일은 아닐 거예요. 그렇다면 이 경우에는 돈을 적립하지 않습니다.

교실을 돌아다니면서 학생들에게 자신의 우선순위가 무엇인지 간략하게 말하도록 요청하고, 이에 대해 학급 전체와 나누어 달라고 부탁한다. 필요한 경우 명료화 질문을 하고, 교사 자신의 예를 활용한다.

자기존중감
학생 한 명이 〈유인물 29-2〉에 있는 질문들을 읽게 하고 설명한다.

요청한 후 자신에 대해 어떻게 느끼게 될까요? 여러분은 보통 사람들에게 많이 부탁하거나 요청하는 편인가요, 아니면 스스로 알아서 하는 편인가요? 무기력하게 행동하지 않고 요청할 수 있나요?

예를 든다.

이 경우에는 내가 부모님께 항상 뭘 해 달라고 하는 편은 아니라고 가정해 보죠. 또한 징징거리거나 소리 지르지 않고, (비록 거절하시더라도) 부모님께 직접 요청하는 것이 내가 자기존중감을 지키는 방법이라고 가정합시다. 따라서 대답은 '예'입니다. 이 경우 요청의 강도를 높일 수 있고, 은행에 10원(또는 클립)을 적립할 수 있어요.

교실을 돌아다니면서 학생들에게 요청을 하거나 거절하는 것이 자신의 자기존중감에 영향을 줄 수 있는지 물어본다. 만약 학생들이 무기력하게 행동하지 않고 스스로 하는 편이라면, 요청하는 것에 대한 대답은 '예'가 되며 10원(혹은 클립)이 적립될 것이다. 만약 거절하는 것이 학생들 스스로에 대해 나쁘게 느끼게 하지 않는다면, 대답은 '아니요'가 되고 10원(혹은 클립)이 적립된다. 필요한 경우 명료화 질문을 하고, 교사 자신의 예를 활용한다.

권리
학생 한 명이 〈유인물 29-2〉에 있는 질문들을 읽게 하고 설명한다.

그 사람이 법적 혹은 도덕적 규범에 의해 내가 원하는 것을 들어주어야 할 의무가 있나요?

예를 든다.

> 피어싱의 예에서 답은 '아니요'입니다. 여러분이 피어싱을 해야 할 법적 의무는 없기 때문에 10원을 적립할 수 없어요. 만약 법적으로 부모님이 여러분의 피어싱을 허락해야 한다면, 권리에 대한 답은 '예'가 되며 10원(혹은 클립)이 은행에 적립되고 요청의 강도를 높일 수 있겠지요.

교실을 돌아다니면서 학생들에게 자신 혹은 다른 사람이 요청하는 것에 있어 법적 혹은 도덕적 의무가 있는지 물어본다. 필요한 경우 명료화 질문을 하고, 교사 자신의 예를 활용한다.

권위
학생 한 명이 〈유인물 29-2〉에 있는 질문들을 읽게 하고 설명한다.

> 내가 상대에게 무엇을 하도록 지시하거나 말할 수 있는 책임이 있나요?

예를 든다.

> 피어싱의 예에서 답은 '아니요'입니다. 사실은 그 반대죠. 그래서 10원(혹은 클립)을 적립할 수 없습니다. 만약 여러분에게 요청하는 사람이 여러분에 대해 권위를 가지고 있지 않다면, 대답은 '아니요'가 되어 10원(혹은 클립)이 은행에 적립되고 거절의 강도를 높일 수 있겠죠.

교실을 돌아다니면서 학생들에게 자신이나 자신에게 요청하는 사람이 요청할 권위가 있는지 물어본다. 필요한 경우 명료화 질문을 하고, 교사 자신의 예를 활용한다(피어싱의 경우, 피어싱하고 싶어 하는 학생이 자신의 몸에 대해 권위를 가지고 있다고 주장할 수 있다. 비록 이것이 맞는 말이기는 하지만, 학생이 피어싱하기 위해서는 부모님의 동의서가 필요하다. 그러므로 부모님이 그 학생에 대해 권위를 가지고 있는 것이다).

관계
학생 한 명이 〈유인물 29-2〉에 있는 질문들을 읽게 하고 설명한다.

요청하는 것이 현재 관계에 적절한가요?

예를 든다.

피어싱의 예에서 답은 '예'입니다. 왜냐하면 여러분은 미성년자이며, 제대로 된 곳에서 피어싱을 받으려면 부모님의 동의서가 필요하죠. 그래서 10원(혹은 클립)을 적립할 수 있습니다. 그런데 만약 여러분의 법적 보호자도 아닌 22살 형이나 오빠에게 허락을 받으려 한다면, 그것은 관계에 적절할까요? 이 경우에 답은 '아니요'입니다. 그러므로 10원(혹은 클립)은 은행에 적립될 수 없어요.

교실을 돌아다니면서 학생들에게 자신이 하는 요청이나 받는 요청이 관계에서 적절한 지 물어본다. 필요한 경우 명료화 질문을 하고, 교사 자신의 예를 활용한다.

장기 대 단기 목표
학생 한 명이 〈유인물 29-2〉에 있는 질문들을 읽게 하고 설명한다.

지금 요청하는 것이 장기적인 관점에서 관계에 어떤 영향을 미칠까요?

예를 든다.

피어싱의 예에서 지금 피어싱을 하게 해 달라고 요청하지 않는 것이 단기적인 평화를 유지하게 하지만, 뒤에 더 큰 좌절감을 겪게 할 것 같나요? 답은 '아니요'입니다. 지금 요청하지 않는다고 해서 차후에 더 큰 문제를 일으키지는 않습니다. 그러므로 10원(혹은 클립)을 적립할 수 없으며, 요청의 강도를 높일 수도 없어요.

학생들에게 차후에 좌절감이나 억울함을 느끼게 할 수 있음에도 불구하고 지금 당장 갈등을 피하고자 상대에게 맞춰 준 경험을 발표하게 한다. 다음과 같은 예시를 활용할 수도 있다.

- 친구 혜린이가 일주일에 한두 번씩 나의 수학 숙제를 베끼게 해 달라고 요청합니다. 오늘도 숙제를 베끼게 해 달라고 말해요. 나는 혜린이가 숙제를 베끼는 것이 불만스럽지만, 만약 들어주지 않으면 혜린이가 친구들에게 나에 대해 험담을 하리라는 것을 알고

있습니다.

- 금요일 밤에 있는 축구 경기를 친구들과 함께 정말 보러 가고 싶어요. 그러나 어머니께서는 금요일 밤에 내가 동생들을 봐 주기를 바라십니다. 왜냐하면 금요일 저녁은 부모님께서 데이트하는 시간이기 때문이죠. 만약 어머니께 그 시간을 포기하시라고 한다면, 어머니께서는 화를 내거나 자신은 자유시간이 전혀 없다고 불평하실 거예요. 그러나 나도 이번 축구 경기 관람을 못 한다면 부모님께 오랫동안 매우 화가 날 것 같고 동생들에게도 까칠하게 행동할 것 같아요.

학생들에게 요청하거나 거절하는 것이 단기적으로는 갈등을 막을 수 있지만, 차후에 문제를 일으킬 수 있는지 물어본다. 필요한 경우 명료화 질문을 하거나 교사 자신의 예를 활용한다.

주고받기
학생 한 명이 〈유인물 29-2〉에 있는 질문들을 읽게 하고 설명한다.

내가 요청하는 만큼 상대에게 주기도 하나요?

예를 든다.

피어싱의 예에서 여러분이 매일 저녁 식사 후에 식탁도 치우고 설거지도 하며, 부모님이 요청할 때는 주말에 동생들도 돌본다고 합시다. 이 경우 여러분의 대답은 '예'이며 10원(또는 클립)을 은행에 적립할 수 있습니다.

학생들에게 상대방과 서로 공평하게 주고받는 관계를 맺고 있는지 물어본다. 즉, '내가 요청을 하는 만큼, 상대가 나에게 뭔가 요청할 때 해 주는가?'를 질문해 보는 것이다. 필요한 경우 명료화 질문을 하거나 교사 자신의 예를 활용한다.

준비
학생 한 명이 〈유인물 29-2〉에 있는 질문들을 읽게 하고 설명한다.

준비하는 것은 요청에 필요한 모든 정보를 갖추고 상대에게 내가 요청하는 내용과 목적을 명확하게 전달하는 것을 뜻해요. 만약 내가 모든 준비를 했고 내 요청을 명확하게 전달한다면, 대답은 '예'이며 10원(혹은 클립)을 은행에 적립할 수 있어요. 거절하는 경우라면 상대의 요청이 명료한지, 즉 상대가 원하는 것이 명확하게 이해가 되는지 자신에게 질문하고 싶을 겁니다. 만약 요청이 명확하지 않다면, 이 질문에 대한 답은 '아니요'이며 10원(혹은 클립)을 은행에 적립하게 됩니다.

예를 든다.

　피어싱의 예를 사용하면, 요청하기 위해 알아야 할 모든 사항을 다 파악하고 있는지 알아야 해요. 할 수 있는 장소들과 가격을 알아보고, 피어싱을 안전하게 하고 감염을 막는 정보도 파악하고 있어야겠죠? 그리고 여러분이 원하는 피어싱이 코 왼쪽에 작고 동그란 금색 장식을 붙이는 것이라면, 어떤 모습일지 부모님께 보여 드릴 수 있는 사진도 준비해야겠죠?

학생들에게 자신이나 상대가 잘 준비했는지, 그리고 요청이 명확한지 물어본다. 필요한 경우 명료화할 수 있는 질문을 한다(피어싱의 경우, 어떤 형태의 피어싱을 하고 싶은지, 또 어느 부위에 하고 싶은지에 대한 정보가 전달되지 않는다면, 부모님은 자녀가 무엇을 요청하는지 잘 알지 못할 수 있다. 자녀가 귀나 혀에 피어싱을 하고 싶어 한다고 생각할 수 있고, 이렇게 생각하면 코에 한다고 말할 때와는 다르게 반응할 수도 있다).

타이밍
학생 한 명이 〈유인물 29-2〉에 있는 질문들을 읽게 하고 설명한다.

　요청을 하기에 적절한 때인가요?

예를 든다.

　피어싱의 예를 사용해 봅시다. 여러분이 이번 중간고사에서 좋은 성적을 받았고, 부모님은 이 일로 좋아하시고 지금 기분도 좋은 상태입니다. 이것은 좋은 타이밍이겠죠? 반대로 요청하거나 거절하기에 좋지 않은 때는 어떤 때일까요?

학생들에게 요청이나 거절을 하기 좋을 때와 나쁠 때에 대한 다양한 예를 들게 한다. 피어싱의 예에서 좋은 성적을 받았을 때는 좋은 타이밍이 되겠지만, 부모님이 방금 싸우셨거나 저녁에 손님을 맞기 위해 집 안 청소를 하느라 스트레스를 받는 상황은 좋은 타이밍이 아닐 것이다.

10가지 요인들을 모두 살펴본 후, 각자의 예에 대해 '예' 또는 '아니요' 응답들을 합산하게 한다. 예를 들어, 피어싱의 예에서는 6개의 '예'가 있었다. 〈유인물 29-1〉을 보고 해당되는 숫자의 강도를 읽도록 한다. 강도 6의 경우에는 '자신 있게 요청하고, 거절은 받아들여야' 한다. 학생들이 적립된 자신의 동전(또는 클립)을 세도록 하고 얼마나 강하게 요청이나 거절을 할 것인지를 결정하도록 한다.

다음과 같이 질문한다.

> 하지만 강도를 결정하는 것이 늘 이렇게 단순할까요, 아니면 때로는 어떤 요인들이 다른 요인들보다 더 중요하기도 할까요?

학생들의 답을 듣고 계속한다.

> 때로는 어떤 요인들에 가중치를 두고 지혜로운 마음으로 강도를 높이거나 낮추는 조정이 필요하기도 해요. 피어싱의 예에서도 어떤 요인이 다른 요인들보다 더 중요한지 살펴볼 수 있어요. 당신이 좋은 성적을 받았고, 부모님의 기분이 좋으시기 때문에 요청하기에 좋은 타이밍일 수 있습니다. 하지만 아버지께서 차 수리를 위해 돈이 필요하고 넉넉하지 않은 상황이라는 것을 알게 되었다면, 당신은 다른 요인들보다 타이밍을 더 중요하게 여기고 강도를 낮추어야 할 것입니다. 그래서 강도는 5가 될 수 있고, 이것은 '자신 있게 하기보다 예의 바르고 부드럽게 요청하고, 거절은 받아들이는 것'을 의미합니다.

학생들의 질문을 받는다. 다음으로 학생들이 각자의 예를 살펴보고 필요하다면 지혜로운 마음으로 조정하도록 한다. 몇몇 학생에게 자신들이 조정한 것을 나누도록 한다. 이 활동을 할 때 지혜로운 마음에 귀 기울이는 것이 중요함을 학생들에게 상기시킨다.

단원 요약(3분)

다음과 같이 설명한다.

> 효과적인 대인관계를 위해서는 무언가를 요청하거나 거절하는 것이 적절한지에 대해 고

려하는 것이 필요해요. 이 단원에서 배운 10가지 요인들은 얼마나 강하게 요청이나 거절을 할지 판단하는 데 있어 유용한 도구가 될 수 있습니다.

필요하다면 10가지 요인들을 간략하게 살펴본다. 시간이 허락한다면 한두 명의 학생에게 이번 연습의 결과에 따라 얼마나 강하게 요청이나 거절을 할지의 예를 들게 한다.

과제 설명(2분)

〈유인물 29-3〉 효과적인 대인관계: 요청과 거절의 강도 정하기
설명한다.

오늘 배운 10가지 요인들을 검토하고 강도를 정하기 위해 〈유인물 29-3〉을 사용하세요. 만약 이번 주에 다른 상황이 발생하면 이 유인물을 다시 살펴볼 수 있습니다.

〈과제 29-4〉 효과적인 대인관계: 모든 기술을 한꺼번에 사용하기
설명한다.

두 번째 과제는 오늘 수업에서 다룬 예나 다른 상황이 발생한다면 기표주보 집단협상, 친심원해, 금가진자 기술을 연습하고 다음 수업 시간에 보고하는 것입니다. 어떤 일이 있었는지, 그리고 기술을 구체적으로 어떻게 사용했는지 적어 오세요.
끝으로, 다음 주에 효과적인 대인관계 모듈 시험이 있으니 이번 모듈의 모든 기술과 마음챙김 기술들을 복습하시기 바랍니다.

다이어리 카드

새로운 다이어리 카드를 나누어 준다. 이제 요청과 거절의 조건을 따져 보는 기술을 배웠음을 강조하고, 학생들이 과제로 (이전에 배운 다른 기술들과 함께) 이 기술들을 연습할 때 연습한 날짜에 동그라미 표시하고 사용했던 기술을 평가해야 함을 알려 준다.

마지막으로, 과제 완수를 방해하는 요인에 대한 문제 해결 시간을 가진다. 과제 혹은 과제를 할 때의 장애물에 대해 질문이 있는지 확인한다. 만약 있다면, 질문에 답하고 장애물을 다룬다. 과제를 할 의지가 없거나, 이번 주에 다른 과제가 너무 많거나, 잊어버리거나, 과제를 이해하지 못하는 것 등이 장애물이 될 수 있다. 학생들이 장애물을 찾을 수 있도록

돕고, 이를 극복할 수 있는 계획을 함께 세운다. 한 예로, 잊어버리는 것이 문제라면, 과제를 적고 휴대전화나 달력에 과제 완성 알람을 설정할 수 있다. 과제를 할 의지가 없는 경우에는 먼저 이유를 듣고 동기를 높여 주거나, 과제를 해 오는 것의 중요성(예: 성적)을 상기시켜 주거나, 또는 기타 도움이 될 만한 설명을 해 준다. 과제 관련 문제 해결은 매주 과제를 나누어 준 이후 반드시 진행하도록 한다.

30단원
효과적인 대인관계 시험

🌀 요약

마지막 단원의 목표는 학생들이 효과적인 대인관계 모듈에서 무엇을 배웠는지를 확인해 보고, 더 복습이 필요한 주제를 평가하는 것이다.

⚙️ 준비물

1. 효과적인 대인관계 시험지(학급 전체를 위해 충분한 양을 출력)
2. 학생들을 위한 여분의 필기도구
3. 다이어리 카드: 수업을 마칠 때 나누어 줄 수 있도록 새 다이어리 카드를 준비한다.

🔔 준비

1. 시험을 보기 위해 평소처럼 책상을 배치해 둔다.
2. 시험지를 미리 살펴보고 학생들의 질문에 대비한다.

🔵 강의 개요와 시간표

- 마음챙김 연습(5분)
  - 관찰하기/지혜로운 마음: 들숨에 '지혜로운', 날숨에 '마음'(3분)
  - 연습에서 관찰한 바 기술하기(2분)
- 과제 점검(10분)
  - 〈유인물 29-3〉효과적인 대인관계: 요청과 거절의 강도 정하기
  - 〈과제 29-4〉효과적인 대인관계: 모든 기술을 한꺼번에 사용하기
    - ○ 소집단과 나누기
    - ○ 학급 전체와 나누기
  - 다이어리 카드
- 모듈과 시험 복습(5분)
- 시험(28분)
- 다이어리 카드 나누어 주기(2분)

🔵 세부 강의 계획

마음챙김 연습(5분)

관찰하기/지혜로운 마음: 들숨에 '지혜로운,' 날숨에 '마음'(3분)
학생들을 환영하고 설명한다.

오늘은 시험을 보는 날이기 때문에 마음챙김 연습으로 이전에 배웠던 호흡을 관찰하고 지혜로운 마음에 접촉하는 연습을 해 볼 거예요. 현재 순간에 초점을 맞추면서 '지혜로운'이라는 단어에 숨을 들이마시고 '마음'이라는 단어에 숨을 내쉬면서 우리 안에 있는 고요한 지점을 찾을 거예요. 들이마실 때는 '지혜로운'이라는 말을, 내쉴 때는 '마음'이라는 말을 자신에게 합니다. 이 연습은 우리가 지혜로운 마음에 접촉할 필요가 있을 때 언제든 사용할 수 있어요. 우리는 늘 호흡을 하기 때문에 이 연습은 어느 곳에서나 활용할 수 있어요. 여러분은 이것을 오늘 시험 전이나 도중에 사용할 수도 있고, 다른 시험을 칠 때도 써 볼 수 있습니다. 지혜로운 마음에 접촉하는 기술은 규칙적인 연습을 통해 가능합니다. 생각이나 판단

이 떠오르면 알아차리고 흘려보내세요. 그러고 나서 다시 지혜로운 마음 호흡으로 돌아오세요.

계속한다.

제가 1이라고 말하면, 마음챙김/완전히 깨어 있는 자세를 취해 보세요. 이제 모두가 잘 아는 대로 발을 바닥에 잘 붙이고, 바르게 앉아 손을 무릎 위에 올립니다. 눈은 뜬 채로 부드럽게 앞쪽을 바라보세요. 이것은 시선을 앞쪽 아래로 두고 특별히 뭔가를 바라보지 않는다는 뜻이에요. 만약 눈을 깜빡이거나 침을 삼키는 것 외에 움직이려는 다른 어떤 충동이 들면, 충동에 따르지 말고 그냥 알아차리기만 하세요. 제가 2라고 말하면, 심호흡하라는 뜻입니다. 그리고 제가 3이라고 말하면, 연습을 시작하라는 신호예요. '그만'이라고 하면 연습을 멈추세요.

이제 3까지 세면서 연습을 시작한다.

1: 마음챙김/완전히 깨어 있는 자세를 취하세요. 2: 심호흡을 하세요. 3: 연습을 시작하세요.

2분이 지난 다음에 '그만'이라고 말한다.

연습에서 관찰한 바 기술하기(2분)

학생들이 돌아가며 연습할 때 관찰한 것을 나누게 한다. 필요하다면 관찰에 대한 피드백을 제공하는데, 학생들의 대답이 자기가 평가 없이 관찰하고 기술한 무언가를 포함하도록 한다(예: 몸을 움직이고 싶은 충동을 알아차렸어요. 들숨과 날숨 사이에 호흡을 멈춘 것을 알아차렸어요. 이것이 지난주와는 어떻게 다른지 생각하는 것을 알아차렸어요. 생각을 알아차렸어요. 신체 감각을 알아차렸어요. 내 마음이 다른 생각으로 흘러가는 것을 알아차렸어요. 이것이 나에게 어떻게 도움을 줄지 여러 생각이 들었어요. 지난주에 한 연습을 더 좋아한다는 것을 알아차렸어요. 불편하다는 것을 알아차렸고, 그래서 움직여야 했어요).

과제 점검(10분)

〈유인물 29-3〉 효과적인 대인관계: 요청과 거절의 강도 정하기
〈과제 29-4〉 효과적인 대인관계: 모든 기술을 한꺼번에 사용하기

소집단과 나누기
3인 1조의 소집단으로 나누고 설명한다.

> 이제 요청과 거절의 강도를 정하기 위해 10가지 요인들을 활용한 과제에 대해 나눌 거예요. 그다음에는 지난주 수업에서 다루었던 상황이나 과제를 하면서 활용한 다른 상황에서 기표주보 집단협상, 친심원해, 금가진자 기술을 사용했던 것에 대해 나누고, 요청이나 거절을 할 때 어느 정도의 강도로 하였는지도 이야기해 볼 거예요. 이제 시작해 보세요.

돌아다니면서 학생들의 이야기를 들어 보고, 필요하다면 피드백을 제공하고 질문에 답한다.

학급 전체와 나누기
두세 명의 학생이 과제를 반 전체와 나누게 한다. 이때 적어도 한 명은 과제를 완성한 학생을 선택하고, 또 적어도 한 명은 과제를 완성하지 못했거나 어려움을 겪은 학생을 선택해서 나누게 한다. 피드백을 제공하고 어려움을 겪은 학생에게는 어떻게 기술 연습을 더 잘할 수 있을지에 대해 지도해 준다.

과제를 완성하지 못한 학생들에게는 무엇이 문제였는지, 이번 주에는 어떻게 과제를 완성할 것인지와 관련된 문제 해결을 도와준다.

다이어리 카드
모든 학생이 다이어리 카드와 과제지를 제출하여 검토받도록 한다. 이번이 마지막 단원이므로 학생이 얼마나 기술을 많이 사용했는지에 대해 피드백을 준다. 특히 교과를 처음 시작할 때와 비교해서 어떤 변화가 있었는지 알려 준다.

모듈과 시험 복습(5분)

시험지를 나누어 주기 전, 효과적인 대인관계 모듈에서 사용된 학습자료들에 대한 질문

에 답해 준다(아울러 시험에 마음챙김 모듈 문제들도 일부 포함되어 있음을 상기시킨다).

시험(28분)

시험을 시행한다.

다이어리 카드 나누어 주기(2분)

시험을 마친 후에 학생들에게 새로운 다이어리 카드를 나누어 주고 설명한다.

축하합니다! 여러분은 DBT STEPS-A 과목을 성공적으로 수료했어요. 이제 다이어리 카드를 작성하는 것이 더 이상 필수는 아닙니다. 하지만 이 수업에서 배운 모든 기술을 기억하기 위해 여러분 모두가 이 카드를 지속적으로 작성해 보세요. 또한 기술을 지속적으로 활용하고 도움을 받기 위해 유인물들과 과제지들을 참고하세요. 이 기술들을 효율적으로 사용하기 위해서는 매일 계속 사용해야 함을 잊지 마시기를 바랍니다.

고통 감싸기 시험

이름: _____

주의: 이 시험은 주로 고통 감싸기에 관한 것이지만, 일부 마음챙김 기술에 대한 질문도 포함됩니다.

1. 세 가지 마음 상태의 이름을 써넣으세요.

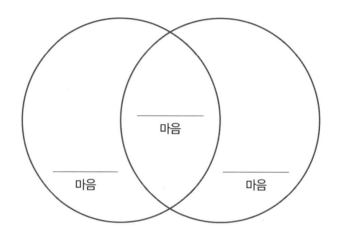

2. '무엇을' 기술들의 이름을 쓰고 어떻게 사용하는지 설명하세요.

3. '어떻게' 기술들의 이름을 쓰고 어떻게 사용하는지 설명하세요.

4. 다음 중 하나를 고르세요. 고통 감싸기 기술은:

　　a. 다른 사람들과 효과적으로 상호작용하기 위한 기술

　　b. 힘든 상황을 더 악화시키지 않고 넘기는 기술

　　c. 나 자신의 지혜로운 마음을 발견하는 기술

　　d. 스트레스를 주는 상황에서 감정에 따라 행동하려는 충동을 수용하고 견디는 기술

5. 두 가지 유형의 고통 감싸기 기술이 무엇인지 쓰세요.

　　a. _____

　　b. _____

약자(기억 도우미) 퀴즈

6. 신체의 화학 작용을 바꾸는 냉동복식

　　냉 _____

　　동 _____

　　복식 _____

7. 신기한 쉼의 상자

　　신 _____

　　기 _____

　　한 _____

　　쉼 _____

　　의 _____

　　상 _____

　　자 _____

8. 자기위안 기술의 목적을 설명하고, 각 기술의 예를 하나씩 드세요.

　　목적: _____

　　_____

　　_____

　　_____

a. _____

_____

b. _____

_____

c._____

_____

d. _____

_____

e. _____

_____

f. _____

_____

9. 감정의 강도를 바꾸기 위해 냉동복식 기술을 쓸 때, 우리 몸의 어떤 시스템이 활성화될
까요?

_____

10. 온도를 이용해서 극단적인 감정을 다룰 때(냉), 그 효과를 극대화하기 위한 다섯 가지
요소는 무엇인가요?

a. _____

b. _____

c. _____

d. _____

e. _____

11. 상황: 오늘은 중요한 시험이 있다. 등굣길에 엄마가 전화해서 우리 집 강아지가 방금 차
사고를 당해서 죽었다고 말씀하셨다. 시험을 포기하고 그냥 집에 가고 싶은 마음이다.
장단점 찾기를 제외한 고통 감싸기 기술을 활용해서 내가 할 수 있는 일(즉, 사용해 볼
기술)은 무엇이 있을까요?

12. 11번의 상황에 대한 다음의 장단점 찾기 목록을 작성하세요. 결정 1은 학교에 남아서 시험을 치르는 것입니다. 결정 2는 시험을 치르지 않고 집에 가는 것입니다.

	장점	단점
결정 1: 충동에 따라 행동하는 것을 피하기		
결정 2: 충동에 따라 행동하기		

고통 감싸기 시험 해설

1. 세 가지 마음 상태의 이름을 써넣으세요.

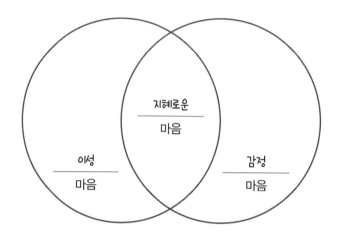

2. '무엇을' 기술들의 이름을 쓰고, 어떻게 사용하는지 설명하세요.

   '무엇을' 기술에는 관찰하기, 기술하기, 참여하기가 있다. 이 기술들을 어떻게 사용해야 하는지에 대한 설명에는 각 기술을 한 번에 하나씩만 사용해야 한다는 것이 들어가야 한다.

3. '어떻게' 기술들의 이름을 쓰고, 어떻게 사용하는지 설명하세요.

   '어떻게' 기술에는 평가하지 않고, 하나씩, 효과적으로가 있다. 이 기술들을 어떻게 사용해야 하는지에 대한 설명에는 이 기술들을 동시에 사용할 수 있다는 것이 들어가야 한다.

4. 다음 중 하나를 고르세요. 고통 감싸기 기술은:

   a. 다른 사람들과 효과적으로 상호작용하기 위한 기술

   b. 힘든 상황을 더 악화시키지 않고 넘기는 기술

   c. 나 자신의 지혜로운 마음을 발견하는 기술

   d. 스트레스를 주는 상황에서 감정에 따라 행동하려는 충동을 수용하고 견디는 기술

5. 두 가지 유형의 고통 감싸기 기술이 무엇인지 쓰세요.

   a. 위기 생존 기술

   b. 현실 수용 기술

약자(기억 도우미) 퀴즈

6. 신체의 화학 작용을 바꾸는 냉동복식

   냉: 차게 식히기

   동: 격렬한 운동

   복식: 복식호흡

7. 신기한 쉼의 상자

   신: 신체이완

   기: 기도하기

   한: 한 가지만

   쉼: 쉼표: 잠시 탈출!

   의: 의미 찾기

   상: 상상하기

   자: 자기격려

8. 자기위안 기술의 목적을 설명하고, 각 기술의 예를 하나씩 드세요.

   목적: 감정적 고통이 있는 상황에서 나를 보듬어 주고 달래 줄 수 있는 즐거운 행동을 하는 것

   a. 시각

   b. 청각

   c. 미각

   d. 촉각

   e. 후각

   f. 움직임

     이 기술들의 예는 <유인물 7-1>을 참조하시오.

9. 감정의 강도를 바꾸기 위해 냉동복식 기술을 쓸 때, 우리 몸의 어떤 시스템이 활성화될까요?

   부교감신경계(Parasympathetic Nervous System: PNS)

10. 온도를 이용해서 극단적인 감정을 다룰 때(냉), 그 효과를 극대화하기 위한 다섯 가지 요소는 무엇인가요?

    a. 찬 온도

    b. 물로 적심

    c. 얼굴

    d. 앞으로 숙임

    e. 숨을 참음

11. 상황: 오늘은 중요한 시험이 있다. 등굣길에 엄마가 전화해서 우리 집 강아지가 방금 차 사고를 당해서 죽었다고 말씀하셨다. 시험을 포기하고 그냥 집에 가고 싶은 마음이다. 장단점 찾기를 제외한 고통 감싸기 기술을 쓴다면, 내가 할 수 있는 일(즉, 사용해 볼 기술)은 무엇인가요?

시험을 안 보고 집에 가고 싶은 충동을 견디기 위한 다양한 위기 생존 기술, 혹은 지금 자신이 강아지를 위해 할 수 있는 일은 아무것도 없으며, 재시험은 불가능할 수 있다는 사실에 대한 온전한 수용이 정답이 될 수 있다.

12. 11번의 상황에 대한 다음의 장단점 찾기 목록을 작성하세요. 결정 1은 학교에 남아서 시험을 치르는 것입니다. 결정 2는 시험을 치르지 않고 집에 가는 것입니다.

정답에는 단기 결과와 장기 결과가 모두 들어가야 하며, 감정에 주는 영향도 포함되어야 한다. 다음에 제시된 것은 한 가지 예이다.

	장점	단점
결정 1: 충동에 따라 행동하는 것을 피하기	• 낙제 점수(0점)를 받지 않는다. • 기말 평균 점수가 많이 낮아지지 않는다. • 우리 강아지가 다친 모습을 보지 않아도 된다.	• 우리 강아지를 못 볼 것이다. • 사람들이 내가 우는 것을 볼 것이다. • 시험에 집중하기가 너무 어려울 것이다. • 슬픔을 느껴야 한다.
결정 2: 충동에 따라 행동하기	• 내가 우는 것을 다른 사람들이 보지 못할 것이다. • 우리 강아지를 볼 수 있다. • 내 주의가 우리 강아지의 죽음에 가 있는 동안 시험에 신경을 쓰지 않아도 된다.	• 시험을 보지 못한다. • 낙제 점수를 받는다. • 시험을 안 봤다고 엄마가 화내실 것이다. • 시험을 안 봤다고 선생님이 화내실 것이다. • 재시험을 볼 기회는 없을 수도 있다. • 시험을 안 본 것에 대해 수치심을 느낄 것이다.

정서 조절 시험

이름: _____

주의: 이 시험은 주로 정서 조절에 관한 것이지만, 일부 마음챙김 기술에 대한 질문도 포함됩니다.

1. 다음 중 하나를 고르세요. 세 가지 '무엇을' 기술은 무엇인가요?
   a. 관찰하기, 기술하기, 효과적으로
   b. 관찰하기, 하나씩, 평가하지 않고
   c. 참여하기, 기술하기, 관찰하기
   d. 평가하지 않고, 하나씩, 효과적으로

2. 다음 중 하나를 고르세요. 말을 붙이지 않고 바라보는 것은 어떤 기술의 특징인가요?
   a. 기술하기
   b. 평가하지 않고
   c. 관찰하기
   d. 지혜로운 마음

3. 다음 중 하나를 고르세요. 되는 것을 하는 것에 집중하는 것은 어떤 기술의 특징인가요?
   a. 참여하기
   b. 지혜로운 마음
   c. 평가하지 않고
   d. 효과적으로

이 자료는 『DBT®, 학교에 가다: 청소년 정서 문제 해결을 위한 DBT 기술 훈련(DBT STEPS-A)』(저자 James J. Mazza, Elizabeth T. Dexter-Mazza, Alec L. Miller, Jill H. Rathus, and Heather E. Murphy, 역자 조윤화, 김기환, 권승희, 최현정, 2022)의 일부입니다. 원 저작권은 The Guilford Press에, 한국어판 저작권은 학지사에 있습니다. 이 자료는 학지사 홈페이지에서 다운로드하여 개인 용도로 활용하실 수 있습니다.

4. 우리가 배웠던 정서 모형입니다. 빈칸을 채워 넣으세요.

5. 괄호 안의 정서 중 하나를 골라서 동그라미를 치세요(기쁨, 사랑, 슬픔, 화, 두려움, 수치심). 선택한 정서에 맞게 다음의 빈칸을 채우세요.

    a. 이 정서의 촉발 사건이 될 수 있는 것은 _____

    b. 이 정서에 대해 가능한 해석은 _____

    c. 이 정서와 함께 나타나는 몸 안의 느낌은 _____

    d. 이 정서가 몸 밖으로 표현되는 방법은 _____

    e. 이 정서의 사후 효과 또는 결과는 _____

6. 정서의 기능 세 가지를 적으세요.

    a. _____

    b. _____

    c. _____

7. 이분법적 사고 또는 재앙화 사고에 대해 도전하는 것은 어떤 기술에 속하나요?

    _____

    _____

8. 다음 중 하나를 고르세요. 만약 긍정 경험 쌓기에 집중하기로 했다면, 나는……

    a. 하루에 최소 한 번 할 수 있는 즐거운 일을 생각해 낸다.

    b. 내 가치를 명확히 한다.

    c. 자신감을 향상시키고 유능감을 주는 활동에 참여한다.

    d. a~c 모두

    e. a와 b만

9. 다음 중 하나를 고르세요. 미리 연습하기 기술을 사용할 때 알아야 할 가장 중요한 것은 무엇인가요?

    a. 촉발 사건

    b. 가능한 가장 좋은 결과

    c. 가장 일어날 가능성이 높은 결과

    d. 위협

    e. 정답 없음

10. 몸을 돌보아서 감정 마음에 대한 취약성을 줄이는 기술들을 나열하고 각 기술에 대해 설명하세요.

_____

_____

_____

_____

_____

_____

11. 다음에 적힌 정서가 사실에 맞지 않을 때의 행동 충동과 반대 행동은 무엇인가요?

정서	행동 충동	반대 행동
1. 두려움		
2. 죄책감		
3. 슬픔		
4. 화		

12. 일반적으로 문제 해결 기술을 사용하기 적절한 때는 언제일까요?

_____

_____

_____

_____

_____

13. 고통 감싸기 모듈에서 가끔은 감정에서 주의를 전환하는 것이 중요하다고 배웠습니다. 정서 조절 모듈에서는 어떤 때는 감정을 피하지 않고 느껴 보는 것이 중요하다고 배웠지요. 감정을 피하지 않고 느끼는 정서 조절 기술의 이름을 쓰고, 언제 고통 감싸기 기술로 주의를 환기하는 대신 이 기술을 써서 감정을 경험하면 좋을지 적어 보세요.

_____

_____

_____

_____

_____

_____

_____

_____

_____

_____

_____

정서 조절 시험 해설

1. 다음 중 하나를 고르세요. 세 가지 '무엇을' 기술은 무엇인가요?
   a. 관찰하기, 기술하기, 효과적으로
   b. 관찰하기, 하나씩, 평가하지 않고
   c. 참여하기, 기술하기, 관찰하기
   d. 평가하지 않고, 하나씩, 효과적으로

2. 다음 중 하나를 고르세요. 말을 붙이지 않고 바라보는 것은 어떤 기술의 특징인가요?
   a. 기술하기
   b. 평가하지 않고
   c. 관찰하기
   d. 지혜로운 마음

3. 다음 중 하나를 고르세요. 되는 것을 하는 것에 집중하는 것은 어떤 기술의 특징인가요?
   a. 참여하기
   b. 지혜로운 마음
   c. 평가하지 않고
   d. 효과적으로

4. 우리가 배웠던 정서 모형입니다. 빈칸을 채워 넣으세요.
   <유인물 16-1>을 참조하시오.

5. 괄호 안의 정서 중 하나를 골라서 동그라미를 치세요(기쁨, 사랑, 슬픔, 화, 두려움, 수치심). 선택한 정서에 맞게 다음의 빈칸을 채우세요.
   <유인물 16-2>를 참조하시오.

6. 정서의 기능 세 가지를 적으세요.

  a. 정서는 정보를 제공한다.

  b. 정서는 타인과 소통하게 하고 타인에게 영향을 미친다.

  c. 정서는 우리 행동에 동기를 주고 행동을 준비시킨다.

7. 이분법적 사고 또는 재앙화 사고에 대해 도전하는 것은 어떤 기술에 속하나요?

  팩트 체크

8. 다음 중 하나를 고르세요. 만약 긍정 경험 쌓기에 집중하기로 했다면, 나는……

  a. 하루에 최소 한 번 할 수 있는 즐거운 일을 생각해 낸다.

  b. 내 가치를 명확히 한다.

  c. 자신감을 향상시키고 유능감을 주는 활동에 참여한다.

  d. a~c 모두

  e. a와 b만

9. 다음 중 하나를 고르세요. 미리 연습하기 기술을 사용할 때 알아야 할 가장 중요한 것은 무엇인가요?

  a. 촉발 사건

  b. 가능한 가장 좋은 결과

  c. 가장 일어날 가능성이 높은 결과

  d. 위협

  e. 정답 없음

10. 몸을 돌보아서 감정 마음에 대한 취약성을 줄이는 기술들을 나열하고 각 기술에 대해 설명하세요.

  안: 안 돼요 위험 약물-술이나 마약을 멀리하고, 카페인 섭취를 제한한다.

  아: 아프면 치료-몸을 잘 돌본다. 필요하면 병원에 가서 치료를 받는다.

  파: 파이팅 운동-최소 하루 20분 운동을 한다.

  수: 수면 챙겨-균형 잡힌 수면 습관을 키운다.

  식: 식사 챙겨-너무 많이 먹거나 적게 먹지 않도록 균형 잡힌 섭식을 한다.

11. 다음에 적힌 정서가 사실에 맞지 않을 때의 행동 충동과 반대 행동은 무엇인가요?

정서	행동 충동	반대 행동
1. 두려움	도망가거나 피하기	다가가기
2. 죄책감	다시는 그러지 않겠다고 지나치게 약속하기, 다 내 책임이라고 말하기, 숨기, 용서를 빌기	사과하거나 복구하려고 하지 않기, 자세를 바꾸기, 죄책감을 느끼게 한 행동을 반복하기
3. 슬픔	철회하기, 수동적으로 행동하기, 자신을 고립시키기	활발하게 움직이기
4. 화	공격하기	부드럽게 피하기, 상대에게 동정이나 공감 느끼기, 약간 친절하게 대하기

12. 일반적으로 문제 해결 기술을 사용하기 적절한 때는 언제일까요?

　정서가 사실에 맞을 때(또는 정당할 때)

13. 고통 감싸기 모듈에서 가끔은 감정에서 주의를 환기시키는 것이 중요하다고 배웠습니다. 정서 조절 모듈에서는 어떤 때는 감정을 피하지 않고 느껴 보는 것이 중요하다고 배웠지요. 감정을 피하지 않고 느끼는 정서 조절 기술의 이름을 쓰고, 언제 고통 감싸기 기술로 주의를 환기하는 대신 이 기술을 써서 감정을 경험하면 좋을지 적어 보세요.

　지금 감정챙김(파도타기 기술): 어려운 상황을 더 악화시키지 않는 것이 필요할 때는 정서와 그 정서의 행동 충동으로부터 우리의 주의를 전환시키는 것이 효과적이다. 예를 들면, 이제 곧 시험을 봐야 하는 상황이라면 주의 전환이 필요할 것이다. 그리고 지금 감정챙김을 써서 우리의 정서를 그대로 경험하는 것, 즉 정서와 정서에 연결된 신체 감각을 마음챙김하며 관찰하는 것도 중요하다. 정서를 피하지 않고 경험하는 것을 배우면 우리는 정서가 너무 끔찍한 것이 아니고 견딜 수 있는 것임을 알게 된다.

효과적인 대인관계 시험

이름: _____

주의: 이 시험은 주로 효과적인 대인관계에 관한 것이지만, 일부 마음챙김 기술에 대한 질문도 포함됩니다.

약자(기억 도우미) 퀴즈

1. 기표주보

　기: _____

　표: _____

　주: _____

　보: _____

2. 집단협상

　집: _____

　단: _____

　협상: _____

3. 친심원해

　친: _____

　심: _____

　원: _____

　해: _____

4. 금가진자

금: _____

가: _____

진: _____

자: _____

5. 기표주보 집단협상 기술은 무엇에 우선순위를 두나요? _____

그리고 이것(앞의 밑줄의 답)은 _____과 _____을 포함

합니다.

6. 금가진자 기술은 무엇에 우선순위를 두나요?

_____

7. 기표주보 집단협상 기술의 강도를 결정할 때 고려하는 10가지 요인들 중 7가지를 나열

하고 설명하세요.

a. _____ : _____

b. _____ : _____

c. _____ : _____

d. _____ : _____

e. _____ : _____

f. _____ : _____

g. _____ : _____

8. 상황: 친구가 내가 아끼는 DVD를 빌려 간 다음에 돌려주었다. 그런데 DVD에 스크래치

가 심하게 나서 재생이 잘 되지 않는다. 나는 친구가 새 DVD를 사 주어야 한다고 생각하

지만, 그 이야기를 꺼냈을 때 친구가 어떻게 반응할지 걱정이 된다. DVD를 새로 살 돈이

있기는 하지만, 그렇게 한다면 이번 주말에 보고 싶은 영화를 보러 갈 수 없게 된다.

지혜로운 마음을 발휘하여 이 관계에서 목표 우선순위를 정하세요. 그다음 이 목표들

을 염두에 두고 대인관계 기술을 사용하여 어떻게 이 상황을 다룰 것인지, 친구에게 어

떻게 말할 것인지 기술하세요. 사용할 기술의 이름도 적으세요.

우선순위:

a. _____

    _____

b. _____

    _____

c. _____

    _____

사용할 기술과 그에 대한 설명:

_____

_____

_____

_____

_____

_____

_____

_____

9. 상황: 오늘은 학교에서 중요한 시험이 있는 날이다. 그런데 친구가 오늘 학교에 가지 말고 쇼핑몰에 가자고 한다. 이 친구는 새로 사귄 친구이며, 나는 이 친구가 나를 좋아하길 바라는 마음이 아주 크다. 하지만 오늘 시험은 중요한 시험이고, 원하는 성적을 얻으려면 이 시험을 잘 봐야 한다.

지혜로운 마음을 발휘하여 목표들을 염두에 두고 대인관계 기술을 써서 어떻게 이 상황을 다룰지, 친구에게 어떻게 말할지 기술하세요. 사용할 기술의 이름도 적으세요.

_____

_____

_____

_____

_____

_____

10. 상황: 방금 선생님으로부터 과제를 돌려받았는데, 낙제 점수를 받았다. 과제에 최선을 다하지 않은 것은 인정하지만, '뭐 이런 선생이 다 있어.'라는 생각과 '나는 이 세상에서 가장 최악의 학생이야.'라는 생각이 든다. 그런데 지금은 쪽지 시험 시간이고, 선생님이 시험지를 나누어 주고 있는 상황이다.

    마음챙김의 '어떻게' 기술을 사용하여, 지금 이 쪽지 시험에 어떻게 온전히 참여할 수 있을지에 대해 기술하세요.

    _____

    _____

    _____

    _____

    _____

    _____

    _____

    _____

효과적인 대인관계 시험 해설

약자(기억 도우미) 퀴즈

1. 기표주보

　기: (상황을) 기술하기

　표: (감정과 생각을) 표현하기

　주: (원하는 것) 주장하기

　보: 보상하기

2. 집단협상

　집: (목표에) 집중하기

　단: 단단하게 보이기

　협상: 협상하기

3. 친심원해

　친: 친절하게

　심: 관심 보이기

　원: 원만하게

　해: 이해해 주기

4. 금가진자

　금: 금지하라 사과

　가: 가치 지키기

　진: 진술하게

　자: 자타공평

이 자료는 『DBT®, 학교에 가다: 청소년 정서 문제 해결을 위한 DBT 기술 훈련(DBT STEPS-A)』(저자 James J. Mazza, Elizabeth T. Dexter-Mazza, Alec L. Miller, Jill H. Rathus, and Heather E. Murphy, 역자 조윤화, 김기환, 권승희, 최현정, 2022)의 일부입니다. 원 저작권은 The Guilford Press에, 한국어판 저작권은 학지사에 있습니다. 이 책을 구입하신 분들은 개인 용도로 활용하는 경우에 한해 이 자료를 복사할 수 있습니다.

5. 기표주보 집단협상 기술은 무엇에 우선순위를 두나요? **결과 효율성**

　그리고 이것(앞의 밑줄의 답)은 내가 원하는 것을 요청하는 것과 원하지 않는 것을 거절하는 것을 포함합니다.

6. 금가진자 기술은 무엇에 우선순위를 두나요?

　자기존중감 효율성

7. 기표주보 집단협상 기술의 강도를 결정할 때 고려하는 10가지 요인들 중 7가지를 나열하고 설명하세요.

　<유인물 29-2>를 참조하시오.

8. 상황: 친구가 내가 아끼는 DVD를 빌려 간 다음에 돌려주었다. 그런데 DVD에 스크래치가 심하게 나서 재생이 잘 되지 않는다. 나는 친구가 새 DVD를 사 주어야 한다고 생각하지만, 그 이야기를 꺼냈을 때 친구가 어떻게 반응할지 걱정이 된다. DVD를 새로 살 돈이 있기는 하지만, 그렇게 한다면 이번 주말에 보고 싶은 영화를 보러 갈 수 없게 된다.

　지혜로운 마음을 발휘하여 이 관계에서 목표 우선순위를 정하세요. 그다음 이 목표들을 염두에 두고 대인관계 기술을 사용하여 어떻게 이 상황을 다룰 것인지, 친구에게 어떻게 말할 것인지 기술하세요. 사용할 기술의 이름도 적으세요.

　우선순위:
　학생들이 상황을 어떻게 보는지에 따라 우선순위는 다를 수 있다.

　기술 이름과 설명:
　친심원해, 금가진자, 기표주보 집단협상 기술을 사용해 답할 수 있으며, 이는 학생이 정한 우선순위와 일치해야 한다.

9. 상황: 오늘은 학교에서 중요한 시험이 있는 날이다. 그런데 친구가 오늘 학교에 가지 말고 쇼핑몰에 가자고 한다. 이 친구는 새로 사귄 친구이며, 나는 이 친구가 나를 좋아하길 바라는 마음이 아주 크다. 하지만 오늘 시험은 중요한 시험이고, 원하는 성적을 얻으려면 이 시험을 잘 봐야 한다.

　지혜로운 마음을 발휘하여 목표들을 염두에 두고 대인관계 기술을 써서 어떻게 이 상황을 다룰지, 친구에게 어떻게 말할지 기술하세요. 사용할 기술의 이름도 적으세요.

여러 가지 답이 가능하다. 지혜로운 마음으로 결정한다면 기표주보 집단협상 기술을 사용하는 것이 맞지만, 학생들은 친심원해 기술을 선택할 수도 있다.

10. 상황: 방금 선생님으로부터 과제를 돌려받았는데, 낙제 점수를 받았다. 과제에 최선을 다하지 않은 것은 인정하지만, '뭐 이런 선생이 다 있어.'라는 생각과 '나는 이 세상에서 가장 최악의 학생이야.'라는 생각이 든다. 그런데 지금은 쪽지 시험 시간이고, 선생님이 시험지를 나누어 주고 있는 상황이다.

마음챙김의 '어떻게' 기술을 사용하여, 지금 이 쪽지 시험에 어떻게 온전히 참여할 수 있을지에 대해 기술하세요.

하나씩 하기, 자신과 선생님에 대한 평가를 흘려보내기(평가하지 않고), 될 것에 집중하기(효과적으로)에 대해 기술하면 정답이다.

제3부

학생 유인물

제3부는 DBT STEPS-A 수업을 듣는 학생들에게 주는 유인물로 구성되며, 두 가지 유인물이 있다. 번호 앞에 '유인물'이라고 적힌 것들은 수업 시간에 다룰 정보나 연습 활동이 담겨 있다(예: 〈유인물 1-1〉과 〈유인물 1-2〉는 1단원의 첫 번째와 두 번째 유인물이다). 번호 앞에 '과제'라고 적힌 것은 다음 수업 시간까지 완성해 올 과제지이다(예: 〈과제 2-1〉은 2단원 과제이고, 3단원을 배우기 전에 발표한다). 몇 번 정도는 수업 시간에 과제지 작성을 시작하는 경우도 있지만, 대부분의 과제지는 DBT STEPS-A에서 배운 기술을 일상생활에서 연습하기 위한 것이다. 제3부 앞부분에 나오는 다이어리 카드에는 DBT STEPS-A 교과과정에서 배우는 모든 기술의 목록이 들어 있다.

DBT STEPS-A 다이어리 카드

1단원 DBT STEPS-A 과정 안내
〈유인물 1-1〉 수업 지침
〈유인물 1-2〉 DBT STEPS-A의 목표
〈유인물 1-3〉 모든 문제를 해결하는 방법
〈유인물 1-4〉 수업 계획

2단원 변증법
〈유인물 2-1〉 변증법: 이게 뭐지? 왜 중요해?
〈유인물 2-2〉 변증법적으로 생각하기: 어떻게 하면 될까?
〈과제 2-3〉 변증법적으로 생각하고 행동하기 연습

3단원 마음챙김: 지혜로운 마음
〈유인물 3-1〉 마음챙김: 내 마음의 주인이 되기
〈유인물 3-2〉 마음챙김: 왜 해야 할까?
〈유인물 3-3〉 마음챙김: 세 가지 마음 상태
〈유인물 3-4〉 지혜로운 마음 연습
〈과제 3-5〉 세 가지 마음 상태에 있는 나를 관찰하기 연습

4단원 마음챙김: '무엇을' 기술
〈유인물 4-1〉 마음챙김: '무엇을' 기술
〈유인물 4-2〉 마음챙김: 관찰하기 연습
〈과제 4-3〉 마음챙김: '무엇을' 기술 연습

29단원 효과적인 대인관계: 요청과 거절의 강도를 정하기 위한 조건 따져 보기

〈유인물 29-1〉 효과적인 대인관계: 요청과 거절의 조건 따져 보기

〈유인물 29-2〉 효과적인 대인관계: 고려할 요인

〈유인물 29-3〉 효과적인 대인관계: 요청과 거절의 강도 정하기

〈과제 29-4〉 효과적인 대인관계: 모든 기술을 한꺼번에 사용하기

DBT STEPS-A 다이어리 카드

이름: _____ 시작한 날짜: _____

사용한 기술이 효과성 결정을 위한 척도

0 = 기술을 생각하지도 않고 써 보지도 않음
1 = 기술을 생각했지만 쓰고 싶지 않음
2 = 기술을 생각했고, 쓰고 싶었지만 안 씀
3 = 기술을 써 보려고 시도했지만 못 씀

4 = 기술을 써 보려고 시도했지만 도움이 안 됨
5 = 기술을 써 보려고 시도했고 도움이 되었음
6 = 기술을 자동적으로 사용했고, 도움이 안 됨
7 = 기술을 자동적으로 사용했고, 도움이 되었음

NS = 아직 배우지 않음

연습한 날에 동그라미를 치시오.							DBT STEPS-A 기술	주간 기술 사용 평가/메모
마음챙김								
월	화	수	목	금	토	일	1. 지혜로운 마음(감정 마음과 이성 마음 사이의 균형)	
월	화	수	목	금	토	일	2. 관찰하기(경험을 그냥 알아차리기)-'무엇을' 기술의 하나	
월	화	수	목	금	토	일	3. 기술하기(경험에 언어를 붙이기)-'무엇을' 기술의 하나	
월	화	수	목	금	토	일	4. 참여하기(지금 이 순간의 경험에 뛰어들기)-'무엇을' 기술의 하나	
월	화	수	목	금	토	일	5. 평가하지 않고(평가하지 않고 바라보기, 사실만 보기)-'어떻게' 기술의 하나	
월	화	수	목	금	토	일	6. 하나씩(온전히 현재에 머무르기)-'어떻게' 기술의 하나	
월	화	수	목	금	토	일	7. 효과적으로(되는 것에 집중하기)-'어떻게' 기술의 하나	
고통 감싸기								
월	화	수	목	금	토	일	8. 달라지는 활기비밀(달라진 감정, 달라진 생각, 달라진 감각, 활동하기, 기여하기, 비교하기, 밀쳐 내기)	
월	화	수	목	금	토	일	9. 신기한 쉼의 상자(신체이완, 기도하기, 한 가지만, 참표: 잠시 탈출, 의미 찾기, 상상하기, 자기 격려)	
월	화	수	목	금	토	일	10. 자기위안(오감과 움직임)	
월	화	수	목	금	토	일	11. 냉동복식(냉: 차게 식히기, 동: 강렬한 운동, 복: 복식호흡)	
월	화	수	목	금	토	일	12. 장단점 찾기	
월	화	수	목	금	토	일	13. 온전한 수용(괴로움에서 자유로워지려면 수용이 필요함)+승인	
월	화	수	목	금	토	일	14. (수용의 길로) 마음 돌리기, 기꺼이 마음(단지 필요한 것을 하기)	
월	화	수	목	금	토	일	15. 지금 생각챙김	

							연습한 날에 동그라미를 치시오.	DBT STEPS-A 기술	주간 기술 사용 평가/메모
								정서 조절	
월	화	수	목	금	토	일		16. 정서 기술하기	
월	화	수	목	금	토	일		17. 팩트 체크	
월	화	수	목	금	토	일		18. 반대로 행동하기(현재의 정서에 연결된 행동 충동의 반대로 행동하기)	
월	화	수	목	금	토	일		19. 문제 해결	
월	화	수	목	금	토	일		20. 긍정 경험 쌓기: 단기(매일 즐거운 활동)와 장기(가치)	
월	화	수	목	금	토	일		21. 자신감 쌓기(유능감과 즐거움을 주는 활동하기)	
월	화	수	목	금	토	일		22. 미리 연습하기(어려운 상황을 미리 예측하고 쓸 기술을 연습하기)	
월	화	수	목	금	토	일		23. 안아피수식(안 대요 위험 약물, 아프면 치료, 파이팅 운동, 수면 챙겨, 식사 챙겨)	
월	화	수	목	금	토	일		24. 파도타기 기술(정서의 파도를 타기-지금 감정챙김)	
								효과적인 대인관계	
월	화	수	목	금	토	일		25. 우선순위 정하기(결과, 관계, 자기존중감)	
월	화	수	목	금	토	일		26. 기표주보 집단협상(기술하기, 표현하기, 주장하기, 보상하기, 집중하기, 단단하게 보이기, 협상하기)	
월	화	수	목	금	토	일		27. 친성원해(친절하게, 관심 보이기, 원만하게, 이해해 주기)	
월	화	수	목	금	토	일		28. 금가진자(금지하라 사과, 가치 지키기, 진솔하게, 자타공평)	
월	화	수	목	금	토	일		29. 요청과 거절의 강도를 정하기 위한 조건 따져 보기	

이 자료는 『DBT®, 학교에 가다: 청소년 정서 문제 해결을 위한 DBT 기술 훈련(DBT STEPS-A)』(저자 James J. Mazza, Elizabeth T. Dexter-Mazza, Alec L. Miller, Jill H. Rathus, and Heather E. Murphy, 역자 조윤화, 김기환, 권승희, 최현정, 2022)의 일부입니다. 원 저작권은 The Guilford Press에, 한국어판 저작권은 학지사에 있습니다. 이 자료는 학지사 홈페이지에서 다운로드하여 개인 용도로 활용하심 수 있습니다.

수업 지침

학교 규칙과 다음의 수업 지침이 적용됩니다.

1. 모든 수업에 참석하고 정시에 도착하세요.

2. 유인물과 과제가 바인더에 들어 있습니다. 수업에 과제와 바인더를 꼭 가지고 오세요.

3. 수업 중 다른 사람을 평가하거나 판단하는 말과 행동은 하지 마세요. 다른 사람을 무시하는 행동을 하지 마세요. 다른 사람을 괴롭히는 언행은 허용되지 않습니다.

4. 수업 시간에 논의된 내용을 밖에서 말하지 마세요. 다른 학생들에 대한 사적인 정보를 존중해야 합니다.

5. 자신이 늘리거나 줄이기 위해 노력할 표적 행동을 정하세요. 수업 시간에는 이런 행동들을 '표적 행동'이라 부르고, 구체적으로 어떤 행동인지는 말하지 않습니다.

DBT STEPS-A의 목표

문제	기술
줄일 행동	늘릴 행동
1. 감정을 다루기 어려움(통제하기 힘든, 빠르고 강렬한 기분 변화 또는 만성적인 부정적 정서, 감정이 행동을 지배함)	1. 정서 조절 기술
2. 혼란스러움: 자각과 집중이 어려움(주의 산만) (어떤 감정을 느끼는지, 왜 기분이 나쁜지, 목표가 무엇인지 자각하지 못할 때가 있음. 주의집중이 어려움)	2. 마음챙김 기술
3. 충동성(깊이 생각해 보지 않고 행동함. 감정을 회피함)	3. 고통 감싸기 기술
4. 대인관계 문제(관계를 유지하고, 원하는 것을 얻고, 자기존중감을 지키는 것이 어려움. 외로움)	4. 효과적인 대인관계 기술

DBT STEPS-A의 목표: 나의 목표는?	
줄일 행동	늘릴 행동
1.	1.
2.	2.
3.	3.
4.	4.
5.	5.

(다음 페이지에 계속)

연속선 위의 나의 위치는?

다음 연속선에서 나에게 해당되는 곳에 × 표시를 하세요. 가끔 사람들은 양쪽 끝이 모두 해당되고, 중간일 때가 거의 없다고 느낍니다. 이런 경우라면 × 표시를 두 개 하면 됩니다.

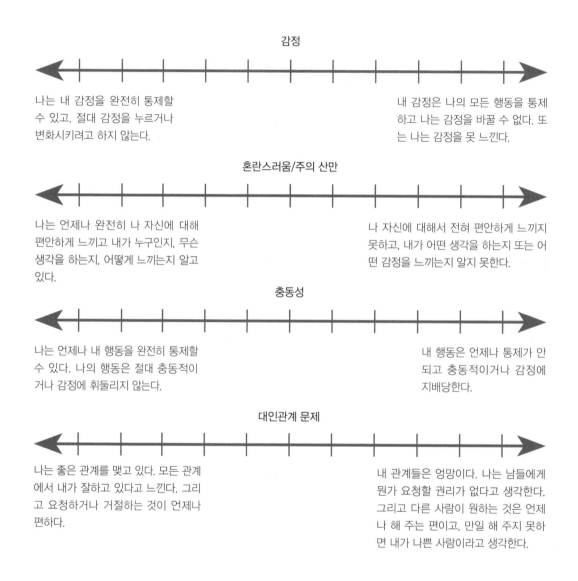

감정

나는 내 감정을 완전히 통제할 수 있고, 절대 감정을 누르거나 변화시키려고 하지 않는다.

내 감정은 나의 모든 행동을 통제하고 나는 감정을 바꿀 수 없다. 또는 나는 감정을 못 느낀다.

혼란스러움/주의 산만

나는 언제나 완전히 나 자신에 대해 편안하게 느끼고 내가 누구인지, 무슨 생각을 하는지, 어떻게 느끼는지 알고 있다.

나 자신에 대해서 전혀 편안하게 느끼지 못하고, 내가 어떤 생각을 하는지 또는 어떤 감정을 느끼는지 알지 못한다.

충동성

나는 언제나 내 행동을 완전히 통제할 수 있다. 나의 행동은 절대 충동적이거나 감정에 휘둘리지 않는다.

내 행동은 언제나 통제가 안 되고 충동적이거나 감정에 지배당한다.

대인관계 문제

나는 좋은 관계를 맺고 있다. 모든 관계에서 내가 잘하고 있다고 느낀다. 그리고 요청하거나 거절하는 것이 언제나 편하다.

내 관계들은 엉망이다. 나는 남들에게 뭔가 요청할 권리가 없다고 생각한다. 그리고 다른 사람이 원하는 것은 언제나 해 주는 편이고, 만일 해 주지 못하면 내가 나쁜 사람이라고 생각한다.

모든 문제를 해결하는 방법

문제가 생겼을 때, 내가 할 수 있는 선택은?

1. **문제를 해결한다.**

   상황을 바꾼다. 또는 문제가 되는 상황을 영원히 피하거나 떠난다.

2. **문제에 대해 더 괜찮게 느낀다.**

   문제에 대한 나의 감정을 바꾸거나 조절한다.

3. **문제를 참고 견딘다.**

   문제와, 문제에 대한 나의 반응을 받아들이고 견딘다.

4. **비참한 상태로 머문다.**

   또는 상황을 더 악화시킨다!

사용할 DBT STEPS-A 기술

1. **문제를 해결하기 위해:**

   효과적인 대인관계 기술을 사용한다.

   변증법적으로 생각하고 행동한다.

   문제 해결 기술(정서 조절 기술 중 하나)을 쓴다.

2. **문제에 대해 더 괜찮게 느끼기 위해:**

   정서 조절 기술을 사용한다.

3. **문제를 참고 견디기 위해:**

   고통 감싸기 기술과 마음챙김 기술을 사용한다.

4. **비참한 상태로 머물기 위해:**

   어떤 기술도 사용하지 않는다.

수업 계획

1단원	DBT STEPS-A 과정 안내
2단원	변증법
3단원	마음챙김: 지혜로운 마음
4단원	마음챙김: '무엇을' 기술
5단원	마음챙김: '어떻게' 기술
6단원	고통 감싸기: 위기 생존 기술 소개와 달라진 활기비밀
7단원	고통 감싸기: 자기위안과 신기한 쉼의 상자
8단원	고통 감싸기: 극단적인 감정을 다루기 위한 신체 안정−냉동복식 기술
9단원	고통 감싸기: 장단점 찾기
10단원	고통 감싸기: 현실 수용 기술 소개와 온전한 수용
11단원	고통 감싸기: 마음 돌리기와 기꺼이 마음
12단원	고통 감싸기: 지금 생각챙김(그리고 고통 감싸기 시험)
13단원	마음챙김: 지혜로운 마음
14단원	마음챙김: '무엇을' 기술과 '어떻게' 기술
15단원	정서 조절: 정서 조절의 목표와 정서의 기능
16단원	정서 조절: 정서 기술하기
17단원	정서 조절: 팩트 체크와 반대로 행동하기
18단원	정서 조절: 문제 해결
19단원	정서 조절: 지긍 연습 안아파수식−'긍'
20단원	정서 조절: 지긍 연습 안아파수식−나머지 기술
21단원	정서 조절: 파도타기 기술−지금 감정챙김
22단원	정서 조절: 정서 조절 시험
23단원	마음챙김: 지혜로운 마음 복습
24단원	마음챙김: '무엇을' 기술과 '어떻게' 기술 복습
25단원	효과적인 대인관계: 목표와 개요
26단원	효과적인 대인관계: 기표주보 집단협상 기술
27단원	효과적인 대인관계: 친심원해 기술
28단원	효과적인 대인관계: 금가진자 기술
29단원	효과적인 대인관계: 요청과 거절의 강도를 정하기 위한 조건 따져 보기
30단원	효과적인 대인관계 시험

변증법: 이게 뭐지? 왜 중요해?

변증법이 가르치는 것:

- 하나의 상황에 대해 언제나 두 가지 이상의 관점이 존재하고, 한 문제를 푸는 데 두 가지 이상의 방법이 있다.
- 모든 사람은 독특한 특징이 있고 다른 관점을 가지고 있다.
- 변하지 않는 단 한 가지는 모든 것은 변한다는 사실이다.
- 대립되어 보이는 관점이 모두 타당할 수 있다.
- 대립하여 갈등하는 양쪽 모두의 **진실을 존중하도록** 노력하는 것이 최선의 방법이다. 이것은 나의 가치를 포기하거나 버리라는 뜻이 아니라 세상을 '흑백논리'나 '이분법적 사고'로 바라보지 않도록 노력하라는 뜻이다. 양쪽 모두의 진실을 보는 것이 타협하라는 뜻은 아니다.

> **예:**
> 나는 최선을 다하고 있다. **그리고** 나는 더 잘해야 하고, 더 노력해야 하고, 더 효과적인 행동을 해야 하고, 변화를 위해 더 의욕을 내야 한다.
> 나는 할 수 있다. **그리고** 이것은 어려울 것이다.
> 엄마는 엄하시다. **그리고** 나를 정말 생각해 주신다.
> 당신은 강하다. **그리고** 당신은 부드럽다.

이런 관점은 중도를 향한 길을 열어 준다.

- 살면서 부딪히는 문제 상황에 대한 사고와 접근 방법을 확장해 준다.
- 냉랭한 관계와 갈등을 풀어 준다.
- 더 유연하고 다가가기 쉬운 사람이 되게 해 준다.
- 추측과 비난을 피할 수 있게 해 준다.

변증법적으로 생각하기: 어떻게 하면 될까?

변증법적으로 생각하고 행동하는 방법

1. 'A 아니면 B'라는 생각에서 'A와 B 모두'라는 생각으로 바꿉니다. '언제나' '절대' 또는 '네가 나를 ……하도록 만들었잖아.' 등의 극단적인 말을 하지 않도록 합니다. 상황을 기술해 봅니다.

   예: "사람들은 나를 항상 불공평하게 대해."라고 말하는 대신, "가끔씩 나는 공평하지 않은 대우를 받아. 그리고 어떤 때는 공평한 대우를 받지."라고 말해 보세요.

2. 한 상황의 모든 측면과 관점을 살피는 것을 연습합니다. 너그럽게 행동하고 깊게 생각합니다. 관점 하나하나가 가진 진실의 일면을 찾고, '아직 고려하지 못한 부분이 있을까?'라는 질문을 해 보세요.

   예: '엄마가 왜 10시까지 집에 들어오라고 하시는 걸까? 왜 나는 12시까지 밖에서 놀고 싶을까?'

3. 기억하세요. 절대적 진실을 말하는 사람은 아무도 없습니다. 대안적 관점에 마음을 열어 두세요.

4. '너는 ……이다/하다.' '너는 ……해야 한다.' 또는 '그건 원래 그런 거야.'라는 말 대신 '나는 ……하게 느껴.'라고 말합니다.

   예: "엄마는 내 말을 절대 듣지 않아. 그리고 언제나 나를 불공평하게 대해."라고 말하는 대신 "엄마가 무조건 10시까지 들어오라고 하시니까 화가 나."라고 말해 보세요.

5. 내가 동의하지 않는 다른 의견이 타당할 수 있음을 받아들입니다. "동의하지는 않지만, 네 입장이 이해가 돼."라고 말하세요.

6. 내가 어떤 추측을 하고 있는지 알아차립니다. 다른 사람들이 어떤 생각을 하는지 알고 있다고 단정하지 마세요. "……라고 말한 것은 어떤 의미인가요?"라고 물어보세요.

7. 내가 어떤 생각을 하는지 남들이 알고 있을 거라고 단정 짓지 않습니다. "내가 말하려는 것은 ……입니다."라고 말해 보세요.

연습

변증법적 관점을 표현하는 문장을 고르세요.

1. a. "희망이 없어. 그냥 못할 것 같아."

   b. "이건 쉽네. 난 아무 문제 없어."

   c. "이건 굉장히 어렵네. 그리고 계속 노력해 보자."

2. a. "이건 내가 옳아."

   b. "너는 완전히 틀렸어. 내가 맞아."

   c. "네가 이렇게 느끼는 이유를 이해할 수 있을 것 같아. 그리고 나는 너와는 다르게 느껴."

 과제 2-3

변증법적으로 생각하고 행동하기 연습

이름: _____   날짜: _____

지난주에 변증법적으로 생각하거나 행동하지 못했던 경험을 적어 보세요.

상황 1: 간단히 그 상황을 기술하세요. (누가, 무엇을, 언제): _____

_____

_____

_____

그때 어떻게 생각하고 행동했나요? _____

_____

_____

대립했던 관점을 기술하세요.

관점 A   관점 B

_____

_____

_____

_____

_____

_____

어떻게 두 관점 모두를 존중할 수 있을까요? _____

_____

_____

내 행동이나 말의 결과는 무엇이었나요? _____

_____

_____

상황 2: 간단히 그 상황을 기술하세요. (누가, 무엇을, 언제): _____

_____

_____

_____

그때 어떻게 생각하고 행동했나요? _____

_____

_____

대립했던 관점을 기술하세요.

관점 A   관점 B

_____

_____

_____

_____

_____

_____

어떻게 두 관점 모두를 존중할 수 있을까요? _____

_____

_____

내 행동이나 말의 결과는 무엇이었나요? _____

_____

_____

유인물 3-1

마음챙김: 내 마음의 주인이 되기

마음놓음에서   마음챙김으로

마음챙김: 내 마음이 나를 통제하게 두지 않고 내가 내 마음을 통제하는 상태에 있는 것

1. **온전한 인식(열린 마음)**: 이 순간(현재의 생각, 감정과 신체 감각)을 판단하거나 바꾸려고 하지 않으면서 자각하기

2. **주의 통제(집중하는 마음)**: 주의를 한 가지에만 집중하기

연습, 연습, 또 연습!

유인물 3-2

마음챙김: 왜 해야 할까?

마음챙김은 도움이 됩니다.

1. 더 많은 선택지가 생기고 행동을 더 잘 통제할 수 있습니다.

2. 괴로움을 줄이고 즐거움을 늘립니다.

3. 중요한 결정을 내리는 데 도움이 됩니다.

4. 주의 집중에 도움이 되고, 보다 효율적이고 생산적으로 살아갈 수 있습니다.

5. 자신과 타인에게 따뜻한 마음이 생깁니다.

6. 통증, 긴장, 스트레스를 줄이고 건강을 향상시킵니다.

연습, 연습, 또 연습!

유인물 3-3

마음챙김: 세 가지 마음 상태

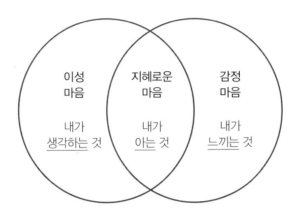

감정 마음은 '뜨겁습니다.' 감정과 충동에 좌우됩니다.

감정 마음은: _____

감정 마음 상태에 있을 때, 나는…… (나의 행동이나 생각을 기술하세요).

_____

이성 마음은 '차갑습니다.' 사실, 이성, 논리에 좌우됩니다.

이성 마음은: _____

이성 마음 상태에 있을 때, 나는…… (나의 행동이나 생각을 기술하세요).

_____

지혜로운 마음은 감정과 이성의 조화이고, 모든 사람에게 있는 지혜입니다. 중요한 결정을 내릴 때 필요한 마음의 상태입니다.

지혜로운 마음은: _____

지혜로운 마음 상태에 있을 때, 나는…… (나의 행동이나 생각을 기술하세요).

_____

* Rathus와 Miller(2015)의 승인을 얻어 번안하였으며, 원 저작권은 The Guilford Press에 있습니다.
* 이 자료는 『DBT®, 학교에 가다: 청소년 정서 문제 해결을 위한 DBT 기술 훈련(DBT STEPS-A)』(저자 James J. Mazza, Elizabeth T. Dexter-Mazza, Alec L. Miller, Jill H. Rathus, and Heather E. Murphy, 역자 조윤화, 김기환, 권승희, 최현정, 2022)의 일부입니다. 원 저작권은 The Guilford Press에, 한국어판 저작권은 학지사에 있습니다. 이 자료는 학지사 홈페이지에서 다운로드하여 개인 용도로 활용하실 수 있습니다.

지혜로운 마음 연습

마음챙김 기술을 잘 쓰려면 연습을 많이 해야 합니다. 새로 배우는 기술이 다 그렇듯이, 기술이 필요하지 않을 때 일단 연습해 보는 것이 중요합니다. 쉬운 상황에서 연습한다면, 기술을 자동적으로 쓸 수 있게 되어 필요할 때 활용할 수 있습니다. 연습할 때, 눈을 뜨고 하는 것과 감고 하는 것 모두 시도해 보세요.

1. **호수 위의 돌멩이를 상상하기:** 아름답고 화창한 날에 맑고 푸른 호숫가에 와 있다고 상상해 봅니다. 그다음 내가 작고 평평하고 가벼운 돌멩이라고 상상해 보세요. 내가 호수 가운데로 던져져서 고요하고, 맑고, 푸른 물 안에서 부드럽게, 그리고 천천히 호수의 매끄러운 모래 바닥 위로 내려앉는 것을 상상해 보세요.
   - 호수 밑바닥을 향해 천천히, 부드럽게 가라앉으면서 내가 무엇을 보고 느끼는지 알아차리세요. 호수 바닥에 도착하면 주의를 내 안으로 돌리세요.

2. **나선형 계단을 걸어 내려오기:** 내 안의 나선형 계단이 나의 가장 중심부까지 내려간다고 상상해 보세요. 계단 꼭대기부터 아주 천천히 계단을 내려가서 점점 더 내 안 깊은 곳으로 들어가는 것을 상상해 봅니다.
   - 감각을 알아차리세요. 원한다면, 내려가다가 계단에 앉아서 쉬거나 조명을 더 밝게 해도 괜찮습니다. 원하는 것보다 더 많이 내려가지 마세요. 고요함을 알아차려 보세요. 나의 중심에 다가갔다고 느끼면 주의를 그곳(예: 배 속)에 머물게 하세요.

3. **숨을 들이마시며 '지혜로운', 내쉬며 '마음'이라고 말하기:** 숨을 들이마시면서 스스로에게 '지혜로운'이라고 말하세요. 숨을 내쉬면서는 '마음'이라고 합니다.
   - 내 주의를 전부 '지혜로운'이라는 말에 집중하세요. 그리고 다시 '마음'이라는 말에 완전히 집중하세요.
   - 내가 지혜로운 마음 상태에 잘 도착했다고 느낄 때까지 계속하세요.

4. **"이것이 지혜로운 마음일까?"라고 묻기:** 숨을 들이마시며, 스스로에게 "이것(행동, 생각, 계획 등)이 지혜로운 마음일까?"라고 물어보세요.
   - 숨을 내쉬며 어떤 대답이 오는지 귀 기울여 보세요.
   - 스스로에게 답을 주지 마세요. 그냥 귀 기울이세요.
   - 숨을 들이마실 때마다 계속해서 물어보세요. 만일 대답이 없으면, 다음에 다시 해 보세요.

5. **자각을 확장하기:** 숨을 들이마시며 나의 중심에 의식을 집중합니다.

- 숨을 내쉬며 계속 나의 중심을 자각하되, 지금 내가 있는 공간으로 자각을 넓혀 보세요.
- 계속해서 이 순간에 집중하세요.

6. **들숨과 날숨 사이에 잠시 멈추는 순간 속으로 들어가 보기**

- 숨을 들이마시고, 다 들이마신 후에 생기는 멈춤(숨의 꼭대기)을 알아차려 보세요.
- 숨을 내쉬고, 다 내쉰 후에 생기는 멈춤(숨의 밑바닥)을 알아차려 보세요.
- 잠시 멈추는 순간이 있을 때마다, 스스로를 그 멈춤의 중심에 '빠져들도록' 해 보세요.

7. **지혜로운 마음을 연습할 수 있는 다른 아이디어**가 있으면 적어 보세요.

_____

_____

_____

_____

_____

_____

_____

_____

* Linehan(2015b)의 승인을 얻어 번안하였으며, 원 저작권은 Marsha M. Linehan에게 있습니다.

* 이 자료는 『DBT®, 학교에 가다: 청소년 정서 문제 해결을 위한 DBT 기술 훈련(DBT STEPS-A)』(저자 James J. Mazza, Elizabeth T. Dexter-Mazza, Alec L. Miller, Jill H. Rathus, and Heather E. Murphy, 역자 조윤화, 김기환, 권승희, 최현정, 2022)의 일부입니다. 원 저작권은 The Guilford Press에, 한국어판 저작권은 학지사에 있습니다. 이 자료는 학지사 홈페이지에서 다운로드하여 개인 용도로 활용하실 수 있습니다.

세 가지 마음 상태에 있는 나를 관찰하기 연습

이름: _____

날짜: _____

이성
마음   지혜로운
마음   감정
마음

감정 마음

이번 주에 감정 마음 상태에 있었던 때(감정, 생각, 행동을 기술하세요): _____

_____

이성 마음

이번 주에 이성 마음 상태에 있었던 때(감정, 생각, 행동을 기술하세요): _____

_____

지혜로운 마음

이번 주에 지혜로운 마음 상태에 있었던 때(감정, 생각, 행동을 기술하세요): _____

_____

마음챙김: '무엇을' 기술

관찰하기

- 말 없는 바라보기를 합니다. 그냥 지금 이 순간의 경험을 알아차리세요.
- 나의 생각과 감정이 마치 컨베이어 벨트 위의 물건처럼 오고 가는 것을 지켜보세요.
- 오감을 모두 사용해서, 나의 내면과 외부를 모두 관찰하세요.
- '코팅된 마음'을 가지세요. 경험이 내 마음에 왔다가 (눌어붙지 않고) 바로 흘러 나가도록 해 보세요.
- 생각과 감정을 밀쳐 내지 마세요. 괴로운 생각이나 감정이라도 그냥 일어나도록 내버려 두세요.
- 주의: 우리는 다른 사람의 내면 경험(예: '저 사람은 기분이 상했다.')을 관찰할 수 없습니다. 오직 밖에서 보이는 모습(예: 볼에 눈물이 흐름)이나 다른 사람의 경험에 대한 우리 자신의 생각(내가 '저 사람은 기분이 상했구나.'라고 생각하는 것을 관찰했다)만 관찰할 수 있습니다.

기술하기

- 경험에 말을 더합니다. 관찰한 것에 이름을 붙이세요. "나는 슬픔을 느낀다." "내 얼굴이 뜨겁게 느껴진다." 혹은 "내 심장이 쿵쾅거리는 것을 느낀다."는 기술하기입니다.
- 해석하지 않고 오직 내가 관찰한 것만 기술합니다. 사실만 기술하세요! "저 사람은 태도가 나쁘다."라고 하는 대신, "저 사람은 눈을 치켜뜨고 큰 소리로 얘기하고 있다."라고 기술할 수 있습니다.

참여하기

- 나 자신을 이 순간(예: 춤추기, 청소하기, 시험 치기, 슬픔 느끼기)에 온전히 던져 넣으세요. 내일을 걱정하거나 어제 일을 생각하지 않도록 노력하세요.
- 내가 하고 있는 것과 하나가 되세요. '물아일체' 상태가 되어 보세요.
- 남들에게 어떻게 보일지 의식하지 말고 나의 느낌을 온전히 경험하세요.
- (충동적으로 행동하는 대신) 지혜로운 마음이 결정할 수 있게 부정적인 감정조차 온전히 경험해 보세요.

마음챙김: 관찰하기 연습

 과제 4-3

마음챙김: '무엇을' 기술 연습

이름: _____

날짜: _____

이번 주에 연습한 '무엇을' 기술 하나에 표시하세요.

관찰하기 _____

기술하기 _____

참여하기 _____

이번 주에 기술을 사용해 본 경험을 (언제 어디서 기술을 사용했는지를 포함하여) 간략히 적어 보세요.

_____

_____

_____

_____

기술이 나의 생각, 감정, 행동에 어떤 영향을 주었는지 간략히 적으세요.

_____

_____

_____

_____

이 연습을 해 오지 않았다면, 왜 못했는지 적으세요.

_____

_____

_____

마음챙김: '어떻게' 기술

평가하지 않고

- 알아차리되 평가하거나 판단하지 않습니다. 관찰할 수 있는 사실에 충실하세요.
- 해로운 것과 이로운 것을 인식하되 평가하지 않습니다. 예를 들면, "그 애는 나쁜 놈이야."라는 말을 "그 애는 우리가 얘기하고 있는데 가 버렸어."로 바꾸어서 말하는 것입니다.
- 평가하지 않고 사는 것은 불가능합니다. 우리의 목표는 평가하는 것을 알아차려 감정을 보다 잘 다스리는 것이에요.
- 내가 평가하고 있는 것을 발견하면, 평가하는 나를 평가하지 마세요.
- 구별하는/구분하는 판단: _____
- 평가하는 판단: _____
- 평가하지 않기를 위한 3단계:

    1. _____
    2. _____
    3. _____

하나씩

- 하나에 집중하세요. 나의 주의를 지금 하고 있는 오직 한 가지에만 두세요. 천천히 하면 더 잘 됩니다.
- 동시에 두 가지 일을 하는 것을 멈추세요(멀티태스킹의 반대).
- 마음이 집중하게 하세요. 딴생각을 흘려보내고, 마음이 다른 곳으로 가면 이 순간으로 데리고 오는 것을 반복하세요.
- 계속 집중해서 과거, 미래, 현재에 대한 딴생각이 나를 방해하지 않게 하세요.

효과적으로

- 효과가 있는 행동을 하세요: 내 목표를 이루기 위해 되는 것에 집중하세요.
- 감정이 행동을 좌지우지하지 않도록 하세요. 감정과 행동을 잇는 끈을 자르세요.
- 정해진 규칙에 따라 행동하세요(집, 학교, 직장의 규칙이 서로 다를 수 있음).
- 목표를 이루기 위해 최대한 능숙하게 행동하세요.
- 부정적 감정(예: 복수심, 쓸데없는 화)과 나를 아프게 하고 상황을 악화시킬 수 있는 '~해야 한다'라는 생각(예: '선생님은 ……하셨어야 했어.')을 흘려보내세요.

---

* Rathus와 Miller(2015)의 승인을 얻어 번안하였으며, 원 저작권은 The Guilford Press에 있습니다.

* 이 자료는 『DBT®, 학교에 가다: 청소년 정서 문제 해결을 위한 DBT 기술 훈련(DBT STEPS-A)』(저자 James J. Mazza, Elizabeth T. Dexter-Mazza, Alec L. Miller, Jill H. Rathus, and Heather E. Murphy, 역자 조윤화, 김기환, 권승희, 최현정, 2022)의 일부입니다. 원 저작권은 The Guilford Press에, 한국어판 저작권은 학지사에 있습니다. 이 자료는 학지사 홈페이지에서 다운로드하여 개인 용도로 활용하실 수 있습니다.

마음챙김: '어떻게' 기술 연습

이름: _____

날짜: _____

이번 주에 연습한 '어떻게' 기술 하나에 표시하세요.

평가하지 않고 _____

하나씩   _____

효과적으로   _____

이번 주에 기술을 사용해 본 경험을 (언제 어디서 기술을 사용했는지를 포함하여) 간략히 적어 보세요.

_____

_____

_____

_____

기술이 나의 생각, 감정, 행동에 준 영향을 간략히 적으세요.

_____

_____

_____

_____

이 연습을 해 오지 않았다면, 왜 못했는지 적으세요.

_____

_____

_____

_____

고통 감싸기: 도대체 왜 고통스러운 감정과 충동을 참아 내야 할까?

왜냐하면……

1. 고통은 삶의 일부이며 피할 수 없다.

2. 고통을 잘 다루지 못하면 충동적으로 행동하기 쉽다.

3. 충동적으로 행동하면, 나 자신이나 다른 사람을 다치게 하고 원하는 것을 얻지 못할 수 있다.

두 가지 유형의 고통 감싸기 기술

위기 생존 기술은 _____

_____

_____을 위한 것이다.

현실 수용 기술은 _____

_____

_____을 위한 것이다.

유인물 6-2

고통 감싸기: 위기 생존 기술은 언제 사용할까?

이럴 때가 바로 위기 상황입니다.

• 매우 큰 스트레스를 주는 상황

• 단기적인 상황(즉, 오래가지 않는 상황)

• 지금 당장 이 위기를 해결해야 한다는 강렬한 압박감을 만들어 내는 상황

이럴 때 위기 생존 기술을 사용하세요.

• 고통이 심한데, 이것을 빨리 낮출 수 없을 때

• 감정대로 행동하고 싶지만, 그렇게 하면 상황이 악화될 때

• 감정적 마음이 나를 압도하지만, 능숙하게 대처해야 할 때

• 감정에 압도되었지만, 해야 할 일이 있을 때

• 감정이 극도로 격해졌지만, 지금 당장 문제가 해결될 수는 없을 때

이럴 때는 위기 생존 기술을 사용하지 마세요.

• 일상적인 문제 해결이 필요할 때

• 내 인생의 모든 문제 해결에(문제가 생길 때마다 무조건 위기 생존 기술을 쓰지 말라는 뜻입니다)

• 더 나은 삶을 만들고 싶을 때

고통 감싸기: 위기 생존 기술

당장 나아지지 않을 상황을 악화시키고 싶지 않을 때, 고통스러운 사건과 감정을 견디는 기술

지혜로운 마음으로 주의 환기: 달라진 활기비밀

<u>달</u>라진 감정

<u>달</u>라진 생각

<u>달</u>라진 감각

<u>활</u>동하기

<u>기</u>여하기

<u>비</u>교하기

<u>밀</u>쳐 내기

오감(그리고 움직임)으로 자기위안

시각

청각

후각

미각

촉각

움직임

이 순간을 살리기: 신기한 쉼의 상자

<u>신</u>체이완

<u>기</u>도하기

<u>한</u> 가지만

<u>쉼</u>표: 잠시 탈출!

<u>의</u>미 찾기

<u>상</u>상하기

<u>자</u>기격려

냉동복식-신체의 화학 작용을 바꾸기

<u>냉</u>: 차게 식히기

<u>동</u>: 격렬한 운동

<u>복식</u>: 복식호흡

장단점 찾기

유인물 6-4

고통 감싸기: 지혜로운 마음으로 주의 환기-달라진 활기비밀

다음과 같은 방법으로 주의를 환기시키세요.

달라진 감정 다른(상반되는) 감정을 만들어 낸다. 재미있는 TV 프로그램이나 감동적인 영화를 본다. 마음을 달래 주는 소리나 신나는 음악을 듣는다. 슬플 때 더 활동적으로 움직인다. 서점에 가서 재미있는 카드나 유머집을 읽는다.

달라진 생각 다른 생각으로 대체한다. 무언가를 읽는다. 낱말 맞추기를 한다. 숫자나 벽의 타일 수를 센다. 포스터에 있는 색을 센다. 마음속으로 노랫말을 반복한다.

달라진 감각 다른 (강렬한) 감각을 느낀다. 얼음을 쥐고 있거나 씹어 먹는다. 요란한 음악을 듣는다. 따뜻한 물이나 찬물로 샤워를 한다. 고무공을 손으로 꽉 쥔다. 윗몸일으키기나 팔굽혀펴기를 한다. 반려동물을 쓰다듬는다.

활동하기 뭔가 한다. 친구에게 전화하거나 문자를 보낸다. 친구를 만난다. 제일 좋아하는 영화를 본다. 컴퓨터나 핸드폰 게임을 한다. 방을 청소한다. 산책한다. 강렬한 운동을 한다. 책을 읽는다. 음악을 듣는다.

기여하기 다른 사람을 위해 뭔가 한다. 친구나 동생의 숙제를 도와준다. 누군가를 위해 뭔가 좋은 것을 만든다. 내게 필요하지 않은 것을 다른 사람에게 준다. 누군가를 안아 준다. 따뜻한 말을 담은 문자를 보낸다. 호의를 베풀어 놀라게 한다. 자원봉사를 한다.

비교하기 나보다 더 힘든 사람과 나를 비교한다. 과거에 더 힘들었던 때와 지금을 비교해 본다. 나보다 더 대처 능력이 부족한 (또는 비슷한) 사람들을 생각해 본다.

밀쳐 내기 고통스러운 상황을 잠깐 내 마음에서 밀쳐 낸다. 주의와 생각을 돌려 내가 처한 상황을 정신적으로 떠난다. 나와 힘든 상황 사이에 상상의 벽을 세운다. 고통을 상자에 넣어 한동안 선반 위에 올려 둔다.

고통 감싸기: 지혜로운 마음으로 주의 환기-달라진 활기비밀 연습

이름: _____

날짜: _____

이번 주에 위기를 경험하거나 감정에 따라 행동하려는 충동이 들 때 연습할 최소 두 가지의 달라진 활기비밀 기술을 구체적으로 적으세요.

달라진 감정 _____

달라진 생각 _____

달라진 감각 _____

활동하기 _____

기여하기 _____

비교하기 _____

밀쳐 내기 _____

기술을 사용해야 했던 스트레스 상황을 간단히 기술하세요. _____

_____

_____

기술을 사용한 것이 (1) 불편한 감정과 충동에 대처하고 (2) 갈등을 피하는 데 도움을 주었나요? 예 혹은 아니요에 표시하세요.

예 / 아니요

만일 '예'라고 답했다면, 어떻게 도움이 되었는지 쓰세요. _____

_____

_____

만일 '아니요'라고 답했다면, 왜 도움이 안 되었다고 생각하는지 쓰세요. _____

_____

_____

기술 사용 전과 후의 감정적 고통의 정도를 평가하세요.

100=고통을 견딜 수 없음. 삶이 악몽 같고, 충동적으로 행동하고 싶은 마음이 아주 큼.

0=고통을 견디기 쉬움. 삶이 감당할 만하고, 충동이 훨씬 낮음.

기술 사용 전: _____

기술 사용 후: _____

만일 기술을 연습하지 않았다면, 하지 않은 이유를 적으세요.

_____

_____

_____

_____

_____

_____

_____

_____

_____

_____

_____

_____

고통 감싸기: 자기위안 기술

이 기술을 기억하는 좋은 방법은 나를 진정시키는 오감과 움직임을 생각하는 것입니다.

시각　청각

후각　미각

촉각　움직임

시각　내가 제일 좋아하는 장소에 가서 시야에 들어오는 모든 것을 눈에 담는다. 사진 앨범을 본다. 포스터나 그림을 빨려 들어가듯이 쳐다본다. 사람들을 관찰한다. 저녁 노을의 색깔을 바라본다.

청각　내가 제일 좋아하는 음악을 듣고 계속 반복해서 그 음악을 재생한다. 자연에서 나는 소리(새, 비, 천둥, 교통)에 주의를 집중한다. 악기를 연주하거나 노래를 부른다. 백색 소음에 귀 기울여 본다.

후각　내가 제일 좋아하는 로션을 바른다. 향초를 켠다. 쿠키나 팝콘을 만든다. 갓 끓여 낸 커피향을 맡는다. 공원에 가서 꽃 냄새를 맡는다.

미각　내가 제일 좋아하는 음식 중 몇 가지를 먹는다. 제일 좋아하는 무알코올 음료를 마신다. 제일 좋아하는 맛의 아이스크림을 먹는다. 먹고 있는 음식의 맛을 음미해 본다. 한 가지를 마음챙김하며 먹는다. 지나치게 먹지 않는다!

촉각　오랫동안 욕조에 들어가 있거나 천천히 샤워를 한다. 반려견이나 반려묘를 쓰다듬는다. 마사지를 받는다. 머리를 빗는다. 포옹을 해 주거나 포옹을 받는다. 머리에 차가운 수건을 얹는다. 제일 편한 옷으로 갈아입는다.

움직임　내 몸을 살살 흔든다. 스트레칭을 한다. 뛴다. 요가나 필라테스를 한다. 춤을 춘다!

고통 감싸기: 이 순간을 살리기-신기한 쉼의 상자

'신기한 쉼의 상자'로 이 순간을 살리세요.

신체이완
머리 꼭대기부터 시작해서 점점 내려가면서 각각의 큰 근육 부위를 조였다 풀어서 근육을 이완시킨다. 이완을 위한 음성이나 비디오 파일을 다운로드한다. 스트레칭을 한다. 목욕한다. 마사지를 받는다.

기도하기
초월적인 존재, 더 큰 지혜 혹은 나 자신의 지혜로운 마음을 향해 마음을 연다. 이 순간의 고통을 견딜 수 있는 힘을 달라고 요청한다.

한 가지만
내 모든 주의를 내가 지금 하고 있는 것에 집중한다. 내 마음이 계속 이 순간에 있게 한다. 걷거나, 청소하거나, 음식을 먹으면서 몸의 움직임이나 감각을 인식해 본다.

쉼표: 잠시 탈출!
나에게 잠시 휴가를 준다. 밖으로 나간다. 짧은 산책을 한다. 제일 좋아하는 음료를 마시러 나간다. 신문이나 잡지를 읽는다. 인터넷 검색을 한다. 반드시 마쳐야 하는 힘든 일로부터 1시간 휴식을 갖는다. 모든 전자기기를 꺼 둔다.

의미 찾기
고통에서 목적, 의미, 또는 가치를 찾아본다. 신 김치로 김치볶음밥을 만든다!

상상하기
아주 편안한 장면을 상상한다. 고요하고 안전한 장소를 상상해 본다. 일이 잘 풀리는 것을 상상한다. 잘 대처하는 것을 상상한다. 수도관에서 물이 빠져나가는 것처럼 고통스러운 감정이 내 몸에서 빠져나가는 것을 상상해 본다.

자기격려
(치어리더처럼) 나를 응원해 준다. "나는 견딜 수 있어." "이건 지나갈 거야." "난 이 상황을 이겨 낼 거야." "나는 최선을 다하고 있어."라고 반복해 말한다.

고통 감싸기: 이 순간을 살리기-신기한 쉼의 상자 연습

이름: _____

날짜: _____

이번 주에 기분이 안 좋을 때 사용할 최소 2개의 신기한 쉼의 상자 기술(예: 자기격려, 쉼표: 잠시 탈출!)을 구체적으로 적으세요.

신체이완 _____

기도하기 _____

한 가지만 _____

쉼표: 잠시 탈출! _____

의미 찾기 _____

상상하기 _____

자기격려 _____

기술을 사용해야 했던 스트레스 상황을 간단히 기술하세요. _____

_____

_____

기술을 사용한 것이 (1) 불편한 감정과 충동에 대처하고 (2) 갈등을 피하는 데 도움을 주었나요? 예 혹은 아니요에 표시하세요.

예 / 아니요

만일 '예'라고 답했다면, 어떻게 도움이 되었는지 쓰세요. _____

_____

_____

만일 '아니요'라고 답했다면, 왜 도움이 안 되었다고 생각하는지 쓰세요. _____

_____

_____

기술 사용 전과 후의 감정적 고통의 정도를 평가하세요.

100＝고통을 견딜 수 없음. 삶이 악몽 같고, 충동적으로 행동하고 싶은 마음이 아주 큼.

0＝고통을 견디기 쉬움. 삶이 감당할 만하고, 충동이 훨씬 낮음.

기술 사용 전: _____

기술 사용 후: _____

만일 기술을 연습하지 않았다면, 하지 않은 이유를 적으세요. _____

_____

_____

_____

_____

_____

_____

_____

_____

고통 감싸기: 나의 위기 생존 구급상자 만들기

이름: _____

날짜: _____

집에서 사용할 위기 생존 구급상자에 들어갈 10가지 '도구'를 적으세요. 달라진 활기비밀, 자기위안, 신기한 쉼의 상자 기술 중에서 선택하세요. 신발 상자, 튼튼한 봉투 또는 바구니를 구해서 해당 물품(예: 말랑공, 가장 좋아하는 로션, 향수, 보디스프레이, 가장 좋아하는 휴양지 사진, 제일 좋아하는 잡지, 낱말 맞추기 퍼즐, 허브차 티백, 제일 좋아하는 사탕, 이완용 CD나 DVD)을 그 안에 넣으세요.

1. _____
2. _____
3. _____
4. _____
5. _____
6. _____
7. _____
8. _____
9. _____
10. _____

학교나 일터에서 사용할 수 있는, 좀 더 간소한 구급상자를 만드세요. 책상에 앉아서 쓸 수 있는 물품(예: 색색의 고무줄, 낙서할 때 쓸 연필이나 펜, 점토, 말랑공, 액체괴물, 주의 환기나 진정을 돕는 교실 또는 일터 안의 시각 자극 목록, 기분을 달래 주는 간식, 학교나 일을 마치고 만날 수 있는 친구, 교사, 상담자 이름 목록)을 그 안에 넣으세요.

1. _____
2. _____
3. _____
4. _____

유인물 8-1

고통 감싸기: 극단적인 감정을 다루기 위한 냉동복식 기술

정서 각성이 매우 높을 때 이 기술들을 사용하세요!

- 감정적 마음에 완전히 사로잡혀 있을 때
- 뇌가 정보를 처리하지 못할 때
- 감정적으로 압도되었을 때

극도로 감정적인 마음을 빠르게 줄이기 위해 다음과 같이 신체의 화학 작용을 바꿉니다.

냉

차게 식히기

빨리 진정하기 위해 얼굴의 온도를 찬물로 가라앉히세요.

얼굴을 찬물에 넣고 숨을 참는다. 물 온도는 10도 이상으로 유지한다. 혹은 얼음팩이나 얼음물*이 담긴 지퍼백을 눈과 볼에 대고 있거나, 얼굴에 찬물을 끼얹는다. 30초 동안 숨을 참는다.

동

격렬한 운동

감정으로 매우 흥분되었을 때, 몸을 진정시키기 위해 운동하세요.

잠시 격렬한 유산소운동을 한다. 달리기, 빨리 걷기, 줄넘기, 팔 벌려 뛰기, 농구, 근력 운동, 춤추기 등을 하여 내 몸에 저장된 에너지를 쓴다. 지나치게 하지 않는다!

복식

복식호흡

호흡의 속도를 늦추세요.

들숨+날숨이 1분에 5~7번이 되게 호흡한다. 복부로부터 깊게 숨을 쉰다. 날숨은 들숨보다 더 천천히 쉰다(예: 4초간 들이쉬고 6초간 내쉼). 각성을 낮추기 위해 1~2분간 이렇게 호흡한다.

* 얼음물은 심박수를 빠르게 내리고, 격렬한 운동은 심박수를 올립니다. 만일 심장 관련 혹은 의학적 문제가 있거나, 약물 복용으로 인해 심박수가 기본적으로 낮거나, 베타 수용체 차단제(역주: 교감신경의 아드레날린 수용체 중 베타 수용체를 차단하여 심장 박동을 줄이는 약으로 심장 질환, 고혈압 등을 치료하기 위해 처방함)를 복용하고 있거나, 섭식장애가 있다면, 이 기술을 쓰기 전에 의사와 상의하세요. 찬 것에 알레르기가 있다면 얼음물 사용을 피하세요.

고통 감싸기: 극단적인 감정을 다루기 위한 냉동복식 기술 사용하기

이름: _____

날짜: _____

냉동복식 기술을 각각 최소 한 번씩 연습하세요. 감정적 각성이 매우 높을 때 이 기술을 사용할 수 있도록 준비하세요.

기술 사용 전의 감정 각성의 정도를 평가하세요. 1~100: _____

냉동복식을 사용하게 된 상황을 적으세요. _____

냉

차게 식히기
감정을 바꾸기 위해서 얼음 또는 다른 차가운 것을 사용한다.
감정 점수: 기술 사용 전(0~100) _____ 기술 사용 후(0~100) _____
고통 견디기 점수: 기술 사용 후(0 = 견딜 수 없다. 5 = 확실히 견딜 수 있다) _____
내가 한 것(기술하기) _____

동

격렬한 운동
감정 점수: 기술 사용 전(0~100) _____ 기술 사용 후(0~100) _____
고통 견디기 점수: 기술 사용 후(0 = 견딜 수 없다. 5 = 확실히 견딜 수 있다) _____
내가 한 것(기술하기) _____

복식

복식호흡
감정 점수: 기술 사용 전(0~100) _____ 기술 사용 후(0~100) _____
고통 견디기 점수: 기술 사용 후(0 = 견딜 수 없다. 5 = 확실히 견딜 수 있다) _____
내가 한 것(기술하기) _____

고통 감싸기: 장단점 찾기

스트레스를 견디고 파괴적이거나 충동적인 행동을 안 하기가 정말 어렵다고 느껴지는 위기(감정을 끓어오르게 하는 상황) 하나를 고르세요.

위기 상황: _____

위기 상황에서의 충동: _____

	장점	단점
위기 상황에서 충동에 따라 행동함	충동을 따르는 것의 장점:	충동을 따르는 것의 단점:
위기 상황에서 충동을 참음	충동을 참는 것의 장점:	충동을 참는 것의 단점:

1. 단기적 장단점과 장기적 장단점을 모두 고려하세요.
2. 압도적인 충동이 밀고 들어오기 전에
   a. 장단점 목록을 적어서 가지고 다니세요.
3. 압도적인 충동이 밀고 들어오면,
   a. 장단점 목록을 읽어 보세요.
   b. 충동을 참는 것의 긍정적인 결과를 상상해 보세요.
   c. 충동에 지는 것의 부정적인 결과를 상상해 보세요(그리고 과거의 안 좋았던 결과를 기억하세요).

고통 감싸기: 장단점 찾기 연습

이름: _____

날짜: _____

스트레스를 견디고 파괴적이거나 충동적인 행동을 안 하기가 정말 어렵다고 느껴지는 위기(감정을 끓어오르게 하는 상황) 하나를 고르세요.

위기 상황: _____

위기 상황에서의 충동: _____

하는 방법:

1. 위기 상황에서 충동에 따라 행동하는 것의 장단점을 작성하세요.

2. 위기 상황에서 충동을 참는 것의 장단점을 작성하세요.

3. 어떤 쪽이 더 '무거운지' 장단점을 따져 보고. 그에 맞게 행동하세요.

4. 장단점 목록을 작성하는 것이 지혜로운 마음으로 들어가는 것을 어떻게 도왔는지 생각해 보세요.

5. 행동이 단기적 그리고 장기적으로 나에게 어떤 영향을 미칠지 생각해 보는 것을 기억하세요.

	장점	단점
위기 상황에서 충동에 따라 행동함	충동을 따르는 것의 장점:	충동을 따르는 것의 단점:
위기 상황에서 충동을 참음	충동을 참는 것의 장점:	충동을 참는 것의 단점:

1. 단기적 장단점과 장기적 장단점을 모두 고려하세요.

2. 압도적인 충동이 밀고 들어오기 전에

   a. 장단점 목록을 적어서 가지고 다니세요.

3. 압도적인 충동이 밀고 들어오면,

   a. 장단점 목록을 읽어 보세요.

   b. 충동을 참는 것의 긍정적인 결과를 상상해 보세요.

   c. 충동에 지는 것의 부정적인 결과를 상상해 부세유(그리고 과거의 안 좋았던 결과를 기억하세요).

유인물 10-1

고통 감싸기: 현실 수용 기술의 개요

내가 원한 것과 다른 삶을 살아가는 방법

온전한 수용

마음 돌리기

기꺼이 마음

지금 생각챙김

고통 감싸기: 현실을 수용하기

우리가 배우는 기술의 다수는 상황을 변화시키기 위해 우리의 행동을 바꾸는 것에 초점을 맞춥니다.

하지만 상황을 바꿀 수 있는 길이 **전혀 없을** 때……

우리가 할 수 있는 선택: 현실을 수용하기

내 삶에 심각한 문제가 생겼을 때 할 수 있는 네 가지:

1. 문제를 해결할 수 있는 방법을 찾습니다.
2. 문제에 대한 나의 감정을 바꿉니다.
3. 문제를 수용합니다.
4. 불행한 상태에 머물거나, 혹은 (충동에 따라 행동함으로써) 상황을 더 나쁘게 만듭니다.

문제를 해결하거나 문제에 대한 감정을 바꿀 수 없을 때, 괴로움을 줄이기 위한 방법으로 수용을 선택하세요.

왜 현실을 수용해야 할까?

✓ 현실을 거부한다고 해서 현실이 바뀌지 않습니다.

✓ 현실을 바꾸려면 먼저 현실을 수용하는 것이 필요합니다.

✓ 현실을 거부하는 것은 고통을 괴로움으로 바꿉니다.

✓ 현실을 거부하면 불행, 화, 수치심, 슬픔, 비통함이나 다른 고통스러운 감정에 갇힐 수 있습니다.

온전한 수용

✓ 온전한 수용은 바꿀 수 없는 것을 수용하는 기술입니다.

✓ '온전한'=몸과 마음을 열과 성의를 다해 모두 동원한, 완전하고 총체적인

✓ '수용'=비록 내가 그 현실을 좋아하지 않는다 할지라도, 현실을 있는 그대로 보는 것

✓ 수용은 인정하고, 인식하고, 견디는 것입니다. 포기하거나 항복하는 것이 아닙니다.

✓ 온전한 수용은 현실과 싸우는 것을 멈추고, 현실에게 성질내는 것을 멈추고, 억울함을 흘려보내는 것입니다. 이것은 '왜 하필이면 나야?'라고 묻는 것과 반대입니다. '세상은 지금 보이는 그대로야.'라고 하는 것입니다.

✓ 고통스러운 사건이 있더라도, 삶은 살 만한 가치가 있다고 인정하는 것입니다.

지금 내 삶에서 수용해야 하는 중요한 것 한 가지를 쓰세요. ＿＿＿＿＿＿＿＿＿＿＿＿＿＿＿＿＿＿＿＿

이번 주에 수용해야 하는 덜 중요한 것 한 가지를 쓰세요. ＿＿＿＿＿＿＿＿＿＿＿＿＿＿＿＿＿＿＿＿

고통 감싸기: 온전한 수용, 한 걸음 한 걸음

1. 내가 현실에 이의가 있거나, 현실과 싸우고 있음을 관찰하세요. ('이럴 수는 없어.')

2. 이 불쾌한 현실은 있는 그대로이고 바뀌지 않는다는 것을 기억하세요. ('이것이 일어난 일이야.')

3. 현실에는 원인이 있다는 것을 기억하세요. 지금 일어난 일의 원인이 되는 일련의 사건이 있었다는 것을 인정합니다. 이러한 과거와 현재의 요소들이 이 순간으로 이어졌고, 현재는 이렇게 일어날 수밖에 없다는 것을 인식하세요. ('이런 일들 때문에 지금의 결과가 생겼구나.')

4. 열과 성의를 다해, 내 존재의 전부(마음과 몸 모두)를 던져 수용하는 것을 연습하세요. 나의 모든 부분이 함께 수용하는 창의적인 방법을 찾아보세요. 수용하는 자기말(self-talk)뿐만 아니라 이완하기, 호흡에 마음챙김하기, 수용을 돕는 장소에 가기, 심상 써 보기 등도 고려해 보세요.

5. 반대로 행동하기를 해 보세요. 내가 만일 사실을 수용한다면 할 것 같은 행동을 모두 찾아보세요. 그런 다음 마치 이미 사실을 수용한 것처럼 행동해 봅니다. 실제로 수용했을 때 할 만한 행동을 하세요.

6. 수용할 수 없을 것 같은 사건에 대해 미리 연습하세요. 수용하고 싶지 않은 것을 사실로 믿는 나의 모습을 마음의 눈으로 그려 보세요. 수용하기 힘든 것을 수용할 때 하게 될 행동을 마음속에서 미리 연습해 봅니다.

7. 내가 수용해야 하는 것을 떠올리면서 신체 감각에 주의를 기울여 보세요.

8. 내 안에서 일어나는 실망, 슬픔, 애도를 막지 말고 느껴 보세요.

9. 삶은 고통이 있을 때조차도 살아갈 만한 가치가 있음을 인정하세요.

10. 수용하는 것을 거부하고 있는 것을 알아차리면 장단점 찾기를 해 보세요.

---

* Rathus와 Miller(2015)의 승인을 얻어 번안하였으며, 원 저작권은 The Guilford Press에 있습니다.

* 이 자료는 『DBT®, 학교에 가다: 청소년 정서 문제 해결을 위한 DBT 기술 훈련(DBT STEPS-A)』(저자 James J. Mazza, Elizabeth T. Dexter-Mazza, Alec L. Miller, Jill H. Rathus, and Heather E. Murphy, 역자 조윤화, 김기환, 권승희, 최현정, 2022)의 일부입니다. 원 저작권은 The Guilford Press에, 한국어판 저작권은 학지사에 있습니다. 이 자료는 학지사 홈페이지에서 다운로드하여 개인 용도로 활용하실 수 있습니다.

 과제 10-4

고통 감싸기: 온전한 수용 연습을 위해 선택하기

이름: _____

날짜: _____

온전히 수용하기 위해 내가 무엇을 해야 하는지 파악하기

1. 지금 내 삶에서 온전히 수용해야 하는 **매우 중요한** 것 두 가지의 목록을 만듭니다. 그다음 이 두 가지를 얼마나 수용하고 있는지 숫자로 평가하세요.

    0 = 전혀 수용하지 않음(나는 완전히 거부하고 있다)

    5 = 완전한 수용함(나는 이 문제에 대해 마음이 편하다. 이것은 더 이상 나를 괴롭히지 않는다)

    내가 수용해야 하는 것: 수용 점수(0~5)

    a. _____ (_____)

    b. _____ (_____)

2. **이번 주에** 받아들여야 할, 수용하기 힘든 두 가지 **덜 중요한** 것들의 목록을 만듭니다.

    내가 수용해야 하는 것: 수용 점수(0~5)

    a. _____ (_____)

    b. _____ (_____)

목록을 다듬기

3. 1, 2번에 적은 목록을 검토하세요.

    • **사실을 확인한다(팩트 체크)**-나의 해석 또는 의견을 적은 것은 아닌지 확인하세요.

    • **평가가 들어갔는지 확인한다**-'좋다' '나쁘다' 등의 평가하는 언어를 썼는지 확인하세요.

    • **(필요하면) 목록을 다시 작성한다**-사실에 근거한, 평가 없는 목록을 작성하세요.

온전한 수용을 연습하기

4. 매우 중요한 것 목록의 한 가지와 덜 중요한 것 목록 중 한 가지를 선택합니다.

a. _____

b. _____

5. 앞에 적힌 두 가지 사실을 지혜로운 마음으로 수용하는 것을 연습해 보세요. 한 번에 하나씩 집중하면서 해 보세요. 다음 중 내가 해 본 것에 모두 표시하세요.

☐ 내가 현실에 이의가 있거나, 현실과 싸우고 있음을 관찰했다.	☐ 현실을 만든 원인을 생각해 보았고, 원인이 존재한다는 것을 판단하지 않고 수용했다.
☐ 현실은 있는 그대로임을 나에게 상기시켰다.	☐ 열과 성을 다해(몸, 마음, 영혼을 다 동원해) 완전히 수용하는 것을 연습했다.
☐ 반대로 행동하기를 연습했다.	☐ 수용하는 것과 부정하거나 거부하는 것의 장단점 찾기를 했다.
☐ 내가 수용할 때 생길 수 있는 문제에 대처하는 것을 상상해 보았다.	☐ 내가 수용해야 하는 것을 떠올리면서 신체 감각에 주의를 기울였다.
☐ 삶은 고통스러울 때조차도 살아갈 만한 가치가 있다는·것을 인식했다.	☐ 실망, 슬픔, 애도를 막지 않고 느껴 보았다.

6. 온전한 수용을 연습한 후 나의 수용 정도를 평가하세요(0~5): _____

유인물 11-1

고통 감싸기: 마음 돌리기

마음 돌리기

✓ 수용은 선택입니다. 이것은 마치 '갈림길'에 선 것과 같습니다. 우리는 마음을 '수용의 길'로 돌리고, '현실을 거부하는 길'로부터 멀어져야 합니다.

- 1단계: 내가 수용하고 있지 않다는 것을 알아차리세요(화, 불만, "왜 하필 나야?").
- 2단계: 수용하기로 다짐합니다.
- 3단계: 내 마음을 반복해서 (수용의 길로) 돌리고 또 돌립니다.

수용을 방해하는 요소들

✓ 신념이 방해할 수 있습니다: 만일 고통스러운 상황을 수용한다면, 내가 약해져서 그냥 포기하고, 현실을 승인하거나 고통에 찬 삶을 받아들이게 될 거라고 믿는 것

✓ 감정이 방해할 수 있습니다: 고통스러운 사건을 일으킨 사람이나 집단에 대한 강렬한 분노, 견딜 수 없는 슬픔, 내 행동에 대한 죄책감, 나에 대한 수치심, 세상의 불의에 대한 격분

기억하세요. 수용한다는 것은 현실을 승인한다는 것을 의미하지 않습니다!

* Rathus와 Miller(2015)의 승인을 얻어 번안하였으며, 원 저작권은 The Guilford Press에 있습니다.
* 이 자료는 『DBT®, 학교에 가다: 청소년 정서 문제 해결을 위한 DBT 기술 훈련(DBT STEPS-A)』(저자 James J. Mazza, Elizabeth T. Dexter-Mazza, Alec L. Miller, Jill H. Rathus, and Heather E. Murphy, 역자 조윤화, 김기환, 권승희, 최현정, 2022)의 일부입니다. 원 저작권은 The Guilford Press에, 한국어판 저작권은 학지사에 있습니다. 이 자료는 학지사 홈페이지에서 다운로드하여 개인 용도로 활용하실 수 있습니다.

고통 감싸기: 기꺼이 마음

고집하는 마음

- 고집하는 마음은 어떤 상황을 견디는 것을 거부하거나 포기하는 것입니다.
- 고집하는 마음은 바꿀 수 없는 상황을 바꾸려고 하거나, 바꿔야 하는 것을 바꾸기를 거부하는 것입니다.
- 고집하는 마음은 네 살짜리 아이가 "싫어, 싫어, 싫어!"라고 하는 것과 같습니다.
- 고집하는 마음은 '되는 것을 하기'의 반대입니다.

고집하는 마음을 기꺼이 마음으로 대체하기

- 기꺼이 마음은 세상이 있는 그대로인 것을 허용하고, 그런 세상에 온전히 참여하는 것입니다.
- 기꺼이 마음은 딱 필요한 것만 하는 것입니다. 효과적인 행동을 하는 것입니다.
- 기꺼이 마음은 지혜로운 마음의 소리에 귀 기울여 무엇을 할지 결정하는 것입니다.
- 고집하는 마음이 꼼짝하지 않을 때는 "뭐가 두려운 거야?"라고 물어보세요.

기꺼이 마음일 때와 **고집하는 마음**일 때의 차이를 어떻게 알 수 있을까요? (내가 고집하고 있다는 단서의 예: '절대 안 돼!' 같은 극단적인 생각, 근육이 긴장됨)

기꺼이 마음과 **고집하는 마음**을 알아차렸던 상황을 기술해 보세요.

언제 고집하는 마음이 생겼나요? _____

고집하는 마음이 어떻게 나타났나요(예: 생각, 감정, 신체 감각)? _____
_____

그다음 어떤 일이 일어났나요? _____
_____

언제 기꺼이 마음이 생겼나요? _____

기꺼이 마음이 어떻게 나타났나요(예: 생각, 감정, 신체 감각)? _____
_____

그다음 어떤 일이 일어났나요? _____
_____

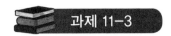

고통 감싸기: 마음 돌리기와 기꺼이 마음 연습

이름: _____

날짜: _____

각 기술을 연습하고, 기술 사용 전과 후의 현실 수용 정도를 0~5점으로 평가하세요(0='전혀 수용하지 않음', 5='나는 이 문제에 대해 마음이 편안함'). 평가 후에 구체적으로 무엇을 했는지 적으세요.

마음 돌리기: 수용 기술 사용 전 _____ 기술 사용 후 _____

수용하지 않음을 **관찰하세요**. 무엇을 관찰했나요? 수용하기 어려웠던 것이 무엇이었나요?
수용할 수 없다고 느껴지는 것을 수용하기로 **다짐하세요**. 이것을 어떻게 했나요?
다음에 내가 수용으로부터 벗어날 때 **알아차리기 위한 계획**을 기술하세요.

기꺼이 마음: 수용 기술 사용 전 _____ 기술 사용 후 _____

목표를 이루기 위해 한 **효과적인 행동**을 기술하세요.
고집하는 마음을 알아차리세요. 내가 어떤 식으로 있는 그대로의 이 세상에 효과적으로 참여하고 있지 않은지, 혹은 어떤 방식으로 목표를 이루기 위해 필요한 무언가를 안 하고 있는지를 기술하세요.
수용할 수 없다고 느껴지는 것을 수용하기로 **다짐하세요**. 이것을 어떻게 했나요?
내가 **기꺼이** 한 것을 기술하세요.

유인물 12-1

고통 감싸기: 지금 생각챙김, 한 걸음 한 걸음

---

1. 생각을 관찰하세요.

- 생각이 마치 파도처럼 오가는 것을 관찰하세요.
- 생각을 억누르지 마세요.
- 생각을 평가하지 마세요.
- 생각이 존재함을 인정하세요.

- 생각을 계속 품고 있지 마세요.
- 생각을 분석하지 마세요.
- 기꺼이 마음을 연습하세요.
- 한발 물러나 생각을 관찰하세요.

---

2. 호기심 어린 마음을 가지세요.

- 이렇게 물어봅니다. '내 생각은 어디에서 왔을까?'
- 내 마음에 들어왔다가 나가는 모든 생각을 알아차리세요.
- 생각을 관찰하되 평가하지 마세요. 판단을 흘려보내세요.

---

3. 기억하세요. '나는 내 생각이 아니다.'

- 반드시 내 생각에 따라 행동할 필요는 없습니다.
- 매우 다른 생각을 가졌던 때를 기억하세요.
- 위기 상황의 생각은 '감정 마음'임을 기억하세요.
- 이렇게 강렬한 괴로움과 고통을 느끼지 않을 때는 내가 어떻게 생각하는지 기억하세요.

---

4. 생각을 막거나 억누르지 마세요.

- 이렇게 물어보세요. '이런 생각으로 피하려는 신체 감각이 뭘까?' 마음을 그 감각으로 돌리세요. 그런 다음 생각으로 돌아오세요. 이렇게 하는 것을 몇 번 반복합니다.
- 한발 물러나서 내 생각이 오갈 수 있도록 하세요.
- 생각과 놀아 주세요. 생각을 최대한 빠르게 반복해서 소리 내어 말하세요. 생각을 노래로 불러 보세요. 생각이 어릿광대가 하는 말. 혹은 내가 가서 끌어안을 수 있는 귀여운 동물이라고 상상해 보세요.
- 내 생각을 **사랑하려고** 노력해 보세요.

---

* Linehan(2015b)의 승인을 얻어 번안하였으며, 원 저작권은 Marsha M. Linehan에게 있습니다.

* 이 자료는 『DBT®, 학교에 가다: 청소년 정서 문제 해결을 위한 DBT 기술 훈련(DBT STEPS-A)』(저자 James J. Mazza, Elizabeth T. Dexter-Mazza, Alec L. Miller, Jill H. Rathus, and Heather E. Murphy, 역자 조윤화, 김기환, 권승희, 최현정, 2022)의 일부입니다. 원 저작권은 The Guilford Press에, 한국어판 저작권은 학지사에 있습니다. 이 자료는 학지사 홈페이지에서 다운로드하여 개인 용도로 활용하실 수 있습니다.

고통 감싸기: 지금 생각챙김을 연습하는 방법

말과 목소리를 사용해서 지금 생각챙김을 연습하기

1. 평가하지 않는 목소리로 생각이나 믿음을 소리 내어 말하세요. 말하고, 또 말하고, 또 말하세요.

☐ 최대한 **빨리** 말해서 말이 안 될 때까지 계속해 보세요.

☐ 아주, 아주 **느리게**, 호흡 한 번에 한 음절 혹은 한 단어씩 말해 보세요.

☐ 나와 **다른 목소리**로(더 높거나 낮은 톤으로) 말해 보세요.

☐ 코미디 프로그램에 나오는 대화처럼 말해 보세요(예: "내 마음에 어떤 생각이 지나갔는지 상상도 못할 거야. 내가 '나는 멍청이야.'라고 생각하고 있었어. 이게 말이 되니?").

☐ **노래**로 불러 보세요. 생각에 맞는 선율로 진심을 다해서 극적으로 노래해 보세요.

반대로 행동하기 기술을 써서 지금 생각챙김을 연습하기

2. 내 생각을 그저 생각으로, 혹은 뇌의 감각이라고 받아들이는 것을 상상하면서 얼굴과 몸을 이완시키세요.

3. 생각을 전부 믿는 것을 멈춘다면 내가 무엇을 하게 될지 상상해 보세요.

4. 생각이 내 마음을 지나갈 때, 생각을 사랑하는 것을 연습해 보세요.

연습을 방해하는 생각: _____

_____

_____

생각 관찰하기로 지금 생각챙김을 연습하기

5. 생각이 마음에 들어오는 것을 알아차립니다. 어떤 생각이 내 마음으로 들어오면, "생각이 내 마음으로 들어왔네."라고 말해 보세요. 생각을 생각으로 이름 짓고, "이런 [생각을 기술한다] 생각이 내 마음에 왔네."라고 말해 보세요.

6. 내 마음에 들어온 생각을 알아차렸을 때, "이 생각이 어디서 왔을까?"라고 물어보세요.

7. 나는 산꼭대기에 있고 내 마음은 저 밑에 있는 바위라고 상상하면서, 마음에서 한 걸음 물러나세요. 마음을 응시하면서 어떤 생각이 일어나는지 지켜보세요.

내 마음이 다음과 같은 것이라고 상상하면서 지금 생각챙김을 연습하기

8. **컨베이어 벨트:** 생각과 감정이 벨트를 타고 내려옵니다. 각각의 생각이나 감정을 이름표(예: '걱정하는 생각' '과거에 대한 생각' '우리 엄마에 대한 생각' '무엇을 할지 계획하는 생각')가 붙은 상자에 넣습니다. 계속해서 생각을 관찰하고, 이름표가 붙은 상자에 넣어 분류합니다.

9. **강:** 생각과 감정은 강을 타고 떠내려가는 배입니다. 풀밭에 앉아서 많은 배가 떠내려가는 것을 지켜보고 있다고 상상합니다. 어떤 배에도 올라타지 않도록 노력합니다.

10. **철도:** 생각과 감정은 철도 위를 지나가는 기차입니다. 기차에 올라타지 않도록 노력합니다.

11. **시냇물:** 이 시냇물은 내가 앉아 있는 풀밭 옆으로 흐릅니다. 생각이나 심상이 마음에 들어올 때마다, 그것이 시냇물에 떠내려가는 나뭇잎 위에 글 또는 그림으로 새겨지는 것을 상상해 보세요. 각각의 잎이 떠내려가며 시야에서 사라지는 것을 지켜봅니다.

12. **하늘:** 생각은 하늘 위에 떠 있는 구름이라고 상상하세요. 구름(생각)이 흘러가는 것을 알아차리고, 내 마음에서 떠나가게 합니다.

고통 감싸기: 지금 생각챙김 연습

이름: _____

날짜: _____

지난주에 생각을 관찰했던 노력을 적어 보세요. 생각을 관찰하는 연습을 하루에 적어도 한 번씩 하세요. 고통스러운 생각에만 집중하지 말고, 기분을 좋게 하거나 중립적인 생각도 관찰합니다. 각각의 생각에 대해서, 우선 "이런 [생각을 기술한다] 생각이 내 마음을 지나갔네."라고 말하는 것을 연습하세요. 그다음 생각을 관찰하고 흘려보내는 전략을 한 가지 이상 연습해 봅니다.

다음 중 연습해 본 것에 모두 표시하세요.

☐ 1. 말과 목소리를 사용해서 생각을 매우 빨리, 아주 천천히, 나와 다른 목소리로, 코미디 프로그램에 나오는 대화로, 노래로 반복했다.

☐ 2. 생각을 뇌의 감각이라고 받아들이는 것을 상상하면서 얼굴과 몸을 이완시켰다.

☐ 3. 생각을 사실로 보지 않는다면 무엇을 할지 마음속으로 연습했다.

☐ 4. 내 마음을 지나가는 생각을 사랑하는 것을 연습했다.

☐ 5. 호흡이 드나드는 것을 관찰하면서 생각이 드나들게 내버려 두었다.

☐ 6. "이 생각은 어디서 오는 걸까?"라고 호기심 어린 마음으로 질문해 보았다.

☐ 7. 마치 내가 산꼭대기에 있는 것처럼, 내 마음에서 한 걸음 물러났다.

☐ 8. 마음속으로 생각이 컨베이어 벨트를 타고 내려온다고, 강 위의 배라고, 철도 위의 기차라고, 시냇물에 떠내려가는 나뭇잎에 새겨졌다고, 혹은 하늘에 흘러가는 구름이라고 상상해 봤다(사용해 본 심상에 밑줄 그으세요).

☐ 9. 기타: _____

이번 주에 주의를 기울였던 생각을 기술해 보세요. 내 마음을 스쳐 간 생각을 적어 보세요.

---

1. 생각: ' _____ '

    내가 사용해 본 전략을 다 적으세요(혹은 앞에서 나온 번호를 적으세요). _____

    _____

    내 생각에 주의를 기울이고 생각에 감정적으로 반응하는 것을 줄이는 데 이 전략(들)이 얼마나 효과가 있었는지 평가하세요.

1	2	3	4	5
효과적이지 않았음		다소 효과적이었음		매우 효과적이었음

2. 생각: ' _____ '

    내가 사용해 본 전략을 다 적으세요(혹은 앞에서 나온 번호를 적으세요). _____

    _____

    내 생각에 주의를 기울이고 생각에 감정적으로 반응하는 것을 줄이는 데 이 전략(들)이 얼마나 효과가 있었는지 평가하세요.

1	2	3	4	5
효과적이지 않았음		다소 효과적이었음		매우 효과적이었음

3. 생각: ' _____ '

    내가 사용해 본 전략을 다 적으세요(혹은 앞에서 나온 번호를 적으세요). _____

    _____

    내 생각에 주의를 기울이고 생각에 감정적으로 반응하는 것을 줄이는 데 이 전략(들)이 얼마나 효과가 있었는지 평가하세요.

1	2	3	4	5
효과적이지 않았음		다소 효과적이었음		매우 효과적이었음

 과제 13-1

마음챙김: 세 가지 마음 상태를 이용한 해결책

이름: _____

날짜: _____

이성 마음 　 지혜로운 마음 　 감정 마음

상황 1:

_____

_____

해결책:

이성 마음	지혜로운 마음	감정 마음

상황 2:

_____

_____

해결책:

이성 마음	지혜로운 마음	감정 마음

마음챙김: '무엇을' 기술과 '어떻게' 기술 연습

이름: _____

날짜: _____

이번 주에 연습한 '무엇을' 기술 하나와 '어떻게' 기술 하나에 표시하세요.

'무엇을' 기술	'어떻게' 기술
_____ 관찰하기	_____ 평가하지 않고
_____ 기술하기	_____ 하나씩
_____ 참여하기	_____ 효과적으로

이번 주에 기술을 사용한 경험을(언제, 어디서 기술을 사용했는지를 포함하여) 간략히 적어 보세요.

_____

_____

_____

기술을 사용한 것이 나의 생각, 감정, 행동에 준 영향을 간략히 적으세요.

_____

_____

_____

연습을 해 오지 않았다면, 왜 못했는지 적으세요.

_____

_____

_____

유인물 15-1

정서 조절: 정서 조절 목표

1. 경험하는 정서를 이해하기

- 정서를 알아차리세요(관찰하고 기술하기).
  - ■ 마음챙김 기술을 쓰세요!
- 정서가 나에게 무엇을 해 주는지 이해하세요(이 순간 정서는 나에게 도움이 되나요, 도움이 되지 않나요?).

2. 정서 취약성 줄이기

원치 않는 정서가 아예 생기지 않게 하세요.

- 긍정 정서를 높이세요.
- 감정 마음에 대한 취약성을 줄이세요.

3. 원치 않는 정서의 빈도 줄이기

4. 정서적 괴로움 줄이기

원하지 않는 정서로 인한 괴로움을 줄이거나 멈추게 하세요.

- 마음챙김을 사용해서 고통스러운 정서를 흘려보내세요.
- 반대로 행동하기를 통해 정서를 변화시키세요.

정서 조절: 정서 목록

사랑	증오	두려움	즐거움	수치심	죄책감	불안
외로움						
분노	신남	좌절	**슬픔**	부끄러움	**부러움**	
지루함	놀람	창피함				
혼란스러움	호기심이 드는		**자부심**	의심스러운	행복한	
격분	**흥미**	우울	걱정	짜증	**패닉**	
질투	낙관	절망감	혐오	상처입은		
동정	**실망감**	만족	차분함			

내가 자주 느끼는 다른 정서 이름:

_____   _____

_____   _____

_____   _____

_____   _____

유인물 15-3

정서 조절: 정서는 무슨 도움이 되나?

정서는 정보를 제공합니다.

- 정서는 무언가가 일어나고 있다는 신호를 제공해 줍니다(예: '어두운 골목에 혼자 서 있으니 매우 긴장이 되네.').
- 때로 정서는 '직감' 혹은 직관으로 우리와 소통합니다.
- 그러나 정서를 마치 세상에 관한 사실처럼 다루면 문제가 생길 수 있습니다. '내가 두렵다면 위험한 게 틀림없어.' 혹은 '내가 그를 사랑하니까 그는 내게 좋은 사람이야.'는 정서를 사실로 여기는 생각의 예입니다.
- 정서는 사실이 아니라는 점을 늘 기억해야 합니다. 따라서 각 상황에서 사실을 확인하는 것이 중요합니다.

정서는 타인과 소통하게 하고 타인에게 영향을 미칩니다.

- 표정, 자세, 목소리는 내가 어떻게 느끼는지 잘 알려 줍니다. 이는 다른 사람에게 정서를 소통하게 합니다(예: 슬픈 표정을 지으면 상대방이 괜찮으냐고 묻거나 위로해 주게 만듭니다).
- 정서는 나도 모르게 말, 표정, 몸짓으로 표현되어 다른 사람이 내게 보이는 반응에 영향을 미칩니다.

정서는 우리 행동에 동기를 주고 행동을 준비시킵니다.

- 특정 정서와 연결된 행동 충동은 우리에게 '새겨져' 있습니다. 예를 들어, 갑자기 커다란 경적 소리가 울리면 우리는 깜짝 놀라 몸을 움찔합니다.

- 정서는 중요한 상황에서 재빨리 반응할 수 있도록 시간을 벌어 줍니다. 정서를 느낄 때, 신경계는 우리를 '가동시키기' 때문에(예: 차가 다가오면 즉각 몸을 피합니다) 모든 것을 다 충분히 따져 보고 어떻게 행동해야 할지 생각할 필요가 없습니다.
- 강한 정서는 우리 마음과 환경의 장해물을 극복하도록 돕습니다.

정서 조절: 정서에 관한 오해

이름: _____

날짜: _____

각 오해에 대한 나 자신의 반박을 적어 보세요. 이미 적힌 반박도 맞지만 다른 반박을 생각하거나 적힌 반박을
스스로의 표현으로 다시 적어 보세요.

1. 모든 상황마다 느껴야 할 감정이 따로 있다.

   반박: **사람마다 상황에 대한 반응은 다르다. 맞거나 옳은 반응은 정해져 있지 않다.**

   나의 반박: _____

2. 내가 기분이 안 좋다는 사실을 타인에게 알리는 것은 나약함이다.

   반박: **내가 기분이 안 좋다는 사실을 타인에게 알리는 것은 건강한 의사소통 방법이다.**

   나의 반박: _____

3. 부정적 감정은 나쁘고 파괴적이다.

   반박: **부정적 감정은 자연스러운 반응이다. 내가 상황을 더 잘 이해하도록 도와준다.**

   나의 반박: _____

4. 감정적이라는 것은 통제 불능이라는 뜻이다.

   반박: **감정적이라 함은 자연스러운 인간이라는 뜻이다.**

   나의 반박: _____

5. 어떤 감정은 바보 같다.

   반박: **모든 감정은 특정 상황에서 내가 무엇을 느끼는지 알려 준다. 모든 감정은 내 경험을 이해하도록 도
   와 유용하다.**

   나의 반박: _____

6. 극적인 감정 상황은 멋지다.

   반박: **나는 정서를 조절하면서 극적인 감정을 표현할 수 있다.**

   나의 반박: _____

7. 다른 사람이 인정해 주지 않는 감정은 느껴서는 안 된다.

반박: **다른 사람이 어떻게 생각하든 나는 내 방식대로 느낄 권한이 있다.**

나의 반박: _____

8. 내 감정을 가장 잘 아는 사람은 다른 사람들이다.

반박: **내가 무엇을 느끼는지 가장 잘 아는 사람은 나 자신이다. 다른 사람은 내가 어떻게 느낄지 단지 추측할 뿐이다.**

나의 반박: _____

과제 15-5

정서 조절: 정서 읽기

이름: _____   날짜: _____

정서를 기록하세요. 하루 중 가장 강한 정서, 가장 오래 지속된 정서, 혹은 가장 힘들게 하거나 문제를 일으킨 정서를 적어 보세요.

정서	동기	타인과의 의사소통		나와의 의사소통	
정서 이름	정서는 어떤 행동을 할 동기를 주었나? (즉, 정서가 어떤 목표를 달성하도록 도와주었나?)	다른 사람들에게 정서를 어떻게 표현했는가(몸짓, 언어, 행동)?	나의 정서가 다른 사람들에게 어떤 메시지를 전달했는가?	나의 정서가 다른 사람들에게 어떤 영향을 주었는가?	정서는 나에게 무슨 말을 전했는가?	어떻게 사실 확인을 했는가?

* Linehan(2015b)의 승인을 얻어 변안하였으며, 원 저작권은 Marsha M. Linehan에게 있습니다.

* 이 자료는 『DBT®, 학교에 가다: 청소년 정서 문제 해결을 위한 DBT 기술 훈련(DBT STEPS-A)』(저자 James J. Mazza, Elizabeth T. Dexter-Mazza, Alec L. Miller, Jill H. Rathus, and Heather E. Murphy, 역자 조윤화, 김기환, 권승희, 최현정, 2022)의 일부입니다. 원 저작권은 The Guilford Press에, 한국어판 저작권은 학지사에 있습니다. 이 자료는 학지사 홈페이지에서 다운로드하여 개인 용도로 활용하실 수 있습니다.

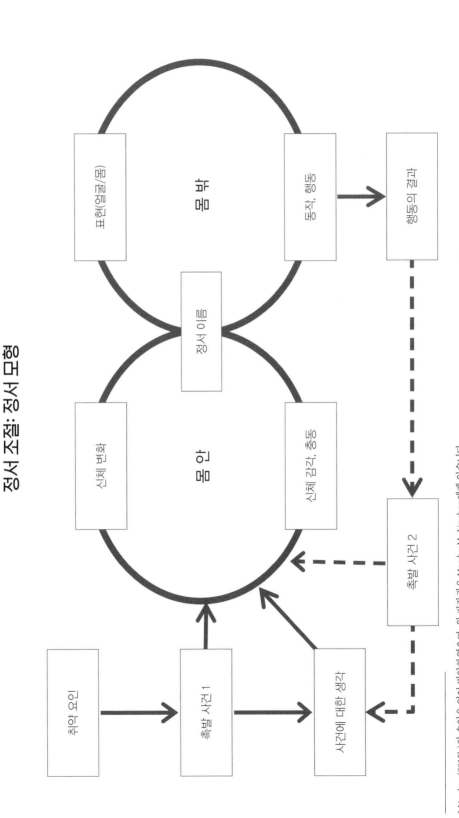

유인물 16-1

정서 조절: 정서 모형

취약 요인 → 촉발 사건 1 → 사건에 대한 생각

촉발 사건 2

신체 변화

표현(얼굴/몸)

정서 이름

몸 안

몸 밖

신체 감각, 충동

동작, 행동

행동의 결과

* Linehan(2015b)의 승인을 얻어 변안하였으며, 원 저작권은 Marsha M. Linehan에게 있습니다.

* 이 자료는 『DBT® 학교 가다: 청소년 정서 문제 해결을 위한 DBT 기술 훈련(DBT STEPS-A)』(저자 James J. Mazza, Elizabeth T. Dexter-Mazza, Alec L. Miller, Jill H. Rathus, and Heather E. Murphy, 역자 조윤화, 김기환, 권승희, 최현정, 2022)의 일부입니다. 원 저작권은 The Guilford Press에, 한국어판 저작권은 학지사에 있습니다. 이 자료는 학지사 홈페이지에서 다운로드하여 개인 용도로 활용하실 수 있습니다.

유인물 16-2a

정서 조절: 정서를 기술하는 방법(화)

화 단어

화	격분	언짢음	분노 폭발
약오름	좌절	적대감	분노
격양	격노	짜증	복수심
귀찮음	토라짐	억울함	노여움

화를 촉발하는 사건

• 중요한 목표가 막히거나 방해받음	• 예상대로 일이 풀리지 않음
• 나 혹은 내가 아끼는 사람이 타인에게 공격받거나 위협받음	• 신체 혹은 정서적 고통을 느낌
• 힘, 지위, 존경을 잃음	• 그 외: _____

화를 촉발하는 사건에 관한 생각

• 불공평한 대우를 받았다는 생각	• '내가 맞아.'라는 경직된 생각
• 비난	• 상황이 틀렸거나 불공평하다는 생각
• 중요한 목표가 막히거나 중단되었다는 생각	• 처음 화를 촉발한 사건을 곱씹는 것
• 상황이 지금과는 '달라야 한다.'는 생각	• 그 외: _____

몸 안: 신체 변화와 감각

• 근육 경직	• 눈물을 멈출 수 없음
• 이를 악묾	• 때리거나, 벽을 치거나, 물건을 던지거나, 터질 것 같은 느낌
• 주먹을 꽉 쥠	• 누군가를 해치고 싶은 느낌
• 얼굴이 빨개지거나 뜨거워짐	• 그 외: _____
• 폭발할 것 같은 느낌	

몸 밖: 표현과 행동

• 신체, 언어적 공격	• 주먹을 쥠
• 공격적이거나 위협하는 몸짓	• 인상 씀, 웃지 않음, 성난 표정 지음
• 때리기, 던지기, 부수기	• 다른 사람들로부터 멀어짐
• 큰 소리를 내며 걷기, 문을 세게 닫음	• 울음
• 나가 버림	• 억지 웃음
• 큰, 시비조의, 냉소적인 음성	• 붉어진 얼굴
• 비속어나 욕	• 그 외: _____
• 비난하고 불평하기	

화의 결과

• 주의가 좁아짐	• 앞으로 화가 날 상황을 떠올림
• 지금 화나게 한 상황에만 주의를 기울임	• 무감각
• 나를 화나게 만드는 모든 상황을 떠올림(과거 다른 상황), 그리고 다른 생각은 전혀 못함	• 정신줄 놓음
	• 그 외: _____

정서 조절: 정서를 기술하는 방법(두려움)

두려움 단어

두려움 불안 우려 무서움	(신경이) 곤두섬 섬뜩함 공포 히스테리 안절부절못함	긴장 압도당한 느낌 패닉 충격	긴박함 극심한 공포 불편 걱정

두려움을 촉발하는 사건

• 생명, 건강, 웰빙이 위협받음 • 과거 위협받거나 다친 상황 혹은 고통스러운 일이 일어난 상황과 유사하거나 같은 상황에 처함 • 플래시백 • 고요	• 다른 사람이 위협받거나 다친 모습을 보게 되는 상황에 처함 • 새롭거나 낯선 상황 • 혼자 있음(예: 혼자 걷기, 혼자 집에 있기, 혼자 살기) • 어둠 속에 있음	• 인파 속에 있음 • 집을 떠남 • 다른 사람 앞에서 수행하기(예: 학교, 직장) • 꿈을 추구함 • 그 외: _____

두려움을 촉발하는 사건에 관한 생각

• 죽거나 죽을지도 모른다는 생각 • 다치거나 해를 입는다는 생각 • 소중한 무언가를 잃을 것이라는 생각 • 누군가 나를 거부하거나, 비난하거나, 싫어할 거라는 생각 • 창피당할 것이라는 생각 • 실패할 수 있다는 생각, 실패에 대한 예상	• 필요한 도움을 받지 못할 것이라는 생각 • 이미 받은 도움을 잃을 거라는 생각 • 중요한 사람을 잃을 거라는 생각 • 중요한 무언가를 잃을 거라는 생각 • 무력하거나 통제를 잃을 거라는 생각 • 그 외: _____

몸 안: 신체 변화와 감각

• 숨 가쁨 • 심장박동 증가 • 목 졸리는 느낌, 목에 무언가 걸린 느낌 • 근육 긴장, 근육 경직	• 이 악묾 • 토할 것 같은 느낌 • 추위, 축축함 • 비명 지르거나 소리 지르고 싶은 느낌	• 배 속이 출렁이는 것 같은 느낌 • 도망가거나 피하고 싶은 느낌 • 그 외: _____

몸 밖: 표현과 행동

• 도망침, 달아남 • 뛰거나 빨리 걸음 • 두려운 것으로부터 숨거나 피함 • 긴장되고 두려워하는 말투 • 애원하거나 도움을 호소함 • 말수가 적어지고 말이 없어짐	• 비명 지르거나 소리 지름 • 재빠른 시선이나 빠르게 두리번거림 • 시선이 마비됨 • 두려움 속에서 빠져나가고자 스스로를 다독이는 말을 함 • 얼어붙기, 안 움직임	• 울기, 훌쩍이기 • 떨기, 전율, 흔들림 • 흔들리는, 떠는 목소리 • 땀 흘림 • 설사하거나 토함 • 그 외: _____

두려움의 결과

• 주의가 좁아짐 • 위협에 대한 높은 경계 상태 • 집중력 잃음	• 멍해짐 • 자제력 상실 • 더 큰 상실이나 실패 가능성을 상상함	• 스스로 고립시킴 • 두려웠던 다른 상황을 기억함 • 그 외: _____

* Linehan(2015b)의 승인을 얻어 번안하였으며, 원 저작권은 Marsha M. Linehan에게 있습니다.

* 이 자료는 『DBT®, 학교에 가다: 청소년 정서 문제 해결을 위한 DBT 기술 훈련(DBT STEPS-A)』(저자 James J. Mazza, Elizabeth T. Dexter-Mazza, Alec L. Miller, Jill H. Rathus, and Heather E. Murphy, 역자 조윤화, 김기환, 권승희, 최현정, 2022)의 일부입니다. 원 저작권은 The Guilford Press에, 한국어판 저작권은 학지사에 있습니다. 이 자료는 학지사 홈페이지에서 다운로드하여 개인 용도로 활용하실 수 있습니다.

유인물 16-2c

정서 조절: 정서를 기술하는 방법(행복)

행복 단어

행복	만족	기쁨	열정
즐거움	더 바랄 것 없음	열정	반가움
즐김	생기	스릴	자부심
안도	승리감	쾌활	고양
재미	흥분	열의	신남
희망	의기양양	쾌감	낙관

행복을 촉발하는 사건

• 깜짝 선물을 받음	• 존중, 존경, 칭찬을 받음
• 기대보다 현실이 더 좋음	• 사랑, 좋아함, 애정을 받음
• 원하는 것을 얻음	• 다른 사람들로부터 받아들여짐
• 열심히 한 일이나 걱정한 일에서 성과를 얻음	• 어딘가에 소속되거나 사람들 사이에 속함
• 과제에서 성공함	• 나를 사랑하고 좋아하는 사람들과 함께 있거나 연락함
• 바람직한 결과를 달성함	• 그 외: _____

행복을 촉발하는 사건에 관한 생각

• 즐거운 사건을 있는 그대로, 더 하지도 덜 하지도 않고 생각함	• 그 외: _____

몸 안: 신체 변화와 감각

• 흥분한 느낌	• 열린, 확장된 느낌
• 신체적 에너지와 활기	• 침착하고 고요한 느낌
• 킥킥대고 웃고 싶은 느낌	• 나를 행복하게 해 주는 일을 계속 하려는 충동
• 얼굴이 상기된 느낌	• 그 외: _____
• 평화로운 느낌	

몸 밖: 표현과 행동

• 미소	• 사람들을 껴안음
• 활짝 핀 환한 얼굴	• 방방 뜀
• 통통 튀어 다니거나 쾌활함	• 긍정적인 말
• 좋은 느낌을 소통함	• 열정적이고 활기찬 음성
• 느낌을 나눔	• 수다스럽거나 말을 많이 함
• 장난스럽게 행동함	• 그 외: _____

행복의 결과

• 다른 사람에게 정중하고 친절함	• 행복했던 다른 때를 기억하고 상상함
• 다른 사람에게 좋은 일을 함	• 미래에도 행복할 것이라고 기대함
• 낙관적으로 생각함, 좋은 쪽을 생각함	• 그 외: _____
• 걱정이나 방해물을 견디는 힘이 커짐	

유인물 16-2d

정서 조절: 정서를 기술하는 방법(질투)

질투 단어

질투하는 조심스러운 매달리는	방어적인 누군가나 무언가를 잃을까 두려운	불신하는 소유하려는 의심하는	자기를 보호하는 경계하는 신경 쓰는

질투를 촉발하는 사건

• 중요한 관계를 위협받거나 잃게 될 위험 • 내가 사랑하는 사람에게 잠재적 경쟁자가 관심을 둠 • 누군가가: 　−내 삶에서 중요한 무언가를 빼앗으려 위협함 　−내가 좋아하는 사람과 데이트함 　−내 친구와 대화하면서 나를 무시함 　−나보다 더 매력적이고, 잘 나가고, 자신감 있음	• 나의 연인이 다른 사람을 쳐다봄 • 나의 연인이 다른 사람과 시시덕거리는 모습 • 가까워지고 싶은 사람이 나를 중요하지 않은 사람처럼 대함 • 나의 연인이 혼자 있는 시간을 더 요구함 • 나의 연인이 바람피우는 것을 알게 됨 • 그 외: _____

질투를 촉발하는 사건에 관한 생각

• 나의 연인이 나에게 더 이상 관심이 없다는 생각 • 내가 연인에게 아무것도 아니라는 생각 • 나의 연인이 떠날 것이라는 생각 • 나의 연인이 똑바로 처신하지 않는다는 생각	• 내가 또래들만큼 능력이 없다는 생각 • 내가 배신당했다는 생각 • 더 이상 아무도 나에게 관심이 없다는 생각 • 그 외: _____

몸 안: 신체 변화와 감각

• 숨 가쁨 • 심장 박동이 빠름 • 목 졸리는 느낌, 목에 무언가 걸린 느낌 • 근육 긴장 • 이를 악묾 • 다른 사람을 의심하는 느낌 • 자존심에 상처 입은 느낌	• 거부당하는 느낌 • 통제하고 싶은 느낌 • 무력한 느낌 • 내가 가진 것을 움켜쥐거나 붙들고 싶은 느낌 • 라이벌을 밀치거나 제거하고 싶은 느낌 • 그 외: _____

몸 밖: 표현과 행동

• 무언가를 빼앗으려는 사람을 향한 폭력적인 행동이나 폭력 위협 • 잃을까 두려운 사람이나 대상의 자유를 통제하려는 시도 • 신의나 믿음이 없다고 상대를 비난하는 말을 함 • 상대를 감시함 • 상대를 추궁하거나 상대의 시간이나 활동을 심문함	• 잘못한 일의 증거를 수집함 • 매달림, 더 많이 의존함 • 사랑 표현이 과하거나 커짐 • 그 외: _____

질투의 결과

• 주의가 좁아짐 • 모든 사람을 의심함 • 관계에 위협이 될 수 있는 모든 것을 경계함	• 고립되거나 사람들을 피함 • 사람들의 안 좋은 점을 주로 봄 • 그 외: _____

정서 조절: 정서를 기술하는 방법(사랑)

사랑 단어

사랑	관심	열병	동정
흠모	매혹됨	친절	부드러움
애정	연민	좋아함	따뜻함
흥분	욕망	열망함	
끌림	귀여워함	열정	

사랑을 촉발하는 사건

• 누군가가: 　－원하는 것, 필요한 것, 혹은 욕망하는 무언가를 줌 　－그가 해 주었으면 하는 무언가를 해 줌 　－특별히 가치를 두거나 동경하는 무언가를 함 • 신체적으로 매력을 느낌	• 상대와 시간을 함께 오래 보냄 • 상대와 특별한 경험을 함께 나눔 • 상대와 유독 말이 잘 통함 • 함께 있으면 즐거운 사람과 있음 • 그 외: _____

사랑을 촉발하는 사건에 관한 생각

• 상대가 나를 사랑하고 필요로 하고 받아들인다는 생각 • 상대가 신체적으로 매력적이라는 생각 • 상대의 성격이 훌륭하고 멋지고 매력적이라는 평가	• 상대가 의지할 만하고 늘 나의 곁에 있어 줄 것이라는 생각 • 그 외: _____

몸 안: 신체 변화와 감각

• 누군가와 함께 있거나 그 사람에 대해 생각할 때 　－신나고 에너지가 넘치는 느낌 　－심장이 빠르게 뜀 　－자신감을 느낌 　－(무슨 일이 생겨도) 끄덕없을 것 같은 느낌 　－행복, 즐거움, 활기 넘치는 느낌 　－따뜻함, 신뢰, 안전한 느낌 　－이완과 고요	－상대가 잘되기를 바라는 느낌 　－상대에게 무언가를 주고 싶은 느낌 　－상대를 만나고 같이 시간을 보내고 싶은 느낌 　－상대와 함께 인생을 보내고 싶은 느낌 　－신체적 긴밀함과 친밀감을 원함 　－정서적 긴밀함을 원함 　－그 외: _____

몸 밖: 표현과 행동

• '사랑해'라고 말함 • 상대에게 긍정적인 감정을 표현함 • 눈 맞춤, 서로 바라봄 • 만짐, 안아 줌, 붙듦, 껴안음	• 미소 지음 • 누군가와 시간과 경험을 나눔 • 상대가 원하거나 필요한 것을 해 줌 • 그 외: _____

사랑의 결과

• 상대방의 좋은 측면만 보임 • 무언가를 잘 잊거나 집중이 어려움, 공상을 함 • 마음이 열리고 신뢰를 느낌 • '살아 있는' 느낌, 할 수 있다는 느낌 • 내가 사랑했던 다른 사람들을 기억함	• 나를 사랑했던 다른 사람을 기억함 • 다른 긍정적 사건을 기억하거나 상상함 • 스스로 멋지고, 잘할 수 있고, 유능하다고 믿음 • 그 외: _____

* Linehan(2015b)의 승인을 얻어 번안하였으며, 원 저작권은 Marsha M. Linehan에게 있습니다.

* 이 자료는 『DBT®, 학교에 가다: 청소년 정서 문제 해결을 위한 DBT 기술 훈련(DBT STEPS-A)』(저자 James J. Mazza, Elizabeth T. Dexter-Mazza, Alec L. Miller, Jill H. Rathus, and Heather E. Murphy, 역자 조윤화, 김기환, 권승희, 최현정, 2022)의 일부입니다. 원 저작권은 The Guilford Press에, 한국어판 저작권은 학지사에 있습니다. 이 자료는 학지사 홈페이지에서 다운로드하여 개인 용도로 활용하실 수 있습니다.

유인물 16-2f

정서 조절: 정서를 기술하는 방법(슬픔)

슬픔 단어

슬픔	실망	처참함	비애	외로움
절망	유감	향수병	패배감	불행감
비탄	낙담	방임된	단절된	우울
불행	상처 입음	불쾌	괴로움	침울
고통	거부당함	불안정	암울	혼자인

슬픔을 촉발하는 사건

- 다시 되돌릴 수 없이 누군가나 무엇을 잃음
- 기대하거나 원했던 바와 실제가 다름
- 사랑하는 사람의 죽음
- 아끼는 사람과의 이별
- 거부당하거나, 인정받지 못하거나, 배제당함
- 삶에서 필요하다고 생각하는 무언가를 갖지 못함
- 스스로 무력하고 힘이 없음을 알게 됨

- 슬픔이나 고통에 빠진 사람의 곁에 있음
- 다른 사람이나 세상의 문제와 고통에 대해 읽거나 들음
- 혼자 있거나, 고립되거나, 아웃사이더가 됨
- 상실에 대해 생각함
- 그리운 누군가에 대해 생각함
- 그 외: _____

슬픔을 촉발하는 사건에 관한 생각

- 누군가와의 이별이 오래 지속되거나 영영 끝나지 않을 것이라는 생각
- 삶에서 원하거나 필요한 것을 얻지 못할 것이라는 생각
- 내 삶 또는 다른 무언가가 희망이 없다는 생각

- 스스로 쓸모없고 무가치하다는 생각
- 그 외: _____

몸 안: 신체 변화와 감각

- 피곤함, 쇠약함, 에너지가 낮은 느낌
- 느려진 느낌, 하루 종일 누워 있고 싶은 느낌
- 더 이상 아무것도 즐겁지 않은 느낌
- 가슴이나 배 속의 통증이나 텅 빈 느낌
- 공허한 느낌

- 울음을 멈출 수 없는 느낌, 한번 울면 멈출 수 없을 듯한 느낌
- 삼키기 어려움
- 숨이 얕음
- 그 외: _____

몸 밖: 표현과 행동

- 회피함
- 무기력한 행동, 누워만 있음, 활동하지 않음
- 맥 빠진, 곱씹는, 기분에 따른 행동
- 느린, 질질 끄는 움직임
- 사회적 접촉을 피함
- 예전에 즐거웠던 활동을 피함
- 슬픈 말을 함

- 포기하고 개선하려는 노력을 더 이상 하지 않음
- 말이 거의 없거나 말을 하지 않음
- 작고, 느린, 단조로운 음성
- 인상 씀, 웃지 않음
- 무너진 자세
- 흐느낌, 울음, 훌쩍임
- 그 외: _____

슬픔의 결과

- 행복했던 일을 기억하지 못함
- 짜증, 예민함, 민감한 느낌
- 잃어버린 것을 갈망하고 찾아다님
- 앞날을 부정적으로 봄
- 자신을 비난하거나 비판함

- 과거의 슬픈 사건을 생각함
- 불면
- 식욕 문제, 소화 불량
- 그 외: _____

유인물 16-2g

정서 조절: 정서를 기술하는 방법(수치심)

수치심 단어

수치심	창피함 모욕	자의식 부끄러움

수치심을 촉발하는 사건

• 나에게 중요한 사람들로부터 거부당함 • 내가 잘못한 일을 다른 사람들이 알게 됨 • 내가 존경하는 사람들이 틀렸거나 부도덕하다고 여기는 무언가를 하거나, 느끼거나, 생각함 • 나의 어떤 측면이나 행동을 특정 기준에 비교하고 내가 기준에 미달한다고 느낌 • 사람들이 비웃거나 놀림	• 사람들 앞에서 비판을 받거나 비판받은 일을 기억함 • 과거에 내가 잘못한, 부도덕했던, 혹은 '수치스러웠던' 일이 기억남 • 칭찬받을 기대를 했던 일에 거부당하거나 비판을 받음 • 나 자신 혹은 내 생활의 가장 사적인 부분이 드러남 • 내가 싫어하는 신체 특징이 드러남 • 잘하거나 잘해야 한다고 느끼는 무언가에 실패함 • 그 외: _____

수치심을 촉발하는 사건에 관한 생각

• 사람들이 나를 거부할 것이라는 생각(혹은 거부했다는 생각) • 스스로 열등하고, '충분하지 못하고', 다른 사람들보다 못하고, '루저'라는 생각 • 스스로 사랑받을 수 없다는 생각 • 스스로 결함이 있다는 생각 • 스스로 나쁜 사람이거나 실패자라는 생각	• 나의 신체(혹은 신체 일부가) 너무 크거나, 너무 작거나, 못생겼다는 생각 • 다른 사람의 기대에 맞춰 살지 못했다는 생각 • 나의 행동, 생각, 느낌이 멍청하거나 바보 같다는 생각 • 그 외: _____

몸 안: 신체 변화와 감각

• 배 속 통증 • 두려운 감각 • 쪼그라들거나 사라지고 싶은 느낌	• 얼굴이나 몸을 숨기거나 가리고 싶은 느낌 • 그 외: _____

몸 밖: 표현과 행동

• 창피한 행동이나 특징을 다른 사람들로부터 숨김 • 내가 해를 가한 사람을 피함 • 나를 비판한 사람을 피함 • 스스로 피함(주의 분산, 무시) • 사람들로부터 피함, 얼굴을 가림 • 고개를 숙임, 굽실거림	• 보상하려고 함, 반복해서 사죄함 • 사람들로부터 시선을 돌리고 쳐다보지 못함 • 뒤로 물러섬, 구부정하고 경직된 자세 • 머뭇거리는 말투, 작은 말소리 • 그 외: _____

수치심의 결과

• 내가 잘못한 일을 생각하지 않으려고 함, 차단함, 감정을 다 막음 • 마음이나 주의를 다른 데로 돌리려고 분산시키거나 충동적인 행동을 함 • 자의식이 커짐, 스스로에게 몰두함 • 다른 사람을 공격하거나 비난함	• 다른 사람과 갈등이 생김 • 고립, 소외감을 느낌 • 문제 해결이 어려워짐 • 그 외: _____

 유인물 16-2h

정서 조절: 정서를 기술하는 방법(죄책감)

죄책감 단어

죄책감	후회	미안해함
사죄함	회한	

죄책감을 촉발하는 사건

• 잘못됐다고 생각하는 일을 행하거나 생각함 • 자기 가치를 위반하는 무언가를 행하거나 생각함 • 하겠다고 말한 일을 하지 않음 • 다른 사람이나 물건에 해와 손상을 입힘	• 스스로에게 해와 손상을 입힘 • 과거에 잘못한 무언가가 기억남 • 그 외: _____

죄책감을 촉발하는 사건에 관한 생각

• 나의 행동이 비난받을 만하다는 생각 • 내가 안 좋게 행동했다는 생각	• '내가 다르게 했더라면……' 하는 생각 • 그 외: _____

몸 안: 신체 변화와 감각

• 뜨거운, 시뻘건 얼굴 • 안절부절못함, 긴장함	• 숨이 막히는 느낌 • 그 외: _____

몸 밖: 표현과 행동

• 해를 바로잡으려는 시도, 잘못한 일을 보상하려 함, 손상을 고침, 결과를 바꿈 • 용서를 구함, 사과함, 자백함	• 잘못한 일을 바로잡기 위해 선물을 주거나 희생함 • 상대 앞에서 머리를 숙이고 무릎을 꿇음 • 그 외: _____

죄책감의 결과

• 앞으로 변하겠다고 다짐함 • 행동을 변화시킴	• 변화를 위한 자조 모임에 참여함 • 그 외: _____

* Linehan(2015b)의 승인을 얻어 번안하였으며, 원 저작권은 Marsha M. Linehan에게 있습니다.

* 이 자료는 『DBT®, 학교에 가다: 청소년 정서 문제 해결을 위한 DBT 기술 훈련(DBT STEPS-A)』(저자 James J. Mazza, Elizabeth T. Dexter-Mazza, Alec L. Miller, Jill H. Rathus, and Heather E. Murphy, 역자 조윤화, 김기환, 권승희, 최현정, 2022)의 일부입니다. 원 저작권은 The Guilford Press에, 한국어판 저작권은 학지사에 있습니다. 이 자료는 학지사 홈페이지에서 다운로드하여 개인 용도로 활용하실 수 있습니다.

이름: _____

날짜: _____

과제 16-3

정서 조절: 정서 모형 연습

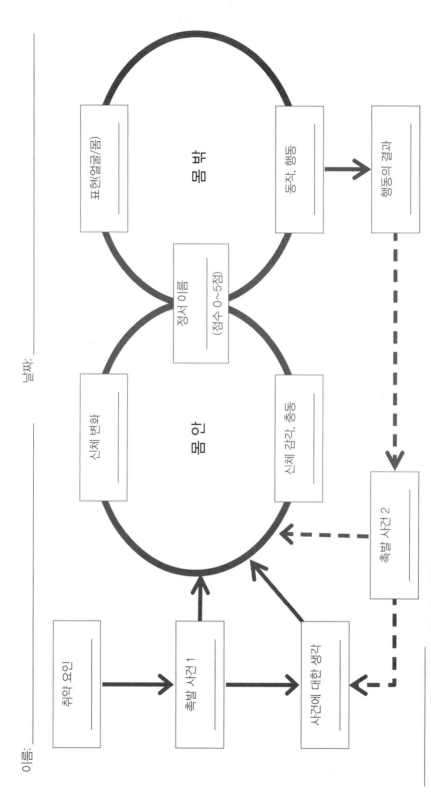

* Linehan(2015b)의 승인을 얻어 변안하였으며, 원 저작권은 Marsha M. Linehan에게 있습니다.

* 이 자료는 『DBT®, 학교에 가다: 청소년 정서 문제 해결을 위한 DBT 기술 훈련(DBT STEPS-A)』(저자 James J. Mazza, Elizabeth T. Dexter-Mazza, Alec L. Miller, Jill H. Rathus, and Heather E. Murphy, 역자 조윤화, 김기환, 김나영, 권승희, 최현정, 2022)의 일부입니다. 원 저작권은 The Guilford Press에, 한국어판 저작권은 학지사에 있습니다. 이 자료는 학지사 홈페이지에서 다운로드하여 개인 용도로 활용하실 수 있습니다.

정서 조절: 정서 반응 변화를 위한 기술 요약

팩트 체크

1. 나의 반응이 일어난 상황의 사실에 맞는지 확인합니다.

2. 사실에 맞지 않는 해석을 바꾸면 정서 반응을 변화시키는 데 도움이 됩니다.

반대로 행동하기

1. 사실에 맞지 않는 정서에 반대로 행동하면 정서를 변화시킬 수 있습니다.

문제 해결

1. 정서가 사실에 맞을 때, 문제 해결을 사용합니다. 문제 해결은 부정 정서의 빈도를 줄여 줍니다.

유인물 17-2

정서 조절: 팩트 체크

생각과 정서의 관계성

여러 정서와 행동은 사건 그 자체에서 출발하는 것이 아니라, 사건에 대한 우리의 생각과 해석에서 출발합니다.

사건 → 생각 → 정서

정서는 사건에 대한 우리의 생각에 큰 영향을 줄 수도 있습니다.

사건 → 정서 → 생각

생각을 점검하고 팩트 체크를 하면 정서 변화에 도움이 됩니다.

팩트 체크 3단계

1. "내가 변화시키고 싶은 정서는 무엇이지?"
2. "나의 정서를 촉발한 사건은 무엇이지?"

   판단, 극단적 생각, 흑백논리에 도전하세요.

   오감을 통해 관찰한 대로 사실을 기술합니다.
3. "내가 상황을 정확하게 해석하고 있나?"

   다른 가능한 해석이 있는지 살펴보세요.

상황에 따라 선택할 추가 질문

a. "내가 극단적으로 생각하고 있나(이분법적 사고, 파국적 생각)?"

   그렇다면 가능한 다른 결과들을 되도록 많이 생각해 보세요.
b. "최악의 일이 일어날 확률은 얼마나 될까?"
c. "만약 최악이 일어날지라도, 그 상황에서 잘 대처하는 나를 상상해 볼 수 있을까?"

   "그래서 뭐?"라고 말하는 상상을 해 봅니다.

유인물 17-3

정서 조절: 팩트에 맞는 정서 예시

두려움
- 나 혹은 내가 아끼는 사람의 생명이 위협받음
- 나의 건강 혹은 내가 아끼는 사람의 건강이 위협받음
- 나의 웰빙 혹은 내가 아끼는 사람의 웰빙이 위협받음

화
- 중요한 목표가 방해받거나 가로막힘
- 나 혹은 내가 아끼는 사람이 공격받거나 상처 입음
- 힘, 지위, 존경을 잃음

질투
- 중요한 관계를 위협받거나 잃게 될 위험이 있음
- 나에게 가치 있는 관계나 사물을 누군가가 빼앗으려고 위협함

사랑
- 사람, 동물, 사물이 내가 원하고, 필요로 하고, 욕망하는 무언가를 줌
- 사람, 동물, 사물이 나 혹은 내가 아끼는 사람의 삶의 질을 개선시킴

슬픔
- 내가 아끼는 누군가나 무언가를 잃음
- 내가 원하거나 희망했던 대로 상황이 풀리지 않음

수치심
- 나의 행동이나 특성이 공개되어 내가 아끼는 사람들이나 집단이 나를 거부함

죄책감
- 내가 옳지 않다고 생각하는 행동을 함
- 나의 가치나 장기 목표에 위반하는 행동을 함

정서의 강도와 지속 시간이 얼마나 합당한지를 결정하는 것은 다음과 같습니다.

1. 예상한 결과가 일어날 가능성은 얼마나 되는가?

2. 결과가 얼마나 대단하고 중요한가?

3. 내 삶에서 이 정서가 얼마나 효과적인가?

정서 조절: 정서 변화를 위한 반대로 행동하기

정서는 우리가 특정 방식으로 행동하도록 이끄는 특정 행동 충동과 함께 옵니다. 때로 우리는 해로운 방식으로 정서의 고통으로부터 도망치고자 합니다.

다음의 예시 정서에 연관되는 보편적인 충동은 다음과 같습니다.

두려움   → 도망가기 혹은 피하기

화   → 공격하기

슬픔   → 관계에서 철수하기, 수동적으로 되기, 고립되기

수치심   → 숨기, 피하기, 관계에서 철수하기, 다른 사람을 공격하면서 자기 체면을 살리기

죄책감   → 문제 행동을 다시 저지르지 않겠다고 과도하게 약속하기, 모든 책임을 부인하기, 숨기, 고개 숙이기, 용서를 빌기

질투   → 비난하기, 통제하려는 시도, 의심하기

사랑   → "사랑해."라고 말하기, 상대와 함께 시간을 보내기 위해 노력하기, 상대가 원하고 필요로 하는 일을 하기, 애정을 표현하기

반대로 행동하기 = 정서가 이득보다 해로움이 더 많다면 행동 충동에 반대로 행동하는 것

정서   → 반대 행동
___

두려움/불안 → **다가가기**

- 두려운 사건, 장소, 과제, 활동, 사람들에게 반복해서 다가가기. 직면하기
- 두려움을 통제하고 다룰 수 있다는 느낌을 키워 주는 활동하기

화   → **부드럽게 피하기**

- 화나게 한 사람을 부드럽게 피하기(공격하는 대신)
- 시간을 갖고 깊고 느리게 호흡하기
- 못되게 굴거나 공격하기보다는 친절하게 대하기(상대에게 동정이나 공감을 느껴 보고자 시도하기)

슬픔	→	**활동적으로 움직이기**

- 다가가기, 피하지 않기
- 자신감을 쌓고 즐거운 활동 늘리기

수치심 → **비난을 달게 받기**(내 행동이 나의 도덕 가치를 위반했거나, 나에 관한 수치스러운 일이 드러났고 수치심이 사실에 부합할 때)

- 가능할 때 사과하고 피해를 복구하기
- 미래에 같은 실수를 하지 않도록 노력하기, 결과를 받아들이기
- 스스로를 용서하고 놓아주기

공개하기(내 행동이 나의 도덕 가치를 위반하지 않았을 때, 수치심이 사실에 부합하지 않을 때)

- 사회적 상호작용에 온전히 참여하기를 계속하기, 고개 들기, 목소리를 차분히 유지하기, 눈맞춤 하기
- 나의 성격 특징이나 행동을 공개적으로 드러내기(나를 거절하지 않을 사람들 앞에서)
- 수치심을 일으켰던 행동을 계속 반복하기(나를 거절하지 않을 사람들로부터 숨지 않고)

죄책감 → **비난을 달게 받기**(나의 행동이 나의 도덕 가치를 위반했거나, 중요한 누군가의 감정을 상하게 했고 죄책감이 사실에 부합할 때)

- 죄책감을 느끼기
- 용서를 구하지만 구걸하지는 않기, 결과를 받아들이기
- 피해를 복구하기, 이런 일이 다시 일어나지 않도록 예방하는 데 힘쓰기

사과도 보상도 하지 않기(내 행동이 나의 도덕 가치를 위반하지 않았을 때, 죄책감이 사실에 부합하지 않을 때)

- 신체 자세를 바꾸기-결백하고 자부심 있는 모습 보이기, 고개 들기, 가슴을 쫙 펴기, 눈맞춤 계속하기

질투 → **다른 사람의 행동을 통제하는 행동 멈추기**(사실에 부합하지 않거나 효과적이지 않을 때)

- 감시하거나 기웃대기 멈추기
- 얼굴과 신체를 이완하기

사랑 → **사랑 표현을 멈추기**(사실에 부합하지 않거나 효과적이지 않을 때. 예를 들면 관계가 완전히 끝났거나, 만날 수 없거나, 학대하는 관계일 때)

- 상대를 피하고, 상대가 생각나면 주의를 분산시키기
- 사랑이 왜 사실에 부합하지 않는지 스스로 상기시키기, 상대를 사랑할 때의 단점을 반복해서 외우기
- 상대를 기억나게 하는 것과의 접촉을 피하기(예: 사진)

반대로 행동하기는 다음과 같을 때 가장 효과가 좋습니다.

1. 정서가 **사실에 부합하지 않을** 때

    a. 정서는 다음과 같은 상황에서 사실에 부합하지 않습니다.

    • 정서가 실제 상황의 사실과 맞지 않을 때(예: 대중 앞에서 말할 때의 공포) 혹은

    • 정서의 강도나 지속 시간이 나의 목표를 위해 효과적이지 않을 때(예: 수학 선생님에게 화가 났는데, 3교시
    가 지난 뒤에도 계속 열받고 다음 과학 수업에 집중할 수 없음)

2. 반대로 행동하기를 **끝까지** 했을 때

    • 행동을 반대로

    • 말과 생각도 반대로

    • 표정, 목소리, 자세도 반대로

반대로 행동하기에는 다음의 7단계가 필요합니다.

1. 내가 느끼는 정서가 무엇인지 알아내기

2. 정서에 따르는 행동 충동 인식하기

3. "이 정서는 이 상황의 사실에 맞는가? 맞는다면 정서 충동대로 행동하기가 효과적일까?" 묻기

4. "내 정서를 바꾸고 싶은가?" 묻기

5. 바꾸고 싶다면 반대 행동 결정하기

6. 반대로 행동하기—끝까지 하기

7. 알아차릴 수 있을 만큼 정서가 내려갈 때까지 반대 행동 반복하기

과제 17-5

정서 조절: 팩트 체크 연습

이름: _____

날짜: _____

사실을 잘 정리하지 못하면 감정적인 상황에서 문제를 해결하기 어렵습니다. 문제를 해결하기 전에, 문제가 무엇인지 알아야 합니다. 이 유인물을 사용해서 일어난 사건이 정서를 유발했는지, 사건에 대한 해석이 정서를 유발했는지, 혹은 둘 다인지 살펴보세요. 무엇을 바꿀지 찾기 전에 실제로 일어난 사실이 무엇인지 확인해야 합니다. 이때 관찰하기, 기술하기 마음챙김 기술을 쓰세요. **팩트 체크**를 하고, 관찰한 팩트를 기술해 봅니다.

정서 이름: _____   강도(0~5) 전: _____   후: _____

1단계: 내가 변화시키고 싶은 정서는 무엇인가?
2단계: 촉발 사건을 기술하기. 누가 누구에게 무엇을 했는가? 무엇이 무엇으로 이어졌는가? 이 사건에서 어떤 부분이 나에게 문제가 되는가?
3단계: 상황을 알맞게 해석하고 있는가? 다른 가능한 해석이 있는가? 추가 질문: 1. 극단적으로 생각하고 있는가(이분법적 사고, 파국적 생각)? 2. 최악의 일이 일어날 확률은 얼마나 되는가? 실제로 최악의 일이 일어날지라도, 그 상황에서 잘 대처하는 나를 상상할 수 있는가? (합리적으로 예상할 수 있는 최악의 결과와 실제로 최악의 일이 일어났을 때 대처할 방법을 구체적으로 기술하세요.)
나의 정서와 강도가 사실에 부합하는가? (0=전혀 그렇지 않다, 5=확실히 그렇다) _____ 팩트 체크를 하기 위해 무엇을 했는지 기술해 보세요.

* Linehan(2015b)의 승인을 얻어 번안하였으며, 원 저작권은 Marsha M. Linehan에게 있습니다.
* 이 자료는 『DBT®, 학교에 가다: 청소년 정서 문제 해결을 위한 DBT 기술 훈련(DBT STEPS-A)』(저자 James J. Mazza, Elizabeth T. Dexter-Mazza, Alec L. Miller, Jill H. Rathus, and Heather E. Murphy, 역자 조윤화, 김기환, 권승희, 최현정, 2022)의 일부입니다. 원 저작권은 The Guilford Press에, 한국어판 저작권은 학지사에 있습니다. 이 자료는 학지사 홈페이지에서 다운로드하여 개인 용도로 활용하실 수 있습니다.

과제 17-6

정서 조절: 정서 변화를 위한 반대로 행동하기 연습

이름: _____

날짜: _____

반대로 행동하기 기술을 쓸 때, 다음 질문에 대답해 보세요.

정서를 **관찰**하고 **기술**하기: 지금 느끼는 정서는 무엇인가?
행동 충동은 무엇인가?
반대로 행동하기를 **끝까지** 한다.
정서에 반대로 행동한 후 느낌이 어떤가?

정서 조절: 문제 해결

문제 해결을 시작합시다.

우선, 스스로 물어보세요. 해결할 수 있는 문제인가?

그렇다면, 문제 해결을 시도하세요!

아니라면, 온전한 수용과 마음챙김 기술을 써서 문제와 문제에 대한 감정 반응을 다루세요.

문제 해결 단계

1. 문제 상황을 **기술하기**

2. **팩트 체크하기**

  a. 상황을 정확하게 해석하고 있나?

  b. 극단적으로 생각하고 있나? (흑백논리, 파국적 생각)

  c. 최악의 일이 일어날 확률은 얼마나 되나?

  d. 최악의 일이 실제 일어날지라도, 잘 대처하는 내 모습을 상상할 수 있나?

  e. 여전히 큰 문제에 직면해 있다면, 다음 단계를 밟아 보세요.

3. 문제 해결의 **목표 정하기**

  a. 기분이 나아지려면 어떤 일이 일어나거나 바뀌어야 하는지 정하세요.

  b. 단순한 목표를 세우세요. 실제 일어날 수 있는 것을 목표로 정하세요.

4. 여러 해결책을 **브레인스토밍하기**

  a. 가능한 한 많은 해결책을 생각하세요. 믿을 만한 사람들에게 제안해 달라고 하세요.

  b. 일단은 어떤 해결책도 비판하지 않습니다(해결책 평가하기는 단계 5에서).

5. 될 법한 해결책을 **최소 한 가지 선택하기**

  a. 확실한 한 가지가 없으면, 괜찮아 보이는 2~3개 해결책을 선택하세요.

  b. 해결책을 비교하기 위해 장단점 찾기를 해 보세요. 가장 먼저 시도할 최선의 선택을 정하세요.

6. 해결책 **실행하기**

  a. 행동하세요. 해결책을 시도하세요.

  b. 첫 단계를 밟고, 그다음 단계를 밟고……

7. 모든 결과를 **평가하기**

  a. 해결되었나요? 와! 나 자신에게 뭔가 좋은 것을 (해) 주세요!

  b. 해결이 안 되었나요? 노력한 자신를 인정해 주고, 포기하지 마세요!

  c. 다른 해결책을 시도해 보세요.

유인물 18-2

정서 조절: 반대로 행동하기와 문제 해결을 함께 보기

	사실에 부합하는 사건	정서 충동에 반대로 행동하기	정서대로 행동하기, 피하거나 문제 해결하기
두려움	1. 목숨이 위험할 때 2. 건강이 위태로울 때 3. 웰빙이 위태로울 때	1. 두려움을 주는 대상에 반복해서 다가간다. 2. 통제감과 자신감을 주는 일을 한다.	1. 위협 사건을 제거한다. 2. 통제감과 자신감을 주는 일을 한다. 3. 위협 사건을 피한다.
화	1. 중요한 목표를 방해받거나 이루지 못했을 때 2. 나 또는 아끼는 사람이 타인에게 공격받을 때 3. 힘, 지위, 존경을 잃었을 때	1. 부드럽게 피한다. 2. 시간을 갖고 심호흡을 한다. 3. 못되게 굴거나 공격하기보다 친절하게 대한다. 4. 상대에게 동정이나 공감을 느낀다.	1. 목표 달성의 장해물을 극복한다. 2. 더 이상의 공격, 모욕, 위협을 중단시킨다. 3. 위협하는 사람들을 피하거나 이들에게서 벗어난다.
질투	1. 중요한 관계를 위협받거나 잃을 위험이 있을 때 2. 누군가 나의 중요한 무언가를 가져가려 위협할 때	1. 다른 사람을 통제하려는 시도를 내려놓는다. 2. 감시하거나 기웃거리지 않는다. 3. 얼굴과 신체를 이완시킨다.	1. 내 것을 보호한다. 2. 관계를 계속하고 싶은 상대 마음에 더 들 만한 일을 한다(예: 관계를 지키기 위해 투쟁하기). 3. 관계를 떠난다.
사랑	1. 사람, 동물, 사물이 원하는, 필요한, 욕구하는 무언가를 줄 때 2. 사람, 동물, 사물이 나와 내가 아끼는 사람들의 삶의 질을 개선시킬 때	1. 사랑 표현을 그만둔다. 2. 상대에 대한 생각이 들면 주의 전환을 한다. 3. 상대를 생각나게 하는 물건을 피한다. 4. 사랑이 사실에 부합하지 않는 이유를 상기한다.	1. 사랑하는 사람, 동물, 사물과 함께 있는다. 2. 사랑하는 대상을 만지고 안는다. 3. 가능하다면 떨어져 지내지 않는다. 사랑을 잃었다면: 4. (가능하다면) 사랑하는 사람을 되찾도록 노력한다.
슬픔	1. 내가 아끼는 무언가 혹은 누군가를 잃었을 때 2. 내가 원하거나 희망한 대로 일이 되지 않을 때	1. 활발하게 움직인다. 2. 다가간다. 피하지 않는다. 3. 자신감 쌓기: 유능감과 자기 확신을 느끼게 하는 일을 한다. 4. 즐거운 일을 늘린다.	1. 애도한다. 상실과 실망을 느낀다. 2. 잃어버린 사람이나 사물 없이 삶을 다시 살아갈 계획을 세운다. 3. (가능하다면) 잃어버린 무언가를 대체한다. 4. 도움을 청한다. 5. 도움을 받아들인다.

	사실에 부합하는 사건	정서 충동에 반대로 행동하기	정서대로 행동하기, 피하거나 문제 해결하기
수치심	1. 내 행동이나 특징이 공개되어 내가 아끼는 사람이나 집단으로부터 거절당했을 때	1. 공개한다. 2. 사회적 상호작용에 온전히 참여한다(고개를 높이 든다). 3. 나를 거절하지 않을 사람들 앞에서 숨기지 말고 행동을 반복한다.	1. 거절받을 만한 일은 숨긴다. 2. 가능하다면 피해에 대해 사과하고 이를 복구한다. 3. 집단에 맞게 나의 행동이나 특성을 변화시킨다. 4. 나를 인정하지 않는 집단은 피한다. 5. 나의 가치에 맞거나 나의 특징을 선호하는 새로운 집단을 찾는다. 6. 사회나 사람들의 가치를 변화시키도록 노력한다.
죄책감	1. 옳지 않다고 생각하는 행동을 했을 때 2. 나의 가치나 장기 목표를 위반하는 행동을 했을 때	1. 사과하거나 복구하려 하지 않는다. 2. 죄책감을 느끼게 만드는 행동을 반복해서 계속한다. 3. 자세를 바꾼다(결백하고 떳떳하게 보이도록 한다).	1. 용서를 구하지만 빌지는 않는다. 2. 피해를 복구하고 다시는 일어나지 않도록 예방한다. 3. 결과를 겸허히 받아들인다.

* Linehan(2015b)의 승인을 얻어 번안하였으며, 원 저작권은 Marsha M. Linehan에게 있습니다.

* 이 자료는 『DBT®, 학교에 가다: 청소년 정서 문제 해결을 위한 DBT 기술 훈련(DBT STEPS-A)』(저자 James J. Mazza, Elizabeth T. Dexter-Mazza, Alec L. Miller, Jill H. Rathus, and Heather E. Murphy, 역자 조윤화, 김기환, 권승희, 최현정, 2022)의 일부입니다. 원 저작권은 The Guilford Press에, 한국어판 저작권은 학지사에 있습니다. 이 자료는 학지사 홈페이지에서 다운로드하여 개인 용도로 활용하실 수 있습니다.

정서 조절: 정서 변화를 위한 문제 해결 연습

이름: _____

날짜: _____

고통스러운 정서를 유발한 촉발 사건을 한 가지 고르세요. 이 사건은 바꿀 수 있는 것이어야 합니다. 이 사건을 해결해야 할 문제로 바꾸어 보세요. 다음 단계를 따라 해 보고 어떤 일이 일어났는지 기술하세요.

정서 이름: _____   강도(0~5) 전: _____   후: _____

1. **문제 상황 기술하기.** 이 상황이 정확히 어떻게 문제가 되는지 기술해 보세요.

_____

_____

2. **팩트 체크하기**(모든 사실을 점검하기. 해석으로부터 구분하기. 〈유인물 17-2〉 참조)

_____

_____

3. 문제 해결의 **목표를 정하기**

_____

_____

4. **해결책을 브레인스토밍하기.** 생각할 수 있는 여러 해결책과 대처 전략을 적어 보세요. 평가하지 않는 것 잊지 마세요!

a. _____   d. _____

b. _____   e. _____

c. _____   f. _____

5. 될 것 같은 해결책을 **최소 한 가지 선택하기**. 해결책을 비교하기 위해 장단점 찾기를 하세요.

a. _____

b. _____

	장점	단점
이 해결책 사용하기	1. 2. 3.	1. 2. 3.
이 해결책 사용하지 않기	1. 2. 3.	1. 2. 3.

6. 해결책을 **실행**하기. 한 가지 이상을 시도해야 할 수도 있다는 것을 기억하세요!

a. _____

b. _____

7. 결과를 **평가하기**. 해결되었나요? 왜! 나 자신에게 뭔가 좋은 것을 해 주세요. 해결이 안 되었다면 새로운 해결책을 시도해 봅니다. **포기하지 마세요!**

_____

_____

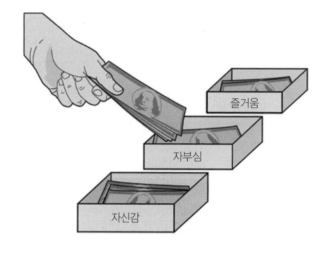

유인물 19-1

정서 조절: 자긍 연습 안아파수식 개요

긍정 정서를 늘리고,

감정 마음 취약성은 **줄이는** 방법

즐거움

자부심

자신감

자신감 쌓기

긍정 경험 쌓기

정서 상황에 미리 **연습**하기

안 돼요 위험 약물

아프면 치료

파이팅 운동

수면 챙겨

식사 챙겨

정서 조절: 단기 긍정 경험 쌓기

단기적으로

바로 지금 가능한 즐거운 활동을 하세요.

- 긍정 정서로 이어지는 즐거운 활동을 늘리세요.
- 즐거운 활동 목록(〈유인물 19-3〉)에서 하루에 한 가지씩 해 보세요.

긍정 경험에 마음챙김하세요.

- 긍정 사건이 일어날 때 주의를 집중하세요.
- 마음이 부정적인 쪽으로 배회하면 다시 주의를 돌리세요.
- 경험에 온전히 참여하세요.

걱정은 놓아 주세요.

- 긍정 경험이 언제 끝날지 생각하다가 경험을 망치지 마세요.
- 긍정 경험을 할 자격이 있는지 걱정하지 마세요.
- 지금은 뭔가 더 해야 된다는 부담감을 놓아 주세요.

유인물 19-3

정서 조절: 즐거운 활동 목록

1. 목욕물에 몸 담그기
2. 주말이나 방학 생각하기
3. 친구들과 나가 놀기
4. 이완하기
5. 영화 보기
6. 달리기하기
7. 음악 듣기
8. 볕에 눕기(자외선 차단제 바르고)
9. 잡지나 책 보기
10. 돈 모으기
11. 미래를 계획하기
12. 춤추기
13. 집 안을 고치거나 청소하기
14. 조용한 밤을 보내기
15. 좋은 음식 요리하기
16. 반려동물 돌보기
17. 수영하기
18. 글쓰기
19. 그림 그리기나 끄적거리기
20. 스포츠 경기하기(목록: _____)
21. 파티 가기
22. 친구들과 얘기하기
23. 운동하기
24. 노래하기
25. 롤러스케이트, 인라인스케이트 타기
26. 바닷가 가기
27. 악기 연주하기
28. 여행 가기
29. 누군가를 위한 선물 만들기
30. 음악이나 새 어플리케이션 다운로드하기
31. TV에서 스포츠 경기 보기
32. 저녁 외식하기
33. 빵 굽기
34. 누군가를 위한 파티 준비하기
35. 옷 사기
36. 머리하기
37. 아침에 핫초코, 커피, 차 마시기
38. 뽀뽀하기
39. 라이브 음악 들으러 가기
40. 매니큐어, 페디큐어 하기
41. 어린아이들과 시간 보내기
42. 자전거 타기
43. 눈 오는 날 썰매 타기
44. 마사지 받기
45. 친구에게 이메일이나 문자 보내기
46. 일기 쓰기
47. 사진 보기
48. 원하는 대로 옷 입기
49. 컴퓨터 게임 하기
50. 집 주변 산책하기
51. 새, 나무(자연의 무언가) 구경하기
52. 인터넷 서핑

53. 좋은 일로 누군가를 놀라게 하기

54. 끝마치면 기분 좋을 일 완성하기

55. 당구 치기, 탁구 치기

56. 오랫동안 못 만난 친척에게 연락하기

57. 트위터, 온라인에 포스팅하기

58. 뭔가 배우는 것을 생각하기(스포츠, 춤, 음악, 무예)

59. 볼링

60. 삶이 나아지는 것을 상상하기

61. "사랑해."라고 말하기

62. 시, 노래, 랩 만들기

63. 친구의 좋은 점 생각하기

64. 화장하기

65. 스무디 만들어서 천천히 마시기

66. 제일 좋아하는 옷 입기

67. 게임하기

68. 이야기 짓기

69. 누군가에게 즉석 메시지 보내기

70. TV에서 재방송 보기

71. 카드 만들어서 아끼는 사람에게 보내기

72. 가장 좋아하는 향기 찾기

73. 스스로에게 별미 사 주기

74. 먹구름이 오는 것 알아채기

75. 가구 만들거나 목공예하기

내가 해 보고 싶은 활동을 적어 보세요.

76. _____

77. _____

78. _____

79. _____

80. _____

정서 조절: 장기 긍정 경험 쌓기

장기적으로

긍정 사건이 더 자주 생기도록 삶 전체에 변화를 주어 보세요. 살 만한 삶을 가꾸어 보세요.

나의 가치에 따른 목표를 향해 나아가기를 시도하세요.

- 하나의 목표를 정하세요(예: 고등학교 졸업하기).
- 목표/가치를 향한 작은 단계들을 적어 보세요(예: 아침에 일찍 일어나기, 1교시 전에 도착하기).
- 첫 단계를 밟으세요(예: 알람시계를 사거나 휴대전화 알람을 맞춘다).

관계에 관심을 두세요.

- 예전 관계를 복구하고, 새 관계를 만들고, 현재 관계를 개선하세요.
- 피하기를 피하세요. **포기를 피하세요!**

정서 조절: 지혜로운 마음 가치와 우선순위 목록

나에게는 무엇이 중요할까? 가치의 예들

각 목록의 우선순위를 빈칸에 적어 보세요. 아래쪽에 나만의 가치를 더 적으세요.

- ☐ ___ **성취하기**(예: 좋은 성적 받기, 열심히 일하기)
- ☐ ___ **즐기기**(예: 내가 하는 일 즐기기, 외출해서 좋은 시간 보내기)
- ☐ ___ **가족에게 집중하기**(예: 가족과 자주 만나기, 가족관계 단단히 유지하기, 가족을 위해 무언가 하기)
- ☐ ___ **공헌하기**(예: 도움이 필요한 사람에게 도움 주기, 타인을 위해 희생하기, 사회를 변화시키기)
- ☐ ___ **집단의 일원이 되기**(예: 가까운 친구 사귀기, 사람들과 무언가를 함께 하기, 스포츠 팀에 들어가기, 소속감 느끼기)
- ☐ ___ **성품 가꾸기**(예: 진솔해지기, 나의 신념을 주장하기, 약속 지키기, 책임지기, 인간으로 성장하기)
- ☐ ___ **책임지기**(예: 돈을 벌기, 스스로를 더 잘 보살피기, 점점 더 독립하기, 믿을 만한 사람 되기)
- ☐ ___ **리더가 되기**(예: 남들의 눈에 성공한 사람이 되기, 동호회나 팀의 회장·임원 또는 운영진이 되기, 다른 사람의 존경을 얻기, 인기를 얻고 인싸가 되기)
- ☐ ___ **건강하기**(예: 몸 튼튼하게 하기, 운동하기, 잘 먹기, 근육 키우기, 요가하기)
- ☐ ___ **배우기**(예: 지식과 정보 추구하기, 읽기, 공부하기)
- ☐ ___ **절제하는 삶을 살기**(예: 과함을 피하기, 균형을 달성하기)
- ☐ ___ 그 외: _____
- ☐ ___ _____
- ☐ ___ _____
- ☐ ___ _____
- ☐ ___ _____

정서 조절: 긍정 경험 쌓기(단기와 장기) 연습

이름: _____

날짜: _____

단기적으로

1. 목록에서 매일 최소 한 가지 활동에 참여하세요. 다음에 해 본 활동을 적으세요. 필요하면 칸을 더 쓰면 됩니다.

2. 다음 척도를 써서 활동을 시작하기 전과 후의 기분에 점수를 주세요.

3. 마음챙김하며 활동하고 걱정을 놓아 주는 것을 기억하세요.

날짜:	월	화	수	목	금	토	일
활동							
전/후	/	/	/	/	/	/	/
활동							
전/후	/	/	/	/	/	/	/

4. 각 활동에 마음챙김하며 참여했나요? 그렇다면 마음챙김이 정서 상태에 어떤 영향을 주었는지 적어 보세요. 마음챙김을 하지 못했다면, 어떤 결과가 있었나요?

_____

장기적으로

1. 나의 가치 한 가지를 적고 이와 연관된 목표를 적어 보세요.

_____

2. 나의 목표를 달성하기 위한 첫 단계는 무엇인가요?

_____

3. 첫 단계를 밟아 보세요. 첫 단계를 밟았을 때 어떤 느낌이 들었는지 기술하세요.

_____

* Rathus와 Miller(2015)의 승인을 얻어 번안하였으며, 원 저작권은 The Guilford Press에 있습니다.

* 이 자료는 『DBT®, 학교에 가다: 청소년 정서 문제 해결을 위한 DBT 기술 훈련(DBT STEPS-A)』(저자 James J. Mazza, Elizabeth T. Dexter-Mazza, Alec L. Miller, Jill H. Rathus, and Heather E. Murphy, 역자 조윤화, 김기환, 권승희, 최현정, 2022)의 일부입니다. 원 저작권은 The Guilford Press에, 한국어판 저작권은 학지사에 있습니다. 이 자료는 학지사 홈페이지에서 다운로드하여 개인 용도로 활용하실 수 있습니다.

 유인물 20-1

정서 조절: 자신감 쌓기와 미리 연습하기

자신감 쌓기

1. 매일 최소 한 가지, 유능감이나 내 삶을 잘 조절한다는 느낌을 주는 활동을 할 계획을 세우세요.

   예: _____

2. 성공할 수 있는 활동을 계획하세요.
   - 어렵지만 가능한 일을 하세요.

3. 점차 난도를 높여 가세요.
   - 첫 과제가 너무 어려우면, 다음 번에는 조금 더 쉬운 일을 해 보세요.

강한 정서를 느낄 상황에 앞서 미리 연습하기
미리 계획을 리허설해서 준비하세요.

1. 부정 정서를 일으킬 만한 상황을 **기술해 봅니다.**
   - 상황을 구체적으로 기술하세요. 팩트 체크하세요! 위협은 무엇인가요?
   - 이 상황에서 경험할 가능성이 높은 정서에 이름을 붙여 보세요.

2. 이 상황에서 어떤 대처 혹은 문제 해결 기술을 쓸지 **결정합니다.**
   - 구체적으로 계획을 세우는 것이 중요합니다. 적어 보세요. _____

3. **상황을** 머릿속으로 가능한 한 아주 생생하게 **상상해 봅니다.**
   - 내가 지금 그 상황 속에 있는 것처럼 상상해 보세요.

4. 효과적으로 대처하는 리허설을 마음속으로 실시하세요.
   - 효과적으로 대처하기 위해 할 행동을 정확히 그대로 마음속에서 리허설하세요.
   - 어떤 행동, 생각을, 무슨 말을 할지 리허설해 봅니다.
   - 발생할 수 있는 문제에 대처하는 리허설을 합니다.

유인물 20-2

정서 조절: 안아파수식 기술

감정 마음 취약성을 줄이는 방법

안 돼요 위험 약물: 술이나 마약을 멀리하세요. 카페인 섭취를 제한하세요.

아프면 치료: 몸을 돌보세요. 필요하면 병원에 가서 치료를 받으세요. 처방받은 대로 약을 복용합니다.

파이팅 운동: 산책을 포함하여 어떤 유형의 운동이든 매일 하세요. 작게 시작해서 점차 키워요!

수면 챙겨: 기분을 좋게 해 주는 만큼의 잠을 자도록 하세요. 좋은 수면 습관을 키우기 위해 일정한 시간에 잠들고 일어납니다.

식사 챙겨: 너무 많이 혹은 너무 적게 먹지 않습니다. 지나치게 감정적으로 만드는 음식은 멀리하세요.

정서 조절: 음식과 기분

1단계: 특정 음식이 나의 기분에 어떤 영향을 미치는지 관찰해 보세요(부정 혹은 긍정 영향). *

<u>부정적 영향의 예시</u>

• 탄산음료나 단 과자는 피곤함과 짜증스러움을 느끼게 할 수 있습니다.

• 느끼한 지방질 음식(예: 감자튀김, 감자칩, 프라이드치킨, 기름진 음식)은 느리고 무거운 느낌을 줍니다.

• 카페인은 초조함과 불안을 느끼게 하고 수면에 방해가 될 수 있습니다.

<u>긍정적 영향의 예시</u>

• 복합 탄수화물과 섬유질(예: 고구마, 통밀 파스타, 오트밀, 통밀 시리얼, 샐러드)은 천천히 흡수되고 오래 유지되는 에너지를 줍니다.

• 단백질(예: 기름기 적은 고기, 닭고기, 콩, 견과류, 생선, 달걀)은 지속되는 에너지를 주어 신체적·정신적으로 활동적이고 튼튼해지도록 돕습니다.

• 유제품(예: 저지방 우유, 치즈, 요구르트)은 단백질과 칼슘이 있어 에너지와 뼈에 도움이 됩니다.

• 과일과 야채는 에너지를 제공하고, 건강을 향상시키고, 에너지를 뺏어 가거나 죄책감을 느끼지 않고도 달고 아삭한 별미를 느낄 수 있게 해 줍니다.

* 어떤 음식이 균형 잡힌 식사를 구성하는지 살펴보면, 어떤 변화가 필요한지 결정할 수 있습니다.

2단계: 너무 많이 혹은 너무 적게 먹는지 알아차리세요.

3단계: 변화에 대한 생각을 시작하세요.

건강한 음식 섭취량을 어떻게 늘리기 시작할 수 있나요? 음식 일기에 매일 먹은 음식을 기록해서 진전을 확인해 보세요!

4단계: 작게 시작하세요.

갑자기 섭식에 극적인 변화를 만들려고 하지 마세요. 압도된 느낌으로 인해 실패로 가기 쉽습니다. 천천히 시작하고, 습관을 점차 변화시켜 보세요. 시도해 볼 수 있는 몇 가지 예는 다음과 같습니다.

• 가공식품을 줄이고 신선한 음식을 조금 더 늘리세요.

• 과일과 야채를 식사에 조금 더 포함시키고, 간식으로 먹어 보세요.

• 샌드위치에 양상추, 토마토, 오이, 양파를 추가해 보세요.

• 시리얼에 과일을 넣어 보세요.

5단계: 건강한 식습관이 기분에 미치는 영향을 확인하세요.

유인물 20-4

정서 조절: 숙면을 위한 12가지 비결

균형 잡힌 수면 패턴을 유지하면 정서 취약성이 줄어듭니다.

1. **규칙적인 수면 시간을 지키세요.** 주말에 늦잠 자지 마세요. 토요일, 일요일 아침에 늦잠을 자면, 수면 패턴이 깨집니다. 대신 매일 잠자리에 들고 일어나는 시간을 비슷하게 맞추세요.

2. **잠자리 준비 일과를 만듭니다.** 컴퓨터, TV, 핸드폰 끄기, 편안한 잠옷으로 갈아입기, 허브차 홀짝이기, 밝은 불빛 낮추기, 소음 낮추기, 책 읽기 등.

3. **자기 전에 많이 먹거나 마시지 않습니다.** 수면 2시간 전까지 가벼운 저녁을 먹습니다. 잠자리에 들기 전에 너무 많이 마시면 화장실에 가야 해서 반복적으로 깰 수 있어요. 매운 음식도 주의하세요. 속이 쓰려서 잠에 방해가 될 수 있습니다.

4. **카페인과 니코틴을 피하세요.** 둘 다 흥분제이기 때문에 잠을 깨울 수 있어요. 원하는 수면 시간으로부터 8시간 전부터는 카페인을 피하세요.

5. **운동하세요.** 더 잘 자려면. 최적의 운동 시간은 오후입니다. 규칙적인 신체 활동은 수면의 질을 향상시켜요.

6. **방을 선선하게 유지하세요.** 방 온도를 낮추어 잠자는 동안 일어나는 자연스러운 체온 저하를 모방하도록 합니다. 방을 선선하게 하기 위해 에어컨이나 선풍기를 써도 좋습니다. 추워지면 이불을 더 덮습니다. 더우면 이불을 치우세요.

7. **잠을 주로 밤에 잡니다.** 낮잠은 밤잠 시간을 앗아 갑니다. 낮잠은 한 시간 내로 제한하고, 오후 3시 이후에는 낮잠을 자지 마세요.

8. **어둡고 조용한 환경을 유지하세요.** 스크린을 다 끄세요. 커튼이나 블라인드를 치고, 불을 끄세요. 고요함은 잠에 도움이 됩니다. 라디오, TV를 끄세요. 귀마개를 쓰세요. 선풍기, 백색소음기, 혹은 마음을 진정시키는 배경 소음을 마련하여 통제할 수 없는 소음을 덮도록 하세요. 컴퓨터, 태블릿PC, 전화기 등 어떤 스크린도 잠자기 한 시간 전부터 사용하지 마세요.

9. **침대는 잠잘 때에만 쓰세요.** 침대를 편안하고 눕고 싶게 만들고 잠잘 때만 쓰세요. 공부하거나 TV 볼 때 쓰지 마세요. 졸림을 느끼면 침대에 눕고 불을 끄세요. 30분 내로 잠이 들지 않으면, 일어나서 책이나 잡지 보기와 같은 이완되는 무언가를 합니다. 스크린은 보지 마세요! 잠이 오면 다시 침대에 누우세요. 잠이 안 온다고 너무 스트레스 받지 마세요! 잠들기 더 어려워집니다.

10. **푹 담그고 푹 자요.** 잠자리 들기 전에 따뜻한 물로 샤워나 목욕을 하면 긴장한 근육을 이완하는 데 도움이 됩니다.

11. **수면제에 의존하지 마세요.** 처방을 받았다면 오직 의사가 면밀히 감독하는 상황에서만 쓰세요. 수면제가 다른 약물과 충돌하지 않도록 유의하세요!

12. **파국적으로 생각하지 않습니다.** 자신에게 "괜찮아. 결국 언젠가는 잠들 거야."라고 말해 주세요.

---

* Rathus와 Miller(2015)의 승인을 얻어 번안하였으며, 원 저작권은 The Guilford Press에 있습니다.

* 이 자료는 『DBT®, 학교에 가다: 청소년 정서 문제 해결을 위한 DBT 기술 훈련(DBT STEPS-A)』(저자 James J. Mazza, Elizabeth T. Dexter-Mazza, Alec L. Miller, Jill H. Rathus, and Heather E. Murphy, 역자 조윤화, 김기환, 권승희, 최현정, 2022)의 일부입니다. 원 저작권은 The Guilford Press에, 한국어판 저작권은 학지사에 있습니다. 이 자료는 학지사 홈페이지에서 다운로드하여 개인 용도로 활용하실 수 있습니다.

과제 20-5

정서 조절: 자신감 쌓기, 미리 연습하기, 안아파수식 연습

이름: _____

날짜: _____

긍정 정서를 늘리고 감정 마음 취약성을 줄이는 방법

자신감 쌓기:

이번 주에 자신감 쌓기를 위해 했던 것 두 가지를 적어 보세요.

1. _____

2. _____

강한 정서를 느끼는 상황을 미리 연습하기:

어려운 상황을 효과적으로 다루기 위한 계획을 기술해 보세요. 사용할 기술도 적습니다.

_____

_____

이번 주에 연습할 안아파수식 두 개를 골라 체크하세요.

_____ **안** 돼요 위험 약물

_____ **아**프면 치료

_____ **파**이팅 운동

_____ **수**면 챙겨

_____ **식**사 챙겨

안아파수식 기술을 연습하기 위해 구체적으로 무엇을 했는지 적어 보세요.

_____

_____

정서 조절: 파도타기 기술-지금 감정챙김

정서를 경험하세요.

- 어떤 감정이 들면, 관찰하세요.
- 한 걸음 물러서서 그저 알아차려요.
- 감정에 붙잡혀 있지 마세요.
- 마치 파도처럼 오고 가도록 경험하세요.
- 없애거나 밀치려고 애쓰지 마세요.
- 붙잡으려고 애쓰지도 않습니다.

정서의 신체 감각에 마음챙김하세요.

- 정서 감각이 몸의 어디에서 느껴지는지 알아차리세요.
- 할 수 있는 만큼 온전히 감각을 경험하세요.

기억하세요. 나는 나의 감정이 아닙니다.

- 느낌대로 행동할 필요는 없습니다.
- 다르게 느꼈던 다른 때를 기억해 보세요.

정서를 평가하지 마세요.

- 정서를 나의 일부로 온전히 수용해 보세요.
- 저녁 식사에 초대하듯, 감정에 이름을 붙여 보세요.
- 정서를 **기꺼이** 경험하는 연습을 해 보세요.

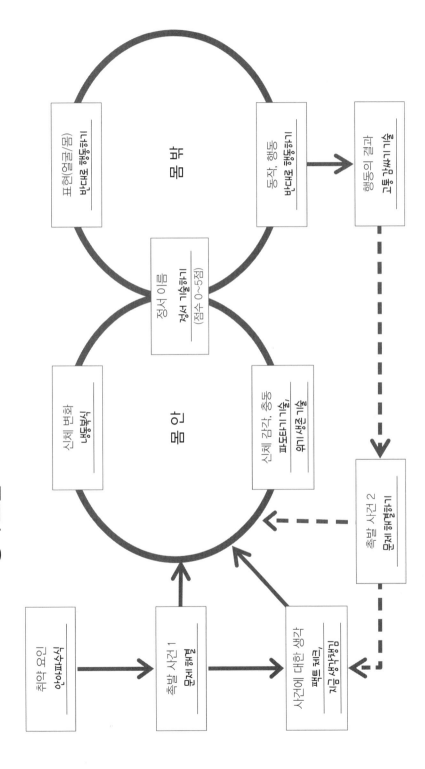

유인물 21-2

정서 조절: 정서 모형의 각 요소에 적용할 기술 복습

몸 밖

| 표현(얼굴/몸) |
| 반대로 행동하기 |

| 동작, 행동 |
| 반대로 행동하기 |

| 행동의 결과 |
| 고통 감내 기술 |

| 정서 이름 |
| 정서 기술하기 |
| (점수 0~5점) |

몸 안

| 신체 변화 |
| 내 몸 돌보기 |

| 신체 감각, 충동 |
| 파도타기 기술, |
| 위기 생존 기술 |

| 촉발 사건 2 |
| 문제 해결하기 |

| 취약 요인 |
| 안아파수식 |

| 촉발 사건 1 |
| 문제 해결 |

| 사건에 대한 생각 |
| 팩트 체크, |
| 지금 생각하기 |

* Linehan(2015b)의 승인을 얻어 변안하였으며, 원 저작권은 Marsha M. Linehan에게 있습니다.

* 이 자료는 『DBT® 학교에 가다: 청소년 정서 문제 해결을 위한 DBT 기술 훈련(DBT STEPS-A)』(저자 James J. Mazza, Elizabeth T. Dexter-Mazza, Alec L. Miller, Jill H. Rathus, and Heather E. Murphy, 역자 조윤화, 김기환, 권승희, 최현정, 2022)의 일부입니다. 원 저작권은 The Guilford Press이, 한국어판 저작권은 학지사에 있습니다. 이 자료는 학지사 홈페이지에서 다운로드하여 개인 용도로 활용하거나 집단이나 개인 치료 중에 내담자에게 복사하여 배부할 수 있습니다.

정서 조절: 파도타기 기술 연습

이름: _____

날짜: _____

정서 이름: _____   강도(0~5) 전: _____   후: _____

정서를 유발한 상황을 기술하세요.

_____

_____

_____

정서 강도가 극단일 때, **위기 생존 기술을 먼저** 쓰세요. 어떤 정서든, 강하든 약하든, **지금 감정챙김**을 하면서 온전한 수용을 연습합니다.

다음 중 실제 해 본 기술에 표시하세요.

☐ 물러서서 정서를 관찰했다.

☐ 정서를 오고 가는 파도처럼 경험했다.

☐ 정서를 신체 어디에서 어떻게 느끼는지 알아차렸다.

☐ 정서의 신체 감각에 최대한 주의를 집중했다.

☐ 정서와 함께 온 행동 충동을 그저 알아차렸다.

☐ 정서대로 행동하기를 피할 수 있었다.

☐ 다르게 느꼈던 다른 때를 떠올렸다.

☐ 정서에 대한 평가를 내려놓았다.

☐ 정서를 온전히 수용하는 것을 연습했다.

☐ 정서에 '이름을 붙이고 저녁 식사에 초대하는' 방법으로 정서를 사랑하려 했다.

☐ 달갑지 않은 정서에 대한 기꺼이 마음을 연습했다.

☐ 그 외: _____

어떤 경험을 했는지 적어 보세요: _____

_____

_____

_____

_____

_____

_____

_____

_____

_____

_____

_____

_____

_____

마음챙김: 지혜로운 마음으로 들어가기

이름: _____

날짜: _____

이성
마음   지혜로운
마음   감정
마음

감정 마음

이번 주에 감정 마음 상태에 있었던 때(감정, 생각, 행동을 기술하세요): _____

_____

_____

이성 마음

이번 주에 이성 마음 상태에 있었던 때(감정, 생각, 행동을 기술하세요): _____

_____

_____

지혜로운 마음

이번 주에 지혜로운 마음 상태에 있었던 때(감정, 생각, 행동을 기술하세요): _____

_____

_____

마음챙김: 관찰하기, 기술하기, 참여하기 체크리스트

이름: _____

날짜: _____

이번 주에 사용해 본 세 가지 마음챙김 기술에 표시하세요. 물론 네 가지 이상 연습하는 것도 괜찮습니다!

관찰하기 연습: 연습을 할 때마다 해 본 것에 표시하세요.

_____ 1. 보이는 것을 알아차렸다. 보이는 것을 따라가지 않으면서 바라보았다. 내가 들고 있는 무언가를 관찰했다.

_____ 2. 소리를 관찰했다: 내 주위의 소리, 누군가의 목소리, 음악 등.

_____ 3. 내 주위의 냄새를 알아차렸다: 음식, 비누, 주위의 공기 등.

_____ 4. 내가 먹고 있는 것의 맛과 먹는 행동을 관찰했다.

_____ 5. 신체 감각을 관찰했다: 걷는 감각, 몸이 무언가에 닿는 감각.

_____ 6. 생각이 마음에 들어오고 나가는 것을 알아차렸다. 내 마음이 컨베이어 벨트라고 상상해 보았다.

_____ 7. 나의 호흡을 관찰했다. 배의 움직임과 코로 공기가 드나드는 감각을 알아차렸다.

기술하기 연습: 연습을 할 때마다 해 본 것에 표시하세요.

_____ 8. 내 주변에 보이는 것을 기술했다.

_____ 9. 내 안의 생각, 감정, 신체 감각을 기술했다.

_____ 10. 호흡을 기술했다.

참여하기 연습: 연습을 할 때마다 해 본 것에 표시하세요.

_____ 11. 음악에 맞춰 춤을 추었다.

_____ 12. 듣고 있는 음악에 맞춰 노래를 불렀다.

_____ 13. 샤워를 하며 노래를 불렀다.

_____ 14. TV를 시청하며 노래를 부르고 춤을 추었다.

_____ 15. 아침에 일어나서 옷을 갈아입기 전에 춤을 추거나 노래를 불렀다.

_____ 16. 예배 중 노래를 부르는 교회에 가서 사람들과 함께 노래를 불렀다.

_____ 17. 친구들과 돌아가면서 노래를 부르거나 노래방에 갔다.

_____ 18. 달리기, 자전거 타기, 스케이트 타기, 걷기 등 오직 내가 하고 있는 활동에만 집중했다. 그 활동과 하나가 되었다.

_____ 19. 운동하면서 운동에 나 자신을 던졌다.

과제 24-2

마음챙김: 평가하지 않고, 하나씩, 효과적으로 체크리스트

이름: _____

날짜: _____

이번 주에 사용해 본 세 가지 마음챙김 기술에 표시하세요. 물론 네 가지 이상 연습하는 것도 괜찮습니다!

평가하지 않고 연습: 연습을 할 때마다 해 본 것에 표시하세요.

_____ 1. 마음속으로 '평가하는 생각이 떠올랐어.'라고 말했다.

_____ 2. 평가하는 생각을 세어 보았다.

_____ 3. 오늘 하루 있었던 일을 평가하지 않고 아주 구체적인 사실로 기술했다.

_____ 4. 평가하는 표현, 자세, 목소리를 바꿔 보았다.

_____ 5. 제일 화나게 하는 사람을 떠올리고, 그 사람을 이해하는 것을 상상해 보았다.

_____ 6. 감정을 불러일으킨 사건을 평가하지 않고 기술해 보았다.

하나씩 연습: 연습을 할 때마다 해 본 것에 표시하세요.

_____ 7. 온전히 자각하면서 집청소를 했다.

_____ 8. 온전히 자각하면서 설거지를 했다.

_____ 9. 온전히 자각하면서 천천히 목욕을 했다.

_____ 10. 온전히 자각하면서 차나 커피를 끓였다.

효과적으로 연습: 연습을 할 때마다 해 본 것에 표시하세요.

_____ 11. 내가 옳다는 마음을 내려놓았다.

_____ 12. 고집스러움을 내려놓았다.

_____ 13. 되는 것을 했다.

유인물 25-1

효과적인 대인관계: 효과적인 대인관계 만들기 개요

우선순위 정하기

  얼마나 중요한가요?

    1. 원하는 결과를 얻는 것?

    2. 관계를 유지하는 것?

    3. 자기존중감을 유지하는 것?

결과 효율성: 기표주보 집단협상

  다음과 같은 상황에서 중요합니다.

    1. 효과적으로 원하는 것을 명확하게 요청하거나 거절해야 할 때

관계 효율성: 친심원해

  다음과 같은 상황에서 중요합니다.

    1. 긍정적인 관계를 유지하도록 행동해야 할 때

    2. 상대가 자신과 나에 대해 좋게 느끼게 해야 할 때

자기존중감 효율성: 금가진자

  다음과 같은 상황에서 중요합니다.

    1. 자기존중감을 지킬 수 있도록 행동해야 할 때

요청이나 거절할 때 고려할 요인들

  다음과 같은 상황에서 중요합니다.

    1. 무언가를 요청하거나 거절할 때의 강도를 결정해야 할 때

효과적인 대인관계: 나의 목표는?

건강한 관계를 만들고 유지하기(친심원해 기술)

질문: 상대가 나에 대해 어떻게 느끼기를 바라는가?

예: 만약 내가 그 사람을 아끼거나 그 사람이 나보다 지위가 높다면, 그 사람이 나를 존중하거나 좋아하도록 행동하세요.

누군가가 내가 원하는 것을 하게 하기(기표주보 집단협상 기술)

질문: 내가 원하는 것은 무엇인가? 내게 필요한 것은 무엇인가? 어떻게 얻을 것인가? 어떻게 효과적으로 거절할 것인가?

예: 어떻게 무언가를 요청하고, 문제를 해결하고, 사람들이 내 말을 듣게 할까요? 내가 원하는 것을 얻을 가능성을 높이는 방향으로 행동하세요.

자기존중감 유지하기(금가진자 기술)

질문: 상호작용 후에 나 자신에 대해 어떻게 느끼기를 바라는가?

예: 나의 가치와 신념들은 무엇인가? 나 자신에 대해 긍정적으로 느끼도록 행동하세요.

연습:

어떤 대인관계 기술을 사용할지 우선순위를 정하는 데 이 세 가지 목표를 생각해 보세요.

생각해 보고 싶은 대인관계 상황 하나를 기술하세요(내가 말하고 싶은 것, 대상, 이유, 장소).

_____

_____

중요성의 순위를 정하세요(1에서 3까지, 1이 가장 중요함).

관계 유지: _____

원하는 결과 얻기: _____

자기존중감 유지: _____

효과적인 대인관계: 목표 달성을 방해하는 요인은 무엇일까?

---

1. 기술 부족

무슨 말을 할지 또는 어떻게 행동해야 할지 **모르는** 경우

---

2. 걱정

대인관계 기술은 있지만, **걱정**이 원하는 것을 행하거나 말하는 것을 방해하는 경우
- 좋지 않은 결과에 대한 걱정: '그들이 나를 싫어하게 될지 몰라.' '그는 나와 헤어질 거야.'
- 원하는 것을 얻을 자격이 없다는 걱정: '나는 나쁜 사람이야. 이것(내가 원하는 것)을 얻을 자격이 없어.'
- 효과가 없거나 자책하게 될 것에 대한 걱정: '나는 잘하지 못할 거야.' '나는 실패자야.'

---

3. 감정

기술은 있지만 **감정**(분노, 좌절감, 두려움, 죄책감, 슬픔 등)이 원하는 것을 행하거나 말하는 것을 방해하는 경우.
기술이 아닌 감정이 말과 행동을 통제함

---

4. 결정의 어려움

기술을 가지고 있으나, 무엇을 정말 원하는지 **결정하지 못하는** 경우. 혹은 어떻게 우선순위의 균형을 조절할지 모르는 경우
- 너무 많이 요청하는 것 대 아무것도 요청하지 않는 것
- 모든 것을 거절하는 것 대 모든 것을 들어주는 것

---

5. 환경

기술은 있지만 **환경**이 방해하는 경우
- (나는 최선을 다하지만, 때로는) 상대가 나보다 힘이 있음
- 만약 내가 원하는 것을 얻게 된다면 상대가 나를 싫어할 만한 이유들이 있음
- 나의 자기존중감을 희생하지 않으면 상대가 내게 필요한 것을 주지 않을 것임

효과적인 대인관계: 대인관계 상황에서 우선순위 정하기

이름: _____

날짜: _____

문제가 되는 대인관계 상황에서 목표와 우선순위를 결정하기 위해 이 과제를 해 보세요. 문제가 되는 상황의 예는 다음과 같습니다.

1. 나의 권리나 바람이 존중받지 못하는 상황

2. 상대가 나를 위해 무엇을 해 주거나, 어떤 것을 주거나, 또는 행동을 바꿔 주기를 원하는 상황

3. 거절을 하거나 상대의 압력에 저항해야 하는 상황

4. 상대가 나의 입장과 관점을 진지하게 받아들이기 원하는 상황

5. 누군가와 갈등을 겪는 상황

6. 누군가와의 관계를 더 좋게 만들고 싶은 상황

그 상황이 일어난 후 되도록 빨리 관찰한 것을 기록하세요. 쓸 공간이 부족하다면 뒷면을 활용하세요.

문제가 되는 촉발 사건: 누가 누구에게 무엇을 했나요? 사건이 어떻게 진행되었나요? 왜 이 사건이 문제가 되나요? 팩트 체크하기를 기억하세요!

이 상황에서 나의 **욕구와 바람**:

결과: 내가 원하는 **구체적인 결과**는 무엇인가요?

　　　상대방이 무엇을 하거나, 멈추거나, 받아들이기를 원하나요?

관계: (상대로부터 원하는 것을 얻거나 못 얻거나 상관없이) **이 상호작용에서 내가 하는 행동으로 인해 상대방**

　　　이 나에 대해 어떻게 느끼고 생각하기를 바라나요?

자기존중감: (상대로부터 원하는 것을 얻거나 못 얻거나 상관없이) **이 상호작용에서 내가 하는 행동으로 인해**

　　　나 자신에 대해 어떻게 느끼고 생각하기를 바라나요?

이 상황의 **우선순위**: 1(가장 중요함), 2(두 번째로 중요함), 3(세 번째로 중요함)으로 정하기

　　　_____ 결과　　_____ 관계　　_____ 자기존중감

유인물 26-1

효과적인 대인관계: 다른 사람이 내가 원하는 것 하게 하기

기표주보 집단협상을 기억하세요.

기술하기　　**집**중하기
표현하기　　**단**단하게 보이기
주장하기　　**협**상하기
보상하기

기술하기	상황을 기술하세요. 사실만을 이야기합니다(예: "저 이번 시험에서 C를 받았습니다.").
표현하기	감정을 표현하세요. 나 전달법을 쓰세요("나는 ……라고 느껴." "나는 ……하고 싶어." "나는 ……라고 생각해"). 다른 사람이 내 감정을 알 거라고 추측하지 마세요. "너는 ……해야 해."와 같은 표현을 피하세요(예: "저는 시험을 위해 4일이나 공부했기 때문에, 성적을 받고 좌절감을 느꼈습니다. 제 답안 중 몇 개는 맞는 것으로 생각됩니다.").
주장하기	원하는 것이나 거절하는 것을 명확하게 말하세요. 말하지 않으면 다른 사람들은 내 마음을 다 읽을 수 없습니다(예: "제가 틀린 문제들을 한번 볼 수 있을까요? 제가 무엇을 틀렸는지 이해하고 싶습니다.").
보상하기	내가 원하는 것을 해 줄 때의 장점에 대해 설명하여 미리 강화하거나 보상하세요. 또한 상대가 내가 원하는 것을 해 준 뒤에 보상하는 것을 잊지 마세요(예: "제가 배운 내용을 더 잘 이해하게 되고, 수업에도 더 잘 참여할 수 있을 것 같습니다.").
집중하기	원하는 것에 집중하고 다른 주제로 빠지는 것을 피하세요. '고장 난 기계'처럼 반복적으로 주장하세요. 공격을 무시하고 내 의견을 계속 주장하세요(예: "저는 이 과목을 열심히 공부했습니다. 이 점수가 저의 진짜 실력을 잘 반영하지 못한다고 생각합니다.").
단단하게 보이기	눈 맞춤을 유지하세요. 자신 있는 목소리로 말하고, 작은 소리로 웅얼거리지 말고, 쉽게 포기하거나, 뭐든 상관없다는 식으로 말하지 마세요.
협상하기	원하는 것을 얻기 위해 줄 것은 기꺼이 주세요. 상대방의 의견을 구하세요. 문제에 대한 대안적 해결책을 제시하세요. 언제 '동의하지 않기로 동의하고' 대화를 중단할지 아는 것도 중요합니다(예: "선생님께서 매우 바쁘신 점 잘 이해합니다만, 저도 제 시험지를 정말 살펴보고 싶습니다. 어떻게 하면 제 시험에 대한 피드백을 받을 수 있을까요?").

유인물 26-2

기표주보 집단면상 기술 습득을 위한 연습 카드

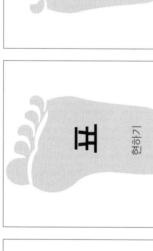

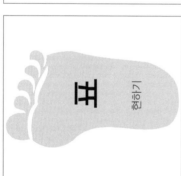

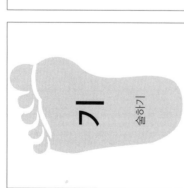

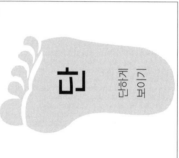

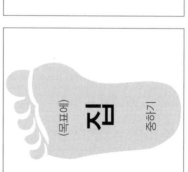

이 자료는 『DBT®, 학교에 가다: 청소년 정서 문제 해결을 위한 DBT 기술 훈련(DBT STEPS-A)』(저자 James J. Mazza, Elizabeth T. Dexter-Mazza, Alec L. Miller, Jill H. Rathus, and Heather E. Murphy, 역자 조윤화, 김기환, 권승희, 최현정, 2022)의 일부입니다. 원 저작권은 The Guilford Press에, 한국어판 저작권은 학지사에 있습니다. 이 자료는 학지사 홈페이지에서 다운로드하여 개인 용도로 활용하실 수 있습니다.

효과적인 대인관계: 기표주보 집단협상 기술 연습

이름: _____

날짜: _____

한 주 동안 기표주보 집단협상 기술을 사용했던 한 가지 상황에 대해 적어 보세요.

어떤 일이 있었나요? (누가 무엇을 했나요? 사건이 어떻게 전개되었나요? 무엇이 문제였나요?)

_____

_____

상대방으로부터 원하는 것이 무엇이었나요?

_____

_____

_____

사용한 기표주보 집단협상 기술(각각을 어떻게 사용했는지 **정확하게** 적으세요)

기술하기(상황-사실만 적으세요): _____

표현하기(감정): _____

주장하기: _____

보상하기: _____

(목표에) **집**중하기: _____

단단하게 보이기: _____

협상하기: _____

기표주보 집단협상 기술을 사용한 결과는 어땠나요?

_____

_____

_____

_____

_____

효과적인 대인관계: 긍정적인 관계 만들고 유지하기

친심원해를 기억하세요.

친절하게
관**심** 보이기
원만하게
이**해**해 주기

친절하게	친절하게 행동하고 상대를 존중하세요!
	공격하거나, 위협하거나, 판단하지 않습니다.
	친절한 목소리를 쓰세요.
관심 보이기	상대가 하는 말에 귀 기울이고 관심을 보이세요.
	상대방의 말을 끊지 마세요.
	인상을 쓰지 마세요.
	적절한 눈 맞춤을 유지하세요.
원만하게	미소를 지으세요.
	유머를 사용하세요.
	위협적이지 않은 몸짓을 사용하세요.
	둥글둥글하고 너그러운 태도를 취하세요.
이해해 주기	상대방의 감정과 의견을 이해한다는 것을 보여 주세요. 평가하지 않는 태도를 표현하세요.
	"당신이 어떻게 느낄지 이해가 됩니다."
	"쉽지 않다는 것을 알고 있습니다."
	"많이 바쁘시군요."
	"그때 ⋯⋯하게 느꼈겠네요."

* Rathus와 Miller(2015)의 승인을 얻어 번안하였으며, 원 저작권은 The Guilford Press에 있습니다.

* 이 자료는 『DBT®, 학교에 가다: 청소년 정서 문제 해결을 위한 DBT 기술 훈련(DBT STEPS-A)』(저자 James J. Mazza, Elizabeth T. Dexter-Mazza, Alec L. Miller, Jill H. Rathus, and Heather E. Murphy, 역자 조윤화, 김기환, 권승희, 최현정, 2022)의 일부입니다. 원 저작권은 The Guilford Press에, 한국어판 저작권은 학지사에 있습니다. 이 자료는 학지사 홈페이지에서 다운로드하여 개인 용도로 활용하실 수 있습니다.

효과적인 대인관계: 친심원해 기술 연습

이름: _____

날짜: _____

한 주 동안 친심원해 기술을 사용한 두 가지 상황에 대해 다음에 적으세요.

친심원해를 기억하세요.

친절하게

관**심** 보이기

원만하게

이**해**해 주기

상황 1.

누구와 좋은 관계를 유지하려고 하였나요? _____

친심원해 기술을 사용한 상황은 무엇이었나요? _____

_____

결과는 어땠나요? _____

기술을 사용한 후 어떻게 느꼈나요? _____

_____

상황 2.

누구와 좋은 관계를 유지하려고 하였나요? _____

친심원해 기술을 사용한 상황은 무엇이었나요? _____

_____

결과는 어땠나요? _____

기술을 사용한 후 어떻게 느꼈나요? _____

유인물 28-1

효과적인 대인관계: 자기존중감 유지하기

금가진자를 기억하세요.

금지하라 사과
가치 지키기
진솔하게
자타공평

금지하라 사과	나의 행동, 요청, 존재에 대해 과도하게 사과하지 마세요(잘못했을 때는 충분히 사과하세요).
가치 지키기	나의 가치와 의견을 지키세요.
	원하는 것을 얻기 위해, 어울리기 위해, 거절당하지 않기 위해 신념을 버리지 마세요.
	(정서 조절 모듈의 〈유인물 19-5〉에 나온 가치와 우선순위 목록을 참조하세요.)
진솔하게	거짓말하지 마세요.
	할 수 있는데 못하는 것처럼 약한 척 행동하지 마세요.
	변명하거나 과장하지 마세요.
자타공평	자신과 타인에게 공평하게 행동하세요.

과제 28-2

효과적인 대인관계: 금가진자 기술 연습

이름: _____

날짜: _____

한 주 동안 금가진자 기술을 사용한 두 가지 상황에 대해 적어 보세요.

금가진자를 기억하세요.

    금지하라 사과

    가치 지키기

    진솔하게

    자타공평

상황 1.

어떻게 자기존중감을 지키려고 했나요? _____

_____

_____

금가진자 기술을 사용한 상황은 무엇이었고, 어떻게 이 기술을 사용했나요? _____

_____

_____

어떤 결과가 있었나요? _____

_____

_____

기술을 사용한 후 어떻게 느꼈나요? _____

_____

_____

상황 2.

어떻게 자기존중감을 지키려고 했나요? _____

_____

_____

금가진자 기술을 사용한 상황은 무엇이었고, 어떻게 이 기술을 사용했나요? _____

_____

_____

어떤 결과가 있었나요? _____

_____

_____

기술을 사용한 후 어떻게 느꼈나요? _____

_____

_____

효과적인 대인관계: 요청과 거절의 조건 따져 보기

무언가를 요청하거나 거절하기 전에, 나의 입장을 얼마나 강하게 지킬지를 결정해야 합니다.

그 선택은 매우 **낮은** 강도(매우 유연하게 행동하고 상황을 받아들임)로부터 매우 **높은** 강도(상황을 변화시키고 원하는 것을 얻기 위해 알고 있는 모든 기술을 동원함)까지 다양할 수 있습니다.

선택
낮은 강도(받아들임)

요청	강도	거절
요청하지 마세요. 힌트도 주지 마세요.	1	요청하지 않아도 해 주세요.
간접적으로 힌트를 주세요. 거절을 받아들이세요.	2	불평하지 마세요. 즐겁게 해 주세요.
드러내 놓고 힌트를 주세요. 거절을 받아들이세요.	3	별로 즐겁지 않더라도 해 주세요.
망설이며 요청하세요. 거절을 받아들이세요.	4	해 주세요. 그러나 안 했으면 하는 마음을 비추세요.
부드럽게 요청하세요. 거절을 받아들이세요	5	안 하는 게 좋겠다고 부드럽게 말하세요.
자신 있게 요청하세요. 거절을 받아들이세요.	6	자신 있게 거절하세요. 그러나 다시 생각해 보세요.
자신 있게 요청하세요. 상대의 거절에 맞서세요.	7	자신 있게 거절하세요. 하겠다고 말하고 싶은 것을 참으세요.
단호하게 요청하세요. 상대의 거절에 맞서세요.	8	단호하게 거절하세요. 하겠다고 말하고 싶은 것을 참으세요.
단호하게 요청하세요. 요구를 고집하세요. 협상하세요. 계속 요청을 시도하세요.	9	단호하게 거절하세요. 상대의 요구에 저항하세요. 협상하세요. 계속 거절하세요.
거절을 받아들이지 마세요.	10	해 주지 마세요.

높은 강도(단호함)

* Linehan(2015b)의 승인을 얻어 변안하였으며, 원 저작권은 Marsha M. Linehan에게 있습니다.
* 이 자료는 『DBT®, 학교에 가다: 청소년 정서 문제 해결을 위한 DBT 기술 훈련(DBT STEPS-A)』(저자 James J. Mazza, Elizabeth T. Dexter-Mazza, Alec L. Miller, Jill H. Rathus, and Heather E. Murphy, 역자 조윤화, 김기환, 권승희, 최현정, 2022)의 일부입니다. 원 저작권은 The Guilford Press에, 한국어판 저작권은 학지사에 있습니다. 이 자료는 학지사 홈페이지에서 다운로드하여 개인 용도로 활용하실 수 있습니다.

효과적인 대인관계: 고려할 요인

요청이나 거절의 강도를 결정하기 위해 다음의 요인들을 고려하세요.

1. 상대방이나 나의 **능력**

2. **우선순위**

3. 행동이 **자기존중감**에 미치는 영향

4. 그 상황에서 상대방이나 내가 가진 도덕적 혹은 법적 **권리**

5. 내가 상대방에 대해 가진 **권위**(혹은 상대방이 나에 대해 가진 권위)

6. 상대방과 맺은 **관계**의 유형

7. 행동이 **장기 대 단기 목표**에 미치는 영향

8. 관계에서 **주고받는** 정도

9. **준비된** 정도

10. 요청이나 거절의 **타이밍**

1. 능력	• 상대방이 내가 원하는 것을 줄 수 있나요? 그렇다면 요청의 강도를 높이세요.
	• 내가 상대방이 원하는 것을 줄 수 있나요? 아니라면 거절의 강도를 높이세요.
2. 우선순위	• 결과가 매우 중요한가요? 그렇다면 강도를 높이세요.
	• 관계가 좀 걱정되나요? 그렇다면 강도를 낮추는 것을 고려하세요.
	• 자기존중감이 걸린 문제인가요? 나의 가치에 맞게 강도를 정하세요.
3. 자기존중감	• 평소에 내가 할 일을 스스로 알아서 하는 편인가요? 할 수 있는데 못하는 것처럼 무기력하게 행동하지 않으려고 하는 편인가요? 그렇다면 요청의 강도를 높이세요.
	• 지혜로운 마음에서 생각해 볼 때, 거절하면 나 자신에 대해 좋지 않은 감정이 들까요? 아니라면 거절의 강도를 높이세요.
4. 권리	• 법적 혹은 도덕적 관점에서 상대는 내가 원하는 것을 나에게 주어야 하나요? 그렇다면 요청의 강도를 높이세요.
	• 상대방이 요청하는 것을 해야 할 의무가 나에게 있나요? 거절하는 것이 상대방의 권리를 침해하나요? 아니라면 거절의 강도를 높이세요.
5. 권위	• 내가 상대방에게 지시하거나 요구할 위치에 있나요? 그렇다면 요청의 강도를 높이세요.
	• 상대방이 나보다 높은 지위에 있나요(예: 상사, 선생님, 부모님)? 그리고 상대방이 자신의 권한으로 요청하나요? 아니라면 거절의 강도를 높이세요.

6. 관계	• 내가 원하는 것이 현재 관계에서 적절한가요? 그렇다면 요청의 강도를 높이세요.
	• 상대가 요청하는 것이 현재 관계에서 적절한가요? 아니라면 거절의 강도를 높이세요.
7. 장기 대 단기 목표	• 요청하지 않는 것이 단기적인 평화를 유지하게 하지만, 장기적으로는 문제를 일으킬 것 같나요? 그렇다면 요청의 강도를 높이세요.
	• 지금 갈등을 피하기 위해 맞춰 주는 것이 장기적인 관계를 위해 더 중요할까요? 거절한 것을 결국 후회하게 될까요? 아니라면 거절의 강도를 높이세요.
8. 주고받기	• 상대방을 위해 뭔가를 해 주었나요? 적어도 내가 요청하는 만큼 상대에게 주고 있나요? 나도 상대방을 위해 뭔가 해 줄 마음이 있나요? 그렇다면 요청의 강도를 높이세요.
	• 상대방에게 신세 진 것이 있나요? 상대방이 나를 위해 뭔가 많이 해 주었나요? 아니라면 거절의 강도를 높이세요.
9. 준비	• 여러 가지를 따져 보았나요? 내 요청을 뒷받침할 사실을 다 알고 있나요? 내가 원하는 것이 분명한가요? 그렇다면 요청의 강도를 높이세요.
	• 상대방의 요청이 분명한가요? 내가 무엇에 동의하는지 알고 있나요? 아니라면 거절의 강도를 높이세요.
10. 타이밍	• 요청하기 좋은 타이밍인가요? 상대가 내 말에 귀기울이고 집중할 수 있는 '기분'인가요? 상대가 내 요청을 수락할 가능성이 높을 때인가요? 그렇다면 요청의 강도를 높이세요.
	• 거절하기 좋지 않은 타이밍인가요? 대답을 잠시 미루는 것이 나을까요? 아니라면 거절의 강도를 높이세요.

다른 요인들: _____

_____

_____

_____

효과적인 대인관계: 요청과 거절의 강도 정하기

유인물 29-3

요청이나 거절의 강도를 정할 때 다음의 목록을 읽어 보세요. 은행에 직업한 10원에 동그라미를 치고 합산하세요. 그다음 다시 목록으로 돌아와서 다른 항목들보다 상대적으로 더 중요한 항목들이 있는지 지혜로운 마음으로 살펴보세요.

	얼마나 강하게 요청할 것인지		얼마나 강하게 거절할 것인지	
	각 질문에 대해 '예'로 답하게 될 때 은행에 10원씩 직입하세요. 많은 돈이 쌓일수록 더 강하게 요청하세요. 만약 100원을 모으게 된다면 매우 강하게 내가 원하는 것을 요청하세요. 만약 10원도 못 모으면 요청하지 말고 힌트도 주지도 마세요.		각 질문에 대해 '아니오'로 답하게 될 때 은행에 10원씩 직입하세요. 많은 돈이 쌓일수록 더 강하게 거절하세요. 만약 100원을 모으면 매우 강하게 거절하세요. 만약 10원도 못 모으면 상대방이 요청하지 않더라도 해 주세요.	
10원	상대방이 내가 원하는 것을 줄 수 있나요?	능력	내가 상대방이 원하는 것을 줄 수 있나요?	10원
10원	원하는 결과를 얻는 것이 상대방과의 관계보다 더 중요한가요?	우선순위	거절하는 것보다 상대방과의 관계가 더 중요한가요?	10원
10원	요청하는 것이 유능감과 자기존중감을 높여 줄까요?	자기존중감	거절하면 나 자신에 대해 좋지 않은 감정이 들까요?	10원
10원	법적 혹은 도덕적 관점에서 상대는 내가 원하는 것을 나에게 주어야 하나요?	권리	상대방이 요청하는 것을 해야 할 의무가 나에게 있나요? 거절하는 것이 상대방의 권리를 침해하나요?	10원
10원	내가 상대방에게 지시하거나 요구할 위치에 있나요?	권위	상대방이 나보다 더 높은 지위에 있나요?	10원
10원	내가 원하는 것이 현재 관계에서 적절한가요(내가 원하는 것을 요청하는 것이 옳은가요)?	관계	상대가 요청하는 것이 현재 관계에서 적절한가요?	10원
10원	지금 요청하는 것이 장기적 관점에서 중요한가요?	장기 대 단기 목표	시간이 지나면 내가 거절한 것을 후회할까요?	10원
10원	상대방에게서 받는 만큼 주는 편인가요?	주고받기	상대방에게 신세 진 것이 있나요(상대방이 나를 위해 뭔가 많이 해 주었나요)?	10원
10원	내가 원하는 것을 분명히 알고 있고, 내 요청을 뒷받침할 사실들을 다 알고 있나요?	준비	내가 무엇을 거절하는지 알고 있나요(상대방이 자신이 원하는 것을 명확하게 요청하나요)?	10원
10원	요청하기 좋은 타이밍인가요?(상대방의 기분이 괜찮은가요?)	타이밍	거절을 잠시 미루는 것이 나을까요?	10원
얼마?	요청의 총합 (지혜로운 마음으로 조정: ± _____ 원)		거절의 총합 (지혜로운 마음으로 조정: ± _____ 원)	얼마?

요청	총합	거절
요청하지 마세요. 힌트도 주지 마세요.	10원	요청하지 않더라도 해 주세요.
간접적으로 힌트를 주세요. 거절을 받아들이세요.	20원	불평하지 마세요. 즐겁게 해 주세요.
드러내 놓고 힌트를 주세요. 거절을 받아들이세요.	30원	별로 즐겁지 않더라도 해 주세요.
망설이며 요청하세요. 거절을 받아들이세요.	40원	해 주세요. 그러나 안 했으면 하는 마음을 비추세요.
부드럽게 요청하세요. 거절을 받아들이세요.	50원	안 하는 게 좋겠다고 부드럽게 말하세요.
자신 있게 거절하세요. 그러나 다시 생각해 보세요.	60원	대담하게 거절하세요. 그러나 재고해 보세요.
자신 있게 요청하세요. 상대의 거절에 맞서세요.	70원	자신 있게 거절하세요. 하겠다고 말하고 싶은 것을 참으세요.
단호하게 요청하세요. 상대의 거절에 맞서세요.	80원	단호하게 거절하세요. 하겠다고 말하고 싶은 것을 참으세요.
단호하게 요청하세요. 요구를 고집하세요. 협상하세요. 계속 요청을 시도하세요.	90원	단호하게 거절하세요. 거절을 반복하세요. 협상하세요.
거절을 받아들이지 마세요.	100원	해 주지 마세요.

* Rathus와 Miller(2015)의 승인을 얻어 반안하였으며, 원 저작권은 The Guilford Press에 있습니다.

* 이 자료는 『DBT® 학교에 가다: 청소년 정서 문제 해결을 위한 DBT 기술 훈련(DBT STEPS-A)』(저자 James J. Mazza, Elizabeth T. Dexter-Mazza, Alec L. Miller, Jill H. Rathus, and Heather E. Murphy, 역자 조윤화, 김기환, 권승희, 최현정, 2022)의 일부입니다. 원 저작권은 The Guilford Press이며, 한국어판 저작권은 학지사에 있습니다. 이 자료는 학지사 홈페이지에서 다운로드하여 개인 용도로 활용하실 수 있습니다.

효과적인 대인관계: 모든 기술을 한꺼번에 사용하기

이름: _____

날짜: _____

이번 주에 한 가지 이상의 대인관계 기술을 필요로 했던 상황 하나를 고르세요.

상황을 기술하세요.: _____

_____

_____

나의 우선순위는? (해당되는 것에 모두 표시하세요)

_____ 관계 만들고 유지하기

_____ 원하는 것 얻기, 거절하기, 상대가 나를 진지하게 여기게 하기

_____ 자기존중감을 쌓고 유지하기

내가 말하거나 행동한 것(표시하고 기술하세요):

_____ **친절**하게	_____ **기술**하기	_____ **금**지하라 사과
_____ **관심** 보이기	_____ **표현**하기	_____ **가치** 지키기
_____ **원**만하게	_____ **주장**하기	_____ **진솔**하게
_____ **이해**해 주기	_____ **보상**하기	_____ **자**타공평
	_____ **집중**하기	
	_____ **단단**하게 보이기	
	_____ **협상**하기	

_____

_____

_____

_____

참고문헌

American Psychiatric Association. (2013). *Diagnostic and statistical manual of mental disorders* (5th ed.). Arlington, VA: Author.

Atienza, F. L., Balaguer, I., & Garcia-Merita, M. L. (1998). Video modeling and imagining training on performance of tennis services of 9- to 12-year-old children. *Perceptual and Motor Skills, 87,* 519-529.

Burns, B. J., Costello, E. J., Angold, A., Tweed, D., Stangl, D., Farmer, E. M. Z., et al. (1995). Children's mental health service use across service sectors. *Health Affairs, 14,* 147-159.

Catron, T., & Weiss, B. (1994). The Vanderbilt school-based counseling program: An interagency, primary-care model of mental health services. *Journal of Emotional Behavioral Disorders, 2,* 247-253.

Collaborative for Academic, Social, and Emotional Learning (CASEL). (2013). *2013 CASEL guide: Effective social and emotional learning programs—Preschool and elementary school edition.* Chicago: Author. Retrieved from www.casel.org/guide/preschool-and-elementary-edition-casel-guide.

Collaborative for Academic, Social, and Emotional Learning (CASEL). (2015). *2015 CASEL guide: Effective, social and emotional learning programs—Middle and high school edition.* Chicago: Author. Retrieved from www.casel.org/guide/preschool-and-elementary-edition-casel-guide.

Cook, C. R. (2015, Spring). *Universal screening and selective mental health services within a multi-tiered system of support: Building capacity to implement the first two tiers.* Paper presented as part of the Washington State Association of School Psychologists Lecture Series.

Cook, C. R., Burns, M., Browning-Wright, D., & Gresham, F. M. (2010). *Transforming school psychology in the RTI era: A guide for administrators and school psychologists.* Palm Beach Gardens, FL: LRP.

Cook, C. R., Frye, M., Slemrod, T., Lyon, A. R., Renshaw, T. L., & Zhang, Y. (2015). An integrated approach to universal prevention: Independent and combined effects of PBIS and SEL on youths' mental health. *School Psychology Quarterly, 30*, 166-183.

Cook, C. R., Gresham, F. M., Kern, L., Barreras, R. B., & Crews, S. D. (2008). Social skills training for secondary EBD students: A review and analysis of the meta-analytic literature. *Journal of Emotional and Behavioral Disorders, 16*, 131-144.

Dimeff, L. A., & Koerner, K. (Eds.). (2007). *Dialectical behavior therapy in clinical practice: Applications across disorders and settings.* New York: Guilford Press.

Dimeff, L. A., Woodcock, E. A., Harned, M. S., & Beadnell, B. (2011). Can dialectical behavior therapy be learned in highly structured learning environment?: Results from a randomized controlled dissemination trial. *Behavior Therapy, 42*, 263-275.

Durlak, J. A., Weissberg, R. P., Dymnicki, A. B., Taylor, R. D., & Schellinger, K. B. (2011). The impact of enhancing students' social and emotional learning: A meta-analysis of school-based universal interventions. *Child Development, 82*, 405-432.

Gould, M. S., Greenberg, T., Velting, D. M., & Schaffer, D. (2003). Youth suicide risk and preventive interventions: A review of the past 10 years. *Journal of the American Academy of Child and Adolescent Psychiatry, 42*, 386-405.

Gould, M. S., Marrocco, F. A., Kleinman, M., Thomas, J. G., Mostkoff, K., Cote, J., et al. (2005). Evaluating iatrogenic risk of youth suicide screening programs: A randomized controlled trial. *Journal of the American Medical Association, 293*, 1635-1643.

Harned, M. S., Rizvi, S. L., & Linehan, M. M. (2010). Impact of co-occurring posttraumatic-stress disorder on suicidal women with borderline personality disorder. *American Journal of Psychiatry, 167*, 1210-1217.

Hashim, R., Vadnais, M., & Miller, A. L. (2013). Improving adherence in adolescent chronic kidney disease: A DBT feasibility trial. *Clinical Practice in Pediatric Psychology, 1*, 369-379.

Haskell, I., Daly, B. P., Hildenbrand, A., Nicholls, E., Mazza, J. J., & Dexter-Mazza, E. T. (2014, September). *Skills training for emotional problem solving for adolescents (STEPS-A): Implementation and program evaluation.* Paper presented at the annual conference on Advancing Mental Health, Pittsburgh, PA.

Hoagwood, K., & Erwin, H. (1997). Effectiveness of school-based mental health services for children: A 10-year research review. *Journal of Child and Family Studies, 6*, 435-451.

Jeannerod, M., & Frak, V. (1999). Mental imaging of motor activity in humans. *Current Opinion in Neurobiology, 9*, 735-739.

Johnston, L. D., O'Malley, P. M., Bachman, J. G., & Schulenberg, J. E. (2007). *Monitoring the Future: National results on adolescent drug use. Overview of key findings, 2006.* Bethesda, MD: National Institute on Drug Abuse.

Kabat-Zinn, J. (1994). *Wherever you go, there you are: Mindfulness meditation in everyday living*. New York: Hyperion.

Kabat-Zinn, J., Massion, A. O., Kristeller, J., Peterson, L. G., Fletcher, K. E., Pbert, L., et al. (1992). Effectiveness of a meditation based stress reduction program in the treatment of anxiety disorders. *American Journal of Psychiatry, 149*, 936-943.

Kataoka, S. H., Zhang, L., & Wells, K. B. (2002). Unmet need for mental health care among U.S. children: Variation by ethnicity and insurance status. *American Journal of Psychiatry, 159*, 1548-1555.

Kaviani, H. J., Javaheri, F., & Hatami, N. (2011). Mindfulness-based cognitive therapy (MBCT) reduces depression and anxiety induced by real stressful setting in non-clinical population. *International Journal of Psychology and Psychological Therapy, 11*, 285-296.

Kazdin, A. E., & Mascitelli, S. (1982). Covert and overt rehearsal and homework practice in developing assertiveness. *Journal of Consulting and Clinical Psychology, 50*, 250-258.

Kilgus, S. P., Reinke, W. R., & Jimerson, S. R. (2015). Understanding mental health intervention and assessment within a multi-tiered framework: Contemporary science, practice and policy. *School Psychology Quarterly, 30*, 159-165.

Linehan, M. M. (1993). *Skills training manual for treating borderline personality disorder*. New York: Guilford Press.

Linehan, M. M. (2015a). *DBT® skills training manual* (2nd ed.). New York: Guilford Press.

Linehan, M. M. (2015b). *DBT® skills training handouts and worksheets* (2nd ed.). New York: Guilford Press.

Mazza, J. J., & Hanson, J. B. (2014a, February). *Dialectical behavior therapy (DBT) in public schools*. Paper presented at the annual conference of the National Association of School Psychologists, Washington, DC.

Mazza, J. J., & Hanson, J. B. (2014b, October). *Multi-tiered approach to dialectical behavior therapy (DBT) in schools*. Paper presented at the annual conference of the Washington State Association of School Psychologists, Skamina, WA.

Mazza, J. J, & Reynolds, W. M. (2008). School-wide approaches to intervention with depression and suicide. In B. Doll, & J. A. Cummings (Eds.), *Transforming school mental health services: Population-based approaches to promoting the competency and wellness of children* (pp. 213-241). Bethesda, MD: National Association of School Psychologists (co-published with Corwin Press).

McMain, S. (2013, November). *The effectiveness of brief dialectical behavior therapy skills training for suicidal behavior in borderline personality disorder: Findings from a randomized control trial*.

Paper presented at the annual conference of the International Society for the Improvement and Teaching of Dialectical Behavior Therapy, Nashville, TN.

Mehlum, L., Tormoen, A. J., Ramberg, M., Haga, E., diep, L. M., Laberg, S., et al. (2014). Dialectical behavior therapy for adolescents with repeated suicidal and self-harming behavior: A randomized trial. *Journal of the American Academy of Child and Adolescent Psychiatry, 53*, 1082-1091.

Miller, A. L., Mazza, J. J., Dexter-Mazza, E. T., Steinberg, S., & Courtney-Seidler, E. (2014, November). *DBT in schools: The do's and dont's.* Paper presented at the annual conference of the International Society for the Improvement and Teaching of Dialectical Behavior Therapy, Philadelphia.

Miller, A. L., Rathus, J. H., Leigh, E., Landsman, M., & Linehan, M. M. (1997). Dialectical behavior therapy adapted for suicidal adolescents. *Journal of Practicing Psychiatry and Behavioral Health, 3*, 78-86.

Miller, A. L., Rathus, J. H., & Linehan, M. M. (2007). *Dialectical behavior therapy with suicidal adolescents.* New York: Guilford Press.

Miller, D. N. (2011). *Child and adolescent suicidal behavior: School-based prevention, assessment, and intervention.* New York: Guilford Press.

Monahan, K. C., VanDerhei, S., Bechtold, J., & Cauffman, E. (2014). From the school yard to the squad car: School discipline, truancy, and arrest. *Journal of Youth and Adolescence, 43*, 1110-1122.

Moreland, R. L., Levine, J. M., & Wingert, M. L. (1996). Creating the ideal group: Composition effects at work. *Understanding Group Behavior, 2*, 11-35.

Neacsiu, A. D., Rizvi, S. L., Vitaliano, P. P., Lynch, T. R., & Linehan, M. M. (2010). The Dialectical Behavior Therapy Ways of Coping Checklist: Development and psychometric properties. *Journal of Clinical Psychology, 66*, 1-20.

Rathus, J. H., & Miller, A. L. (2002). Dialectical behavior therapy adapted for suicidal adolescents. *Suicide and Life-Threatening Behavior, 32*, 146-157.

Rathus, J. H., & Miller, A. L. (2015). *DBT® skills manual for adolescents.* New York: Guilford Press.

Rubinstein, R. S., Meyer, D. E., & Evans, J. E. (2001). Executive control of cognitive processes in task switching. *Journal of Experimental Psychology: Human Perception and Performance, 27*, 763-797.

Sayrs, J. H. R., & Linehan, M. M. (in press). *Developing therapeutic treatment teams: The DBT model.* New York: Guilford Press.

Vøllestad, J. N., Nielsen, M. B., & Høstmark, G. (2012). Mindfulness- and acceptance-based interventions for anxiety disorders: A systematic review and meta-analysis. *British Journal of Clinical Psychology, 51*, 239-260.

Wagner, B. M. (1997). Family risk factors for child and adolescent suicidal behavior. *Psychological Bulletin, 121*, 246-298.

Wegner, D. (1989). *White bears and other unwanted thoughts: Suppression, obsession, and the psychology of mental control.* New York: Viking.

Weissberg, R. P., & Cascarino, J. (2013). Academic learning+social-emotional learning=national priority. *Phi Delta Kappan, 95*, 8-13.

저자 소개

James J. Mazza 박사는 워싱턴 주립 대학교 교육학 교수로 재직 중이며, 청소년들의 정신건강 분야 연구에 힘쓰며 학생들을 가르치고 있다. Mazza 박사의 연구는 우울증, 불안, 외상 후 스트레스 장애, 폭력에의 노출, 특히 자살 등 청소년들이 겪는 내면화 장애에 집중해 왔다. 그의 연구는 청소년 정신건강 문제, 사회정서적 능력, 학습 능력 사이의 복잡한 관계를 다룬다. Mazza 박사는 자살 위험군에 속하는 청소년들을 식별하는 방법과 학생들이 정서 조절 기술을 배울 수 있는 사회정서학습(SEL) 교과과정 개발 방법에 대해 폭넓게 저술해 왔다. 그는 30여 개의 교육구와 수천 명의 학교 담당자와 함께 종합적인 학교 기반의 청소년 자살 식별과 예방 전략 등을 개발하고 적용하였다. Mazza 박사는 여러 나라의 학교 관계자들에게 DBT STEPS-A의 실행, 다층지원 체계 내의 정신건강 중재 방법 개발, 전인 교육을 위한 학교 시스템 역할의 일환인 사회정서학습 교육과정 통합에 대한 교육과 자문을 하고 있으며, 워싱턴주 시애틀 주재 Mazza Consulting and Psychological Services의 공동 대표이다.

Elizabeth T. Dexter-Mazza 박사는 Mazza Consulting and Psychological Services의 공동 대표로, 청소년과 성인들을 대상으로 종합적 DBT와 DBT 기술 기반 코칭을 제공하고 있으며, 정서 조절 장애를 가진 개인의 가족 및 친구들에게 부모 코칭 등 여러 가지 지원을 해 오고 있다. Dexter-Mazza 박사는 학교와 정신건강 기관, 그리고 개별 전문가들에게 DBT 치료 프로그램과 기술훈련 실행에 필요한 교육과 자문을 제공하고 있다. 또한 전 세계의 많은 정신건강 전문가에게 DBT 교육을 제공하는 Behavioral Tech에서 전문가 훈련을 담당하고 있다. Dexter-Mazza 박사는 Marsha M. Linehan의 감독 아래 워싱턴 주립 대학교의 Behavioral Research and Therapy Clinic(BRTC)에서 박사 후 과정 수련을 마쳤으며, DBT, 경계선 성격장애, 자살 위기 관리에 대한 대학원 교육에 관한 여러 책과 논문을 낸 저자이다.

Alec L. Miller 박사는 뉴욕 브롱스에 위치한 알버트 아인슈타인 의과대학의 Montefiore 의학 센터 내 정신의학 및 행동과학부의 임상 교수로 재직 중이다. 그는 화이트 플레인스와 맨해튼에 위치한 교육 및 자문 기관인 Cognitive and Behavioral Consultants의 공동 창립자이며 임상본부 장이다. 지난 20년간 Miller 박사는 외래, 입원 치료, 학교 장면에서, 만성적 정신질환을 가지고 있는 청소년들에게 DBT를 적용해 왔다. Miller 박사는 80편 이상의 논문 및 여러 책의 저자이며, 『자살행동을 보이는 청소년을 위한 변증법행동치료(Dialectical Behavior Therapy with Suicidal Adolescents)』(Jill H. Rathus, Marsha M. Linehan과 공저)와 『청소년을 위한 DBT 기술 훈련 매뉴얼(DBT Skills Manual for Adolescents)』(Jill H. Rathus와 공저) 등을 포함한 네 권의 저서를 집필하였다. Miller 박사는 전 세계적으로 수천 명의 정신건강 실무자와 학교 담당자들에게 DBT 교육을 제공해 왔다.

Jill H. Rathus 박사는 뉴욕 브루클린에 위치한 롱아일랜드 대학교 C. W. Post Campus의 심리학 교수로 재직 중이며, 임상심리학 박사과정 프로그램에서 DBT 과학자-실무자 훈련을 담당하고 있다. 그는 DBT와 인지행동치료(CBT) 전문가이며, 뉴욕주의 그레이트 뉴욕에 위치한 Cognitive Behavioral Associates의 공동 창립자이자 공동 대표이다. Rathus 박사는 Alec L. Miller 박사와 함께 청소년에게 적용할 수 있는 DBT를 개발하였으며, 현재 진행 중인 연구 분야는 Life Problems Inventory 도구 평가, 중도 걷기 기술 모듈의 수용도, 청소년 DBT 훈련 및 실행 관련 요인들이다. 주요 관심 분야로는 DBT, CBT, 청소년 자살, 대인관계 문제 및 심리 평가이며, 이 분야들에 관련된 많은 책을 저술하였다. 또한 Rathus 박사는 Behavioral Tech의 강사이고, 여러 나라에서 청소년 DBT에 대한 강의를 하고 있다. 그는 『자살행동을 보이는 청소년을 위한 변증법행동치료』 및 『청소년을 위한 DBT 기술 훈련 매뉴얼』을 포함한 여섯 권의 책의 공동 저자이다.

Heather E. Murphy 박사는 워싱턴주 시애틀에서 자해 및 자살 행동을 보이는 청소년들을 대상으로 하는 개인 상담소를 운영하고 있으며, 워싱턴 주립 대학교에서 객원교수로 재직 중이다. Murphy 박사는 7년간 초·중·고등학교에서 학교심리학자로 일한 경험이 있으며, 이때 자살 문제를 보이는 청소년들에게 도움이 되는 교육구의 개입 절차들을 개발하였고, 자살에 대응할 수 있는 표준화된 대응법을 개발하였다. Murphy 박사의 관심 분야는 청소년 정신건강, 성소수자(LGBT) 청소년, 청소년 자살에 대한 개입이다.

역자 소개

조윤화(Cho, Yoonhwa)

윌로우심리상담센터 소장으로 일하고 있다. 서울대학교 심리학과를 졸업하고 미국 인디애나 대학교에서 석사 및 박사(상담심리) 학위를 받았고, 일리노이 주립 대학교 박사과정 인턴을 수료하였다. 버몬트 주립 대학교 상담센터 교육팀장, 용문상담심리대학원대학교 조교수, 마음사랑인지행동치료센터 책임상담원, 이화여자대학교 심리학과 연구교수로 재직하였다. 대표 역서로는 『변증법행동치료 기반 정서조절 기술 시스템』(공역, 학지사, 2020)이 있다.

김기환(Kim, Kiwhan)

서울대학교 대학원에서 임상 및 상담 심리학 전공으로 석사 및 박사 학위를 받았다. 덕성여자대학교 학생상담센터 전임상담원, 서울대학교 대학생활문화원 위기상담팀장, 한국임상심리학회 홍보 및 정보이사, 마음사랑인지행동치료센터 부소장 등을 역임하였다. 현재 심리상담연구소 '사람과 사람'의 소장 및 서울디지털대학교 상담심리학과 교수로 재직하고 있다. 임상심리전문가, 인지행동치료전문가이며 임상 현장에서 상담 및 심리치료를 통해 심리적 고통을 겪는 이들을 돕고 있다. 아울러 노래로 치유를 나누는 뮤지션 '라파'로도 활동하고 있다.

권승희(Kwon, Seunghee)

현재 윌로우심리상담센터 부소장, 유앤미심리상담연구소 부소장으로 일하고 있다. 고려대학교 심리학과를 졸업하고 미국 인디애나 대학교에서 상담 전공으로 석사 및 박사 학위를 받았다. 미국 남가주 대학교에서 1년간 인턴 과정을 수료한 후, 일리노이 주립 대학교, 샌프란시스코 주립 대학교 등에서 상담심리학자로 근무하였다. 대표 역서로는 『트라우마와 기억』(학지사, 2019)이 있다.

최현정(Choi, Hyunjung)

임상심리학자로 현재 충북대학교 심리학과 교수로 재직 중이며, 트라우마 생존자를 지원하는 트라우마치유센터 사람마음의 초대 이사장이다. 서울대학교 심리학과를 졸업하고 동 대학원에서 석사 및 박사 학위를 받았으며, 서울대학교병원 정신건강의학과에서 임상심리전문가 수련을 마쳤다. 변증법행동치료의 국내 보급에 힘쓰고 있으며, 관련 역서로는 대표적으로 『변증법행동치료 기반 정서조절 기술 시스템』(공역, 학지사, 2020)이 있다.

DBT®, 학교에 가다
청소년 정서 문제 해결을 위한 DBT 기술 훈련(DBT STEPS-A)
DBT® Skills in Schools:
Skills Training for Emotional Problem Solving for Adolescents (DBT STEPS-A)

2022년 2월 10일 1판 1쇄 발행
2024년 7월 25일 1판 5쇄 발행

지은이 • James J. Mazza · Elizabeth T. Dexter-Mazza · Alec L. Miller
지은이 • Jill H. Rathus · Heather E. Murphy
옮긴이 • 조윤화 · 김기환 · 권승희 · 최현정
펴낸이 • 김 진 환
펴낸곳 • ㈜ **학지사**

04031 서울특별시 마포구 양화로 15길 20 마인드월드빌딩 5층
대표전화 • 02) 330-5114   팩스 • 02) 324-2345
등록번호 • 제313-2006-000265호
홈페이지 • http://www.hakjisa.co.kr
인스타그램 • https://www.instagram.com/hakjisabook

ISBN 978-89-997-2580-7 93180

정가 25,000원

이 책의 실습 자료는 학지사 홈페이지에서 다운로드 하실 수 있습니다.